Rainer Gievers

Das Praxisbuch Samsung Galaxy S10 & S10+

Anleitung für Einsteiger

www.das-praxisbuch.de

Vorwort

Mit dem Galaxy S10 oder S10+ haben Sie eines der modernsten und leistungsfähigsten Smartphones in der Hand! Im Vergleich zur Konkurrenz beeindrucken das brillante Display, der und die Aufnahmefunktionen der Kamera-Anwendung. Gegenüber dem kleinen Schwestermodell S10e bieten S10/S10+ unter anderem größere Displays, einen unter dem Display verbauten Fingerabdrucksensor und einen schnelleren Prozessor.

Bei der Bedienung gibt es bei Galaxy S10e, S10 und S10+ einige Unterschiede, die uns bewogen haben, für das S10e und die beiden anderen Geräten jeweils separate Bücher anzubieten.

Wenn Sie bereit sind, Ihren Arbeitsstil an einige Besonderheiten des Handys anzupassen, können Sie mit dem Handy viele Dinge wie E-Mail-Verwaltung, Anzeige und Bearbeitung von Dokumenten, Terminplanung, usw. auch unterwegs durchführen, ohne ein Notebook dafür mitführen zu müssen.

Leider geht die beim Galaxy 10 mitgelieferte Anleitung nur auf die wichtigsten Funktionen des Geräts ein, weshalb dieses Buch entstanden ist, das den Anwender von den ersten Schritten bis hin zur optimalen Nutzung der vorinstallierten Anwendungen unterstützt. Wir geben darüber hinaus auch Tipps aus unserer eigenen, inzwischen über 30-jährigen Erfahrung mit Mobilrechnern, die Sie im Internet und anderen Büchern nicht finden werden.

Falls Sie im Buch irgendwo einen Fehler entdecken, schicken Sie bitte eine E-Mail an *info@das-praxisbuch.de*.

Rainer Gievers, im März 2019

1. Auflage vom 15.03.2018

Hinweis

Die Informationen in diesem Buch wurden mit größter Sorgfalt erarbeitet und zusammengestellt. Dennoch können Fehler nicht vollständig ausgeschlossen werden. Verlag und Autor übernehmen daher keine juristische Verantwortung oder irgendeine Haftung für eventuell verbliebene Fehler oder deren Folgen.

ISBN: 978-3-964690-32-6

Aufbau der Kapitel

- Damit Sie erkennen, welche Bildschirmkopie zu welchem Erläuterungstext gehört, sind die Texte mit Zahlen (❶,❷,❸) durchnummeriert.
- Webadressen, Menübezeichnungen und verwiesene Kapitel sind *kursiv* gesetzt.
- Verschachtelte Menüs werden durch »/« gekennzeichnet. Somit bedeutet zum Beispiel ⁝*Einstellungen*, dass Sie das Menü aktivieren und dort auf *Einstellungen* gehen.
- Auch Verzeichnis- und Dateinamen, sowie Webadressen sind in Kursivschrift gesetzt.

In den Rahmen sind weiterführende Infos zum jeweiligen Thema untergebracht.

1. Inhaltsverzeichnis

Der grüne Roboter ist ein »Markenzeichen«
für das Android-Betriebssystem, das auch auf dem
Samsung Galaxy S10/S10+ zum Einsatz kommt.

2. Einführung

Vielleicht gehören Sie auch zu den Anwendern, die sich bisher mit einem Einfach-Handy zufriedengegeben haben und nun erstmals ein sogenanntes Smartphone nutzen. Alternativ besitzen Sie schon seit geraumer Zeit ein Smartphone, verwenden darauf aber derzeit nur die Telefonie-Funktionen.

Was aber ist ein **Smartphone**? Darunter versteht man ein Mobiltelefon, das neben der Telefonie noch weitere Funktionen mitbringt, die sonst nur PCs aufweisen, beispielsweise Kontakt- und Teminverwaltung, Musikabspielgerät, Internet, usw. Von wenigen Billig-Handys abgesehen, die für maximal 50 Euro angeboten werden, sind übrigens genau genommen inzwischen fast alle Smartphones.

Die Betriebssoftware, sozusagen das Herz Ihres Handys, ist das von Google entwickelte **Android**. Es erfüllt die gleichen Aufgaben wie das Windows-Betriebssystem auf Ihrem PC oder Notebook.

2.1 Das ist bei Android anders

Dieses Kapitel soll kurz die Unterschiede zwischen den »alten« Handys und den modernen Smartphones beleuchten.

Schon bei der ersten Inbetriebnahme gibt es den ersten Unterschied: Während früher ein Handy nach dem Einschalten und der PIN-Eingabe sofort betriebsbereit war, müssen Sie bei einem Android-Handy erst Ihren Internetzugang einrichten. Überhaupt empfiehlt es sich, einen Blick auf den Mobilfunkvertrag zu werfen, denn dieser muss auch eine **Internetflatrate** (Datenvertrag) beinhalten. Sie zahlen dann nur einen festen Betrag für die Internetnutzung und keinen nutzungsabhängigen – Letzteres ist meist extrem teuer. Auf dieses Thema gehen wir übrigens später noch genauer ein.

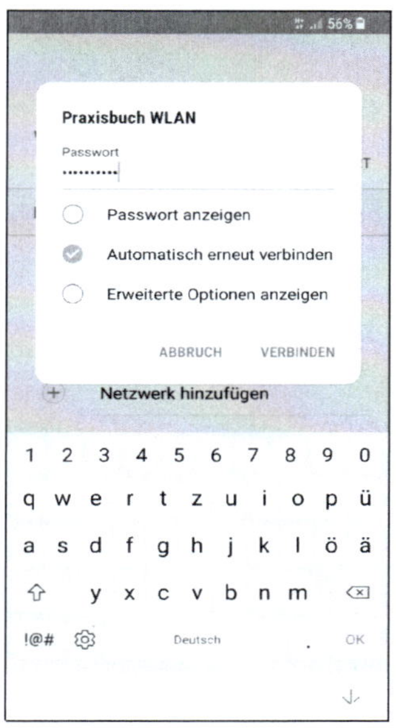

Bereits beim ersten Einschalten eines Android-Handys richten Sie die Internetverbindung ein.

Eine permanente Internetverbindung ist für Android-Handys wichtig. Natürlich sind Webbrowser und E-Mail-Anwendung ohne Internetanbindung unbrauchbar – aber wussten Sie, dass sogar Programme, von denen Sie es nie erwarten würden, aufs Internet angewiesen sind? Ihr Android-Handy speichert beispielsweise auch Ihre Kontakte, Termine, Lesezeichen des Chrome-Browsers, Ihre Fotos und Videos und vieles mehr im Internet. Das hört sich zunächst erst einmal ungewohnt an, hat aber für Sie durchaus Vorteile, wie wir unten noch zeigen werden. Ihre persönlichen Daten landen natürlich nicht einfach frei im Internet, sondern sind geschützt vor fremden Zugriff.

Den Speicherort für Ihre Daten legen Sie übrigens bereits bei der ersten Inbetriebnahme Ihres Android-Handys fest. Es handelt sich dabei um Ihr sogenanntes **Google-Konto**. Dieses hat immer das Format *IhrName@gmail.com*. Dabei ist *IhrName* ein von Ihnen frei wählbarer Name, erlaubt sind zum Beispiel die Kontonamen *hans.mueller@gmail.com*, *hansmuell25@gmail.com oder mueller201@gmail.com.*

Ihr Google-Konto erstellen Sie direkt nach der Interneteinrichtung beim ersten Einschalten Ihres Android-Handys. Den Kontonamen dürfen Sie frei wählen.

Nicht jeder ist darüber glücklich, dass seine Daten bei Google gespeichert werden. Google informiert aber sehr offen darüber und fragt gegebenenfalls nach Ihrer Zustimmung. Natürlich dürfen Sie auch ablehnen, aber ohne Google-Konto müssen Sie auf viele Komfortfunktionen verzichten. Dazu zählt auch die nachträgliche Installation von weiteren nützlichen Programmen aus dem Play Store.

2.2 Das Google-Prinzip

Wie bereits erwähnt, sammelt Google systematisch Ihre Daten, denn Ihr Android-Gerät lädt alle Ihre Kontakte, Termine, Browser-Lesezeichen, Fotos, usw. auf Google-Server im Internet hoch. Auf zwei Wegen können Sie dies verhindern beziehungsweise einschränken:

- Sie richten erst gar kein Google-Konto auf dem Handy ein.
- Sie deaktivieren, wie im Kapitel *23.2 Google-Konto entfernen* beschrieben, die Datensynchronisation für die einzelnen Datentypen.

Die erste Variante ist leider kaum praktikabel, den ohne Google-Konto steht Ihnen der Play Store nicht zur Verfügung, über den Sie weitere Programme installieren (über einen Umweg, bei dem Sie Sicherheitsfunktionen deaktivieren und manuelles Kopieren der Programmdatei auf das Gerät ginge es trotzdem, ist aber sehr unkomfortabel).

Mit der zweiten Variante kann Sie Google nur noch eingeschränkt »überwachen«, wird aber trotzdem noch Ihr Benutzerverhalten ausforschen. Beispielsweise sendet das Handy alle von Ihnen geschriebenen und empfangenen SMS und Ihr Anrufprotokoll an Google-Server. Auch Ihr per eingebautem GPS-Empfänger ermittelter Standort und Ihre WLAN-Passwörter werden permanent an Google übermittelt.

Es kommt aber noch »dicker«. Wie Sie vielleicht aus der Presse erfahren haben, wurde im Oktober 2016 bekannt, dass der Google-Konkurrent Yahoo über einen längeren Zeitraum den US-Geheimdiensten Zugriff auf alle Nutzerdaten gestattete. Es würde nicht verwundern, wenn auch Google den Geheimdiensten systematisch Daten liefert. Als Geheimnisträger in einer Firma oder einer Behörde sollten Sie sich deshalb überlegen, welche Daten Sie Ihrem Android-Handy oder anvertrauen. Bei anderen Betriebssystemen wie Apple iOS oder Windows 10 ist es mit der Datensicherheit aber genau genommen kaum besser bestellt.

2.3 Die SIM-Karte

Ihr Handy unterstützt zwei Arten des Internetzugangs:

- Über das Mobilfunknetz: Sie sollten prüfen, ob Ihr Handyvertrag auch die kostenlose Internetnutzung ausweist. Viele Netzbetreiber sprechen dabei von »Internet-Flatrate« oder »Datenflat«. Meist kann man die Internet-Flatrate für wenige Euro im Monat dazu buchen.

- Über WLAN: Wie Ihnen bekannt sein dürfte, lässt sich das Internet mit Ihrem Handy über WLAN nur zuhause beziehungsweise an ausgewiesenen WLAN-Zugangspunkten in Hotels, Bars, usw. verwenden.

Sie benötigen eine SIM-Karte im »Nano«-Format. Ältere Handys haben dagegen meist einen Mini- oder Micro-SIM-Steckplatz, weshalb Sie deren SIM-Karten nicht in Ihrem neuen Handy verwenden können.

Wir empfehlen, dass Sie Ihre aktuelle Mini- oder Micro-SIM-Karte beim jeweiligen Mobilfunkanbieter für eine Nano-SIM-Karte umtauschen (meist schickt er Ihnen kostenlos eine neue SIM-Karte zu und die alte Karte wird automatisch nach einigen Tagen ungültig).

Von der Möglichkeit, eine SIM-Karte auf das Nano-Format zuzuschneiden, raten wir ab. Wenn Sie Pech haben, wird sich die zugeschnittene Karte in Ihrem Handy verkannten und es beschädigen.

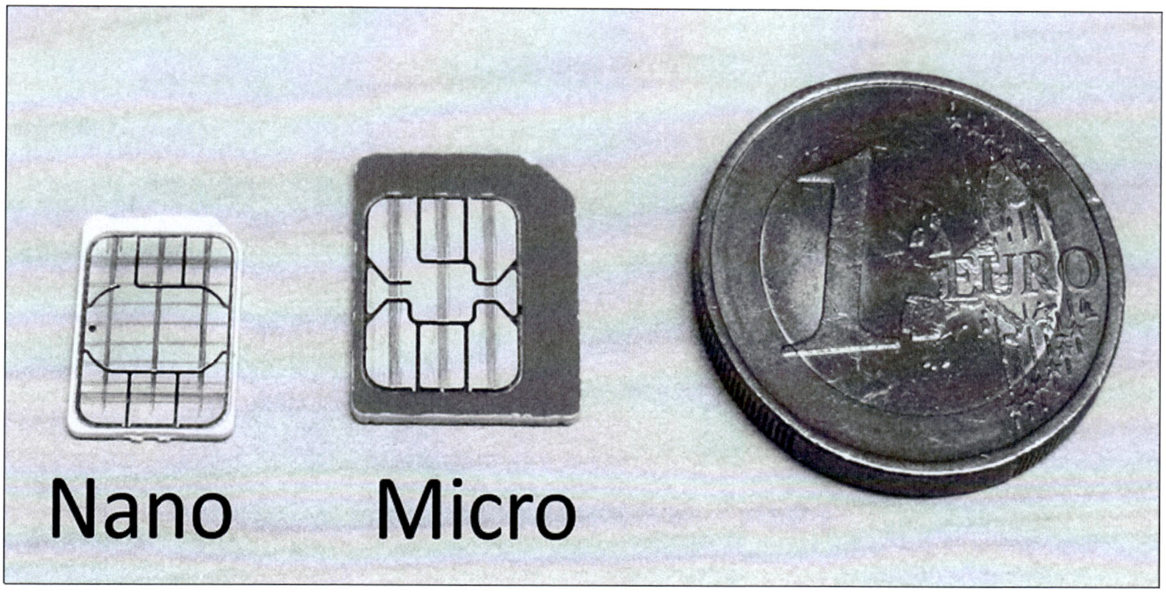

Nano- und Micro-SIM-Karte im Größenvergleich mit einer Euro-Münze.

3. Erster Start

Beim ersten Einschalten richten Sie den Internetzugang über WLAN, Ihr Google-Konto und einige andere Dinge ein.

Hinweis: Falls Sie bereits den Assistenten durchlaufen haben und schon Ihr Gerät nutzen, sollten Sie im Kapitel *4 Grundlagen der Bedienung* weiterlesen. Wo es in diesem Buch darauf ankommt, gehen wir auf die im Assistenten vorgenommenen Einstellungen nochmals ein. Sie verpassen also nichts!

❶ Geben Sie zuerst die SIM-PIN ein, damit sich das Samsung Galaxy ins Netz einbuchen kann. Schließen Sie Ihre Eingabe mit der *OK*-Schaltleiste auf dem eingeblendeten Tastenfeld ab.

❷ Stellen Sie gegebenenfalls im Auswahlmenü Ihr Land beziehungsweise Ihre Sprache ein, beispielsweise *Deutsch (Deutschland)*.

❸ Betätigen Sie die blaue Schaltleiste.

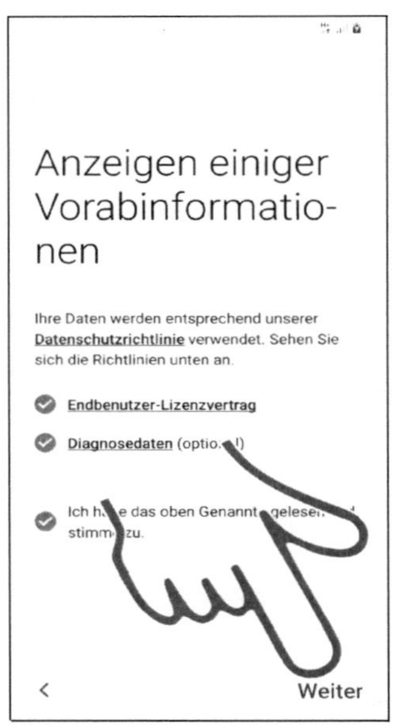

❶❷ Aktivieren Sie *Ich habe das oben Genannte gelesen und stimme zu*, dann betätigen Sie *Weiter*.

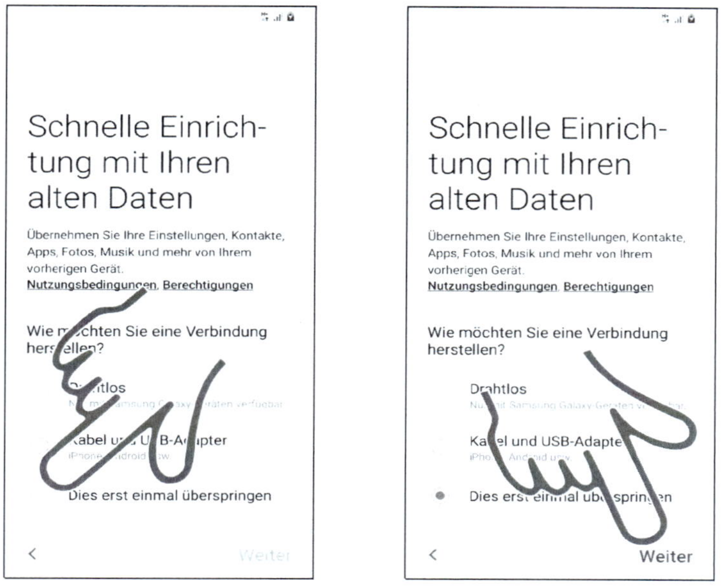

➊ Im *Schnelle Einrichtung mit Ihren alten Daten*-Bildschirm aktivieren Sie *Dies erst einmal überspringen.*

➋ Gehen Sie auf *Weiter.*

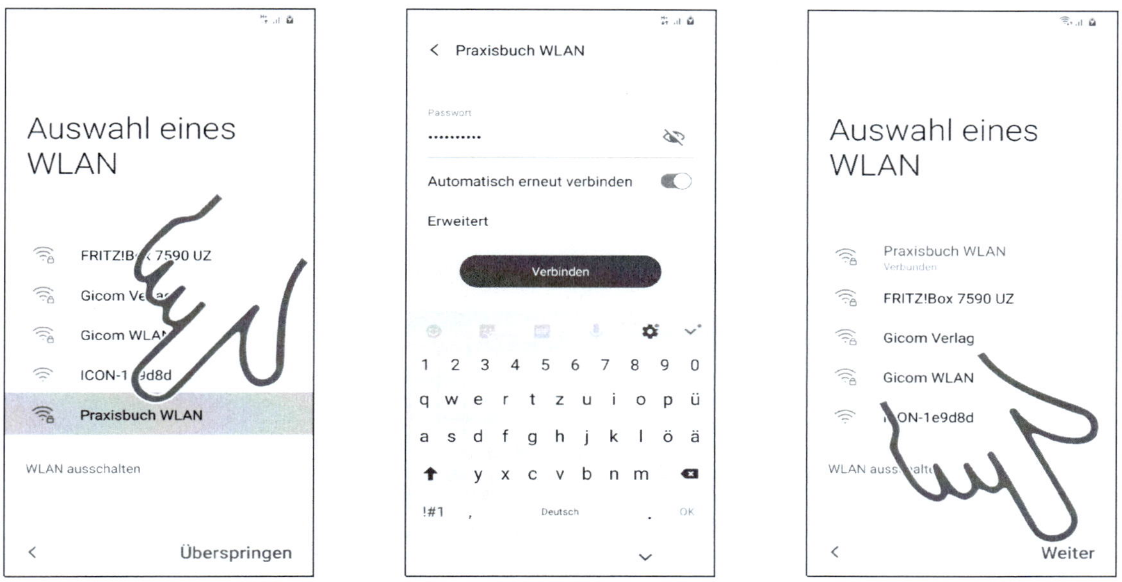

➊➋ Als Nächstes stellen Sie den genutzten WLAN-Zugangspunkt ein. Tippen Sie dafür kurz einen der gefundenen Zugangspunkte in der Liste an, geben Sie das zugehörige Kennwort ein und betätigen Sie *Verbinden.*

➌ Schließen Sie den Bildschirm mit *Weiter* (am unteren rechten Bildschirmrand).

In diesem Buch unterscheiden wir zwischen »Antippen«, was immer ein kurzes Antippen heißt und längerem Tippen und Halten mit dem Finger. Wenn Sie den Finger lange auf einem Bildschirmelement gedrückt halten müssen, weisen wir immer explizit darauf hin.

Aus persönlicher Erfahrung wissen wir, dass viele Anwender nicht ihr WLAN-Kennwort wissen – meist liegt ja die Einrichtung des eigenen DSL-WLAN-Routers einige Monate oder gar Jahre zurück. In diesem Fall können Sie im Webbrowser auf dem Desktop-PC die Weboberfläche des Routers aufrufen und sich dort das WLAN-Kennwort anzeigen lassen, beziehungsweise ändern. Bei der beliebten AVM Fritzbox geben Sie zum Beispiel *fritz.box* in der Browseradresszeile ein und klicken in der Fritzbox-Benutzeroberfläche auf *WLAN* und dann auf *Sicherheit.*

3.1 Vorhandenes Google-Konto

Um das Handy (und andere Android-Geräte) sinnvoll zu nutzen, müssen Sie ein sogenanntes Google-Konto besitzen. Das Google-Konto hat das Format einer E-Mail-Adresse und immer die Endung *gmail.com*, beispielsweise *sally.gievers@gmail.com*.

Falls Sie nicht wissen, was ein Google-Konto ist, oder bisher noch kein Android-Gerät genutzt haben, lesen Sie bitte im Kapitel *3.2 Neues Google-Konto*weiter.

> Beachten Sie, dass bei Ihnen die Bildschirmabbildungen eventuell geringfügig anders aussehen, da Google beziehungsweise Samsung laufend Änderungen an der Benutzeroberfläche vornehmen.

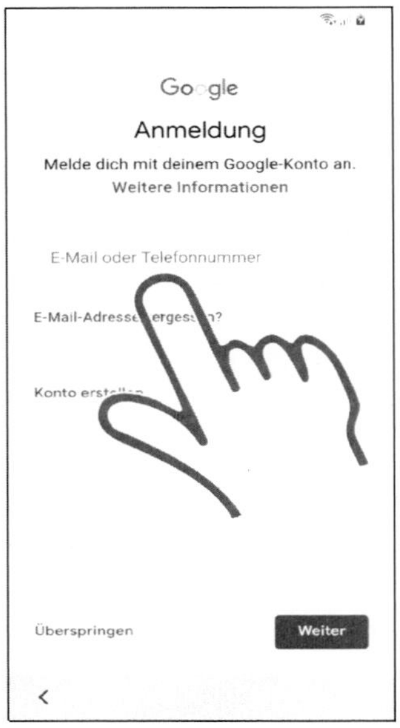

Tippen Sie auf *E-Mail oder Telefonnummer*.

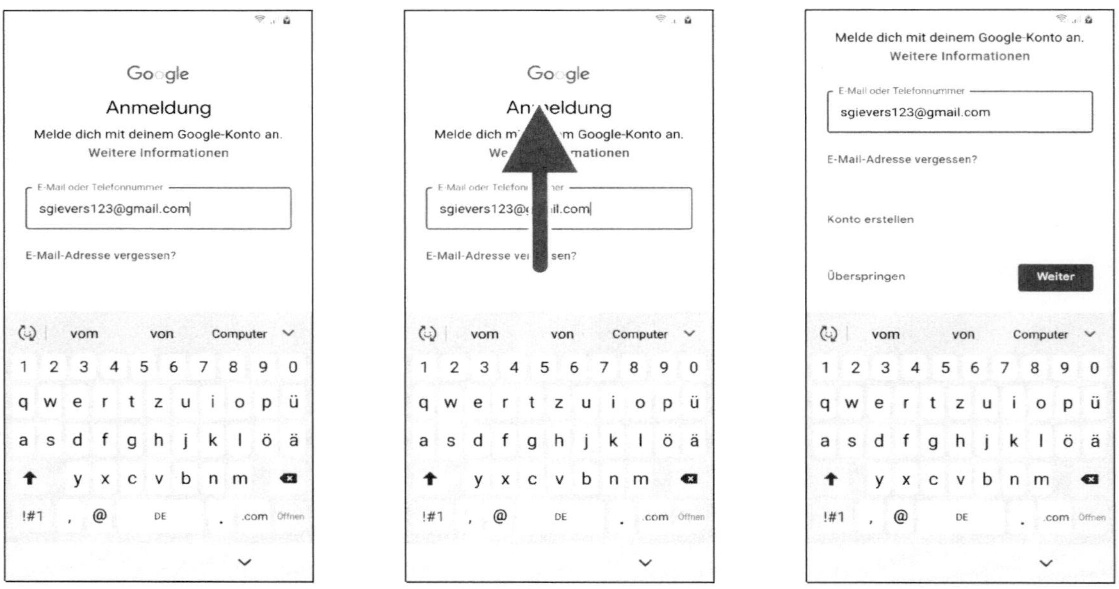

➊ Geben Sie Ihren Google-Konto-Namen (Eingabe des Namens vor *@gmail.com* reicht aus) ein.

➋➌ Wischen Sie nun mit dem Finger auf dem Bildschirm nach oben, worauf die *Weiter*-Schaltleiste sichtbar wird, die Sie betätigen.

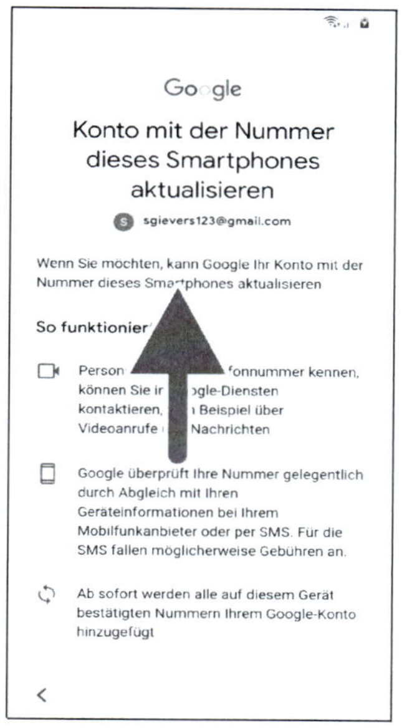

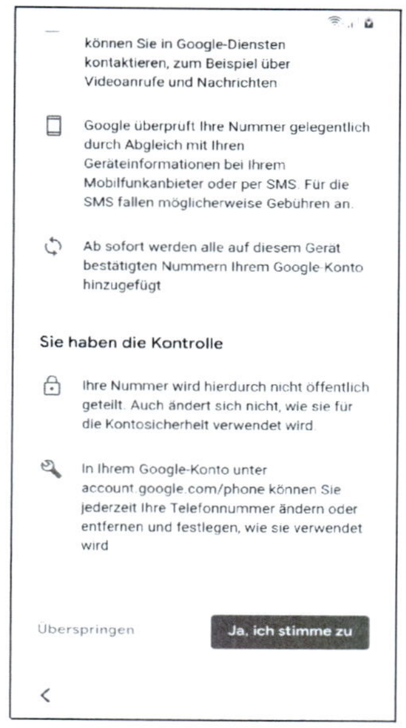

➊ Erfassen Sie das Passwort Ihres Google-Kontos und gehen Sie erneut auf *Weiter.*

➋➌ Nur falls Sie statt der zuvor genutzten, eine andere SIM-Karte verwenden, erscheint dieser Bildschirm. Wischen Sie auf dem *Konto mit der Nummer dieses Smartphones* aktualisieren-Bildschirm nach oben und betätigen Sie *Ja, ich stimme zu.*

Die im Google-Konto hinterlegte Handynummer nutzt Google, um Sie zu identifizieren, falls Sie mal das Passwort vergessen haben und es zurücksetzen müssen.

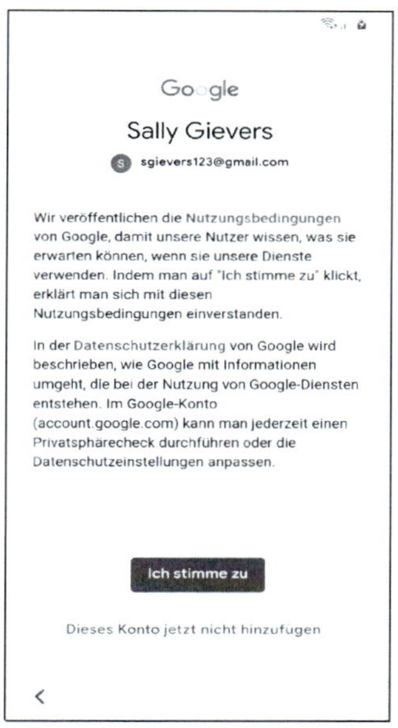

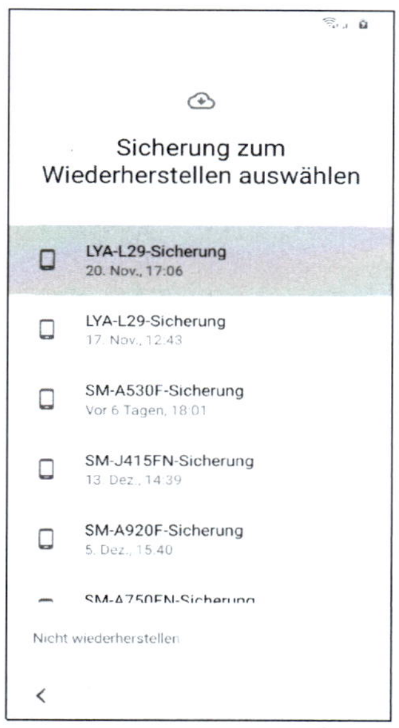

➊ Gehen Sie auf *Ich stimme zu.*

➋ Da Ihr Google-Konto vorhanden war, dürften Sie es auf einem anderen Handy oder Tablet eingerichtet haben. Für die Übernahme der Daten vom zuvor verwendeten Gerät wählen Sie einfach die Sicherung mit dem aktuellsten Datum aus.

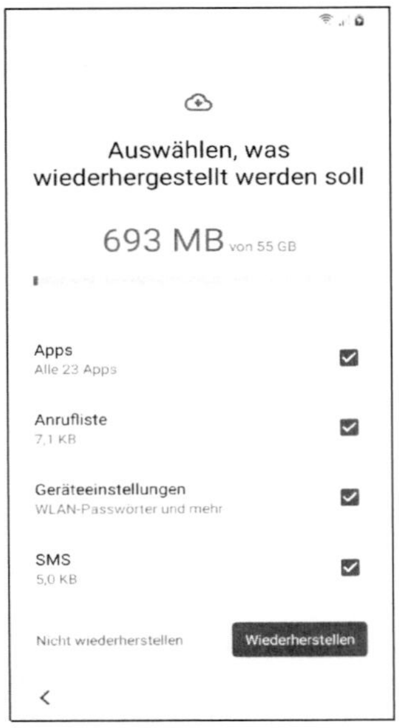

❶ In der Regel werden Sie alle Daten übernehmen wollen, weshalb Sie hier nichts verändern, sondern einfach *Wiederherstellen* betätigen. War das Gerät mit einer Gerätesperre versehen, müssen Sie nun dessen Code eingeben.

❷ Es erscheint kurz der Wiederherstellungshinweis. Lesen Sie nun im Kapitel *3.3 Weitere Einrichtung* weiter.

3.2 Neues Google-Konto

Dieses Kapitel brauchen Sie nur durchzuarbeiten, wenn Sie noch kein sogenanntes Google-Konto besitzen. Dies ist in der Regel der Fall, wenn Sie bisher noch nie ein Android-Handy oder Tablet genutzt haben.

Das Google-Konto hat das Format einer E-Mail-Adresse und immer die Endung *@gmail.com*, beispielsweise *sally.gievers@gmail.com*. Vom Handy wird das Google-Konto verwendet, um eine Sicherung Ihrer Daten auf Google-Servern durchzuführen.

Beachten Sie, dass bei Ihnen die Bildschirmabbildungen eventuell etwas anders aussehen, da Google beziehungsweise Samsung laufend Änderungen an der Benutzeroberfläche vornehmen.

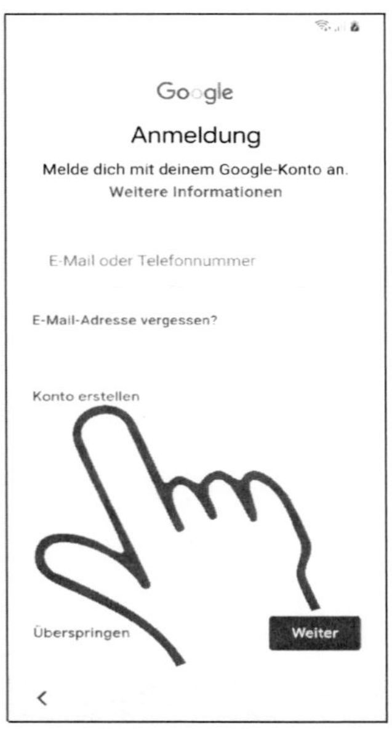

❶ Betätigen Sie *Konto erstellen.*

❷ Wählen Sie *Für mich selbst* aus.

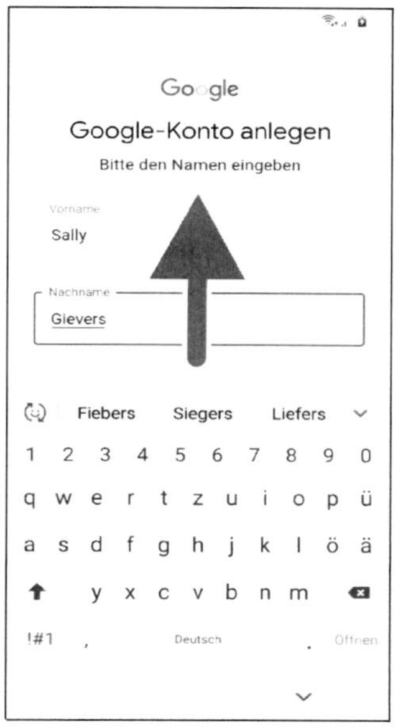

❶ Erfassen Sie in den Feldern Ihren Vor- und Nachnamen (mit dem Finger in das jeweilige Eingabefeld tippen).

❷❸ An dieser Stelle lernen Sie die Wischgesten kennen: Tippen und halten Sie den Finger auf eine Position oberhalb des Tastenfelds und ziehen Sie den Finger sofort nach oben und lassen Sie ihn los. Die *Weiter*-Schaltleiste wird sichtbar, die Sie als Nächstes betätigen.

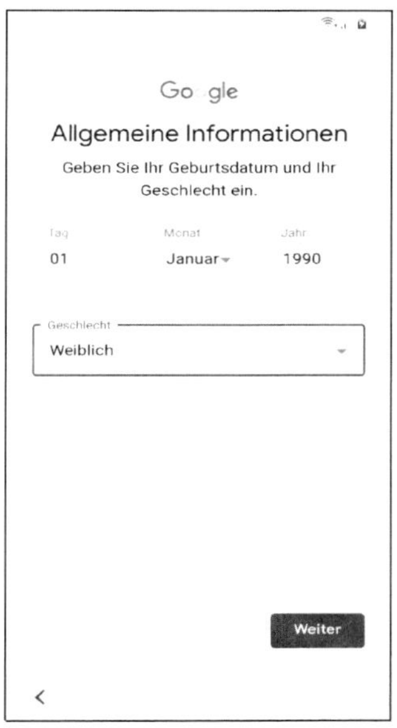

❶ Geben Sie Ihr Geburtsdatum und Geschlecht an (es ist Ihnen unbenommen, hier falsche Angaben zu machen), dann betätigen Sie *Weiter.*

❷ Google schlägt Ihnen einige Kontonamen vor. Wenn Sie *Andere Gmail-Adresse* auswählen, können Sie auch selbst einen selbst gewählten Kontonamen eingeben (❸). Betätigen Sie dann erneut die *Weiter*-Schaltleiste. Falls der Kontoname bereits an jemand anders vergeben wurde, macht das Programm Vorschläge beziehungsweise gibt Ihnen die Möglichkeit, einen anderen Kontonamen einzugeben.

> Zulässig sind im Kontonamen Buchstaben, Zahlen und Punkte. Klein- und Großschreibung wird nicht berücksichtigt.
>
> Tipp: Verzichten Sie bei Ihrem Kontonamen auf die leicht verwechselbaren Zeichen »0«, »O«, »1«, »L«, »Z« und »2«. Sie vermeiden damit Missverständnisse, wenn Sie mal Ihre E-Mail-Adresse für jemand anders aufschreiben.

➊ Zum Schluss erfassen Sie das zweimal hintereinander das Kennwort. **Das Kennwort (und natürlich den Kontonamen) sollten Sie sich genau merken oder notieren, weil Sie das Handy später ab und zu danach fragt!**

➋➌ Auch in diesem Bildschirm müssen Sie einmal mit dem Finger nach oben wischen, damit die *Weiter*-Schaltleiste erscheint, die Sie dann antippen.

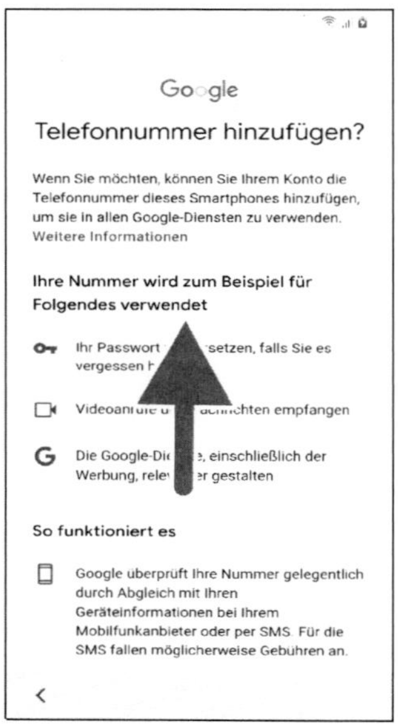

➊ Wischen Sie in diesem Bildschirm nach oben.

➋ Damit Sie das Kennwort für Ihr Google-Konto wieder zurücksetzen können, falls Sie es mal vergessen, betätigen Sie jetzt *Ja, ich stimme zu.*

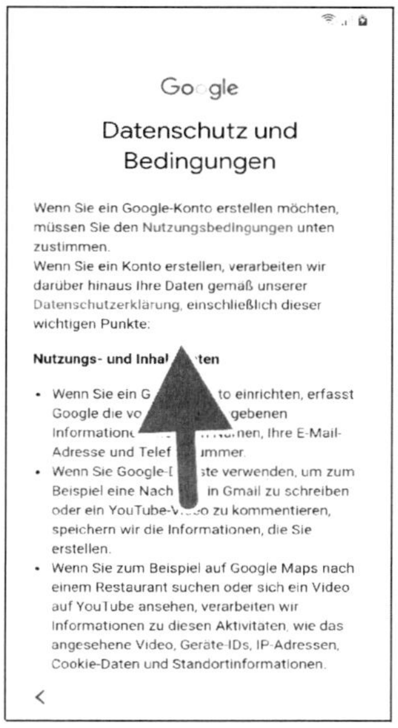

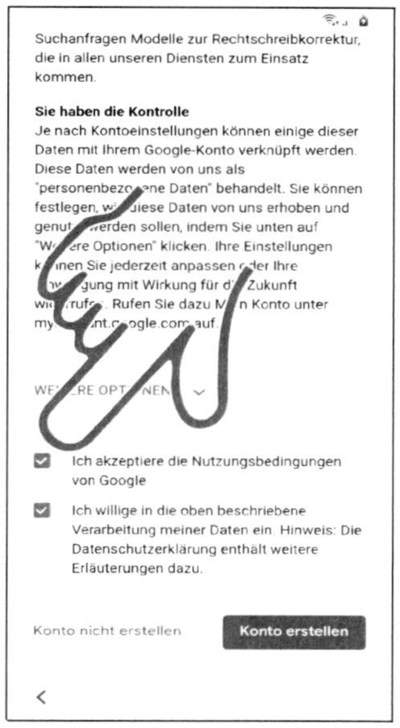

❶ Erneut müssen Sie die Wischgeste einsetzen, also mit dem Finger auf dem Bildschirm nach oben wischen.

❷ Aktivieren Sie die Abhakkästchen bei *Ich akzeptiere die Nutzungsbedingungen* und *Ich willige in die oben beschrieben Verarbeitung meiner Daten ein.* Gehen Sie auf *Konto erstellen.*

❸ Das Popup schließen Sie mit *Bestätigen.*

❶ Betätigen Sie *Weiter.*

❷ Den Hinweis *Keine Sicherungen gefunden* schließen Sie mit *Weiter*.

3.3 Weitere Einrichtung

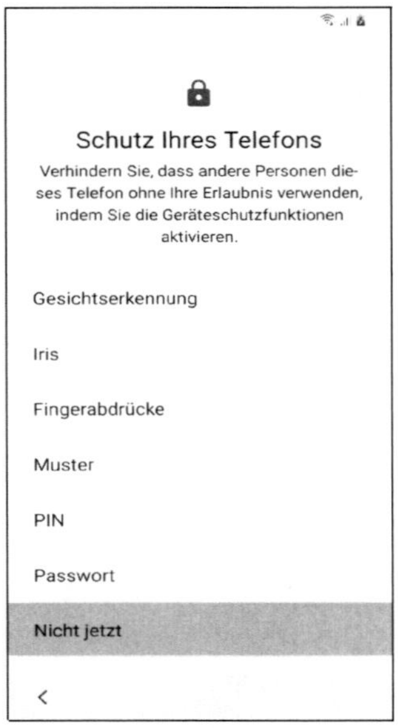

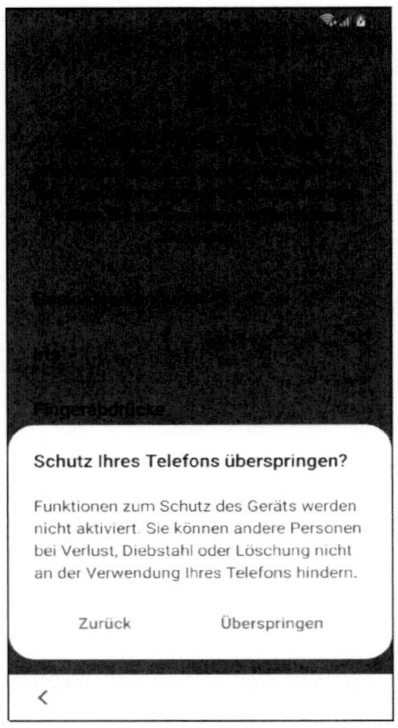

❶ Die Gerätesperre beschreibt später noch Kapitel *30.2 Gerätesperre*. Wählen Sie daher die Option *Nicht jetzt.*

❷ Den Warnhinweis schließen Sie mit *Überspringen.*

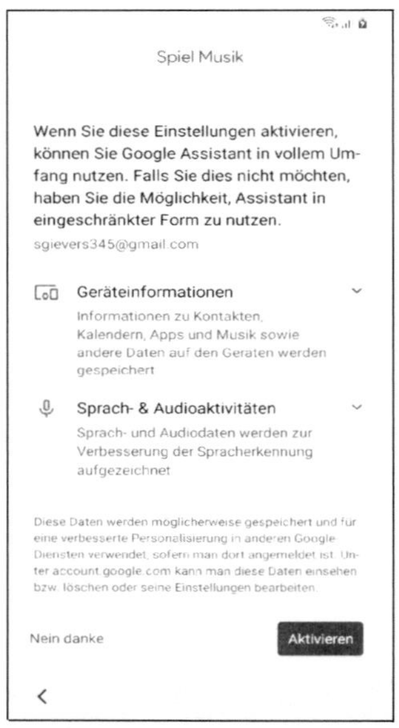

❶❷ Der Google Assistant (engl. Assistant = Assistent, Gehilfe) wird Sie später bei Ihrer täglichen Arbeit mit dem Handy unterstützen. Dieser Bildschirm erscheint nur, falls Sie Google Assistant noch nicht auf einem anderen Gerät genutzt haben. Betätigen Sie *Mehr* und dann *Aktivieren.*

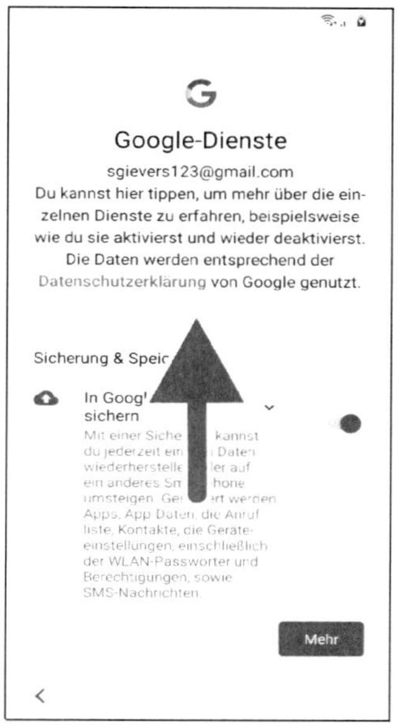

❶❷ Auch im Google-Dienste-Bildschirm führen Sie die bereits vorgestellte Wischgeste durch – Finger auf den Bildschirm setzen, nach oben ziehen und Finger hoch nehmen – dann betätigen Sie *Akzeptieren.*

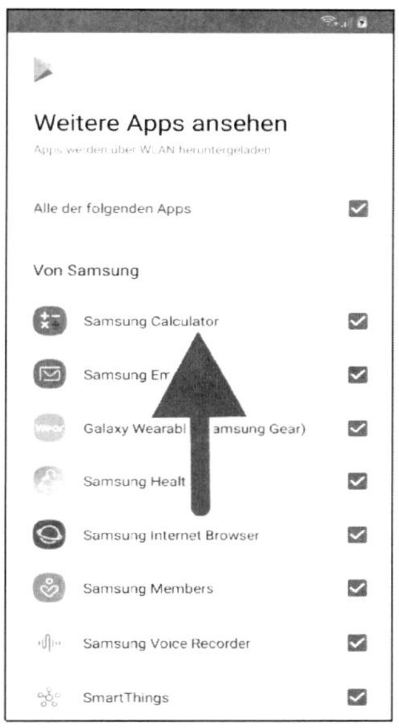

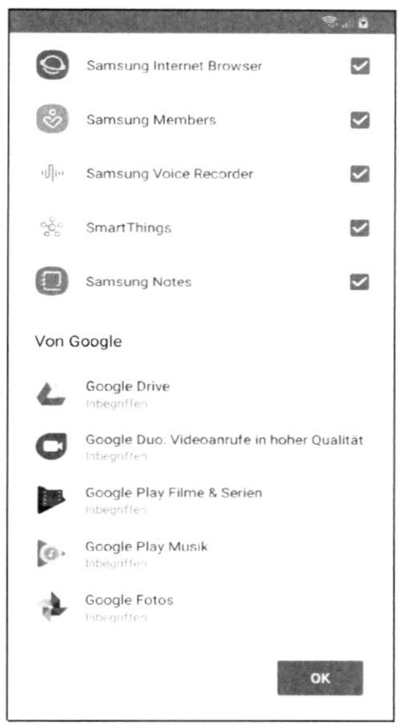

❶❷ Es ist hier möglich, nicht benötigte Anwendungen abzuwählen, damit diese nicht installiert werden. Wir raten davon ab, weil Sie einige davon später benötigen. Wischen Sie daher nach oben und betätigen Sie *OK.*

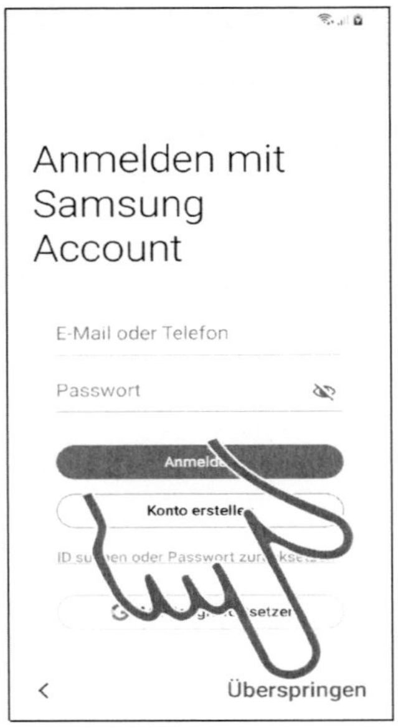

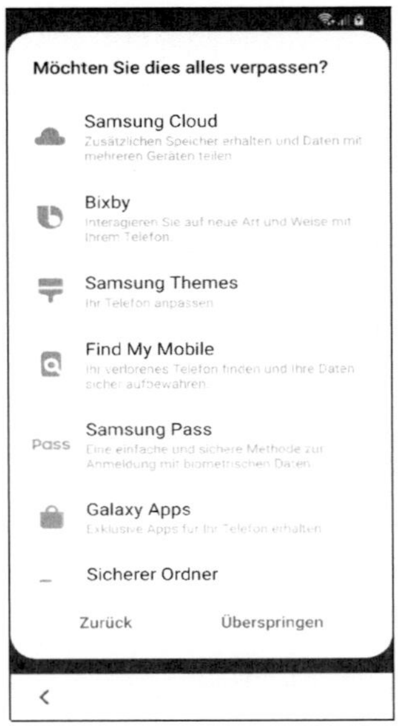

➊ Zusätzliche Dienste stehen nach Anmeldung beim Samsung-Konto zur Verfügung. Da wir später noch darauf eingehen (Kapitel *25 Das Samsung-Konto*), wischen Sie einmal nach oben. Die unten angezeigte *Überspringen*-Schaltleiste betätigen Sie als Nächstes.

➋ Schließen Sie auch den folgenden Warnhinweis mit *Überspringen.*

➌ Betätigen Sie *Beenden*.

➊ Schließen Sie die SIM-Kartenverwaltung mit *FERTIG.*

➋ Sie befinden sich nun im Startbildschirm und können mit dem Gerät arbeiten.

4. Grundlagen der Bedienung

Das Samsung Galaxy bedient man fast ausschließlich über das Touchdisplay. Sofern Sie bereits ein Handy mit Touchdisplay genutzt haben, finden Sie viele Funktionen wieder.

Wenn Sie Ihr Gerät von einem Netzbetreiber erworben haben, werden einige Menüs und Tastenfunktionen von den Beschreibungen in diesem Buch abweichen. Auch spätere Updates des von Samsung entwickelten Betriebssystems können dazu führen, dass zusätzliche Funktionen oder Anwendungen verfügbar sind.

4.1 Bedienelemente des Samsung Galaxy

Zwar erfolgt die Bedienung des Handys weitgehend über das Touchdisplay, einige Funktionen werden aber auch über Hardwaretasten ausgelöst.

Die Tasten auf der Unterseite:

- III: Zuletzt genutzte Anwendungen auflisten.
- O: Kurzes Betätigen schaltet wieder auf den Startbildschirm zurück. Langes Drücken dieser Taste ruft die im Kapitel *4.11 Zuletzt genutzte Anwendungen* beschriebene Funktion auf.
- <: Zurück: Zum vorherigen Bildschirm zurückkehren beziehungsweise Menüs schließen.
- Lautstärke-Tasten (auf der linken Geräteseite): Regulieren bei Telefongesprächen die Hörerlautstärke, ansonsten die Klingeltonlautstärke.

4.2 Displaysperre

Das Display ist der größte Stromverbraucher, weshalb es automatisch nach 30 Sekunden abgeschaltet wird. Diese Zeitspanne können Sie allerdings auf bis zu 10 Minuten ändern.

Sobald Sie das Display einschalten – beispielsweise durch kurzes Betätigen des Ein/Ausschalters auf der rechten Geräteseite, machen Sie mit der **Displaysperre** Bekanntschaft. Diese zeigt wichtige Infos wie verpasste Anrufe, usw. an. Die Displaysperre kann auch mit einer **Gerätesperre** versehen werden, das heißt, beispielsweise erst nach Eingabe einer PIN können Sie das Gerät nutzen. Mit einer Wischgeste in der Displaysperre schalten Sie das Handy frei und können es nutzen.

Auf eingehende Anrufe und Benachrichtigungen macht das Handy natürlich auch bei ausgeschaltetem Display weiterhin aufmerksam: Geht zum Beispiel ein Anruf ein, schaltet sich das Display wieder ein.

Zum Aus- beziehungsweise Einschalten des Displays führen Sie folgende Aktion durch:

- Sie betätigen den Ein-Ausschalter auf der rechten Geräteseite.
- Sie tippen einmal auf eine beliebige Stelle des Displays, dann betätigen Sie zweimal schnell hintereinander die O-Taste unterhalb des Displays.

> Der Umstand, dass man zwischen ausgeschaltetem Display, Displaysperre und Gerätesperre unterscheidet, ist für Anfänger etwas ungewohnt. Bei alten Handys gibt es ja nur das ein- oder ausgeschaltete Display.

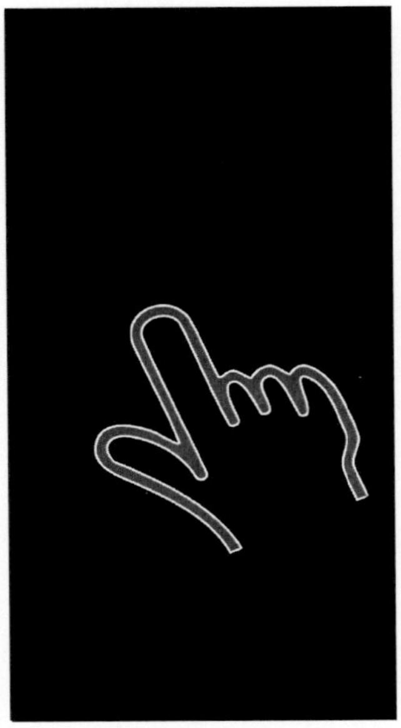

➊ Bitte beachten Sie, dass das Galaxy S10/S10+ über eine sogenannte **Always on**-Anzeige verfügt: Auch im ausgeschalteten Zustand zeigt es die Uhrzeit, das Datum und den Akkuladezustand an. Dazu müssen Sie einmal kurz auf das ausgeschaltete Display tippen.

➋ Verschiedene Symbole (Pfeil) informieren zudem über neu vorhandene Benachrichtigungen, beispielsweise ungelesene SMS oder E-Mails. Die Symbole sind häufig selbsterklärend.

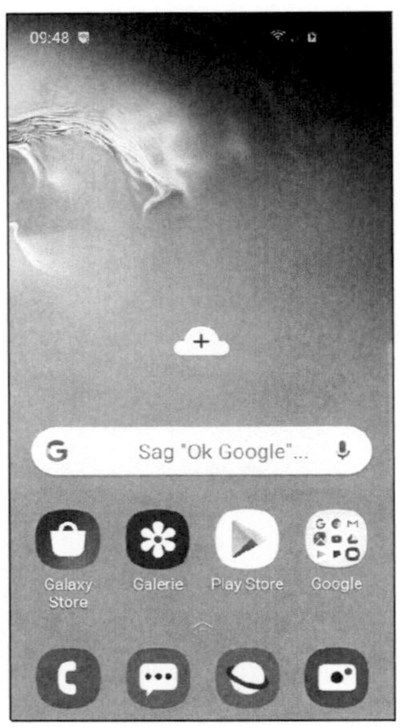

➊ So deaktivieren Sie die Displaysperre: Tippen und Halten Sie den Finger auf den Bildschirm und ziehen Sie ihn in eine beliebige Richtung. Beachten Sie, dass sich der Ausgangspunkt Ihres Fingers außerhalb der angezeigten Symbole befindet.

➋ Der Startbildschirm ist damit freigeschaltet.

4.3 Der Startbildschirm

❶ Der Startbildschirm ist der Ausgangspunkt, von dem Sie alle weiteren Anwendungen aufrufen. Er erscheint automatisch nach dem Einschalten sowie nach Betätigen der O-Taste unterhalb des Displays.

Die Bedeutung der Symbole am unteren Bildschirmrand: Über *Telefon* aktivieren Sie von dort aus die Telefonoberfläche (❷), *Nachrichten* öffnet die Nachrichten-Anwendung, *Internet* den Webbrowser und *Kamera* ruft die Kamera-Anwendung auf.

> Hinweis: Die Bildschirmanzeige bei Ihrem Gerät weicht an einigen Stellen von der in diesem Buch ab. Wir hatten zwecks besserer Lesbarkeit eine größere Schrift und kontrastreiche Hintergründe eingestellt.
>
> Bitte beachten Sie, die O-Taste nur kurz zu betätigen, weil Sie sonst die im Kapitel *4.11 Zuletzt genutzte Anwendungen* beschriebene Funktion aktivieren.

4.4 Erste Schritte

Damit Sie Ihr neues Handy besser kennenlernen, soll jetzt einmal die Abschaltzeit des Displays eingestellt werden.

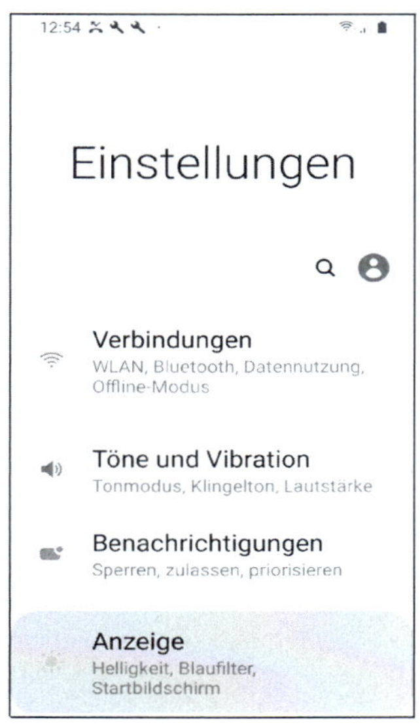

❶ Aktivieren Sie mit einer Wischgeste nach oben im Startbildschirm das Hauptmenü.

❷ Tippen Sie dann auf *Einstellungen.*

❸ Rufen Sie *Anzeige* auf.

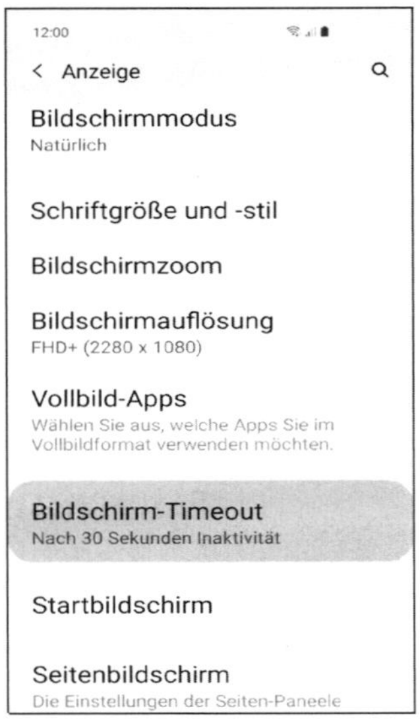

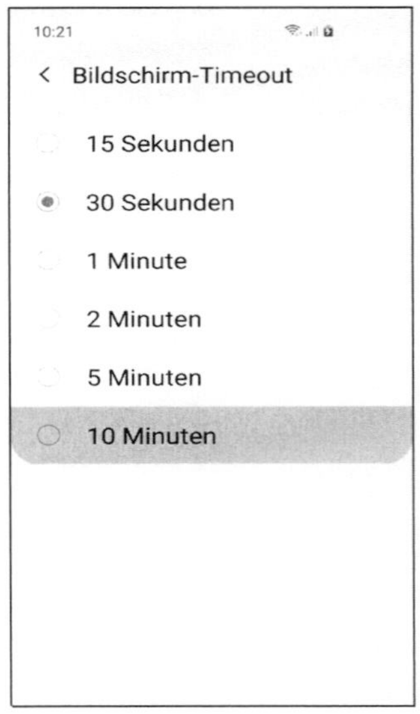

➊ Wischen Sie mit Finger auf dem Bildschirm nach oben.

➋ Tippen Sie nun auf *Bildschirm-Timeout.*

➌ Wählen Sie gewünschte Abschaltzeit aus. Sie befinden sich wieder im vorherigen Bildschirm, von dem aus Sie mit der O-Taste zum Startbildschirm zurückkehren.

4.5 Gestensteuerung

Die Gestensteuerung eine der großen Stärken des Samsung Galaxy. Deshalb dürften auch Anwender, die bereits mit einem Touchscreen-Handy gearbeitet haben, sich schnell zurechtfinden. Im Folgenden sollen die wichtigsten Gestenfunktionen einmal in der Praxis vorgestellt werden.

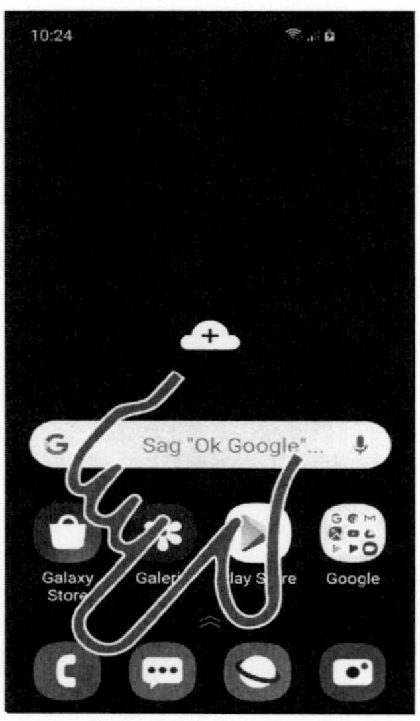

➊ Starten Sie die Telefonoberfläche über *Telefon.*

➋ An dieser Stelle kommen Sie erstmals mit einer Hilfsfunktion in Berührung. Über grüne Popups, die einmalig erscheinen, erhalten Sie Tipps. Sie können dann das Popup entweder antippen – was manchmal eine Aktion auslöst – oder Sie schließen das Popup mit der <-Taste unterhalb des Displays. In diesem Buch gehen wir nicht weiter auf die grünen Popups ein und empfehlen sie jeweils einfach zu schließen.

❶ Für Übersicht sorgen in vielen Programmen, darunter auch in der Telefonoberfläche, sogenannte Register (Pfeil), welche Sie durch Antippen aktivieren.

❷ Immer wenn, wie in diesem Fall, eine Liste größer als der Bildschirm ist, können Sie mit einer Geste durchrollen. Sie haben dabei sogar mehrere Möglichkeiten:

- Tippen und Halten Sie den Finger auf einer beliebigen Stelle des Bildschirms und ziehen Sie sofort den Finger langsam nach oben oder unten, je nachdem, wohin Sie in der Liste rollen möchten. Lassen Sie den Finger los, wenn Sie das gewünschte Listenelement gefunden haben.
- Wie zuvor, aber diesmal ziehen Sie mit Schwung in die gewünschte Richtung und lassen dann sofort wieder los. Die Liste rollt zunächst schnell und dann immer langsamer durch, bis sie stoppt.

4.6 Der Startbildschirm in der Praxis

Der Startbildschirm erscheint standardmäßig nach dem Einschalten beziehungsweise nach Betätigen der O-Taste.

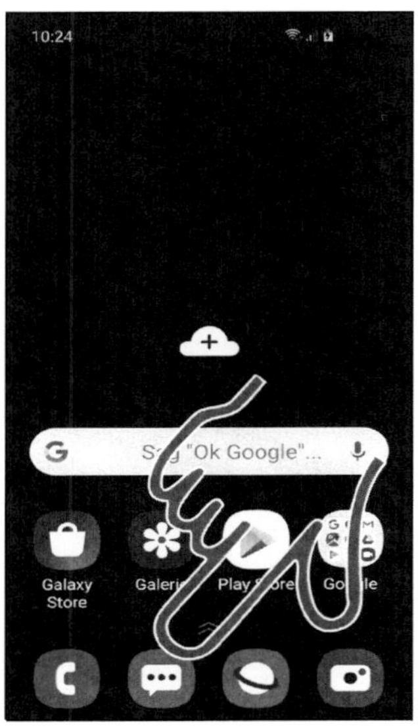

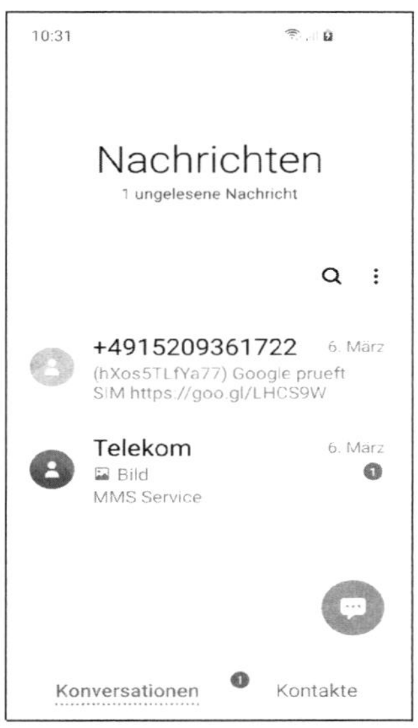

❶❷ Mehrere Anwendungen sind standardmäßig auf dem Startbildschirm über sogenannte Schnellzugriffe (Verknüpfungen) aufrufbar. Tippen Sie einfach einen Schnellzugriff kurz an, um die entsprechende Anwendung zu starten. Im weiteren Verlauf dieses Buchs erfahren Sie, wie man Schnellzugriffe auf seine Lieblingsprogramme selbst anlegt.

> Mit der O-Taste unterhalb des Displays schalten Sie, egal, in welcher Anwendung Sie sich gerade befinden, wieder auf den Startbildschirm zurück.

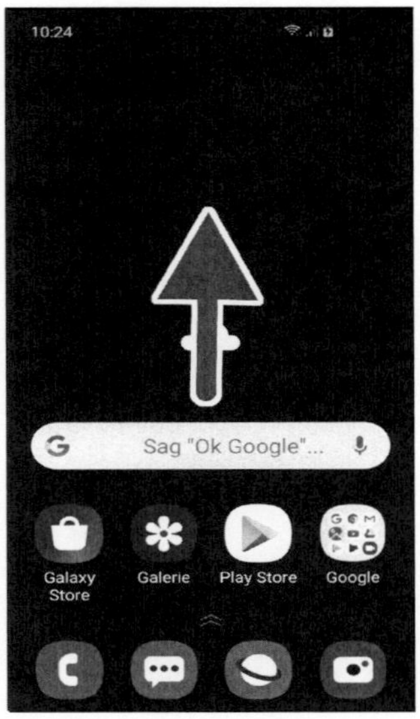

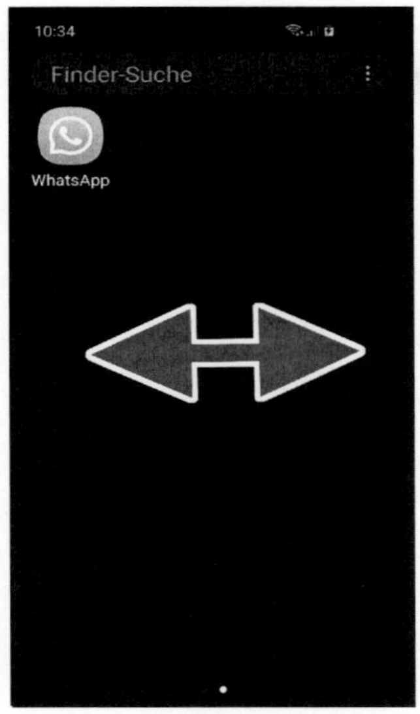

❶❷ Alle weniger häufig benötigten Programme finden Sie im Hauptmenü, das Sie mit einer Wischgeste nach oben aktivieren.

❸ Über eine Wischgeste (mit angedrücktem Finger nach links oder rechts ziehen) blättern Sie zwischen den Bildschirmen des Hauptmenüs. Dies ist allerdings erst möglich, wenn Sie bereits mehrere zusätzliche Programme auf dem Galaxy S10/S10+ installiert haben, die dann nicht mehr auf eine einzelne Hauptbildschirmseite passen.

4.7 Startbildschirm konfigurieren

Auf allen Bildschirmseiten des Startbildschirms lassen sich weitere Widgets und Verknüpfungen hinzufügen. Alternativ löschen Sie einfach diejenigen vorinstallierten Widgets, welche Sie nicht benötigen und legen an deren Stelle von Ihnen gewünschte an.

4.7.1 Schnellzugriffe anlegen und verwalten

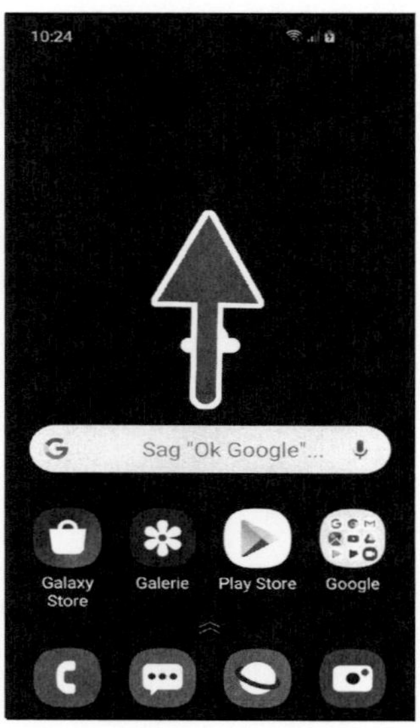

❶ So erstellen Sie einen Schnellzugriff (»Verknüpfung«) im Startbildschirm: Wischen Sie zunächst im Startbildschirm nach oben, was das Hauptmenü aufruft.

❷❸ Tippen und Halten Sie nun den Finger für einige Sekunden über einer Anwendung, im Beispiel *Taschenrechner*. Lassen Sie sich nicht davon irritieren, dass ein Popup erscheint, sondern halten Sie weiter den Finger ganz ruhig angedrückt. Das Handy schaltet nun automatisch auf den Startbildschirm um.

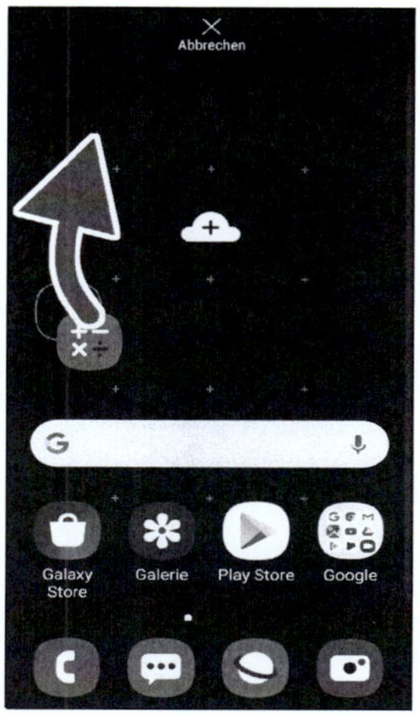

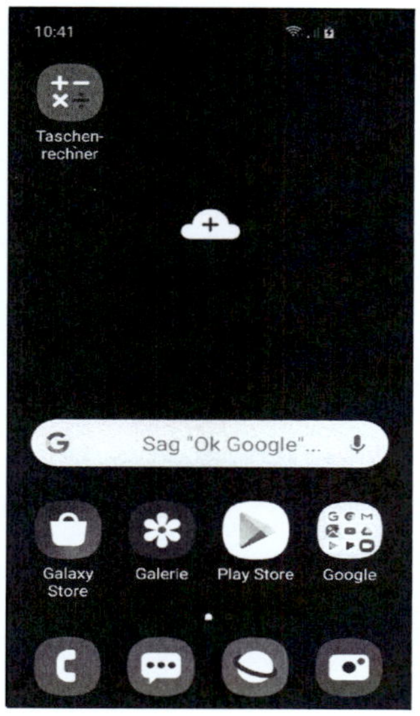

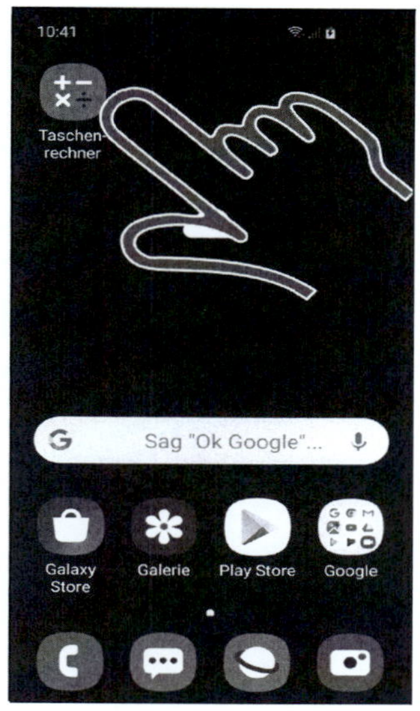

❶ Lassen Sie aber den Finger noch nicht los, sondern bewegen Sie den Finger an die Position, an der der Schnellzugriff positioniert werden soll. Lassen Sie dann den Finger los.

❷ Das Handy legt den Schnellzugriff an.

❸ Der Schnellzugriff lässt sich nun durch Antippen aufrufen.

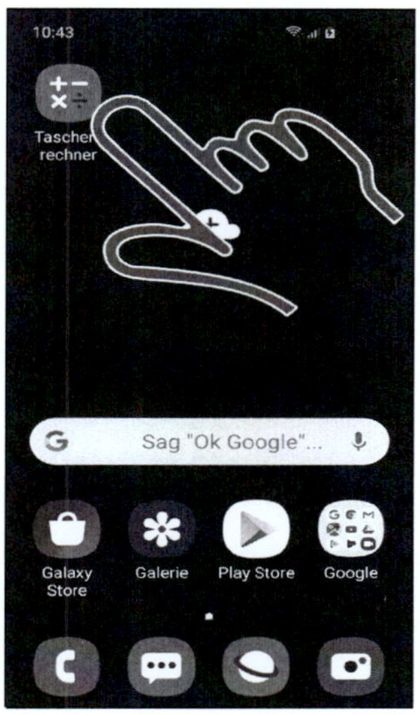

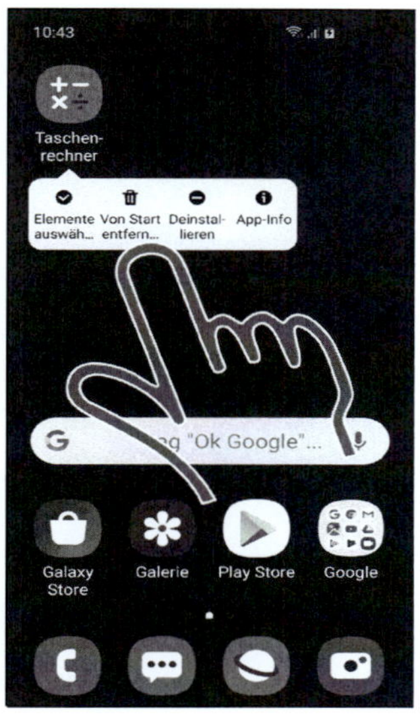

❶❷ So löschen Sie einen Schnellzugriff: Tippen und Halten Sie den Finger für einige Sekunden darauf, bis ein kleines Popup erscheint. Lassen Sie den Finger los und tippen Sie im Popup auf *Von Start entfernen*.

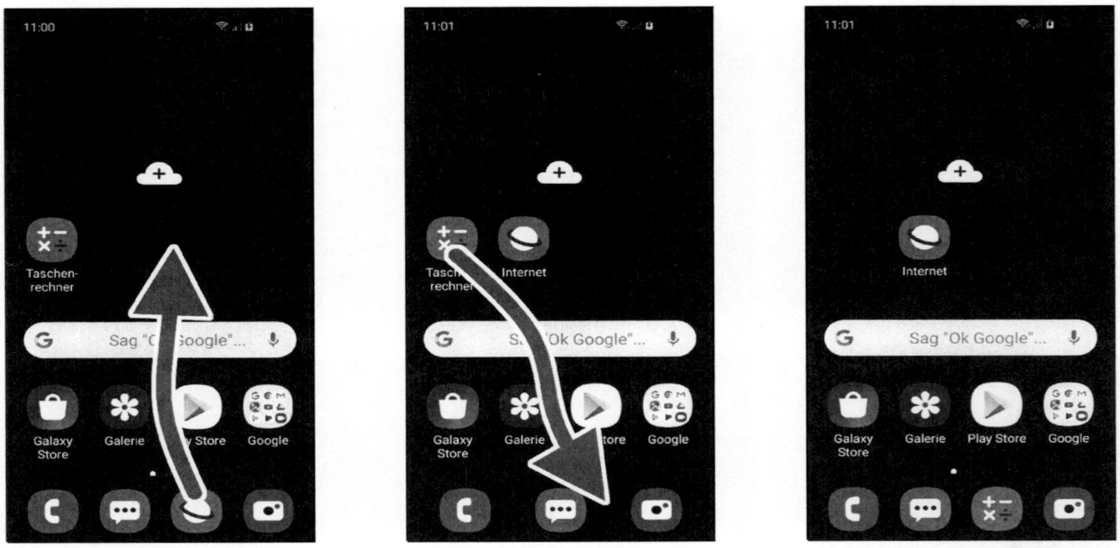

❶❷❸ Auch die Schnellzugriffe am unteren Bildschirmrand lassen sich durch Herausziehen/Hineinziehen von Programmsymbolen ändern.

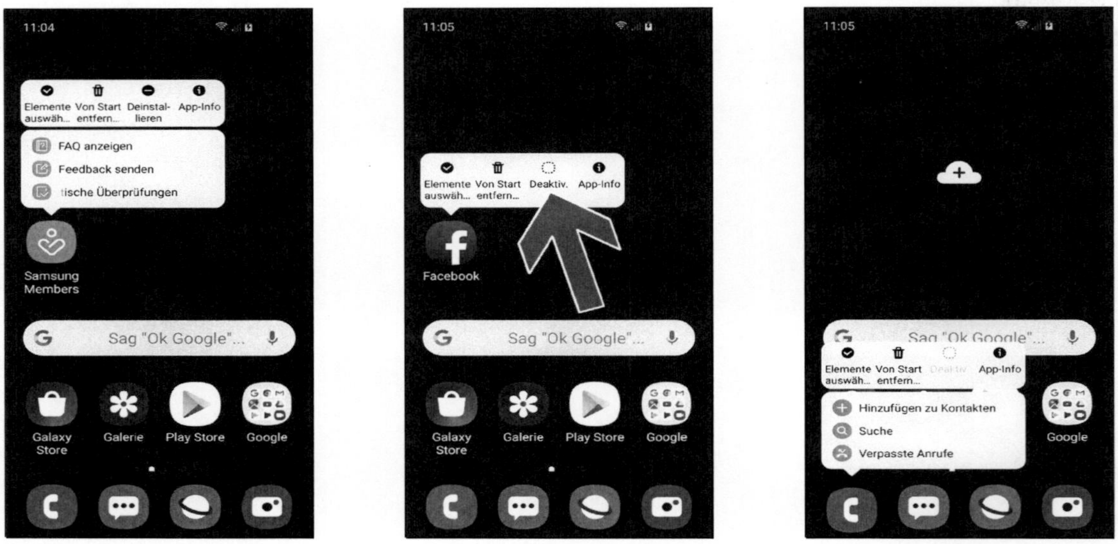

❶ Wenn Sie eine Verknüpfung halten und dann loslassen, erscheint ein Popup mit den Optionen:

- *Elemente auswählen*: Markieren Sie anschließend durch kurzes Antippen diejenigen Verknüpfungen, welche Sie auf dem Bildschirm verschieben möchten. Anschließend tippen, halten und verschieben Sie mit dem Finger die Verknüpfungen.
- *Von Start entfernen*: Löscht die Verknüpfung aus dem Startbildschirm.
- *Deinstallieren*: Programm vom Handy löschen. Sie können gelöschte Programme jederzeit wieder erneut installieren (siehe Kapitel *26.1 Play Store*). Einige Programme lassen sich nicht deinstallieren, sondern nur deaktivieren, wovon wir abraten.
- *App-Info*: Infos zum Akku- und Speicherverbrauch, über das Internet übertragener Datenmenge, Berechtigungen, usw. Normalerweise für Sie im Alltag nicht relevant.

❷ Halten Sie dagegen den Finger über eine der vorinstallierten Anwendungen, so erscheint statt *Deinstallieren* der Menüeintrag *Deaktiv* (Pfeil), Damit blenden Sie die Anwendung im Hauptmenü und Startbildschirm aus. Wichtige Anwendungen, die Sie unbedingt benötigen, beispielsweise die Nachrichten- oder Kamera-Anwendung, lassen sich nicht ausblenden.

❸ Eine Besonderheit ist das Schnellmenü, welches ebenfalls nach langem Drücken und Halten auf einer Verknüpfung erscheint. Sie können darüber viele Funktionen direkt aufrufen, ohne das jeweilige Programm erst starten zu müssen.

4.7.2 Widgets

Widgets sind Anwendungen, die in einem kleinen Fenster auf dem Startbildschirm Informationen anzeigen, beziehungsweise den Zugriff auf Daten oder Funktionen des Handys ermöglichen.

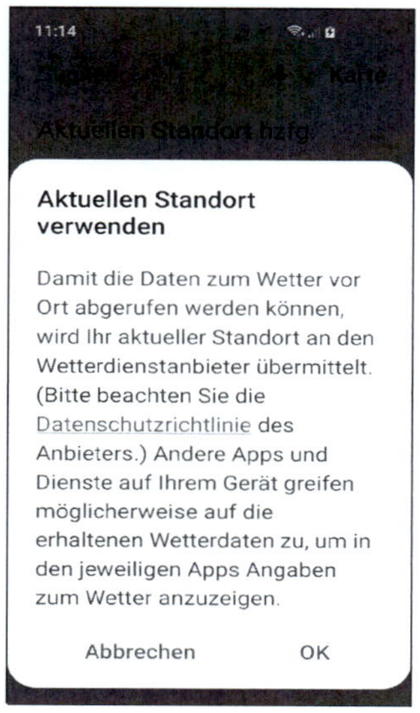

➊ Im Startbildschirm sind bereits zwei Widgets vorhanden: *Wetter* und die *Google*-Suchleiste. Tippen Sie jetzt mal auf das *Wetter*-Widget.

➋ Schließen Sie die folgenden Hinweise jeweils mit *OK* und *Zulassen.*

➌ Das aktuelle Wetter wird angezeigt.

Mit der ‹-Taste unterhalb des Displays kehren Sie wieder auf den Startbildschirm zurück.

Das Widget zeigt im Startbildschirm nun das aktuelle Wetter an.

4.7.2.a Widget hinzufügen

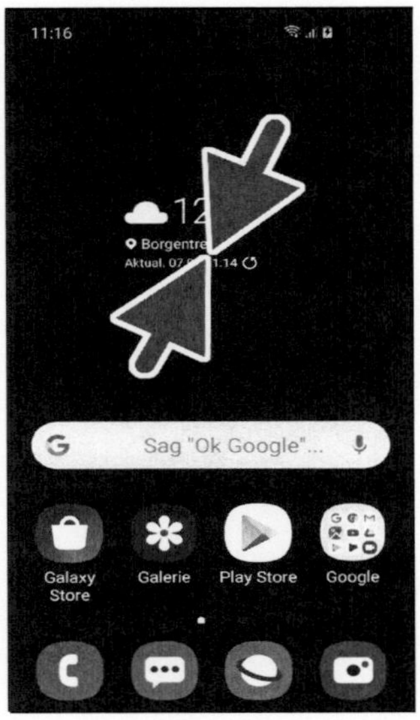

➊ Tippen und halten Sie einen Finger auf einen freien Bildschirmbereich. Alternativ führen Sie eine Kneifgeste durch: Ziehen Sie dazu zwei gleichzeitig auf das Display gedrückte Finger, beispielsweise Zeigefinger und Daumen, zusammen.

➋ Hier aktivieren Sie *Widgets* (Pfeil).

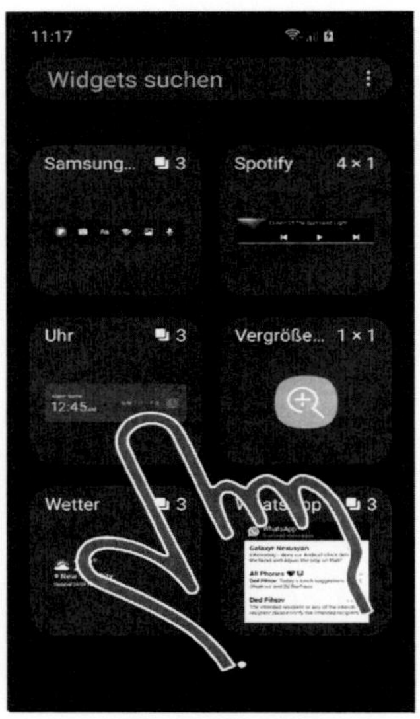

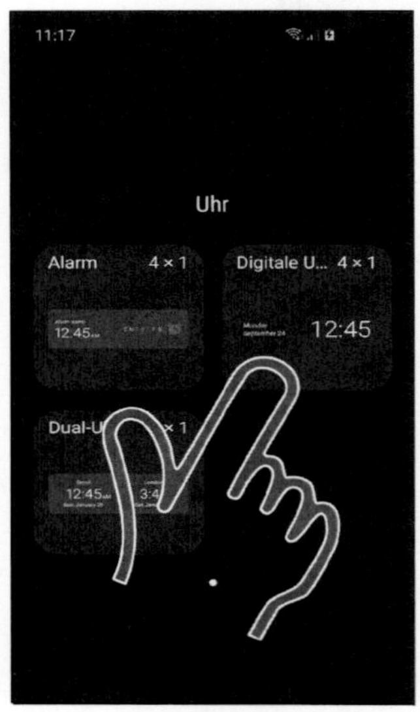

➊ Wischen Sie nach rechts/links durch die Widget-Auflistung.

➋ Einige Widgets wie »Uhr« sind in einem Ordner zusammengefasst, was Sie an der Zahl hinter der Ordnerbezeichnung erkennen. Tippen Sie dann zuerst den Ordner an.

➌ Tippen und halten Sie nun das Widget, worauf das Galaxy zum Startbildschirm wechselt. Lassen Sie noch nicht los!

Ja nach Handymodell beziehungsweise installierter Programme ist das Widget bei Ihnen eventuell an anderer Stelle im Widget-Menü zu finden.

❶ Halten und ziehen Sie das Widget an die Wunschposition und lassen Sie den Finger dann los.

❷ Die Einstellungen schließen Sie mit der ‹-Taste unterhalb des Displays.

❸ Betätigen Sie erneut die ‹-Taste.

❶❷ Wie bereits im Kapitel *4.7.1 Schnellzugriffe anlegen und verwalten* bei den Verknüpfungen beschrieben, lässt sich ein Widget durch Tippen und Halten mit dem Finger selektieren und dann auf dem Bildschirm an eine andere Position platzieren.

4.7.2.b Widget entfernen

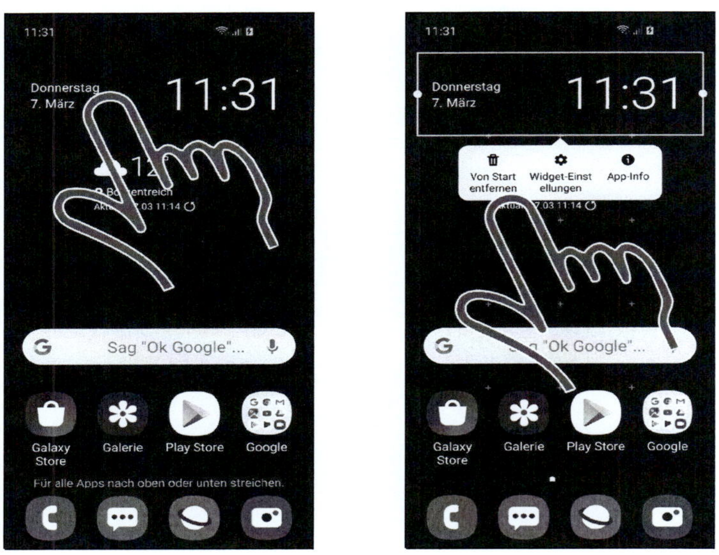

❶❷ Tippen und halten Sie den Finger über dem Widget, bis das Popup erscheint. Gehen Sie dann auf *Von Start entfernen.*

4.7.3 Ordner

❶❷ Im Hauptmenü und Startbildschirm sind einige Programme in den Ordnern *Samsung, Google* und *Microsoft Apps* zusammengefasst. Tippen Sie einen Ordner an, um die enthaltenen Programme anzuzeigen, die Sie dann durch Antippen aufrufen.

Zum Schließen des Ordners betätigen Sie die ‹-Taste oder tippen in einen Bildschirmbereich außerhalb des Ordners.

4.7.4 Hintergrundbild

Das Hintergrundbild in Startbildschirm, Hauptmenü und Displaysperre können Sie frei einstellen. Wählen Sie zwischen eines der vorgegebenen Designs oder stellen Sie ein Foto ein, das Sie mit der Kamera-Anwendung erstellt haben.

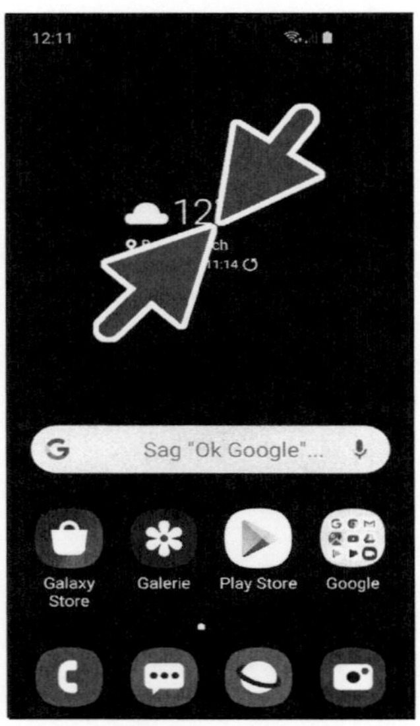

❶ Führen Sie im Startbildschirm eine Kneifgeste durch (zwei Finger, beispielsweise Zeigefinger und Daumen, gleichzeitig auf das Display drücken und dann zusammenziehen).

❷ Gehen Sie auf *Hintergründe*.

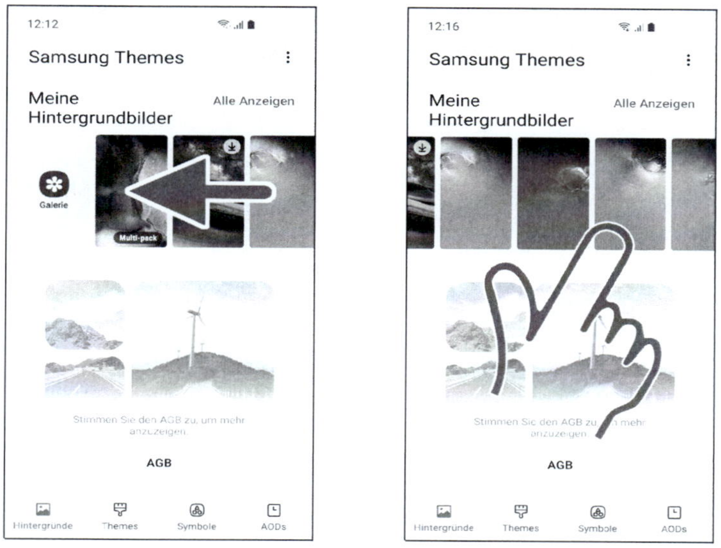

❶ Mit einer Wischgeste blättern Sie durch die vorhandenen Hintergrundbilder.

❷ Es gibt zwei Arten von Hintergrundbildern: Mit Animationen (erkennbar am *Multi Pack*-Text) und nicht animierte. Tippen Sie eines der Hintergrundbilder an.

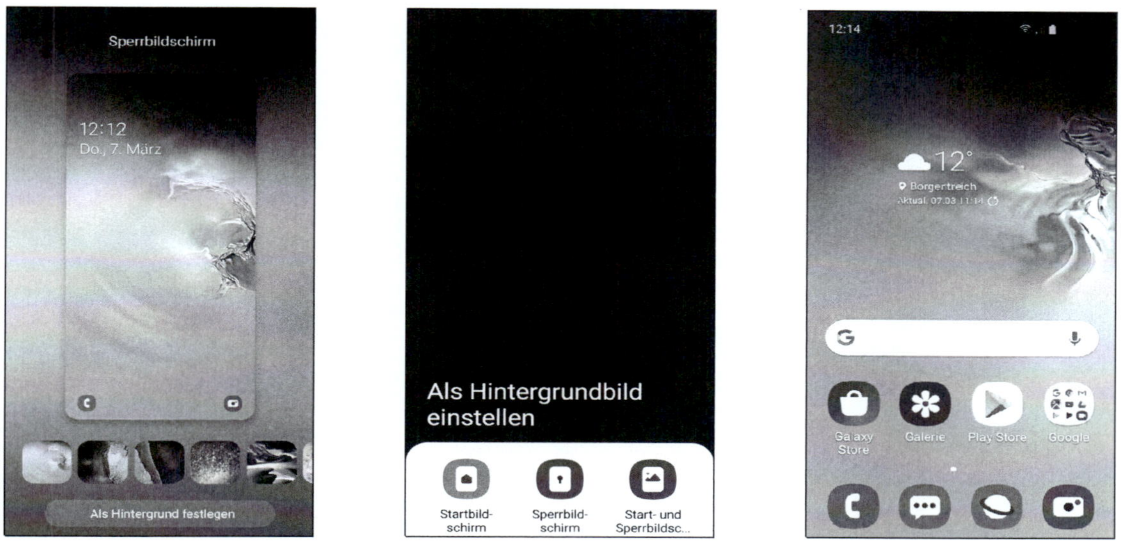

❶ Wenn das Hintergrundbild Animationen enthält, übernehmen Sie es mit *Als Hintergrund festlegen*.

❷ Bei einem nicht animierten Hintergrundbild wählen Sie zunächst am unteren Bildschirmrand die Verwendung aus:

- *Startbildschirm*
- *Sperrbildschirm*: Die Displaysperre, auf die das Handy sich nach einiger Zeit der Inaktivität umschaltet.
- *Start- und Sperrbildschirm*

Anschließend gehen Sie auf *Als Hintergrund festlegen*.

❸ So sieht das neue Hintergrundbild aus.

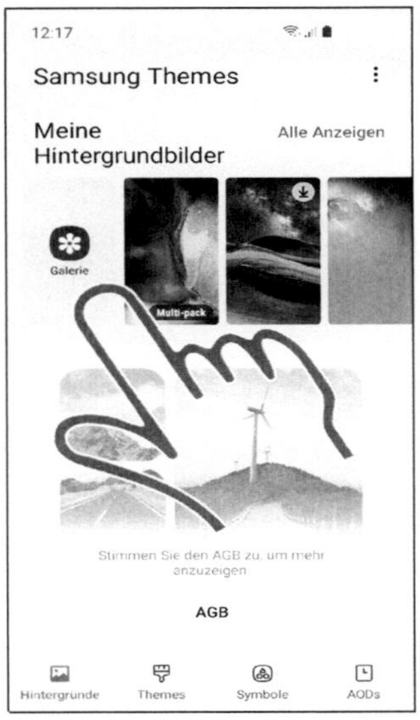

❶ Möchten Sie dagegen ein Foto als Hintergrundbild einrichten, das Sie mit der eingebauten Kamera erstellt haben, dann gehen Sie auf das erste Vorschaubild (Pfeil).

❷ Tippen Sie eines der von Ihnen mit der Kamera erstellten Fotos an.

❸ Wählen Sie aus, ob das Bild im Start- und/oder Sperrbildschirm erscheinen soll und betätigen Sie *Als Hintergrundbild festlegen*.

4.7.5 Titelleiste und Benachrichtigungsfeld

Wie bei fast allen Handys informieren auch beim Galaxy Symbole in der Titelleiste über den aktuellen Telefonstatus, verpasste Anrufe, den Status von WLAN, Bluetooth und vieles mehr.

❶ Beispiele für die Symbole in der Titelleiste am oberen rechten Bildschirmrand (Pfeil):

- : Internetverbindungen finden über WLAN statt (die gebogenen Balken zeigen die Sendestärke an).
- : Mobilfunk-Empfang (die Balken zeigen die Sendestärke an).
- : Akkuladezustand.

❷ Bei besonderen Ereignissen, beispielsweise eingegangenen SMS, verpassten Anrufen oder anstehenden Terminen, erscheint ebenfalls ein entsprechendes Symbol (Pfeil). In unserem Beispiel handelt es sich um die abgeschlossene Installation eines Programms ( ) aus dem Google Play Store und einen verpassten Anruf ( ).

In diesem Buch finden Sie, wo es sinnvoll ist, in den Kapiteln jeweils Hinweise darauf, welche Symbole in der Titelleiste erscheinen.

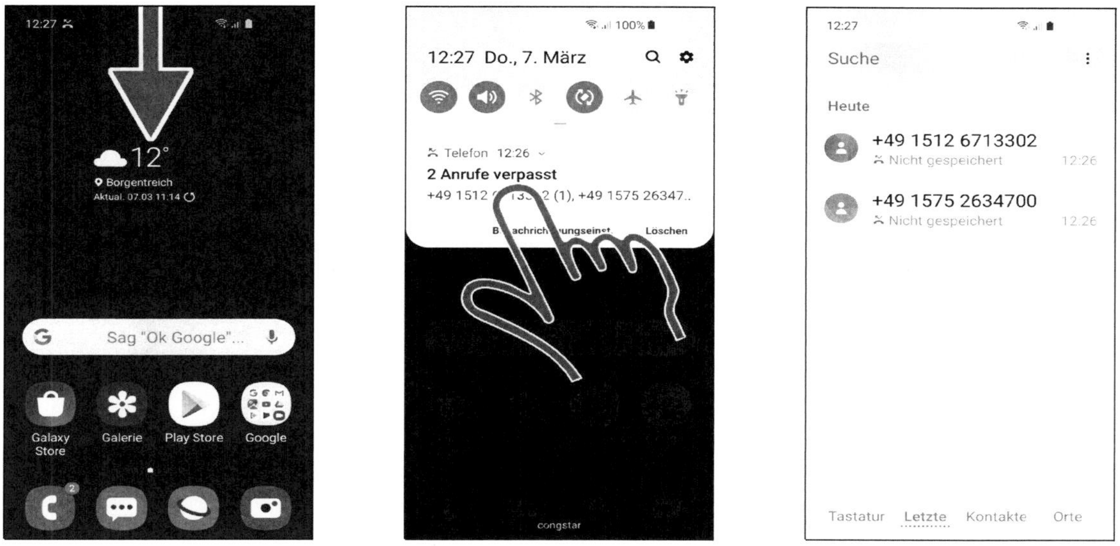

❶ Um weitere Informationen, zum Beispiel über einen eingegangenen Anruf, zu erhalten, halten Sie Ihren Finger auf die Titelleiste und ziehen ihn nach unten.

❷❸ Es erscheint das Benachrichtigungsfeld, welches ausführliche Infos auflistet und durch Antippen die zugehörige Anwendung, im Beispiel die Anrufliste startet.

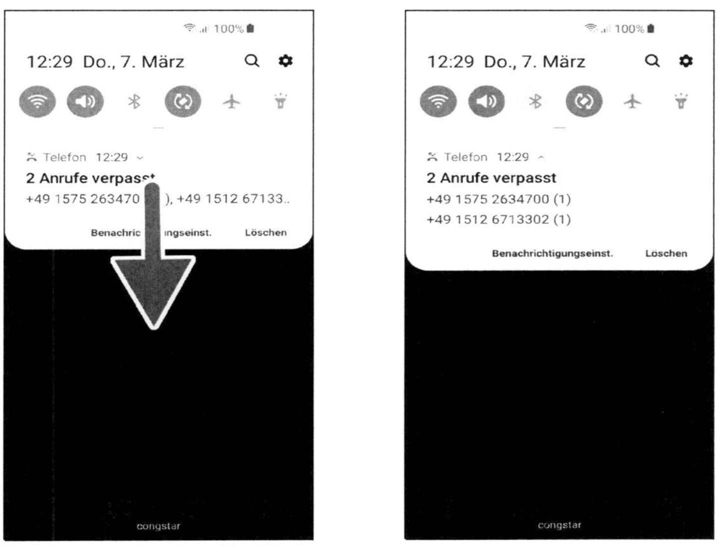

❶❷ Liegen mehrere Benachrichtigungen einer Anwendung vor, so fasst das Handy diese in einem Eintrag zusammen. Eine Wischgeste klappt dann die enthaltenen Benachrichtigungen aus.

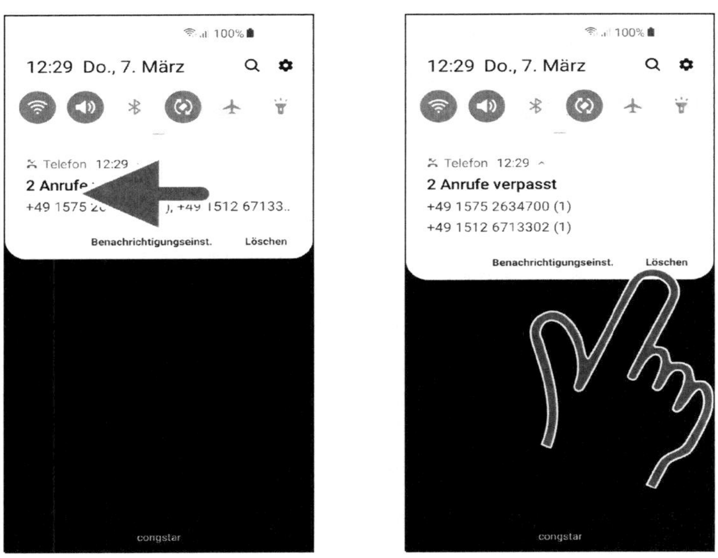

❶ Zum Löschen einer einzelnen Benachrichtigung tippen und halten Sie den Finger darauf und ziehen ihn nach links oder rechts. Die restlichen Einträge in der Benachrichtigungsliste rutschen dann nach oben.

❷ Die *Löschen*-Schaltleiste entfernt dagegen alle Benachrichtigungen in einem Rutsch.

4.7.6 »Sichere Daten« entfernen

Leider versucht Samsung, Ihnen einen unsinnigen Dienst »unterzuschieben«, bei dem es um eine geschützte Internetverbindung (»VPN«) geht. Die dahinterstehende Idee mag zwar hilfreich sein, uns stört aber, dass dies über einen US-Anbieter läuft und dem Kunden aufgedrängt wird. Außerdem sind Internetverbindungen bereits verschlüsselt, sofern Sie einen mit Kennwort geschützten WLAN-Zugangspunkt nutzen (was heute Standard ist). Bei größerem übertragenen Datenvolumen sind zudem rund 2 Euro pro Monat für den Samsung-VPN fällig.

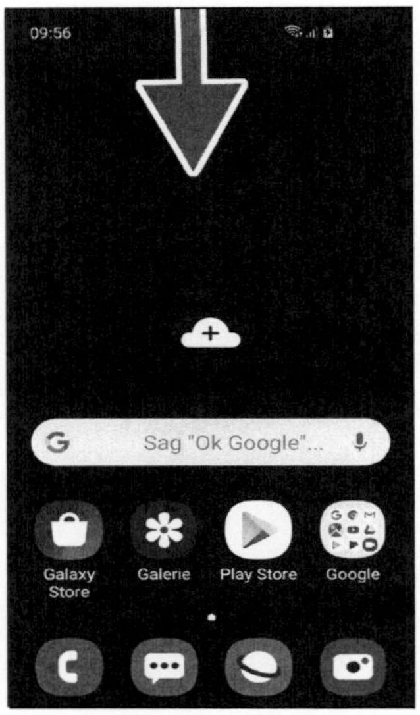

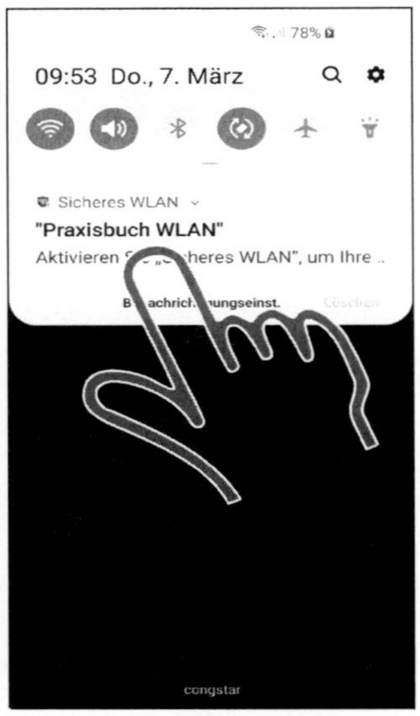

❶ Rufen Sie mit einer Wischgeste das Benachrichtigungsfeld auf.

❷ Der Eintrag »Sicheres WLAN« und dem Namen Ihres WLAN-Zugangspunkts lässt sich nicht mit einer Wischgeste entfernen. Deshalb tippen Sie ihn an.

❸ Betätigen Sie *STARTEN*, den folgenden Bildschirm schließen Sie dann mit der ‹-Taste unterhalb des Displays.

4.7.7 Schaltleisten im Benachrichtigungsfeld

Viele wichtige Systemfunktionen steuern Sie über die Schaltleisten im Benachrichtigungsfeld. Tippen Sie eine Schaltleiste kurz an, so schalten Sie eine Funktion ein/aus.

Die Schaltleisten:

- *WLAN*: Verwaltet das WLAN. Siehe Kapitel *9 WLAN*.
- *Ton*: Lautstärke ein/ausschalten.
- *Bluetooth*: Steuert Bluetooth (für die Dateiübertragung per Funk an andere Handys oder Tablets).
- *Bildschirm drehen*: Normalerweise passt sich die Bildschirmorientierung automatisch an die Geräteausrichtung an. Wenn Sie das Handy beispielsweise waagerecht halten, so wird automatisch auf eine waagerechte Anzeige umgeschaltet. Deaktivieren Sie *Bildschirm drehen*, wenn sich die Bildschirmorientierung nie ändern soll.
- *Offline-Modus*: Alle Funkverbindungen (Telefonie, Mobilfunkinternet, WLAN und Bluetooth) ein/ausschalten (siehe Kapitel *5.6 Flugmodus (Offline-Modus)*).
- *Taschenlampe*: LED-Leuchte auf der Vorderseite einschalten.

❶❷ Weitere Schaltleisten aktiviert eine Wischgeste über den Schaltleisten nach unten:

- *Energiemodus* : Erhöht die Akkubetriebsdauer. Dabei reduziert das Handy die unter anderem die Displayhelligeit und die Prozessorgeschwindigkeit (siehe Kapitel *33.7 Energiesparmodi*).
- *Mobile Daten*: Deaktivieren Sie *Mobile Daten*, damit das Handy keine Internetverbindung über das Mobilfunknetz aufbaut. Dies kann nötig sein, wenn Sie keinen Mobilfunkvertrag mit Internetflatrate nutzen (sogenannter Datenvertrag). Internetverbindungen finden dann über das WLAN statt. Siehe auch Kapitel *8.2.2 Mobilfunk-Internet aktivieren/deaktivieren*.
- *Wireless PowerShare*: Sie können damit ein anderes Handy mit Strom versorgen, sofern von diesem drahtloses Laden unterstützt wird. Halten Sie dazu beide Handys, wie angegeben, übereinander.
- *Blaufilter*: Die Hintergrundbeleuchtung eines Handy-Displays enthält Blautöne, welche manche Anwender als unangenehm empfinden. Mit dem *Blaufilter* erhalten Sie einen warmen Bildschirmeindruck.
- *Mobile Hotspot*: Stellt die Mobilfunkinternetverbindung anderen Geräten als WLAN-Zugangspunkt zur Verfügung.
- *Standort*: Automatische GPS-Positionsermittlung (per GPS).

❶❷ Weitere Schaltleisten blendet eine Wischgeste nach links ein:

- *Smart View*: Den Displayinhalt auf einem TV von Samsung anzeigen. Geräte anderer Hersteller werden nicht unterstützt.
- *Bitte nicht stören*: Schaltet zu bestimmten Tageszeiten die Benachrichtigungen aus. Siehe Kapitel *28.5 Ruhemodus*.
- *Sicherer Ordner*: Dateien und Daten in einem separatem Speicherbereich verwalten.
- *NFC*: Der eingebaute NFC-Chip dient dem Datenaustausch. Siehe Kapitel *33.9 NFC*.
- *Always On Display*: Das Always On Display zeigt bei ausgeschaltetem Display die Uhrzeit und Benachrichtigungen an. Siehe auch Kapitel *28.2 Always On Display*.
- *Telefon-sichtb.*: Aktiviert Samsung Connect, das der Heimautomatisierung dient. In diesem Buch gehen wir nicht weiter darauf ein.
- *Sync*: Alle Anwendungen können im Hintergrund aus dem Internet Daten laden beziehungsweise senden. Sie sollten diese Funktion nicht deaktivieren, weil das Galaxy sonst nicht wie gewohnt funktioniert.
- *Seitenlicht*: Steuert die seitliche Displayanzeige. Siehe Kapitel *31 Der Seitenbildschirm*.
- *Dolby Atmos*: Falls Sie häufig Musik hören, optimieren Sie darüber die Klangfarbe.
- *Kinder-Startbildschirm*: Richtet eine sichere Umgebung für Kinder ein. In diesem Buch gehen wir nicht weiter darauf ein.
- *Nachtmodus*: Invertiert die Bildschirmanzeige, damit Sie in dunkler Umgebung nicht vom Display geblendet werden.
- *Bixby-Routinen*: Das Handy führt automatisch verschiedene Aktionen durch, wenn bestimmte Bedingungen erfüllt sind. Darauf geht Kapitel *24.2.3 Schnellbefehle* ein.

❸ Auf dem dritten Bildschirm, den Sie mit einer weiteren Wischgeste nach links anzeigen:

- *Navigationsleiste*: Schaltet die Navigationstasten unterhalb des Display ein/aus.
- *WLAN-Anrufe*: Statt über das Mobilfunknetz erfolgen Ihre Telefonanrufe über WLAN. Diese als sogenanntes Wifi-Calling beziehungsweise WLAN-Call bezeichnete Funktion muss Ihr Netzbetreiber freischalten. Falls Sie sich in einem Gebiet mit schlechter Mobilfunkabdeckung aufhalten, können Sie trotzdem problemlos telefonieren, sofern Sie in einem WLAN eingebucht sind.

Die auf der zweiten und dritten Bildschirmseite angezeigten Schaltleisten sehen bei Ihnen etwas anders aus, sofern Sie noch nicht alle kurz nach der Ersteinrichtung angebotenen Betriebssystem-Updates durchgeführt haben (siehe Kapitel *4.18 Erstes Betriebssystem-Update*).

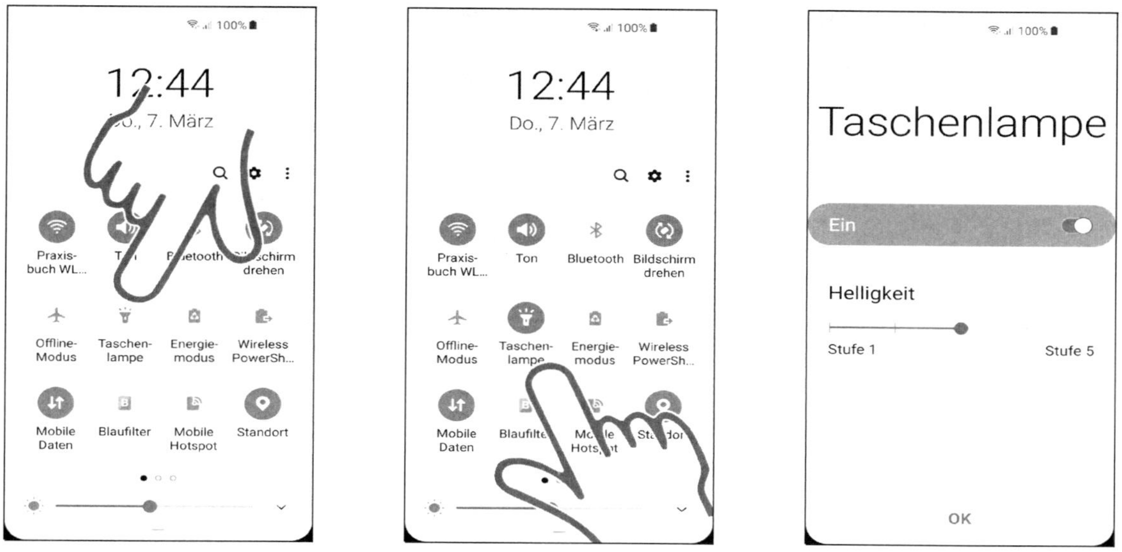

❶ Antippen eines Symbols schaltet die dahinterstehende Funktion, hier die Taschenlampe (Kamera-LED) ein/aus.

❷❸ Durch Antippen des Schaltleistennamens (**unter** der jeweiligen Symbol-Schaltleiste) aktivieren Sie dagegen die zugehörigen Einstellungen. Im Beispiel der *Taschenlampe* stellen Sie hier die Helligkeit ein.

❶ Die Displayhelligkeit legen Sie über den Regler unterhalb der Schaltleisten fest.

❷❸ Betätigen Sie ∨ für weitere Optionen:

- *Adaptive Helligkeit*: Standardmäßig passt das Handy über einen Sensor oberhalb des Display die Helligkeit automatisch an. In manchen Situationen, beispielsweise bei rasch wechselnden Lichtverhältnissen kann es sinnvoll *Adaptive Helligkeit* zu deaktivieren.
- *Regler oben anzeigen*: Blendet den Helligkeitsregler oben statt unten im Benachrichtigungsfeld ein.

Schließen Sie Änderungen mit *OK* ab.

4.8 Längs- und Querdarstellung

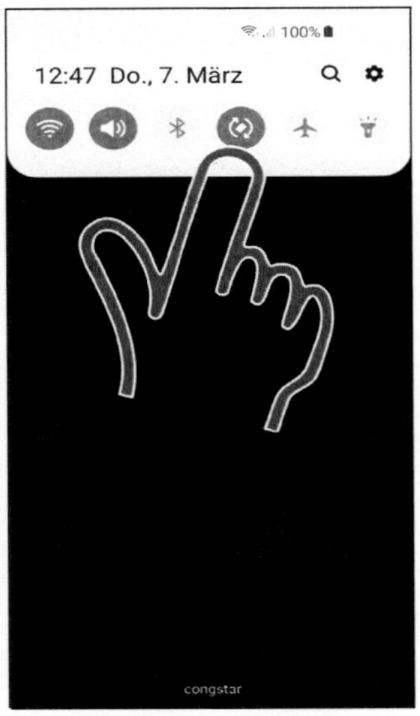

In manchen Situationen ist es sinnvoll, die Displaydarstellung zu drehen, beispielsweise, wenn Sie den Webbrowser nutzen. Dazu brauchen Sie nur das Gerät in Ihrer Hand zu drehen, denn über den Bewegungssensor weiß das Galaxy jederzeit, in welcher Position Sie das Gerät halten. In manchen Anwendungen stehen nach dem Drehen zusätzliche Bedienelemente zur Verfügung.

Damit das automatische Drehen funktioniert, müssen Sie *Bildschirm drehen* im Benachrichtigungsfeld aktivieren (Pfeil).

❶❷ Beispiel: Galerie-Anwendung im Hochformat und wenn man das Gerät um 90 Grad dreht.

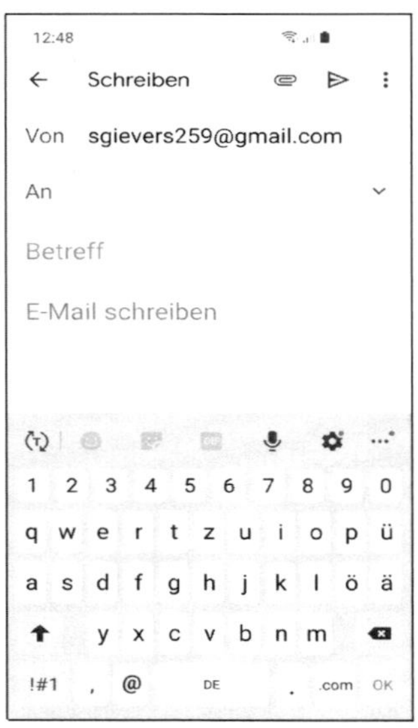

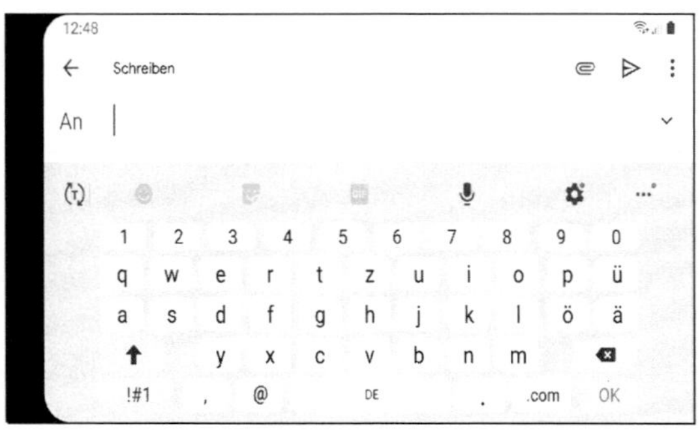

Auch für Eingaben über das Tastenfeld ist es mitunter sinnvoll, das Display zu drehen.

4.9 Menü

❶❷ In vielen Anwendungen – hier in der Telefonoberfläche – erhalten Sie zusätzliche Funktionen in einem Menü, das Sie über ein ⋮-Symbol aufrufen.

In diesem Buch finden Sie sehr häufig genaue Anweisungen, welchen Menüs Sie folgen müssen. ⋮*/Einstellungen/Anzeige* heißt zum Beispiel, dass Sie erst mit ⋮ das Menü aufrufen, dann auf *Einstellungen*, anschließend auf *Anzeige*, usw. gehen.

4.10 Die Einstellungen

Die *Einstellungen,* worin Sie alle wichtigen Parameter für die Bildschirmanzeige, die Signaltöne, Internetverbindungen, usw. konfigurieren, spielen eine wichtige Rolle in diesem Buch.

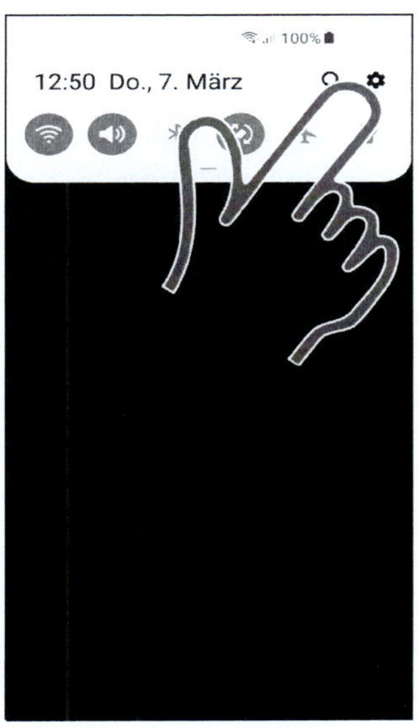

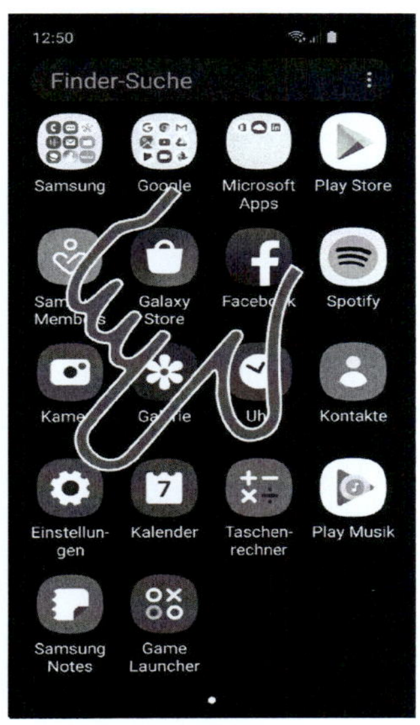

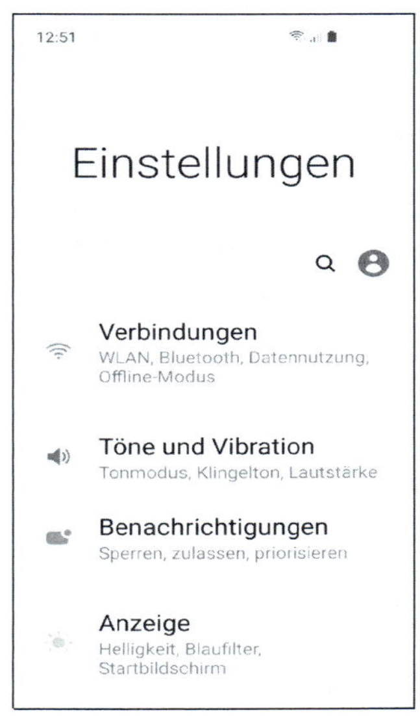

❶❷ Die *Einstellungen* finden Sie im Benachrichtigungsfeld unter ✿ (Pfeil) und im Hauptmenü unter *Einstellungen.*

❸ In diesem Buch gehen jeweils die einzelnen Kapitel bei Bedarf auf die Menüs in den *Einstellungen* ein.

4.11 Zuletzt genutzte Anwendungen

❶ Die zuletzt genutzten Programme erhalten Sie nach Betätigen der III-Taste unterhalb des Displays angezeigt. Rollen Sie mit einer Wischgeste durch die Programme und tippen Sie eines an, das Sie starten möchten.

❷ Ziehen Sie mit dem Finger einen Eintrag nach oben, um ihn aus der Liste zu entfernen. Wenn Sie alle Programme auf einmal aus der Auflistung entfernen möchten, verwenden Sie die *Alle schließen*-Schaltleiste am unteren Bildschirmrand.

> Wie bereits erwähnt, bringt Sie ein kurzer Druck auf die O-Taste wieder auf den Startbildschirm zurück, wenn Sie sich gerade in einer anderen Anwendung befinden.
>
> Tipp: Zweimaliges Betätigen der III-Taste wechselt jeweils zwischen den beiden zuletzt genutzten Programmen.

4.12 Hauptmenü

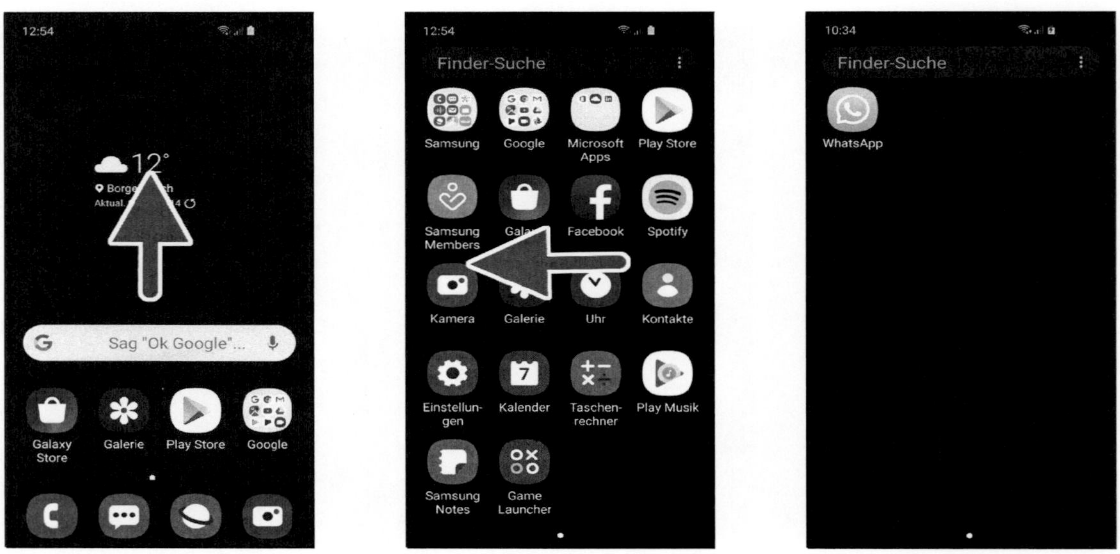

❶ Es ist natürlich weder möglich, noch sinnvoll, alle auf dem Galaxy vorhandenen Anwendungen direkt im Startbildschirm einzublenden. Deshalb können Sie mit einer Wischgeste nach oben im Startbildschirm auf das Hauptmenü umschalten.

❷❸ Mit einer Wischgeste auf dem Bildschirm wechseln Sie zwischen den Seiten (nur möglich, sofern Sie mehrere weitere Programme auf dem Handy installiert haben).

4.13 Google-Suche

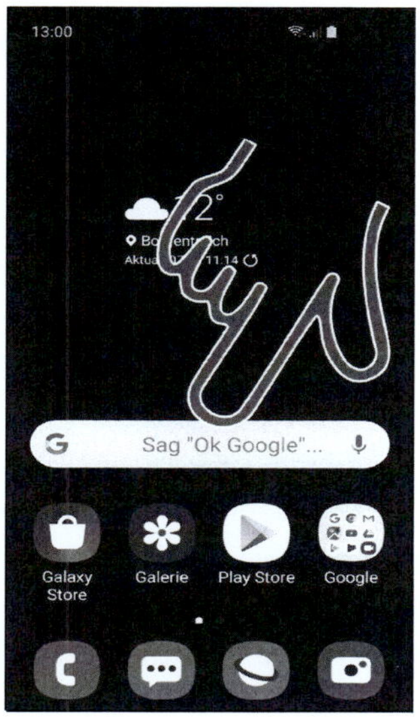

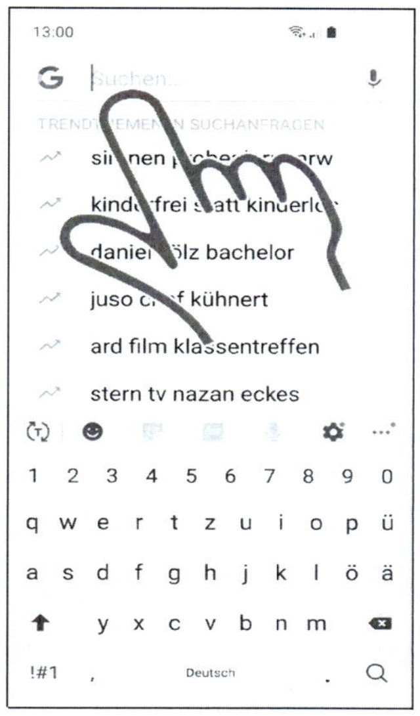

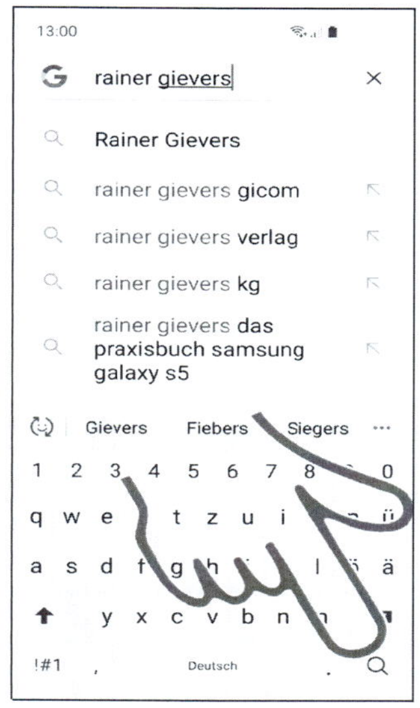

❶ Über die *Google*-Schaltleiste (Pfeil) starten Sie die globale Suche, mit der Sie alle Anwendungen, Termine, Kontakte, usw. durchsuchen.

❷❸ Tippen Sie gegebenenfalls oben ins Eingabefeld. Schon während der Eingabe eines Suchbegriffs werden passende Fundstellen, beispielsweise Wortvorschläge aus der Google-Suchmaschine und Kontakteinträge aus dem Telefonbuch, aufgelistet. Die eigentliche Suche starten Sie mit 🔍 auf dem Tastenfeld (Pfeil).

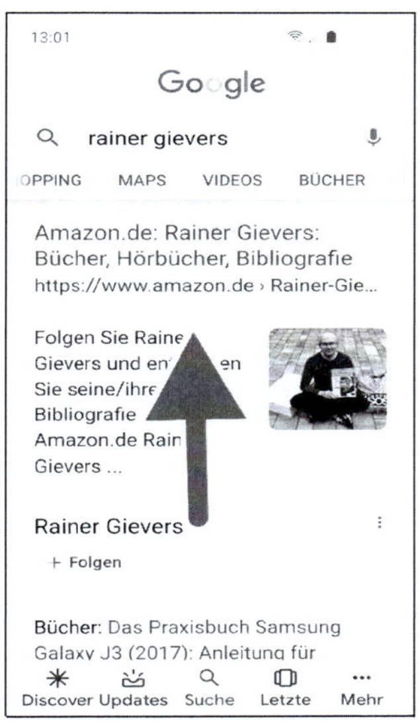

❶❷ Blättern Sie mit einer Wischgeste durch die Suchergebnisse und tippen Sie eine Fundstelle an, um sie anzuzeigen.

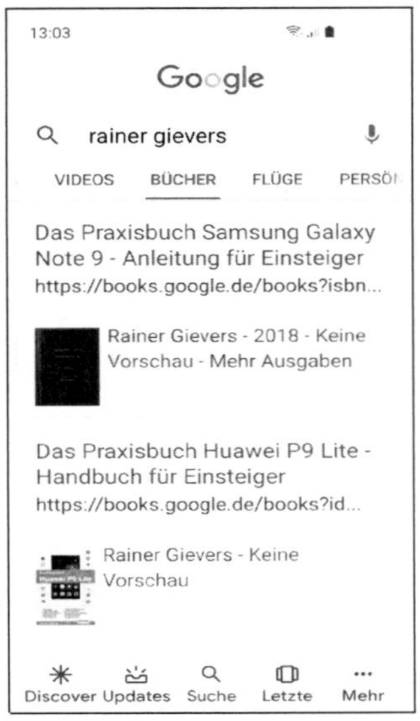

❶ Rollen Sie dann mit dem Finger durch die Schaltleistenreihe am oberen Bildschirmrand und tippen Sie eine der Schaltleisten an.

❷ Beispiel für die Suchergebnisse nach Betätigen von *BÜCHER*.

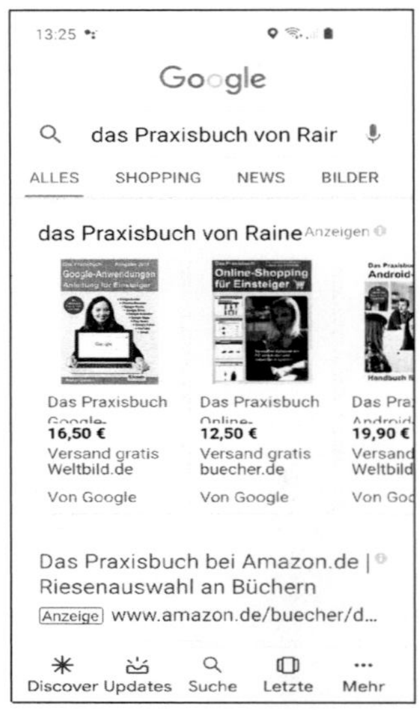

❶❷❸ Eine Besonderheit verbirgt sich hinter der 🎤-Schaltleiste (Pfeil): Sie können dann einfach einen oder mehrere Begriffe sprechen, nach denen Google anschließend im Internet sucht.

Die Sprachsteuerung geht sogar noch einfacher: Sofern Sie sich im Startbildschirm befinden, sprechen Sie einfach »*Ok Google*«, worauf das Handy Ihren Sprachbefehl erwartet.

Weitere Spracheingabefunktionen stellt Kapitel *20 Google Assistant* vor.

4.14 Medienlautstärke und Signaltöne

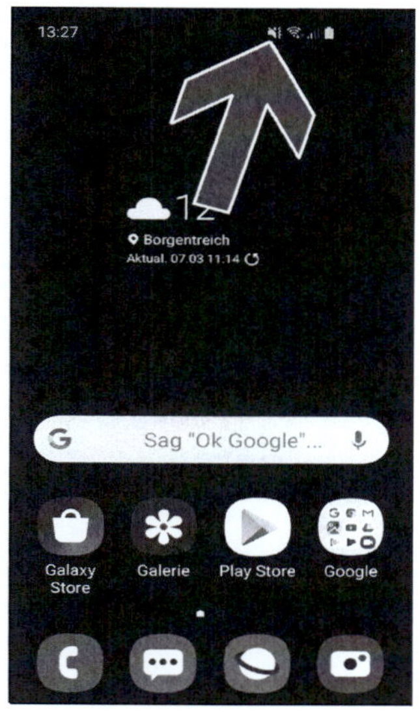

❶ Über die Lautstärketasten auf der linken Geräteseite beeinflussen Sie die Klingeltonlautstärke.

❷ Wenn Sie die Lautstärke gegen null reduzieren, schalten Sie das Gerät in den Vibrationsmodus (Lautsprecher ist deaktiviert).

❸ Ein Symbol (Pfeil) in der Titelleiste informiert über den aktiven Vibrationsmodus.

4.14.1 Signaltöne

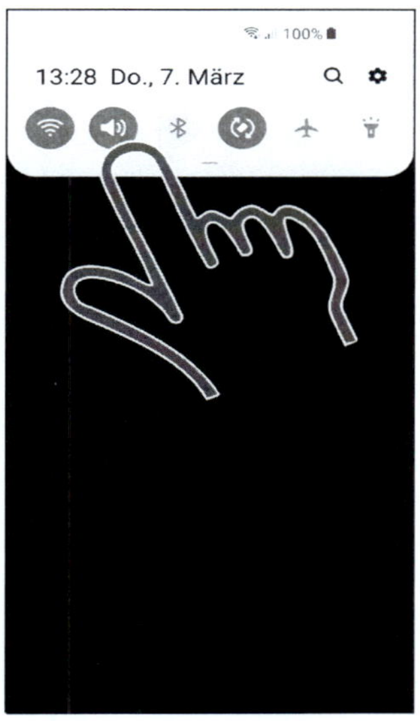

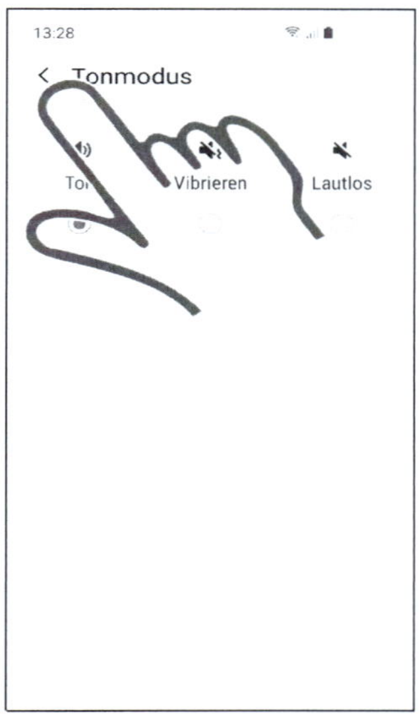

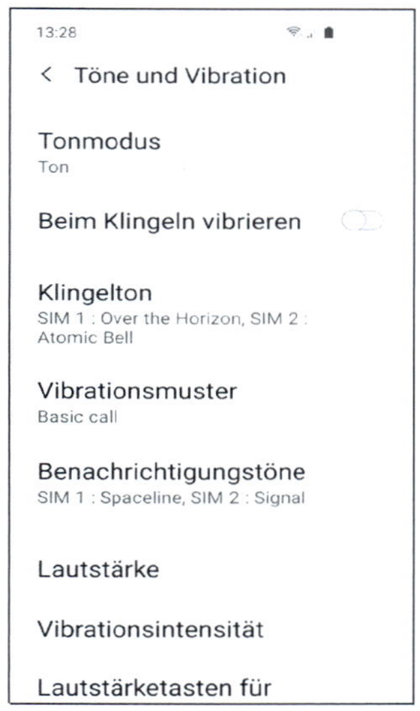

❶ Aktivieren Sie das Benachrichtigungsfeld, dann tippen und halten Sie die 🔊-Schaltleiste.

❷ Betätigen Sie die <-Schaltleiste oben links (wegen des an dieser Stelle gebogenen Displays benötigen Sie eventuell mehrere Versuche).

❷ Die Optionen:

- *Tonmodus*: Schaltet um zwischen *Ton* (Signale und Klingeltöne eingeschaltet), *Vibrieren* und *Lautlos*.
- *Beim Klingeln vibrieren*: Bei eingehenden Anrufen erfolgt eine Vibration.
- *Klingelton*: Klingelton für SIM-Karte 1 und 2 separat festlegen.
- *Vibrationsmuster*: Sofern Sie oben die Option *Beim Klingeln vibrieren* aktiviert haben wählen Sie hier zwischen verschiedenen Vibrationsarten.
- *Benachrichtigungstöne*: Sie legen im Menü die Signaltöne für Benachrichtigungen über neue Nachrichten (SMS) fest.
- *Lautstärke*: Ändert die Lautstärke:

- *Klingelton*
- *Medien*: Stellt die Lautstärke bei Multimedia-Anwendungen, beispielsweise von Play Musik, YouTube oder Spielen ein. Wenn gerade eine Multimedia-Anwendung läuft, können Sie dafür aber auch einfach die Lautstärketasten auf der rechten Geräteseite verwenden (der Klingelton bleibt davon unbeeinflusst).
- *Benachrichtigungen*: Für empfangene SMS und E-Mails.
- *System*: Steuert die Lautstärke der Systemmeldungen.

- *Vibrationsintensivität:* Stellt die Vibrationsstärke getrennt ein für:
  - *Eingehender Anruf*
  - *Benachrichtigungen*: Zum Beispiel für anstehende Kalendertermine oder neu empfangene E-Mails.
  - *Berührungsinteraktion*: Vibration bei Tastenbetätigung.
- *Lautstärketasten für Medien verwenden*: Wählen Sie aus, ob die Lautstärketasten die Klingeltonlautstärke oder die Medienlautstärke regeln.
- *Systemtöne und Vibration*:
  - *Berührungston*: Diese hört man beim Antippen des Bildschirms.
  - *Ton für Sperrbildschirm*: Signalton beim Aktivieren/Deaktivieren der Displaysperre.
  - *Ladeton:* Signalton, der auf den erfolgreichen Anschluss per USB-Kabel an den PC oder ein Netzteil hinweist.
  - *Wähltastaturton*: Wenn Sie das Tastenfeld in der Telefon-Anwendung (siehe Kapitel *5 Telefonie*) nutzen, hören Sie jeweils einen Klickton.
  - *Tastaturton*: Klickton, wenn Sie das Standard-Tastenfeld (siehe Kapitel *35.1 Samsung-Tastenfeld*) verwenden.
  - *Tastaturvibration*: Betätigen des Tastenfelds wird mit einer Vibration bestätigt.
  - *Berührungsvibration*: O- und <-Taste lassen das Gerät kurz vibrieren.
- *Erweiterte Toneinstellungen:*
  - *Ton-Qualität und Effekte*: Ruft den Equalizer auf, in dem Sie die Lautstärke des rechten und linken Lautsprechers am Handy, sowie verschiedene Effekte steuern. Bitte beachten Sie, dass einige Einstellungen sich nur auf ein angeschlossenes Headset auswirken.
  - *Separater App-Ton*: Schließen Sie einen Lautsprecher beziehungsweise Headset über die Klinkenbuchse am Galaxy an oder verwenden Sie einen Bluetooth-Lautsprecher (siehe Kapitel *32.4 Bluetooth-Audio*), so erfolgt darauf automatisch die Audiowiedergabe. Über *Separater App-Ton* stellen Sie dagegen ein, welche Anwendungen das angeschlossene Audiogerät nutzen.

Falls Sie eigene MP3-Songs als Klingel- und Benachrichtigungstöne verwenden möchten, beachten Sie bitte Kapitel *33.1 Eigene Klingel- und Benachrichtigungstöne*.

4.15 Das Ausklappmenü

Ähnlich wie auf einem Windows PC haben auch auf dem Handy praktisch alle Programme damit zu kämpfen, die verfügbaren Funktionen in einer übersichtlichen Form bereitzustellen. Unter Windows hat sich dafür die Menüleiste eingebürgert. Weil auf dem Handy dagegen nur extrem wenig Bildschirmfläche verfügbar ist, nutzen die Anwendungen hier häufig das sogenannte Ausklappmenü.

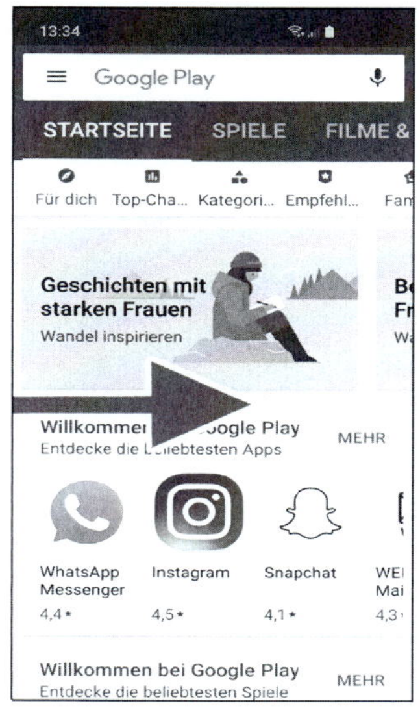

➊ Starten Sie zum Beispiel den *Play Store* aus dem Startbildschirm (Pfeil) oder Hauptmenü.

➋ Das Ausklappmenü rufen Sie entweder mit einem Antippen der ≡-Schaltleiste oben links (Pfeil) auf...

➌ ... oder Sie führen mit dem Finger eine Wischgeste von links außerhalb des Displays nach rechts durch.

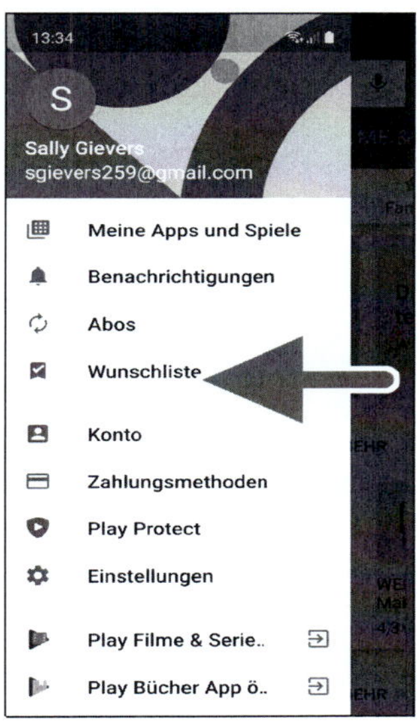

So schließen Sie das Ausklappmenü:

- Wählen Sie einen Menüpunkt aus.
- Wischen Sie von rechts nach links in das Ausklappmenü.
- Betätigen Sie die ‹-Taste unterhalb des Displays.

4.16 Aktionen zulassen

Bei vielen der vorinstallierten Anwendungen auf dem Galaxy S10/S10+ erscheint früher oder später ein Dialog, der Sie nach Ihrer Genehmigung fragt, eine Aktion durchführen zu dürfen.

Im Beispiel benötigt ein Programm die Erlaubnis, auf Ihren Gerätespeicher zuzugreifen.

Bitte antworten Sie **immer** mit *Zulassen* beziehungsweise *Aktivieren*. Andernfalls steht die betreffende Funktion im Programm nicht zur Verfügung. Manche Anwendungen beenden sich auch einfach, wenn Sie die Genehmigung verweigern.

4.17 Update der Samsung-Anwendungen

Ein großer Teil der Anwendungen wie Gmail, Google Fotos, Chrome-Webbrowser auf dem Handy stammen von Google. Zusätzlich liefert aber auch Samsung einige Anwendungen mit, beispielsweise Kontakte (Telefonbuch), Kalender und Internet (Webbrowser).

Manchmal stellen Google oder Samsung Updates und Fehlerbereinigungen für ihre Anwendungen bereit, die im Fall von Google automatisch installiert werden. Bei den Samsung-Anwendungen müssen Sie dagegen meistens selbst das Update von Hand auslösen.

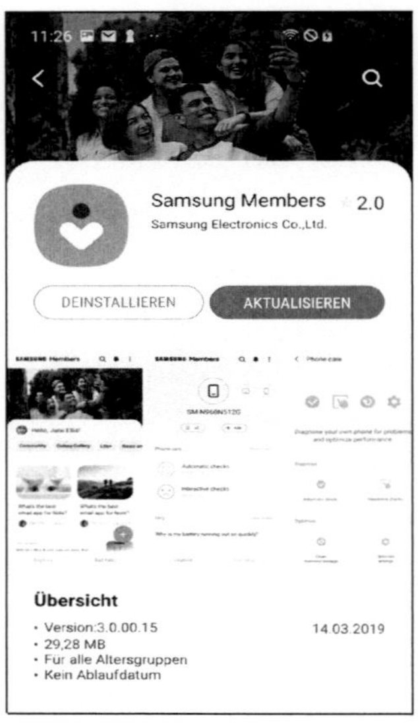

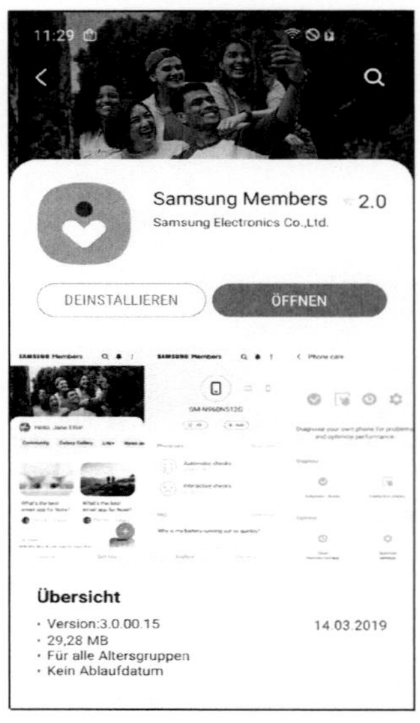

❶ Liegt bei einem Samsung-Programm ein Update vor, dann erscheint automatisch eine Meldung, die Sie mit *OK* schließen.

❷ Betätigen Sie *Aktualisieren* und warten Sie, bis das Update installiert ist.

❸ Danach können Sie das Programm entweder mit *ÖFFNEN* starten oder rufen es erneut im Startbildschirm beziehungsweise Hauptmenü auf.

4.18 Erstes Betriebssystem-Update

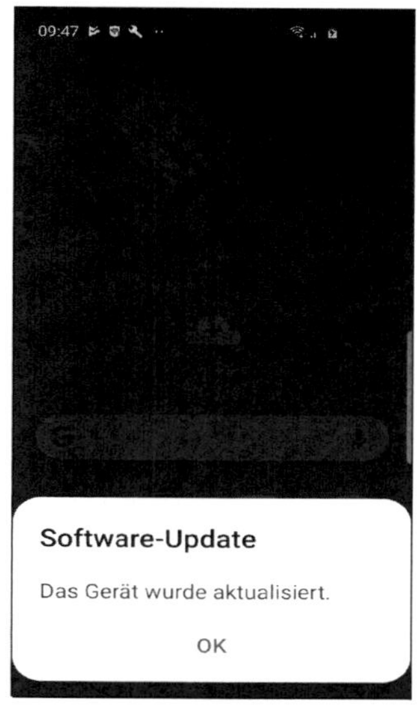

❶ Samsung stellt ab und zu Betriebssystem-Updates für das Galaxy S10 zur Verfügung, worauf dann ein Bildschirm hinweist. *Jetzt installieren* führt das Update durch, welches nur ca. 10 Minuten dauert. Ihre persönlichen Daten bleiben erhalten. Falls Sie gerade keine Zeit haben, gehen Sie auf *Installation planen* und wählen die Uhrzeit aus (❷). Am besten schließen Sie das Handy am mitgelieferten Netzteil an, damit nicht ein niedriger Akkustand das Update verhindert.

❸ Nach dem Update erhalten Sie einen Erfolgshinweis.

5. Telefonie

Die Bedienungsführung des Handys ist so aufgebaut, dass Sie mit wenig Aufwand einen Kontakt anrufen können.

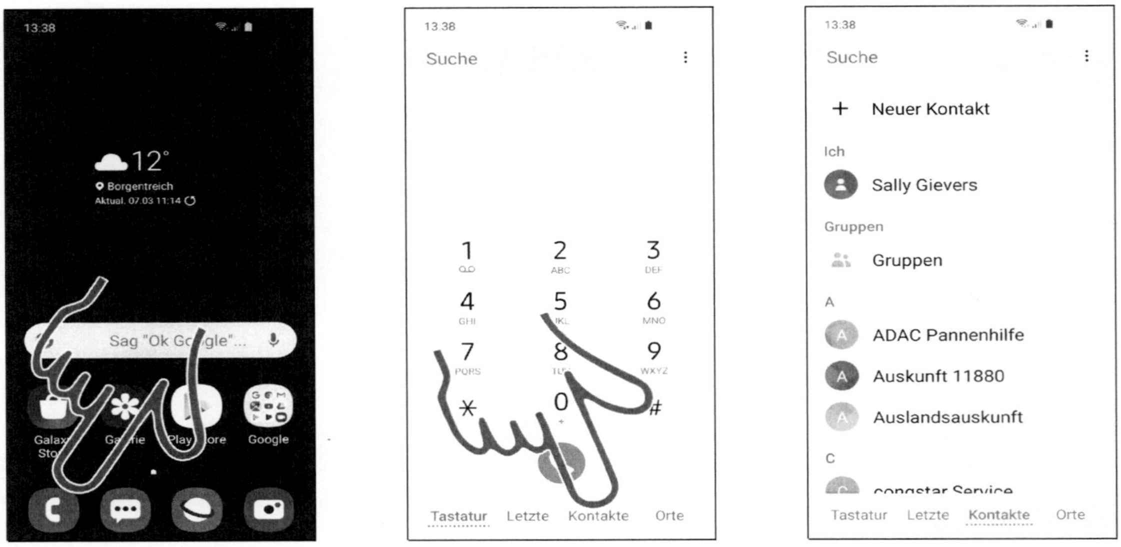

➊ Die Telefonoberfläche rufen Sie im Startbildschirm mit der *Telefon*-Schaltleiste am unteren Bildschirmrand auf.

➋ Über die Register am oberen Bildschirmrand (Pfeil) schalten Sie um zwischen:

- *Tastatur*: Das Tastenfeld.
- *Letzte*: Auflistung aller ein- und ausgegangenen Anrufe. Siehe Kapitel *5.5 Anrufliste (Protokoll)*.
- *Kontakte* (➌): Listet alle Kontakte aus dem Telefonbuch (siehe Kapitel *7 Telefonbuch*) auf.
- *Orte*: Suchen Sie nach Unternehmen oder Personen in einem von Samsung bereitgestell-tem Telefonbuch.

5.1 Anruf durchführen

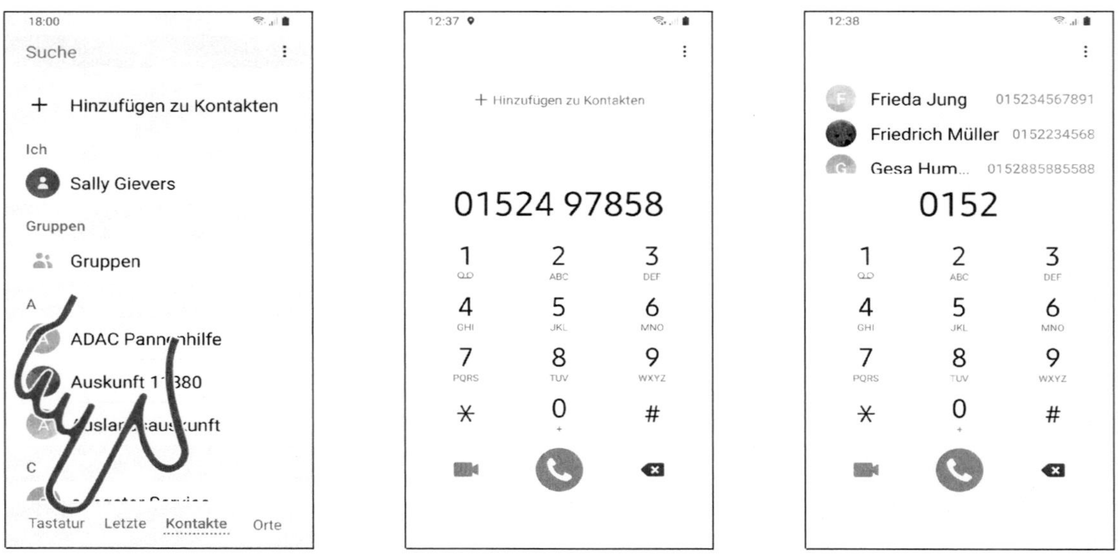

➊ Aktivieren Sie gegebenenfalls das *Tastatur*-Register.

➋ Geben Sie jetzt die anzurufende Nummer über das virtuelle Tastenfeld auf dem Display ein. Mit der 📞-Schaltleiste wählen Sie die Nummer an.

➌ Sofern im Telefonbuch bereits Kontakte vorhanden sind, welche die eingegebene Rufnummer enthalten, listet sie das Galaxy auf.

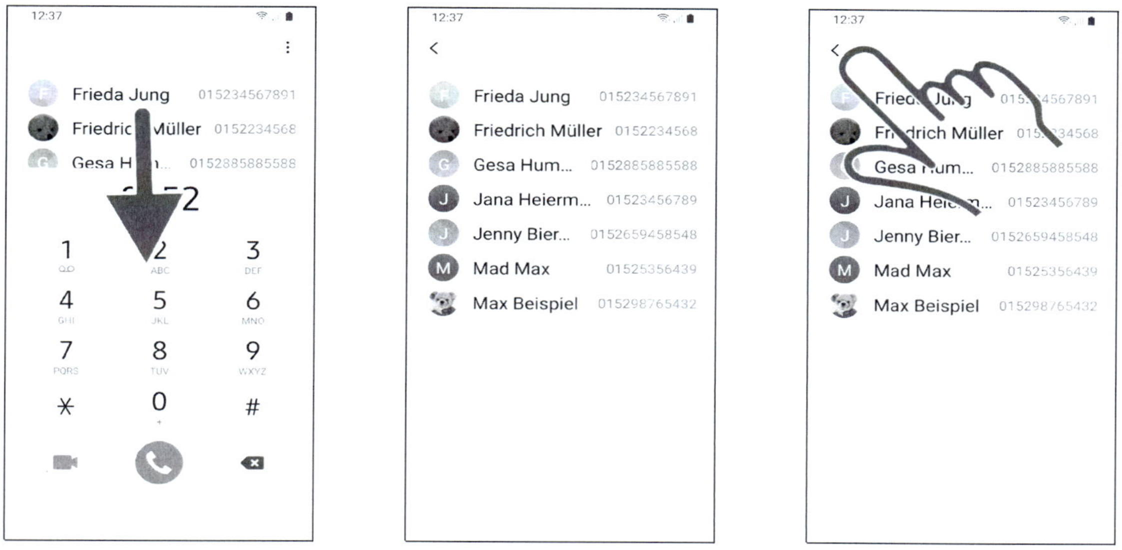

❶❷ Mit einer Wischgeste blenden Sie das Tastenfeld aus, um die Fundstellenliste anzuzeigen.

❸ Die <-Schaltleiste oben rechts beziehungsweise die <-Taste unterhalb des Displays schaltet das Tastenfeld wieder ein.

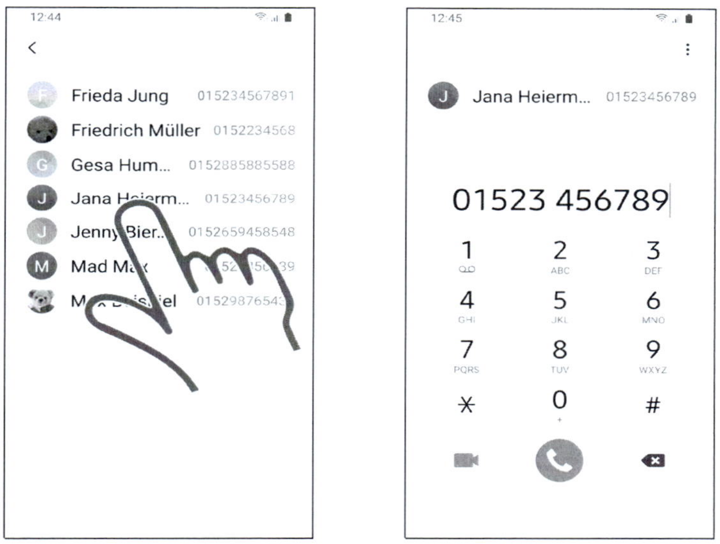

❶❷ Nach Antippen einer Fundstelle erscheint die zugehörige Rufnummer in der Telefonoberflä-che.

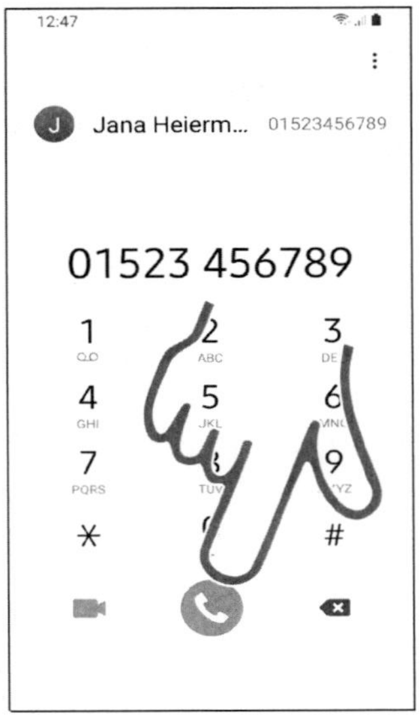

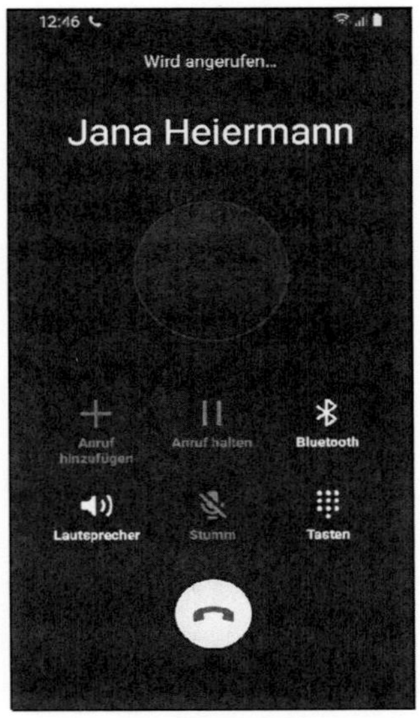

❶❷ Betätigen Sie die ✆-Schaltleiste, um die Anwahl zu starten.

> Wenn Sie das Handy an Ihr Ohr halten, schaltet sich das Display automatisch aus, damit keine Fehleingaben entstehen können. Dafür zuständig ist ein Näherungssensor, welcher sich oben neben dem Lautsprecher befindet.

5.1.1 Suche

Auch eine direkte Namenssuche ist möglich. Tippen Sie dafür die Nummern ein, die den Buchstaben entsprechen (»2«=a, b, c; »3«=d, e, f; usw.). Betätigen Sie ⌫ im Tastenfeld, um eine Fehleingabe zu löschen.

5.1.2 Letzte Rufnummer wählen

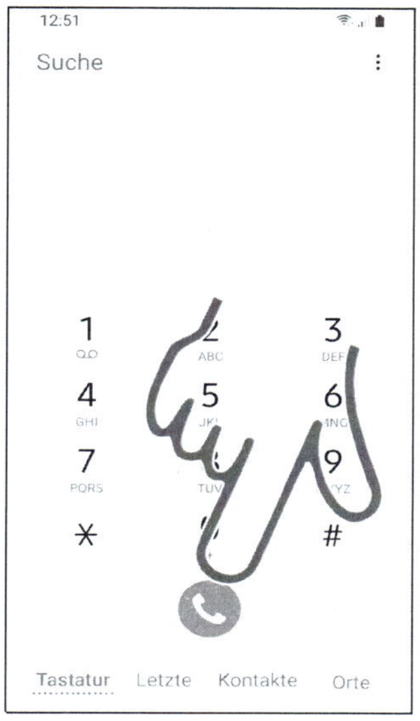

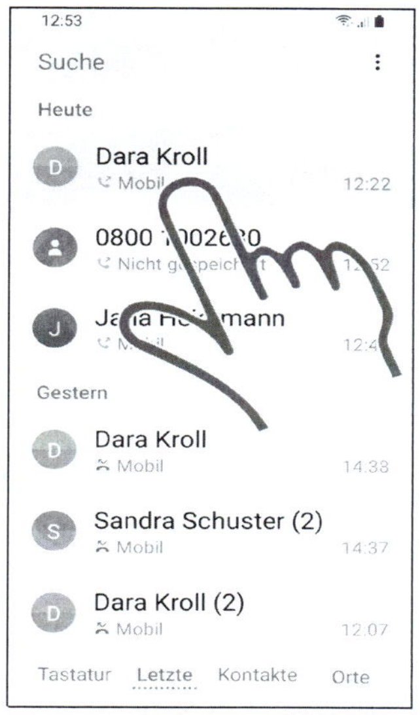

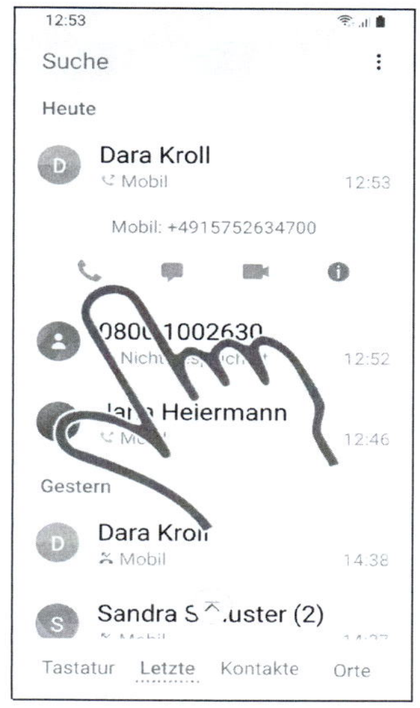

❶Betätigen Sie die ☎-Schaltleiste am unteren Bildschirmrand oder aktivieren Sie das *Letzte*-Register (Pfeil).

❷❸ Die zuletzt angewählte Rufnummer erscheint automatisch als Erste in der Liste. Tippen Sie sie an für ein Menü, worin Sie die Anwahl mit ☎ (Pfeil) durchführen können.

5.1.3 Funktionen während eines Gesprächs

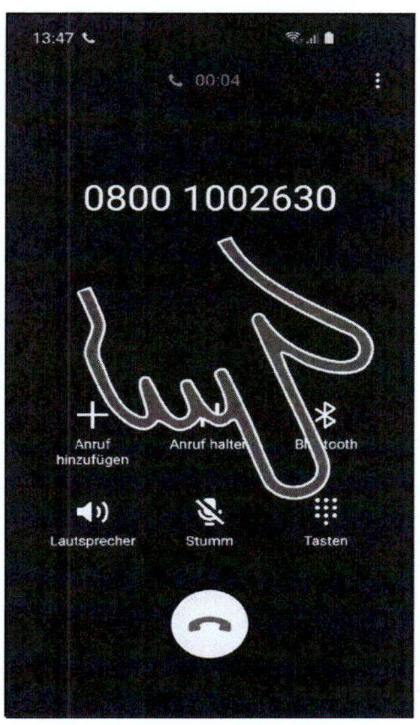

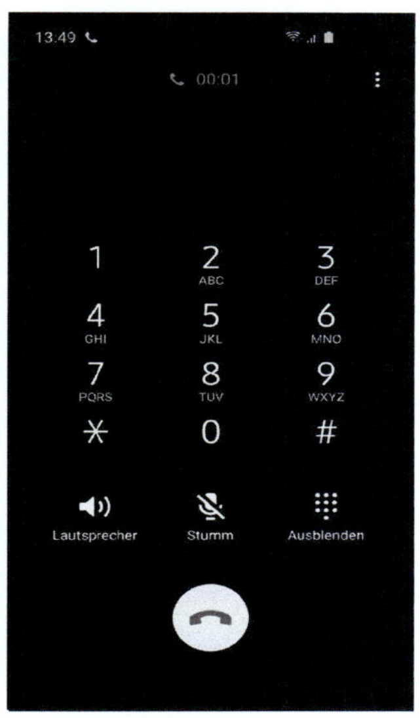

❶❷ Während des Gesprächs zeigt das Handy die angewählte Rufnummer beziehungsweise den Kontakt an. Betätigen Sie die *Tasten*-Schaltleiste (Pfeil), um das Tastenfeld zu aktivieren, was sinnvoll ist, wenn Sie DTMF (Tonwahl)-Töne benötigen, zum Beispiel für die Bedienung eines Anrufbeantworters oder einer Tonwahl-gesteuerten Service-Hotline.

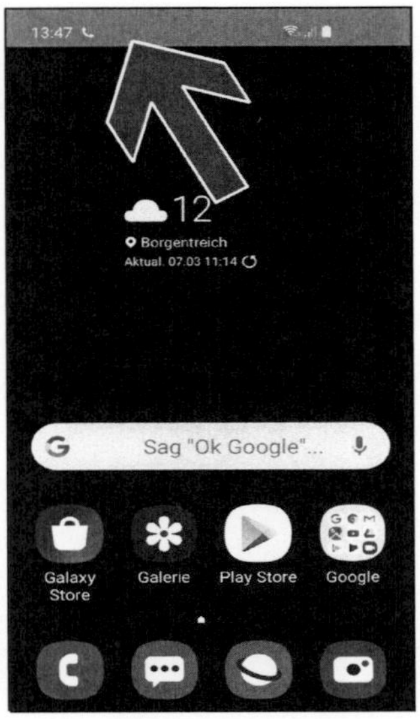

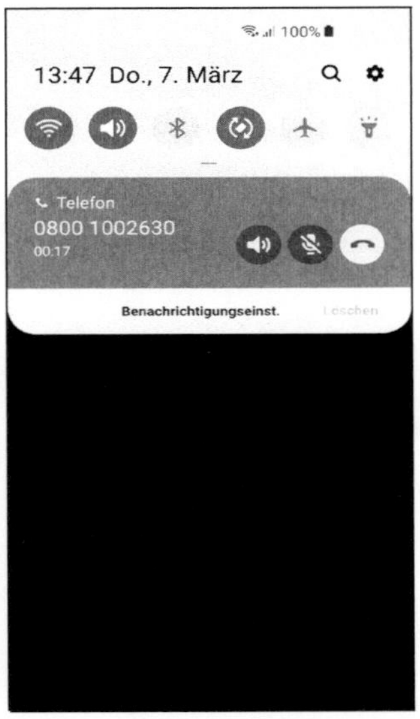

❶ Interessant ist die Möglichkeit, jederzeit während eines aktiven Gesprächs eine andere Anwendung zu nutzen. Dazu betätigen Sie die O-Taste für den Startbildschirm. Sie können dann, wie gewohnt, diverse Anwendungen auf dem Galaxy starten, während das Gespräch im Hintergrund läuft. Die grün gefärbte Titelleiste (Pfeil) weist auf die bestehende Gesprächsverbindung hin.

❷ Den aktiven Anruf steuern Sie über das Benachrichtigungsfeld (siehe Kapitel *4.7.5 Titelleiste und Benachrichtigungsfeld*). Tippen Sie dort auf die Rufnummer, um den Anruf in der Telefonoberfläche anzuzeigen.

❶ Weitere Funktionen während eines Gesprächs:

- *Anruf hinzufügen.*: Weiteren Kontakt oder Rufnummer anrufen, während der aktuelle Anruf gehalten wird. Später können Sie entweder zwischen den Gesprächsteilnehmern hin- und herschalten oder eine Telefonkonferenz abhalten. Diese Funktion ist nur mit Handy-Verträgen nutzbar, die das sogenannte »Anklopfen«-Dienstmerkmal unterstützen.
- *Anruf halten*: Der Gesprächsteilnehmer wird in eine Warteschleife des Netzbetreibers versetzt und hört dort eine Halte-Ansage.
- *Bluetooth*: Angeschlossenes Bluetooth-Headset aktivieren/deaktivieren.
- *Lautsprecher*: Freisprechen aktivieren.
- *Stumm*: Deaktiviert/aktiviert das Mikrofon, wobei man weiter hört, was der Gesprächsteilnehmer von sich gibt.
- *Tasten*: Aktiviert das Tastenfeld, über das man DTMF-Töne erzeugt, beispielsweise zur Fernbedienung eines Anrufbeantworters.

❷❸ Das ⋮-Menü:

- *Zu Kontakten hinzufügen*: Die Rufnummer einem Kontakt im Telefonbuch (siehe Kapitel *7 Telefonbuch*) hinzufügen oder einen neuen Kontakt erstellen.
- *Nachricht senden*: Eine SMS (siehe Kapitel *6 Nachrichten (SMS)*) an die aktuelle Rufnummer senden.

5.1.3.a Hörerlautstärke

Während eines Gesprächs können Sie die Hörerlautstärke an Ihre Bedürfnisse anpassen. Drücken Sie einfach auf der linken Geräteseite die Tasten Lautstärke-leiser/lauter.

5.1.4 Anruf aus dem Telefonbuch

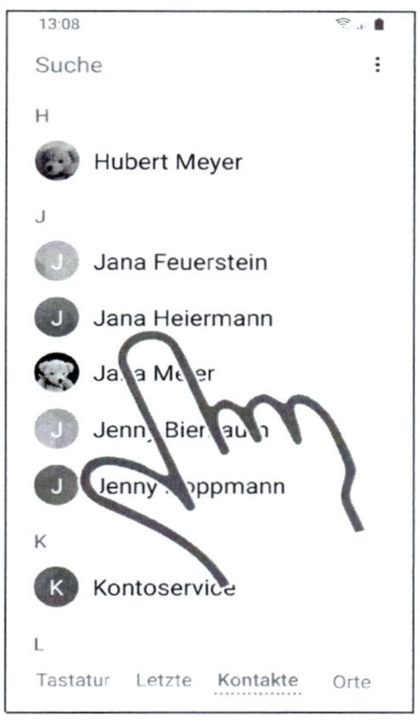

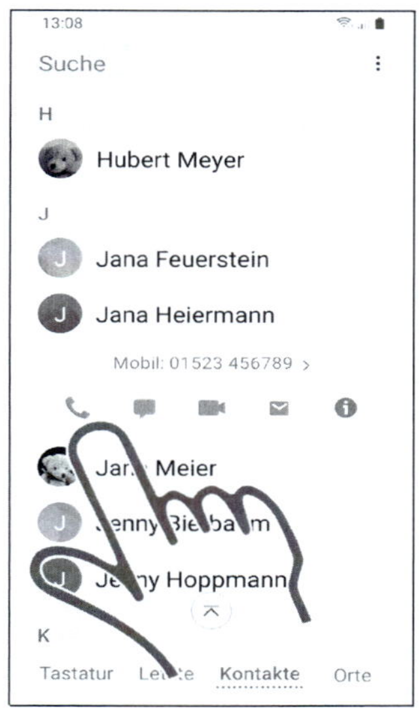

➊ Rufen Sie die Kontaktauflistung über *Kontakte* (Pfeil) auf.

➋ Tippen Sie einen Kontaktnamen an.

➌ Die Schaltleisten werden eingeblendet. Darüber zeigt das Handy die Rufnummer an, die angewählt wird, sobald Sie die 📞-Schaltleiste (Pfeil) betätigen.

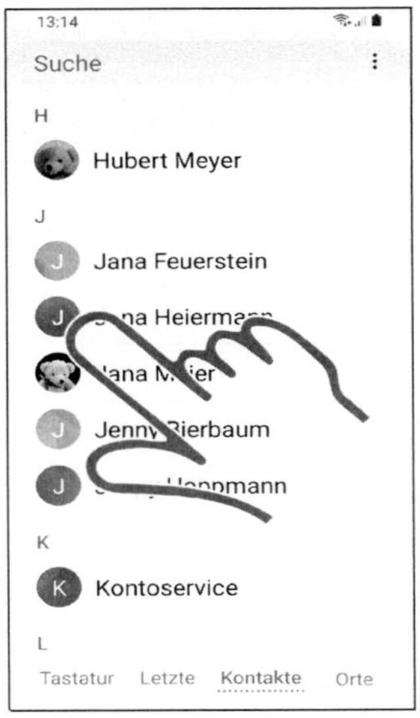

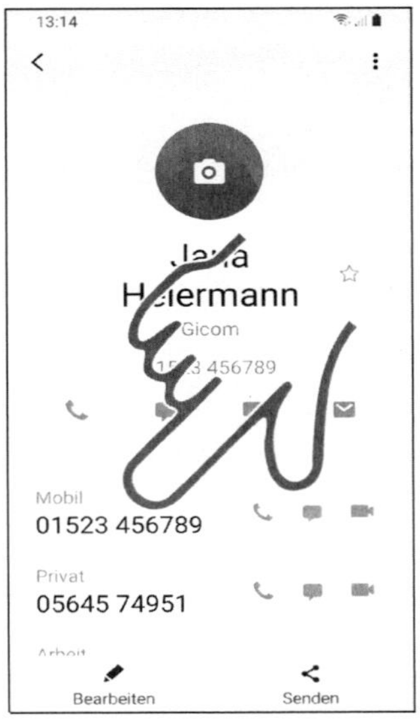

❶❷ Häufig hat ein Kontakt mehrere Rufnummern. Antippen des runden Symbols (Pfeil) öffnet dann die Kontaktdetails. Tippen Sie darin auf die anzuwählende Rufnummer (Pfeil).

Das Telefonbuch beschreibt bereits Kapitel *7 Telefonbuch*.

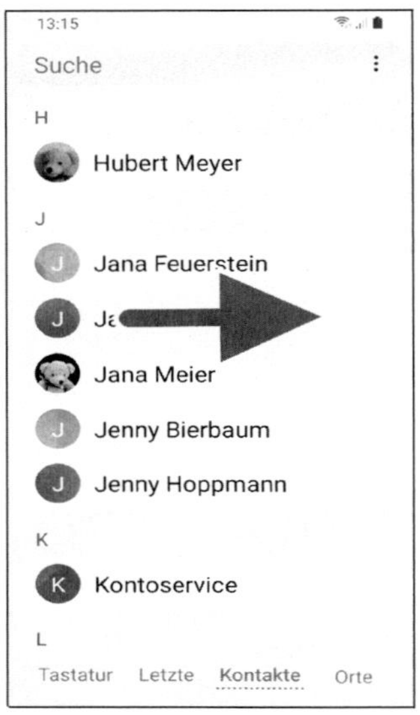

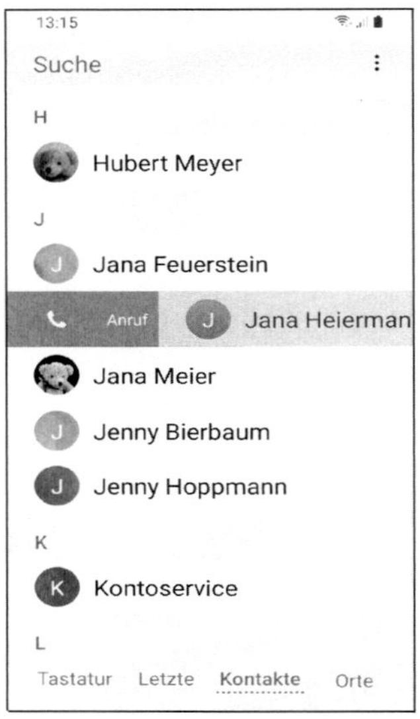

❶❷ Auch durch Ziehen des Fingers von links nach rechts auf einem Kontakt können Sie die Anwahl starten.

Angewählt wird in diesem Fall die »Standardnummer«, welche das nachfolgende Kapitel beschreibt.

5.1.5 Die Standardnummer

Wenn Sie eine Rufnummer, beziehungsweise einen Namen, in der Telefonoberfläche eingeben, zeigt das Samsung Galaxy immer die sogenannte »Standardnummer« bei den im Telefonbuch gefundenen Kontakten an. Andere Rufnummern werden dagegen nicht berücksichtigt.

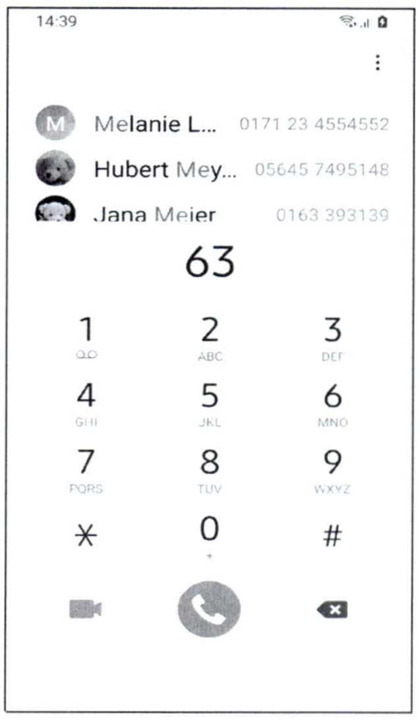

Beispiel: Der gefundene Kontakt *Hubert Meyer* besitzt mehrere Rufnummern, es wird aber nur die Standardnummer angezeigt.

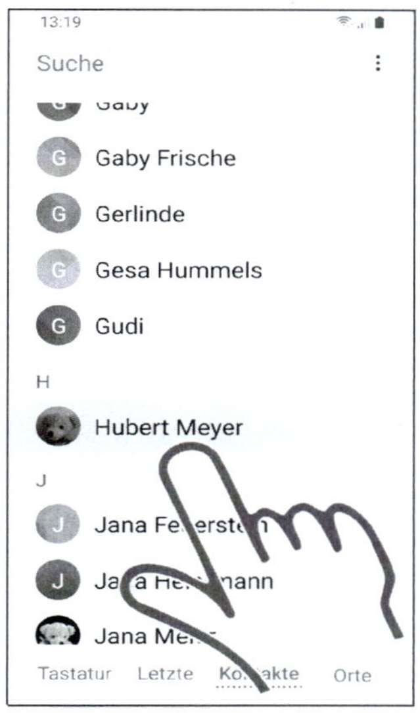

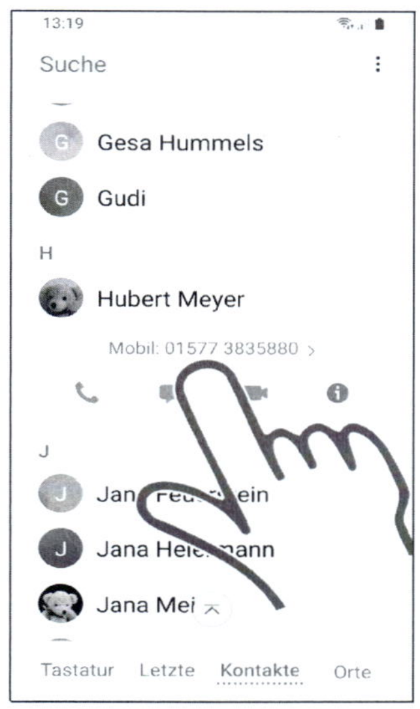

➊ So legen Sie die Standardnummer fest: Aktivieren Sie das *Kontakte*-Register.

➋ Den Namen des Kontakts, dessen Standardnummer Sie festlegen möchten, tippen Sie an.

➌ Die grün angezeigte Rufnummer ist die Standardnummer. Tippen Sie sie an.

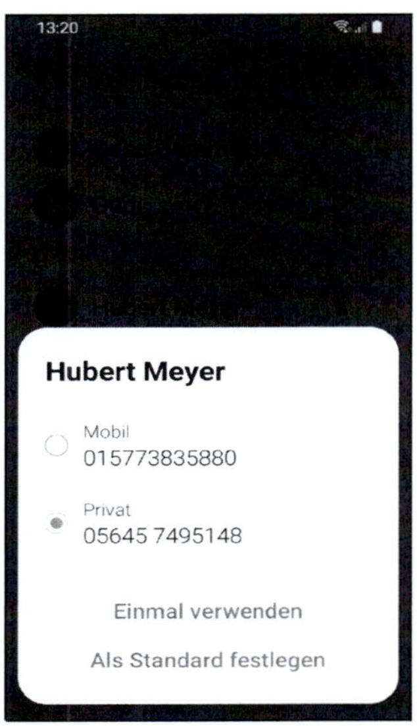

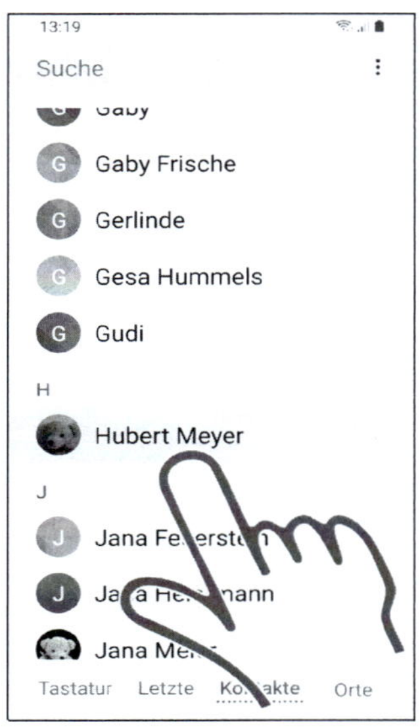

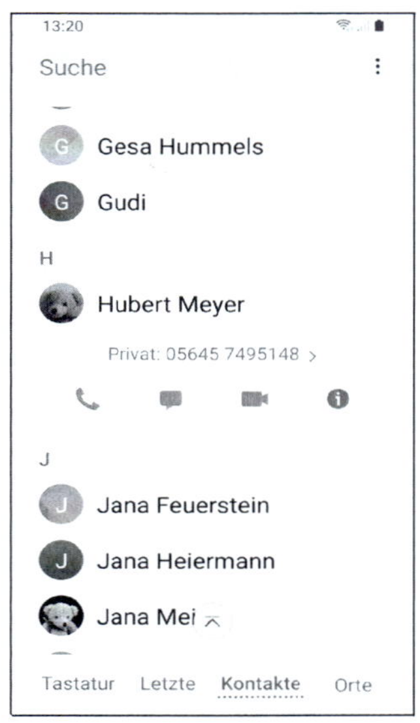

➊ Markieren Sie die gewünschte Standardnummer im Popup und gehen Sie auf *Als Standard festlegen.*

➋➌ Die Standardnummer wird nun im ausgewählten Kontakt angezeigt (Pfeil).

5.2 Kurzwahlen

Wenn man bestimmte Rufnummern häufig anwählt, ist es umständlich, sie jeweils immer von Hand einzugeben oder in der Kontaktverwaltung zu suchen. Deshalb gibt es die Kurzwahlen, bei denen man eine der Zahlen von 2 bis 9 mit einer Rufnummer belegt. Man braucht zur Anwahl dann nur noch beispielsweise als Kurzwahl die »2« einzugeben.

5.2.1 Kurzwahl erstellen

❶ Aktivieren Sie in der Telefonoberfläche oder im *KONTAKTE*-Register ⋮/*Kurzwahlnummern.*

❷ Geben Sie die Anfangsbuchstaben eines Kontakts aus dem Telefonbuch an, worauf das Handy Ihnen Vorschläge macht. Wählen Sie davon einen aus.

❸ Die Kurzwahl ist damit erstellt. Über die Minus-Schaltleiste hinter dem Kurzwahleintrag löschen Sie diese bei Bedarf wieder.

Die Kurzwahl »1« ist bereits für die Mailbox, siehe Kapitel *5.3 Mobilbox abrufen*, reserviert.

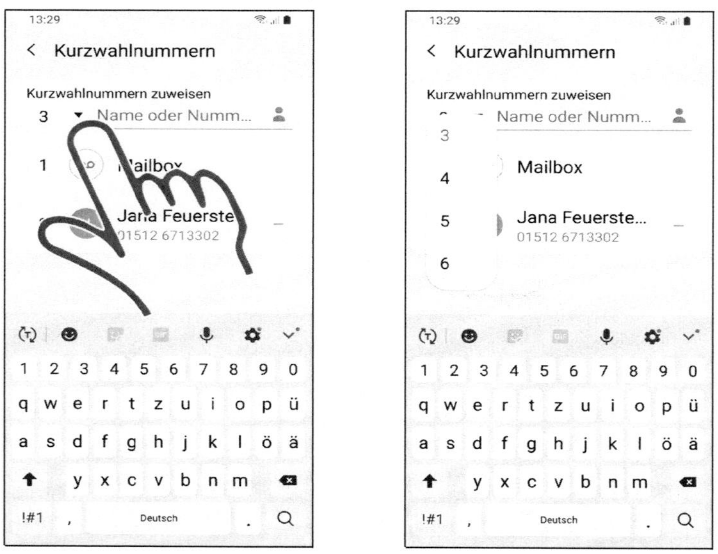

❶❷ Normalerweise gibt Ihnen das Handy die zu belegende Kurzwahl vor. Über das Auswahlmenü (Pfeil) ist es aber auch möglich, die Kurzwahl selbst einzustellen.

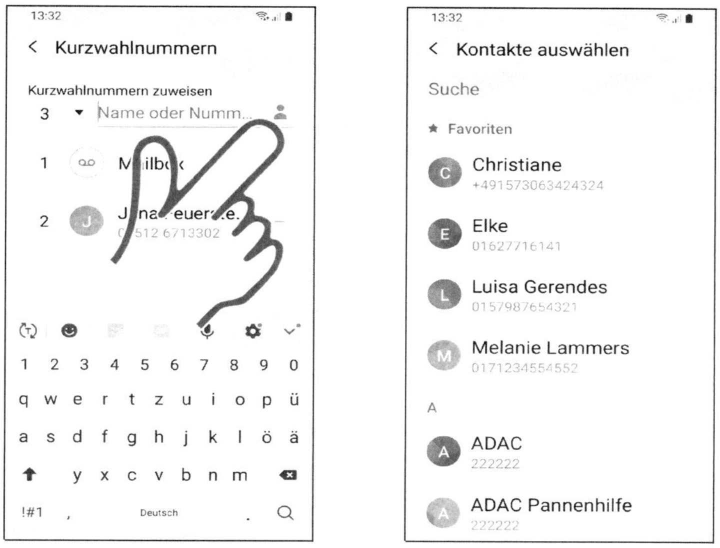

❶❷ Über die 👤-Schaltleiste öffnen Sie das Telefonbuch, in dem Sie einen Kontakt auswählen.

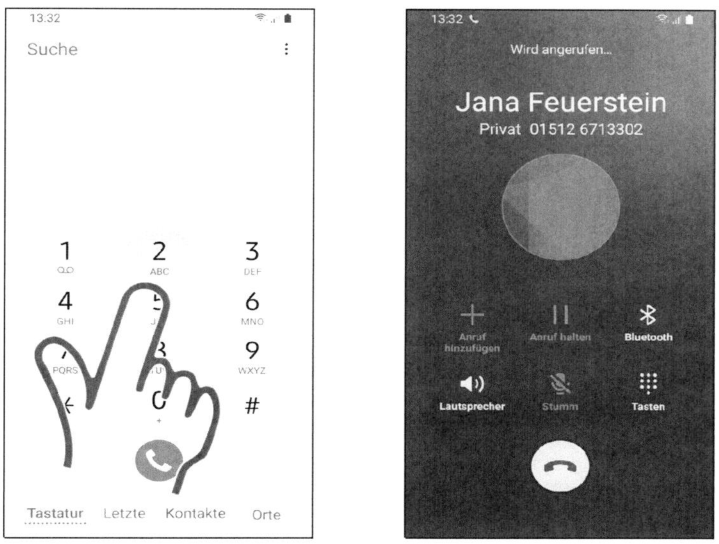

❶❷ So nutzen Sie die Kurzwahlen:

- Drücken und halten Sie die Kurzwahlnummer, worauf sofort die Anwahl startet.
- Bei mehrstelligen Kurzwahlen drücken und halten Sie die letzte Ziffer, bis die Anwahl durchgeführt wird. Beispielsweise würden Sie für die Kurzwahl 123 die ersten beiden Ziffern eingeben und dann die »3« gedrückt halten.

5.3 Mobilbox abrufen

Die Mobilnetzbetreiber bieten jedem Kunden eine »Mailbox« an, in der Anrufer wie auf einem Anrufbeantworter ihre Nachrichten hinterlassen können. Zum Abruf der Nachrichten wählen Sie entweder auf der Telefonoberfläche die Mailboxnummer, oder Sie nutzen die vom Handy angebotene Abruffunktion.

Zum Abruf der Mailbox tippen und halten Sie die »1«-Taste auf dem Telefontastenfeld, bis die Anwahl erfolgt. Es wird automatisch das Tastenfeld aktiviert.

Die Mailbox ist auf der Kurzwahl »1« vordefiniert. Normalerweise wird die Mailbox-Rufnummer korrekt eingerichtet, wenn Sie eine neue SIM-Karte einlegen und die automatisch erscheinende Konfigurationsaufforderung bestätigen. Falls Sie eine andere Mailboxrufnummer eintragen möchten, lesen Sie bitte im Kapitel *5.8.8 Mailboxeinstellungen* weiter.

5.4 Anruf annehmen

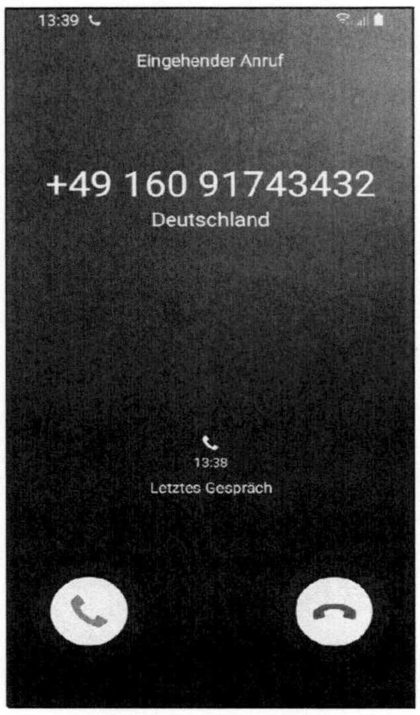

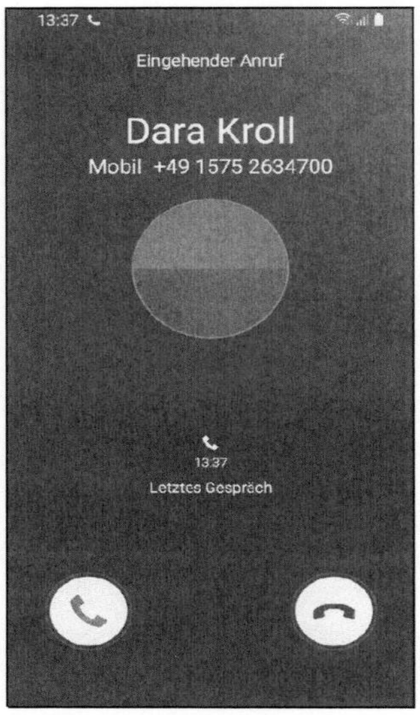

Wenn ein Anruf eingeht, gibt es drei mögliche Anzeigen:

- Rufnummer ist nicht im Telefonbuch vorhanden: Das Handy zeigt nur die Rufnummer an (❶).
- Rufnummer ist im Telefonbuch vorhanden: Das Handy zeigt den Kontaktnamen und die Rufnummer an (❷).

Sofern Sie die Option *Anrufe in Pop-ups anzeigen* in den Einstellungen aktiviert haben (siehe Kapitel *5.8.6 Anrufe in Popups anzeigen*) erscheint kein Anrufbildschirm. Das Handy zeigt dann stattdessen ein Popup. Über die Schaltleisten können Sie den Anruf beantworten oder ablehnen.

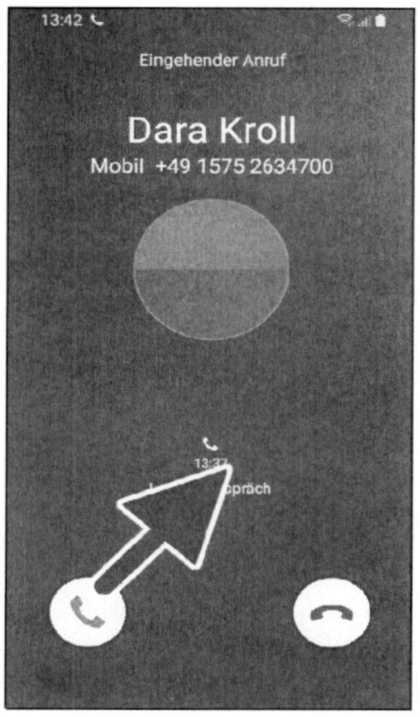

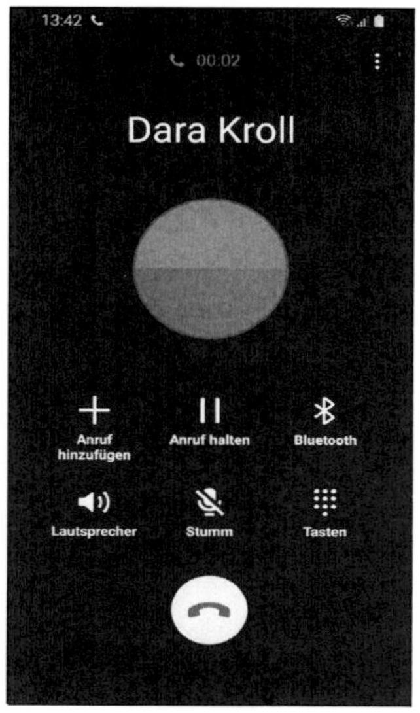

❶❷ Zum Annehmen eines Gesprächs ziehen Sie die grüne -Schaltleiste mit angedrücktem Finger nach rechts. Während eines Gesprächs stehen die gleichen Funktionen zur Verfügung, die bereits im Kapitel *5.1.3 Funktionen während eines Gesprächs* vorgestellt wurden.

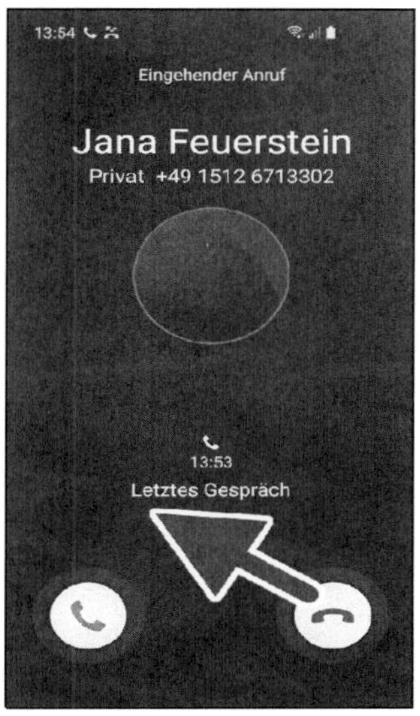

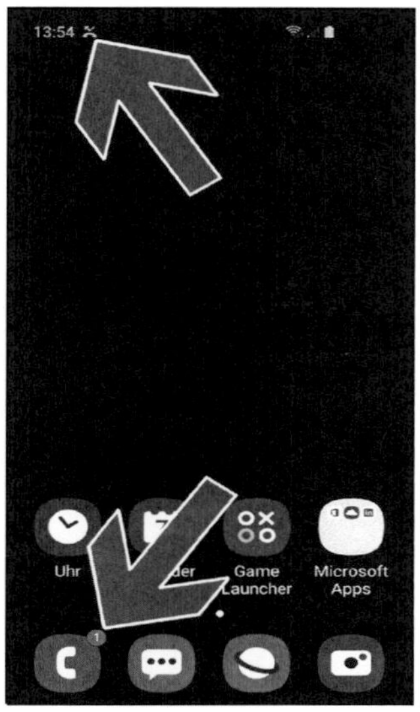

❶ Umgekehrt ziehen Sie die rote -Schaltleiste nach links, um einen Anruf zu blocken. Der geblockte Anruf landet trotzdem in der Anrufverlauf-Liste, sodass sie ihn später zurückrufen können. Siehe auch Kapitel *5.5 Anrufliste*.

❷ Wenn Sie mal einen Anruf verpasst haben, erscheint oben in der Titelleiste ein -Symbol (Pfeil). Dieses ist solange dort sichtbar, bis Sie die Anrufliste aufrufen. Eine Zahl beim *Telefon*-Schaltleiste (Pfeil) informiert zudem über die Anzahl der verpassten Anrufe.

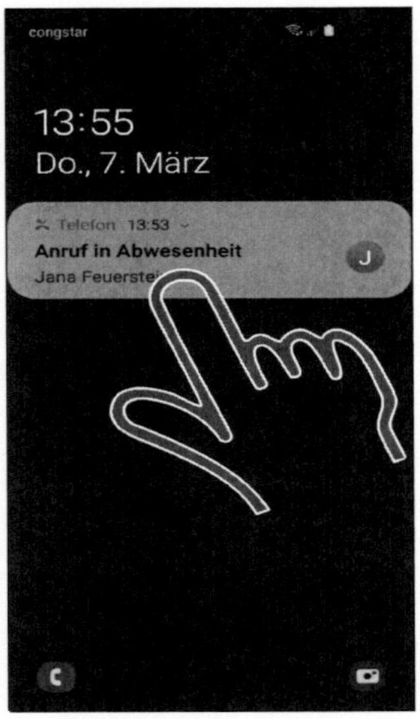

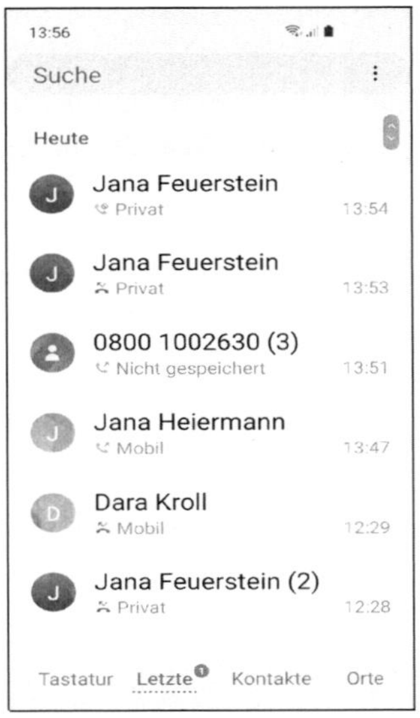

❶❷ Ist das Display ausgeschaltet, beziehungsweise die Displaysperre aktiv, weist das Handy ebenfalls auf den verpassten Anruf hin. Zur Anzeige des Anrufprotokolls tippen sie zweimal hintereinander auf den Anrufeintrag.

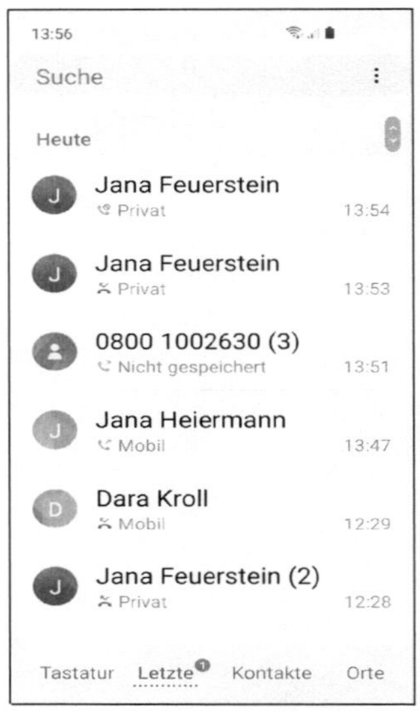

❶❷❸ Weitere Infos zum verpassten Anruf erhalten Sie, indem Sie das Benachrichtigungsfeld öffnen (Siehe *4.7.5 Titelleiste und Benachrichtigungsfeld).* Tippen Sie den Listeneintrag an, um die Anrufliste anzuzeigen.

Einen Anruf, den Sie nicht entgegennehmen, beziehungsweise blocken, erscheint trotzdem in der Anrufverlauf-Liste, die Kapitel *5.5 Anrufliste* beschreibt.

Betätigen der Lautstärke-leiser-Taste auf der linken Geräteseite schaltet einen eingehenden Anruf stumm.

5.4.1 Anruf mit Mitteilung beantworten

Nicht immer ist es möglich, einen eingehenden Anrufer sofort entgegenzunehmen. Für solche Fälle bietet das Handy die Option, dem Anrufer eine SMS zu schicken.

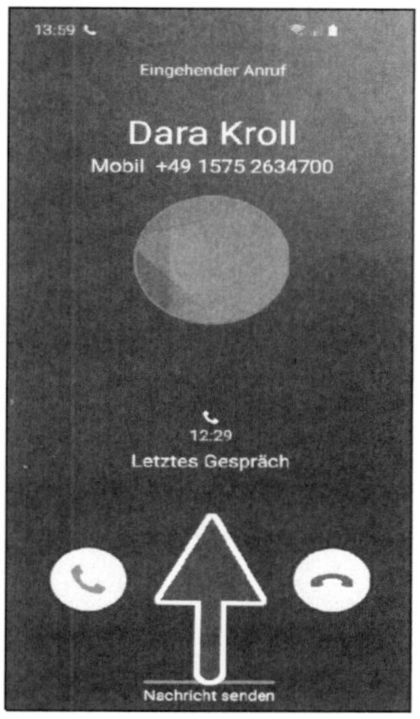

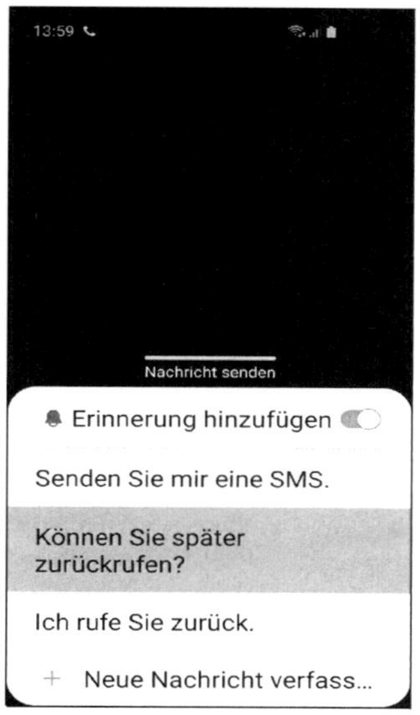

❶ Ziehen Sie den Schieber am unteren Bildschirmrand nach oben.

❷ Es sind bereits einige Texte vorgegeben, von dem Sie einen auswählen. Der Anruf wird nun geblockt und die SMS verschickt. Außerdem legt das Handy eine Erinnerung im Reminder (siehe Kapitel *21.8 Bixby Reminder*) an.

❸ Die einmalige Abfrage *Reminder Zugriff auf deine Kontakte erlauben* beantworten Sie mit *Zulassen* und das folgende Popup mit *OK*. Sie erhalten später automatisch eine Erinnerung, dass Sie zurückrufen sollen.

Falls Sie den Inhalt der SMS selbst eingeben möchten, betätigen Sie *Neue Nachricht verfassen*, worauf die Nachrichten-Anwendung startet und eine neue SMS an den Anrufer erstellt.

Möchten Sie nicht an einen Rückruf erinnert werden, dann deaktivieren Sie *Erinnerung hinzufügen*.

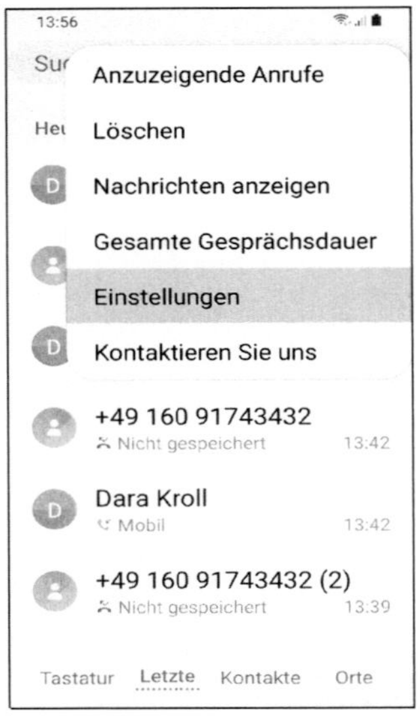

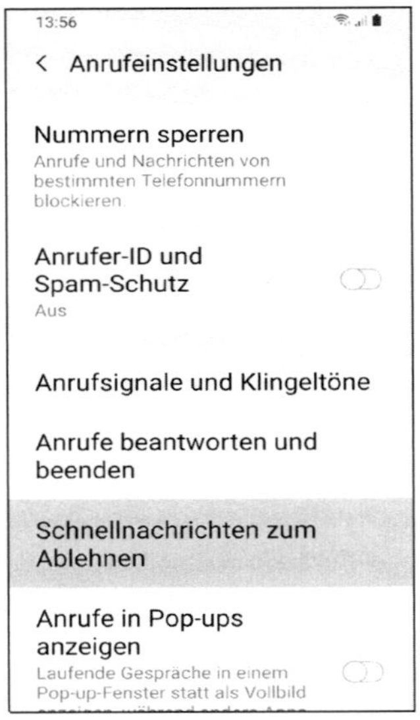

❶❷ Die vorgegebenen Textvorlagen lassen sich editieren. Gehen Sie dafür in der Telefonoberfläche auf ⋮*/Einstellungen/Schnellnachrichten zum Ablehnen*.

❶❷ Erfassen Sie einen Ablehnungstext und betätigen Sie +. Es bietet sich an, weitere Texte für verschiedenste Situationen anzulegen.

Falls Ihnen ein Text nicht mehr gefällt, tippen Sie ihn einfach in der Auflistung an, worauf er im Editor angezeigt wird. Sie können maximal sechs verschiedene Texte erstellen.

5.4.2 Klingelton und Klingeltonlautstärke

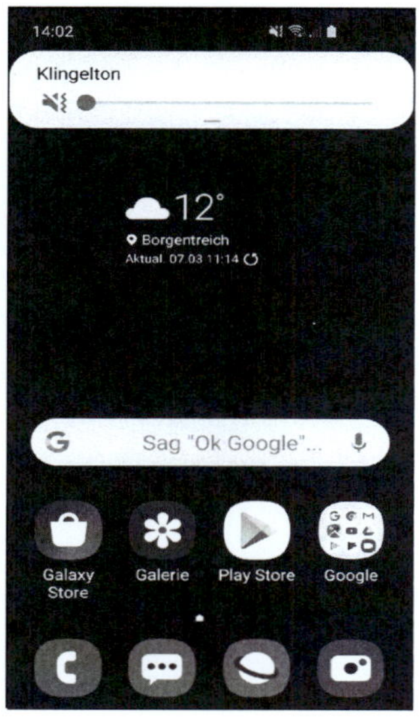

❶ Die Klingeltonlautstärke ändern Sie ganz einfach über die Lautstärketasten auf der linken Geräteseite.

❷ Wenn Sie bereits die niedrigste Lautstärke eingestellt hatten und trotzdem weiter die Lautstärke-leiser-Taste drücken, schaltet das Handy auf Vibration (eingehende Anrufe merken Sie dann am Vibrieren des Geräts).

Ein Symbol informiert in der Titelleiste über den deaktivierten Klingelton.

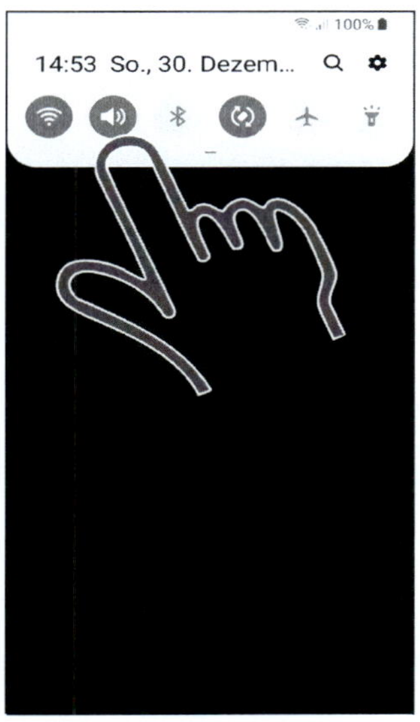

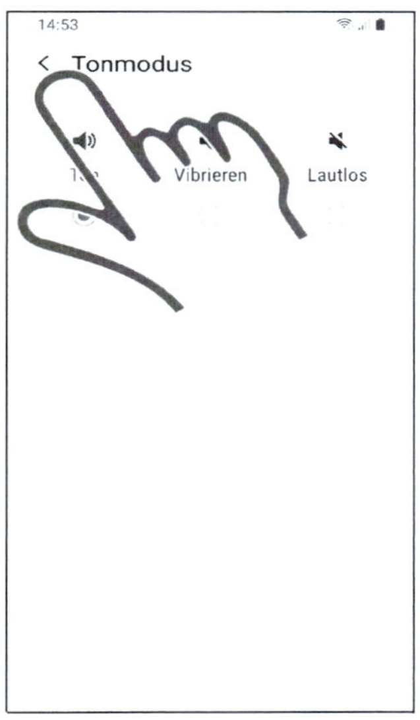

❶ Aktivieren Sie das Benachrichtigungsfeld, dann tippen und halten Sie die 🔊-Schaltleiste.

❷ Betätigen Sie die <-Schaltleiste oben rechts (Pfeil).

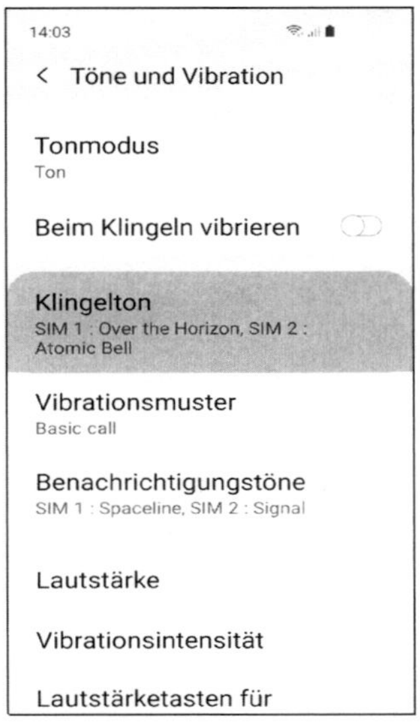

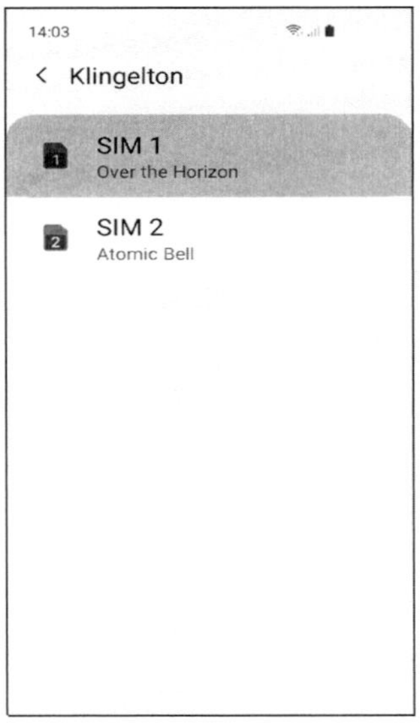

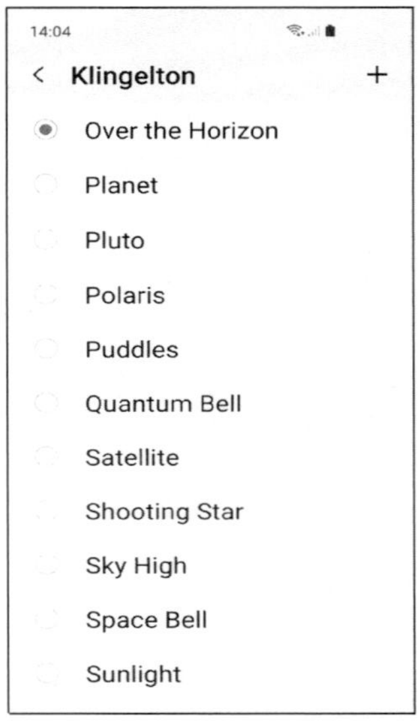

❶❷ Rufen Sie *Klingelton/SIM 1* auf (falls sich Ihre SIM-Karte im zweiten SIM-Schacht befindet, müssen Sie natürlich *SIM 2* auswählen).

❸ Stellen Sie den gewünschten Klingelton ein.

Falls Sie eigene MP3-Songs als Klingel- und Benachrichtigungstöne verwenden möchten, beachten Sie bitte Kapitel *33.1 Eigene Klingel- und Benachrichtigungstöne*.

Sie können auch jedem Kontakt einen eigenen Klingelton zuweisen, der dann statt dem Standard-Klingelton vom Handy verwendet wird. Siehe dazu Kapitel *7.5 Kontaktfoto und Klingelton*.

5.5 Anrufliste (Protokoll)

In der Anrufliste legt das Handy alle ein- und ausgegangenen Anrufe, auch die nicht entgegengenommenen, ab.

5.5.1 Anrufliste in der Telefonoberfläche

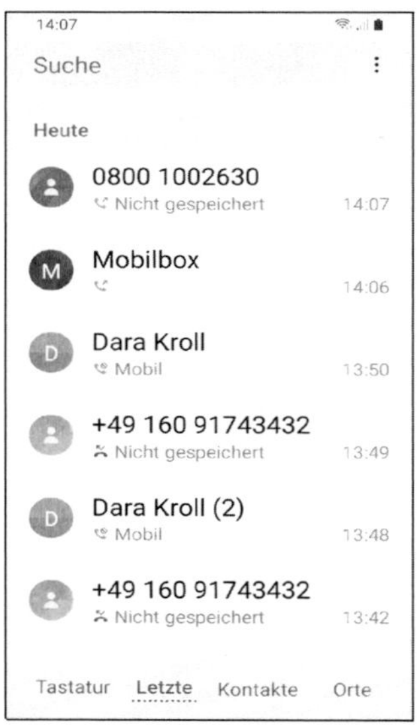

❶❷ Die Anrufliste zeigt die zuletzt ein- und ausgegangenen, sowie verpassten Gespräche an. Sie aktivieren sie über das *Letzte*-Register (Pfeil) in der Telefonoberfläche.

5.5.2 Anzeige verpasster Anrufe

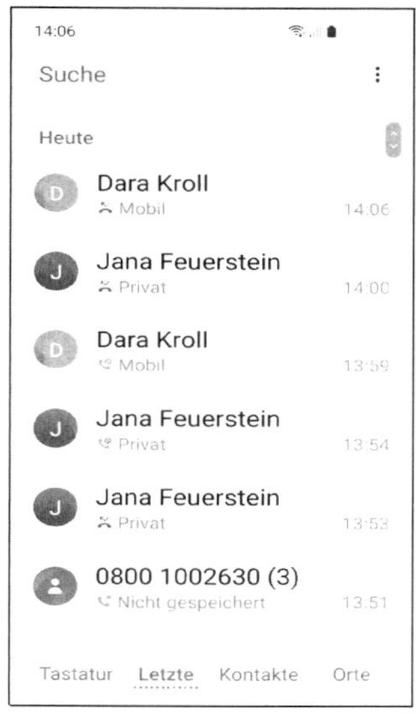

❶ Über verpasste oder von Ihnen geblockte Anrufe informiert ein -Symbol oben in der Titelleiste (Pfeil). Das Symbol bleibt solange sichtbar, bis Sie die Anrufliste aktivieren.

❷ Weitere Infos über den verpassten Anrufer erhalten Sie, indem Sie das Benachrichtigungsfeld öffnen (siehe Kapitel *4.7.5 Titelleiste und Benachrichtigungsfeld*). Tippen Sie den Listeneintrag an, um die Anrufliste anzuzeigen.

❸ Ein kleines Symbol informiert bei jedem Listeneintrag, welche Aktion stattgefunden hat:

Eingehender Anruf, der angenommen wurde.
Eingehender Anruf, der nicht angenommen wurde.
Ausgehender Anruf.
Von Ihnen geblockter Anruf.

5.5.3 Funktionen in der Anrufliste

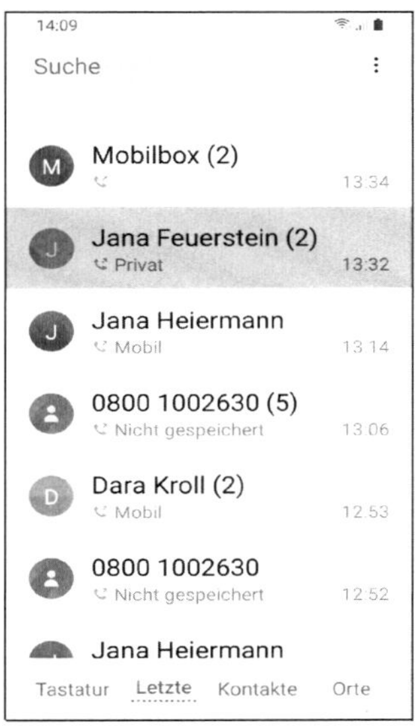

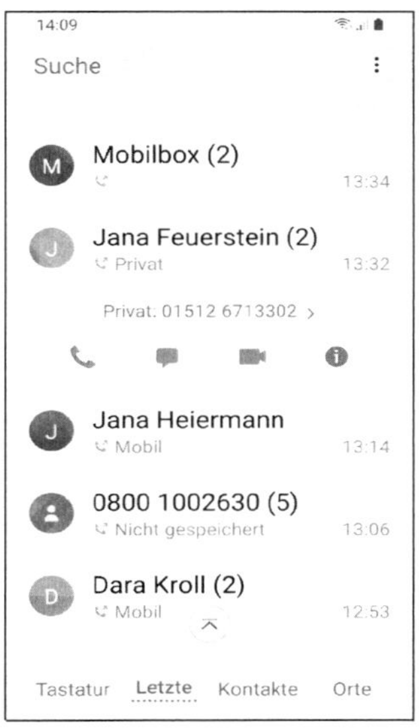

❶❷ Tippen Sie einen Namen an für die folgenden Schaltleisten:

- : *Anruf*: Kontakt anrufen.
- : *Nachricht*: SMS schreiben.
- : *Videoanruf*: Videotelefonat führen. Wegen der damit verbundenen hohen Kosten gehen wir in diesem Buch nicht näher darauf ein.
- : *Details*: Kontaktdetails anzeigen (nur wenn sich die Rufnummer im Telefonbuch befindet).

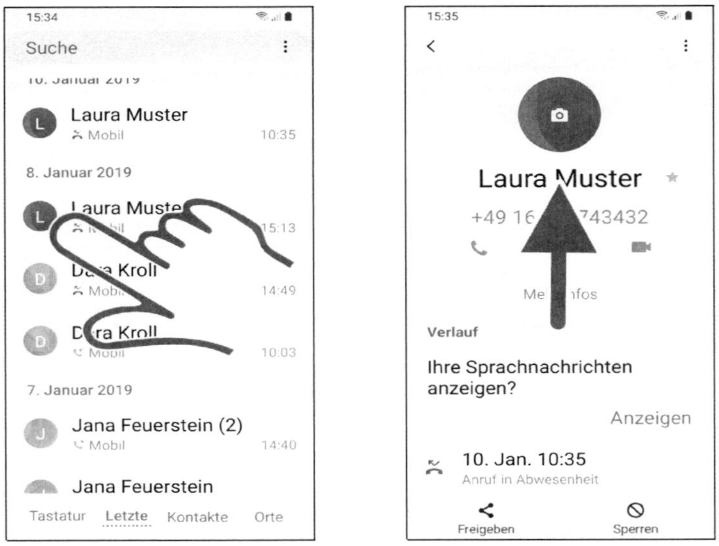

❶ Antippen des Kontaktsymbols (Pfeil) öffnet dagegen die Kontaktdetails.

❷❸ Mit einer Wischgeste rollen Sie durch die Kontaktdaten.

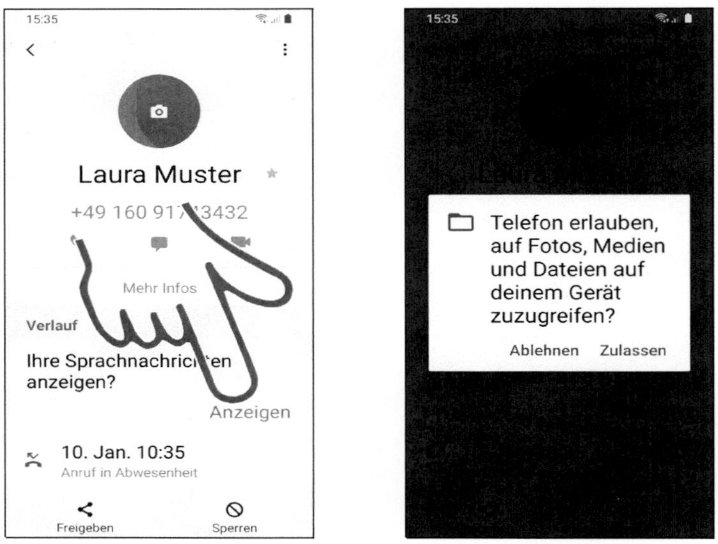

❶❷ Die *Ihre Sprachnachrichten*-Schaltleiste betätigen Sie und schließen den folgenden Dialog ebenfalls mit *Zulassen.* Sie gestatten damit dem Handy, Kalendertermine und SMS, die den Kontakt betreffen, in den Kontaktdetails anzuzeigen.

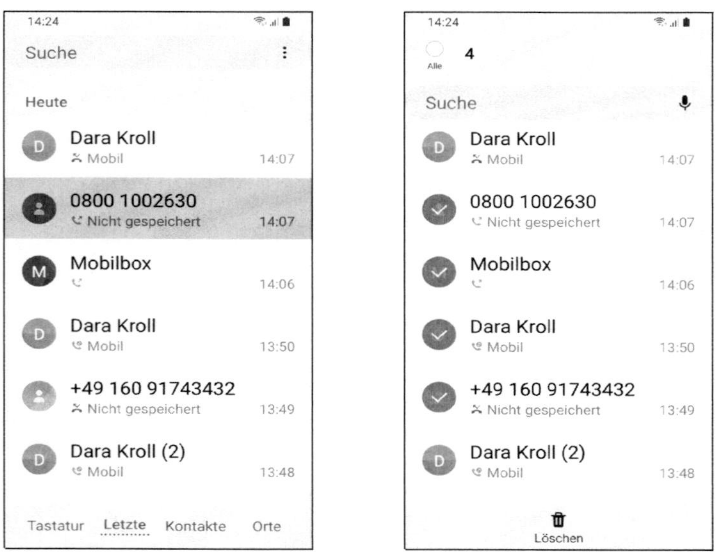

❶❷ Tippen und halten Sie den Finger über einem Listeneintrag, worauf der Markierungsmodus aktiviert wird. Sie können dann weitere Listeneinträge durch Antippen markieren und mit *Lö-*

schen am unteren Bildschirmrand die markierten Einträge aus dem Anrufprotokoll entfernen.

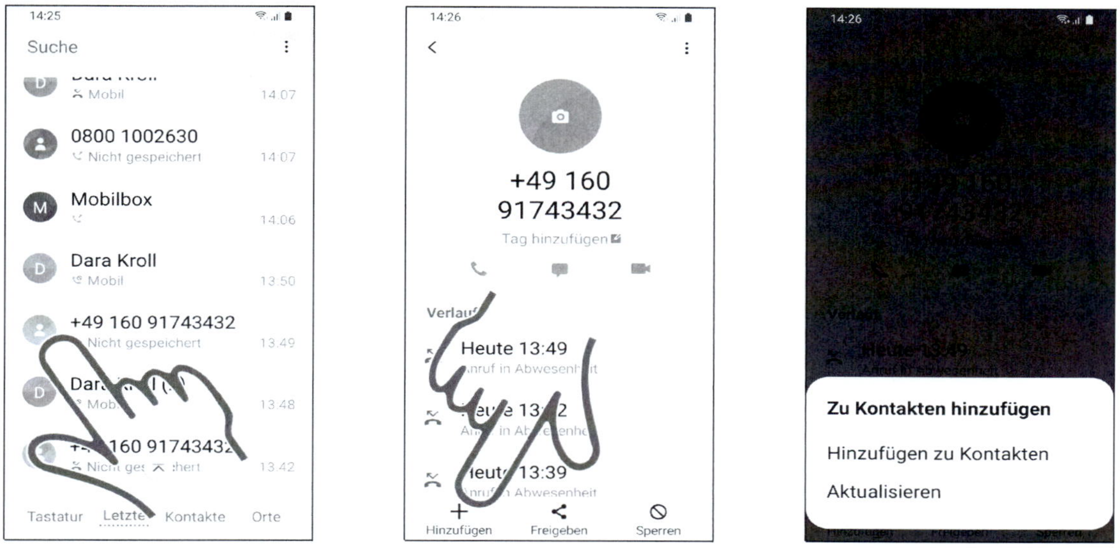

❶❷ Haben Sie das Kontaktsymbol einer noch nicht im Telefonbuch vorhandenen Rufnummer angetippt, so ist die *Hinzufügen*-Schaltleiste verfügbar, die Sie betätigen. Im Popup wählen Sie anschließend aus, ob die Rufnummer einem neuen oder bestehenden Kontakt zugewiesen wird.

5.5.4 Weitere Anzeigen

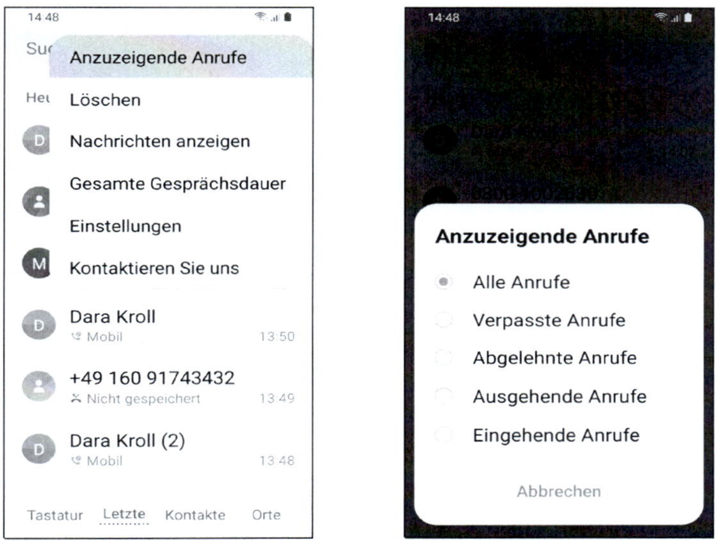

❶❷ Über ⋮/*Anzuzeigende Anrufe* schränken Sie die angezeigten Einträge auf verpasste oder abgelehnte Anrufe ein.

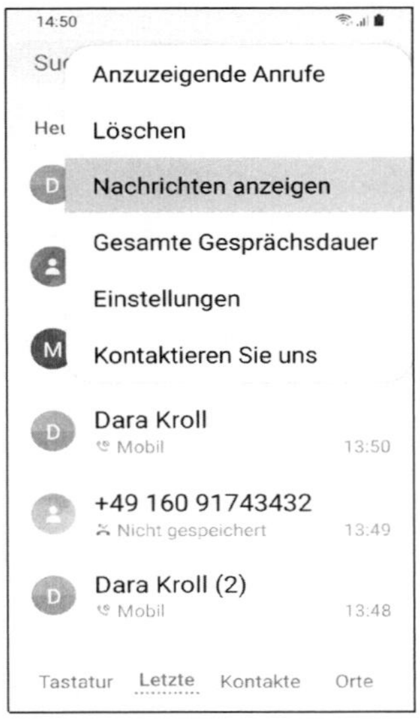

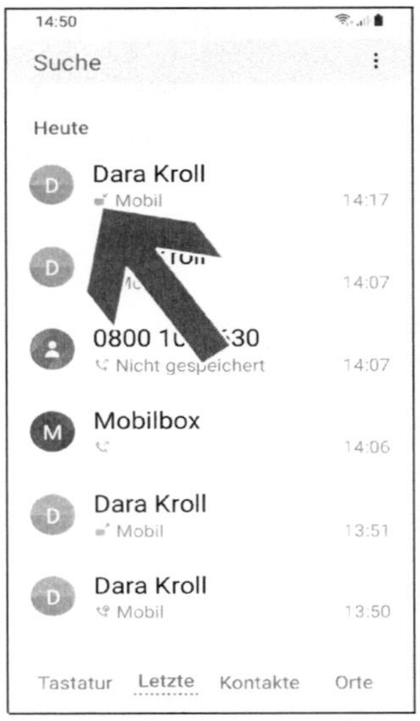

❶❷ ⋮/*Nachrichten anzeigen* blendet in der Auflistung auch alle empfangenen SMS ein. Sie erkennen diese am 💬-Symbol.

5.6 Flugmodus (Offline-Modus)

In manchen Umgebungen, zum Beispiel Flugzeugen und Krankenhäusern, ist der Einsatz eines Handys untersagt. Für diesen Fall können Sie die Telefon-Funktionalität deaktivieren. Im Flugmodus sind neben dem Telefon, auch WLAN und Bluetooth deaktiviert.

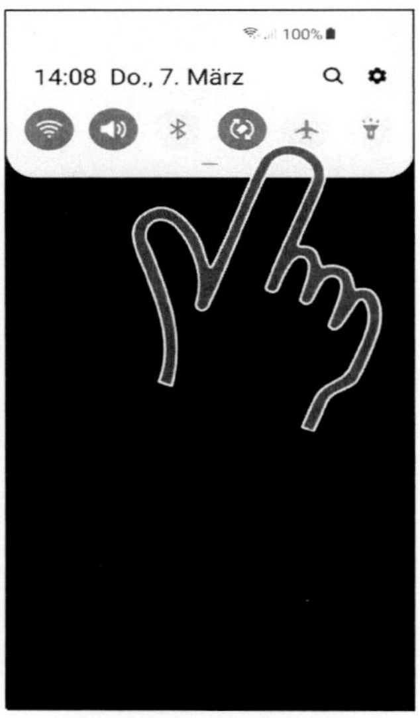

❶ Öffnen Sie das Benachrichtigungsfeld und betätigen Sie darin die ✈-Schaltleiste.

❷ Ein ✈-Symbol macht auf den aktiven Flugzeugmodus in der Titelleiste aufmerksam (Pfeil). Erneutes Betätigen der ✈-Schaltleiste im Benachrichtigungsfeld schaltet den Mobilfunk wieder ein.

> Für den Netzbetreiber erscheint der Flugzeugmodus technisch so, als ob Sie Ihr Handy ausgeschaltet haben.

5.7 Orte

Die Orte-Funktion listet Shopping- und Freizeitaktivitäten, Restaurants, Hotels, usw. in der Nähe Ihres Standorts auf.

> Auch Google Maps liefert Infos zu diversen Unternehmen und Freizeitmöglichkeiten auf. Siehe dazu Kapitel *15.9 Google Local*.

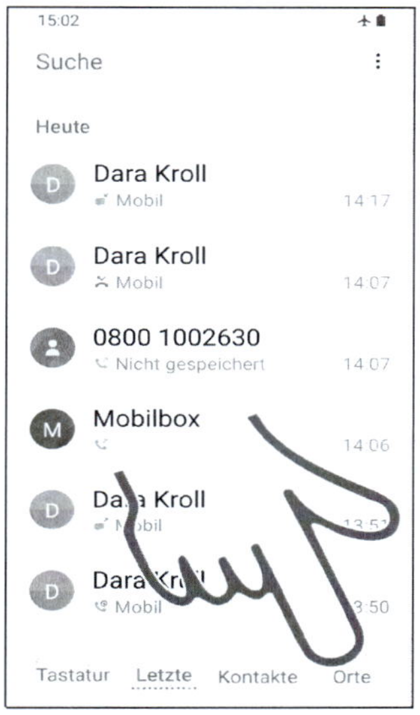

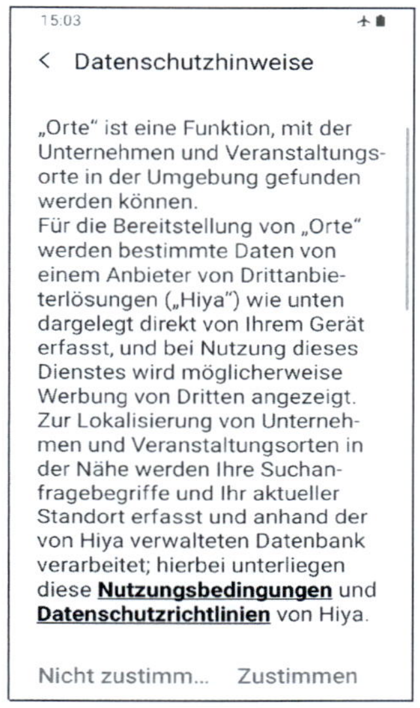

❶ Aktivieren Sie das *Orte*-Register.

❷❸ Betätigen Sie *Starten* und schließen Sie den folgenden Bildschirm mit *Zustimmen* und das Popup mit *Zulassen*.

❶ Wählen Sie eines der Angebote, im Beispiel *Shopping*, aus.

❷ Das Handy listet nun alle Unternehmen in der Umgebung auf, wovon Sie eines auswählen.

❸ Wahlweise rufen Sie das Unternehmen an, senden eine Nachricht oder zeigen mit *Details* weitere Infos an.

5.8 Anrufeinstellungen

In den Anrufeinstellungen finden Sie viele Funktionen, die meist nur selten benötigt werden, trotzdem aber sehr nützlich sein können.

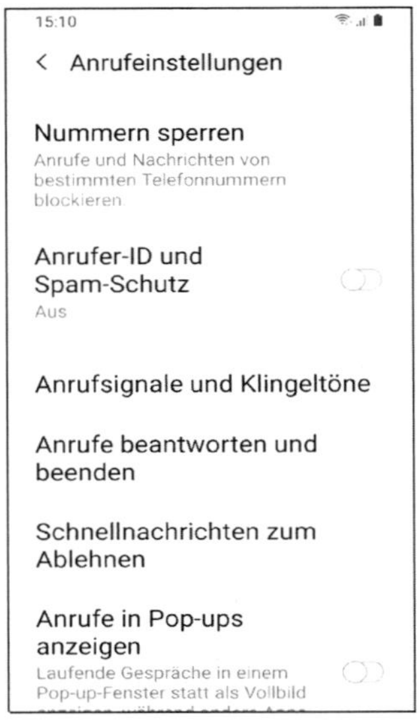

❶❷ Gehen Sie in ⋮/*Einstellungen.*

5.8.1 Anruf ablehnen

◆ *Einstellungen/Nummern sperren*

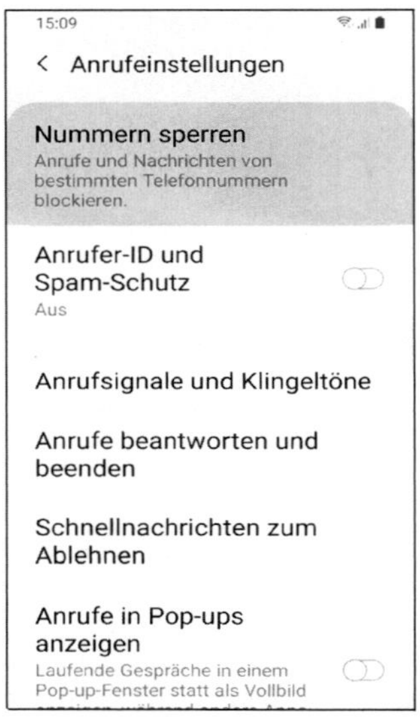

❶❷ Hiermit blockieren Sie unerwünschte Anrufer und SMS. Erfassen Sie einfach die entsprechenden Rufnummern.

5.8.2 Anrufer identifizieren

◆ *Einstellungen/Anrufer-ID und Spam-Schutz*

Eines der größten Ärgernisse der Telekommunikation sind unerwünschte Werbeanrufe. Das amerikanische Unternehmen Whitepages hat daher einen Mechanismus entwickelt, um Anrufer zu identifizieren und gegebenenfalls als Spam einzuordnen.

In Deutschland sind unerwünschte Werbeanrufe aufgrund strenger gesetzlicher Regulierung eher selten, weshalb sich die Whitepages-Anrufer-Identifizierung eigentlich erübrigt. Außerdem hat diese Funktion den Nachteil, dass Rufnummern an ein US-Unternehmen übertragen werden, das keinen europäischen Datenschutzregeln unterliegt. Die Nutzer der Anrufer-Identifizierung legen zudem selbst fest, welche Nummern sie als unerwünscht einstufen, was zu Missbrauch einlädt. Wir raten daher von der Anrufer-Identifizierung ab.

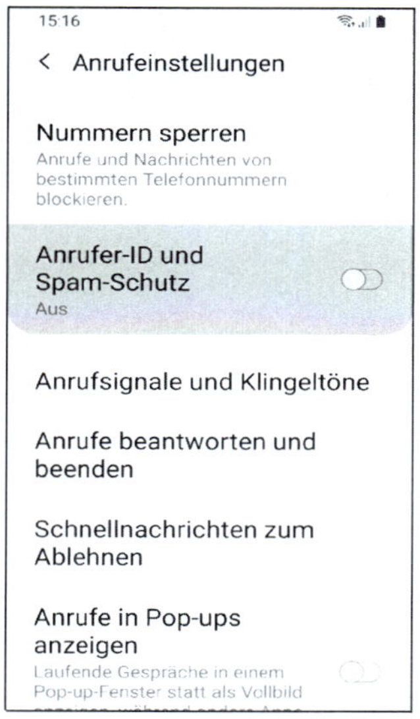

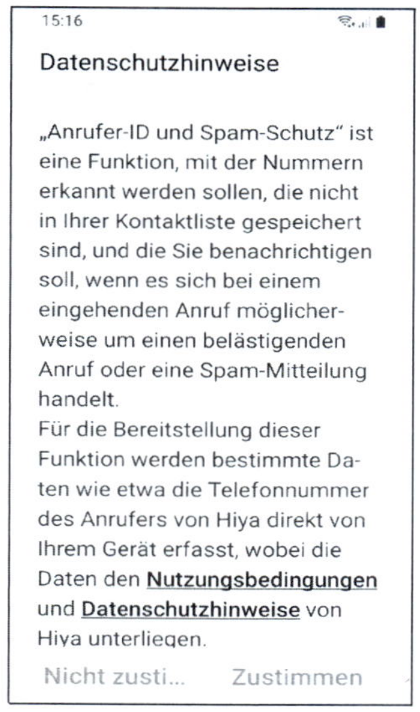

❶❷ Falls Sie trotz unserer Vorbehalte die Anruferidentifizierung nutzen möchten, gehen Sie auf *Anrufer-ID und Spam-Schutz* und aktivieren den Schalter oben rechts (Pfeil).

❸ Betätigen Sie *Zustimmen.*

5.8.3 Anrufsignale

◆ *Einstellungen/Anrufsignale*

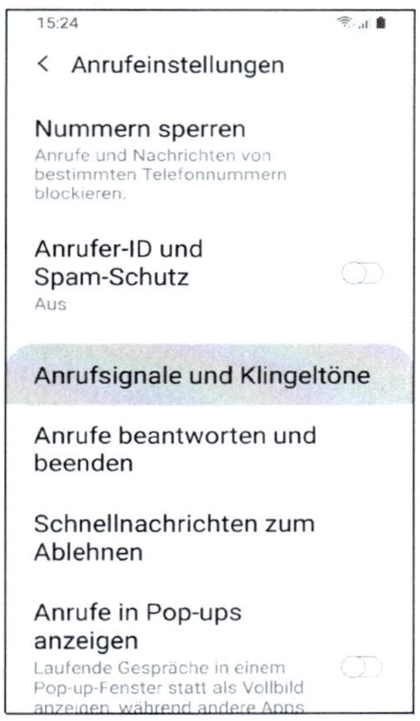

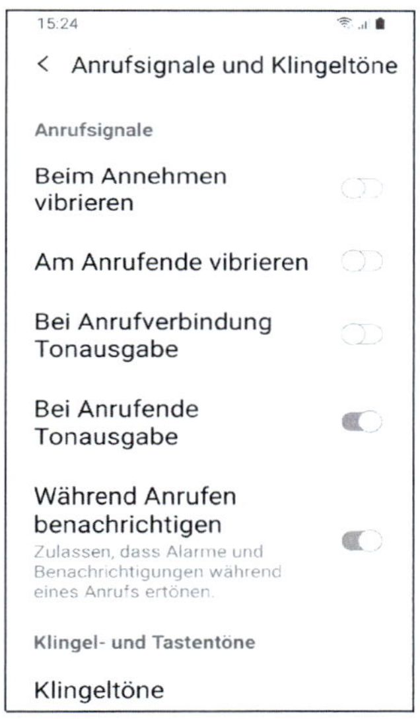

❶❷ Unter *Anrufsignale und Klingeltöne* stellen sie ein:

Unter *Anrufsignale*:

- *Beim Annehmen vibrieren:* Vibration, sobald der Angerufene das Gespräch annimmt.
- *Am Anrufende vibrieren:* Vibration, wenn Sie oder Ihr Gesprächspartner auflegen.
- *Bei Anrufverbindung Tonausgabe*: Wenn Sie jemanden anrufen, ertönt der Verbindungston nach der erfolgreichen Anwahl.
- *Bei Anrufende Tonausgabe*: Beim Gesprächsende ertönt ein Signal.
- *Während Anrufen benachrichtigen*: Während eines Telefongesprächs erhalten Sie weiterhin akustische Hinweise auf neu vorhandene E-Mails, SMS, usw.

Unter *Klingeltöne*:

- *Klingeltöne:* Melodie für eingehende Anrufe.
- *Vibrationsmuster*: Legt für eingehende Anrufe eine Vibration fest. Beachten Sie bitte, dass Sie *Beim Klingeln vibrieren* aktivieren müssen, um die Vibration zu nutzen.
- *Beim Klingeln vibrieren*: Neben dem Klingelton vibriert das Handy bei eingehenden An-

rufen.

- *Tastentöne wiedergeben:* Antippen einer Taste im Tastenfeld der Telefon-Anwendung wird mit einem Signalton quittiert.

5.8.4 Anrufe beantworten und beenden

◆ *Einstellungen/Anrufe beantworten und beenden*

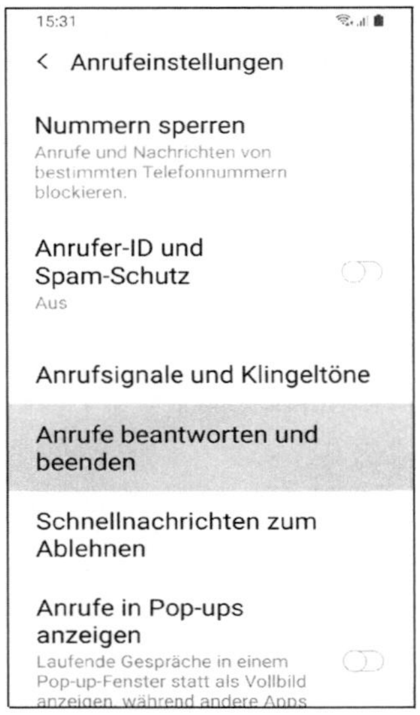

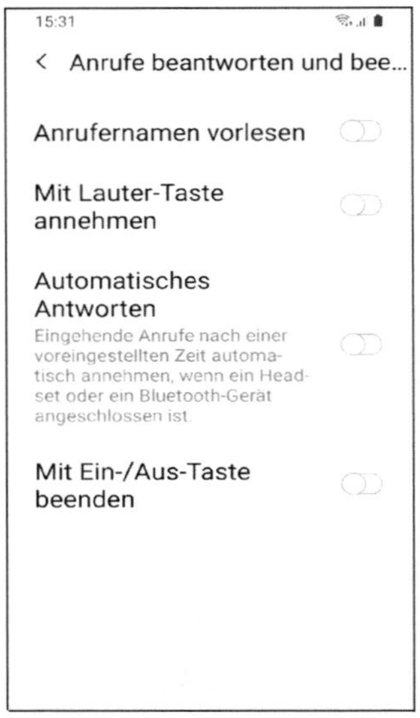

❶❷ Konfigurieren Sie unter *Anrufe beantworten und beenden*:

- *Anrufernamen vorlesen*: Sofern Sie ein Headset, beispielsweise über Bluetooth, angeschlossen haben, spricht das Handy den Anrufernamen aus.
- *Mit Lauter-Taste annehmen*: Eingehende Anrufe nehmen Sie mit der Lautstärke-Lauter-Taste auf der linken Geräteseite an.
- *Automatisches Antworten*: Anrufe werden automatisch nach 2 Sekunden angenommen. Sie müssen dafür das mitgelieferte Kabel-Headset am Handy angeschlossen haben oder ein Bluetooth-Headset nutzen (siehe dazu auch das Kapitel *32.3 Bluetooth-Headset / Freisprecheinrichtung verwenden*).
- *Mit Ein-/Aus-Taste beenden*: Betätigen Sie den Ein-/Ausschalter auf der rechten Geräteseite, um Anrufe zu beenden.

5.8.5 Kurznachrichten zum Ablehnen

◆ *Einstellungen/Schnellnachrichten zum Ablehnen*

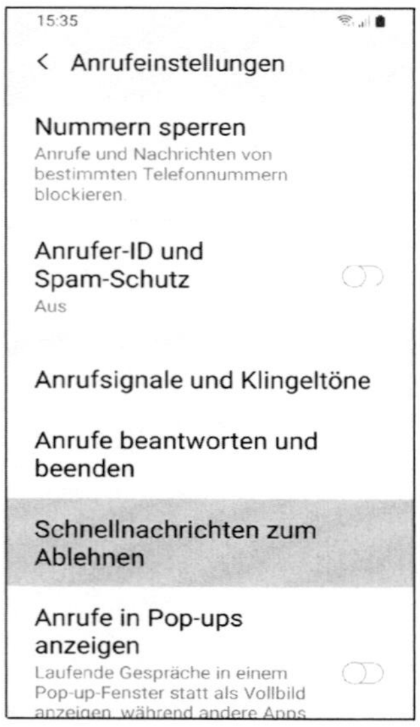

❶❷ Die Funktion des Menüs *Schnellnachrichten zum Ablehnen* beschreibt Kapitel *5.4.1 Anruf*

mit Mitteilung beantworten.

5.8.6 Anrufe in Popups anzeigen

◆ *Einstellungen/Anrufe in Pop-ups anzeigen*

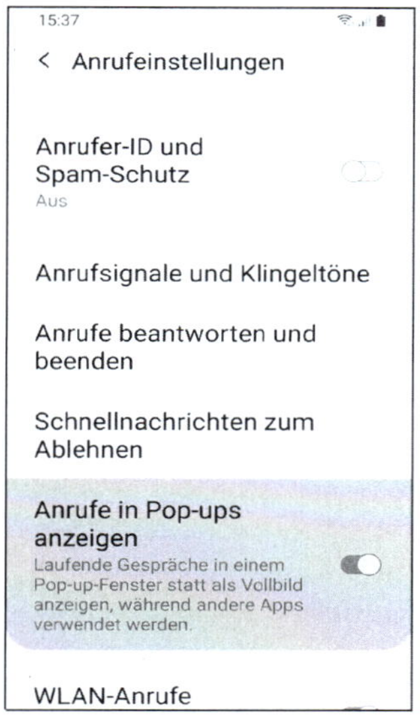

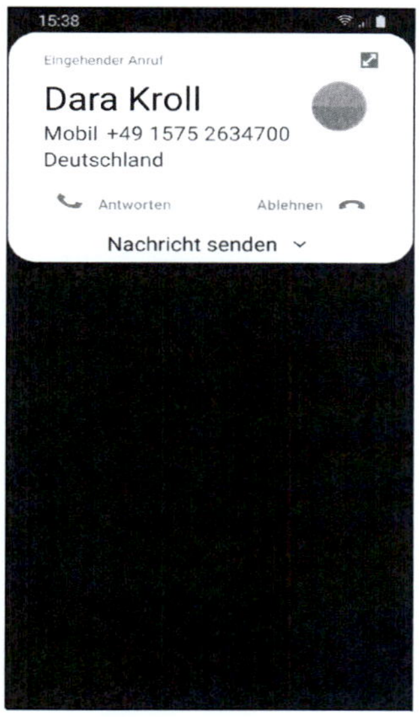

➊ *Anrufe in Pop-ups anzeigen* steuert die Anzeige angenommener Anrufe: Statt als Vollbildschirm zeigt das Handy den Anruf als Popup am oberen Bildschirmrand (➋) an. Sie können dann beispielsweise in einer Anwendung arbeiten, während Sie gerade freisprechen.

Hinweis: Auf unserem Testgerät funktionierte die Option nicht. Egal, ob *Anrufe in Pop-ups anzeigen* aktiviert war oder nicht, es wurde immer das Popup angezeigt.

5.8.7 WLAN-Anrufe

◆ *Einstellungen/WLAN-Anrufe*

Sofern eine WLAN-Verbindung (siehe Kapitel *9 WLAN*) besteht, können Telefonate auch darüber geführt werden, falls die Mobilfunkverbindung sehr schlecht ist. Eine SIM-Karte muss natürlich trotzdem im Handy eingelegt sein.

5.8.8 Mailboxeinstellungen

◆ *Einstellungen/Mailbox*

Jeder Mobilnetzbetreiber bietet eine Mailbox mit Anrufbeantworterfunktion für seine Kunden an. Um die Mailbox anzurufen, müssen Sie je nach Netzbetreiber eine andere Nummer anrufen. Beim Samsung Galaxy (und fast allen anderen Handys) ist die Kurzwahl »1« bereits auf die Mailbox eingestellt.

> Sofern Sie eine Mailbox nicht benötigen, oder wenn deren Abruf Geld kostet, können Sie sie auch deaktivieren, was meist über das Sprachmenü in der Mailbox möglich ist.
>
> Die Mailboxnummer stellt das Handy normalerweise automatisch nach dem ersten Einschalten korrekt ein, weshalb Sie wahrscheinlich nie irgendwelche Einstellungen daran vornehmen.

❶❷ Die Optionen im *Mailbox*-Menü:

- *Dienstanbieter*: Hier lassen Sie keine Änderungen vornehmen.
- *Mailboxeinstellungen*: Mailboxrufnummer.
- *Benachrichtigungen*: Legt die Benachrichtigung über neu in der Mailbox vorhandene Sprachnachrichten fest.

5.8.9 Zusatzdienste

◆ *Einstellungen/Zusatzdienste*

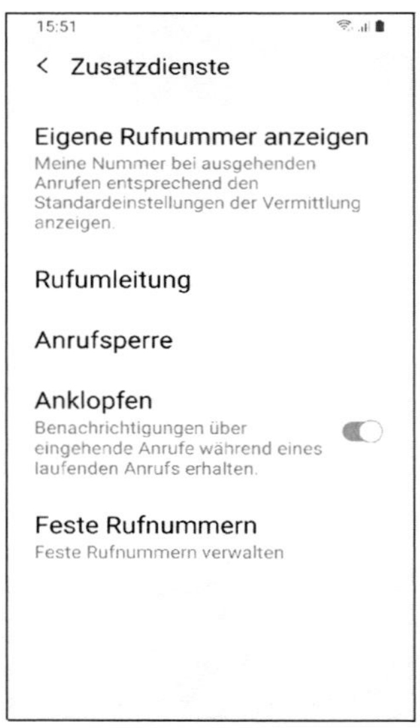

❶❷ Unter *Zusatzdienste* legen Sie fest:

- *Eigene Rufnummer anzeigen*: Stellt ein, ob von Ihnen Angerufene Ihre Rufnummer sehen (»Rufnummernübermittlung«). Zur Auswahl stehen *Netzwerkstandard* (vorgegebene Einstellung des Mobilnetzbetreibers), *Nummer verbergen* (Rufnummer unterdrücken) und *Nummer anzeigen*.
- *Rufumleitung*: Weiterleitung von eingehenden Anrufen auf einen anderen Anschluss.

- *Anrufsperre*: Ermöglicht es, nur bestimmte ausgehende Anrufe, zum Beispiel internationale Anrufe zu erlauben. Sie benötigen dafür vom Netzbetreiber ein Kennwort. In diesem Buch wird deshalb nicht weiter darauf eingegangen.
- *Anklopfen*: Damit Sie während eines Gesprächs über einen weiteren eingehenden Ruf informiert werden, gibt es das Anklopfen-Merkmal: Geht, während Sie gerade ein Gespräch führen, ein weiterer Anruf ein, erscheint ein Hinweisdialog. Viele Handyverträge unterstützen leider kein Anklopfen.
- Verwenden Sie die *Feste Rufnummern*, um nur Anrufe auf bestimmten Rufnummern zu gestatten.

5.8.10 Andere Anrufeinstellungen

◆ *Einstellungen/Andere Anrufeinstellungen*

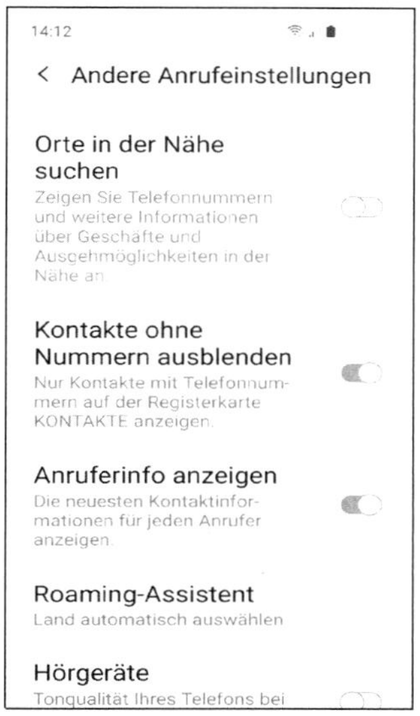

❶❷ Das *Andere Anrufeinstellungen*-Menü:

- *Orte in der Nähe suchen* schaltet die Ortssuche im *Orte*-Register (siehe Kapitel *5.7 Orte*) ein/aus.
- *Kontakte ohne Nummern ausblenden*: Da es wenig Sinn macht, im *Kontakte*-Register Kontakte ohne Rufnummer anzuzeigen, blendet sie das Handy automatisch aus.
- *Anruferinfo anzeigen*: Diese Funktion ist nicht von Samsung dokumentiert.
- Der *Roaming-Assistent* ist nur für Anwender nützlich, die ihr Handy im Ausland nutzen:
  - *Land automatisch auswählen:* Fügt automatisch Ihre Ländervorwahl hinzu.
  - *Immer Roaming-Land anrufen*: Deaktiviert die automatische Ländervorwahl.
  - *Bei jedem Anruf fragen*
- *Hörgeräte*: Passt die Tonqualität für Hörgeräteträger an.

6. Nachrichten (SMS)

In der Nachrichten-Anwendung verwalten Sie Ihre SMS und MMS.

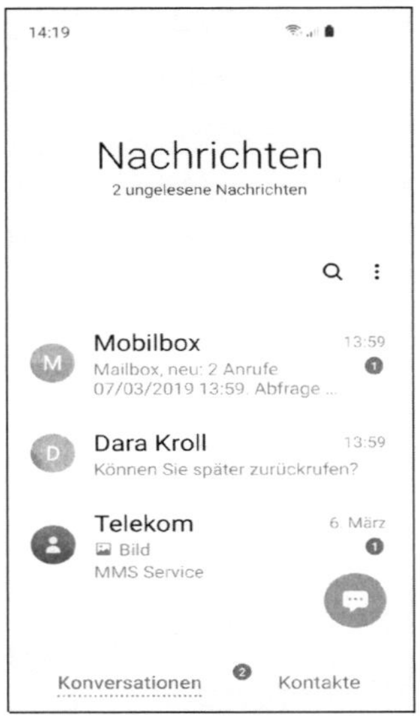

❶❷ Sie starten die Nachrichten-Anwendung, indem Sie einfach *Nachrichten* (Pfeil) im Startbildschirm oder Hauptmenü antippen.

Falls Sie noch die Nachrichten-Anwendung vor dem Android 9-Update kennen, werden Sie zahlreiche Unterschiede feststellen.

6.1 Nachrichtenanzeige

Die von älteren Handys gewohnte Aufteilung nach den Ordnern »Posteingang« und »Postausgang« gibt es beim Galaxy nicht. Stattdessen werden alle Nachrichten nach Kontakt sortiert abgelegt.

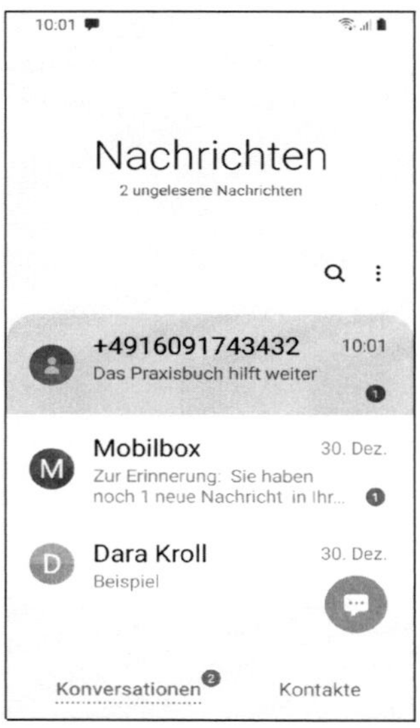

❶❷ Bereits im Hauptbildschirm zeigt die Nachrichten-Anwendung alle Kontakte beziehungsweise Rufnummern an, mit denen man geschrieben hat. Wählt man einen Kontakt aus, so zeigt das Handy alle empfangenen und gesendeten Nachrichten des Kontakts als Verlauf an.

Im weiteren Verlauf der nächsten Kapitel erfahren Sie, wie man die Nachrichtenverläufe verwaltet.

6.2 Nachricht senden

SMS lassen sich beispielsweise aus dem Telefonbuch oder aus der Anrufliste senden.

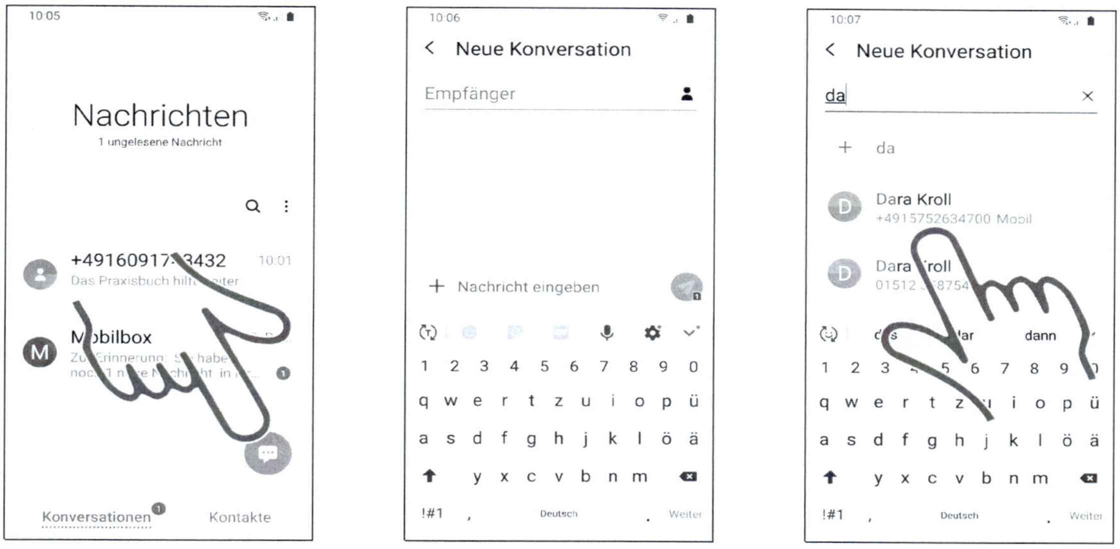

❶ Gehen Sie in der Nachrichten-Anwendung auf .

❷❸ Geben Sie nun entweder eine Handynummer oder einen Kontaktnamen aus dem Telefonbuch ein. Bei Letzterem listet das Galaxy alle gefundenen Kontakte mit deren Rufnummern unter dem Eingabefeld auf. Wählen Sie einen aus.

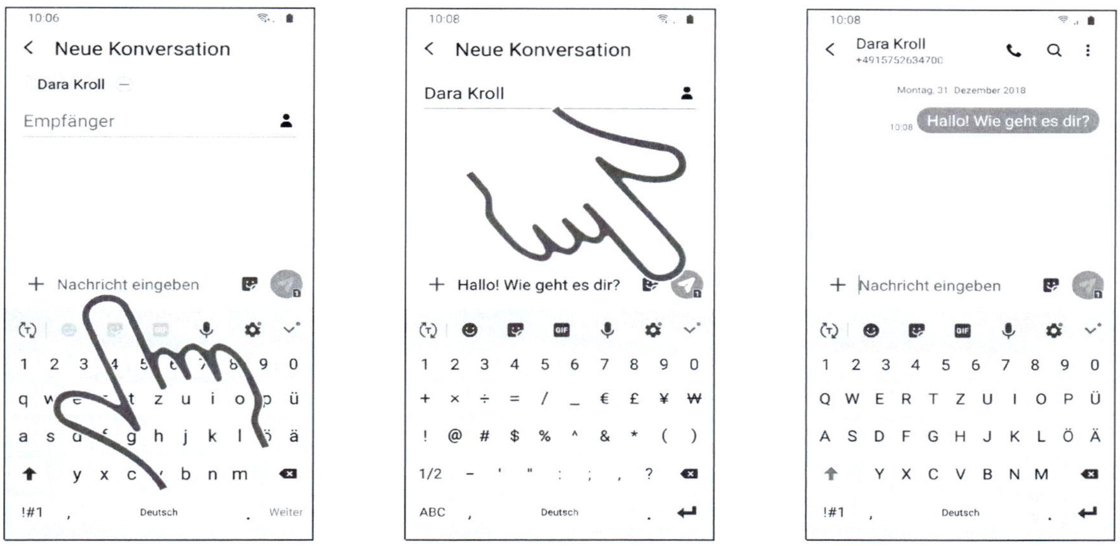

❶ Tippen Sie dann auf *Nachricht eingeben.*

❷ Erfassen Sie den Nachrichtentext. Nach Betätigen der -Schaltleiste erfolgt der Versand und die Nachrichten-Anwendung schaltet auf den Nachrichtenverlauf um.

❸ Zweimaliges Antippen der - beziehungsweise -Taste unterhalb des Displays (beim ersten Antippen schließt sich das Tastenfeld) bringt Sie wieder in den Hauptbildschirm der Nachrichten-Anwendung zurück.

6.2.1 Kontakt aus Telefonbuch

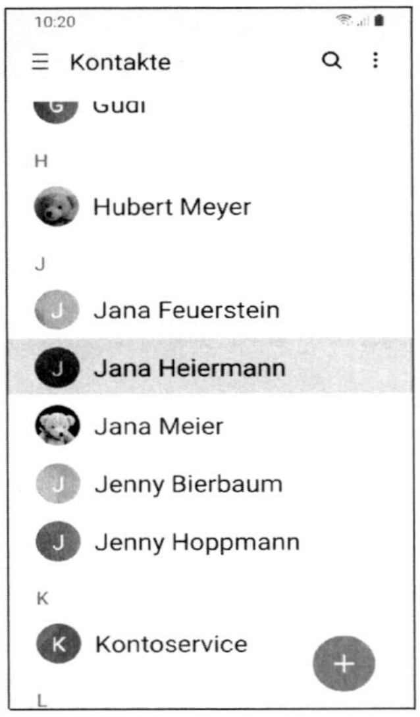

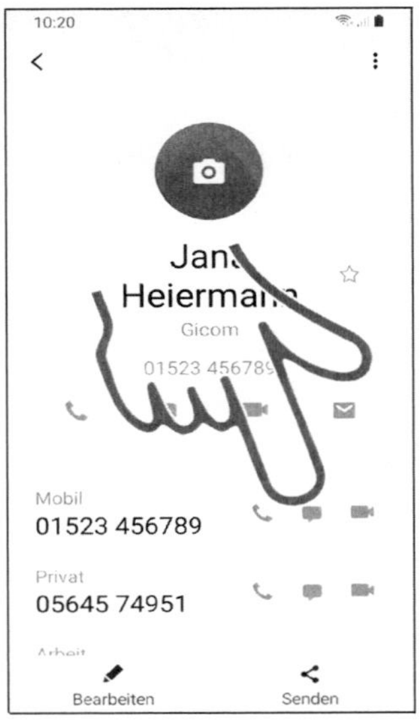

❶❷ Im einfachsten Fall tippen Sie im Telefonbuch (siehe Kapitel *7 Telefonbuch*) auf einen Kontakt, worauf die Kontaktdetails erscheinen. Betätigen Sie dann 💬.

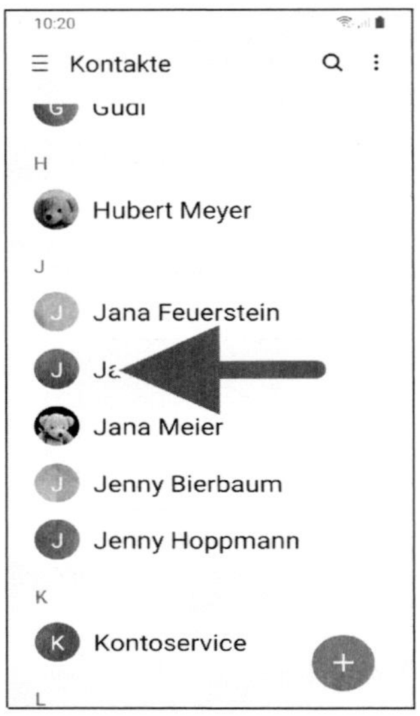

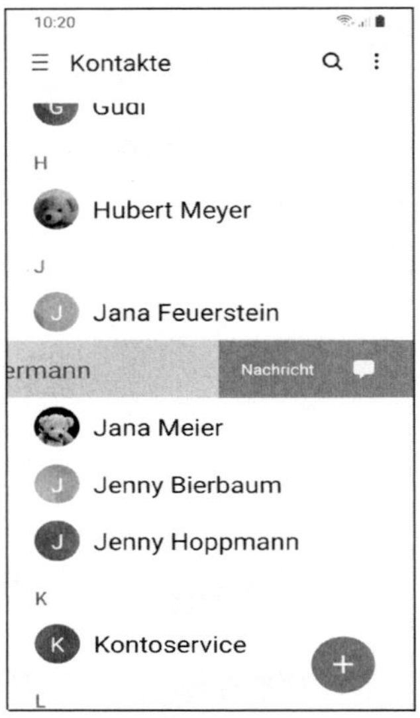

❶❷ Alternativ wischen Sie über dem Kontakteintrag von rechts nach links.

6.2.2 Nachricht aus Nachrichtenverlauf

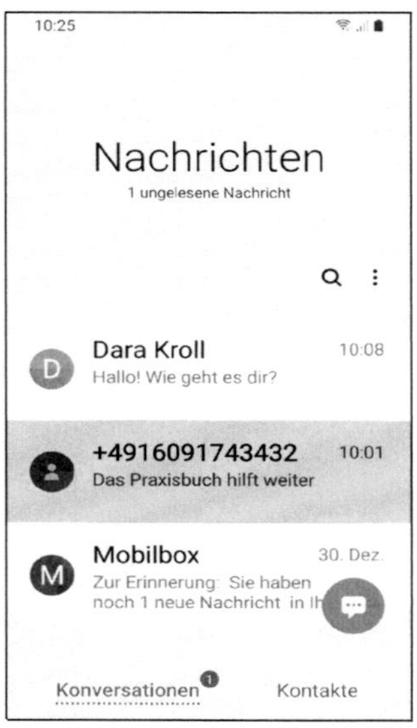

❶ Auch im Nachrichtenverlauf können Sie direkt eine Nachricht eingeben. Dazu tippen Sie den

Verlauf an.

❷❸ Tippen Sie gegebenenfalls in das Eingabefeld und erfassen Sie Ihre Nachricht. Betätigen Sie nun ➤.

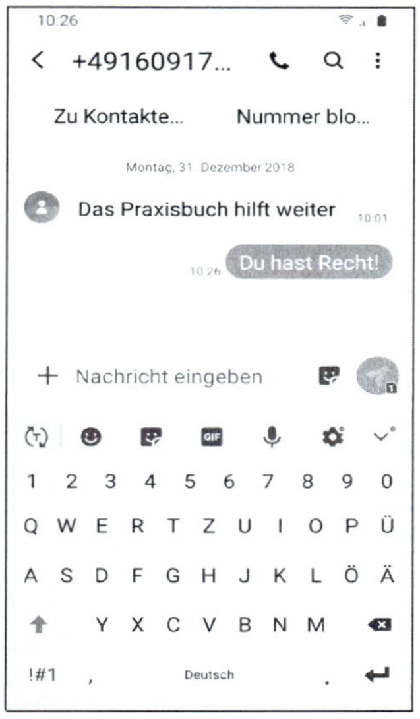

Damit ist Ihre SMS verschickt und eine weitere Sprechblase mit Ihrer Antwort erscheint im Nachrichtenverlauf.

> Ihre SMS sollte nicht länger als 160 Zeichen sein. Wenn Sie dennoch einen längeren Text eingeben, erzeugt das Handy beim Versand automatisch mehrere Nachrichten, die beim Empfänger wieder zusammengesetzt werden. Der Netzbetreiber berechnet davon aber jede SMS einzeln, was zu sehr hohen Kosten führen kann.

6.2.3 Nachricht aus Anrufliste

Es gibt gleich mehrere Möglichkeiten, wie Sie eine SMS aus der Anrufliste (siehe Kapitel *5.5 Anrufliste (Protokoll)*) versenden.

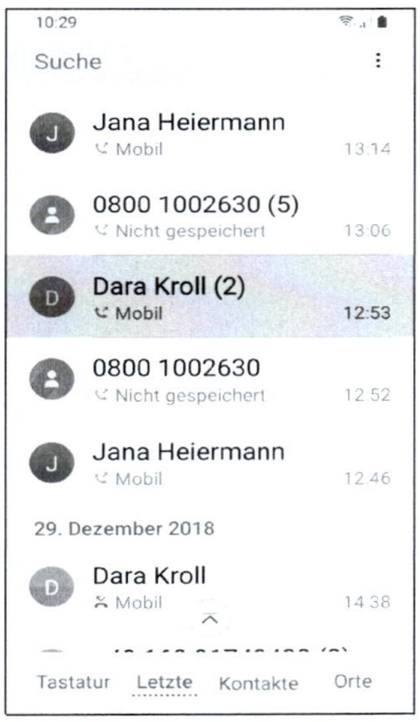

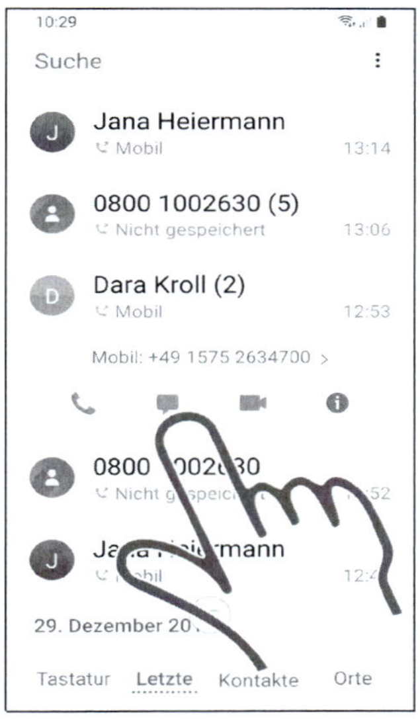

❶❷ Tippen Sie kurz auf den Eintrag, worauf hin mehrere Schaltleisten erscheinen. Tippen Sie auf 💬.

> SMS sind nicht nur ins Mobilnetz, sondern auch an Festnetznummern möglich. Wenn ein Festnetzanschluss mit SMS-fähigen Endgeräten (in der Regel DECT-Telefone) ausgestattet ist, lassen sich die Kurznachrichten dort abrufen und beantworten. Bei Festnetzanschlüssen ohne SMS-Unterstützung ruft eine Mailbox des Netzbetreibers an und liest die Kurznachricht vor.

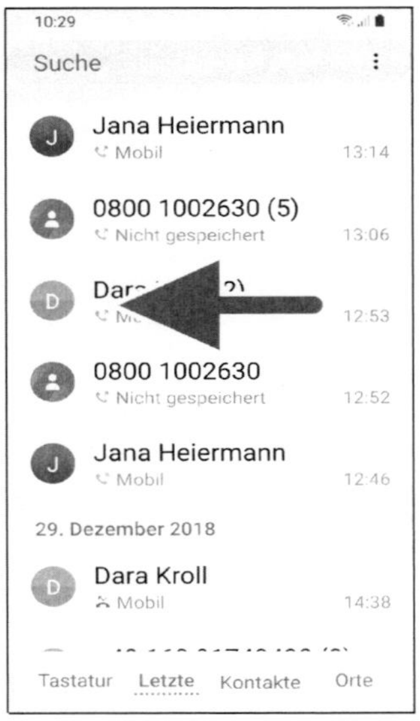

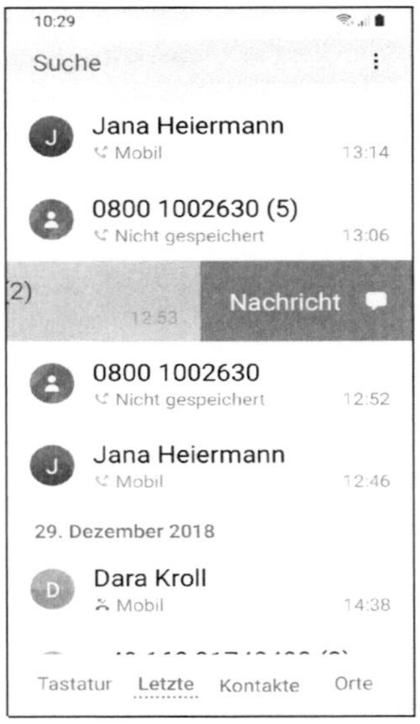

❶❷ Ziehen Sie den Finger auf einem Protokolleintrag von rechts nach links, um eine SMS neu zu erstellen (ziehen Sie in die umgekehrte Richtung, um einen Anruf zu tätigen).

6.3 Weitere Funktionen im Nachrichtenverlauf

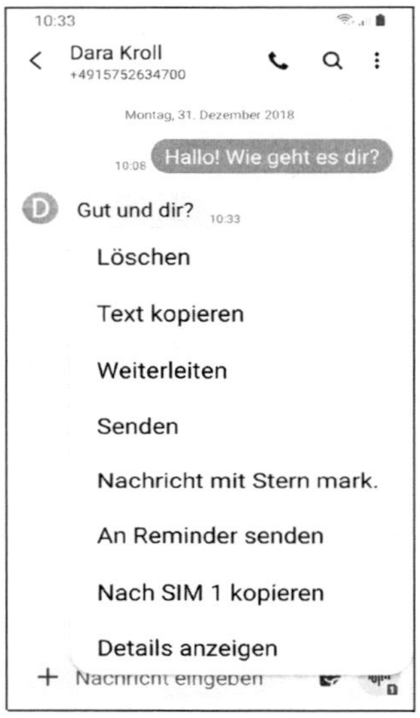

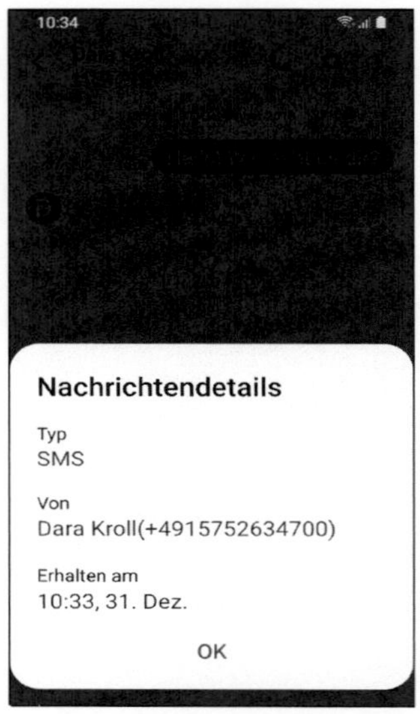

❶❷ Tippen und Halten Sie den Finger auf einer Nachricht für das Popup mit weiteren Funktionen:

- *Löschen*: Entfernt eine Nachricht unwiderruflich aus dem Speicher.
- *Text kopieren*: Kopiert den Nachrichtentext in die Zwischenablage. Man kann ihn dann in einer anderen Anwendung wieder einfügen.
- *Weiterleiten*: Nachrichtentext an einen weiteren Empfänger per SMS weiterleiten.
- *Senden*: Nachrichtentext an jemand Dritten weiterleiten – kann auch per E-Mail oder einem anderen Versandweg erfolgen.
- *Nachricht mit Stern mark.*: Setzt eine Markierung, damit Sie wichtige SMS im Nachrichtenverlauf schnell erkennen.
- *An Reminder senden*: Stellt eine Erinnerung mit dem Nachrichtentext ein. Zum eingestellten Zeitpunkt werden Sie benachrichtigt (siehe auch Kapitel *21.8 Bixby Reminder*).
- *Nach SIM 1 kopieren*: Legt den Nachrichtentext auf der SIM-Karte ab, was besonders für SMS interessant ist, die sehr wichtig sind. Auf diese Weise steht einem der Nachrichtentext auch bei einem Handyausfall weiter zur Verfügung. Beachten Sie allerdings, dass SIM-Karten in der Regel nur Platz für bis zu ca. 25 SMS haben.
- *Details anzeigen*: Zeigt Infos über Nachrichtentyp (SMS oder MMS), Rufnummer und

Empfangs- beziehungsweise Sendedatum an (❸).

6.3.1 SMS-Vorlagen

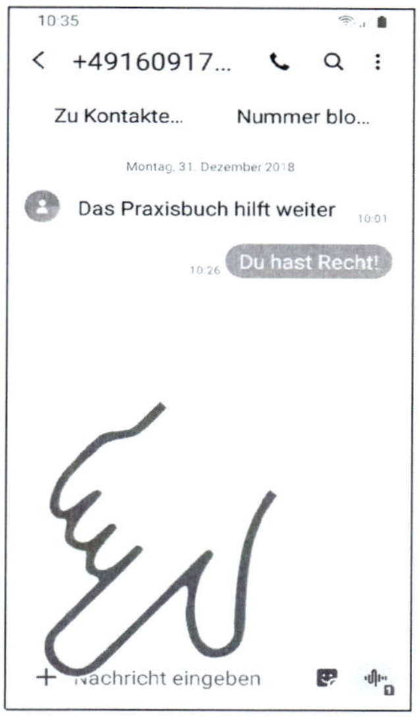

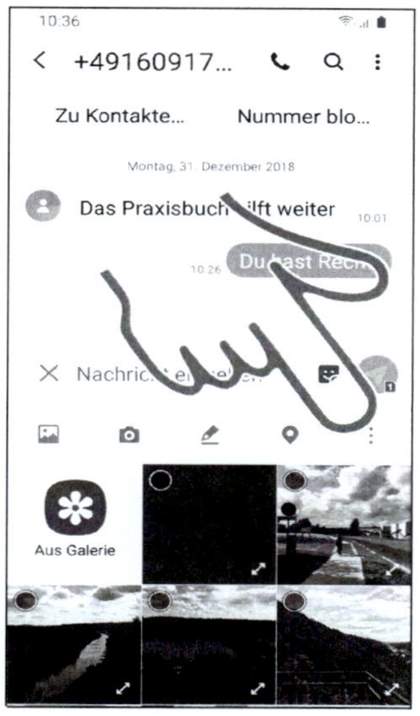

❶ Sie können Textvorlagen in den Nachrichtenverlauf einfügen. Dazu betätigen Sie **+**.

❷ Aktivieren Sie das **⋮**-Register (Pfeil).

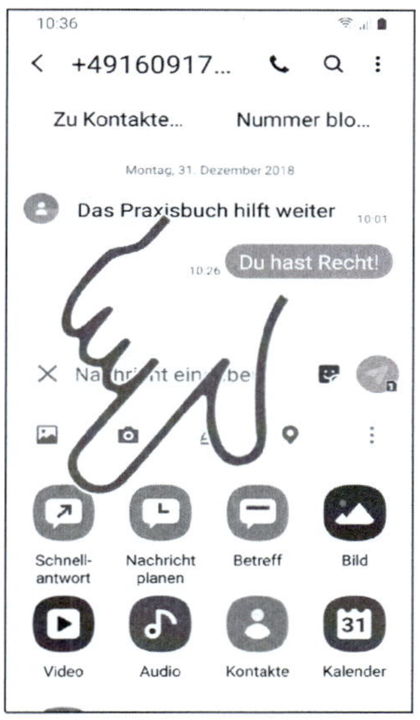

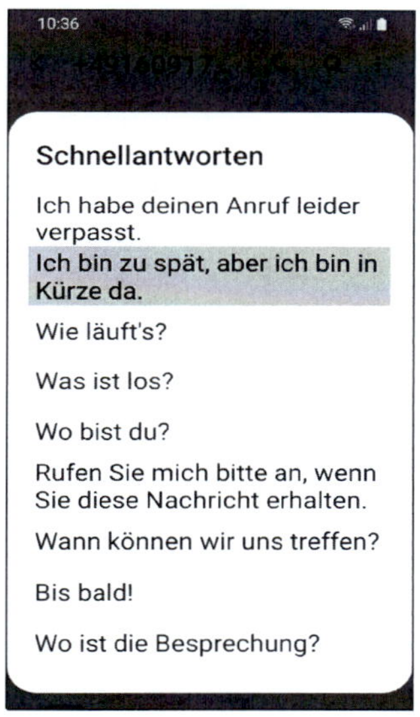

❶ Gehen Sie auf *Schnellantwort*.

❷❸ Der ausgewählte Text erscheint in der Eingabezeile.

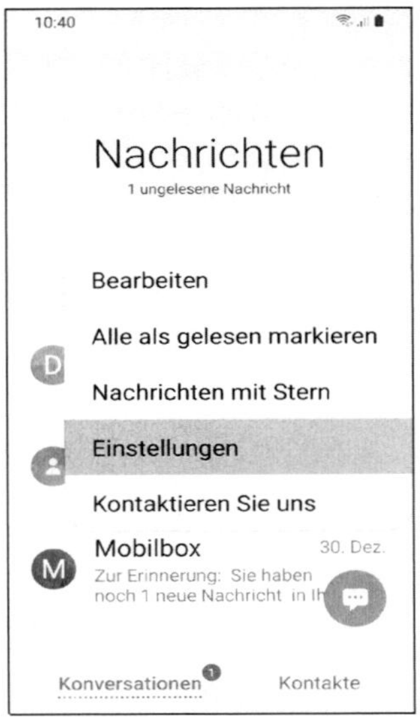

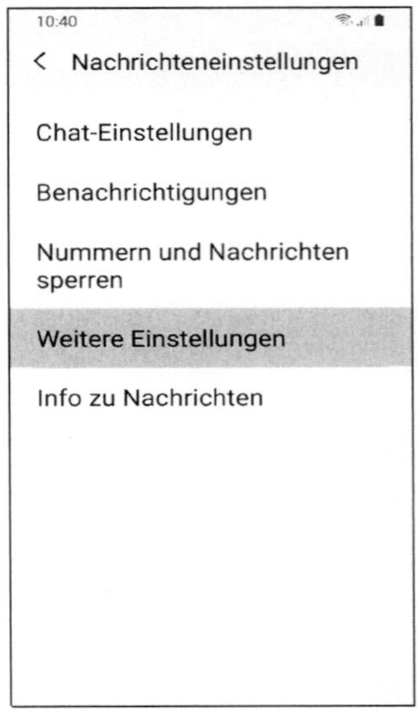

❶❷❸ Die Textvorlagen modifizieren Sie im Hauptmenü unter ⋮*/Einstellungen/Weitere Einstellungen.*

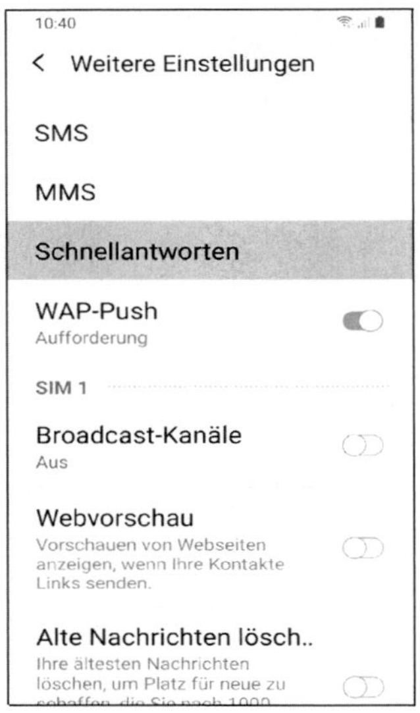

❶❷ Rufen Sie *Schnellantworten* auf. Hier geben Sie neue Textvorlagen ein beziehungsweise editieren die vorhandenen.

6.4 Entwürfe

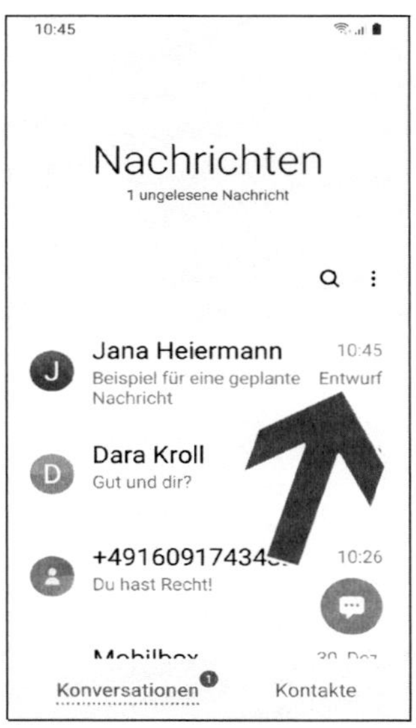

❶ Manchmal ist es notwendig, eine Nachricht, die man erst später absenden möchte, als Entwurf zwischenzuspeichern. In diesem Fall geben Sie die Nachricht wie gewohnt ein, betätigen dann aber die ‹-Taste unterhalb des Displays (sofern das Tastenfeld eingeblendet ist, müssen Sie die ∨ - beziehungsweise ‹-Taste zweimal hintereinander betätigen).

❷ Die Nachrichtenanwendung wechselt nun in den Hauptbildschirm zurück. Die zuvor erstellte SMS wurde nicht gesendet und *Entwurf* (Pfeil) weist auf den Entwurfsstatus hin. Zum Versenden tippen Sie den Nachrichtenverlauf erneut an und betätigen dann *Senden.*

6.5 Empfangsbestätigung (Zustellbericht)

Nicht immer stellen die Netzbetreiber die SMS sofort zu. Wir haben beispielsweise schon erlebt, dass SMS erst einen Tag später ankamen, obwohl wir sie nicht zu »Stoßzeiten« wie beispielsweise Silvester versandt hatten. Deshalb bieten die Netzbetreiber eine kostenlose Empfangsbestätigung an, die auch als »Zustellbericht« bezeichnet wird. Zu beachten ist allerdings, dass damit noch nicht sicher ist, dass der Empfänger Ihre SMS auch liest!

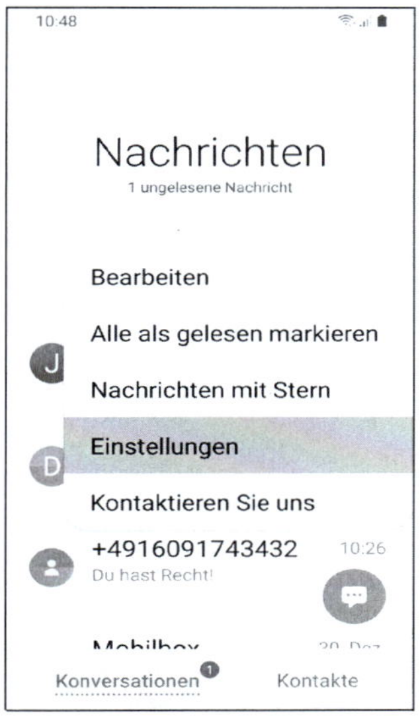

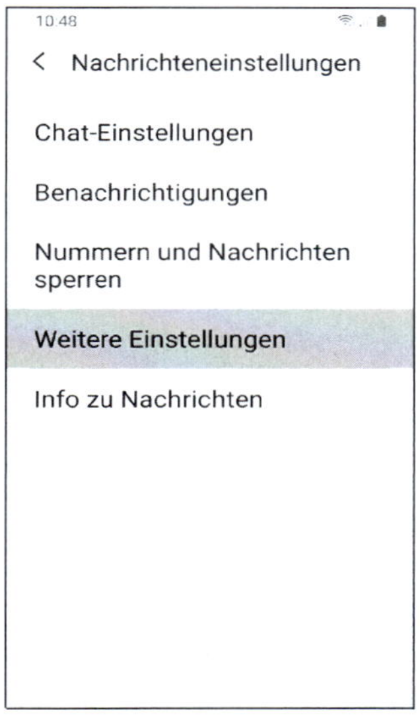

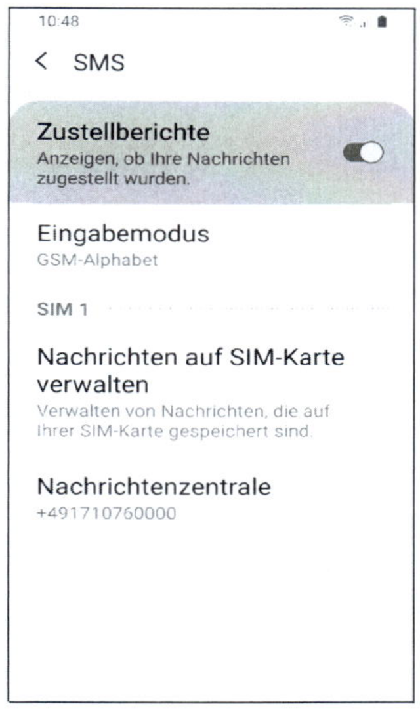

❶❷ So aktivieren Sie die Empfangsbestätigung: Rufen Sie im Hauptbildschirm der Nachrichten-Anwendung ⋮*/Einstellungen/Weitere Einstellungen/SMS* auf.

❸ Aktivieren Sie *Zustellberichte* (Schalter muss blau sein).

Künftig erhalten Sie immer, wenn ein Empfänger Ihre SMS erhält, eine kurze akustische Rückmeldung und einen Hinweis in der Titelleiste.

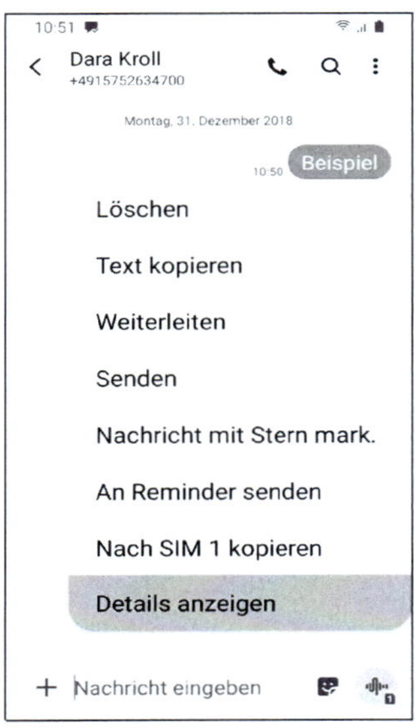

❶ So lassen Sie sich den Zustellbericht einer SMS anzeigen: Tippen und halten Sie den Finger auf der gesendeten SMS im Nachrichtenverlauf.

❷❸ Im Popup gehen Sie nun auf *Details anzeigen*. Unter *Zustellbericht* informiert das Galaxy über den Zustellungszeitpunkt.

6.6 Alte Nachrichten löschen

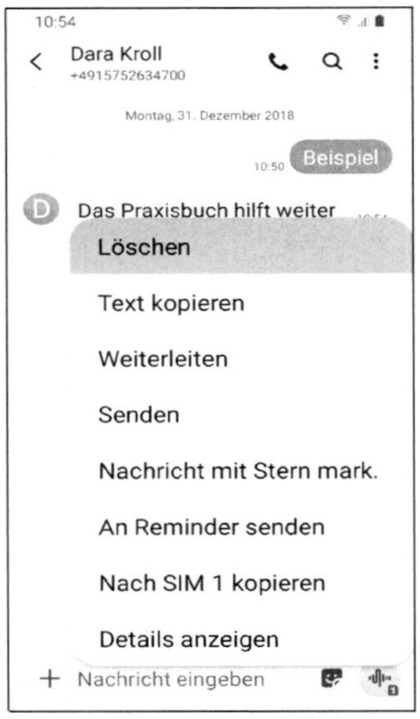

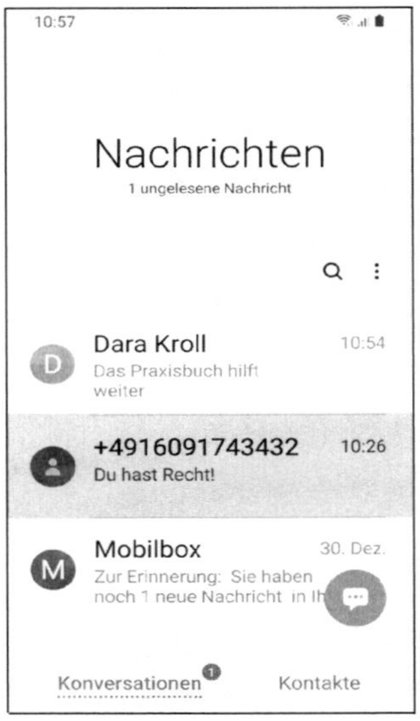

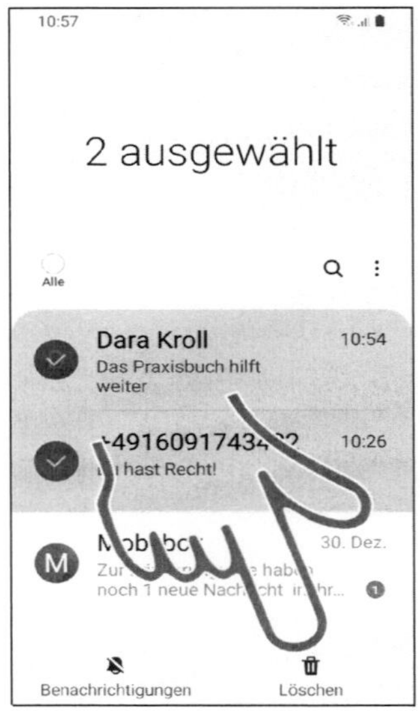

❶ Einzelne SMS löschen Sie, indem Sie den Finger darauf gedrückt halten, bis das Popup erscheint. Gehen Sie dann auf *Löschen*. Markieren Sie gegebenenfalls weitere Nachrichten, dann gehen Sie unten auf *Löschen.*

❷❸ Möchten Sie dagegen mehrere Nachrichtenverläufe auf einmal entfernen, so halten Sie den Finger auf einem Verlauf im Hauptmenü angedrückt. Der Verlauf ist nun markiert und Sie können weitere Verläufe markieren. Betätigen Sie dann *Löschen* (am untern Bildschirmrand).

6.7 SMS empfangen

❶ Wenn Sie eine neue SMS erhalten haben, erscheint in der Titelleiste ein Symbol und bei *Nachrichten* sehen Sie die Nachrichtenanzahl.

❷ Sobald Sie eine Nachricht neu erhalten haben, weist Sie das Handy kurz mit einer Einblendung darauf hin.

❸ Alternativ erhalten Sie auch über das Benachrichtigungsfeld Infos zu den empfangenen Nachrichten. Das Benachrichtigungsfeld erscheint, wenn Sie den Finger auf die Titelleiste setzen und dann herunterziehen. Gehen Sie nun auf die Nachricht, was den zugehörigen Nachrichtenverlauf anzeigt.

❶❷ Sofern die Displaysperre aktiv ist, erscheint ein Hinweis auf dem Bildschirm. Tippen Sie zweimal schnell hintereinander auf den Anrufeintrag.

6.7.1 Spam-Filter

Sofern Sie Ihre Handynummer an viele Kontakte weitergeben, wird früher oder später der Zeitpunkt kommen, ab dem Sie SMS von einigen Leuten erhalten, die nur nerven. Das Galaxy bietet dazu aber mit dem Spam-Filter Abhilfe. Der Begriff »Spam« ist übrigens von einem Sketch der Komikergruppe Monty Python abgeleitet, in dem während einer Restaurant-Szene das Gespräch zwischen Ober und Gast durch »Spam«-Zwischenrufe gestört wird.

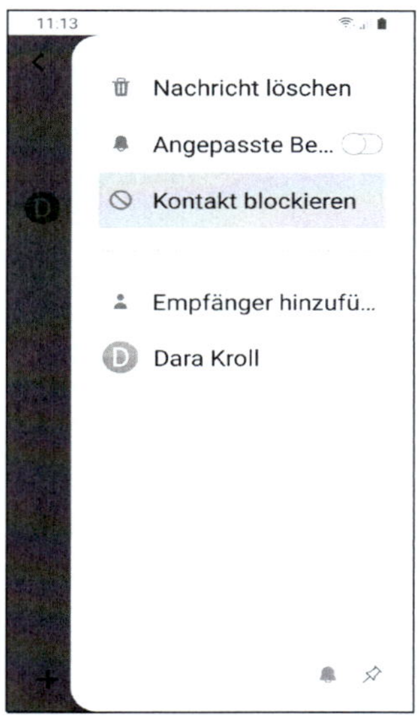

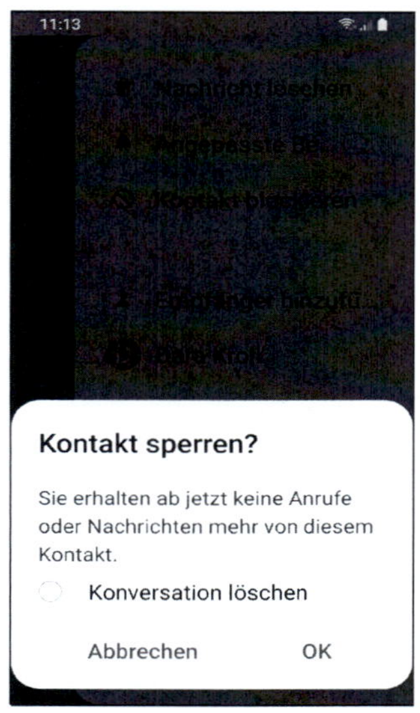

❶ In der lästigen SMS rufen Sie das ⋮-Menü auf.

❷❸ Betätigen Sie *Kontakt blockieren* beziehungsweise *Nummer blockieren* auf und schließen den Hinweis mit *OK*. Das Galaxy informiert Sie künftig nicht mehr über neu vorliegende SMS (und Anrufe) des Spam-Absenders und seine SMS werden nicht im SMS-Postfach angezeigt. Eine Rufnummer, die nicht mehr blockiert werden soll, lässt sich einfach wieder aus der Sperrliste herausnehmen, indem Sie ⋮/*Nummernblockierung aufheben* beziehungsweise *Kontaktblock. Aufheben* aufrufen.

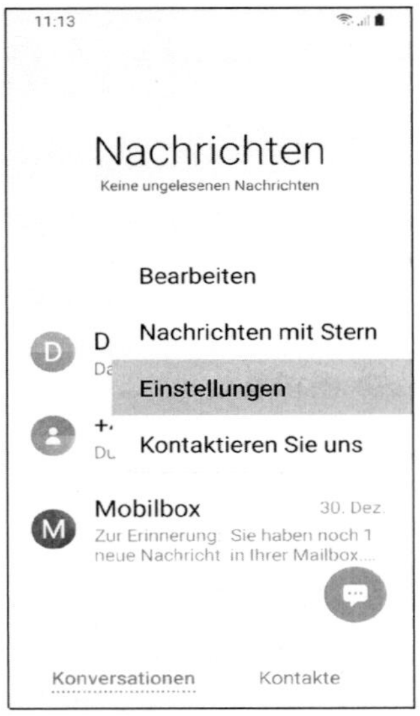

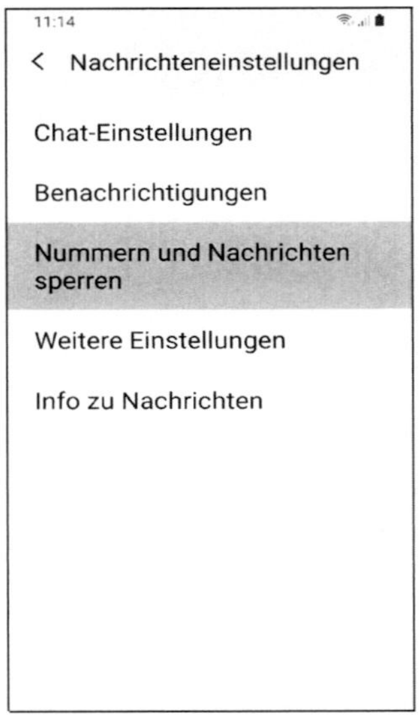

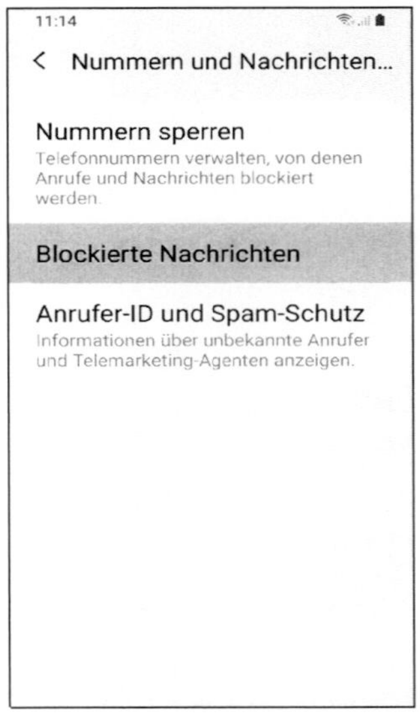

❶❷❸ Die SMS der Spam-Absender zeigt ⋮*/Einstellungen/Nummern und Nachrichten sperren/Blockierte Nachrichten* aus dem Hauptmenü an.

6.8 Konfiguration

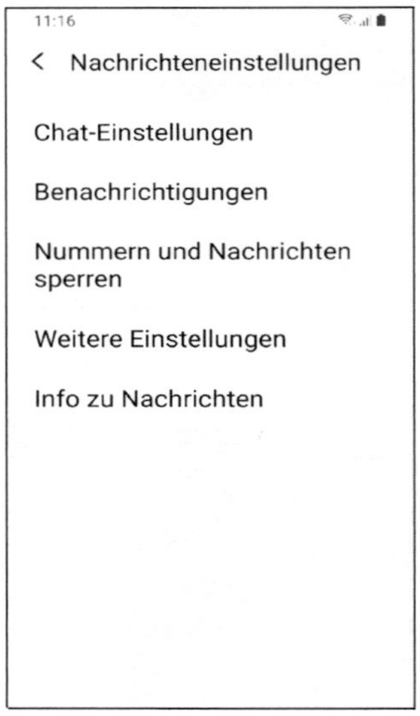

❶❷ Die SMS-bezogenen Optionen finden Sie unter ⋮*/Einstellungen*:

- *Chat-Einstellungen*: Dies betrifft das sogenannte »Rich Communications« (deutsch: »Angereichter Kommunikation«), ein von den Netzbetreibern in Konkurrenz zu WhatsApp entwickelter Ersatz für die SMS. In der Praxis hat sich Rich Communications nie durchgesetzt, weshalb Sie diese nicht aktivieren sollten.
- *Benachrichtigungen* (❸):
    - *Benachrichtungen zeigen*: Benachrichtigungen ein/ausschalten.
    - *App-Symbolindikator*: Die *Nachrichten*-Verknüpfung im Startbildschirm und Hauptmenü informiert mit einer Zahl über die noch ungelesenen SMS.
    - *Notfallbenachrichtigungen; Allgemeine Benachrichtigungen*: Nicht von Samsung dokumentiert.
    - *Allgemeine Nachrichten; Neue Nachrichten*: Wenn eine neue Nachricht vorliegt, zeigt das Galaxy ein Popup auf dem Bildschirm an und spielt einen Signalton ab.
    - *Einstellungen zu In-App-Benachrichtigungen*: In der Displaysperre eine Nachrichtenvorschau anzeigen.
- *Nummern und Nachrichten sperren*: Hiermit verwalten Sie den Spam-Filter für unerwünschte Nachrichten, worauf Kapitel *6.7.1 Spam-Filter* noch genauer eingeht.

- *Weitere Einstellungen*:
  - *SMS:*
    - *Zustellberichte*: Sie erhalten, wenn ein Empfänger Ihre SMS erhalten hat, eine Rückmeldung des Netzbetreibers. Zu beachten ist allerdings, dass damit noch nicht sicher ist, dass der Empfänger Ihre SMS auch liest. Bei anderen Handy-Modellen heißt der Zustellbericht manchmal auch »Übermittlungsbestätigung«. Siehe Kapitel *6.5 Empfangsbestätigung (Zustellbericht)*.
    - *Eingabemodus*: Legt die Zeichenkodierung fest. Sie haben dabei die Wahl zwischen *GSM-Alphabet*, *Unicode* und *Automatisch*. Wir empfehlen, die Voreinstellung *GSM-Alphabet* nicht zu ändern (der *Unicode*-Modus unterstützt zusätzliche ausländische Zeichensätze, wird aber von deutschsprachigen Anwendern nicht benötigt).
    - *Nachrichten auf SIM-Karte verwalten*: Gibt Ihnen Zugriff auf alle SMS, die Sie manuell auf die SIM-Karte kopiert hatten.
    - *Nachrichtenzentrale*: Über die Nachrichtenzentrale erfolgt der Versand Ihrer Nachrichten. Normalerweise brauchen Sie diese Einstellung nicht zu bearbeiten, da sie automatisch beim ersten Einlegen einer SIM-Karte automatisch korrekt konfiguriert wird.
  - *MMS*: Das MMS-Menü konfiguriert nur MMS, auf die dieses Buch nicht eingeht.
  - *WAP-Push*: Betrifft nur MMS, auf die dieses Buch nicht eingeht.
  - *Broadcast-Kanäle*: Cell Broadcast (CB) wird auch als »Videotext für Handys« bezeichnet. Dabei senden die Basisstationen (Sendemasten) diverse Infos, die von Nachrichten bis hin zur Position der Basisstation reichen. Weil der Cell Broadcast kostenlos ist, haben alle deutschen Anbieter ihren CB-Dienst wieder eingestellt. In diesem Buch wird deshalb nicht weiter darauf eingegangen. Um Nachrichten zu empfangen, müssen Sie den Kanal des Anbieters (jeder Netzbetreiber verwendet andere) eingeben.
  - *Webvorschau*: Lädt bei in SMS enthaltene Links die zugehörigen Webseiten.
  - *Alte Nachrichten löschen*: Ältere SMS werden automatisch gelöscht, wenn die maximale Anzahl, standardmäßig 1000, erreicht ist.

6.9 MMS

Der Multimedia Messaging Service (MMS) sollte die Nachfolge der SMS antreten. Im Gegensatz zur SMS dürfen MMS nicht nur Zeichen, sondern auch Bilder, Melodien, Sprachmemos und andere Daten enthalten. In Deutschland spielt die MMS aus verschiedenen Gründen keine große Rolle: Zum einen ist die Handhabung der MMS auf vielen Handys relativ kompliziert und setzt einiges an Einarbeitung voraus, zum anderen stehen der weiteren Verbreitung die hohen Kosten von 39 Cent pro MMS im Wege. Hätten die Netzbetreiber schon bei der MMS-Einführung vor einigen Jahren eine faire und unkomplizierte Kostenstruktur eingeführt, würde die MMS heute wohl mehr genutzt werden. Die immer größere Verbreitung von Internetflatrates im Mobilfunk dürfte die MMS wohl für immer ins Mauerblümchendasein verbannen, denn mit E-Mails lassen sich Multimedia-Inhalte und Dateianhänge wesentlich einfacher versenden und empfangen. Aus den genannten Gründen gehen wir nicht weiter auf die MMS-Funktionen in der Nachrichten-Anwendung ein.

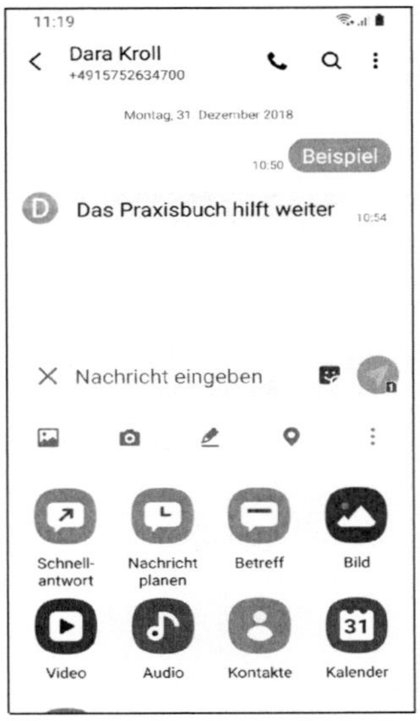

➊➋ **Wichtig:** Wie erwähnt, kosten MMS mit 39 Cent ein Vielfaches der SMS. Damit Sie nicht aus Versehen statt einer SMS eine MMS verschicken, sollten Sie **niemals** auf + gehen (einzige Ausnahme: Die Kurztexte, welche Kapitel *6.3.1 SMS-Vorlagen* beschreibt).

7. Telefonbuch

Das Telefonbuch speichert, wie der Name schon sagt, alle Kontakte und deren Rufnummern, E-Mail-Adressen und Adressen. Andere Anwendungen, beispielsweise die Nachrichten-Anwendung und die Telefonoberfläche, greifen auf diese Daten zurück.

Das Galaxy zeigt auch SIM-Kontakte (auf der SIM-Karte gespeicherte Rufnummern) im Telefonbuch an. Wir raten allerdings dazu, auf die Telefonkontakte (im Gerätespeicher abgelegte Kontakte) umzusteigen, denn diese bringen zahlreiche Vorteile mit sich. So dürfen Telefonkontakte im Gegensatz zu SIM-Kontakten viele Datenfelder (mehrere Rufnummern, Adresse, Kontaktfoto, Klingelton, usw.) enthalten und man kann ihnen ein Kontaktfoto zuweisen.

Vor der ersten Nutzung des Telefonbuchs sollten Sie das eigene Google-Konto auf dem Galaxy einrichten (siehe Kapitel *23 Das Google-Konto*). Ihre angelegten Kontakte werden dann nämlich im Google-Konto gesichert und lassen sich nach einem Zurücksetzen beziehungsweise Datenverlust jederzeit wieder herstellen.

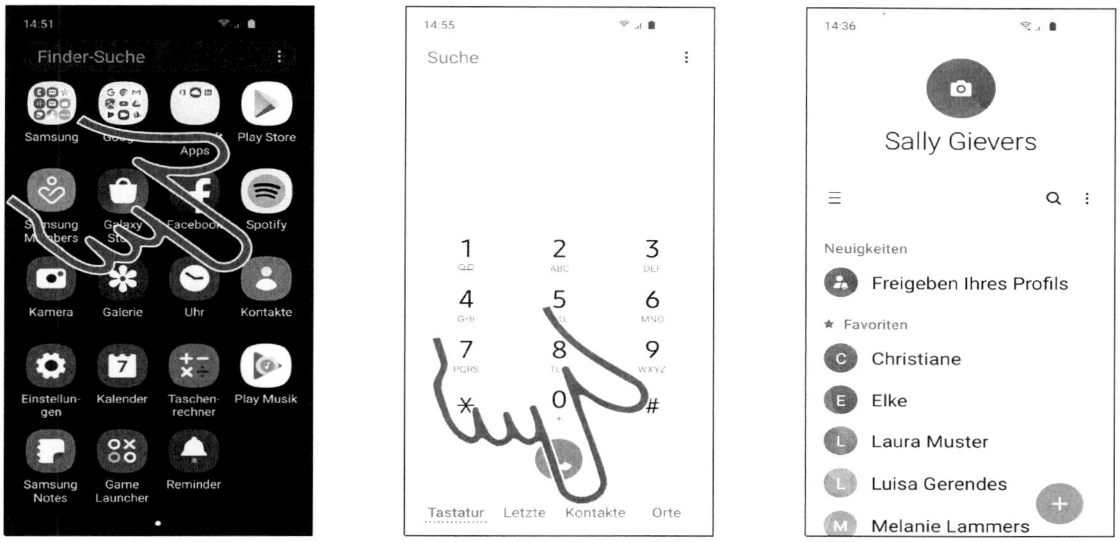

❶ So gelangen Sie ins Telefonbuch: Gehen Sie im Hauptmenü auf *Kontakte*.

❷❸ Alternativ aktivieren Sie in der Telefonoberfläche das *Kontakte*-Register (Pfeil). Bitte beachten Sie, dass hier nicht alle Funktionen des Telefonbuchs vorhanden sind.

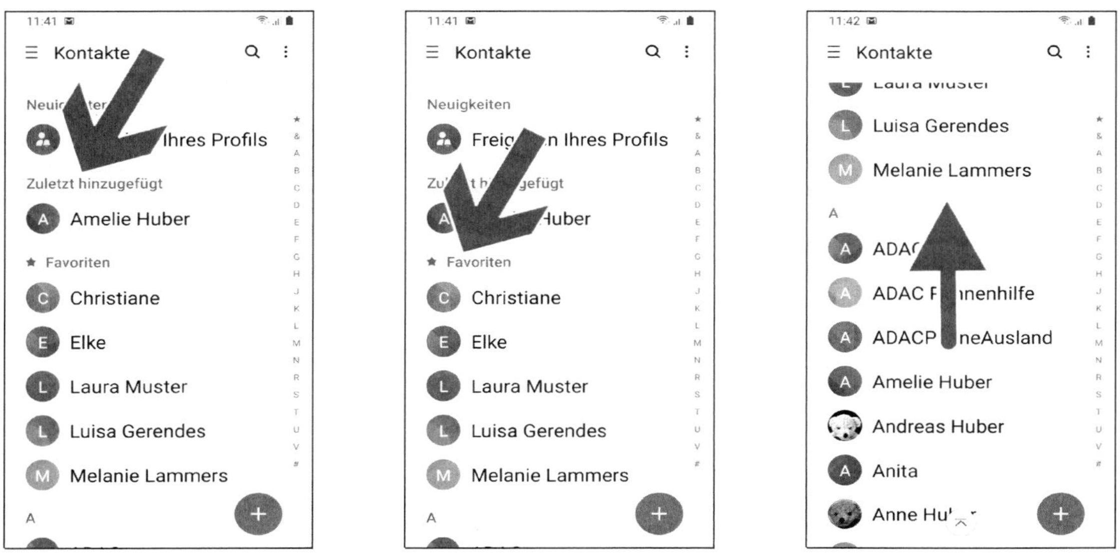

Die Kontaktanzeige ist etwas verwirrend. Wischen Sie einfach mehrmals durch die Kontaktauflistung, worauf Sie feststellen werden, dass viele Kontakte doppelt vorkommen:

- *Zuletzt hinzugefügt* (❶): Listet die zuletzt von Ihnen erstellten Kontakte auf.
- Unter *Favoriten* sind von Ihnen als wichtig eingestufte Kontakte zu finden, worauf Kapitel *7.7 Favoriten* noch eingeht (❷). Auf einem neu in Betrieb genommenen Handy sind

natürlich noch keine Favoriten vorhanden.

- Die eigentliche Kontaktliste, die Sie nach ein- oder mehrmaligen Wischen zu Gesicht bekommen, ist alphabetisch sortiert (❸).

Bei Kontakten, denen ein Foto zugewiesen wurde (siehe *7.5 Kontaktfoto und Klingelton*), erscheint dieses auch in der Auflistung statt des Platzhalters.

7.1 Kontakterfassung

Im Folgenden wird beschrieben, wie Sie Rufnummern im Telefonbuch speichern. Falls Sie dagegen Rufnummern auf der SIM-Karte ablegen möchten, lesen Sie bitte im Kapitel *7.4.1 SIM-Kontakte erstellen und bearbeiten* weiter.

7.1.1 Kontakt im Telefonbuch eingeben

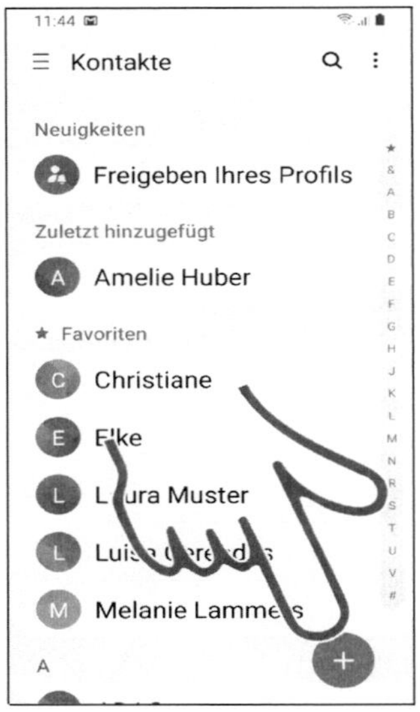

❶ Neue Kontakte werden über **+** (Pfeil) angelegt.

❷ Beim ersten Mal werden Sie gefragt, in welchem Speicher Ihre Kontakte landen sollen. Wir empfehlen auf jeden Fall dann Ihr Google-Konto (*Google*) einzustellen. Betätigen Sie *Als Standard festlegen.*

Die Option *Telefon* belässt alle Kontakte auf dem Handy. Geht dieses verloren, sind auch Ihre Kontakte weg! Die Option *SIM* hat den Nachteil, dass Sie darin nur eine Rufnummer und eine E-Mail-Adresse speichern können. Auch hier erfolgt keinerlei Datensicherung. Beim *Samsung-Konto* (nur angezeigt, wenn Sie beim Samsung-Konto angemeldet sind, siehe Kapitel *25 Das Samsung-Konto*) erfolgt die Datensicherung auf Samsung-Servern im Internet. Bei der *Google*-Einstellung haben Sie dagegen den Vorteil, dass nicht nur eine Datensicherung im Internet erfolgt, sondern Ihnen die Kontaktdaten auf jedem Android-Gerät zur Verfügung stehen, auf dem Sie sich mit Ihrem Google-Konto anmelden.

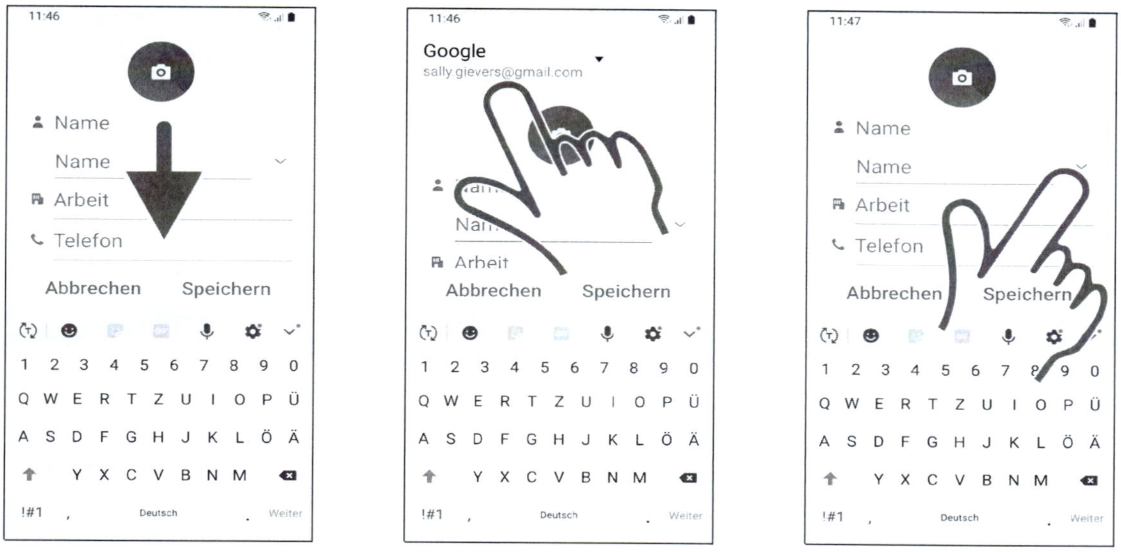

➊➋ Achten Sie darauf, dass als Speicherort Ihr Google-Konto (*IhrName@gmail.com*) eingestellt ist. Gegebenenfalls müssen Sie Ihr Konto erst festlegen. Wischen Sie dazu einmal auf dem Bildschirm nach unten.

➌ Füllen Sie nun die Eingabefelder aus. Sofern Sie mehrteilige Namen erfassen müssen (»Jasmina Maria Müller« oder »Max Graf von Strach und Witz«), tippen Sie die ∨-Schaltleiste (Pfeil) an. Sie können nun den mehrteiligen Namen eingeben.

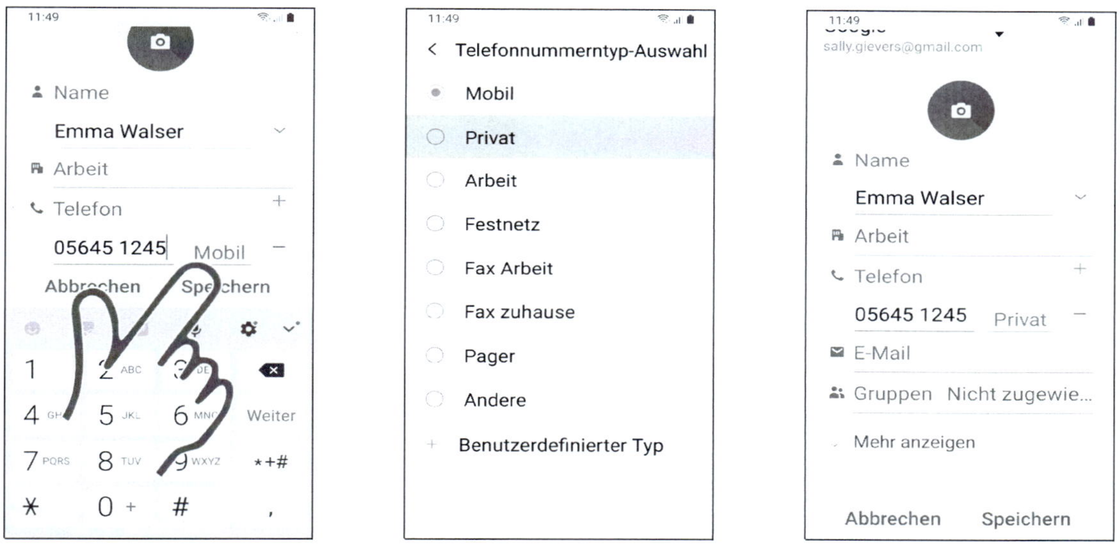

➊ Nachdem Sie eine Rufnummer eingegeben haben, tippen Sie auf den Rufnummerntyp (Pfeil).

➋ Stellen Sie die Art der Rufnummer ein, zum Beispiel *Privat*.

➌ Um das automatisch aufklappende Tastenfeld wieder zu schließen, betätigen Sie die <-Schaltleiste. Betätigen Sie *Speichern*, was den Kontakt ins Telefonbuch übernimmt.

7.1.2 Weitere Eingabefelder

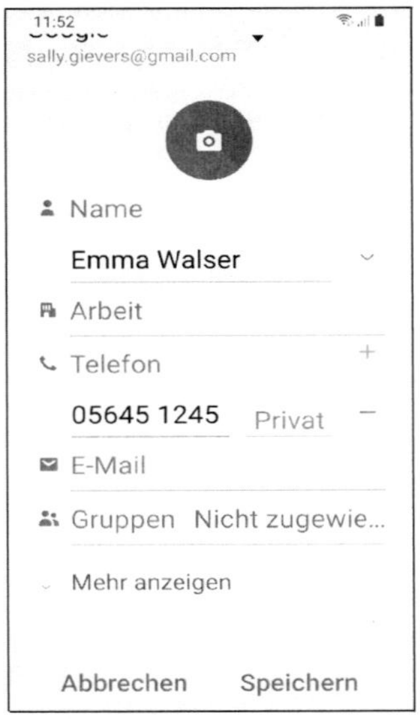

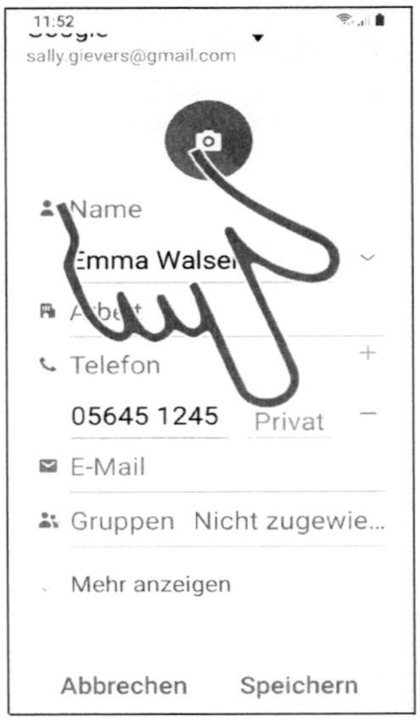

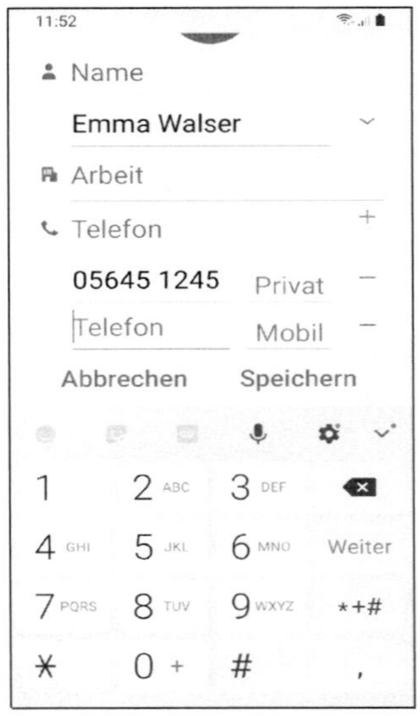

➊ Weitere Felder:

- *Arbeit*: Beruf und Firma.
- *E-Mail:* E-Mail-Adresse des Kontakts.
- *Gruppen*: Weist den Kontakt einer Gruppe zu.

➋➌ Das Telefonbuch unterstützt mehrere Eingabefelder. Die +-Schaltleiste (Pfeil) blendet ein neues Eingabefeld ein. Die Minus-Schaltleiste entfernt dagegen ein Feld wieder.

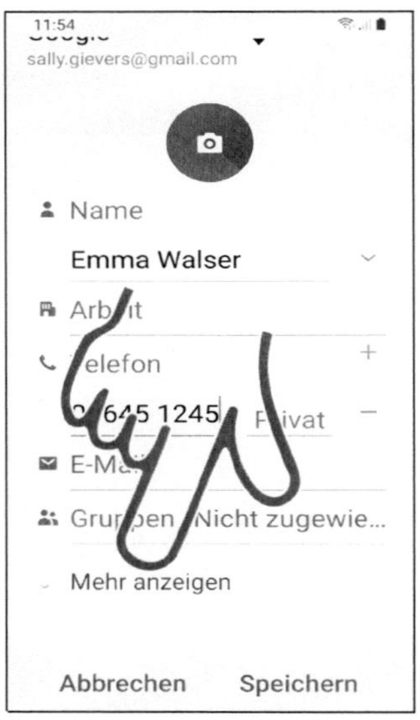

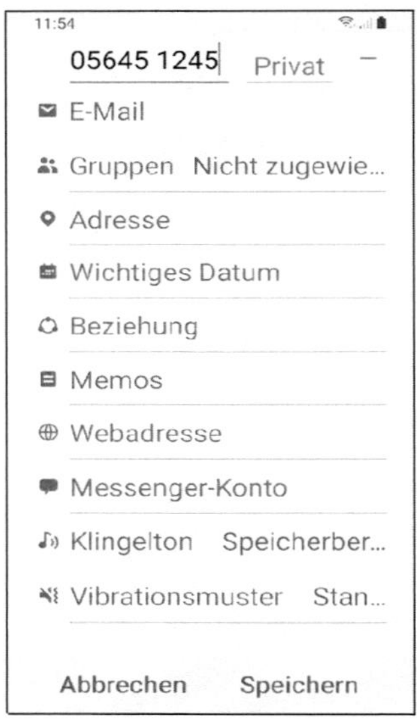

➊➋ Über *Mehr anzeigen* (Pfeil) erstellen Sie weitere Eingabefelder, beispielsweise mit der Kontaktadresse.

7.1.3 Kontakt aus Telefonoberfläche übernehmen

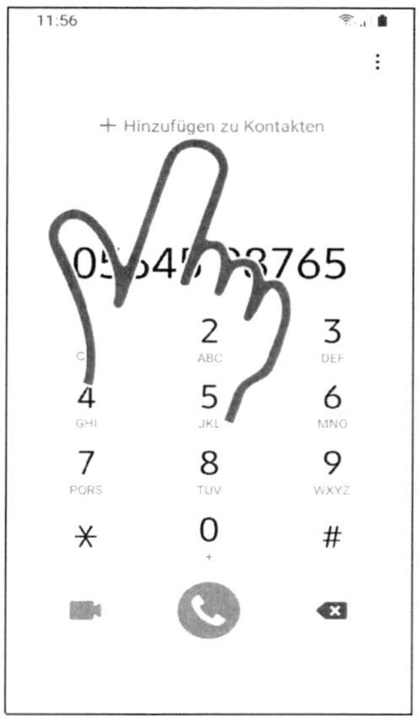

❶❷ Sie können in der Telefonoberfläche eine von Ihnen eingegebene Rufnummer über die *Hinzufügen zu Kontakten*-Schaltleiste (Pfeil) ins Telefonbuch übernehmen. Danach wählen Sie aus, ob ein neuer Kontakt erstellt oder die Nummer einem bestehenden Kontakt zugewiesen wird.

❸ Wenn Sie ein Telefonat mit jemandem geführt haben, der sich noch nicht in Ihrem Telefonbuch befindet, können Sie mit *Zu Kontakten hinzufügen* ebenfalls die Rufnummer speichern.

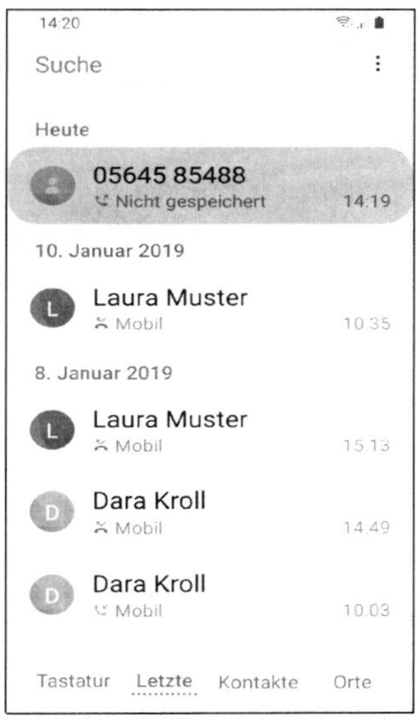

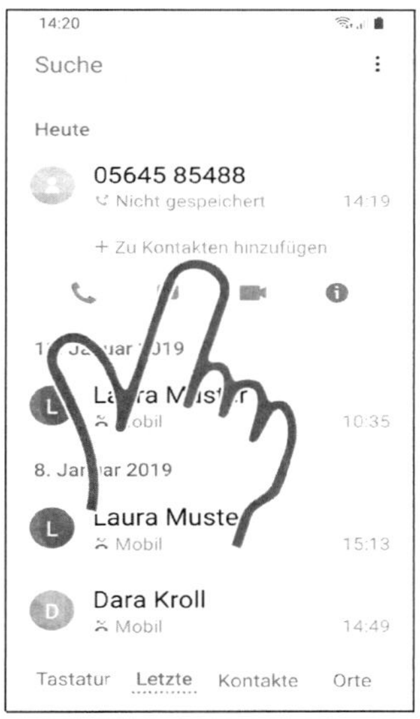

❶ Über die Anrufliste (siehe Kapitel *5.5 Anrufliste (Protokoll)*) der Telefonoberfläche ist es ebenfalls möglich, Rufnummern in die Kontaktverwaltung zu übernehmen. Tippen Sie dafür den Rufnummerneintrag an.

❷ Betätigen Sie *Zu Kontakten hinzufügen.*

7.2 Kontakt bearbeiten

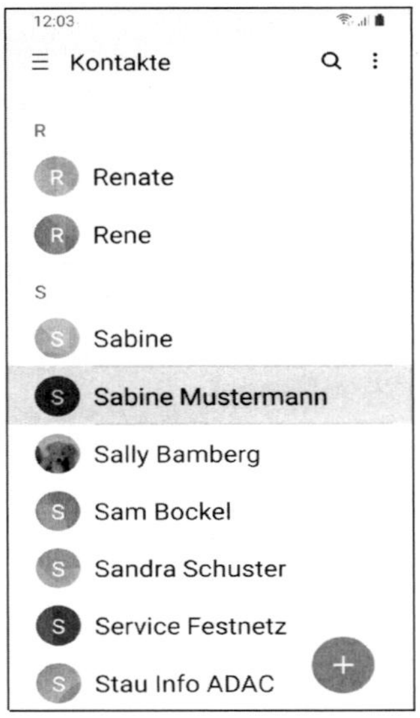

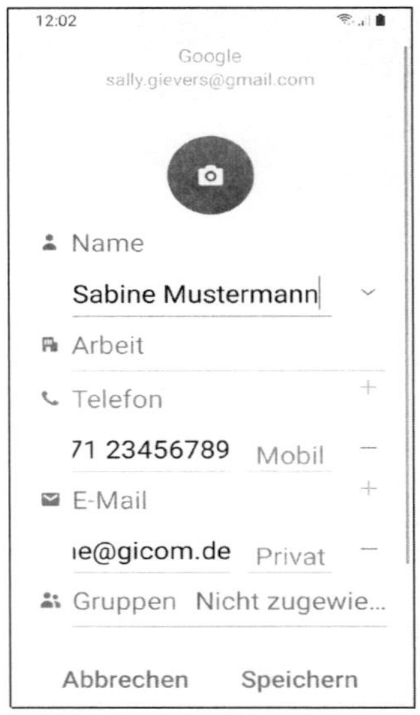

❶ Tippen Sie den Kontakteintrag an.

❷❸ Bearbeiten Sie den Kontakt mit *Bearbeiten*. Alternativ entfernen Sie ihn über ⁝/*Löschen*.

7.3 Listen- und Detailanzeige

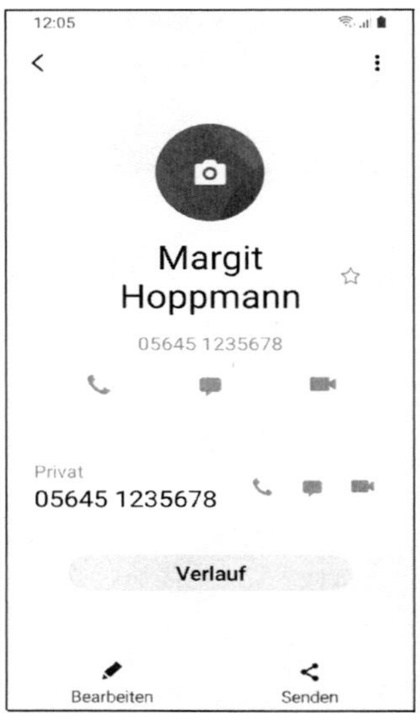

❶ Die Kontakte werden standardmäßig in einer alphabetisch sortierten Liste, nach Namen sortiert, angezeigt. Tippen Sie kurz auf einen Kontakteintrag.

❷ Es erscheinen nun die Kontaktdetails.

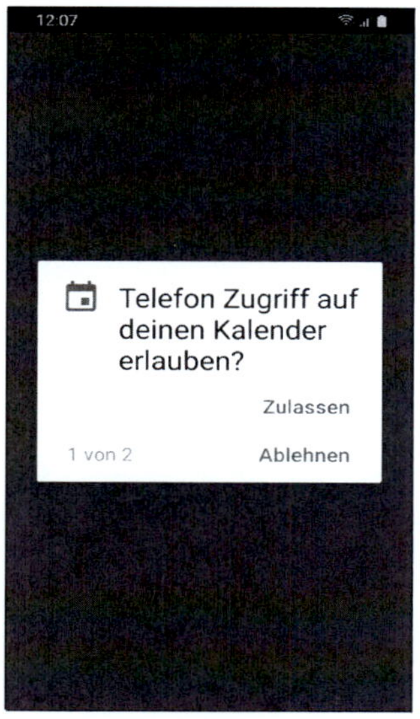

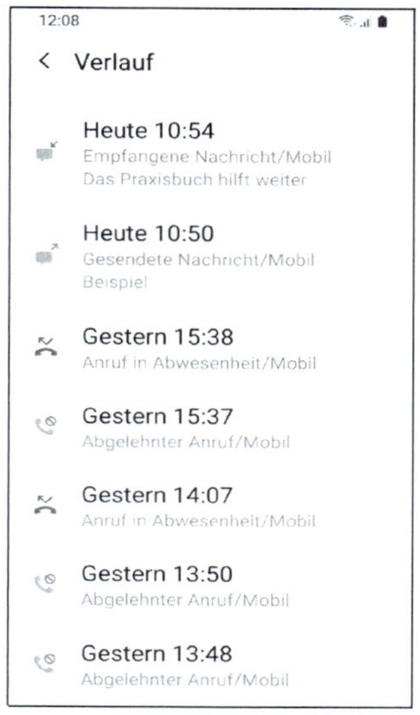

❶ *Verlauf* listet alle Anrufe und SMS des Kontakts auf.

❷ Sie müssen nun zweimal im Popup *Zulassen* betätigen.

❸ Antippen eines Anrufeintrags beschränkt die Auflistung auf die Telefonate des jeweiligens Tags. Tippen Sie auf eine SMS, wenn Sie den zugehörigen Nachrichtenverlauf anzeigen möchten.

7.4 SIM-Kontakte

Das Telefonbuch blendet die Telefonnummern auf der SIM-Karte (»SIM-Kontakte«) ein. Beachten Sie, dass Sie bei den SIM-Kontakten auf Komfortfunktionen darunter die Option, ein Kontaktfoto zuzuweisen, verzichten müssen.

Früher sprach für die SIM-Kontakte, dass man die SIM-Karte einfach aus dem Handy nahm, in ein anderes Handy einsteckte und dann sofort wieder die SIM-Kontakte im Telefonbuch hatte. Dies hat sich inzwischen geändert, denn die modernen Micro-SIM-Karten sind nicht für häufigen Handywechsel ausgelegt. Android-Handys wie das Galaxy speichern die Telefonbuchkontakte im Google-Konto auf einem Internetserver ab; die Kontakte werden dann automatisch auf ein anderes Android-Handy übernommen, sobald man sich dort mit dem gleichen Google-Konto anmeldet (siehe dazu auch Kapitel *23 Das Google-Konto*).

Die meisten SIM-Karten enthalten vordefinierte SIM-Kontakte, beispielsweise mit Rufnummern von Auskunftsdiensten, ADAC-Pannenhilfe, Hotelvermittler oder diverse Service-Hotlines.

7.4.1 SIM-Kontakte erstellen und bearbeiten

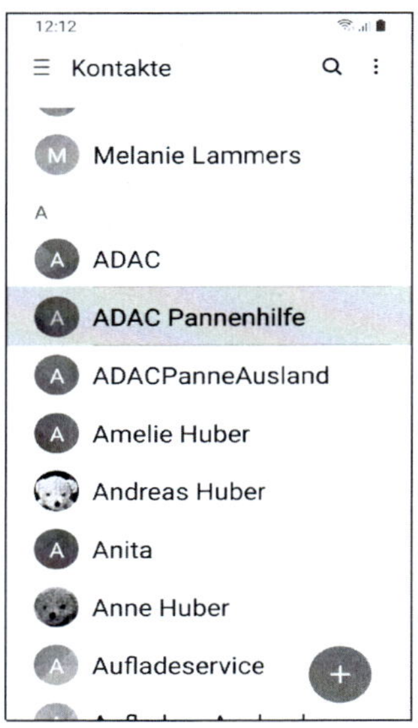

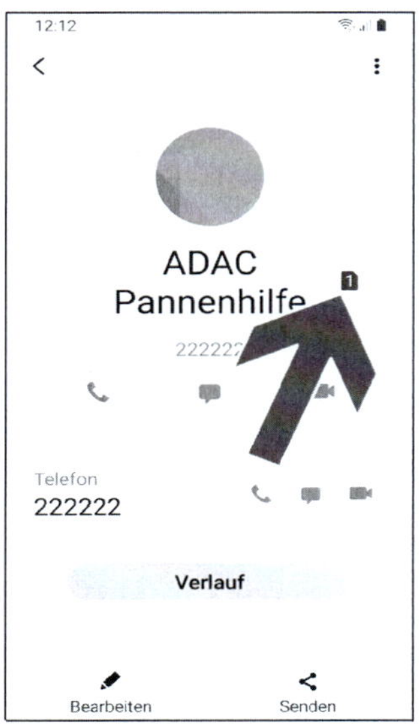

❶ Sie finden die SIM-Nummern in der Kontaktverwaltung und Telefonoberfläche zwischen den

»normalen« Telefonkontakten. Im Beispiel handelt es sich um »*ADAC*«.

❷ Ein Symbol (Pfeil) weist auf den SIM-Kontakt hin.

7.5 Kontaktfoto und Klingelton

Jedem Kontakt können Sie ein Kontaktfoto und einen Klingelton zuordnen, welche bei eingehenden Anrufen angezeigt beziehungsweise abgespielt werden. Dank des für jeden Kontakt unterschiedlich festgelegten Klingeltons wissen Sie sofort, wer anruft, ohne das Handy aus der Tasche zu nehmen.

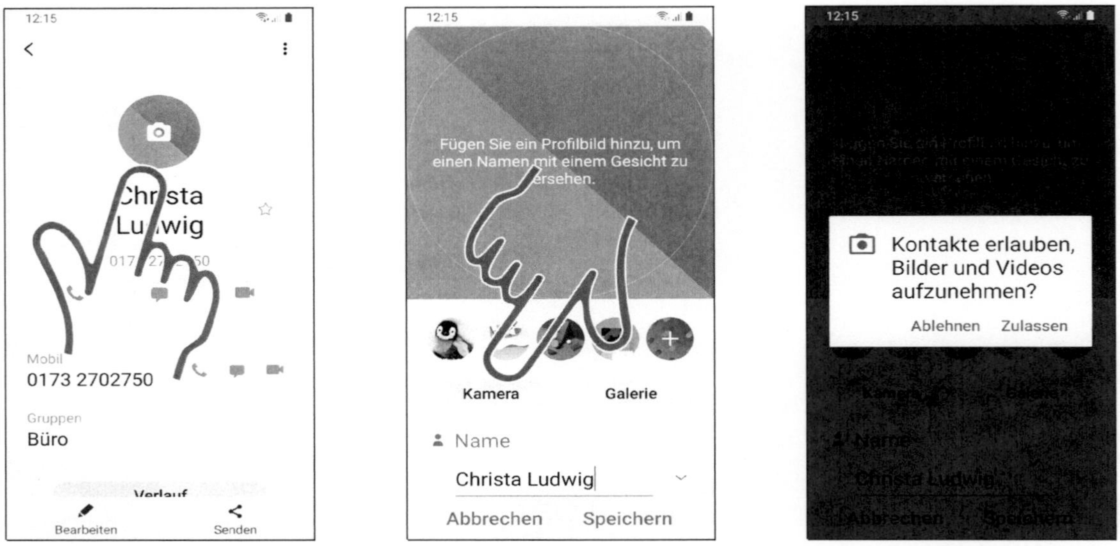

❶ Um ein Kontaktfoto zuzuweisen, tippen Sie im Bearbeitungsbildschirm auf (Pfeil).

❷ Gehen Sie auf *Kamera* (mit *Galerie* übernehmen Sie dagegen ein bereits mit der Kamera erstelltes Foto aus dem Gerätespeicher).

❸ Schließen Sie den einmaligen Hinweis mit *Zulassen.*

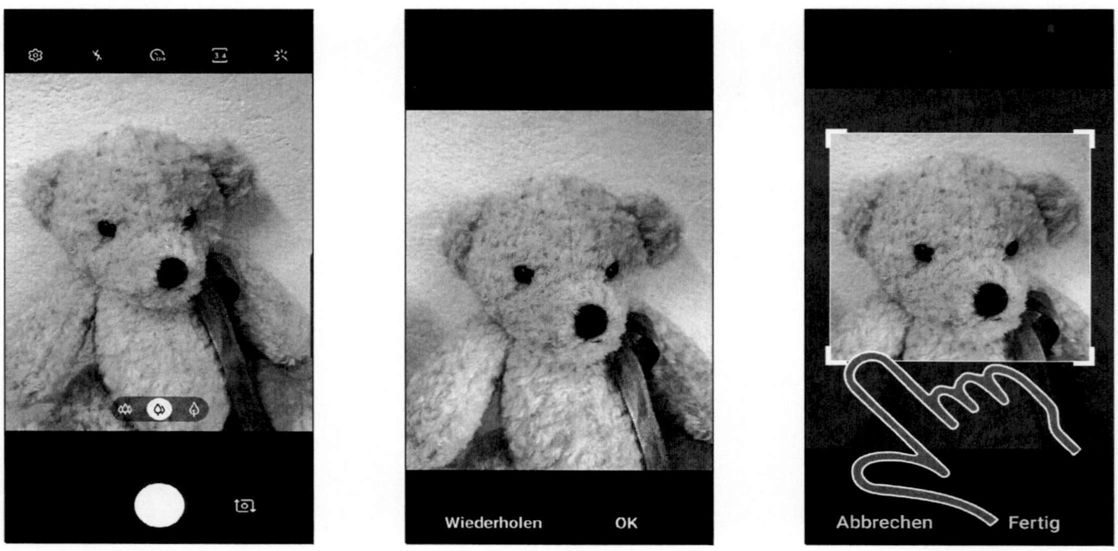

❶ Erstellen Sie mit der großen weißen Schaltleiste eine Aufnahme.

❷ Betätigen Sie *OK*.

❸ Verschieben Sie den Rahmen mit angedrücktem Finger. Zum Verkleinern des Bildausschnitts ziehen Sie die Ecken mit angedrücktem Finger. Schließen Sie den Vorgang mit *Fertig* ab.

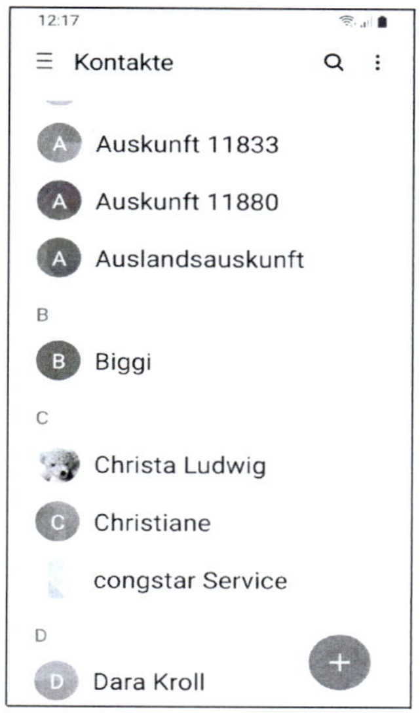

❶❷ In den Kontaktdetails und der Kontaktauflistung erscheint das Kontaktfoto.

> Sie können ein Kontaktfoto auch mit der Galerie-Anwendung erstellen. Siehe Kapitel *17.3.1 Einzelnes Bild bearbeiten*.

❶ Das *Klingelton*-Feld müssen Sie erst aktivieren. Gehen Sie dafür im Bearbeitungsmodus auf *Mehr anzeigen*.

❷ Betätigen Sie *Klingelton* und stellen Sie eine Melodie ein. Vergessen Sie nicht, den Vorgang mit *Speichern* abzuschließen. Über *Nachrichtenton* können Sie auch für empfangene SMS des Kontakts ein Signal festlegen.

❸ Geht ein Anruf ein, wird das Kontaktfoto angezeigt und der zugehörige Klingelton abgespielt.

> Wie Sie eigene MP3-Songs als Klingeltöne auf dem Galaxy einrichten, erfahren Sie im Kapitel *4.14.1 Signaltöne*.
>
> Der kontaktabhängige Klingelton funktioniert natürlich nur, wenn der Anrufer seine Rufnummer nicht unterdrückt.

7.6 Suchen

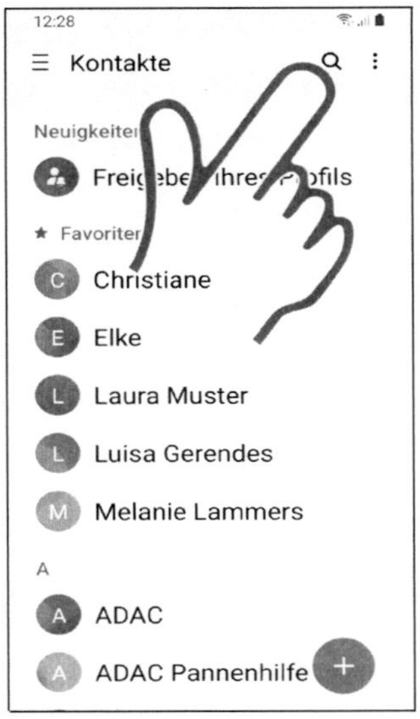

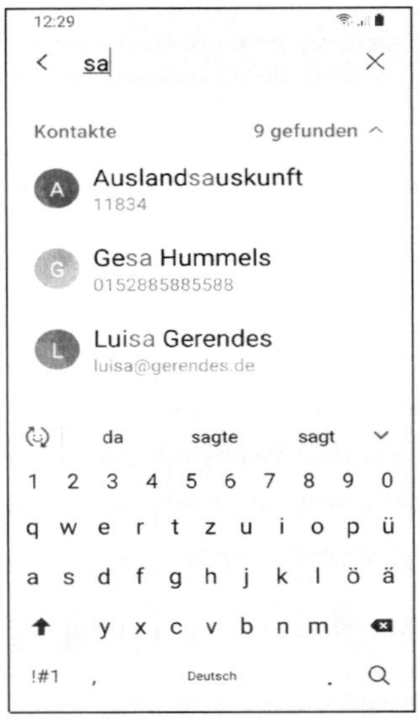

❶ Es ist nicht unbedingt notwendig, umständlich durch Halten und Ziehen des Fingers in der Kontaktauflistung zu blättern. Tippen Sie oben auf 🔍.

❷ Geben Sie den aufzufindenden Namen ein. Zu den eingegebenen Buchstaben, beziehungsweise Namen, zeigt das Handy die passenden Kontakte an. Dabei werden Nach- und Vorname der Kontakte durchsucht. Tippen Sie eine der Fundstellen an, um dessen Details anzuzeigen. Die Suche beenden Sie mit der ×-Schaltleiste neben dem Suchfeld.

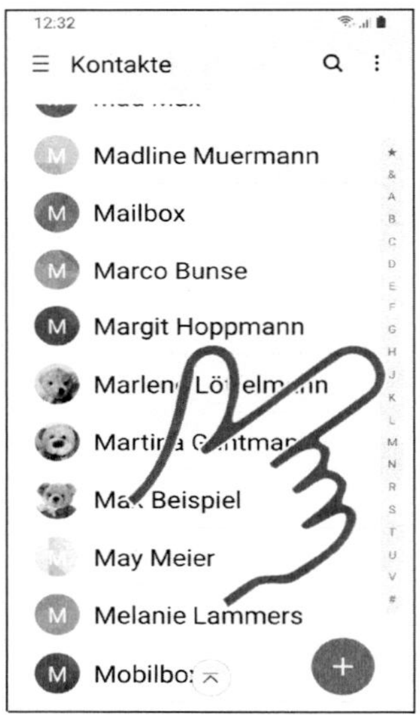

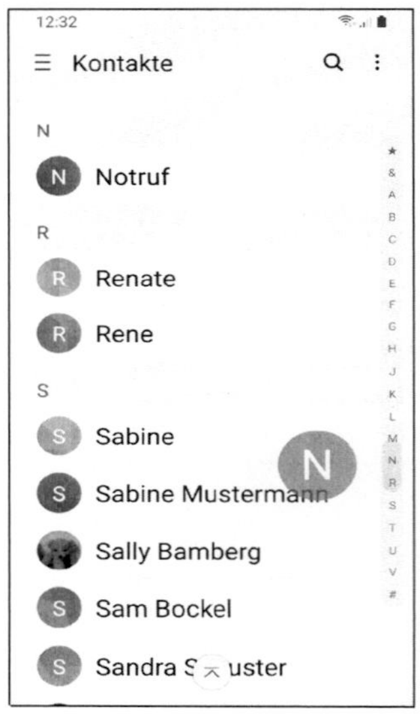

❶ Alternativ wischen Sie einmal in den Kontakten.

❷❸ Auf der rechten Seite erscheint eine Buchstabenleiste. Halten Sie dort den Finger angedrückt und ziehen Sie nun nach oben oder unten. In der Bildschirmmitte zeigt das Telefonbuch währenddessen den Anfangsbuchstaben an, zu dem Sie nach Loslassen des Fingers springen. Alternativ tippen Sie direkt einen Buchstaben an, zu dem Sie springen möchten.

7.7 Favoriten

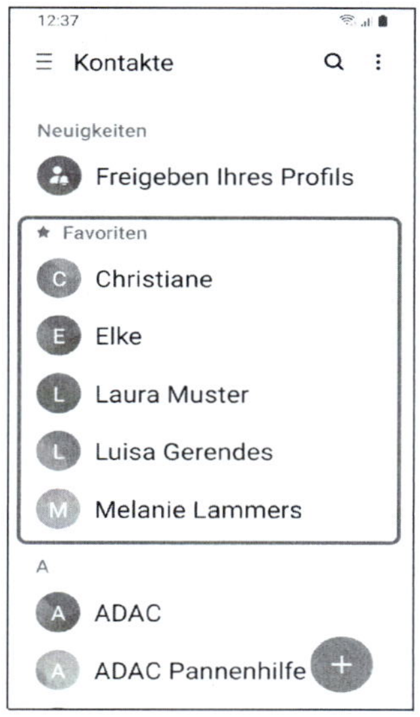

❶ Kontakte, mit denen Sie häufiger zu tun haben, sollten Sie als Favoriten markieren. Dazu aktivieren Sie in den Kontaktdetails jeweils den Stern. Erneutes Antippen des Sterns deaktiviert den Favoritenstatus wieder.

❷ Das Telefonbuch zeigt die Favoriten ganz oben in der Kontaktauflistung an.

7.8 Kontakte im Startbildschirm

Im Startbildschirm lassen sich Verknüpfungen auf Kontakte anlegen, um den Zugriff zu erleichtern. Zum Einsatz kommen dabei sogenannte Widgets (weitere Infos zu den Widgets finden Sie im Kapitel *4.7.2 Widgets*).

7.8.1 Direktwahl

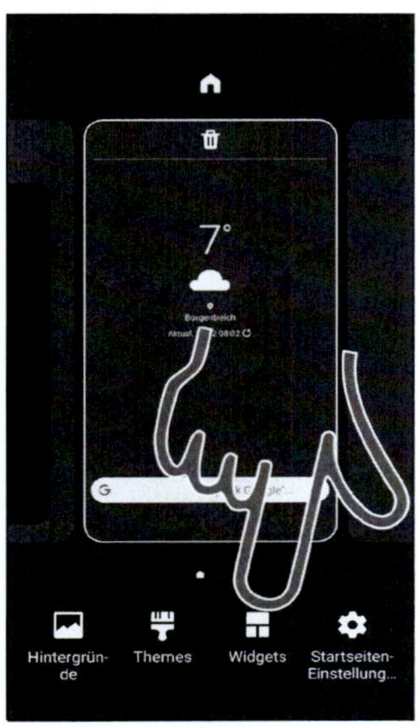

❶ Wechseln Sie zuerst mit mehreren Wischgesten nach links oder rechts in eine freie Seite des Startbildschirms (löschen Sie gegebenenfalls, wie im Kapitel *4.7.1 Schnellzugriffe anlegen und verwalten*beschrieben, nicht benötigte Widgets auf einer Startbildschirmseite). Führen Sie dann eine Kneifgeste durch und rufen Sie *Widgets* auf.

❷ Aktivieren Sie das *Widgets*-Register.

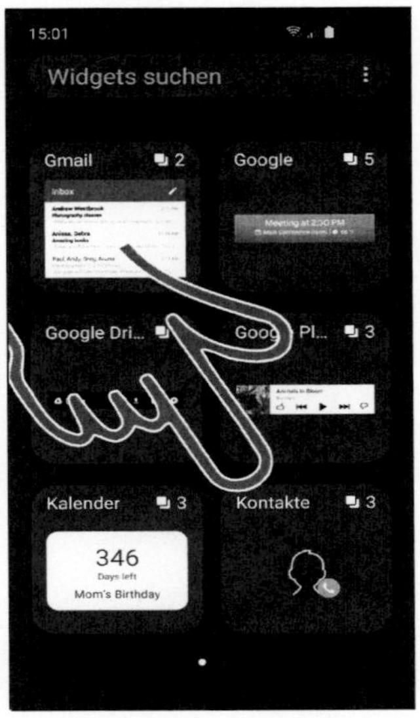

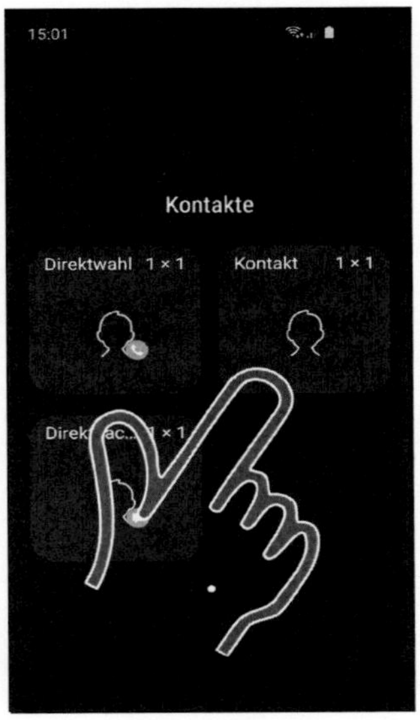

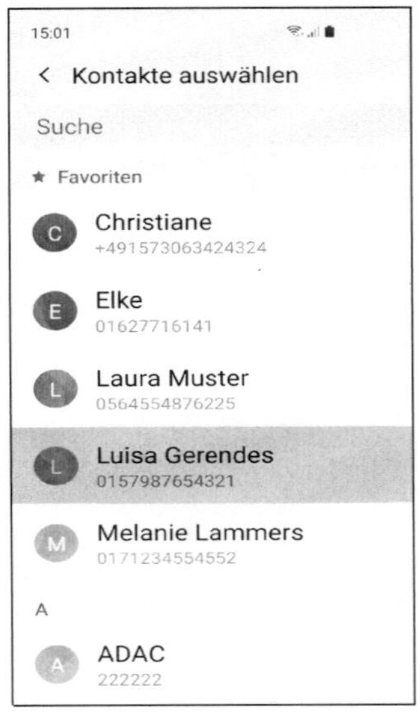

❶ Blättern Sie mit einer Wischgeste nach rechts/links durch die Widgets. Tippen Sie dann auf *Kontakte.*

❷ Zur Auswahl stehen drei Widgets:

- *Kontakt*: Anzeige der Kontaktdetails.
- *Direktnachricht*: Neue SMS an den Kontakt erstellen.
- *Direktwahl*: Das Handy wählt die Kontaktrufnummer an.

In unserem Beispiel tippen und halten wir den Finger auf *Kontakt*. Platzieren Sie das Widget in den gewünschten Bildschirmbereich und lassen Sie den Finger los.

❸ Sie müssen nun den Kontakt auswählen.

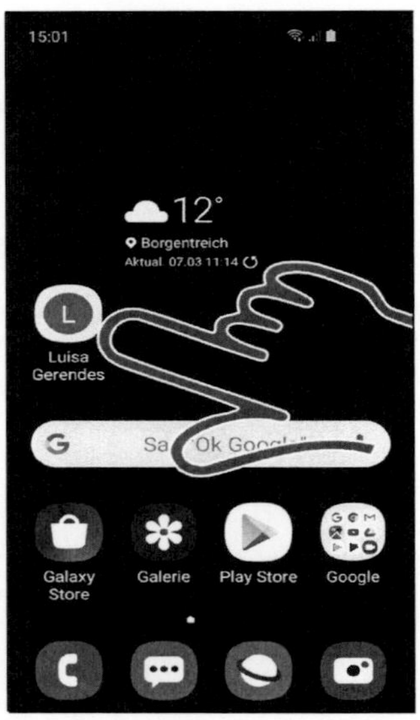

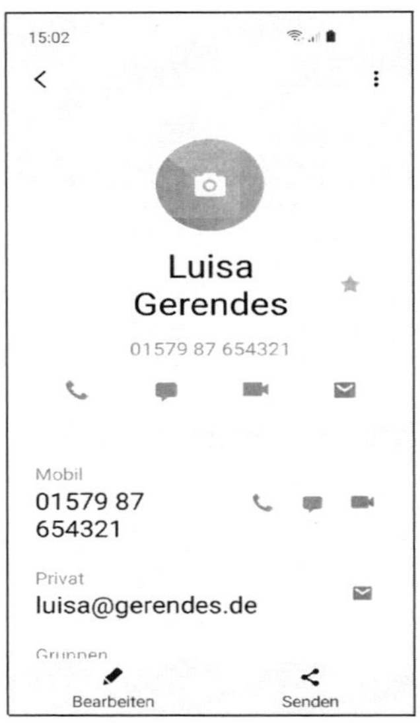

❶❷ Antippen des Kontakts im Startbildschirm öffnet die Kontaktdetails.

7.9 Einstellungen

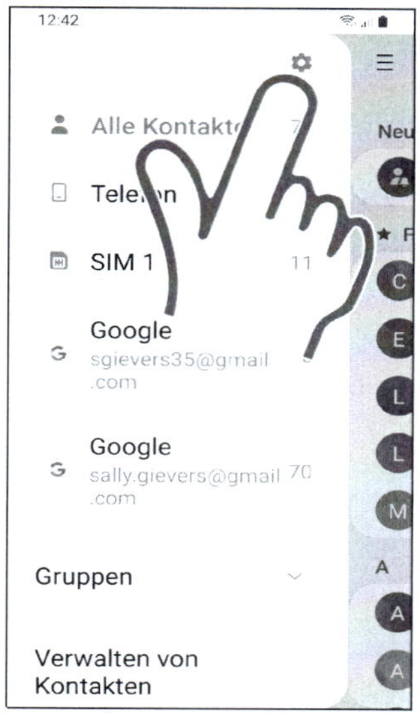

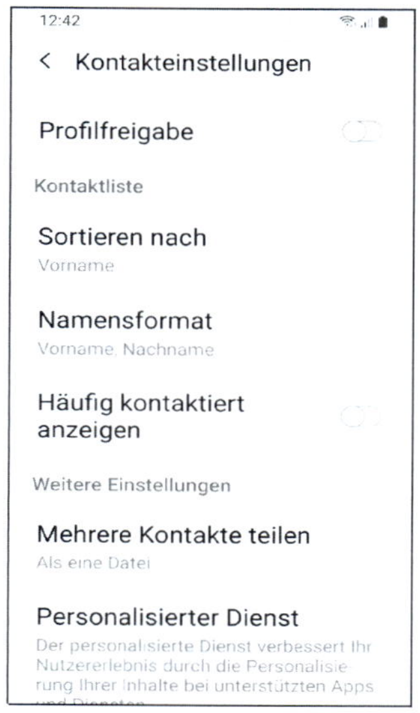

❶❷ Öffnen Sie das Ausklappmenü und gehen Sie auf ⚙.

❸ Die verfügbaren Optionen:

- *Profilfreigabe*: Über die *Profilfreigabe* können Sie Ihre persönlichen Daten den Kontakten in Ihrem Telefonbuch zugänglich machen. Weil dies nur mit Samsung-Handys funktioniert, gehen wir in diesem Buch nicht darauf ein.

Unter *Kontaktliste*:

- *Sortieren nach*: Sortierung der Kontaktliste nach *Vorname* oder *Nachname*.
- *Namensformat*: Namen nach Vorname, Nachname oder umgekehrt auflisten.
- *Häufig kontaktiert anzeigen*: Diese Option listet alle Kontakte, die Sie mehrmals angerufen haben als erstes in der Kontaktliste auf.

Unter *Weitere Einstellungen*:

- *Mehrere Kontakte teilen*: Ältere Handys können über Bluetooth oder E-Mail empfangene Kontaktdaten (sogenannte VCF-Dateien) nicht importieren, wenn darin mehrere Kontakte enthalten sind. Da dieser Umstand nur bei Uralt-Handys auftritt, sollten Sie die hier voreingestellten Exporteinstellungen nicht ändern.
- *Personalisierter Dienst*: Der personalisierte Dienst setzt Ihre Anmeldung bei Samsung (siehe Kapitel *25 Das Samsung-Konto*) voraus. Inwieweit die durch Samsung ausgewerteten Daten Einfluss auf das Verhalten der vorinstallierten Anwendungen auf dem Handy haben, ist leider nicht dokumentiert.
- *Info zu Kontakte; Kontaktieren Sie uns*

8. Internet einrichten und nutzen

Ihr Galaxy ist ein wahres Kommunikationsgenie. Sie können damit im Internet surfen, E-Mails und SMS verarbeiten. Um die Konfiguration des Internetzugangs brauchen Sie sich in der Regel nicht zu kümmern, da dies vom Galaxy automatisch erledigt wird.

Sie brauchen dieses Kapitel nicht durchzuarbeiten, um Internet über Ihren Mobilnetzbetreiber zu nutzen. Lesen Sie aber mindestens Kapitel *8.2 Umschaltung WLAN und Mobilfunk-Internet* durch, wo erklärt wird, wie Sie zwischen WLAN- und Mobilfunk-Internet umschalten.

8.1 Internetzugang einrichten

Alle Mobilfunknetzbetreiber haben heutzutage jeweils einen eigenen Internetzugang im Programm, der sich ohne Grundgebühr und vorherige Anmeldung nutzen lässt.

8.1.1 Tipps zum Internetzugang

Zwar können Sie bei allen Mobilfunkanbietern nach dem Einlegen der SIM-Karte sofort das Internet nutzen, empfehlenswerter ist es aber, sich nach einem geeigneten Mobilfunktarif mit Internetzugang umzusehen.

8.1.1.a Kostenfalle Standardvertrag

In den Standardverträgen wird der Internetzugang zeit- oder datenmengenabhängig abgerechnet, was selbst bei unregelmäßiger Nutzung schnell teuer wird. Besser dran ist man mit Internetpaketen, die nur wenige Euro pro Monat kosten und häufig 512 Megabyte bis 1 Gigabyte Transfervolumen (»Traffic«) beinhalten. Überschreitet man das inkludierte Transfervolumen, so wird die Übertragungsgeschwindigkeit meist gedrosselt. Sie sollten auf jeden Fall die Vertragskonditionen Ihres Netzbetreibers genau studieren, um nicht in die Kostenfalle zu tappen.

8.1.1.b Die Alternative: WLAN

Heutzutage gibt es an vielen Orten beispielsweise Flughäfen, Hotels oder Bars, WLAN-Hotspots, über die Sie kostenlos online gehen können. Auch in Innenstädten findet man häufig »offene« WLANs, die kostenlos nutzbar sind, weil einige DSL-Kunden ihr WLAN absichtlich oder unabsichtlich unverschlüsselt zur Verfügung stellen. Im Kapitel *8.2 Umschaltung WLAN und Mobilfunk-Internet* erläutern wir Ihnen daher, wie Sie das Internet zwischen Mobilfunkverbindung und WLAN umschalten.

8.1.1.c Teuer! Teuer! Teuer!

WICHTIG: Das Galaxy ist wegen seiner Kommunikationsfunktionen auf eine dauerhafte Internetverbindung über das Mobilfunkinternet angewiesen. Sofern Sie ihr Gerät im Handy-Shop erworben haben, wird Sie der Verkäufer mit Sicherheit darauf aufmerksam gemacht haben, dass ein Vertrag mit Internet-Flatrate notwendig ist. Nehmen Sie deshalb das Galaxy am besten nicht in Betrieb, wenn Sie noch keine Internetflatrate bei Ihrem Mobilnetzbetreiber haben.

Zwar ist es möglich, die Option »*Mobile Daten*« zu deaktivieren (siehe Kapitel *8.2.2 Mobilfunk-Internet aktivieren/deaktivieren*), damit kein Mobilfunk-Internet genutzt wird, damit geht aber ein großer Teil des Charms vom Galaxy verloren.

8.1.2 Automatische Einrichtung

Sobald Sie das Handy nach dem Einlegen einer neuen SIM-Karte einschalten, werden alle Mobilnetz-abhängigen Einstellungen, darunter Mailbox, SMS-Konfiguration und mobiles Internet automatisch konfiguriert.

8.2 Umschaltung WLAN und Mobilfunk-Internet

Sie können einstellen, dass alle Internetverbindungen über WLAN oder eine Mobilfunkverbindung ablaufen. Beachten Sie aber, dass Sie unterwegs nur bei einer Mobilfunkverbindung immer das Internet nutzen können, da WLAN nur an bestimmten Orten, beispielsweise in Hotels, Bars, Flughäfen, usw. zur Verfügung steht. Meist finden Sie an den mit WLAN ausgestatteten Orten auch entsprechende Hinweisschilder.

8.2.1 WLAN aktivieren/deaktivieren

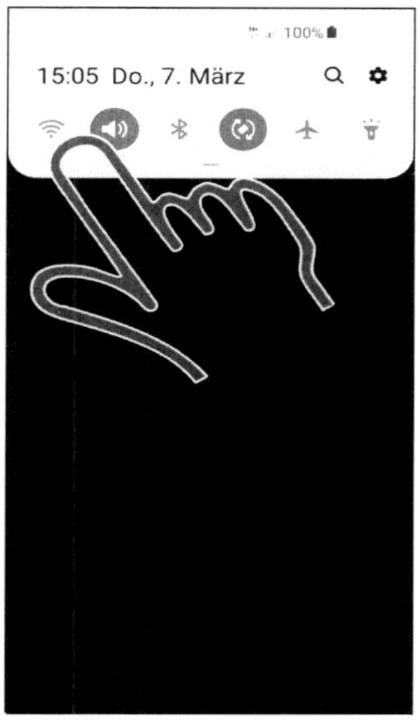

❶ Nach Aktivierung des Benachrichtigungsfelds betätigen Sie (Pfeil). Vermutlich werden Sie dazu mehrere Versuche benötigen, weil sich die Schaltleiste in der Nähe des gebogenen Displayglases befindet.

❷❸ Wählen Sie einen der gefundenen WLAN-Zugangspunkte aus. Sofern dieser verschlüsselt ist, fragt Sie das Galaxy nach dem Passwort, das Sie eventuell vom WLAN-Betreiber erfragen müssen. Betätigen Sie dann *Verbinden.*

Sofern Sie zuhause ein verschlüsseltes WLAN nutzen (was zu empfehlen ist!), haben Sie vielleicht das benötigte Passwort nicht parat. Rufen Sie in dem Fall auf einem PC oder Notebook, das mit dem WLAN verbunden ist, die Weboberfläche des WLAN-Routers auf und lassen Sie sich dort das Passwort anzeigen. Bei einer Fritz-Box müssten Sie beispielsweise *fritz.box* als Webadresse aufrufen und dann auf *WLAN/Sicherheit* gehen.

Weitere Hinweise zur WLAN-Nutzung finden Sie im Kapitel *9 WLAN*.

Wenn Sie WLAN am Galaxy deaktivieren und dann nochmals eine Verbindung zu einem verschlüsselten WLAN aufbauen, wird das benötigte Passwort nicht erneut abgefragt.

8.2.2 Mobilfunk-Internet aktivieren/deaktivieren

Haben Sie keinen Mobilfunkvertrag mit Datenflatrate, dann sollten Sie das Mobilfunk-Internet am Galaxy ausschalten.

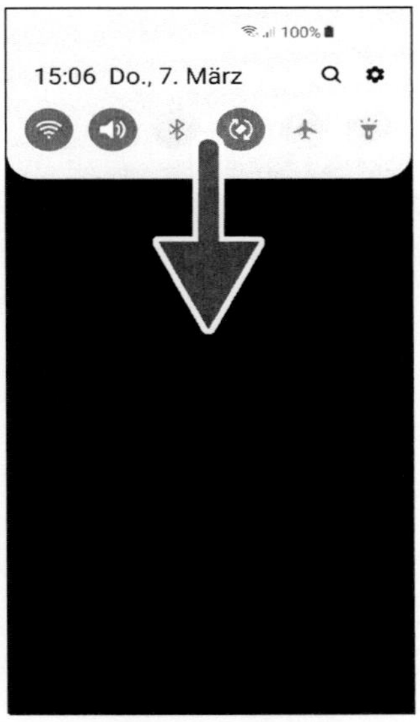

➊ Die Aktivität des Mobilfunk-Internets steuern Sie über das Benachrichtigungsfeld. Führen Sie zuerst eine Wischgeste über den Schaltleisten nach unten durch.

➋ Deaktivieren Sie ↓↑, um das Mobilfunk-Internet abzuschalten (auf dem gleichen Wege lässt sich Mobilfunk-Internet auch wieder aktivieren).

8.3 Empfangsstärke Mobilfunk und WLAN

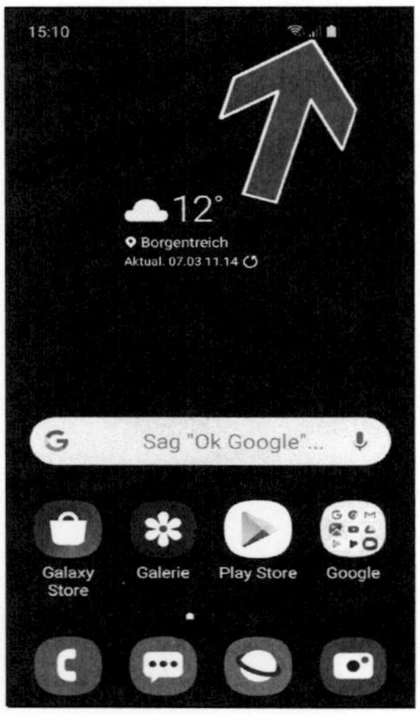

Für eine gute und unterbrechungsfreie Datenübertragung über WLAN oder Mobilfunknetz ist eine hohe Signalstärke jeweils Voraussetzung.

Die Mobilfunknetzsignalstärke erkennen Sie ▲ in der Titelleiste (Pfeil). Wenn ein oder mehrere der Balken fehlen, besteht kein optimaler Empfang, das heißt, Sie befinden sich zu weit vom Mobilfunkmast entfernt. Die Balkenangaben sind naturgemäß recht ungenau, was aber meistens keinen Beinbruch darstellt.

9. WLAN

Schon seit einigen Jahrzehnten bieten verschiedene Hersteller Produkte zur drahtlosen Kopplung von Netzwerken an. War das Einsatzgebiet zuvor auf professionelle Anwender wie Telekommunikationsunternehmen beschränkt, die aus der Portokasse einige zehntausend Euro auf den Tisch legten, um noch teuere Erdleitungen zu vermeiden, so ist die Funkübertragung seit einiger Zeit auch für Privatanwender erschwinglich. Möglich gemacht haben dies die Einführung von weltweit genormten Funkstandards für WLAN (Wireless Local Area Network) und die behördliche Freigabe von Frequenzen. Die verschiedenen Standards zur Computervernetzung bezeichnet man auch als »Wireless Fidelity« oder kurz »Wifi«. WLAN wird im Privatbereich meist ausschließlich dazu genutzt, um PCs, Notebooks, Handhelds, usw. ans Internet anzuschließen. Dazu benötigt man nur einen sogenannten WLAN-DSL-Router, wie er heute schon für weniger als hundert Euro zu haben ist. Unterwegs kann man auch sogenannte WLAN-Hotspots (»WLAN-Zugangspunkte«) nutzen, die man in zahlreichen Hotels, Flughäfen, Bars, usw. findet. In Städten finden Sie zudem häufig »offene« WLAN-Zugangspunkte, bei denen absichtlich oder unabsichtlich Privatleute die Nutzung Ihres WLAN-Routers erlauben. Kommerzielle WLAN-Zugangspunkte sind dagegen häufig nur nach Bezahlung nutzbar. Dazu verwenden die Zugangspunkte eine Verschlüsselung, für die man ein Passwort eingeben muss.

9.1 WLAN-Verbindung aufbauen

In den meisten Haushalten und Büros ist ein WLAN anzutreffen, denn heute bekommt man mit der Einrichtung des DSL-Anschlusses auch gleich einen sogenannten WLAN-Router »hinterher geworfen«. Für den WLAN-Zugriff sind im Handel USB-Adapter für den PC verfügbar. Aktuelle Notebooks und praktisch alle Handys und Tablets wie das Galaxy sind schon von Haus aus mit einem WLAN-Modul ausgestattet.

Wenn Sie das erste Mal WLAN nutzen, müssen Sie erst das WLAN-Modul am Galaxy einschalten und dann eine Verbindung zum WLAN-Router aufbauen, was in diesem Kapitel beschrieben wird.

Beachten Sie auch Kapitel *8.2 Umschaltung WLAN und Mobilfunk-Internet*, in dem erläutert wird, wie Sie zwischen WLAN- und Mobilfunk-Internet umschalten.

9.1.1 WLAN über die Einstellungen einrichten

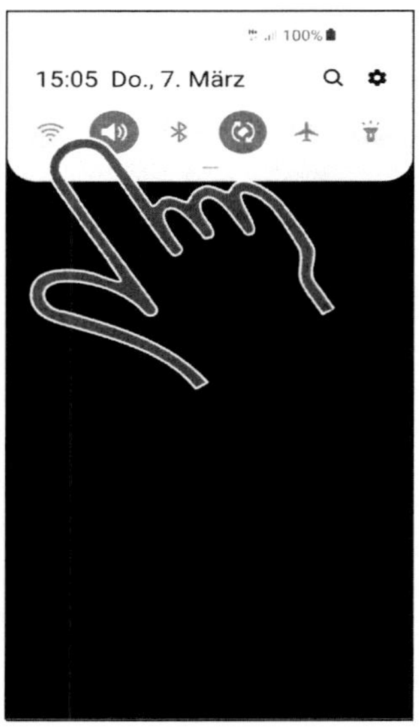

❶ Nach Aktivierung des Benachrichtigungsfelds tippen Sie an (Pfeil). Das -Symbol sollte sich von grau nach hellblau färben. Falls WLAN bereits aktiv war, müssen Sie also erneut betätigen.

❷ Warten Sie, bis die gefundenen WLANs anzeigt werden, wovon Sie einen auswählen.

Vielleicht haben Sie bereits einen WLAN-Zugangspunkt auf dem Galaxy eingerichtet? In diesem

Fall erscheint nicht das WLAN-Auswahlmenü, sondern das Handy baut die Verbindung zum WLAN-Zugangspunkt auf. Wie Sie einen anderen WLAN-Zugangspunkt verwenden, zeigt Ihnen Kapitel *9.2 WLAN-Zugangspunkte verwalten*.

❸ Sofern das WLAN verschlüsselt ist, fragt Sie das Galaxy nach dem Passwort, das Sie eventuell vom WLAN-Betreiber erfragen müssen. Betätigen Sie dann *Verbinden*.

9.2 WLAN-Zugangspunkte verwalten

Im *WLAN*-Menü wechseln Sie zwischen den genutzten WLAN-Zugangspunkten.

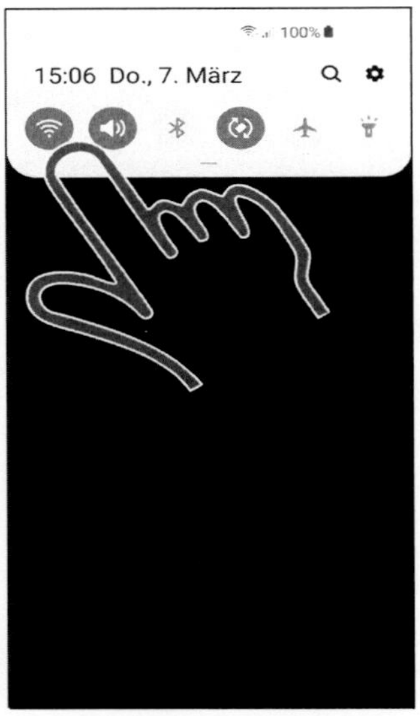

❶ Aktivieren Sie das Benachrichtigungsfeld, dann tippen und halten Sie die ᯤ-Schaltleiste.

❷ Nun gehen Sie auf ⋮/*Erweitert*.

❸ Die Optionen:

Unter *Adaptive Wi-Fi:*

- *Zu mobilen Daten wechseln*: Bei schlechter WLAN-Verbindung wechselt das Handy automatisch auf das Mobilfunkinternet. Diese Option ist nur aktiv, wenn Sie *Mobile Daten* (= Internet über die Mobilfunkverbindung) aktiviert haben (siehe Kapitel *8.2.2 Mobilfunk-Internet aktivieren/deaktivieren*).
- *WLAN automatisch aktivieren*: Wenn Sie sich im Empfangsbereich eines WLAN-Zugangspunkts befinden, den Sie schon mal in der Vergangenheit genutzt haben, aktiviert sich WLAN automatisch.

Unter *Sicherheit*:

- *Sicheres WLAN:* Verschlüsselt den WLAN-Datenverkehr. Wir raten davon ab, weil Ihr Datenverkehr dann über Internetserver von Samsung umgeleitet wird, deren Sicherheit und Übertragungsgeschwindigkeit nicht einzuschätzen ist. Das monatliche Datenvolumen ist auf 250 MB begrenzt.
- *Verdächtige Netzwerke erkennen*: Das Handy benachrichtigt Sie, falls unautorisierte Zugriffe aus dem WLAN auf Ihr Gerät erfolgen.

Unter *Netzeinstellungen*:

- *Netzwerke verwalten*: Listet die bereits von Ihnen genutzten WLAN-Zugangspunkte auf.

Nach Antippen von *Mehr anzeigen*:

- *WLAN-Steuerungsverlauf*: Einige Programme, die hier aufgelistet werden, können selbsttätig das WLAN ein- und ausschalten.
- *Hotspot 2.0*: Dieser Standard soll den Verbindungsaufbau mit WLAN-Zugangspunkten von Drittanbietern, beispielsweise von Mobilfunkunternernehmen, erleichtern. Derzeit gibt es allerdings noch keinen Anbieter, der diese Funktion unterstützt.

- *Netzwerkzertifikate installieren*: Einige Programme benötigen Verschlüsselungszertifikate, beispielsweise in Unternehmensnetzwerken, welche Sie hiermit installieren.

9.3 WLAN unterwegs sicher einsetzen

In vielen Fällen stehen an Orten mit großem Publikumsverkehr (Hotels, Kongresshallen, Bars, Flughäfen, usw.) WLANs, die teilweise sogar unverschlüsselt sind und daher ohne vorherige Kennworteingabe nutzbar sind. Datendiebe machen sich diesen Umstand zunutze, denn unverschlüsselte WLAN-Verbindungen lassen sich mit geringem technischen Aufwand abhören, um Logins und Passwörter der vom arglosen Anwender genutzten Onlinedienste abzufangen. Andererseits können Hacker selbst ein WLAN aufspannen, was ebenfalls Abhörmöglichkeiten eröffnet. Sofern verschlüsselte Verbindungen (SSL) wie sie zum Beispiel beim Online-Banking oder E-Mail-Abruf inzwischen üblich sind, genutzt werden, ist man natürlich recht sicher. Wir raten generell von der Nutzung unbekannter WLANs ab. Fragen Sie beispielsweise in einem Hotel an der Rezeption, nach, welche verschlüsselten WLANs das Hotel anbietet und nutzen Sie nur diese. Übrigens sagt der Name eines WLANs noch nichts über dessen Authentizität aus, denn jeder WLAN-Betreiber hat die Möglichkeit, seinem WLAN einen seriös klingenden Namen wie »Telekom WLAN« zu geben.

10. Gmail

Wie bereits im Kapitel *2.1 Das ist bei Android anders* erläutert, dient das von Ihnen angelegte Google-Konto – im Format *(Ihr Name)@gmail.com* auch als E-Mail-Adresse. Mit der in diesem Kapitel vorgestellten Gmail-Anwendung können Sie E-Mails senden, empfangen und verwalten.

Weil die Gmail-Anwendung vergleichsweise komplex ist, empfehlen wir stattdessen die im Kapitel 11 E-Mail vorgestellte Anwendung zu verwenden. Die Gmail-Anwendung dürfte nur für Nutzer interessant sein, die Gmail bereits auf ihrem vorherigen Handy im Einsatz hatten.

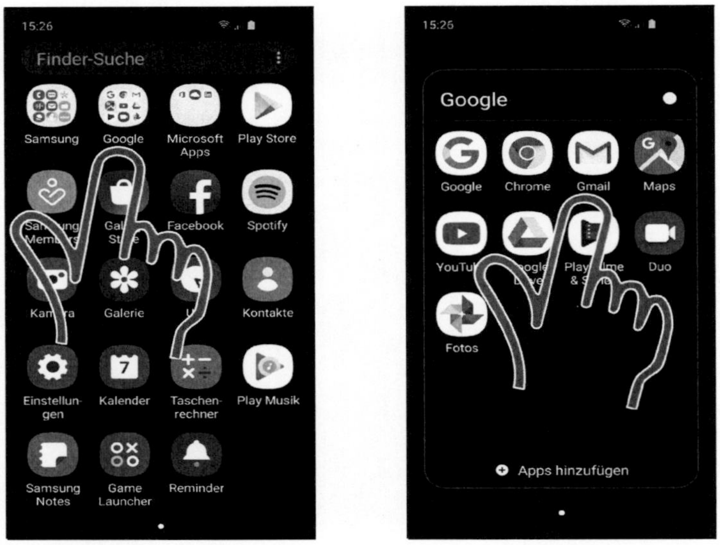

❶❷ Gehen Sie in den *Google*-Ordner und dann auf *Gmail.*

❶❷ Betätigen Sie beim ersten Start *OK* und dann *WEITER ZU GMAIL.*

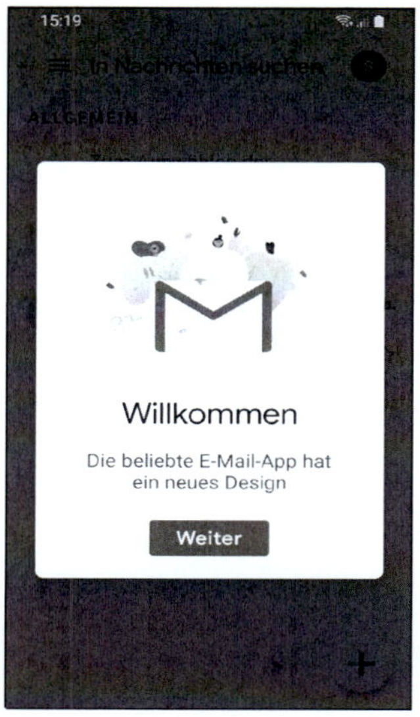

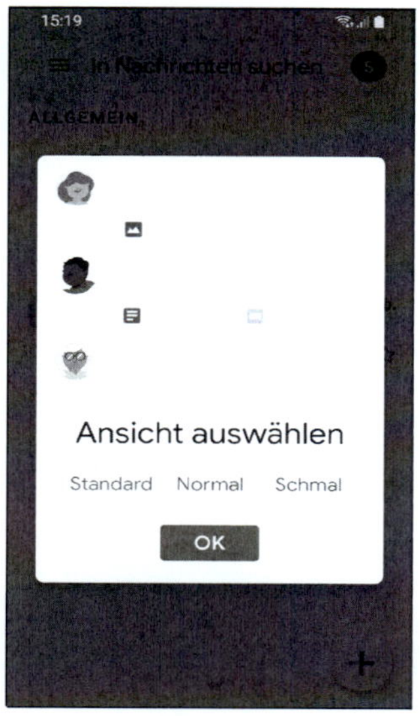

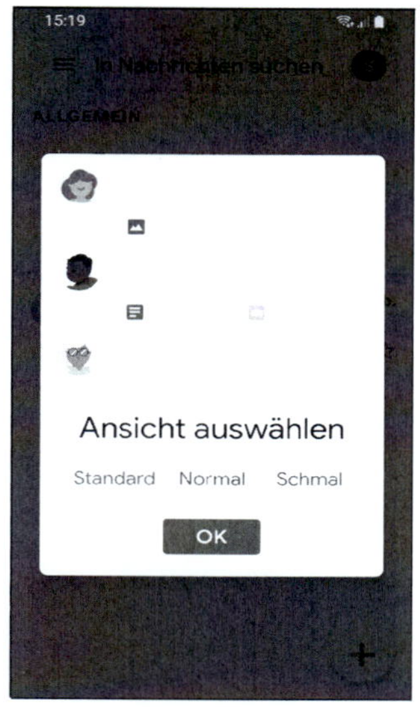

❶ Beim ersten Start wird Sie Gmail auf ein neues Design aufmerksam machen. Betätigen Sie *Weiter*.

❷ Es stehen drei verschiedene Designs zur Auswahl, wovon *Standard* vorgeschlagen wird. Bestätigen Sie mit *OK*.

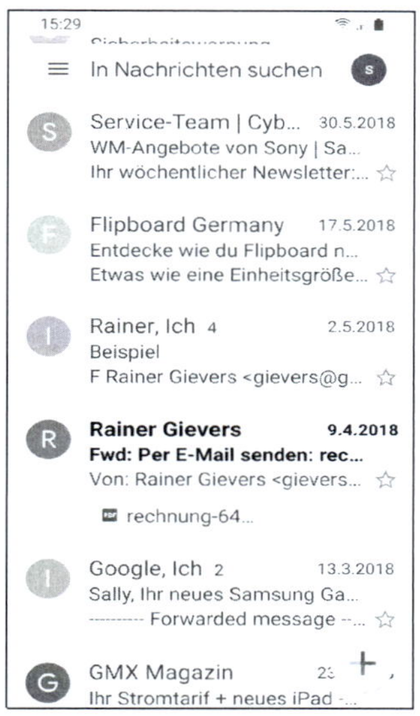

❶ Beim ersten Start erscheinen eventuell einige Hinweise, welche Sie mit einer horizontalen Wischgeste beziehungsweise der X-Schaltleiste entfernen.

❷ Die großen bunten Symbole vor den einzelnen Nachrichten enthalten jeweils den ersten Buchstaben des Absenders, im Beispiel also »G« für Google, usw.

Sie sollten Ihren Bekanntenkreis bitten, Ihnen E-Mails an Ihr Gmail-E-Mail-Adresse (= Ihr Google-Konto) zu senden. Auf diesem Wege können Sie die folgenden Bedienungsweisungen direkt nachvollziehen.

10.1 Gmail in der Praxis

10.1.1 E-Mails abrufen

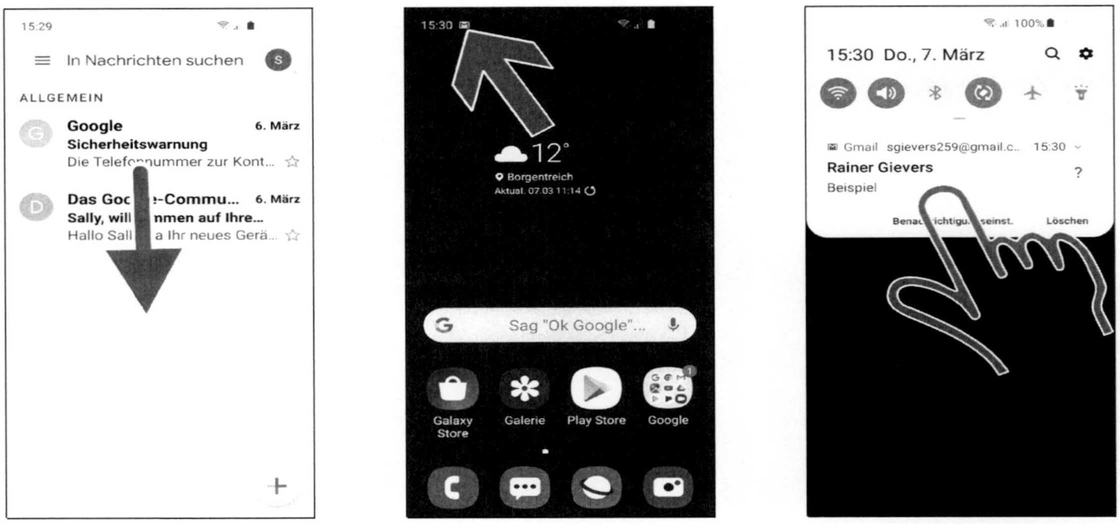

❶ Für die Synchronisierung der E-Mails in der Gmail-Anwendung mit dem E-Mail-Konto führen Sie eine Wischgeste von oben nach unten in der E-Mail-Oberfläche durch (dies ist in der Regel aber nicht nötig, weil neue Nachrichten automatisch abgerufen werden).

❷❸ Alternativ können Sie sich die neuen E-Mails auch auf einem weiteren Wege anzeigen: Wenn neue Nachrichten vorliegen, erscheint in der Titelleiste ein ✉-Symbol (Pfeil). Öffnen Sie das Benachrichtigungsfeld (siehe Kapitel *4.7.5 Titelleiste und Benachrichtigungsfeld*) und tippen Sie auf *x neue Nachrichten*, worauf der Gmail-Posteingang angezeigt wird. Sofern nur eine neue Nachricht empfangen wurde, zeigt Gmail diese statt des Posteingangs an. Auch das Archivieren (siehe Kapitel *10.2.4 Archivieren*) und Beantworten einer Nachricht ist direkt über zwei Schaltleisten im Benachrichtigungsfeld möglich.

Die Gmail-Anwendung arbeitet speicheroptimiert, das heißt beim Blättern in der Nachrichtenauflistung lädt sie automatisch die als nächstes anzuzeigenden Mails nach. Dies kann bei einer langsamen Mobilfunkverbindung manchmal einige Sekunden dauern. Sie sehen dann »*Konversationen werden geladen*«.

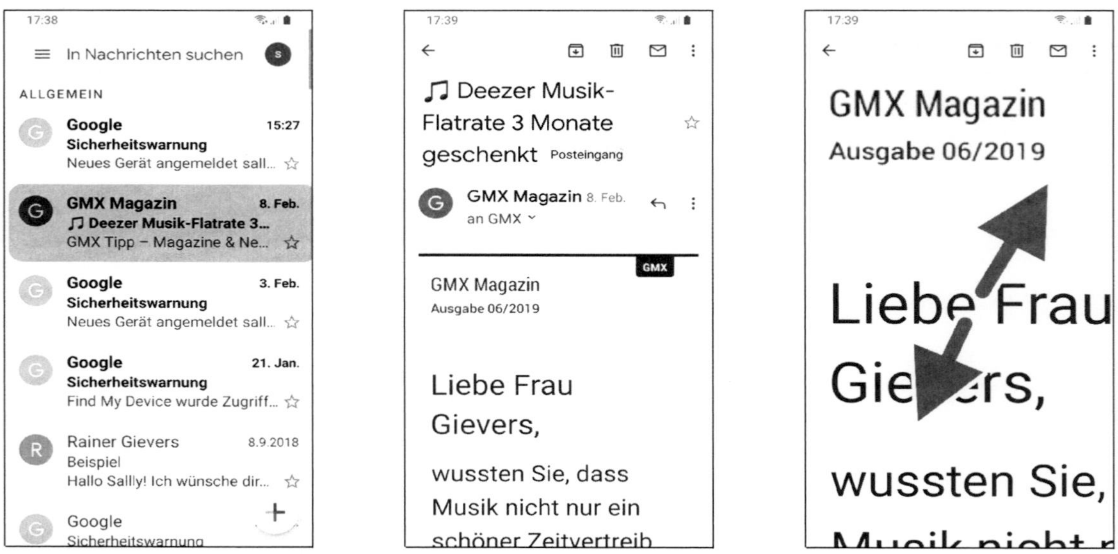

❶ Alle noch ungelesenen Nachrichten erscheinen in Fettschrift. Tippen Sie nun eine Nachricht an, die Sie lesen möchten.

❷ Die Bedeutung der Schaltleisten am oberen Bildschirmrand:

- ⊡ (Archivieren): Entfernt eine Nachricht aus dem Posteingang, ohne sie zu löschen. Siehe auch Kapitel *10.2.4 Archivieren*.

- 🗑: Nachricht löschen.
- ✉ (Ungelesen): Setzt den Nachrichtenstatus auf »ungelesen« und schaltet wieder auf den Posteingang um.

❸ Über eine Kneifgeste (zwei Finger, beispielsweise Daumen und Zeigefinger, gleichzeitig auf das Display drücken), können Sie die Ansicht vergrößern/verkleinern. Verschieben Sie bei Bedarf dann mit dem Finger den angezeigten Bildschirmausschnitt. Alternativ tippen Sie zweimal schnell hintereinander auf den Nachrichtentext.

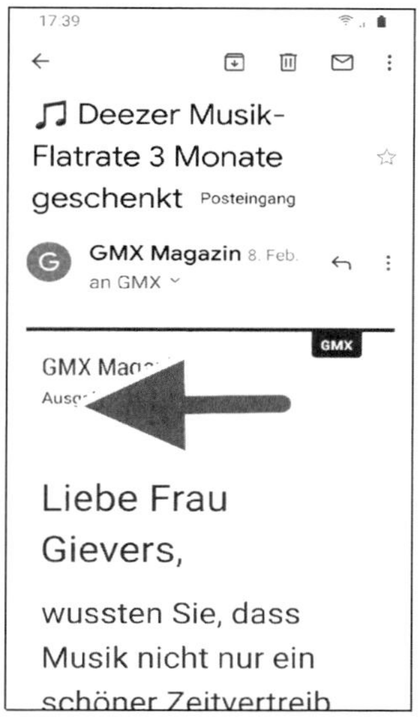

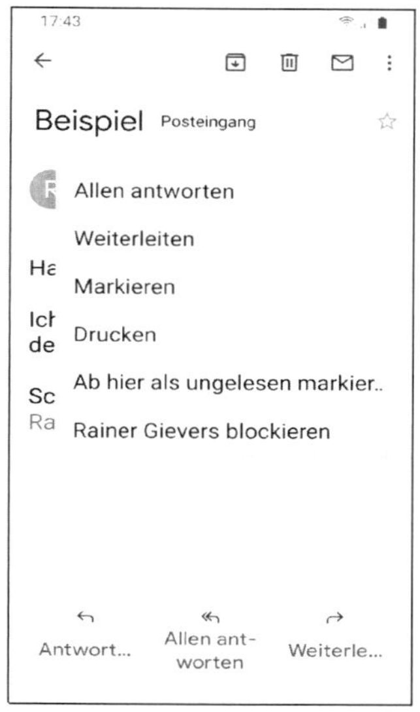

❶ Ziehen Sie mit angedrücktem Finger nach links/rechts, um zur nächsten älteren/neueren Nachricht zu blättern.

❷ Die ↩-Schaltleiste erstellt eine Antwort-Nachricht an den Absender.

❸ Das ⋮-Menü:

- *Allen antworten*: Sofern die E-Mail mehrere Empfänger enthält, können Sie Ihre Antwort-Nachricht an alle Empfänger senden. Wir raten davon aber ab, weil dies unter Umständen zu peinlichen Situationen führen kann, beispielsweise, wenn ein Kunde die interne Kommunikation eines Unternehmens zugesandt bekommt.
- *Weiterleiten*: Erstellt eine neue Nachricht mit dem Nachrichtentext.
- *Markieren; Markierung entfernen*: Markiert eine Nachricht als Favoriten beziehungsweise entfernt die Markierung wieder. Siehe Kapitel *10.2.7 Markierungen*.
- *Drucken*: Auf die Druckausgabe geht dieses Buch nicht ein.
- *Ab hier als ungelesen markieren*: Setzt den »Gelesen«-Status für diese und alle früher empfangenen Nachrichten wieder zurück.
- *xxx blockieren*: Künftig landen alle E-Mails des Absenders im *Spam*-Ordner.

Die Funktionen zum Antworten und Weiterleiten finden Sie auch am Ende der E-Mail.

10.1.2 Absender ins Telefonbuch aufnehmen

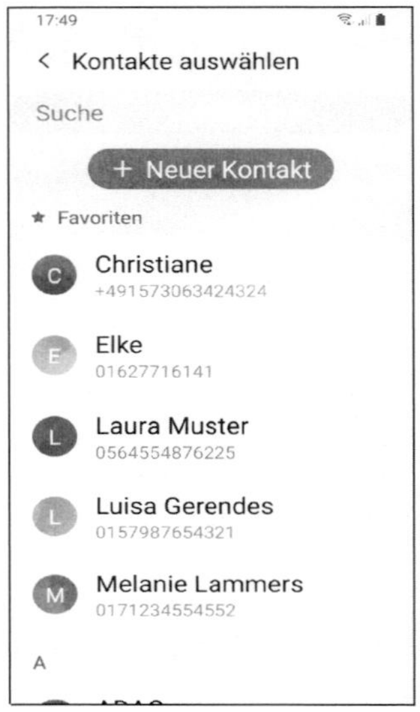

❶ Tippen Sie mit dem Finger auf die Silhouette.

❷❸ Betätigen Sie (Pfeil), worauf die Kontaktliste erscheint, in der Sie entweder einen bestehenden Kontakt auswählen oder mit *Neuer Kontakt* einen weiteren Kontakteintrag erstellen.

10.1.3 Dateianlagen

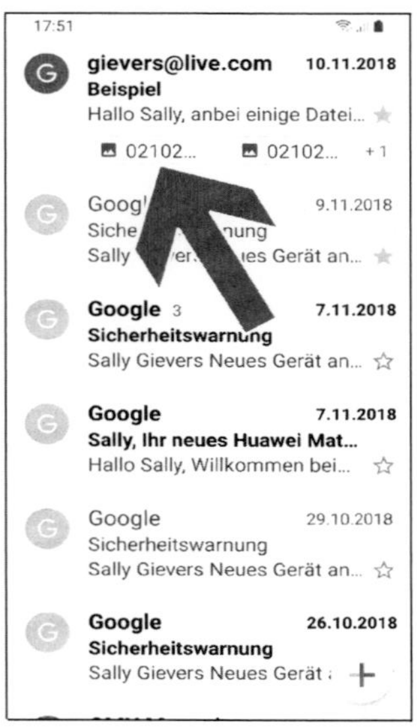

❶ Nachrichten mit Dateianlagen erkennen Sie am an den Symbolen (Pfeil) in der Nachrichtenauflistung.

❷❸ Bild-Dateianlagen zeigt Gmail in einer Vorschau. Tippen Sie sie jeweils für eine Vollbildanzeige an. Über ⋮/*Speichern* beziehungsweise ⋮/*Alle speichern* landen die Dateien im Gerätespeicher.

Heruntergeladene Dateianlagen landen im Verzeichnis *Download* auf dem Handy.

10.1.4 Labels

Labels haben bei Gmail die gleiche Funktion wie Ordner. Deshalb werden auch die klassischen E-Mail-Ordner *Postausgang*, *Entwürfe*, *Gesendet*, usw. bei Gmail als »Label« bezeichnet. Man darf einer Mail mehrere Labels gleichzeitig zuweisen.

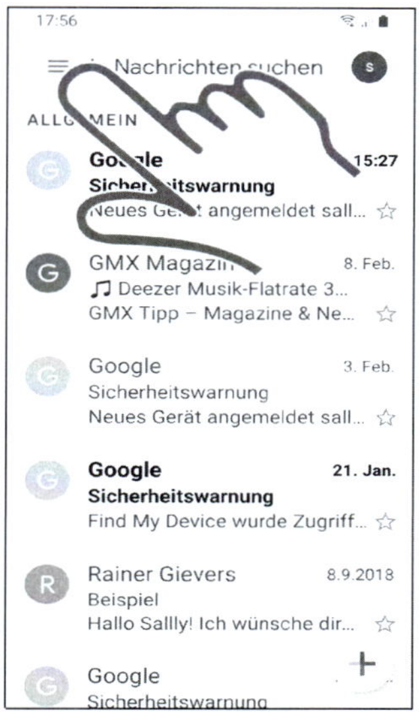

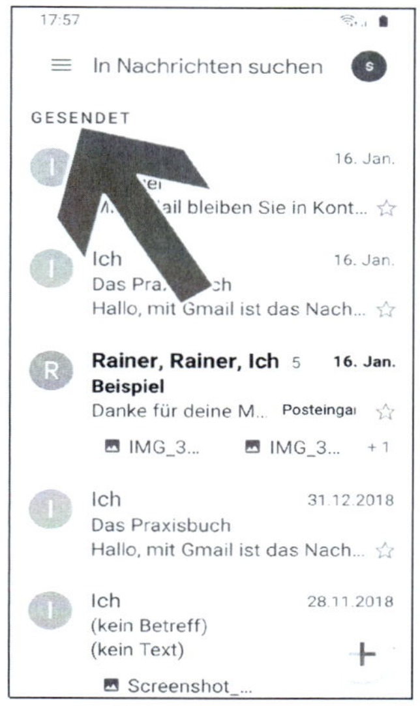

❶❷ Zur Anzeige der E-Mails eines Labels tippen Sie oben links (Pfeil) für das Ausklappmenü:

Die Nachrichten sind eingeteilt nach:

- *Alle Posteingänge*: Falls Sie mehrere Google-Konten nutzen, zeigen Sie diese alle zusammen an.
- *Allgemein:* Nachrichten von Freunden und Verwandten sowie sonstige Nachrichten, die nicht in einem der anderen Labels angezeigt werden.
- *Soziale Netzwerke*: E-Mails aus sozialen Netzwerken, Plattformen zum Teilen von Inhalten, Online-Partnervermittlungen, Spieleplattformen oder anderen sozialen Websites.
- *Werbung*: Werbeaktionen, Angebote und sonstige Werbe-E-Mails.
- *Benachrichtigungen:* Benachrichtigungen wie Bestätigungen, Belege, Rechnungen und Kontoauszüge.
- *Foren:* E-Mails aus Online-Gruppen, Diskussionsforen und Mailinglisten.

Unter *Alle Labels* finden Sie:

- *Markiert*: Der »Markiert«-Status kann Nachrichten oder Konversationen zugewiesen werden. Siehe dazu auch Kapitel *10.2.7 Markierungen*.
- *Zurückgestellt*: Sie können sich an Nachrichten, die Sie erst später bearbeiten wollen, erinnern lassen. Siehe Kapitel *10.2.3 Zurückstellen*.
- *Wichtig*: Gmail erkennt automatisch Nachrichten, die für Sie interessant oder wichtig sind und ordnet sie unter *Wichtig* ein. Siehe auch Kapitel *10.2.6 Wichtig-Ordner*.
- *Gesendet*: Versandte Nachrichten.
- *Postausgang*: Zum Versand bereitstehende Nachrichten.

- *Entwürfe*: Nachrichten, die bereits vorbereitet, aber noch nicht versandt wurden.
- *Alle E-Mails*: Zeigt alle Mails sortiert als sogenannte Konversationen an.
- *Spam*: Als Spam erkannte Mails.
- *Papierkorb*: Von Ihnen gelöschte Mails.

Tippen Sie ein Label, deren zugeordneten E-Mails Sie ansehen möchten, an.

❸ Am oberen Bildschirmrand (Pfeil) sehen Sie, in welchem Ordner Sie sich gerade befinden.

> Auf die Funktion der einzelnen Label gehen die folgenden Kapitel ein. Nicht genutzte Label blendet die Gmail-Anwendung aus.
>
> Befinden Sie sich in einem anderen Ordner als *Allgemein*, dann kehren Sie mit der ❮-Taste wieder zu *Allgemein* zurück.

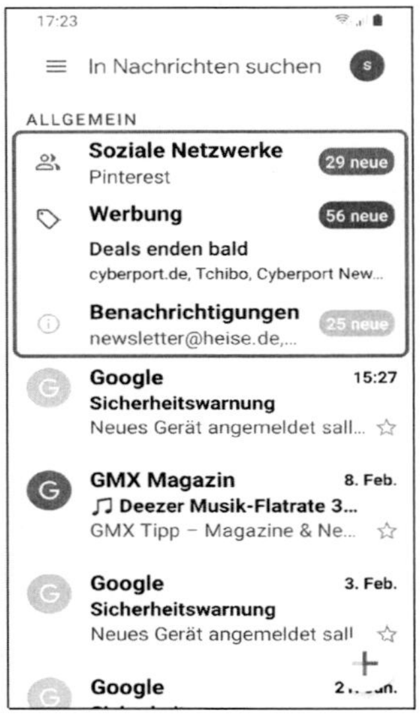

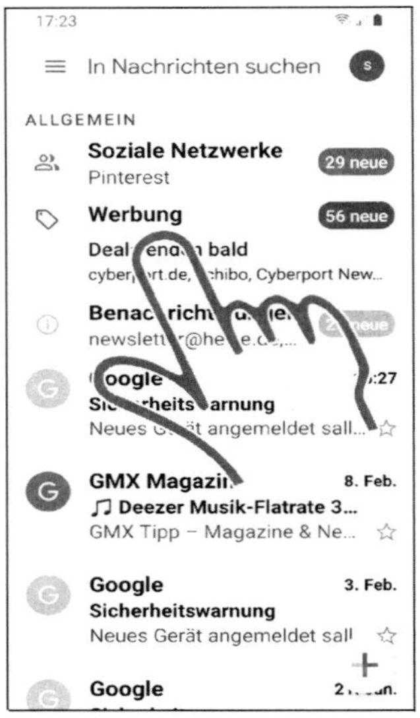

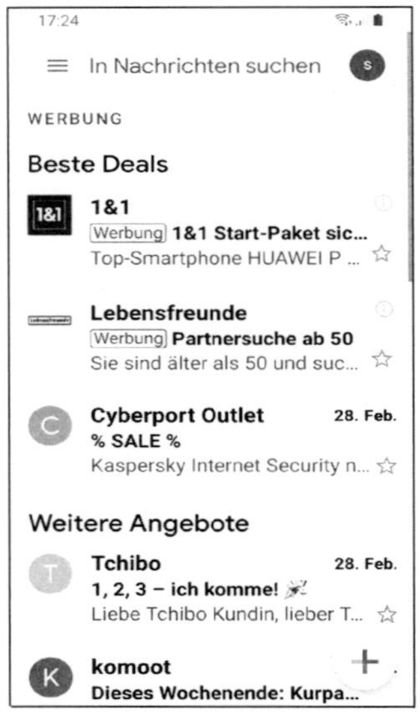

❶ Im Beispiel wurden E-Mails werden von Gmail automatisch den Labels *Soziale Netzwerke*, *Werbung* und *Benachrichtigungen* zugewiesen (Markierung).

❷❸ Tippen Sie ein Label an, um dessen Inhalt aufzulisten.

❶❷ Alternativ gehen Sie im Ausklappmenü auf das Label.

Die ❮-Taste bringt Sie wieder in die E-Mail-Gesamtansicht zurück.

10.1.5 E-Mails beantworten

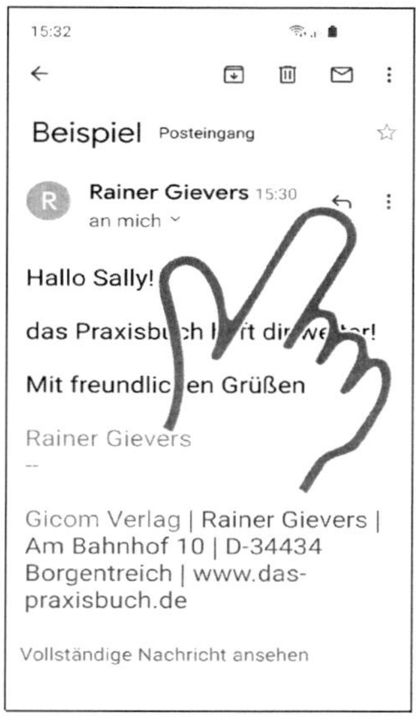

❶ Zum Beantworten einer gerade angezeigten E-Mail betätigen Sie einfach die ↩-Schaltleiste (Pfeil).

❷ Geben Sie nun den Nachrichtentext ein und betätigen Sie ⊳. Es erscheint dann für einige Sekunden der Hinweis »*Nachricht wird gesendet*«, während die Nachricht verschickt wird.

❸ Die von Ihnen verschickte E-Mail erscheint unter dem Nachrichtentext der beantworteten. Verlassen Sie den Bildschirm mit der ᐸ-Taste.

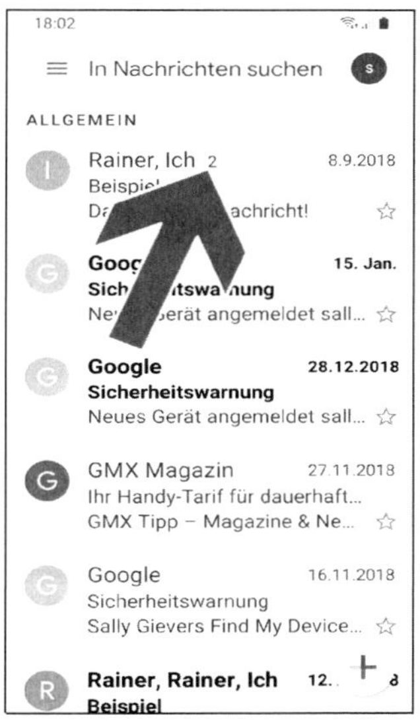

❶ Gmail verwaltet die Nachrichten als »Konversationen«, das heißt, alle Nachrichten, die Sie mit einem Kommunikationspartner austauschen, werden unter einem Eintrag zusammengefasst. Sie erkennen die Konversationen daran, dass beim Betreff ein »*ich*« und die Zahl der ausgetauschten Nachrichten erscheint. Tippen Sie den Betreff an, um die Konversation anzuzeigen.

❷❸ Es erscheinen Karteireiter mit den Nachrichten, die Sie mit dem Kommunikationspartner ausgetauscht haben. Tippen Sie einen Karteireiter an, um die zugehörige Nachricht auszufalten. Erneutes Antippen eines Karteireiters blendet die Nachricht wieder aus. Mit einer vertikalen Wischgeste können Sie zudem durch die aufgeklappten Nachrichten rollen.

❶❷ Mitunter sind in einer Konversation sehr viele Nachrichten enthalten, die Gmail dann hinter einem Kreis-Symbol verbirgt (Pfeil). Tippen Sie darauf, um die Nachrichten einzublenden.

10.1.6 E-Mail neu schreiben

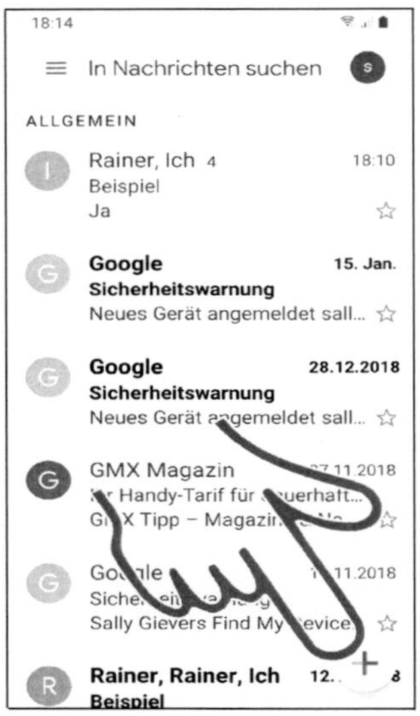

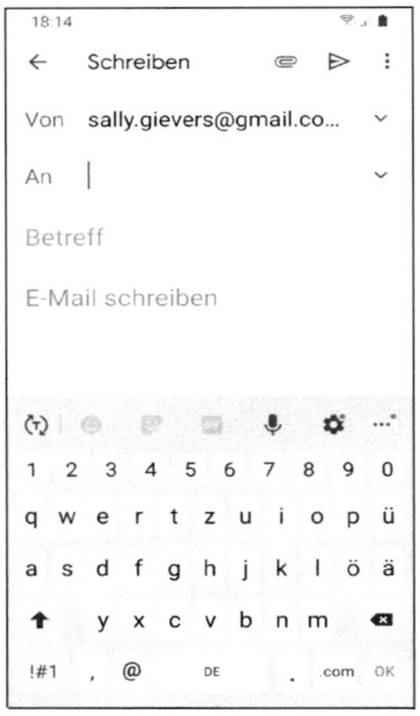

❶ Betätigen Sie die bunte +-Schaltleiste (Pfeil).

❷ Im *An*-Feld erfassen Sie nun den Empfänger.

❶ Gmail sucht bereits bei der Eingabe des Kontaktnamens passende E-Mail-Adressen und listet diese auf. Tippen Sie einfach die Gewünschte an.

❷ Die E-Mail-Adresse landet im Empfängerfeld. Falls Sie einen weiteren Empfänger hinzufügen möchten, geben Sie diesen einfach dahinter ein. Geben Sie nun Betreff und Nachrichtentext ein und betätigen Sie ⊳ (oben rechts) zum Senden.

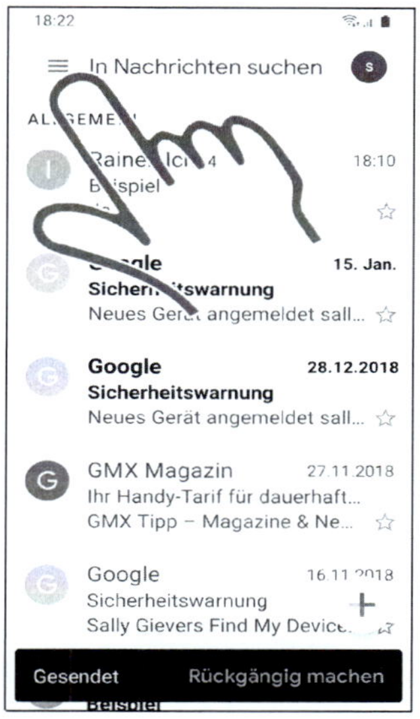

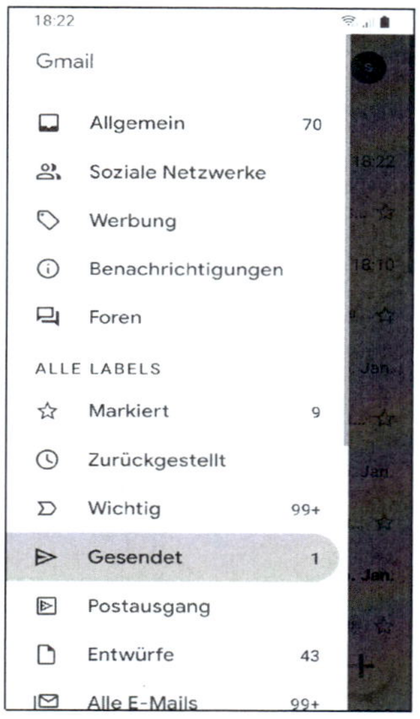

❶ Die versandte Mail finden Sie im *Gesendet*-Ordner. Aktivieren Sie dafür das Ausklappmenü (Pfeil).

❷❸ Wählen Sie *Gesendet* aus, worauf die versandten Nachrichten aufgelistet werden.

10.1.7 Weitere Funktionen bei der E-Mail-Erstellung

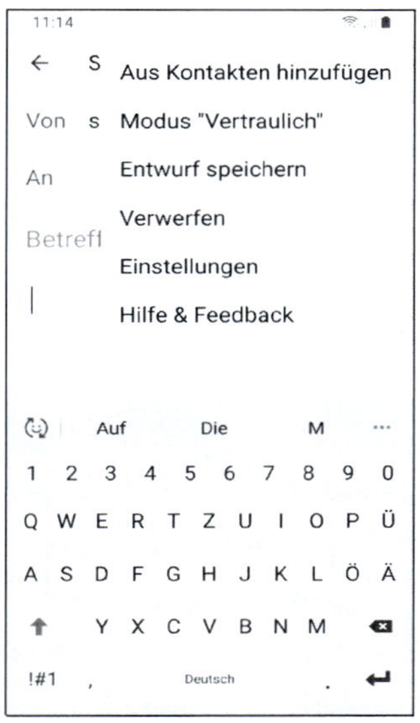

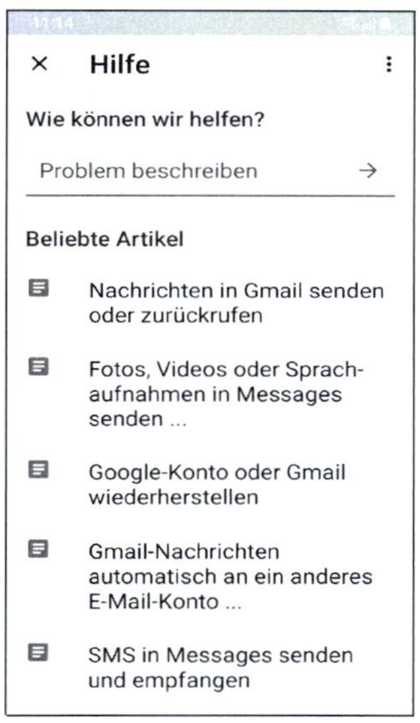

❶ Im E-Mail-Editor finden im ⋮-Menü folgende Optionen:

- *Aus Kontakten hinzufügen*: Weiteren Empfänger hinzufügen.
- *Modus "Vertraulich"*: Damit schränken Sie den Handlungsspielraum des Empfängers ein. Dies kann die E-Mail nicht weiterleiten und benötigt zum Öffnen gegebenenfalls einen Sicherheitscode. Hat der Empfänger keine Gmail-Adresse, so erhält er einen Link, über den er die E-Mail auf der Gmail-Webseite öffnet.
- *Entwurf speichern*: Speichert die E-Mail als Entwurf. Siehe Kapitel *10.1.8 Entwürfe*.
- *Verwerfen*: Nachricht ohne zu senden verwerfen.
- *Einstellungen*: Die Einstellungen beschreibt bereits Kapitel *10.3 Einstellungen*.
- *Hilfe & Feedback* (❷): Ausführliche Hilfeseiten. Falls Ihnen etwas an Gmail auffällt, das Ihnen nicht gefällt, oder Sie Verbesserungsvorschläge haben, können Sie diese außerdem

an Google senden.

10.1.7.a Cc/Bcc

❶❷ Über ∨ (Pfeil) hinter dem *An*-Eingabefeld aktivieren Sie zusätzliche Eingabefelder. Deren Bedeutung:

- *Cc*: Der Begriff Cc steht für »Carbon Copy«, zu deutsch »Fotokopie«. Der ursprüngliche Adressat (im *An*-Eingabefeld) sieht später die unter *Cc* eingetragenen weiteren Empfänger. Die *Cc*-Funktion ist beispielsweise interessant, wenn Sie ein Problem mit jemandem per E-Mail abklären, gleichzeitig aber auch eine zweite Person von Ihrer Nachricht Kenntnis erhalten soll.
- *Bcc*: Im *Bcc* (»Blind Carbon Copy«)-Eingabefeld erfassen Sie weitere Empfänger, wobei der ursprüngliche Adressat im *An*-Feld nicht mitbekommt, dass auch noch andere Personen die Nachricht erhalten.

10.1.7.b Dateianlage

❶ Mit ⊜ (Pfeil) fügen Sie Ihrer E-Mail eine Datei als Anhang hinzu.

❷ Wählen Sie dann aus:

- *Datei anhängen*: Eine beliebige Datei (zum Beispiel ein Word-Dokument).
- *Aus Drive einfügen*: Eine Datei aus dem Online-Speicherdienst Google Drive (siehe Kapitel *22.2 Google Drive*) übernehmen.

In unserem Beispiel gehen wir auf *Datei anhängen.*

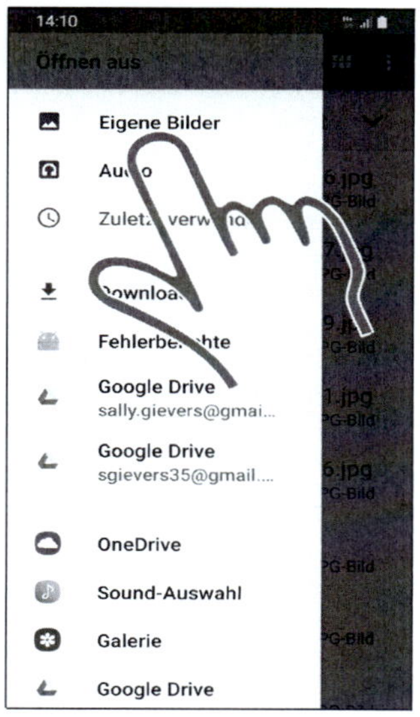

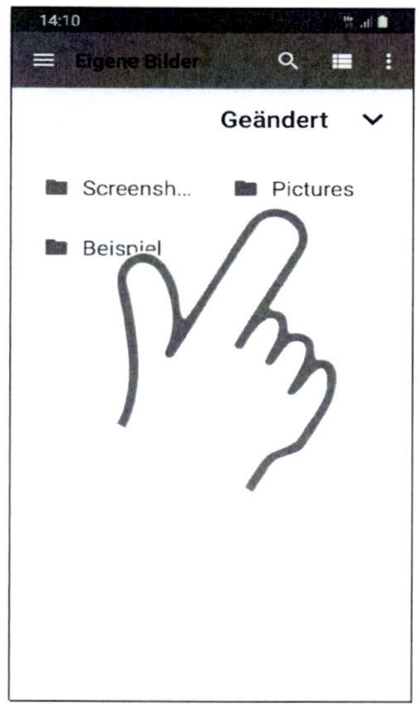

❶❷❸ Gmail listet die zuletzt auf das Gerät kopierten beziehungsweise genutzten Dateien auf, wovon Sie die gewünschte antippen. Alternativ öffnen Sie das Ausklappmenü und gehen dort auf *Eigene Bilder*. Wählen Sie nun das Bildverzeichnis und dann das Foto aus.

Sie können den Hinzufügen-Vorgang auch wiederholen, falls Sie mehrere Dateien verschicken möchten.

Zum Entfernen der Bilddatei tippen Sie auf die ✕-Schaltleiste (Pfeil).

10.1.8 Entwürfe

Manchmal kommt es vor, dass man eine fertige Nachricht erst später verschicken möchte. Dafür bietet sich die Entwürfe-Funktion an.

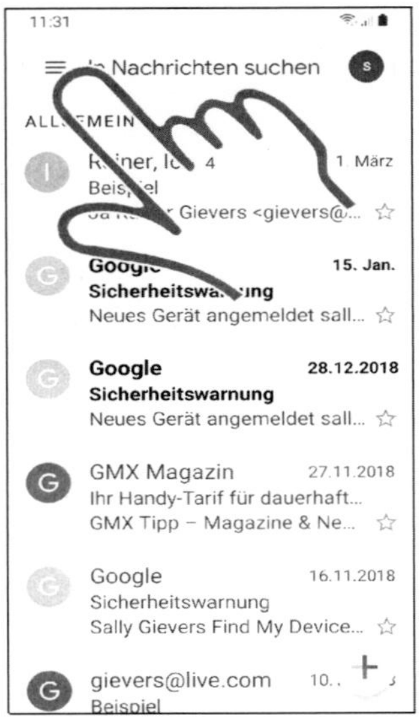

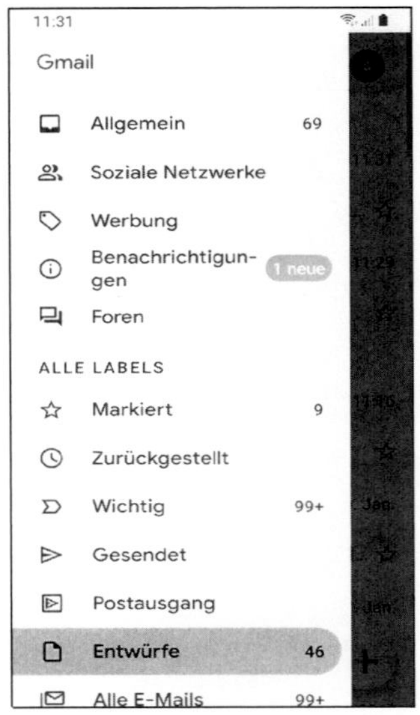

➊ Geben Sie die Nachricht wie gewohnt ein. Danach betätigen Sie zweimal die ✓- beziehungsweise ‹-Taste, worauf die Meldung »*Nachricht als Entwurf gespeichert*« erscheint und Gmail zur Nachrichtenübersicht zurückkehrt.

➋➌ Aktivieren Sie das Ausklappmenü und rufen Sie darin *Entwürfe* auf.

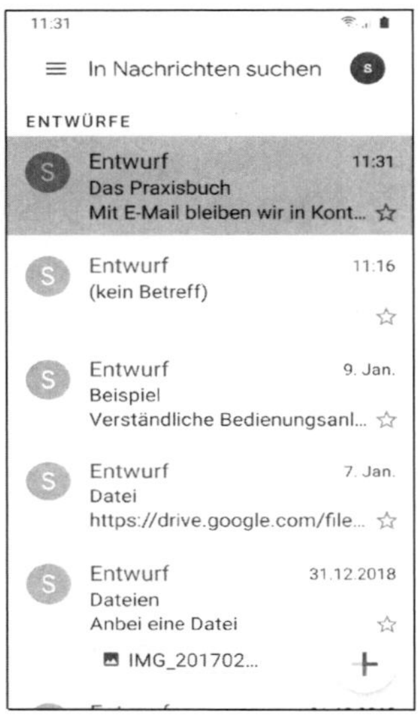

➊ Tippen Sie in der Auflistung des *Entwürfe*-Ordners eine Nachricht an, die Sie bearbeiten und später verschicken möchten.

➋ Eine Besonderheit gibt es bei Nachrichten, die man als Antwort geschrieben hat und dann als Entwurf speichert: In diesem Fall wird der Entwurf in die Konversation eingebettet und es erscheint dort der Hinweis »*Entwurf*«. Zum Bearbeiten und späteren Senden des Entwurfs tippen Sie ✎ an.

10.1.9 E-Mails löschen

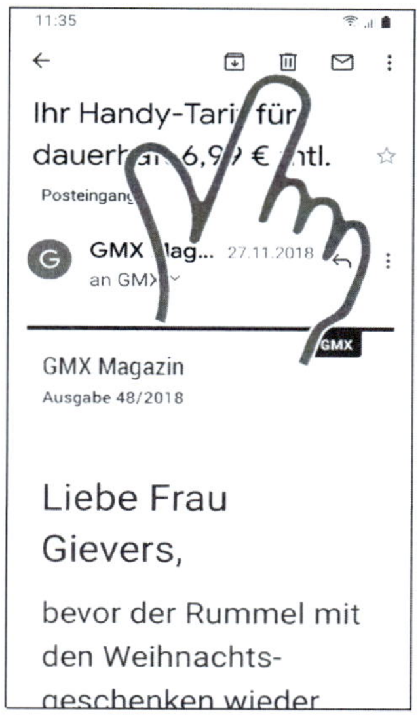

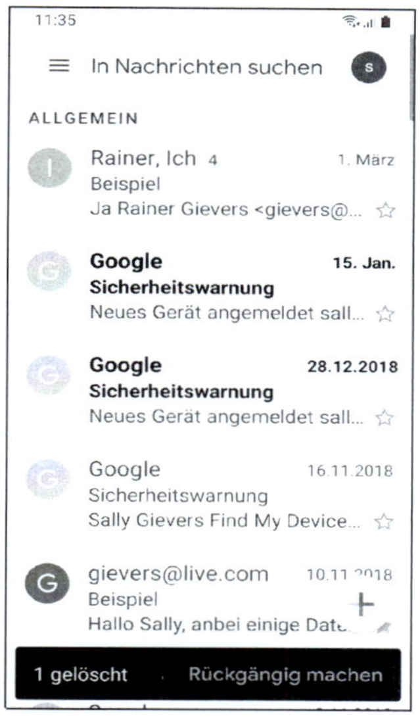

➊ Zum Entfernen einer E-Mail oder Konversation verwenden Sie in der E-Mail-Detailansicht 🗑.

➋ Die Nachricht ist dann entfernt und Gmail schaltet in den Posteingang um. Falls Sie sich mit dem Löschen vertan haben, ist es noch möglich, den Löschvorgang durch Antippen von *Rückgängig machen* am unteren Bildschirmrand rückgängig zu machen. Dieser Hinweis verschwindet allerdings, wenn Sie im E-Mail-Programm weiterarbeiten, also beispielsweise eine Nachricht öffnen oder den E-Mail-Ordner wechseln.

> Wenn Sie zum ersten Mal eine Nachricht löschen, fragt Sie das Handy, wie nach dem Löschen verfahren werden soll. Tippen Sie *Konversationsliste* an, damit Gmail dann in die Nachrichtenansicht zurückkehrt.

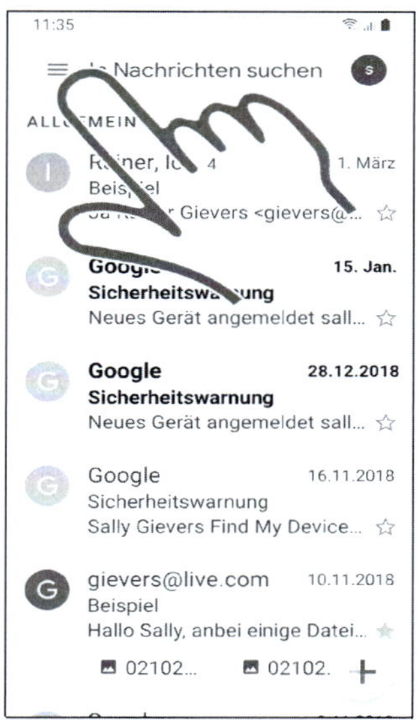

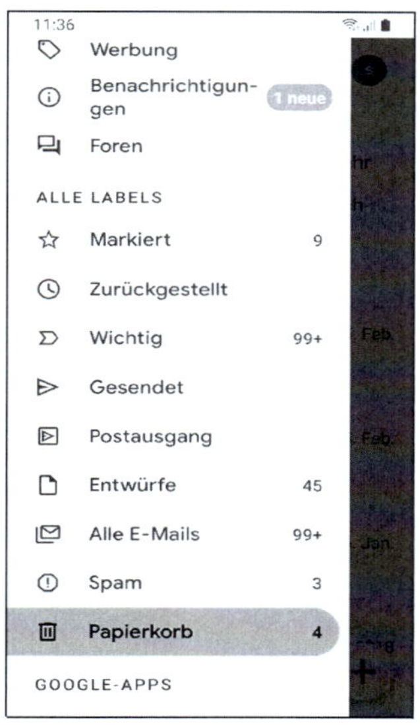

➊➋ Die gelöschten Mails sind aber noch nicht verloren, sondern werden im *Papierkorb*-Ordner zwischengespeichert. Diesen erreichen Sie, indem Sie ins Ausklappmenü gehen (Pfeil), dann das *Papierkorb*-Label auswählen.

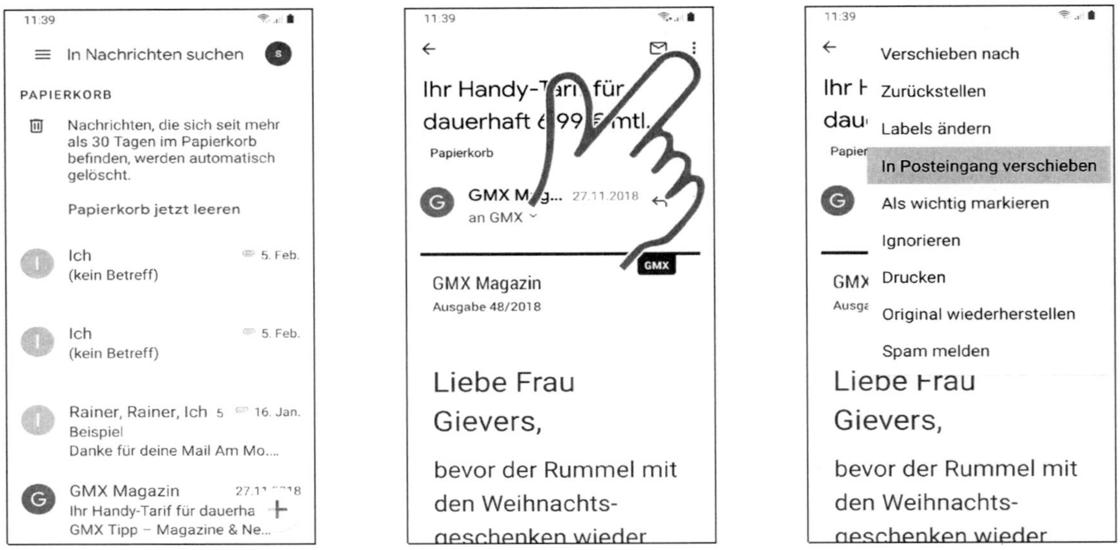

➊ Im Prinzip verhält sich der *Papierkorb*-Ordner ähnlich wie der *Posteingang,* das heißt sie können hier die Nachrichten noch einmal ansehen. Die gelöschten Nachrichten werden im Papierkorb für 30 Tage vorgehalten.

➋➌ Zum »Retten« einer Nachricht aus dem Papierkorb verschieben Sie sie einfach wieder in den Posteingang. Gehen Sie in der Nachrichtenansicht auf ⋮/*In Posteingang verschieben*.

10.2 Weitere Funktionen

10.2.1 Nachrichten durchsuchen

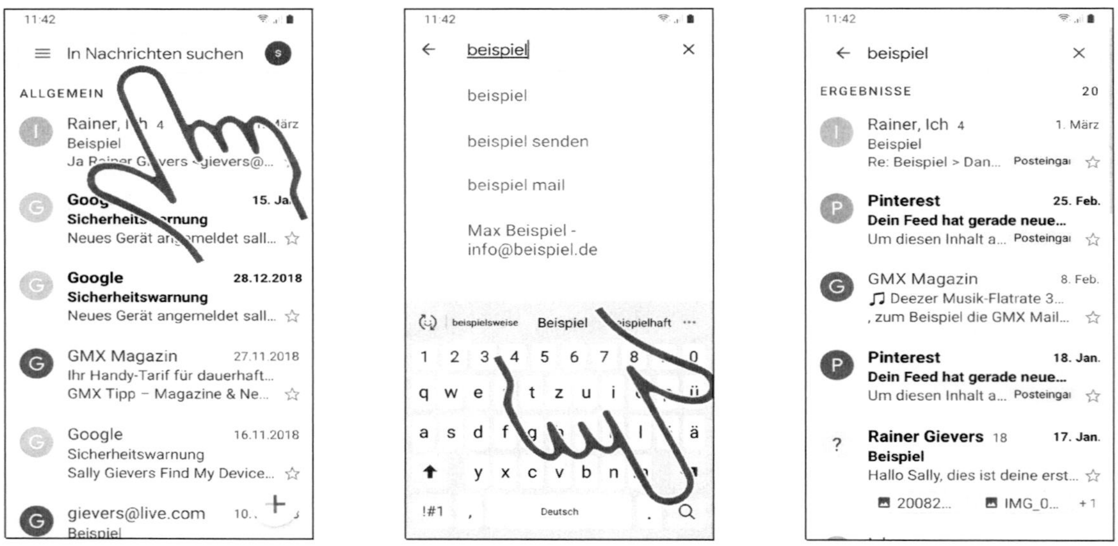

➊ Tippen Sie in das Eingabefeld am oberen Bildschirmrand, wenn Sie die Nachrichten eines Ordners durchsuchen möchten.

➋ Die 🔍-Taste (Pfeil) im Tastenfeld führt dann die Suche durch. Alternativ wählen Sie einen der Suchvorschläge aus.

➌ Tippen Sie eine Nachricht an, die Sie lesen möchten. Die ‹-Taste bringt Sie wieder in die Nachrichtenauflistung zurück.

10.2.2 E-Mail aus Telefonbuch senden

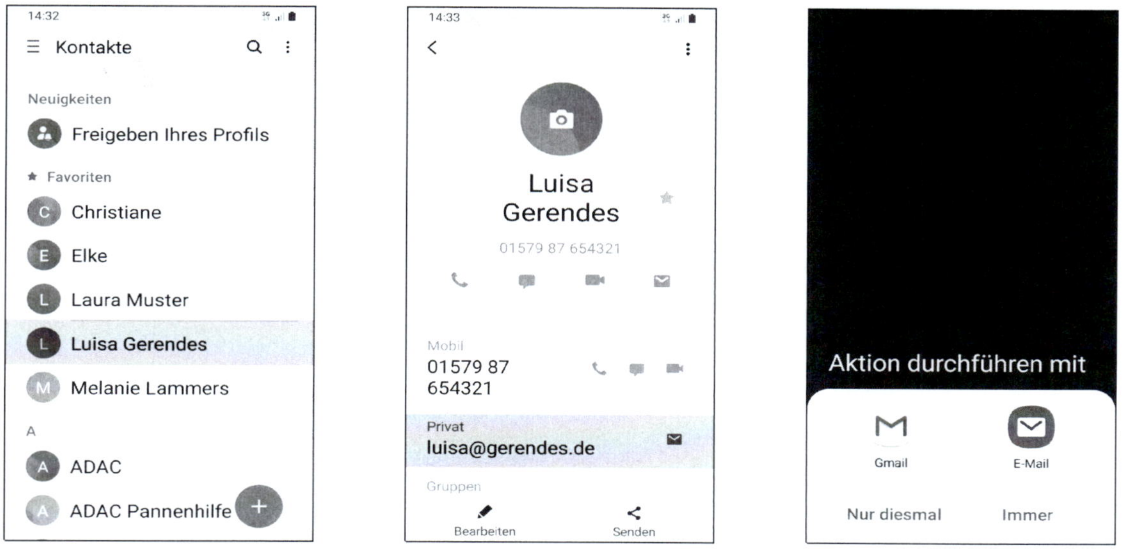

➊ Auch das Senden von Nachrichten über das Telefonbuch (siehe Kapitel *7 Telefonbuch*) ist möglich. Tippen Sie einfach kurz einen Kontakteintrag an.

➋ Gehen Sie dann auf die E-Mail-Adresse.

➌ Wählen Sie den *Gmail*-Eintrag aus (falls Sie die im Kapitel *11 E-Mail* beschriebene E-Mail-Anwendung verwenden, gehen Sie auf *E-Mail*). Betätigen Sie dann *Nur diesmal* beziehungsweise *Immer.* Wenn Sie Letzteres wählen, wird künftig keine Abfrage mehr zur gewünschten E-Mail-Anwendung stattfinden.

10.2.3 Zurückstellen

Sie kennen das Szenario, dass Sie häufig Nachrichten erhalten, die zum aktuellen Zeitpunkt nicht relevant sind. Damit Sie nicht den Überblick verlieren, können Sie sie zurückstellen. Die jeweilige Nachricht verschwindet dann für einen einstellbaren Zeitraum aus dem Posteingang.

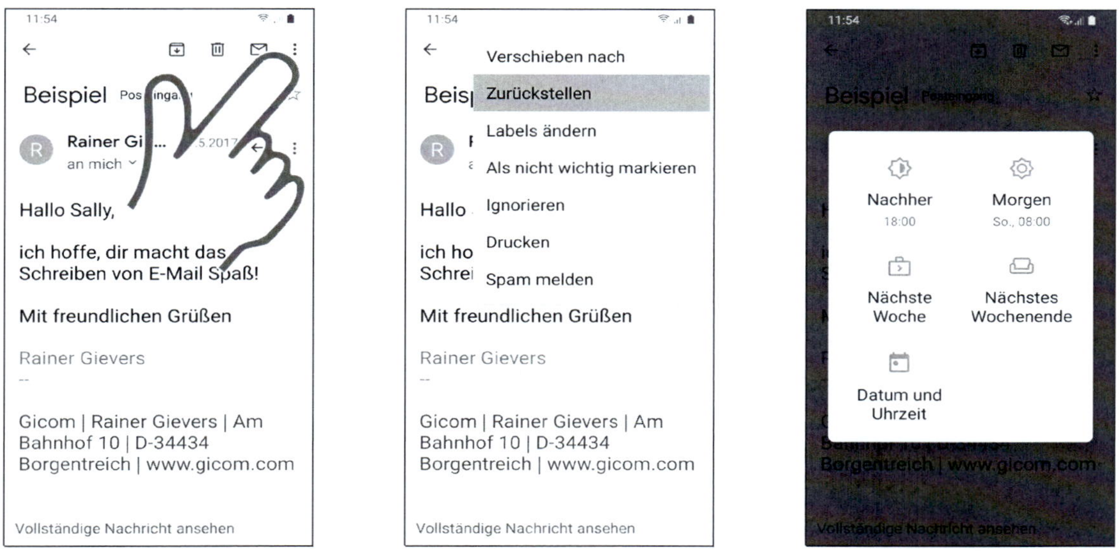

➊➋ In der Nachricht gehen Sie auf ⁝/*Zurückstellen.*

➌ Wählen Sie den Zeitraum aus. Die Nachricht verschwindet aus dem Posteingang und wird nach einiger Zeit wieder eingeblendet.

❶❷ Die zurückgestellten Nachrichten finden Sie im Ausklappmenü unter *Zurückgestellt.* Dort können Sie sie auch bearbeiten beziehungsweise beantworten.

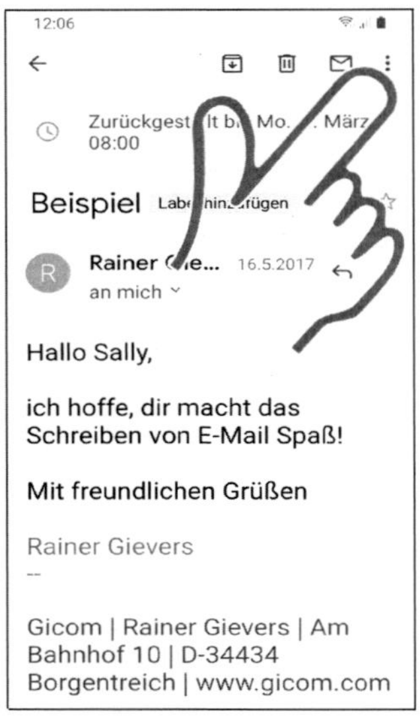

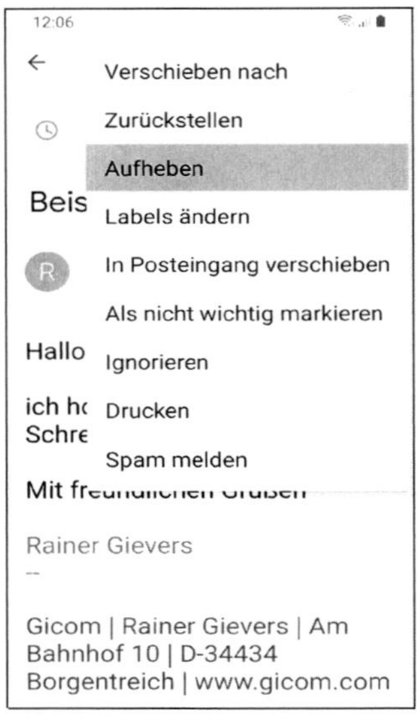

❶❷ Eine zurückgestellte Nachricht können Sie jederzeit über ⁝/*Aufheben* vorzeitig wieder in den Posteingang zurückbefördern. Alternativ verändern Sie mit ⁝/*Zurückstellen* den Zurückstellungszeitpunkt.

10.2.4 Archivieren

Obwohl Gmail Nachrichten, die mit dem gleichen Empfänger ausgetauscht wurden als »Konversationen« in einem Eintrag zusammenfasst, kann der Posteingang unübersichtlich werden. Unwichtige Nachrichten/Konversationen lassen sich deshalb im Posteingang ausblenden, was mit der Archivieren-Funktion geschieht.

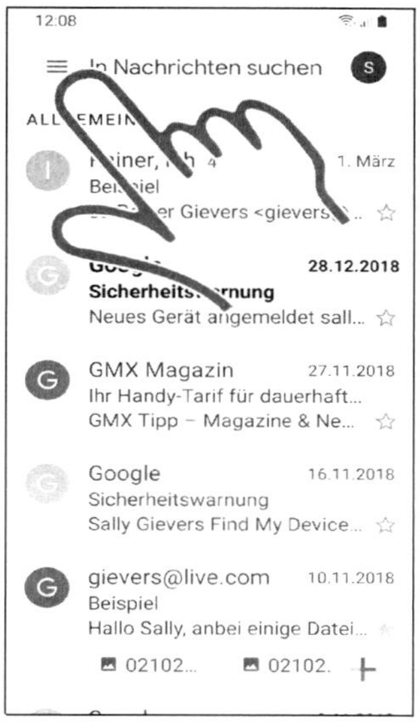

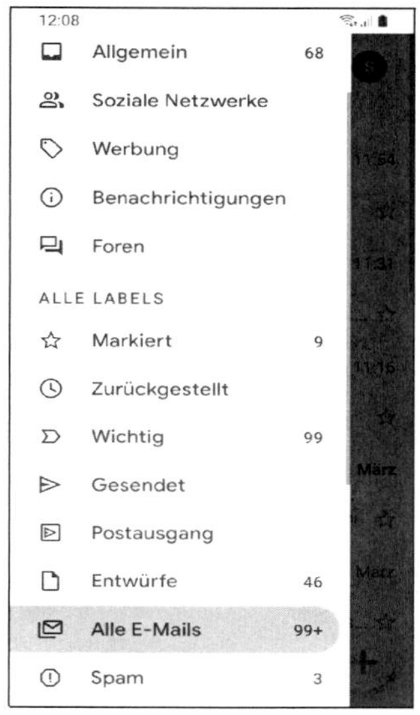

❶ Betätigen Sie in der E-Mail-Detailansicht ⊡ (Pfeil). Die Nachricht ist nun »archiviert« und Gmail schaltet wieder auf den Posteingang um.

❷ Zum Anzeigen der archivierten Nachrichten aktivieren Sie das Ausklappmenü.

❸ Wählen Sie *Alle E-Mails* aus.

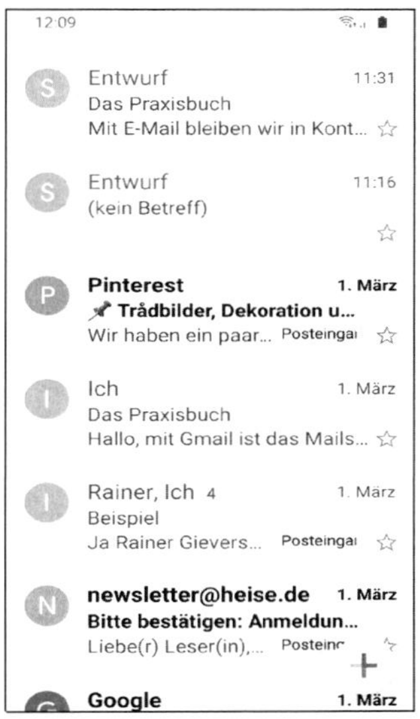

Gmail zeigt nun alle Nachrichten, das heißt, neben den archivierten auch die aus *Entwürfe*, *Gesendet*, usw. an.

> Alle Nachrichten, die im Posteingang vorhanden sind, sind mit einem grauen »*Posteingang*« markiert.
>
> Über Betätigen der ❮-Taste oder erneutes Aktivieren des Ausklappmenüs und Auswahl von *Allgemein* bringt Sie wieder in den Posteingang zurück.
>
> Antwortet jemand auf eine archivierte Nachricht/Konversation, so verschiebt Gmail diese automatisch wieder in den Posteingang.

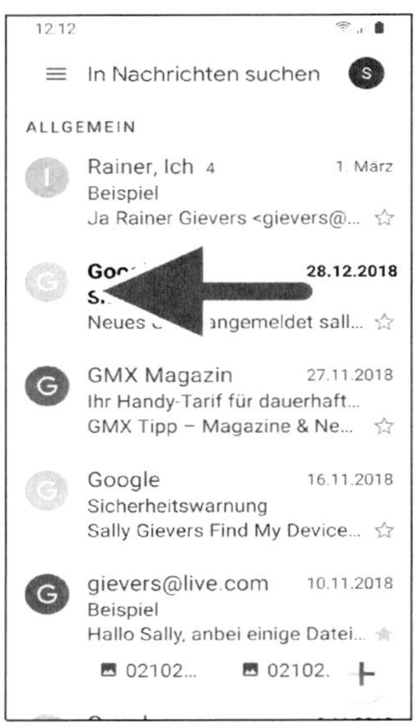

❶❷ Das Archivieren ist auch über eine Wischgeste in der Nachrichtenauflistung möglich. Wischen Sie dort einfach über einem E-Mail-Eintrag von rechts nach links beziehungsweise umgekehrt.

10.2.5 Unterdrücken

Die zuvor erwähnte Archivieren-Funktion mag zwar sehr praktisch sein, wenn Sie aber laufend Nachrichten einer Konversation (beispielsweise auf einer Mailing-Liste) erhalten, die Sie überhaupt nicht interessieren, ist es sehr lästig, immer wieder erneut die einzelnen Nachrichten zu archivieren.

Mit der Unterdrücken-Funktion lassen sich dagegen alle Nachrichten einer Konversation automatisch archivieren, das heißt, wenn neue Nachrichten in einer unterdrückten Konversation eingehen, werden diese automatisch ebenfalls archiviert. Sie sollten die Unterdrücken-Funktion aber vorsichtig einsetzen, weil Sie ja von neuen Nachrichten einer unterdrückten Konversation nichts mitbekommen. Dies ist aber meist nicht weiter schlimm, denn ist Ihre E-Mail-Adresse im Feld »*An*« oder »*Cc*« enthalten, wird die Konversation wieder in Ihren Posteingang eingeordnet. Sie verpassen also keine Nachrichten, die direkt an Sie adressiert sind.

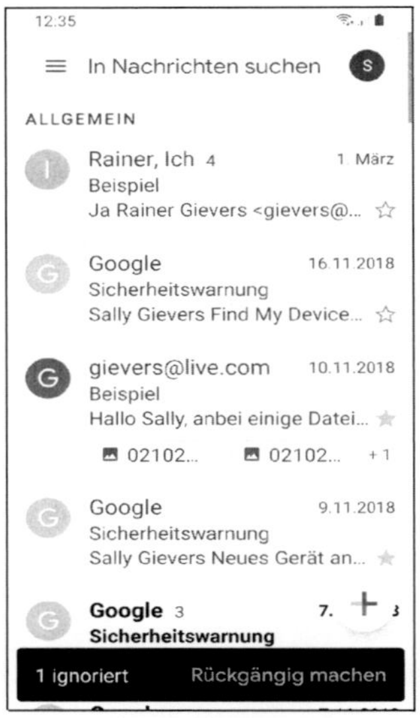

❶❷ In der Nachrichtenansicht rufen Sie ⋮/*Ignorieren* auf. Die Nachricht/Konversation verschwindet aus dem Posteingang.

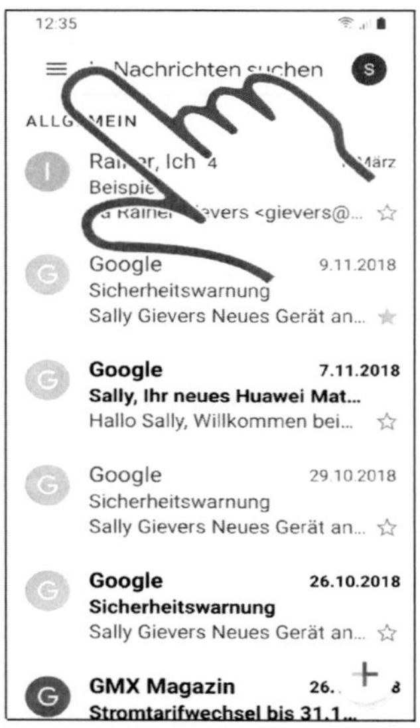

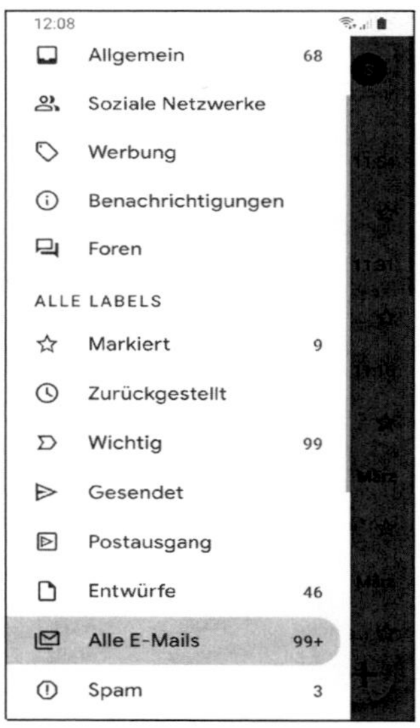

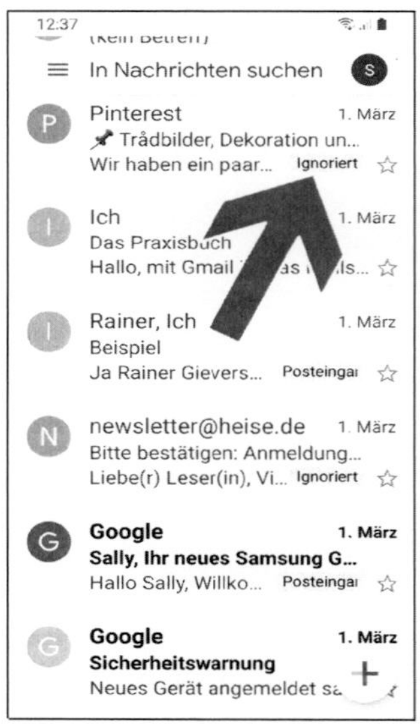

❶ Zum Anzeigen der ignorierten Nachrichten aktivieren Sie das Ausklappmenü (Pfeil).

❷ Wählen Sie *Alle E-Mails* aus.

❸ Unterdrückte Nachrichten sind mit dem Label *Ignoriert* markiert (Pfeil).

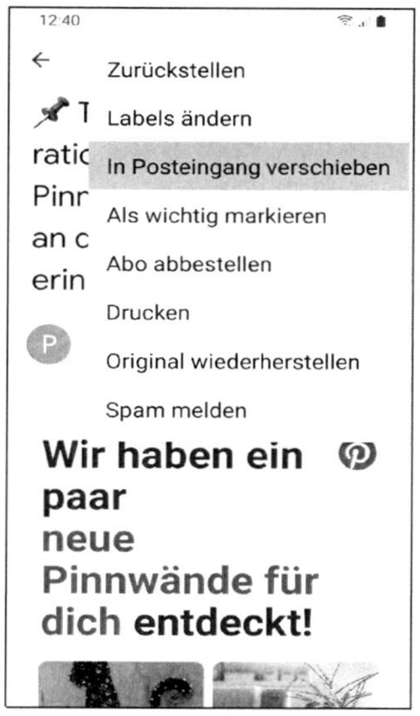

So verschieben Sie unterdrückte Nachrichten wieder in den Posteingang: Gehen Sie in die Nachrichtenansicht und rufen Sie ⋮/*In den Posteingang verschieben* auf.

10.2.6 Wichtig-Ordner

Erhalten Sie extrem viele Nachrichten, unterstützt Sie Gmail dabei, die lesenswerten von den weniger lesenswerten Nachrichten zu unterscheiden. Die Lesenswerten landen dann im *Wichtig-*Ordner. Aber wie funktioniert diese Filterung genau? Dazu schreibt Google in seiner Online-Hilfe (*support.google.com/mail/answer/186543*):

Gmail berücksichtigt automatisch eine Reihe von Signalen, um festzustellen, welche eingehenden Nachrichten wichtig sind, unter anderem:

- An wen Sie E-Mails senden: Falls Sie viele E-Mails an Thomas senden, sind E-Mails von Thomas höchstwahrscheinlich wichtig.
- Welche Nachrichten Sie öffnen: Nachrichten, die Sie öffnen, sind höchstwahrscheinlich wichtiger als ungeöffnete Nachrichten.
- Welche Themen Ihre Aufmerksamkeit wecken: Falls Sie Nachrichten über Fußball immer lesen, ist eine E-Mail zum Thema Fußball höchstwahrscheinlich wichtig.
- Welche E-Mails Sie beantworten: Falls Sie Nachrichten von Ihrer Mutter immer beantworten, sind ihre Nachrichten an Sie höchstwahrscheinlich wichtig.
- Wie Sie die Funktionen "Markieren", "Archivieren" und "Löschen" verwenden: Nachrichten, die Sie markieren, sind höchstwahrscheinlich wichtiger als Nachrichten, die Sie ungeöffnet archivieren.

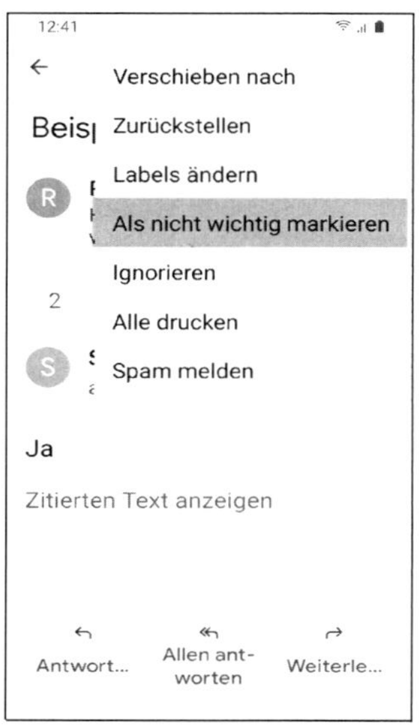

❶❷ Über ⋮/*Als wichtig markieren*, beziehungsweise ⋮/*Als nicht wichtig markieren* in der Nachrichtenansicht nehmen Sie Einfluss auf die automatische Einordnung weiterer E-Mails vom gleichen Absender.

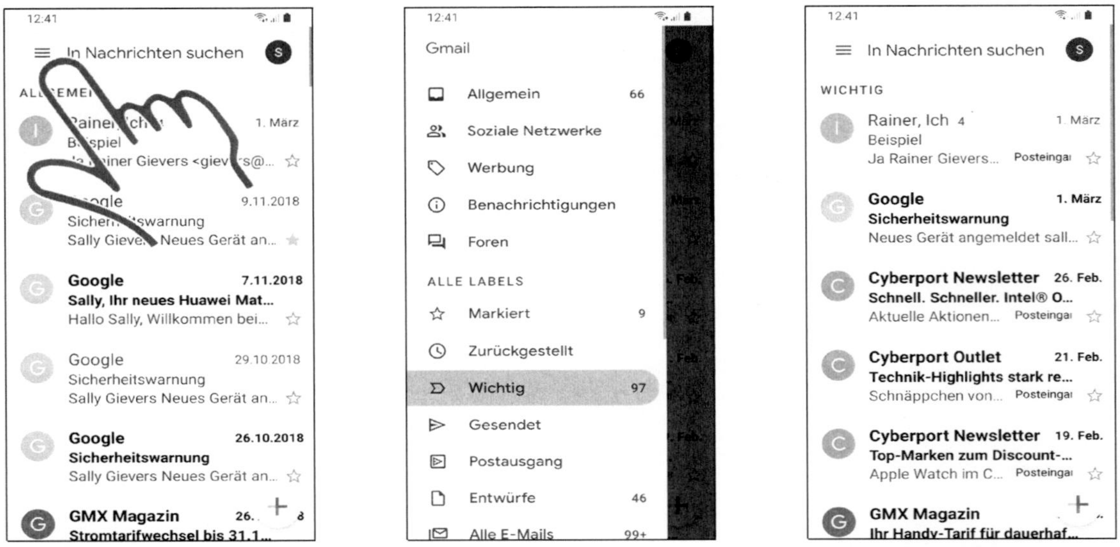

❶❷❸ Möchten Sie, dass Gmail nur die als wichtig eingestuften Nachrichten auflistet, dann rufen Sie das Ausklappmenü auf und wählen *Wichtig*. Umgekehrt zeigen Sie mit *Allgemein* wieder alle Nachrichten an.

10.2.7 Markierungen

Nachrichten, die für Sie wichtig sind, heben Sie einfach durch Markierung mit einem »Stern« hervor.

❶ Um einen Stern zu setzen, tippen Sie einfach den ausgeblendeten Stern hinter einer Nachricht an. Ein zweites Antippen deaktiviert den Stern wieder.

❷ Auch in der Nachrichtenanzeige können Sie den Stern setzen/entfernen (Pfeil).

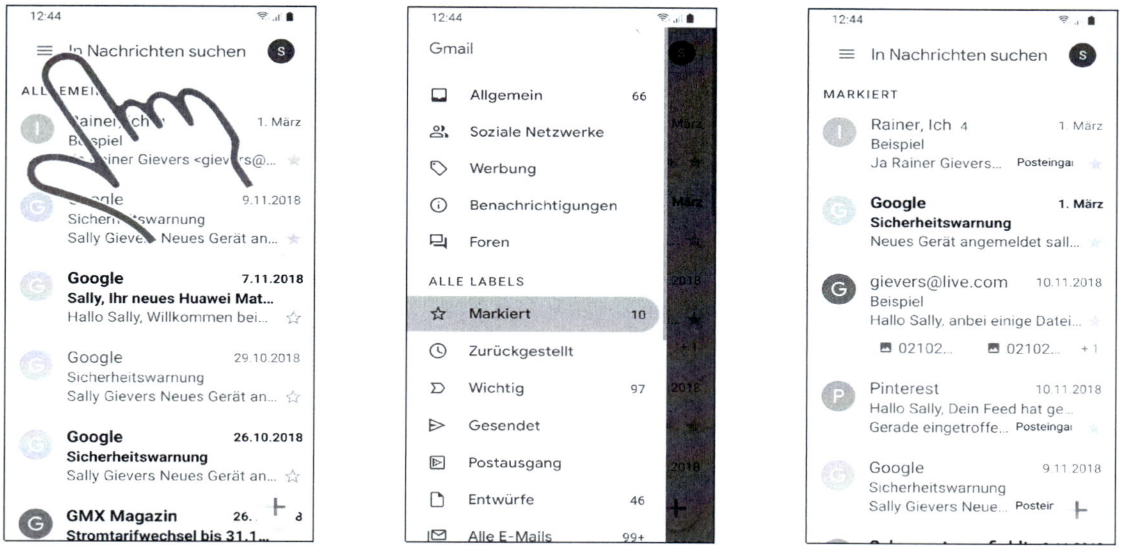

❶❷❸ Die Anzeige beschränken Sie mit *Markiert* im Label-Ausklappmenü auf die markierten Nachrichten.

10.2.8 Spam

Unter Spam versteht man unerwünschte Werbemails. Abhängig davon, ob Sie Ihre E-Mail-Adresse irgendwo mal auf einer Website hinterlassen haben oder durch Zufall ein Spam-Versender Ihre Gmail-Adresse mit Ausprobieren erraten hat, können pro Tag einige dutzend oder hundert Werbemails in Ihrem E-Mail-Konto auflaufen. Damit Ihre wichtige Kommunikation nicht im ganzen Spam untergeht, verfügt Ihr Gmail-Konto über einen automatischen Spam-Filter. Alle Spam-Mails landen dabei im *Spam*-Ordner.

Damit Google weiß, was für Sie Spam ist, müssen sie die unerwünschten Mails einzeln als Spam markieren.

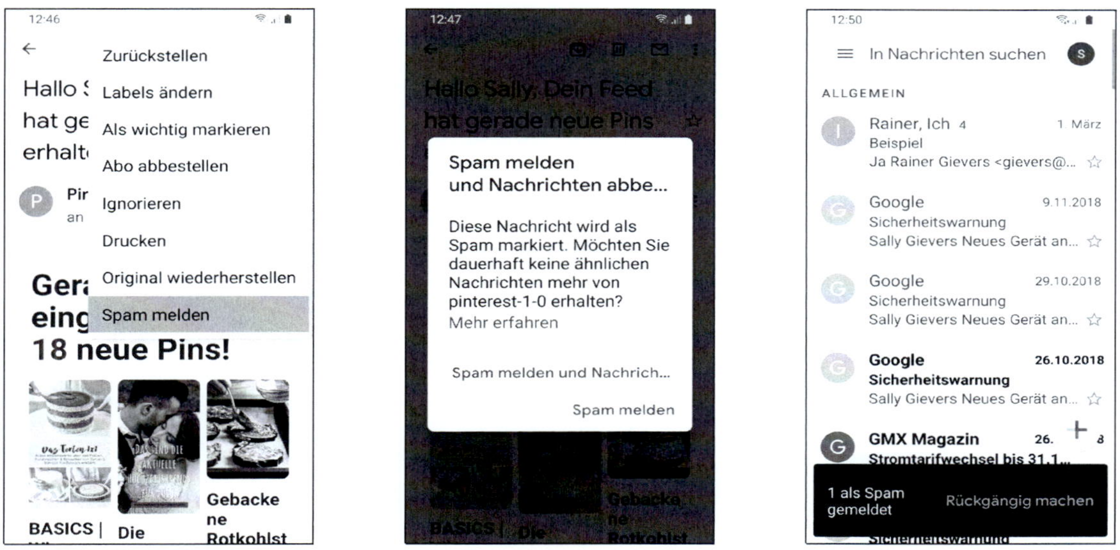

❶ Rufen Sie in der Nachrichtenansicht ⋮/*Spam melden* auf.

❷ Beim ersten Mal werden Sie in einem Popup gefragt, ob Sie *Spam melden und Nachrichten löschen* oder nur *Spam melden möchten*. Wir empfehlen Letzteres, weil sonst nie mehr E-Mails des jeweiligen Absenders erhalten.

❸ Die betreffende Nachricht wird aus dem *Posteingang* entfernt und landet im *Spam*-Ordner.

Nutzen Sie ⁝/*Phishing melden*, wenn Sie eine Spam-Nachricht erhalten, mit deren Hilfe Dritte Daten wie Ihre Kreditkartennummer abfragen oder zum Aufruf einer möglicherweise gefährlichen Webseite auffordern. Beliebt sind dabei unter anderem vorgeschobene Warnungen vor Online-Kontosperrungen, weshalb man seine Kontodaten inklusive PIN eingeben müsse. Weitere nützliche Hinweise zum wichtigen Thema »Phishing« finden Sie online unter *support.google.com/mail/answer/8253*.

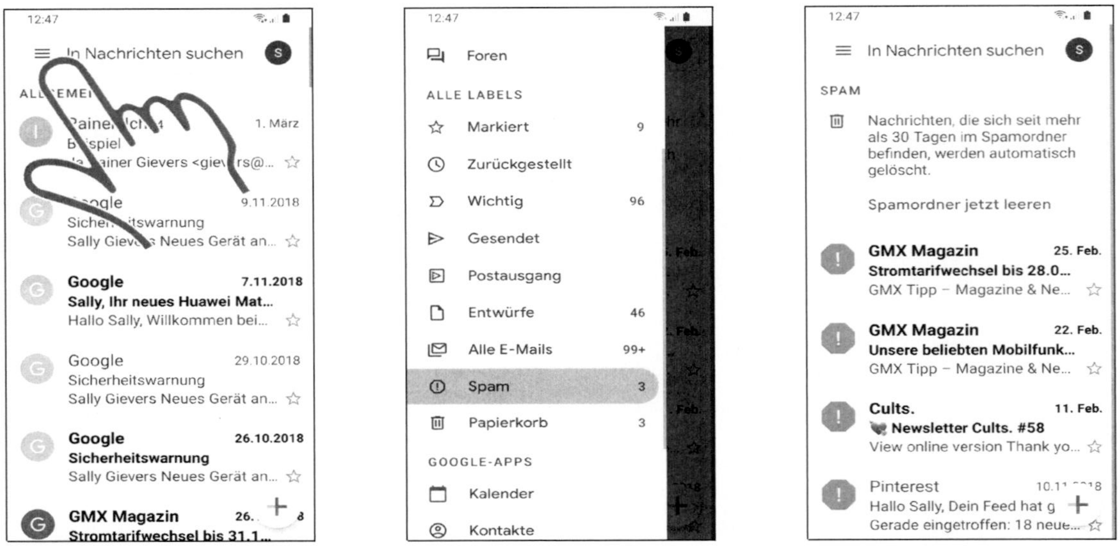

❶❷❸ So zeigen Sie den *Spam*-Ordner an: Aktivieren Sie das Label-Ausklappmenü, worin Sie *Spam* auswählen.

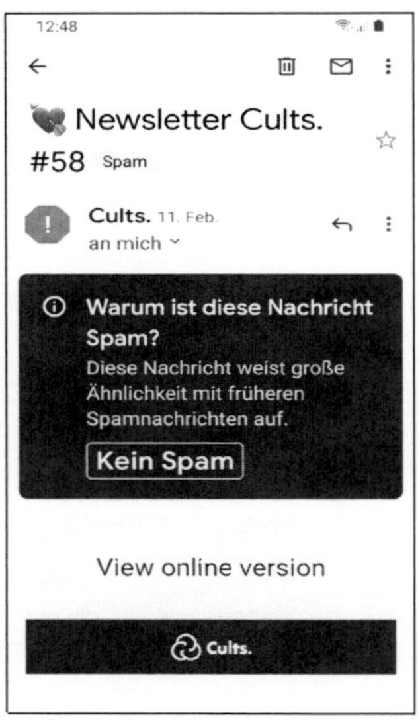

Wenn Sie meinen, dass eine Nachricht doch kein Spam ist, dann rufen gehen Sie in die Nachricht und betätigen die *Kein Spam*-Schaltleiste. Alternativ rufen Sie */Kein Spam* auf.

Es ist sehr **wichtig**, dass im *Spam*-Ordner wirklich nur unerwünschte Mails enthalten sind. Gmail vergleicht nämlich eingehende Nachrichten mit denen im Spam-Ordner und ordnet sie als Spam ein, wenn eine große Ähnlichkeit besteht. Schauen Sie deshalb ab und zu mal in Ihren *Spam*-Ordner, um falsche Einordnungen wieder rückgängig zu machen.

10.2.9 Stapelvorgänge

Wenn eine Aktion, wie Label ändern, Löschen, Markierung hinzufügen, usw. auf mehrere Nachrichten anzuwenden ist, verwenden Sie die Stapelvorgänge.

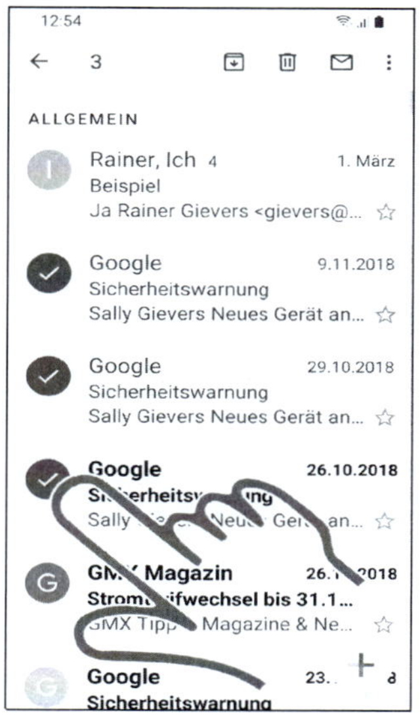

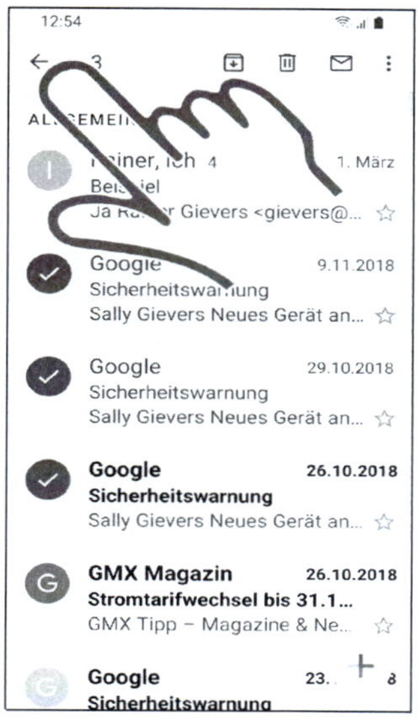

➊ Zum Markieren tippen Sie auf die bunten Kästchen vor den Nachrichten. Über die Schaltleisten am oberen Bildschirmrand können Sie dann die Nachrichten archivieren, löschen, einem Label zuweisen, auf gelesen/ungelesen setzen oder als Favoriten markieren.

➋Den Markierungsmodus verlassen Sie gegebenenfalls mit der ←-Schaltleiste (Pfeil). Alternativ betätigen Sie die ‹-Taste.

Die Funktion »Stapelvorgänge« können Sie in den Einstellungen über *Kontrollkästchen ausblenden* deaktivieren, siehe Kapitel *10.3 Einstellungen*.

10.2.10 Wischgeste zum Archivieren

➊ Mit einer Wischgeste nach links oder rechts über einer Nachricht archivieren Sie diese.

➋ Über die *RÜCKGÄNGIG MACHEN*-Schaltleiste können Sie den Vorgang wieder zurücksetzen.

Welche Aktion die Wischgeste durchführt, legen Sie in ⋮/*Einstellungen/Allgemeine Einstellungen* fest. Gehen Sie dort auf *Gmail-Standardaktion*, bei der Sie die Wahl zwischen *Löschen* und *Archivieren* haben.

10.3 Einstellungen

10.3.1 Allgemeine Einstellungen

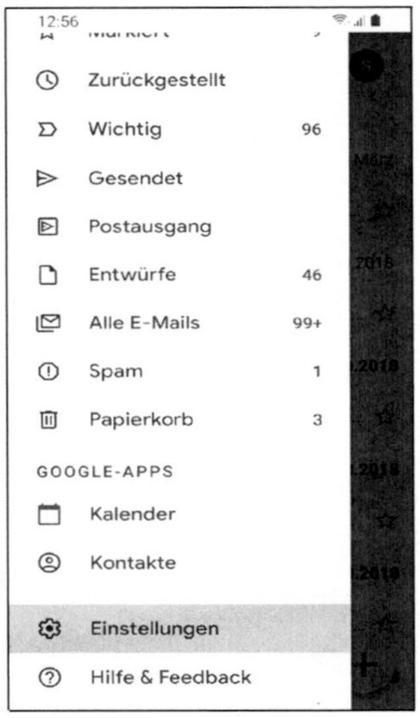

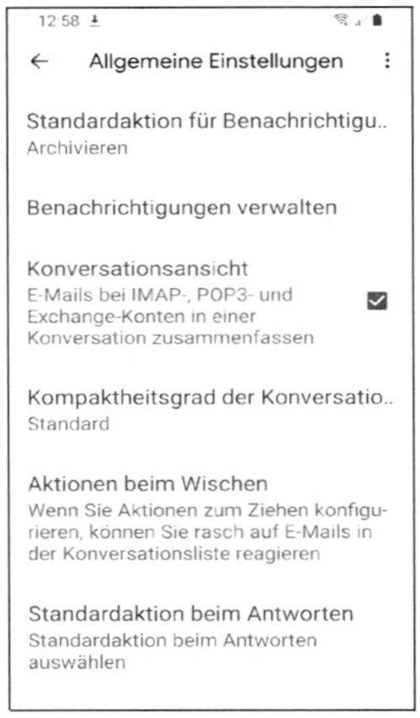

❶❷❸ Rufen Sie zunächst *Einstellungen* im Ausklappmenü auf und gehen dann auf *Allgemeine Einstellungen*.

- *Standardaktion für Benachrichtigungen:* Nicht von Google dokumentiert.
- *Benachrichtigungen verwalten*: Hier können Sie einstellen, ob bei eingegangenen Nachrichten ein Signalton ertönt und ein Hinweis in der Titelleiste erscheint. Wir raten davon ab, Änderungen an den Voreinstellungen vorzunehmen.
- *Konversationsansicht*: Wenn Sie E-Mails beantworten beziehungsweise jemand auf Ihre E-Mails antwortet, so fasst Gmail diese in einer sogenannten Konversation zusammen.
- *Kompaktheitsgrad der Konversationsliste*: Wählen Sie die Auflistung im Posteingang aus:
  - *Standard*: Zeigt die Kontaktsymbole vor den Nachrichten und enthaltene Dateianhänge an.
  - *Normal*: War bis Ende 2018 die Standardansicht. Dateianhänge werden nicht in der Auflistung angezeigt.
  - *Schmal*: Verzichtet auf die Kontaktsymbole in der Auflistung.
- *Aktionen beim Wischen*: Konfiguriert die Wischgeste (siehe *10.2.10 Wischgeste zum Archivieren*). Wählen Sie aus, was passiert, wenn Sie in der Nachrichtenauflistung auf einem Eintrag nach links oder rechts wischen. Standardmäßig ist *Archivieren* aktiv.
- *Bild des Absenders*: Zeigt Kontaktfotos in der Konversationsliste an.
- *Standardaktion beim Antworten*: Sofern in einer beantworteten Nachricht mehrere weitere Empfänger enthalten sind, können Sie diesen mit der *Allen-Antworten*-Option neben dem ursprünglichen Empfänger ebenfalls Ihre Antwort-Mail zukommen lassen. Wir raten allerdings davon ab, *Allen Antworten* zu aktivieren, da sonst Außenstehende Ihre E-Mails erhalten könnten, die nicht für sie bestimmt sind.
- *Nachrichten automatisch anpassen*: Normalerweise zeigt die Gmail-Anwendung alle Nachrichten in Originalgröße an, sodass Sie im Nachrichtentext mit dem Finger rollen müssen. Aktivieren Sie *Nachrichten autom. anpassen*, wenn stattdessen die Nachrichten auf Bildschirmbreite verkleinert werden sollen.
- *Weblinks in Gmail öffnen*: Öffnet in E-Mails angetippte Links direkt in der Gmail-Anwendung statt im Chrome-Browser.
- *Automatisch weiter*: Konfiguriert, wie sich Gmail verhält, wenn Sie eine Nachricht archivieren oder löschen. Standardmäßig landen Sie dann wieder in der Nachrichtenauflistung (*Konversationsliste*).

Unter *Aktionsbestätigungen:*

- *Vor dem Löschen bestätigen; Vor dem Archivieren bestätigen; Vor dem Senden bestätigen*: Die Aktionen Archivieren, Löschen und Senden erfolgen bei Gmail ohne Rückfrage. Falls Sie das stört, aktivieren Sie hierüber die Sicherheitsabfrage.

10.3.1.a Kompaktheitsgrad der Konversationsliste

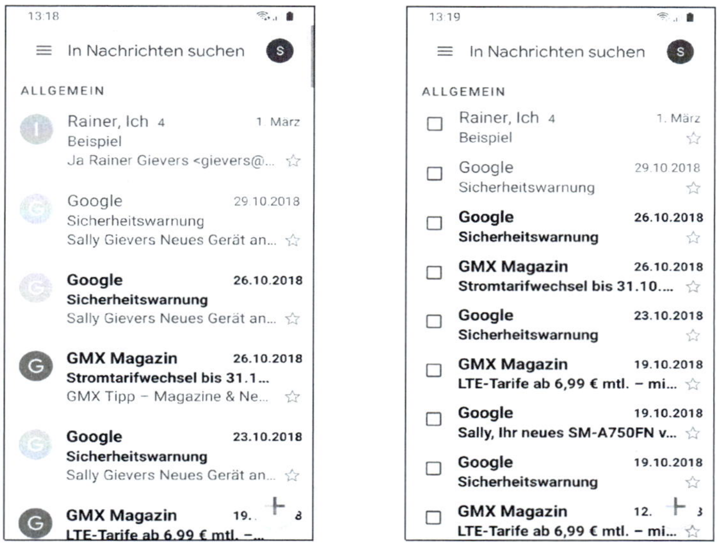

Die Unterschiede zwischen *Standard* (❶) und *Schmal* (❷) bei der Option *Kompaktheitsgrad der Konversationsliste.*

10.3.2 Konto-Einstellungen

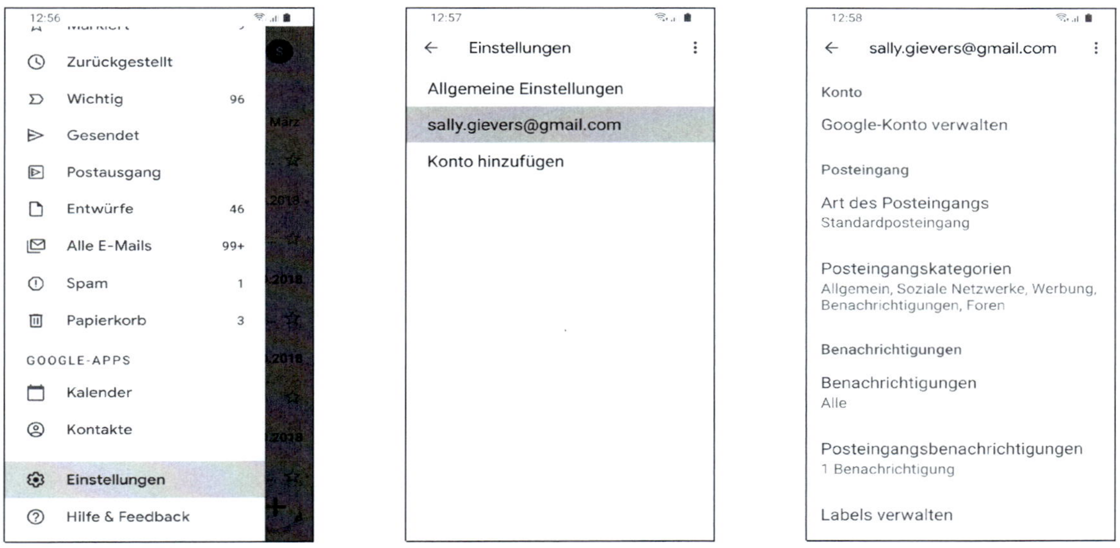

❶ Aktivieren Sie das Ausklappmenü und wählen Sie *Einstellungen.*

❷❸ Über *(Ihr Google-Konto)* konfigurieren Sie:

Unter *Konto*:

- *Google-Konto verwalten*: Diverse Sicherheitseinstellungen, die nichts mit der Gmail-Anwendung zu tun haben.

Unter *Posteingang:*

- *Art des Posteingangs*: Wählen Sie darin *Sortierter Eingang*, dann zeigt Gmail nicht mehr alle erhaltenen Nachrichten an, sondern nur solche, die als *Wichtig* markiert sind (siehe dazu Kapitel *10.2.6 Wichtig-Ordner*).
- *Posteingangskategorien:* Gmail sortiert Werbung, Nachrichten sozialer Netzwerke, usw. automatisch unter bestimmte Label ein. Siehe auch Kapitel *10.3.2.b Automatisch*

zugewiesene Labels.

Unter *Benachrichtigungen*:

- *Benachrichtigungen*: Wenn neue Nachrichten empfangen wurden, meldet Gmail dies in der Titelleiste. Deaktivieren Sie *E-Mail-Benachrichtigung*, um diese Benachrichtigungen auszuschalten.
- *Posteingangsbenachrichtigungen*: Benachrichtigungseinstellungen für Gmail.
  - *Labelbenachrichtigungen*: Muss aktiv sein, damit Sie Gmail über neue Nachrichten informiert.
  - *Bei jeder E-Mail benachrichtigen*: Nicht von Google dokumentiert.
- *Labels verwalten*: Legen Sie fest, welche Label mit Ihrem Gmail-Konto synchronisiert werden. Normalerweise brauchen Sie hier nichts zu ändern.
- *Benachrichtigungen verwalten*: Hier können Sie einstellen, ob bei eingegangenen Nachrichten ein Signalton ertönt und ein Hinweis in der Titelleiste erscheint. Wir raten davon ab, Änderungen an den Voreinstellungen vorzunehmen.

Unter *Allgemein*:

- *Standardaktion beim Antworten*: Die Voreinstellung *Antworten* sollten Sie nicht ändern. In E-Mails können mehrere Empfänger enthalten sein, die ihre Antwort, ebenfalls erhalten, wenn Sie *Allen antworten* einstellen. Dies kann den unerwünschten Effekt haben, dass Außenstehende Ihre Nachricht erhalten.
- *Mobile Signatur*: Die Signatur ist ein Text, den Gmail automatisch beim Erstellen einer neuen Nachricht einfügt. Nutzen Sie sie, um den Empfängern Ihrer E-Mails auf weitere Kontaktmöglichkeiten per Telefon, oder ähnlich hinzuweisen.
- *Konversationsansicht*: Wenn Sie E-Mails beantworten beziehungsweise jemand auf Ihre E-Mails antwortet, so fasst Gmail diese in einer sogenannten Konversation zusammen.
- *Intelligente Antwort*: Wenn Sie eine Nachricht anzeigen, schlägt Gmail automatisch drei mögliche Antworten vor. Diese sind vom Nachrichtenkontext abhängig. Derzeit funktioniert diese Funktion nur in englischer Sprache.
- *Abwesenheitsnotiz*: Ein sehr nützliches Feature, wenn Sie mal nicht erreichbar sind und Personen, die Ihnen geschrieben haben, automatisch über Ihre Abwesenheit informieren möchten.

Unter *Automatische Erinnerungen*:

- *Antworten und abklären*: Gmail erkennt den Nachrichtenkontext und macht Ihnen Beantwortungsvorschläge. Zur Zeit wird diese Funktion nur im englischen Sprachraum unterstützt.

Unter *Tipps im Posteingang:*

- *Einstellungen für Tipps im Posteingang*: Bei einigen Massen-E-Mail-Sendungen blendet Gmail eine Schaltleiste ein, über die Sie sich aus dem E-Mail-Verteiler abmelden.

Unter *Datenverbrauch*:

- *Gmail synchronisieren*: Diese Schaltleiste führt Sie in die Kontenverwaltung, welche Kapitel *23.2 Google-Konto entfernen* beschreibt, worin Sie unter anderem den Datenabgleich mit dem Google-Konto steuern. Für die meisten Nutzer dürfte es aber keinen Sinn machen, dort den E-Mail-Abruf vom Google-Mail-Konto zu deaktivieren.
- *E-Mails: Zu synchronisierende Tage*: Legt fest, wie lange empfangene Nachrichten von der Gmail-Anwendung aufbewahrt werden. Ältere Nachrichten werden natürlich nicht gelöscht, sondern sind weiterhin über die Weboberfläche von Gmail (*mail.google.com*) im Webbrowser anzeigbar.
- *Anhänge herunterladen*: Dateianhänge sind häufig mehrere Megabyte groß, weshalb diese nur automatisch heruntergeladen werden, wenn eine WLAN-Verbindung besteht. Lassen Sie diese Option am Besten aktiviert, da sonst beim Öffnen von Dateianhängen längere Wartezeiten entstehen.

- *Bilder*: Standardmäßig lädt Gmail immer alle eingebetteten Bilder aus dem Posteingang herunter und zeigt diese an. Dies betrifft vor allem Werbe-E-Mails von Unternehmen (Newsletter, u.ä.). Sie können aber auch diese Einstellung auf *Vor dem Anzeigen erst fragen* stellen, sodass Sie die Bilderanzeige in jeder betroffenen E-Mail erst bestätigen müssen.

10.3.2.a Abwesenheitsnotiz

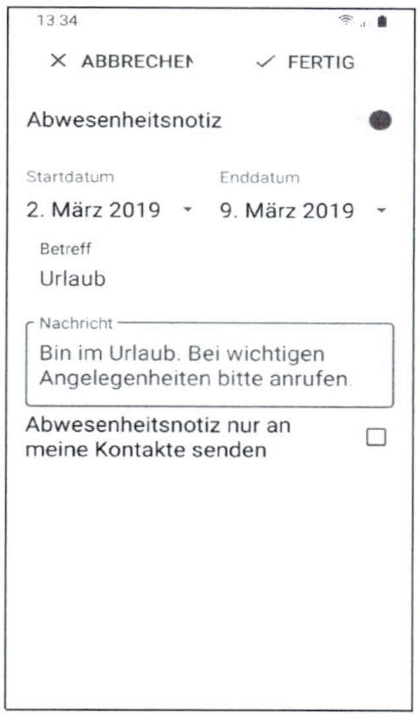

❶❷ Unter *Abwesenheitsnotiz* geben Sie einen Text ein, der während des eingestellten Zeitraums an alle E-Mail-Sender geschickt wird. Aktivieren Sie *Nur an meinen Kontakte senden*, damit nur Ihnen bekannte (im Telefonbuch gespeicherte) Kontakte die Abwesenheitsnotiz erhalten. Vergessen Sie nicht, zum Schluss die Abwesenheitsnotiz über den Schalter oben rechts zu aktivieren!

10.3.2.b Automatisch zugewiesene Labels

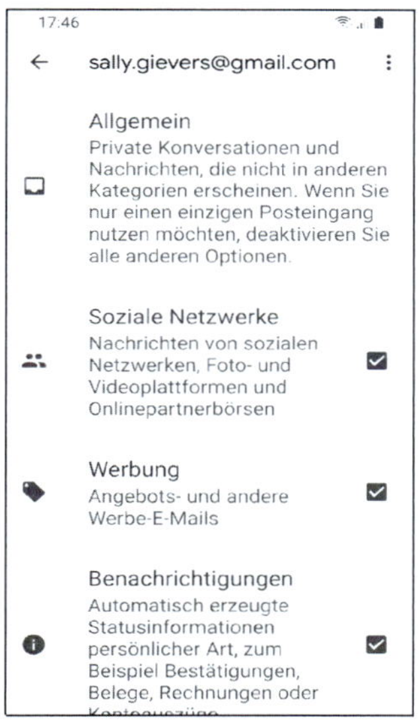

❶❷ Gmail weist Nachrichten, die von einem bestimmten Typ sind, automatisch Labeln zu. Dazu zählen laut Google (*support.google.com/mail/answer/3055016?hl=de*):

- *Allgemein*: Nachrichten von Freunden und Verwandten sowie sonstige Nachrichten, die nicht in einem der anderen Tabs angezeigt werden
- *Werbung*: Werbeaktionen, Angebote und sonstige Werbe-E-Mails
- *Soziale Netzwerke*: E-Mails aus sozialen Netzwerken, Plattformen zum Teilen von Inhalten, Online-Partnervermittlungen, Spieleplattformen oder anderen sozialen Websites
- *Benachrichtigungen*: Benachrichtigungen wie Bestätigungen, Belege, Rechnungen und Kontoauszüge
- *Foren*: E-Mails aus Online-Gruppen, Diskussionsforen und Mailinglisten

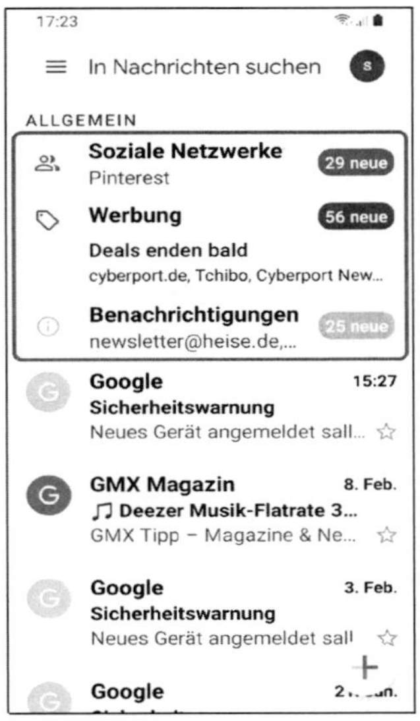

➊ Die automatisch zugewiesenen Labels listet Gmail als erstes im Ausklappmenü auf. Labels, die keine Nachrichten enthalten, werden ausgeblendet.

➋ Haben Sie dagegen alle automatisch zugewiesenen Labels deaktiviert, ordnet Gmail die empfangenen Nachrichten dem Label *Posteingang* zu.

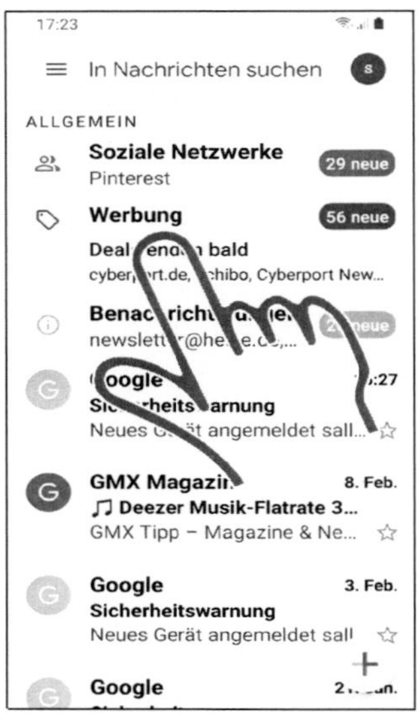

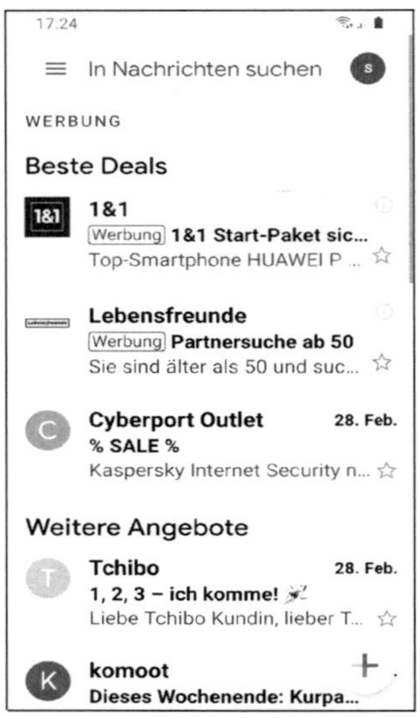

➊➋ Der *Allgemein*-Ordner erscheint sehr aufgeräumt, wenn die automatisch zugewiesenen Labels aktiv sind. Schaltflächen weisen dann im Allgemein-Ordner auf neu vorhandene Nachrichten in den Labels hin. Wählen Sie ein Label aus, um die zugewiesenen Nachrichten anzuzeigen.

10.4 Zugriff auf Gmail vom Startbildschirm

Auf dem Samsung Galaxy lässt sich ein direkter Zugriff auf die Gmail-Ordner/Labels vom Startbildschirm aus einrichten.

Beachten Sie zu den Widgets auch Kapitel *4.7.2 Widgets*.

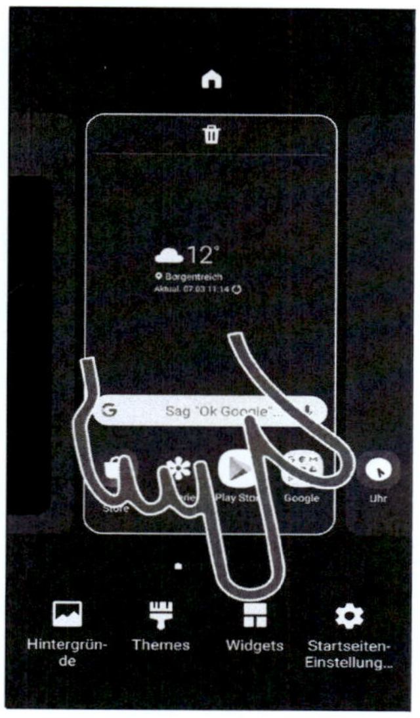

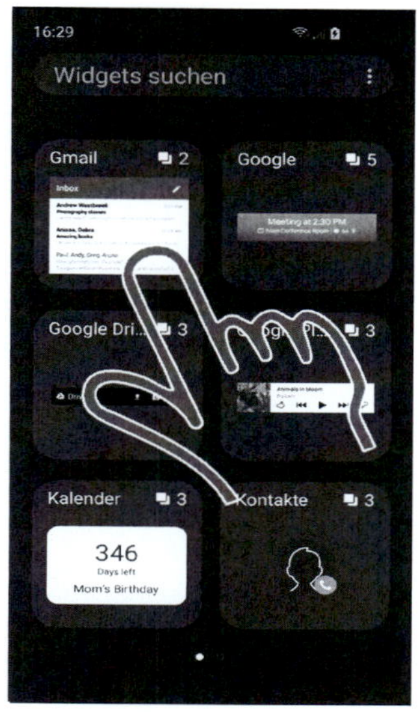

➊ Blättern Sie mit einer Wischgeste nach links oder rechts im Startbildschirm zu einem noch freien Bildschirm beziehungsweise entfernen Sie nicht benötigte Widgets (siehe auch Kapitel *4.7.2 Widgets*). Rufen Sie mit einer Kneifen-Geste (zwei Finger auf das Display halten und zusammen ziehen) den Bearbeitungsbildschirm auf.

➋ Betätigen Sie *Widgets* (Pfeil).

➌ Tippen Sie auf *Gmail* (gegebenenfalls müssen Sie vorher mit einer Wischgeste nach links mehrmals durch die aufgelisteten Widgets blättern).

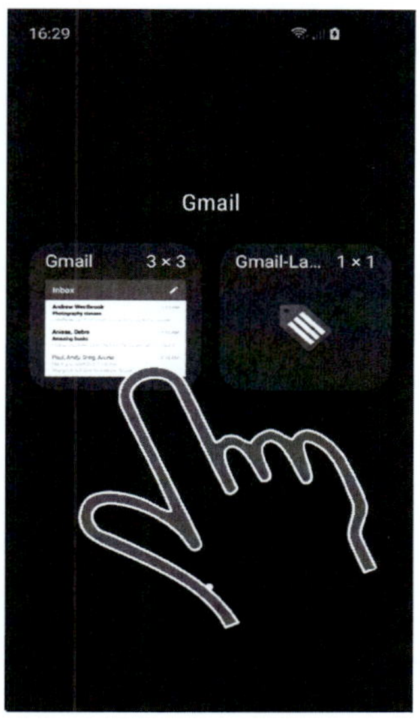

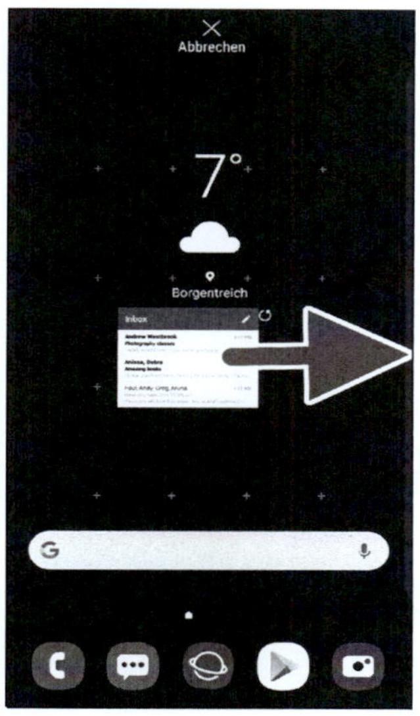

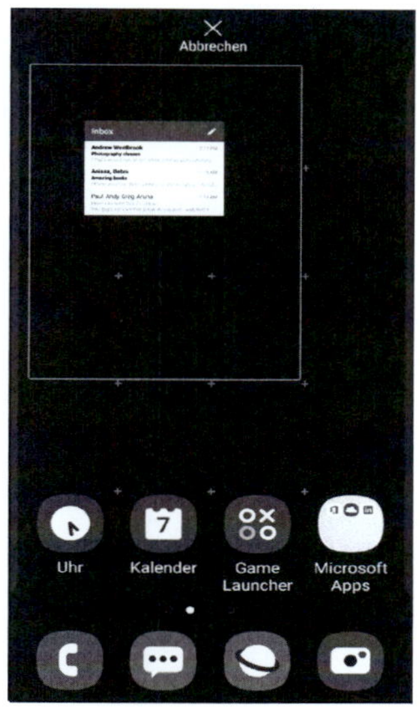

➊ Zur Auswahl stehen *Gmail* und *Gmail-Label*. Während *Gmail* die empfangenen E-Mails direkt im Startbildschirm anzeigt, können Sie über das *Gmail-Label* die Gmail-Anwendung starten und dort den Posteingang anzeigen lassen. In unserem Beispiel wählen Sie *Gmail* aus. Lassen Sie den Finger aber noch nicht los!

➋➌ Auf dem Startbildschirm ist standardmäßig kein Platz für das Widget. Halten Sie daher den Finger auf dem Display gedrückt und ziehen Sie ihn zusammen mit dem Widget an den Bildschirmrand. Das Handy erstellt eine neue Bildschirmseite. Hier lassen Sie dann den Finger los.

❶ Wählen Sie einen Ordner, idealerweise *Allgemein*, aus.

❷❸ Zum Schluss sollten Sie noch die Widget-Größe anpassen: Halten und ziehen Sie die hellblauen Ränder nach außen. Schließen Sie mit der ‹-Taste den Vorgang ab.

Auch nachträglich ist jederzeit eine Größenänderung des Gmail-Widgets möglich, indem Sie den Finger auf dem Widget halten, bis es hervorgehoben ist und dann loslassen.

❶❷ Zur Anzeige der zweiten Bildschirmseite wischen Sie im Startbildschirm einfach nach links.

11. E-Mail

Über die E-Mail-Anwendung verwalten, senden und empfangen Sie E-Mails. Zuvor müssen Sie den Internetzugang, wie im Kapitel *8 Internet einrichten und nutzen* beschrieben, richtig konfiguriert haben. Anwender, die mehrere E-Mail-Konten, zum Beispiel privat und geschäftlich nutzen, können problemlos auch mehrere Konten anlegen.

Hinweis: Falls Sie noch niemals mit E-Mails zu tun hatten, empfehlen wir Ihnen das »**Praxisbuch E-Mail für Einsteiger**« mit der ISBN 978-3-945680-26-1 vom gleichen Autor wie dieses Buch.

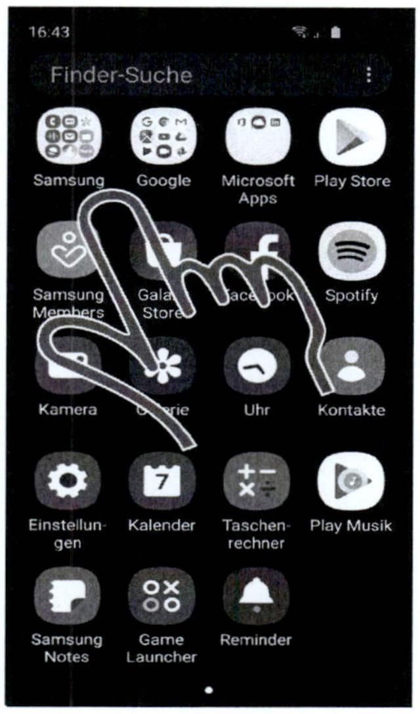

(1)(2) Starten Sie die *E-Mail*-Anwendung aus dem *Samsung*-Ordner des Hauptmenüs.

(3) Den Sicherheitshinweis schließen Sie mit *ZULASSEN*.

11.1 E-Mail-Einrichtung

11.1.1 E-Mail-Konto automatisch einrichten

Die E-Mail-Anwendung kennt bereits die wichtigsten kostenlosen E-Mail-Dienste wie beispielsweise GMX, Outlook.de, Web.de und T-Online. Sie brauchen für diese Anbieter nur Ihre E-Mail-Adresse und das Passwort eingeben.

Besitzen Sie dagegen eine Website mit eigener E-Mail-Adresse, ist häufig eine automatische Einrichtung nicht möglich. Lesen Sie in diesem Fall im Kapitel *11.1.2 E-Mail-Konto manuell einrichten* weiter.

Von einigen E-Mail-Anbietern wird im Google Play Store (siehe Kapitel *26.1 Play Store*) auch eine spezielle E-Mail-Anwendung angeboten. Suchen Sie im Play Store einfach nach dem Namen des E-Mail-Anbieters.

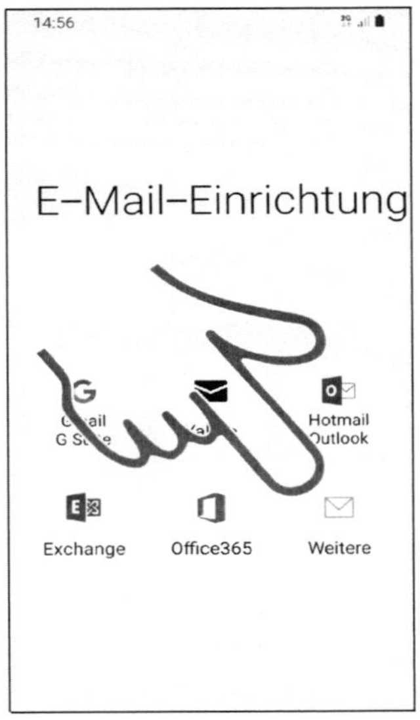

➊ Betätigen Sie *Weitere.*

➋ Im Beispiel wird ein E-Mail-Konto für den kostenlosen E-Mail-Anbieter Outlook.com eingerichtet: Geben Sie Ihre E-Mail-Adresse und das Kennwort Ihres E-Mail-Kontos ein. Betätigen Sie *Anmelden.*

Die E-Mail-Anwendung bietet die Option, die E-Mails aus einem bestehenden Google-Konto zu verwalten. Wir raten davon aber ab, weil die im Kapitel *10 Gmail* beschriebene Anwendung diese Funktion besser erfüllt.

11.1.2 E-Mail-Konto manuell einrichten

Hier wird beschrieben, wie Sie eine E-Mail-Adresse einrichten, wenn Sie eine Website mit eigenem E-Mail-Konto besitzen.

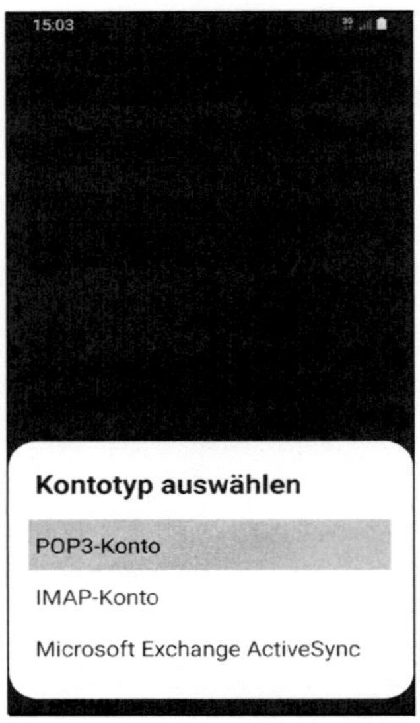

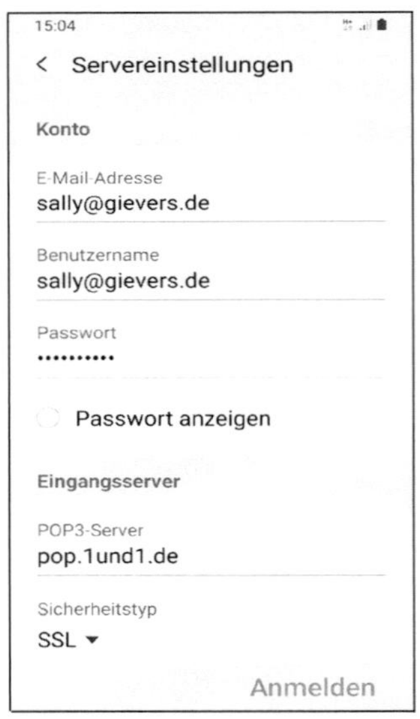

➊ Geben Sie zuerst Ihre E-Mail-Adresse und das zugehörige Kennwort ein, danach gehen Sie auf *MANUELLES SETUP.*

➋ Zur Auswahl stehen nun als Kontotyp *POP3*-Konto und *IMAP-Konto*. Wir wählen *POP3-Konto*, das im Gegensatz zum IMAP von jedem E-Mail-Betreiber unterstützt wird.

➌ Geben Sie nun ein:

Unter *Konto:*

- *E-Mail-Adresse*
- *Benutzername*: Der Name (»Login«), mit dem Sie sich beim E-Mail-Anbieter einloggen. Meistens handelt es sich dabei um Ihre E-Mail-Adresse.

- *Passwort*: Das Passwort zum E-Mail-Konto.

Unter *Eingangsserver*:

- *POP3-Server*: Der POP3-Server, über den die E-Mails abgerufen werden. Häufig verwenden die E-Mail-Dienste dazu einen Namen im Format »*pop.xxxx.de*«.
- *Sicherheitstyp*: Zur Auswahl stehen *Keine, SSL* und *TLS*. Viele Anbieter verschlüsseln die Verbindung, weshalb Sie in der Regel *SSL* einstellen müssen.
- *Port*: Über den Server-Port läuft die E-Mail-Kommunikation ab. Sofern der E-Mail-Anbieter keine Vorgaben macht, sollten Sie ihn ebenfalls nicht ändern.
- *Automatisch aus Telefon löschen*: Standardmäßig bleiben alle E-Mails auch nach dem Abruf durch das Galaxy auf dem Konto beim E-Mail-Anbieter erhalten. Sie können die E-Mails dann später erneut auf dem PC mit einem E-Mail-Programm herunterladen, beziehungsweise über die Weboberfläche des E-Mail-Anbieters ansehen und löschen. Nutzen Sie dagegen ausschließlich das Galaxy für den E-Mail-Abruf, setzen Sie die Option auf *Wenn aus Eingang gelöscht*.

Unter *Ausgangsserver*:

- *SMTP-Server*: Tragen Sie den SMTP-Server ein, der zum E-Mail-Versand genutzt wird. Meist lautet er »*smtp.xxxx.de*«.
- *Sicherheitstyp*: Zur Auswahl stehen wie beim POP-Server die Vorgaben *Ohne*, *SSL* und *TLS*. Meistens muss hier *TSL* eingestellt werden.
- *Port*: Über den Server-Port läuft die Kommunikation mit dem Mail-Server. Sie sollten die Vorgabe unverändert lassen.
- *Authentifizieren um E-Mails zu senden*: Die meisten E-Mail-Anbieter verlangen vor dem Nachrichtensenden eine vorherige Anmeldung. Lassen Sie daher die Voreinstellung unverändert.
- *Benutzername; Passwort*: Sofern für das Senden von Nachrichten ein anderes Login benötigt wird als für den Nachrichtenempfang, müssen Sie hier etwas anderes eingegeben. Ansonsten sollte die Vorgabe unverändert bleiben.

Betätigen Sie *Anmelden*.

11.1.3 Mehrere E-Mail-Konten verwalten

❶❷ Auf dem Galaxy dürfen Sie mehrere E-Mail-Konten verwenden. Aktivieren Sie dafür das Ausklappmenü und tippen Sie auf ⚙.

❸ Gehen Sie auf *Konto hinzufügen* und erfassen Sie, wie bereits in den vorherigen Kapiteln beschrieben, die Kontodaten.

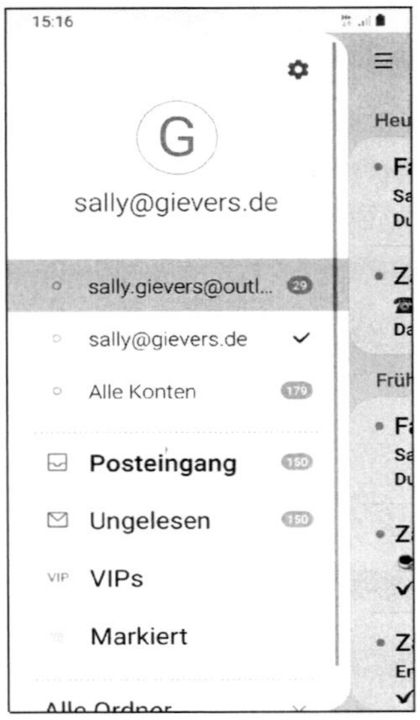

➊➋ So schalten Sie später zwischen den Konten um: Aktivieren Sie das Ausklappmenü und tippen Sie einen Kontonamen an.

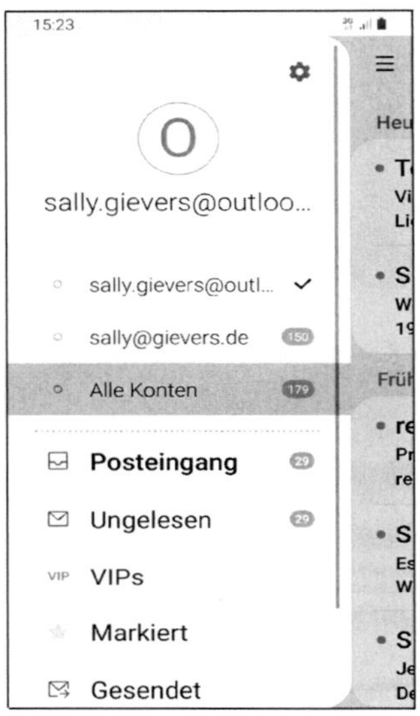

➊➋ Eine Besonderheit ist *Alle Konten*, das Sie ebenfalls im Ausklappmenü aktivieren können. Die E-Mails aus allen Konten werden dann zusammen angezeigt. Anhand der farbigen Punkte vor den Nachrichten (Pfeil) erkennen Sie, aus welchem Konto sie stammen.

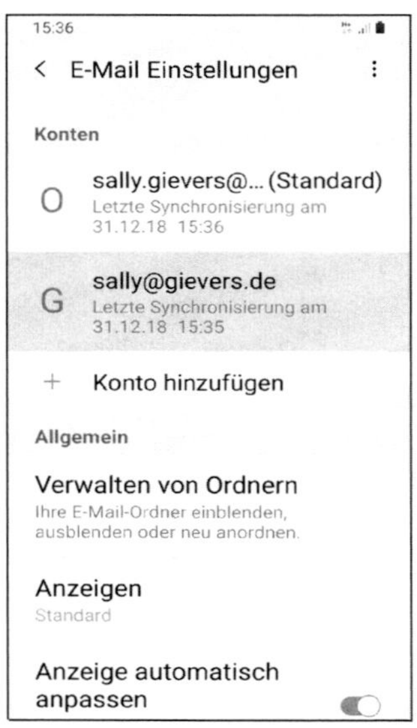

➊➋ Zum Entfernen eines Kontos rufen Sie ✿ im Ausklappmenü auf und gehen auf das zu löschende Konto.

❸ Tippen und halten Sie einen Finger über einem zu löschenden Konto, bis dieses markiert ist, danach betätigen Sie *Entfernen* oben rechts.

> Die Nachrichten in Ihrem E-Mail-Konto bleiben beim E-Mail-Anbieter erhalten. Wenn Sie also beispielsweise erneut das E-Mail-Konto auf dem Handy einrichten, sind auch Ihre Nachrichten wieder vorhanden.

11.2 E-Mail-Konto bearbeiten

11.2.1 Allgemeine Einstellungen

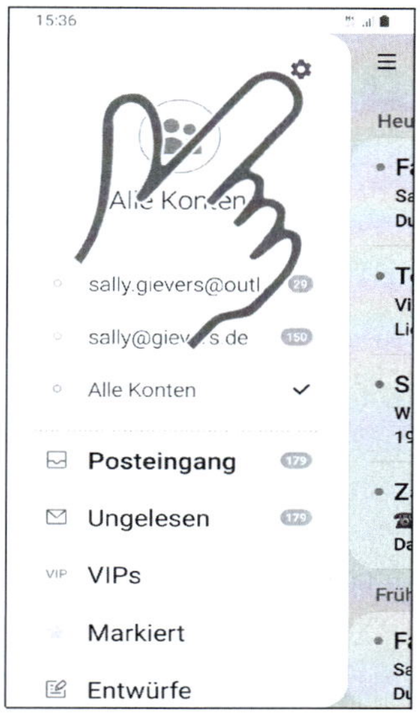

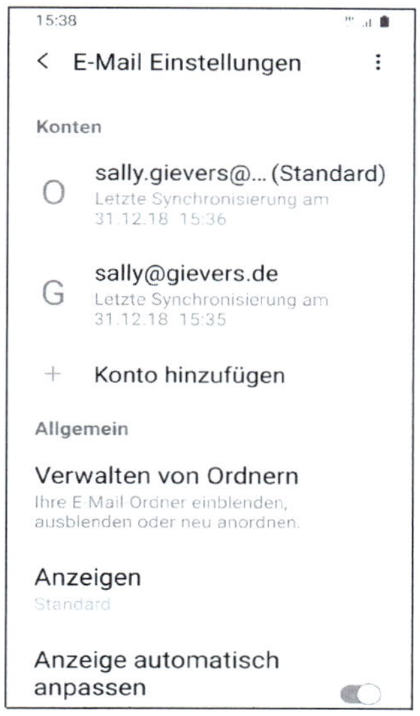

❶❷ Die für **alle** Konten verwendeten Voreinstellungen finden Sie unter ✿ im Ausklappmenü.

Unter *Konten*:

- Die von Ihnen angelegten E-Mail-Konten. Wird bereits im Kapitel *11.2 E-Mail-Konto bearbeiten* beschrieben.

Unter *Allgemein*:

- *Verwalten von Ordnern:* Legen Sie die Position und Anzeige der verschiedenen Ordner im Ausklappmenü fest. Normalerweise brauchen Sie hier nichts zu ändern.
- *Anzeigen*: Die E-Mail-Anwendung zeigt im Posteingang alle empfangenen Nachrichten (*Standard*) an. Alternativ lassen sich auch Ihre Antworten mit anzeigen (*Gespräch*).
- *Anzeige automatisch anpassen*: Übergroße E-Mails werden automatisch verkleinert.
- *Benachrichtigungen* (❸): Stellen Sie für die verwendeten E-Mail-Konten ein, ob Sie eine Benachrichtigung bei neu vorliegenden Nachrichten erhalten möchten.
- *Spam-Adressen*: Geben Sie hier E-Mail-Adressen ein, die nicht im Posteingang, sondern nur im Spam-Ordner angezeigt werden.
- *Split-Ansicht*: Halten Sie das Handy waagerecht, so zeigt die E-Mail-Anwendung einen geteilten Bildschirm an, auf dem gleichzeitig die Nachrichtenauflistung und Anzeige der gerade ausgewählten E-Mail erfolgt.
- *Info zu E-Mail*
- *Kontaktieren Sie uns*: Produktunterstützung von Samsung.

11.2.2 Konto-Einstellungen

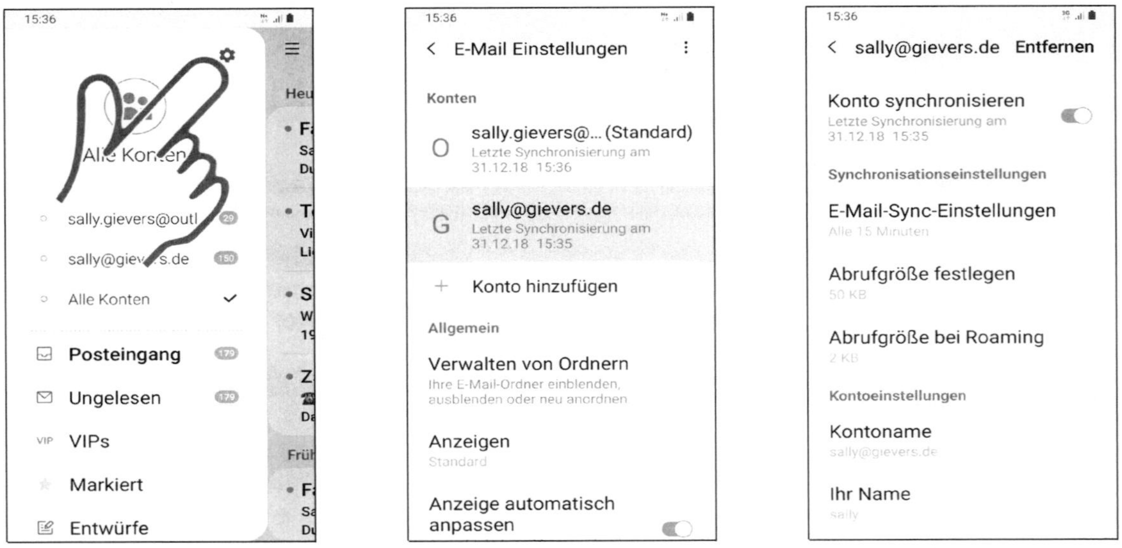

❶ Rufen Sie das Ausklappmenü auf und gehen Sie darin auf ✿.

❷❸ Wählen Sie ein Konto aus.

Die Parameter:

- *Konto synchronisieren:* Lassen Sie diese Option aktiv, damit der automatische, zeitgesteuerte Abruf erfolgt. Wenn Sie sie dagegen deaktivieren, müssen Sie neuen die Nachrichten von Hand herunterladen (indem Sie im Posteingang eine Wischgeste von oben nach unten durchführen).

Unter *Synchronisationseinstellungen*:

- *E-Mail-Sync-Einstellungen*: Legen Sie fest, zu welchen Zeiten Nachrichten aus dem E-Mail-Konto abgerufen werden.
- *Abrufgröße festlegen:* Standardmäßig lädt das Galaxy von einzelnen E-Mails nur 50 KB herunter. Ist mal eine E-Mail größer und Sie zeigen Sie sie an, so erscheint eine *Weitere Details laden*-Schaltleiste, nach deren Betätigen automatisch der Rest der E-Mail heruntergeladen wird. Dieser Mechanismus spart Übertragungszeit, denn viele E-Mails, zum Beispiel Spam, liest man nicht, sondern löscht sie sofort nach Empfang.
- *Abrufgröße bei Roaming*: Ist Ihr Handy in einem ausländischen Mobilfunknetz eingebucht (sogenanntes Roaming), so lädt es aus Kostengründen von jeder neuen Nachricht nur maximal 2 KB herunter. Den vollständigen Nachrichtentext können Sie dann bei Bedarf manuell herunterladen.

Unter *Kontoeinstellungen:*

- *Kontoname*: Unter diesem Namen erscheint das Konto in der E-Mail-Anwendung.
- *Ihr Name*: Erscheint als Absendername in Ihren E-Mails.
- *Mich immer auf Cc/Bcc setzen*: Alle Nachrichten, die Sie versenden, gehen in Kopie an Sie selbst – was sich zunächst unsinnig anhört macht Sinn, wenn Sie auch einen PC/Notebook für das E-Mail-Senden nutzen. Vom Handy versendete Mails tauchen dort ja nicht auf, weil nur solche aus dem Posteingang geladen werden. Mit *Mich immer Cc/Bcc setzen* landen dagegen Ihre gesendeten Nachrichten zusätzlich im Posteingang und sind dann auch auf dem PC/Notebook beim nächsten Nachrichtenabruf verfügbar.
- *Signatur:*Die Signatur erscheint unter allen von Ihnen erstellten E-Mails. Geben Sie darin beispielsweise alternative Kontaktmöglichkeiten an.
- *Bilder anzeigen*: Viele E-Mails, insbesondere von werbenden Firmen, enthalten Bilder, die das Galaxy standardmäßig nicht anzeigt. Erst wenn Sie in einer E-Mail die Schaltleiste *Bilder anzeigen* betätigen, zeigt das Handy die enthaltenen Bilder an. Dies ist sinnvoll, weil häufig die eingebetteten Bilder nicht zum Verständnis benötigt werden, aber das Bildernachladen aus dem Internet Zeit kostet. Aktivieren Sie *Bilder anzeigen*, damit

die Bilder immer automatisch nachgeladen werden.

Unter *Weitere Einstellungen*:

- *Servereinstellungen*: Konfiguriert die Abruf- beziehungsweise Sendeeinstellungen. Hier sollten Sie nichts ändern.

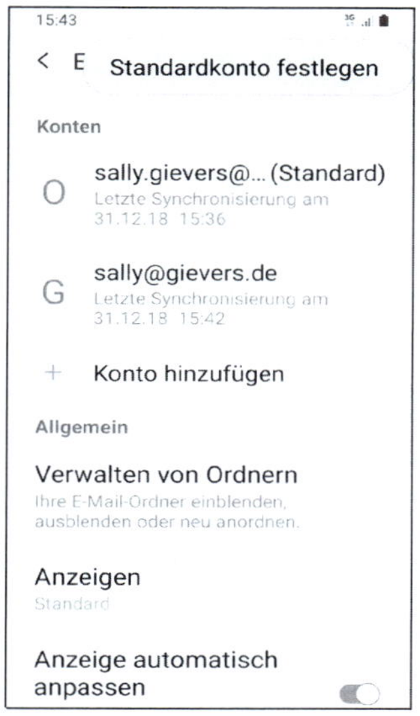

❶❷ Falls Sie mehrere E-Mail-Konten nutzen, fungiert eines davon als Standard-Konto und wird automatisch bei neu von Ihnen erstellen Nachrichten als Absender eingesetzt. ⋮/*Standardkonto festlegen* ändert dies.

11.3 E-Mail-Anwendung in der Praxis

11.3.1 E-Mail-Ordner

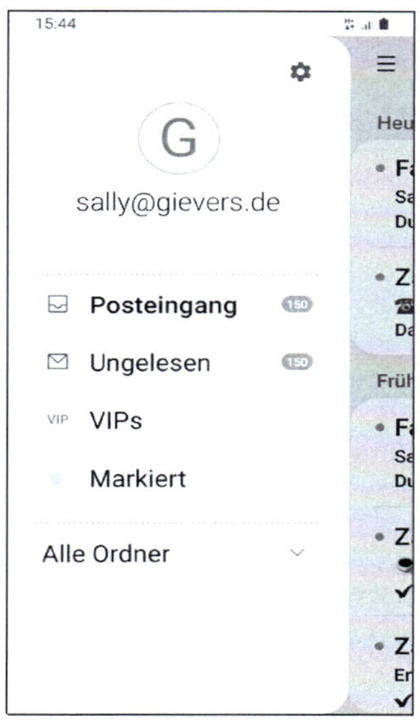

❶ Die Nachrichten verwaltet die E-Mail-Anwendung in Ordnern, zwischen denen man über das Ausklappmenü (Pfeil) umschaltet.

❷ Das Menü ist unterteilt in:

- *Posteingang*: Empfangene E-Mails
- *Ungelesen*: Empfangene E-Mails, die Sie noch nicht geöffnet haben.
- *VIPs:* Auf diese Funktion geht Kapitel *11.3.4 VIP* ein.
- *Markiert*: Von Ihnen mit einem Stern markierte Nachrichten.
- *Gesendet:* Verschickte E-Mails

- *Entwürfe*: E-Mails, die Sie für späteren Versand erstellt haben.
- *Postausgang*: Von Ihnen gesendete E-Mails, die aber noch nicht vom Gerät ins Internet übertragen wurden.
- *Papierkorb*: Gelöschte E-Mails.
- *Spam*: Als Spam eingeordnete Nachrichten (nur bei E-Mail-Konten von Outlook.de beziehungsweise Microsoft-E-Mail-Servern).

> Einige Ordner werden erst angezeigt, wenn Sie verwendet werden. Beispielsweise erscheint der *Markiert*-Ordner nachdem Sie eine oder mehrere Nachrichten, wie im Kapitel *11.4.4 Favoriten* beschrieben, markiert haben.

11.3.2 E-Mails abrufen

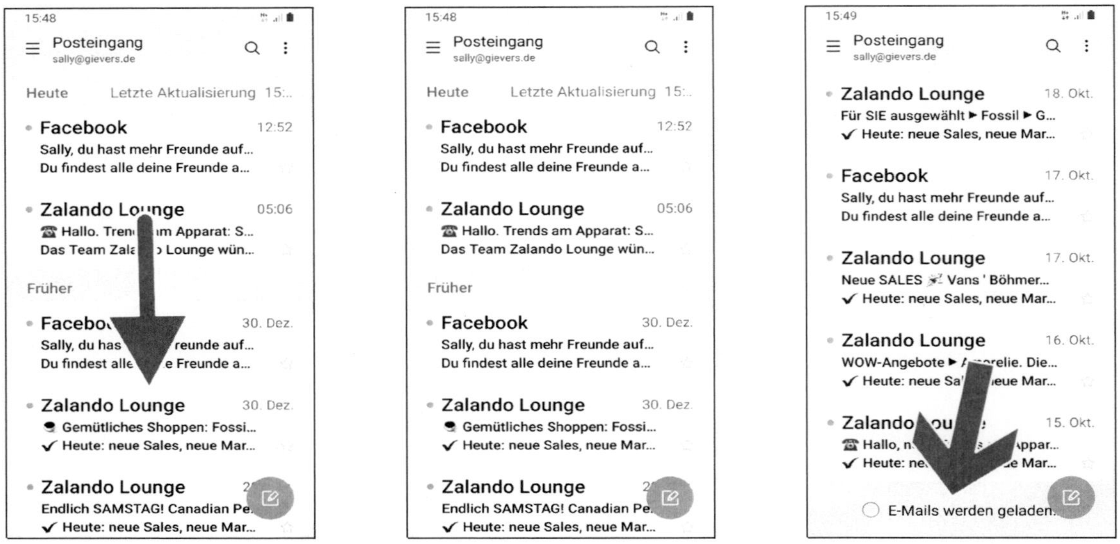

➊ Führen Sie eine Wischgeste nach unten durch für den E-Mail-Abruf. Alternativ können Sie auch in den Einstellungen (siehe Kapitel *11.2.2 Konto-Einstellungen*) festlegen, wie häufig der automatische Mail-Abruf erfolgt.

➋ Hat der Abruf geklappt, dürfte es im Fenster ungefähr so wie hier aussehen. Alle Nachrichten werden mit Absender, Empfangsdatum und Betreff anzeigt. Gelesene Nachrichten hebt die E-Mail-Anwendung mit grauer Schrift hervor. Tippen Sie eine Nachricht an, so wird sie angezeigt.

➌ Um Speicherplatz zu sparen und weil meisten ohnehin nur die neuesten Nachrichten gelesen werden, zeigt das Galaxy ältere Nachrichten nicht an. Sobald Sie allerdings zum Ende der Nachrichtenauflistung rollen, lädt das Handy die nächsten älteren Nachrichten vom E-Mail-Konto nach. Während des Ladevorgangs erscheint dann ein Hinweis (Pfeil).

11.3.3 E-Mails lesen und beantworten

❶❷ Tippen Sie die anzusehende E-Mail an.

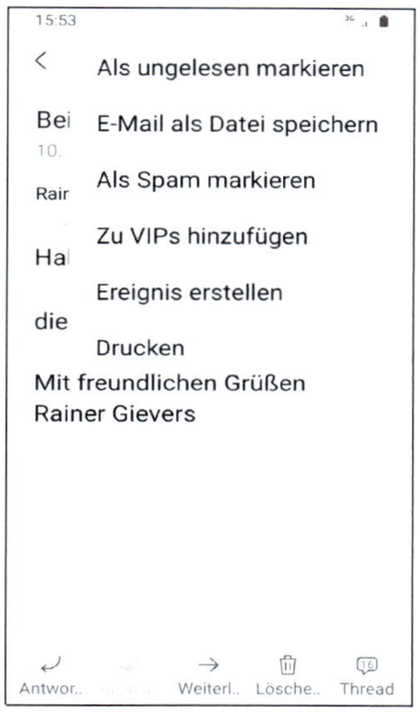

❶ Weitere Funktionen erhalten Sie über die Schaltleisten (Pfeil):

- *Antworten*: Erstellt eine Antwort-Nachricht an den Absender.
- *Allen antw.*: Allen Antworten, deren E-Mail-Adresse in der Nachricht enthalten ist. Wir raten von dieser Funktion ab, da die Gefahr besteht, dass unbeabsichtigt Dritte Ihre Antwort erhalten.
- *Weiterleiten*: E-Mail an einen weiteren Empfänger weiterleiten.
- *Löschen*: E-Mail löschen.
- *Thread*: Falls Sie bereits vom Absender mehrere E-Mails erhalten beziehungsweise ihm gesendet haben, listen Sie diese auf.
- ★ (neben dem Betreff): E-Mail als Favorit markieren (siehe Kapitel *11.4.4 Favoriten*).
- ∧ ∨ (am oberen Bildschirmrand): Zur nächsten/vorherigen Nachricht umschalten. Alternativ wischen Sie einfach von rechts nach links oder umgekehrt auf dem Bildschirm.

❷ Das ⋮-Menü:

- *Als ungelesen markieren*: Setzt den Lesestatus auf »ungelesen« zurück (anschließend Wechsel zur nächsten Nachricht).
- *Verschieben*: E-Mail in einen anderen Ordner verschieben. Macht genau genommen nur Sinn, wenn Sie eine bereits gelöschte Mail wieder aus dem *Papierkorb*-Ordner »retten« möchten (nur für Outlook.de-Konten).

- *E-Mail als Datei speichern*: Nachrichtentext als Datei auf dem Gerät speichern.
- *Schlummern*: An die vorliegende E-Mail erinnern (nur für Outlook.de-E-Mail-Konten).
- *Als Spam registrieren*: Nachricht als Spam markieren (nur für Outlook.de-E-Mail-Konten)
- *Zu VIPs hinzufügen*: Markiert den Absender als VIP. Siehe Kapitel *11.3.4 VIP*.
- *Ereignis erstellen*: Erstellt aus dem E-Mail-Text einen Kalendertermin (siehe Kapitel *21 Kalender*).
- *Drucken*: Nachrichtentext auf einem Bluetooth-Drucker ausgeben. Wir gehen in diesem Buch nicht weiter auf das Drucken ein.

➊ Zur nächsten/vorherigen Nachricht wechseln Sie mit einer Wischgeste.

➋ Ziehen Sie zwei gleichzeitig auf dem Display gedrückte Finger auseinander, beziehungsweise zusammen, so vergrößert/verkleinert das Handy die Nachrichtenanzeige. Mit einem Fingerwischen ändern Sie dann den angezeigten Bildausschnitt.

11.3.4 VIP

Wenn Sie beruflich oder privat sehr viele Nachrichten erhalten, dürften Sie vielleicht schon mal eine wichtige übersehen haben. Damit Ihnen das nicht mehr passiert, können Sie mit der VIP-Funktion bestimmte Absender als »wichtig« festlegen. Nachrichten von den wichtigen Absendern landen dann nicht nur im Posteingang, sondern auch in einem eigenen Ordner.

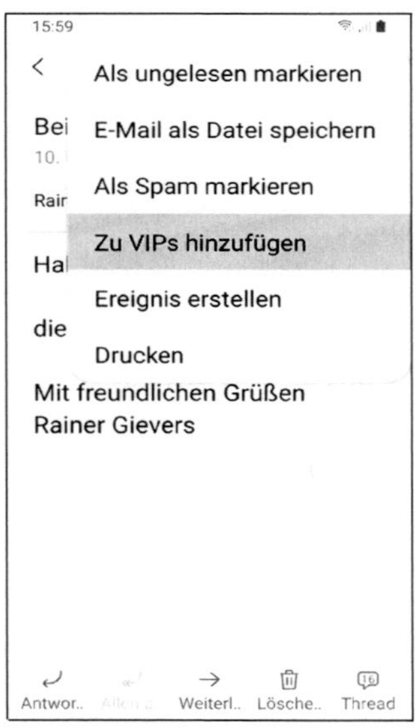

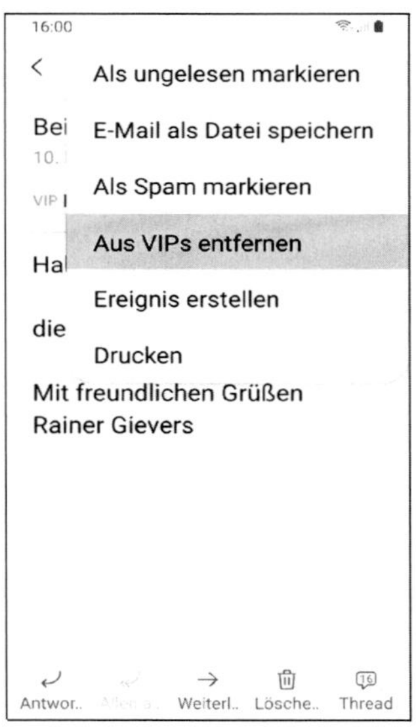

➊ So legen Sie einen Absender (genauer gesagt, seine E-Mail-Adresse) als wichtig fest: Gehen

Sie in der Nachrichtenansicht auf ⋮/*Zu VIPs hinzufügen*.

❷ Umgekehrt entfernen Sie über ⋮/*Aus VIPs entfernen* einen Absender wieder aus der VIP-Liste.

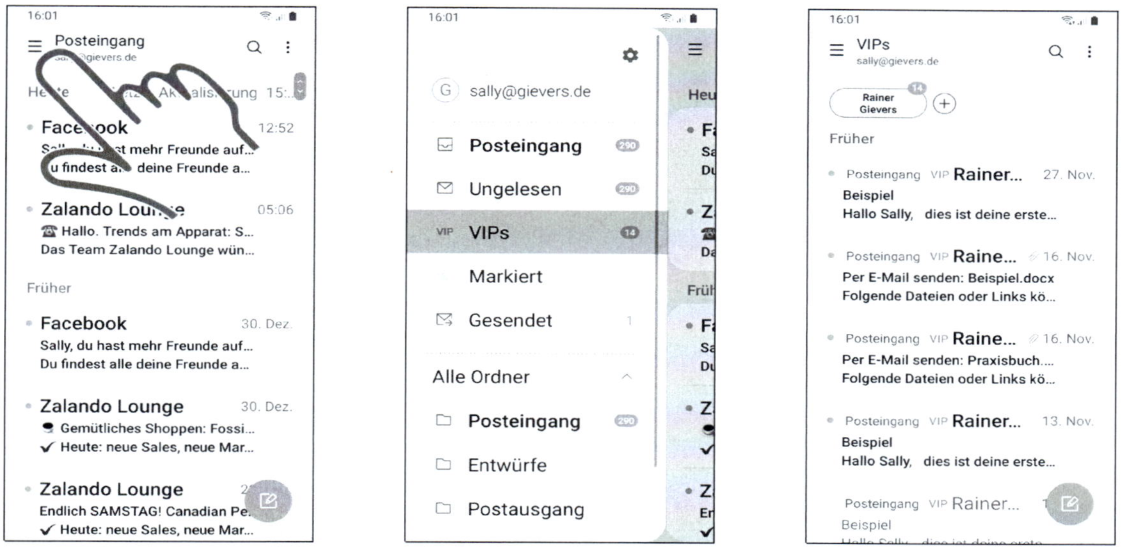

❶❷❸ Rufen Sie das Ausklappmenü auf und wählen Sie *VIPs*. Es werden nun alle Nachrichten von Absendern anzeigt, die Sie als wichtig einstufen.

11.3.5 E-Mails löschen

Das Löschen in der E-Mail-Anwendung ist eine Philosophie für sich... Empfangene E-Mails werden standardmäßig nämlich nicht vom Internet-E-Mail-Konto gelöscht und lassen sich somit erneut mit dem E-Mail-Programm auf dem Desktop-PC abrufen oder auf der Weboberfläche des E-Mail-Anbieters anzeigen.

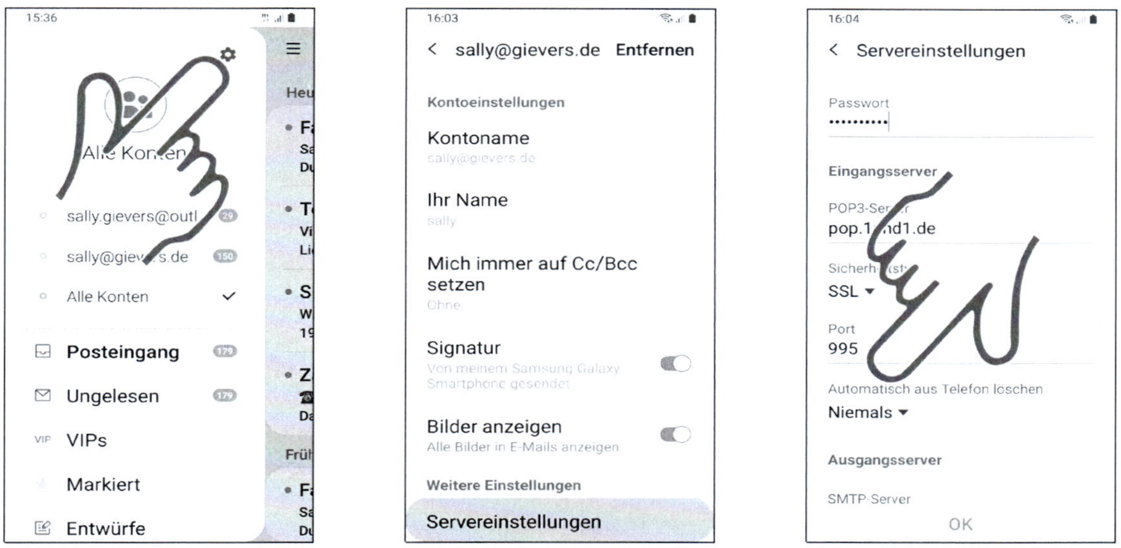

❶❷❸ Wie die Nachrichtenlöschung auf Ihrem Internet-E-Mail-Konto gehandhabt wird, bestimmt die Option *Automatisch aus Telefon löschen* (Sie finden die Option in ✿/*(Ihr Konto)/Servereinstellungen*). Zur Auswahl stehen dabei *Niemals* und *Wenn aus Eingang gelöscht*. Voreingestellt ist *Niemals*. Gelöschte E-Mails bleiben also im Internet-E-Mail-Konto erhalten.

Bei Gmail- und Outlook-Konten wird diese Funktion nicht unterstützt und ist daher nicht in den Einstellungen konfigurierbar.

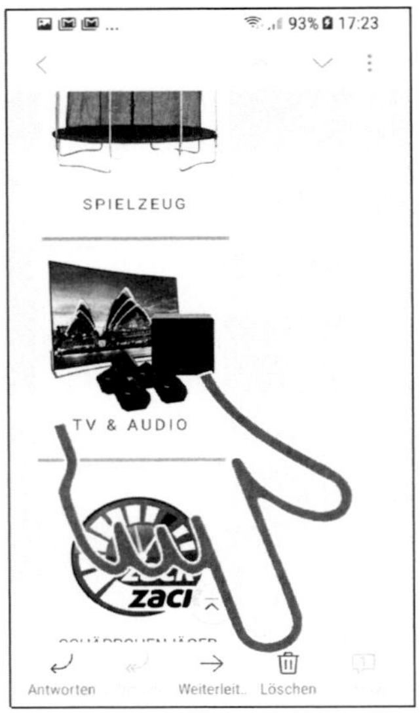

Löschen Sie eine E-Mail, beispielsweise mit *Löschen* in der Nachrichtenansicht, so verschwindet die E-Mail zudem nicht sofort aus der Nachrichten-Anwendung, sondern landet im *Papierkorb*-Ordner.

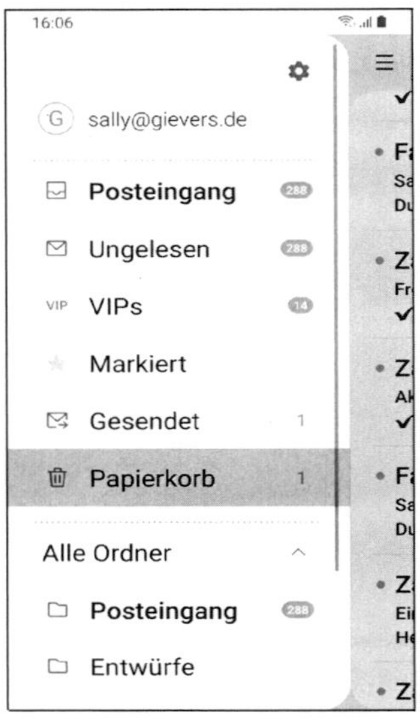

❶❷❸ Sie können sich davon auch selbst überzeugen, indem Sie das Ausklappmenü aktivieren und dann auf *Papierkorb* gehen.

Viele E-Mail-Programme auf dem PC löschen standardmäßig alle empfangenen Mails vom Internet-E-Mail-Konto. Die E-Mail-Anwendung auf dem Galaxy erkennt das und entfernt bei sich die gelöschten Nachrichten ebenfalls. Wundern Sie sich also nicht, wenn auf dem Galaxy nach dem E-Mail-Abruf plötzlich Mails verschwunden sind!

11.3.6 Dateianlagen

In E-Mails enthaltene Dateianlagen kann man anzeigen und weiterverarbeiten.

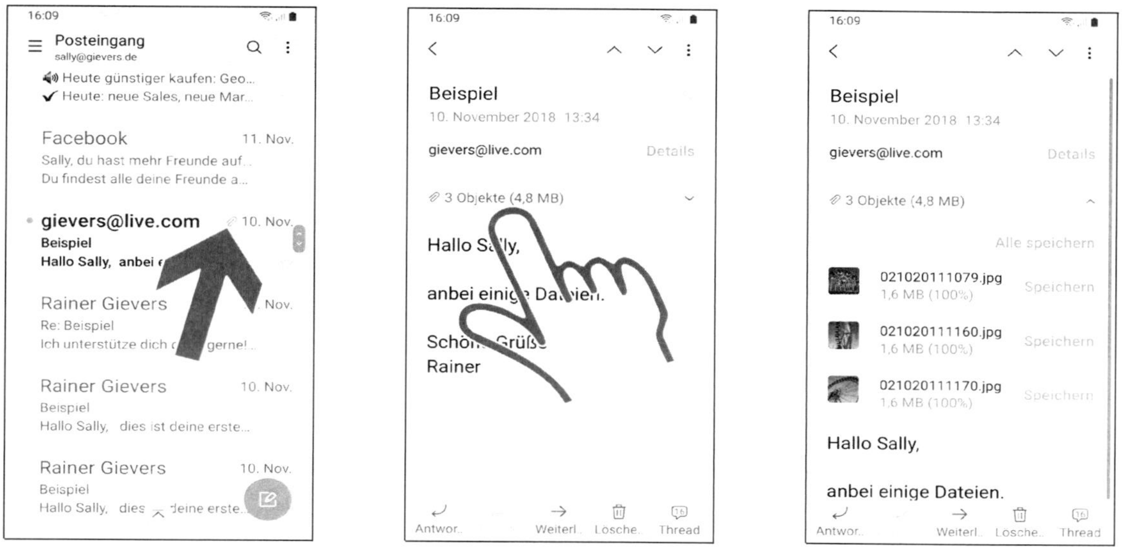

➊ Über Dateianlagen informiert 🖇 (Pfeil) in der Nachrichtenauflistung.

➋ Tippen Sie den Anhang in der Nachrichtenansicht an.

➌ Zum Anzeigen in der jeweiligen Anwendung tippen Sie den Dateinamen an, während *Speichern* die Datei(en) jeweils im *Download*-Verzeichnis des Handys ablegt.

11.3.7 Absender ins Telefonbuch aufnehmen

➊ Tippen Sie den Absendernamen an (Pfeil).

➋ Gehen Sie auf *Zu Kontakten hinzufügen.*

➌ Wählen Sie aus, ob ein neuer Kontakt erstellt oder die E-Mail-Adresse einem bestehenden Kontakt zugewiesen wird.

11.4 E-Mail erstellen und senden

❶ erstellt eine neue Nachricht.

❷ Schließen Sie den einmaligen Hinweis mit *Zulassen.*

❸ Sobald Sie einige Buchstaben in das *An*-Feld eingetippt haben, öffnet sich die Empfängerliste. Sofern Sie keinen Kontakt aus dem Telefonbuch verwenden möchten, geben Sie die E-Mail-Adresse von Hand komplett selbst ein.

❶❷ Geben Sie noch Betreff und Nachrichtentext ein. Hinweis: Sobald Sie in das Textfeld tippen, blendet die E-Mail-Anwendung den Empfänger und Betreff aus. Über eine Wischgeste von oben nach unten blenden Sie sie wieder ein.

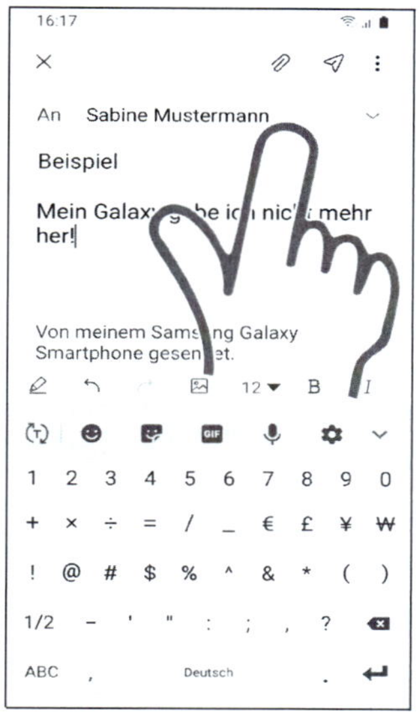

❶ Betätigen Sie nun ◁ (oben rechts). Die neue E-Mail wird sofort verschickt.

❷❸ Weitere Empfänger lassen sich bei Bedarf übrigens hinzufügen, indem Sie in das *An*-Eingabefeld (Pfeil) tippen und dann einfach die Mail-Adresse, beziehungsweise den Kontaktnamen eingeben, worauf wiederum die Kontaktauswahl erscheint.

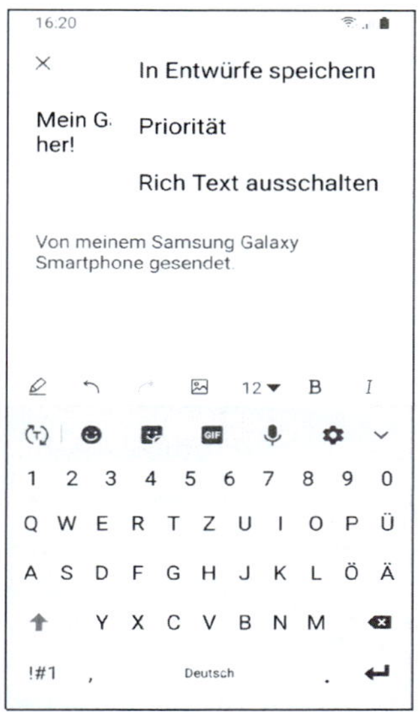

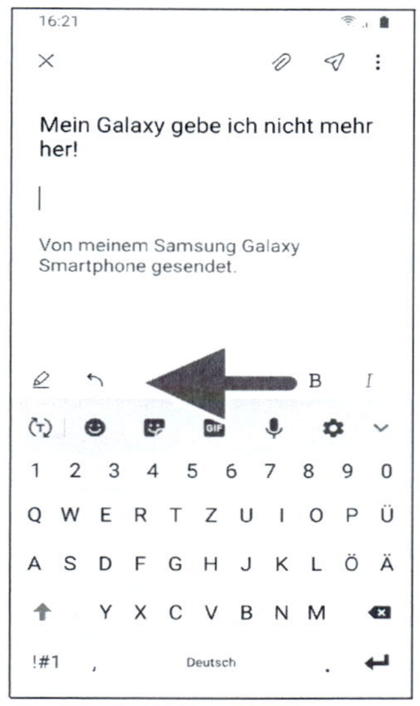

❶ Weitere Funktionen im ⋮-Menü:

- *In Entwürfe speichern*: Legt die erstellte Nachricht im *Entwürfe*-Ordner ab und kehrt in den Posteingang zurück. Siehe auch Kapitel *11.4.2 Entwürfe*.
- *Priorität* (❷): Weist der Nachricht eine Priorität *(Hoch, Normal* oder *Niedrig*) zu. Einige E-Mail-Programme werten die Priorität aus und heben dann die Nachricht hervor. Wir empfehlen allerdings, auf diese Funktion zu verzichten.
- *Rich Text einschalten; Rich Text ausschalten*: Blendet zusätzliche Schaltleisten ein, über die sie Ihren Nachrichtentext formatieren. Darauf gehen wir unten ein. »Rich-Text« lässt sich hier mit »angereicherter Text« übersetzen.

❸ Über die Rich Text-Symbolleiste am unteren Bildschirmrand fügen Sie Skizzen und Bilder ein und können sowie Schriftart und Schriftfarbe ändern. Mit einer Wischgeste nach links zeigen Sie die restlichen Symbole an.

11.4.1 Cc/Bcc

❶❷ Eine Besonderheit sind die *Cc/Bcc*-Eingabefelder, die Sie über die ∨-Schaltleiste (Pfeil) aktivieren:

- *Cc*: Der Begriff Cc steht für »Carbon Copy«, zu deutsch »Fotokopie«. Der ursprüngliche Adressat (im *An*-Eingabefeld) sieht später die unter *CC* eingetragenen weiteren Empfänger. Die *CC*-Funktion ist beispielsweise interessant, wenn Sie ein Problem mit jemandem per E-Mail abklären, gleichzeitig aber auch eine zweite Person von Ihrer Nachricht Kenntnis erhalten soll.
- *Bcc*: Im Bcc (»Blind Carbon Copy«)-Eingabefeld erfassen Sie weitere Empfänger, wobei der ursprüngliche Adressat im *An*-Feld nicht mitbekommt, dass auch noch andere Personen die Nachricht erhalten.

11.4.2 Entwürfe

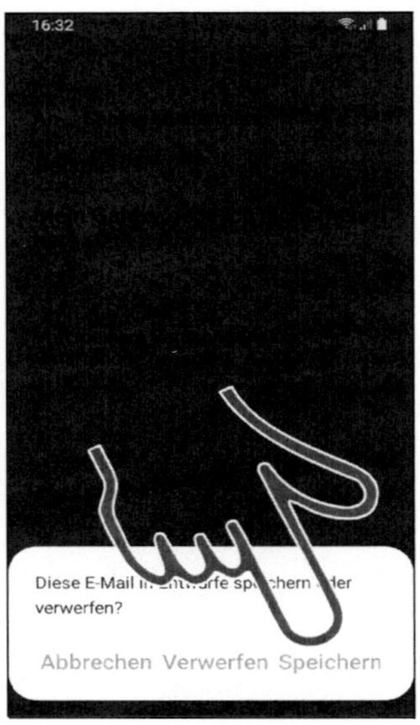

❶❷ Betätigen Sie während der Nachrichtenerstellung statt ◁ die ✕-Schaltleiste (Pfeil) und schließen Sie das Popup mit *Speichern.*

➊ Möchten Sie den Entwurf später senden, rufen Sie das Ausklappmenü auf.

➋➌ Dann gehen Sie in den *Entwürfe*-Ordner. Die hier abgelegten Nachrichtenentwürfe können Sie nach dem Antippen wie gewohnt bearbeiten und dann verschicken.

11.4.3 E-Mail-Anhänge

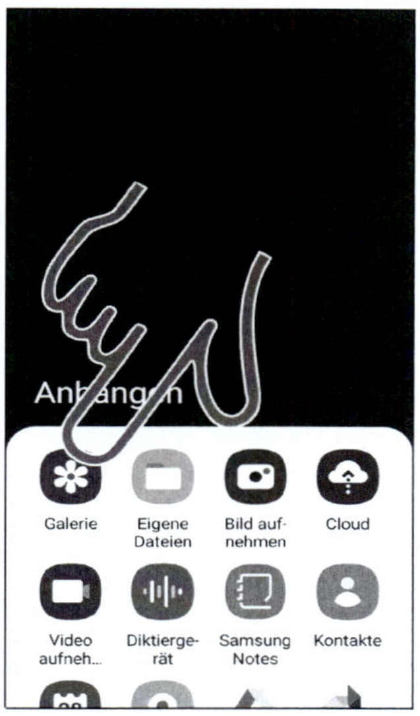

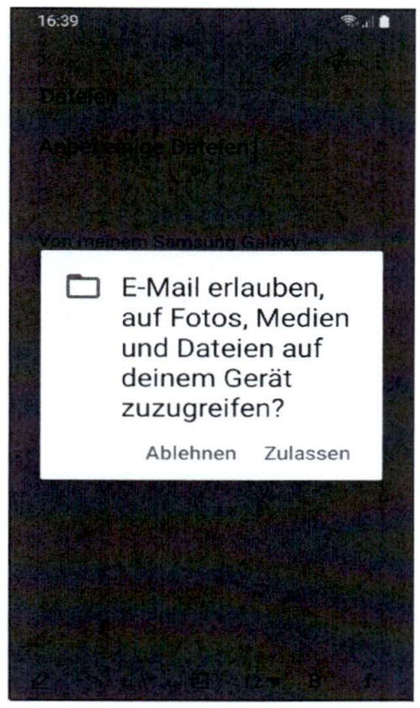

➊ Über 🖇 fügen Sie eine Datei als Anhang hinzu.

➋ In unserem Beispiel möchten wir mit der Kamera (siehe Kapitel *16 Kamera*) erstellte Fotos versenden und gehen daher auf *Galerie*.

➌ Die einmalige Sicherheitsabfrage schließen Sie mit *Zulassen*.

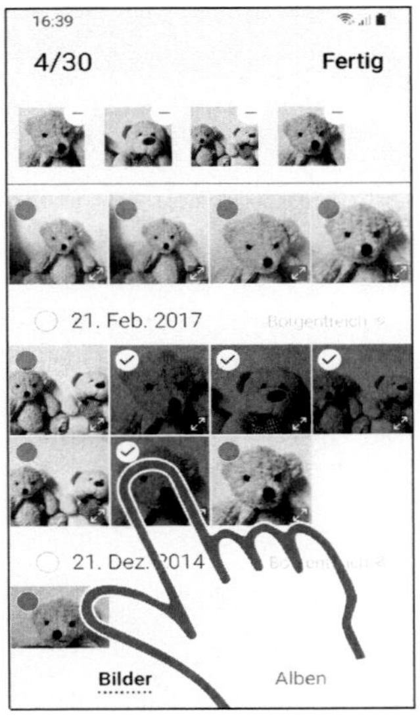

➊ Markieren Sie die zu sendenden Fotos, indem Sie sie jeweils oben rechts antippen. Anschließend gehen Sie auf *Fertig*.

➋➌ Die Fotos landen in der Nachricht. Wischen Sie darin nach oben, um sie anzuzeigen. Über die Minus-Schaltleisten hinter den Bildern machen Sie Ihre Auswahl jeweils rückgängig.

11.4.4 Favoriten

Sie können Nachrichten, die in irgendeiner Weise wichtig sind, als »Favoriten« markieren, um sie später schneller wiederzufinden.

Tippen Sie in der Nachrichtenauflistung (➊) beziehungsweise in der Nachrichtenansicht (➋) den Stern an (Pfeil), um die jeweilige Nachricht als Favorit zu markieren. Erneutes Antippen löscht den Stern wieder.

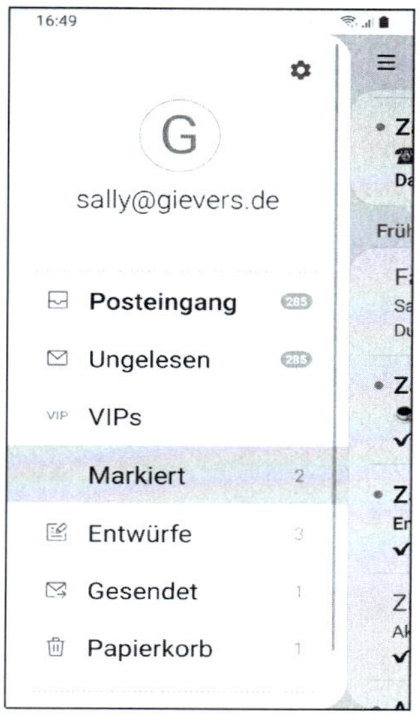

❶❷ Die Favoriten zeigen Sie an, indem Sie im Ausklappmenü auf *Markiert* gehen.

11.4.5 Stapelvorgänge

Wenn eine Aktion wie Label ändern, Löschen, Markierung hinzufügen, usw. auf mehrere Nachrichten anzuwenden ist, verwenden Sie die Stapelvorgänge.

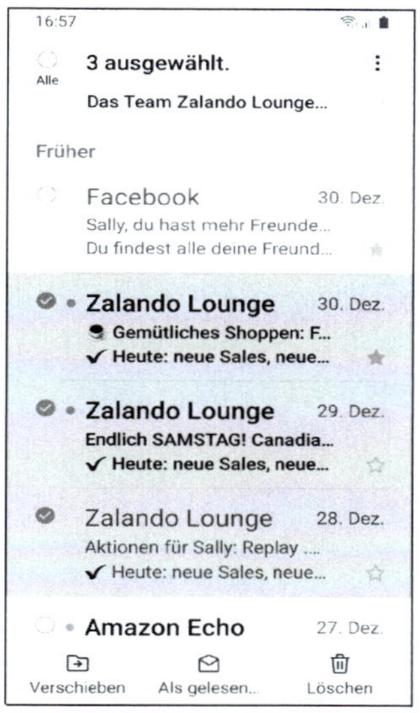

❶❷ Zum Markieren tippen und halten Sie den Finger über einer Nachricht, bis diese »abgehakt« ist. Danach lassen sich weitere Nachrichten durch kurzes Antippen markieren. Über die Löschen-Schaltleiste am oberen Bildschirmrand können Sie dann die Nachrichten entfernen. Den Markierungsmodus verlassen Sie gegebenenfalls mit der <-Taste.

11.4.6 E-Mail-Ansichten

❶❷❸ Passen Sie die E-Mail-Auflistung über ⋮/*Sortieren* Ihren Bedürfnissen an. Beispielsweise zeigt *Gelesen/ungelesen* alle noch nicht von Ihnen gelesenen Nachrichten als Erste an.

11.5 E-Mails auf dem Startbildschirm

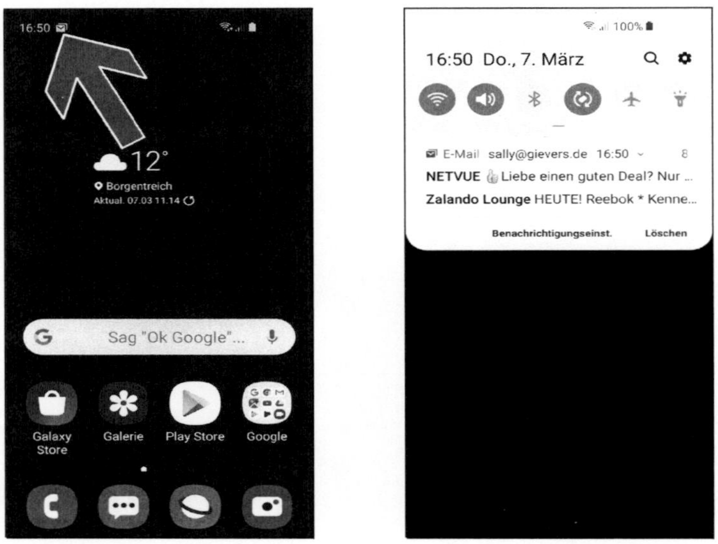

❶❷ Über neu vorhandene E-Mails informiert die Titelleiste (Pfeil). Öffnen Sie das Benachrichtigungsfeld und gehen Sie auf den E-Mail-Eintrag, worauf der Posteingang anzeigt wird.

❶ Verwenden Sie das *E-Mail*-Widget, um den Posteingang direkt im Startbildschirm anzuzeigen (wie Sie Widgets anlegen, erfahren Sie im Kapitel *4.7.2 Widgets*). Tippen und halten Sie das Widget...

❷❸ ... und weil auf dem Startbildschirm eventuell zu wenig Platz ist, lassen Sie das Widget nicht los, sondern ziehen es an den Bildschirmrand, bis das Handy auf eine weitere Bildschirmseite umschaltet. Erst dann lassen Sie den Finger los.

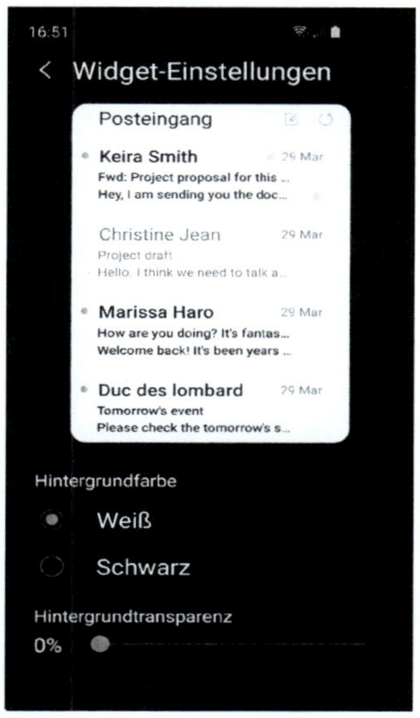

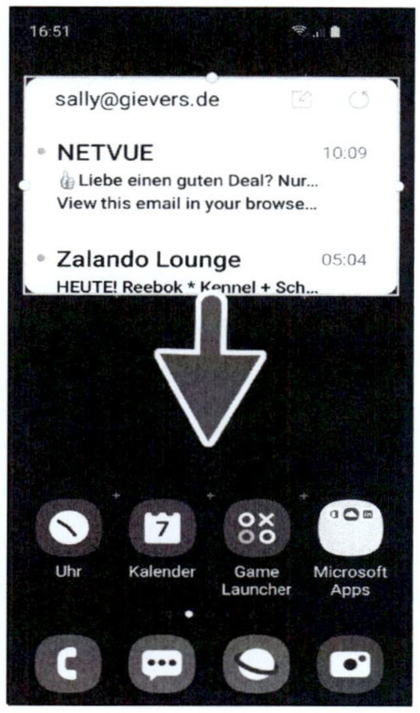

❶ Schließen Sie den Konfigurationsbildschirm mit der ❮-Taste.

❷ Jetzt können Sie noch die Widget-Größe einstellen, indem Sie an den Rändern ziehen. Wenn Sie damit fertig sind, tippen Sie entweder in einen freien Bildschirmbereich oder betätigen die ❮-Taste.

❸ Damit ist das Widget auf der Startbildschirmseite eingerichtet.

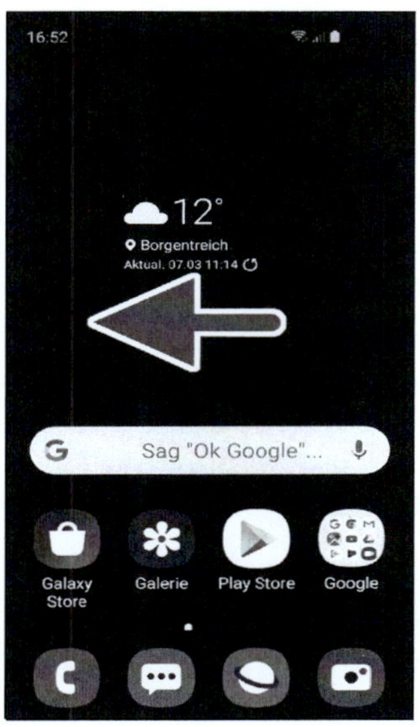

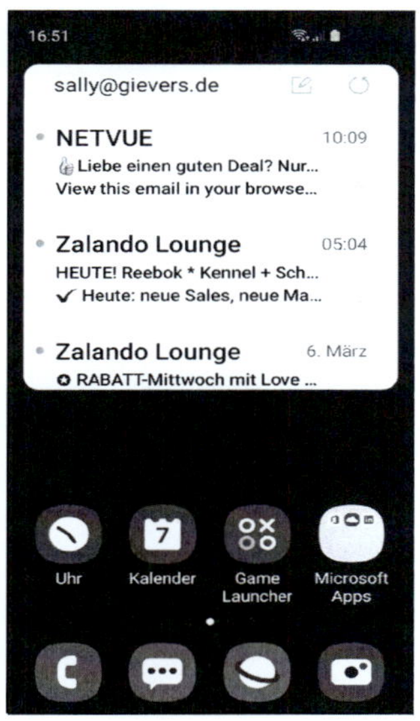

❶❷ Vergessen Sie nicht, dass Sie mit einer Wischgeste auf dem Startbildschirm zum Widget wechseln können.

12. Webbrowser

Das Galaxy besitzt, neben dem hier vorgestellten Webbrowser »Internet«, mit »Chrome« gleich zwei verschiedene Webbrowser, die sich funktionell kaum unterscheiden.

> Eine Beschreibung des Chrome-Webbrowsers finden Sie im Kapitel *13 Chrome-Webbrowser*.

❶❷ Sie starten den Webbrowser unter *Internet im* Startbildschirm beziehungsweise aus dem *Samsung*-Ordner im Hauptmenü.

❸ Eventuell erscheint bei Ihnen ein Popup, das nach dem Standardbrowser fragt. Beantworten Sie dies mit *Als Standard festl.*

> Damit man den Browser nutzen kann, muss eine Internetverbindung (siehe Kapitel *8 Internet einrichten und nutzen*) aktiv sein.

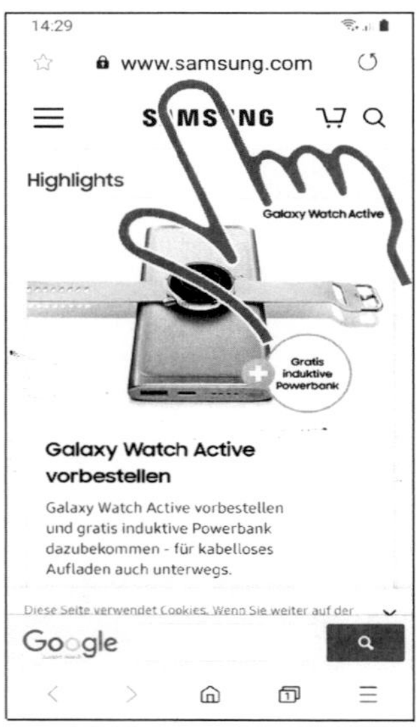

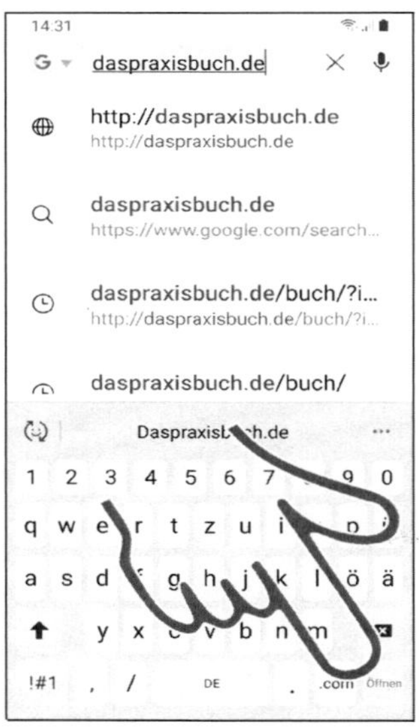

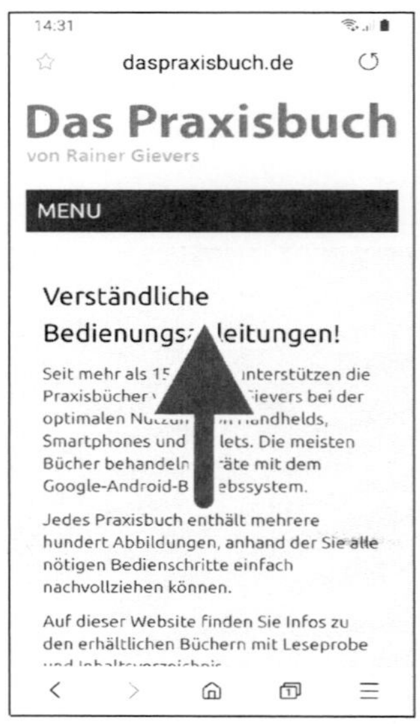

❶❷ Beim ersten Start lädt der Browser eine Samsung-Webseite als Startseite. Tippen Sie in die Adresszeile, um eine Webadresse einzugeben (wenn gerade eine größere Webseite angezeigt wird, ist eventuell die Adresszeile nicht sichtbar, führen Sie dann eine vertikale Wischgeste von oben nach unten durch). Betätigen Sie dann die *Öffnen*-Taste (Pfeil) auf dem Tastenfeld.

❸ Die Webadresse wird geladen und angezeigt. Sie sehen natürlich nur einen Teilausschnitt, den Sie einfach ändern, indem Sie mit dem Finger auf den Bildschirm drücken und dann in die gewünschte Richtung ziehen.

Besonders bei der Webseitenanzeige kann eine horizontale Bildschirmorientierung optimaler sein. Halten Sie dafür einfach das Galaxy waagerecht statt aufrecht.

Auch das sogenannte »Kneifen« wird unterstützt: Tippen und halten Sie Mittelfinger und Daumen gleichzeitig auf dem Bildschirm und ziehen Sie beide auseinander, was in die Webseite herein zoomt. Ziehen Sie dagegen die beiden Finger zusammen, zoomen Sie wieder heraus. Es ist egal, ob Sie nun vertikal oder waagerecht »kneifen«.

❶ Mit der ☰-Schaltleiste schalten Sie den Textmodus ein/aus, was allerdings nicht bei allen Webseiten möglich ist. Die blenden damit alle Navigationselemente aus, sodass Sie längere Texte problemlos lesen können.

❷❸ TT aktiviert ein Menü, über das Sie Schriftgröße und Schriftart anpassen.

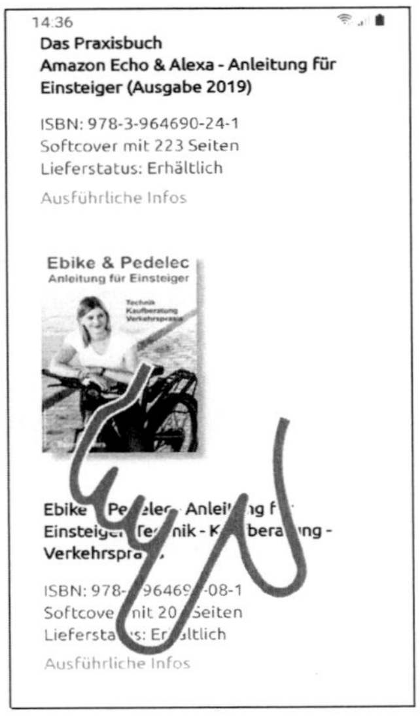

❶❷ Einem Link folgen Sie, indem Sie ihn antippen.

❸ Tippen und halten Sie den Finger über einem Link für weitere Funktionen:

- *In neuer Registerkarte öffnen*: Öffnet den Link in einem neuen Browser-Tab und zeigt diesen an.
- *In Hintergrund-Tab öffnen*: Öffnet den Link in einem neuen Browser-Tab im Hintergrund.
- *Auswahl*: Linktext markieren, um ihn in die Zwischenablage (siehe Kapitel *35.4 Texte kopieren, ausschneiden und einfügen*) zu übernehmen.
- *Link speichern*: Speichert die Webseite als HTML-Datei im Verzeichnis *Download* des Gerätespeichers.
- *Link kopieren*: Kopiert die Webadresse des Links in die Zwischenablage, von wo man sie später in andere Anwendungen wieder einfügen kann.

❶❷ Die Schaltleisten am unteren Bildschirmrand sind häufig ausgeblendet und erscheinen erst nach einer Wischgeste von oben nach unten.

Die Schaltleisten:

- ‹ (Zurück): Zur letzten Webseite zurückkehren. Verwenden Sie dafür alternativ die ‹-Taste. Beachten Sie aber, dass der Browser verlassen wird, wenn Sie die ‹-Taste drücken, während die zuerst aufgerufene Seite angezeigt wird.
- › (Vorwärts): Bringt Sie eine Seite vorwärts (dies funktioniert nur, wenn Sie zuvor eine Seite zurückgeblättert hatten).
- ⌂ (Startseite): Startseite, standardmäßig die Samsung-Website, anzeigen. Die Startseite

ändern Sie in den Einstellungen (siehe Kapitel *12.4.2 Startseite*).

- ⧉ (Tabs): Geöffnete Browser-Tabs auflisten (siehe Kapitel *12.1 Fenster (Tabs)*).
- ☰ (Menü): Diverse Einstellungen, auf die Kapitel *12.4 Einstellungen* eingeht.

❸ Bereits während der Eingabe einer Webadresse macht der Browser Vorschläge, wobei Sie anhand der vorangestellten Symbole erkennen, woher diese stammen:

- ★: Lesezeichen (»Favorit«).
- 🕒: Verlauf (eine bereits von Ihnen besuchte Webseite).
- 🔍: Suchvorschlag von Google aufrufen. Tippen Sie das dahinter stehende ↖ an, um weitere Vorschläge zum Suchbegriff zu erhalten.

Wählen Sie in der Liste einfach die anzuzeigende Webseite aus.

12.1 Fenster (Tabs)

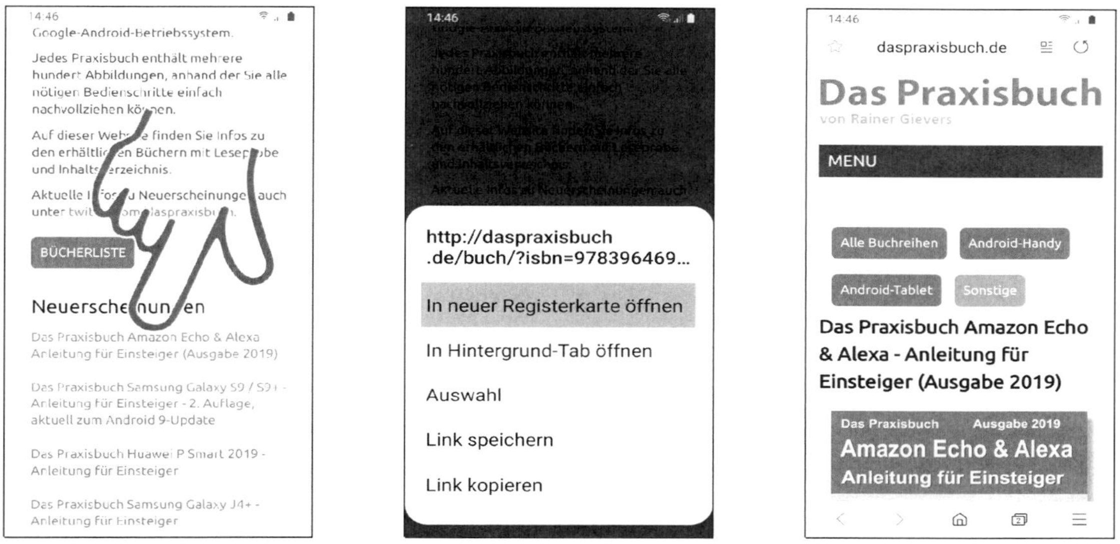

❶❷ Manchmal ist es sinnvoll, mehrere Browserfenster gleichzeitig offen zu haben. In diesem Fall tippen und halten Sie einen Finger über dem Link, bis das Popup-Menü erscheint. Wählen Sie dann *In neuer Registerkarte öffnen*.

❸ Sie befinden sich nun im neu geöffneten Browserfenster (Browser-Tab).

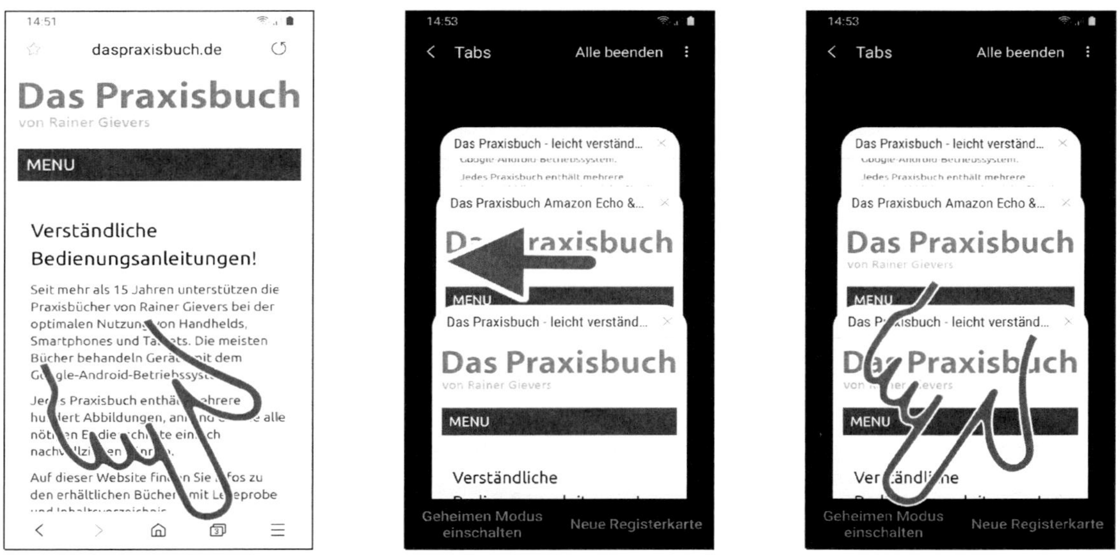

❶ So wechseln Sie zwischen den Browser-Tabs: Gehen Sie auf ⧉ (Tabs) am unteren Bildschirmrand.

❷ Es erscheint die Vorschau der aktiven Fenster, worin Sie das anzuzeigende antippen. Eine

Wischgeste nach rechts oder links schließt einen Browser-Tab. Dies geschieht auch mit den ✕-Schaltleisten.

❸ Weitere Funktionen erhalten Sie über die Schaltleisten am unteren Bildschirmrand:

- *Geheimen Modus einschalten*: Aktiviert den sogenannten Inkognito-Modus. Sie browsen anonym, das heißt, der Browser speichert nach Verlassen des Inkognito-Tabs keine Daten und löscht von Websites angelegte Cookies.
- *Neue Registerkarte*: Öffnet einen neuen, leeren Tab.

Es dürfen maximal 16 Browser-Tabs gleichzeitig geöffnet sein.

❶❷ Zwischen den Tabs schalten Sie alternativ mit einer Geste um: Wischen Sie über die Adressleiste nach links beziehungsweise rechts.

12.2 Lesezeichen

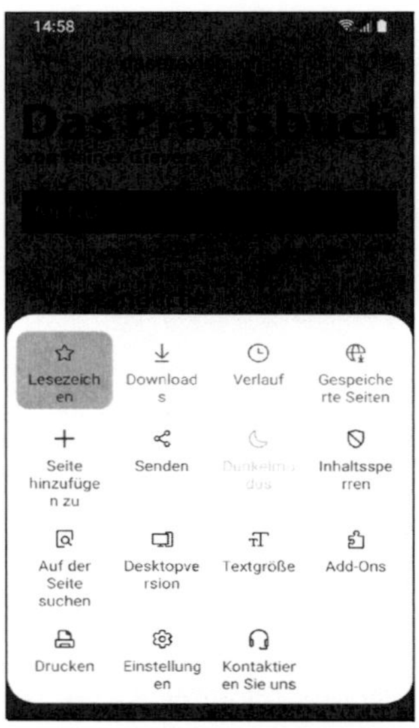

❶ Für die Lesezeichenverwaltung betätigen Sie die ☰-Schaltleiste (Pfeil).

❷ Gehen Sie dann auf *Lesezeichen.*

❸ Den Hinweis auf das Samsung-Konto schließen Sie mit *Abbrechen*. Wir gehen darauf noch im Kapitel *25 Das Samsung-Konto* ein.

❶❷ Kurzes Antippen eines Lesezeichens öffnet die zugehörige Webseite.

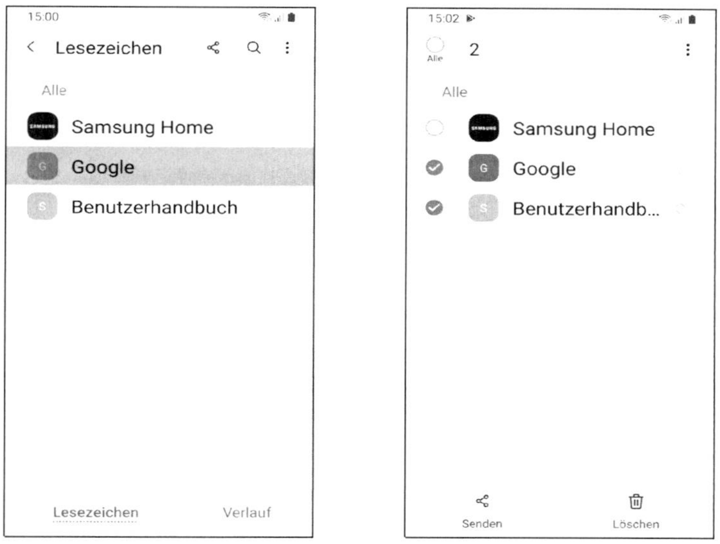

❶ Tippen und halten Sie den Finger über einem Lesezeichen, worauf die Lesezeichenverwaltung auf den Markierungsmodus umschaltet.

❷ Markieren Sie bei Bedarf weitere Lesezeichen durch Antippen, anschließend entfernt *Löschen* die markierten Lesezeichen.

❶❷ Tippen Sie auf den Stern neben der Adressleiste, um eine angezeigte Webseite als Lesezeichen zu speichern.

12.3 Dateien herunterladen

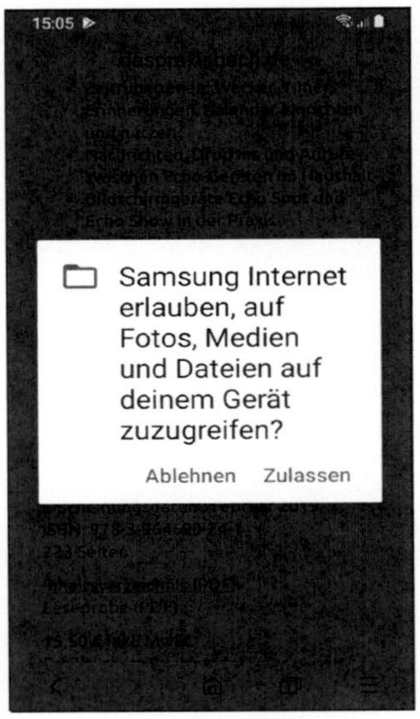

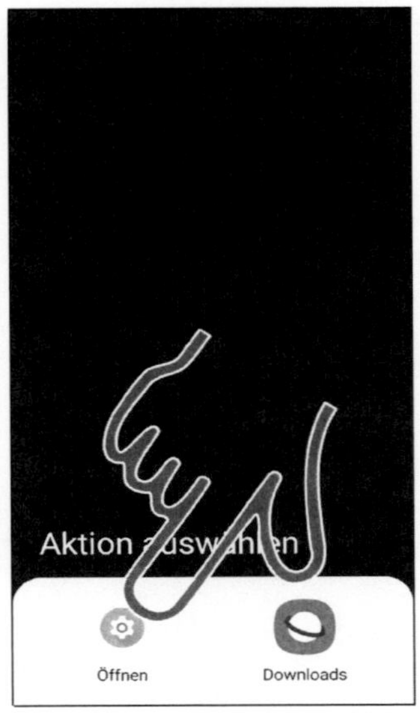

❶❷ Wenn Sie einen Link antippen, der auf eine Datei verweist, müssen Sie beim ersten Mal das Herunterladen zulassen.

❸ Betätigen Sie dann *Öffnen.*

Alle heruntergeladenen Dateien landen im Verzeichnis *Download* im Gerätespeicher.

❶❷ Wenn Sie zum ersten Mal eine Datei öffnen, fragt Sie das Handy gegebenenfalls nach dem Anzeigeprogramm. Wählen Sie eines aus und betätigen Sie *Immer.*

12.4 Einstellungen

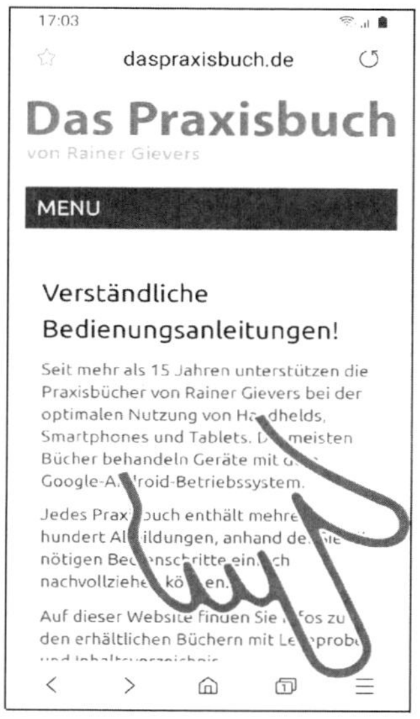

❶ Für die Browserkonfiguration gehen Sie auf die ☰-Schaltleiste

❷ Die hier angebotenen Optionen:

- *Lesezeichen*: Öffnet die im Kapitel *12.2 Lesezeichen* beschriebene Lesezeichenverwaltung.
- *Downloads*: Von Ihnen heruntergeladene Dateien (siehe Kapitel *12.3 Dateien herunterladen*).
- *Verlauf*: Listet die zuletzt besuchten Webseiten auf.
- *Gespeicherte Seiten*: Von Ihnen auf das Handy heruntergeladene Webseiten.
- *Seite hinzufügen*: Aktion auf die gerade geöffnete Webseite durchführen:
  - *Favoriten*: Als Lesezeichen (siehe Kapitel *12.2 Lesezeichen*) speichern.
  - *Schnellzugriff*: Die Schnellzugriffe werden aufgelistet, wenn Sie oben in das Adressfeld tippen. Siehe Kapitel *12.5 Schnellzugriffe*.
  - *Startbildschirm*: Lesezeichen als Verknüpfung auf dem Startbildschirm ablegen.
  - *Gespeicherte Seiten*: Webseite auf dem Gerät abspeichern.
- *Senden*: Webadresse per Bluetooth, E-Mail, SMS, usw. senden.
- *Dunkelmodus*: Zwischen Nachtmodus (dunkle Bildschirmfarben) und Tagmodus umschalten. Damit dies funktioniert, müssen Sie *Nachtmodus* in Benachrichtigungsfeld aktiviert haben (siehe Kapitel *4.7.7 Schaltleisten im Benachrichtigungsfeld*).
- *Inhaltssperren*: Aktivieren Sie einen der angebotenen Werbeblocker, damit keine Werbeanzeigen mehr angezeigt werden. Beachten Sie bitte, dass viele Webseiten Werbeblocker erkennen und dann nur eingeschränkt nutzbar sind.
- *Auf der Seite suchen*
- *Desktopversion*: Schaltet zwischen der Handyansicht (*Mobile Version*) und Desktop-Ansicht (*Desktopversion*) um. Siehe Kapitel *12.4.1 Desktop-Anzeige*.
- *Textgröße*: Die Textgröße sollten Sie nicht ändern, weil sonst einige Webseiten nicht mehr korrekt angezeigt werden.
- *Add-Ons*: Über Add-Ons (engl. Erweiterungen) erweitern Sie die Funktionalität des Webbrowsers. Derzeit stehen *Amazon Assistant* (Preissuche im Amazon Online-Shop) und *Inhaltssperren* (Addblocker) zur Verfügung.
- *Drucken*: Auf die Druckausgabe gehen wir in diesem Buch nicht weiter ein.
- *Einstellungen*: Darauf gehen wir unten ein.
- *Kontaktieren Sie uns*: Hilfestellungen des Herstellers.

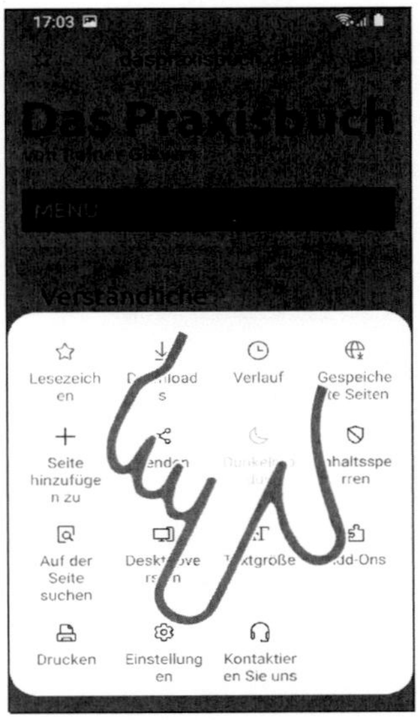

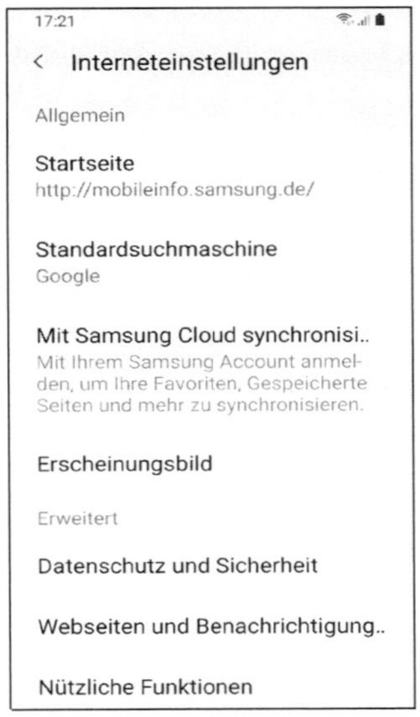

❶❷ Gehen Sie auf *Einstellungen* im ☰-Menü:

- *Startseite*: Sie stellen hier ein, welche Webseite beim Browserstart als Startseite angezeigt wird. Sie können sie jederzeit auch über die ⌂-Taste am unteren Bildschirmrand aufrufen.
- *Standardsuchmaschine*: Zu Ihren Eingaben in der Adressleiste macht der Browser Vorschläge von der hier eingestellten Suchmaschine. Die Voreinstellung ist dabei Google.
- *Mit Samsung Cloud synchronisneren*: Die Lesezeichen legt der Browser im Samsung-Konto ab, auf das Kapitel *25 Das Samsung-Konto* eingeht.
- *Erscheinungsbild*: Angezeigte Bildschirmelemente:
  - *Statusleiste anzeigen*: Browseranzeige auf die Titelleiste ausdehnen.
  - *Zoom auf Webseiten steuern*: Manche für Mobilgeräte optimierte Webseiten werden standardmäßig in einer auf das Gerät abgestimmten Größe geöffnet und ermöglichen dann eventuell keinen Zoom. Aktivieren Sie diese Option, um das Zoomen trotzdem auf allen Webseiten zu ermöglichen.
  - *Textgröße der Webseite*: Die Textgröße sollten Sie nicht ändern, weil sonst der Browser einige Webseiten nicht mehr korrekt anzeigt.
- *Datenschutz und Sicherheit*: Auf die Datenschutzeinstellungen gehen wir als nächstes weiter unten ein.
- *Webseiten und Benachrichtigungen*: Erweiterte Optionen, auf die wir unten eingehen.
- *Nützliche Funktionen*: Aktivieren Sie *Schaltfläche „Nach oben" anzeigen*, damit eine zusätzliche Schaltfläche erscheint, über die Sie in der angezeigten Webseite zum Anfang springen.
- *Modus für hohen Kontrast*: Invertierter Bildschirm, damit Sie das Handydisplay bei Dunkelheit nicht blendet.
- *Info zu Samsung Internet*

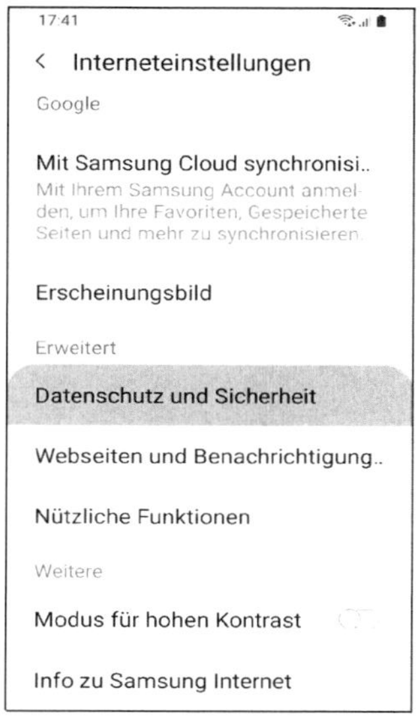

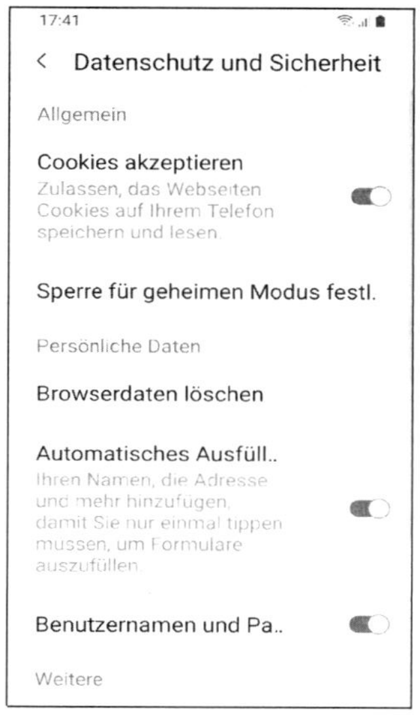

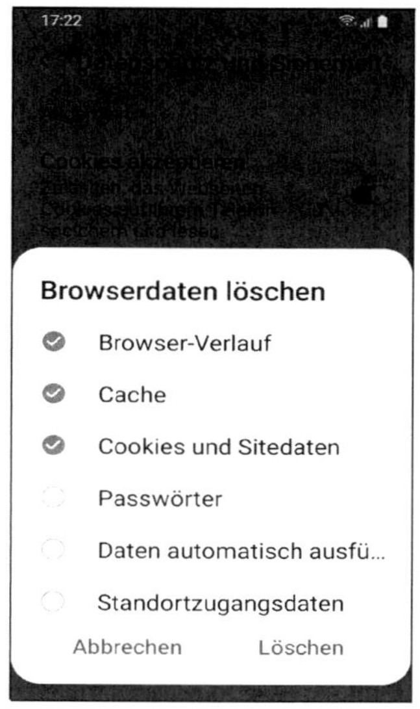

❶❷ Unter *Datenschutz* und Sicherheit stellen Sie ein:

Unter *Allgemein*:

- *Cookies akzeptieren*: Wie bereits oben erwähnt, sind Cookies wichtig, damit man von Webseiten eindeutig zugeordnet werden kann. Insbesondere Websites, in die man sich über Login und Passwort einloggen kann, sowie Webshops, sind häufig auf Cookies angewiesen. Sie sollten also die Option *Cookies akzeptieren* nicht deaktivieren.
- *Sperre für geheimem Modus festlegen*: Falls Sie den im Kapitel *12.1 Fenster (Tabs)* beschriebenen Geheimmodus des Browsers nutzen, können Sie diesen über ein Passwort schützen. Im Hintergrund geöffnete Webseiten können Sie dann erst nach Passworteingabe anzeigen.

Unter *Persönliche Daten*:

- *Browserdaten löschen* (❸): Löscht vom Browser gespeicherte Daten wie den Verlauf, Cache, Cookies, usw.
- *Automatisches Ausfüllen*: Sie können Ihren Namen, Telefonnummer und E-Mail-Adresse angeben. Der Browser füllt dann automatisch Eingabefelder in Formularen damit aus.
- *Benutzernamen und Passwörter speichern*: Verwaltet die von Ihnen während der täglichen Browser-Nutzung in Formularen eingegebenen Logins und Passwörter. Diese werden bei erneutem Besuch der Anmelde-Formulare automatisch eingefügt.

Unter *Weitere*:

- *Personalisierter Dienst; Persönliche Informationen*: Nicht von Samsung dokumentiert.
- *Nicht erfassen*: Fordert besuchte Webseiten auf, keine Daten zu erfassen. Sie können leider davon ausgehen, dass sich kein Webseitenanbieter daran hält.

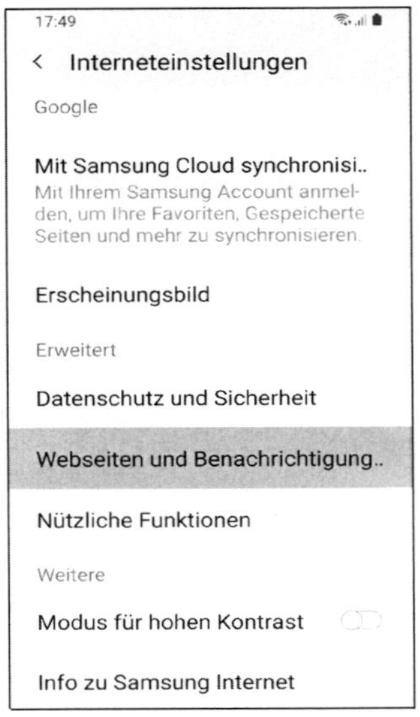

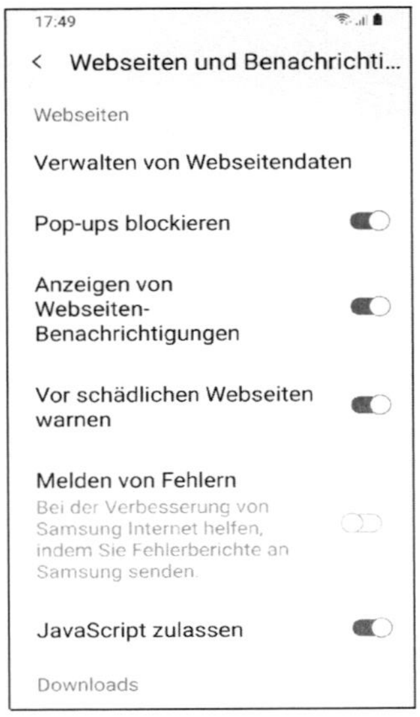

❶❷ Das *Webseiten und Benachrichtigungen*-Menü konfiguriert:

Unter *Webseiten*:

- *Verwalten von Webseitendaten*: Webseiten können sogenannte Cookies hinterlegen, die Sie hierüber löschen. Dies dürfte in der Praxis nie nötig sein.
- *Pop-ups blockieren*: Viele Websites öffnen Popup-Fenster, beispielsweise mit Werbung, wenn man sie besucht. Deshalb werden Popup-Fenster standardmäßig blockiert.
- *Anzeigen von Webseiten-Benachrichtigungen:* Einige Websites nutzen sogenannte Web-Benachrichtigungen, um Sie über Dinge zu informieren, die Ihre Aufmerksamkeit erfordern. Beispielsweise könnte eine Kalender-Website Sie über Termine informieren.
- *Vor schädlichen Webseiten warnen*: Der Browser zeigt eine Warnung an, wenn Sie eine Webseite öffnen, die möglicherweise Schadcode enthält.
- *Melden von Fehlern*: Damit unterstützen Sie Samsung bei der Verbesserung des Browsers. Beachten Sie, dass dabei eventuell persönliche Daten übertragen werden.
- *JavaScript zulassen*: JavaScript ist eine Programmiersprache, die in Webseiten eingebettet sein kann, um dort interaktive Funktionen zu realisieren. Dazu gehören zum Beispiel Eingabefeldprüfungen. Weil sonst viele Webseiten nicht mehr funktionieren, sollten Sie JavaScript immer aktiviert haben.

Unter *Downloads*:

- *Downloads bestätigen*: Vor jedem Download, beispielsweise von PDF- oder Word-Dateien erscheint eine Sicherheitsabfrage.

12.4.1 Desktop-Anzeige

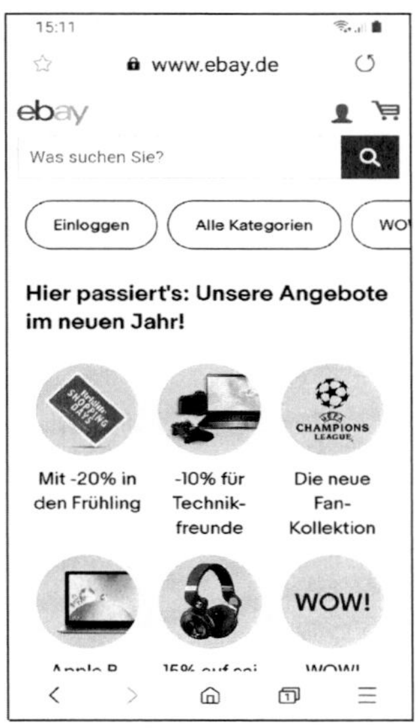

Viele Websites werten den verwendeten Browser aus und optimieren dann die Webseitenanzeige für die Besucher entsprechend. Ein gutes Beispiel ist Ebay, wo man mit Smartphones nur eine vereinfachte Weboberfläche zu sehen bekommt.

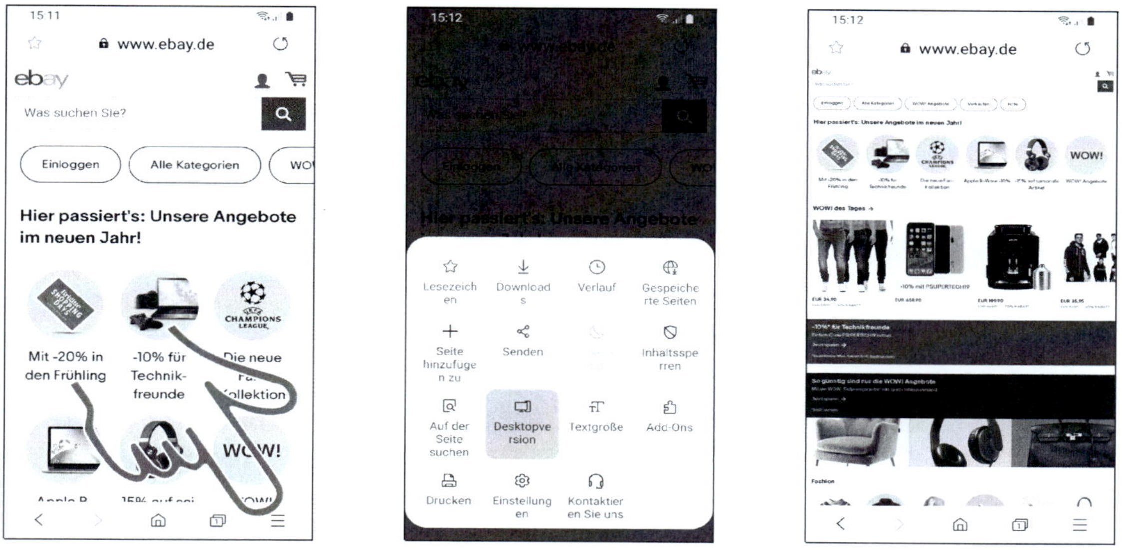

❶❷ Aktivieren Sie das ☰-Menü und gehen Sie auf *Desktopversion*.

❸ Die für PC-Browser optimierte Webseite wird angezeigt.

Mobilversion aus dem ☰-Menü schaltet die Darstellung wieder auf die Handybrowser-Version um.

12.4.2 Startseite

Sie haben mit Sicherheit eine Lieblingswebseite, die Sie regelmäßig besuchen. Dies kann beispielsweise eine Seite mit Lokalnachrichten oder ein soziales Netzwerk sein. Wenn Sie Ihre Lieblingswebseite als sogenannte Startseite festlegen, können Sie sie mit einer Schaltleiste schnell aufrufen.

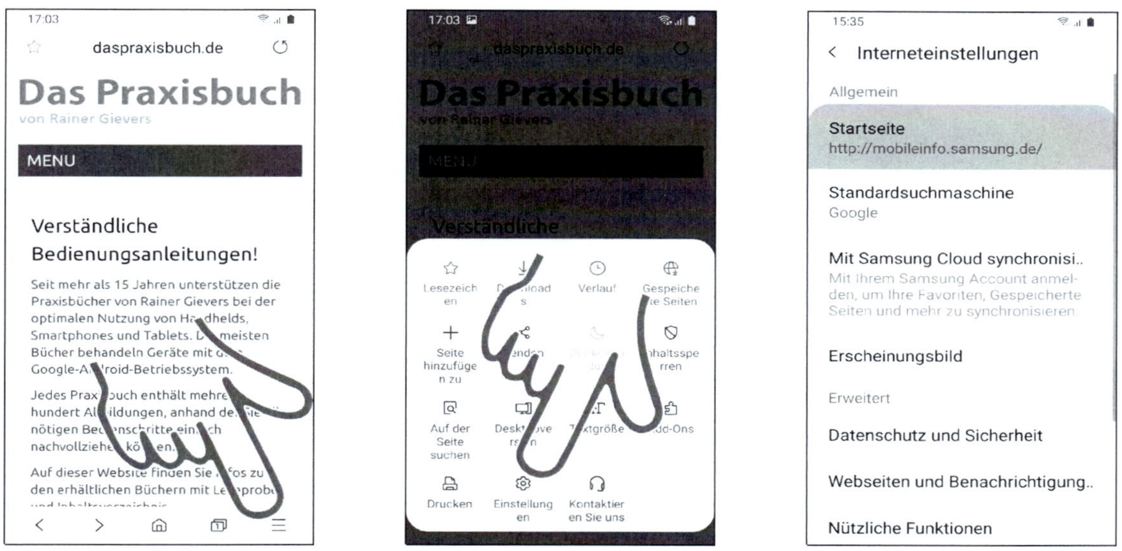

❶❷ Gehen Sie auf *Einstellungen* im ☰-Menü.

❸ Wählen Sie *Startseite*.

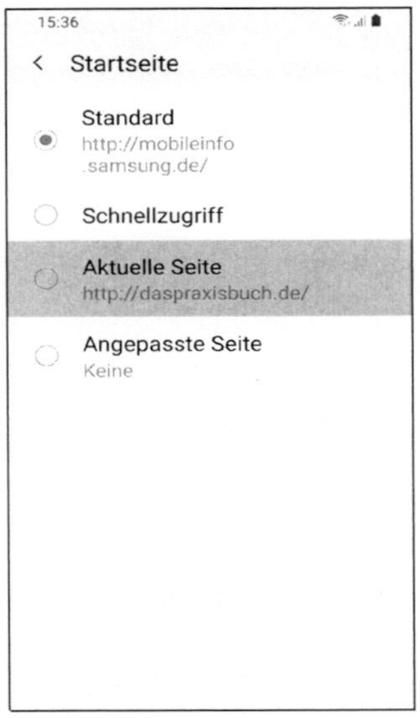

❶ In unserem Beispiel möchten wir die gerade angezeigte Webseite als Startseite übernehmen und gehen daher auf *Aktuelle Seite*. Sie können nun das Menü verlassen.

❷ Antippen der ⌂-Schaltleiste öffnet die zuvor eingestellte Startseite.

12.5 Schnellzugriffe

Der Webbrowser unterstützt zwar Lesezeichen (»Favoriten«), in der Praxis werden Sie aber meistens die Schnellzugriffe nutzen.

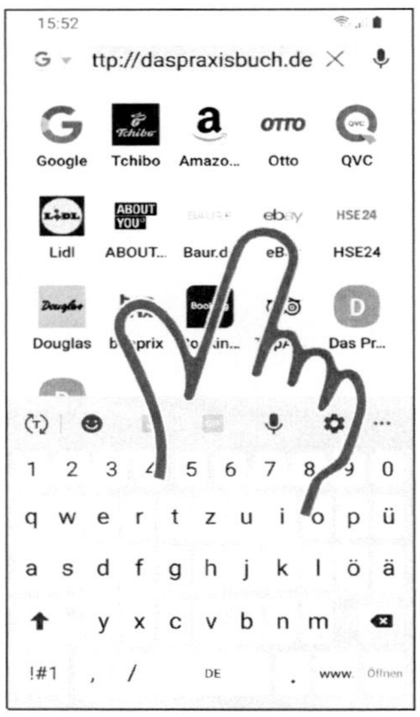

❶ Die Schnellzugriffe zeigt der Browser an, sobald Sie in die Adressleiste tippen.

❷ Hier wählen Sie die aufzurufende Webseite aus.

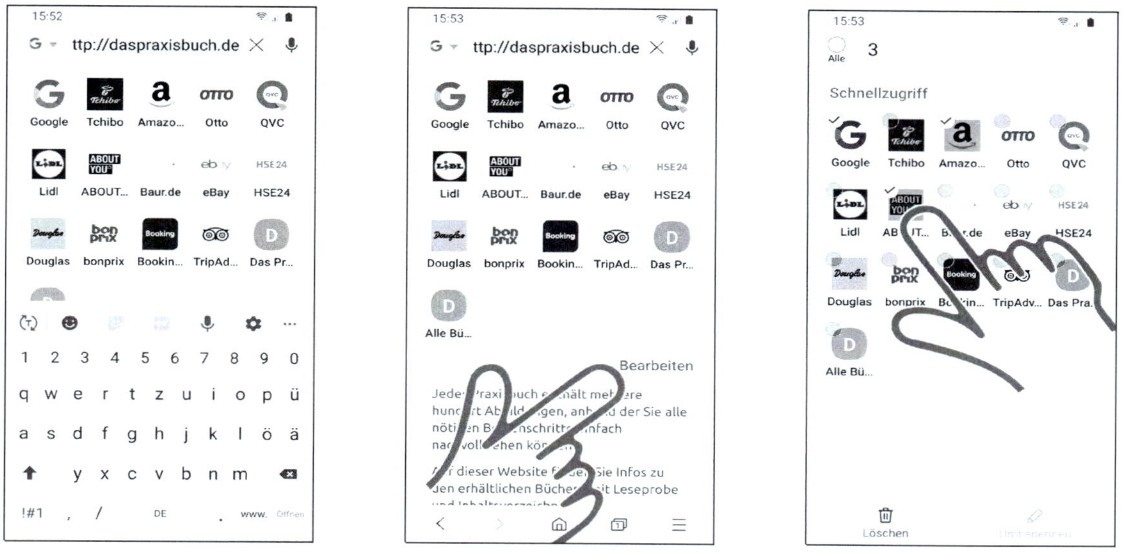

❶❷ So passen Sie die Schnellzugriffe an: Schließen Sie mit der ∨-Taste das Tastenfeld und gehen Sie auf *Bearbeiten.*

❸ Im Beispiel markieren wir einige nicht benötigte Schnellzugriffe, die wir mit *Löschen* entfernen.

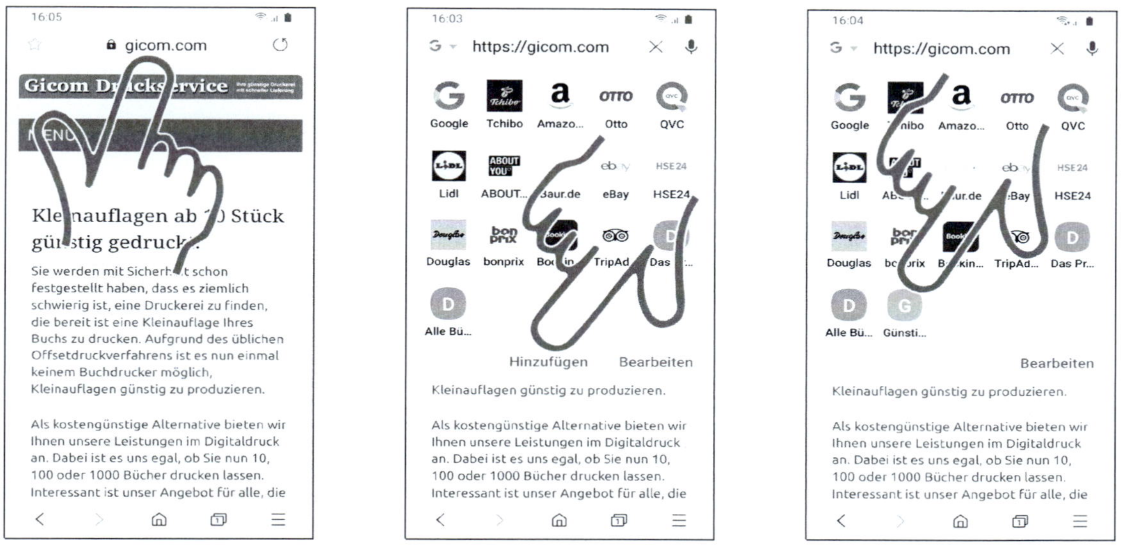

❶ Weitere Webseiten lassen sich einfach den Schnellzugriffen hinzufügen. Rufen Sie zunächst eine Webseite auf, dann tippen Sie in die Adressleiste. Schließen Sie das Tastenfeld mit der ∨-Taste.

❷ Betätigen Sie *Hinzufügen.*

❸ Künftig rufen Sie die Webseite aus den Schnellzugriffen direkt auf.

13. Chrome-Webbrowser

Den Chrome-Browser werden Sie vermutlich nur verwenden, wenn Sie ihn bereits auf dem PC nutzen. Sonst empfehlen wir Ihnen die im Kapitel *12 Webbrowser* vorgestellte Anwendung.

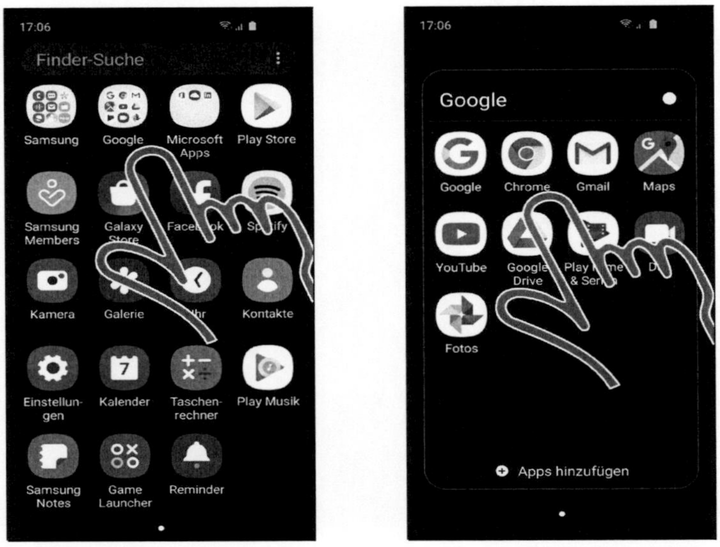

❶❷ Gehen Sie in den *Google-Ordner* und rufen Sie *Chrome* auf.

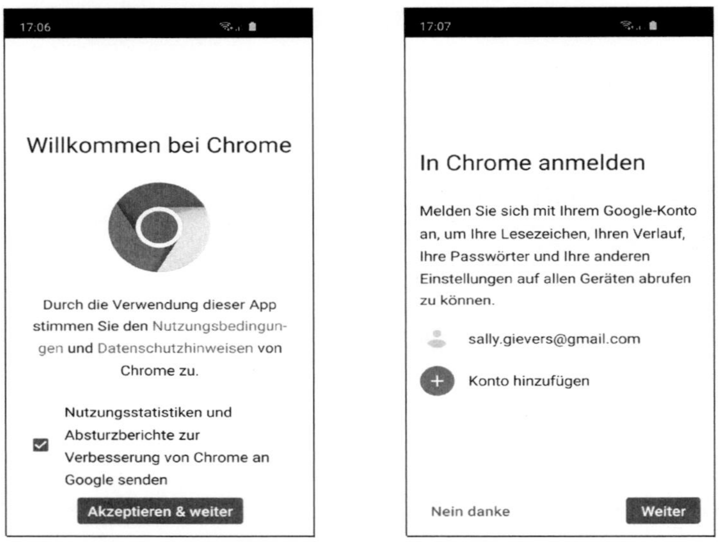

❶ Den *Chrome*-Browser rufen Sie im Hauptmenü auf.

❷ Beim ersten Aufruf müssen Sie die Nutzungsbedingungen akzeptieren, indem Sie *AKZEPTIEREN & WEITER* betätigen.

❸ Betätigen Sie *WEITER*.

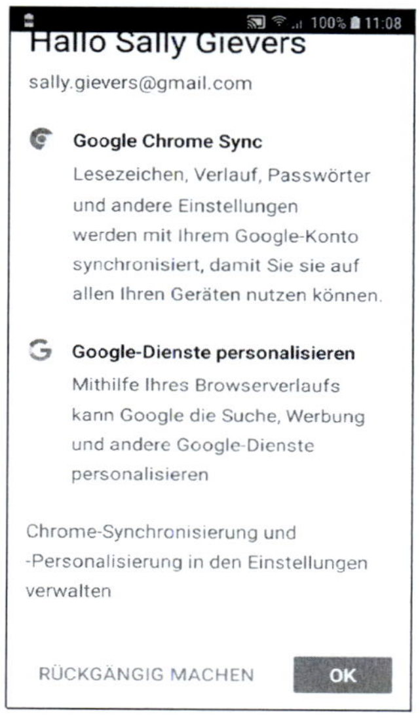

❶ Führen Sie auf dem Bildschirm eine Wischgeste nach oben durch.

❷ Schließen sie den Bildschirm mit *OK*.

❸ Eventuell weist Sie der Chrome-Browser auf den sogenannten Datensparmodus hin. Wenn Sie ihn aktivieren reduzieren Sie die über das Internet übertragene Datenmenge und der Browser baut Webseiten schneller auf. Einziger Nachteil: Der Datenverkehr läuft dann über Google-Server, was nicht jedem Anwender gefallen dürfte. Deshalb sollten Sie als Mitarbeiter in einem Unternehmen vorher mit Ihrem IT-Zuständigen sprechen.

❶ Das Adressfeld steht Ihnen am oberen Bildschirmrand zur Verfügung. Tippen Sie einfach dort hinein, wenn Sie eine andere Webseite aufrufen möchten.

❷❸ Wird eine umfangreichere Webseite angezeigt, müssen Sie später eventuell erst mit dem Finger auf dem Bildschirm nach unten ziehen (Wischgeste), um die Adressleiste anzuzeigen. Tippen Sie dann in das Eingabefeld.

❶ Durch »Kneifen« ändern Sie die Anzeige: Tippen und halten Sie Mittelfinger und Daumen gleichzeitig auf dem Bildschirm und ziehen Sie beide auseinander, was in die Webseite hereinzoomt. Ziehen Sie dagegen die beiden Finger zusammen, zoomen Sie wieder heraus. Es ist egal, ob Sie nun vertikal oder waagerecht »kneifen«.

❷ Die ↖-Schaltleiste bei den Vorschlägen verzweigt auf weitere Vorschläge.

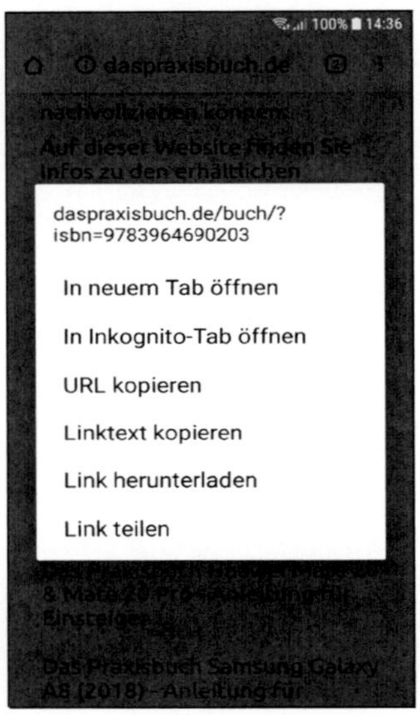

❶ Einem Link folgen Sie, indem Sie ihn antippen.

❷ Tippen und halten Sie den Finger über einem Link für weitere Funktionen:

- *Im neuen Tab öffnen*: Öffnet den Link in einem neuen Browser-Tab.
- *In Inkognito-Tab öffnen*: Öffnet den Link im privaten Modus, bei der alle Cookies oder andere Daten wieder gelöscht werden, wenn man den Tab später schließt.
- *URL kopieren; Linktext kopieren*: Kopiert die Webadresse beziehungsweise den Linktext in die Zwischenablage, von wo man sie später in andere Anwendungen wieder einfügen kann.
- *Link herunterladen*: Speichert die Webseite auf der Speicherkarte im Verzeichnis *download*.
- *Link teilen*: Webadresse an jemand anders per E-Mail, Bluetooth, usw. senden.

Verwenden Sie die ‹-Taste, um zur letzten angezeigten Seite zurückzukehren. Beachten Sie aber, dass der Browser verlassen wird, wenn Sie die ‹-Taste drücken, während die zuerst aufgerufene Seite angezeigt wird.

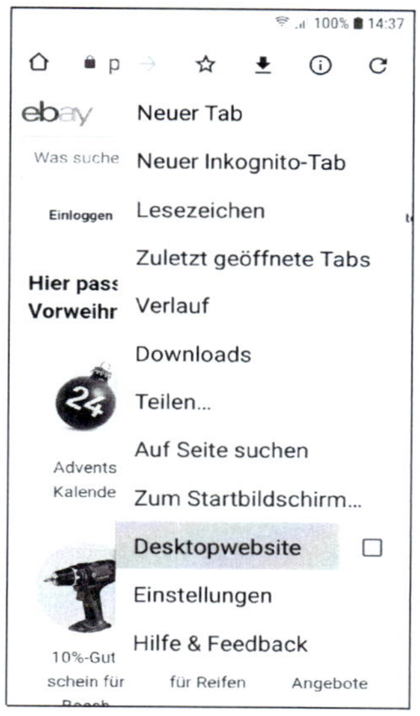

➊ Viele Websites werten den verwendeten Browser aus und optimieren dann die Webseiten für die Besucher entsprechend. Ein gutes Beispiel ist Ebay, wo man mit Smartphones und Tablets nur eine vereinfachte und funktionsbeschränkte Weboberfläche zu sehen bekommt.

➋➌ Eine vollwertige Anzeige erhalten Sie im Browser, wenn Sie ⁝/*Desktopwebsite* aktivieren. Beachten Sie, dass sich dann die Ladezeiten erhöhen.

13.1 Tabs

Heutzutage bietet jeder PC-Webbrowser die Möglichkeit, mehrere Webseiten gleichzeitig anzuzeigen, wobei die sogenannten Tabs zum Einsatz kommen. Sofern Sie bereits Tabs auf dem PC-Webbrowser genutzt haben, dürften Sie also vieles wiedererkennen.

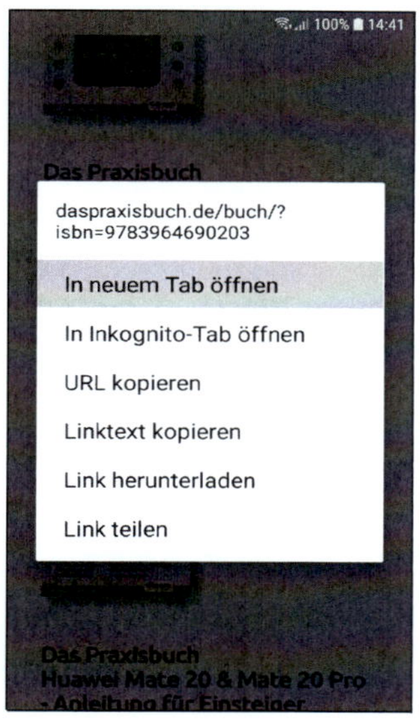

➊➋ Tippen und halten Sie einen Finger über dem Link, bis das Popup-Menü erscheint. Wählen Sie dann *In neuem Tab öffnen*. Der Browser-Tab wird im Hintergrund geöffnet.

Einen leeren Tab öffnen Sie mit ⁝/*Neuer Tab*.

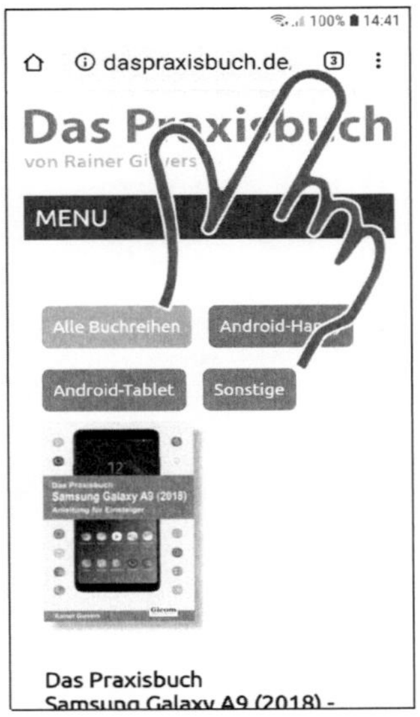

❶ Die geöffneten Tabs zeigt dann die 2-Schaltleiste (Pfeil) an.

❷ Eine Wischgeste blättert durch die Tabs. Tippen Sie einen Tab an, den Sie wieder im Browser anzeigen möchten.

❸ Wischen nach links oder rechts schließt einen Tab. Alternativ betätigen Sie eine der ✕-Schaltleisten.

❶❷ Eine Besonderheit ist der Inkognito-Modus, den Sie über ⋮/*Neuer Inkognito-Tab* aktivieren: In diesem Tab surfen Sie anonym, das heißt, der Browser speichert nach Verlassen des Inkognito-Tabs keine Daten und löscht von Websites angelegte Cookies.

❶❷ Den Inkognito-Modus verlässt man, indem Sie die 2-Schaltleiste (Pfeil) antippen und dann die X-Schaltleiste betätigen.

13.2 Lesezeichen

Häufig besuchte Webseiten werden Sie als sogenanntes Lesezeichen abspeichern, damit Sie die entsprechende Webadresse nicht immer neu eingeben müssen. Stattdessen rufen Sie einfach das Lesezeichen auf.

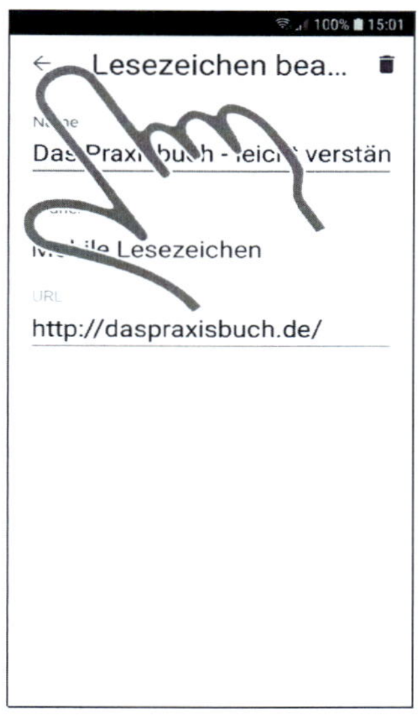

❶ So speichern sie ein Lesezeichen: Aktivieren Sie das ⋮-Menü und tippen Sie darin ★ an.

❷❸ Das Lesezeichen wird angelegt. Falls Sie es noch bearbeiten möchten (zum Beispiel einen anderen Namen geben) dann betätigen Sie *BEARBEITEN*. Schließen Sie den Bildschirm anschließend über die ←-Schaltleiste oben links.

❶❷ Das Bearbeiten des Lesezeichens ist alternativ auch über das ⋮-Menü möglich. Tippen Sie darin ★ an.

❶ Mit ⋮/*Lesezeichen* öffnen Sie die Lesezeichenverwaltung.

❷❸ Gehen Sie auf *Mobile Lesezeichen*.

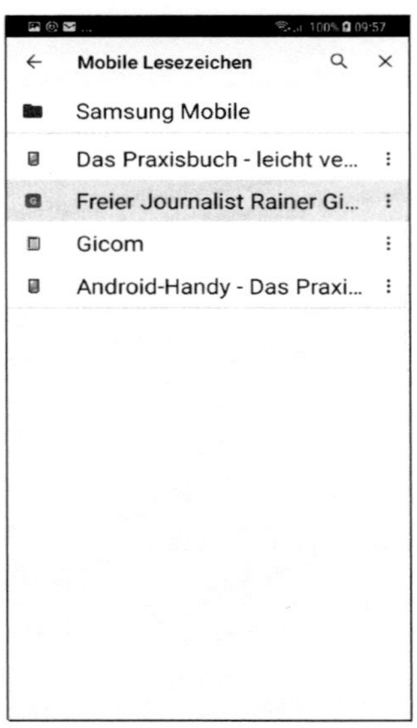

❶ Rufen Sie mit ⋮/*Lesezeichen* die Lesezeichenverwaltung auf und tippen Sie den *Mobile Lesezeichen*-Ordner an.

❷ Tippen Sie in der Lesezeichenverwaltung ein Lesezeichen an, damit die zugehörige Webadresse im Browser geladen wird.

❸ Halten Sie den Finger über einem Lesezeichen für diese Funktionen gedrückt. Das Handy schaltet in den Markierungsmodus und bei Bedarf können Sie weitere Lesezeichen durch kurzes Antippen markieren. Die Bedeutung der Schaltleisten:

- ✎: Lesezeichen bearbeiten (es darf nur ein Lesezeichen markiert sein).
- ➔: Lesezeichen in einen anderen Ordner verschieben. Auf die Ordner-Funktion geht dieses Buch nicht ein.
- 🗑: Lesezeichen löschen.

Die ❮-Taste beendet den Markierungsmodus.

Die Lesezeichen werden mit Ihrem Google-Konto synchronisiert, das heißt, wenn Sie sich auf einem anderen Android-Gerät bei Ihrem Google-Konto anmelden, sind dort im Browser Ihre Lesezeichen verfügbar.

13.3 Dateien herunterladen

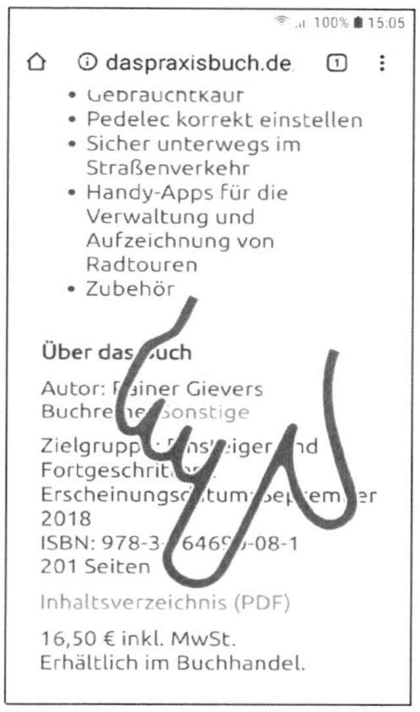

❶❷❸ Wenn Sie einen Link antippen, der auf eine Datei verweist, lädt der Browser diese automatisch herunter und öffnet sie im passenden Programm. Beim ersten Mal müssen Sie den Speicherzugriff allerdings mit *Weiter* und *Zulassen* erlauben.

Alle heruntergeladenen Dateien landen im Verzeichnis *Download* im Gerätespeicher.

Nach dem Download fragt Sie das Galaxy eventuell nach dem Programm, mit dem Sie die Datei öffnen möchten. Dies geschieht immer, wenn mehr als eine vorinstallierte Anwendung den gleichen Dateityp verarbeiten kann. Wählen Sie eine der Optionen aus.

13.4 Zum Suchen tippen

Die »Zum Suchen tippen«-Funktion liefert zu von Ihnen in Webseiten markierten Wörtern Suchergebnisse.

➊ Tippen und halten Sie den Finger auf einer Webseite über einen Begriff an, zu dem Sie mehr wissen möchten.

➋ Am unteren Bildschirmrand gehen Sie dann auf den Begriff.

➌ Schließen Sie den Hinweis mit *ZULASSEN*.

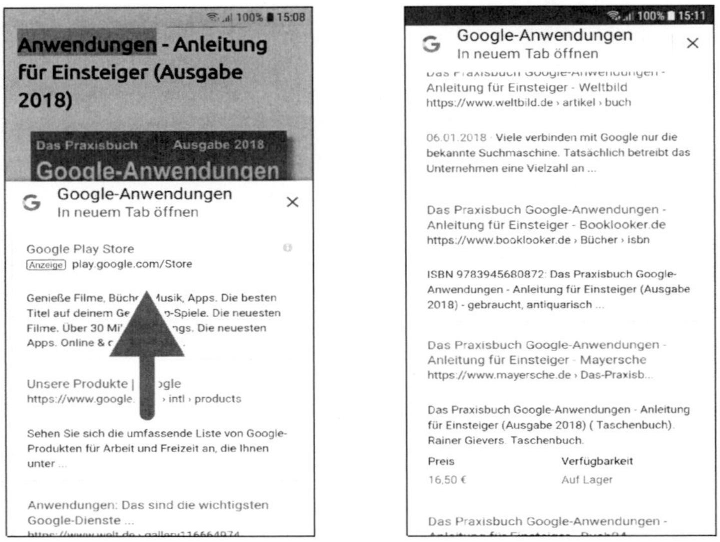

Der Webbrowser zeigt die Google-Suchergebnisse an. Ziehen Sie diese mit einer Wischgeste nach unten, um sie zu schließen, oder nach oben, was sie im Vollbildschirm anzeigt.

13.5 Einstellungen

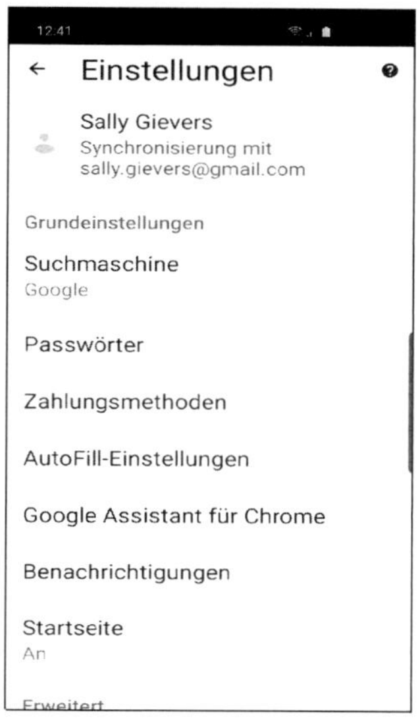

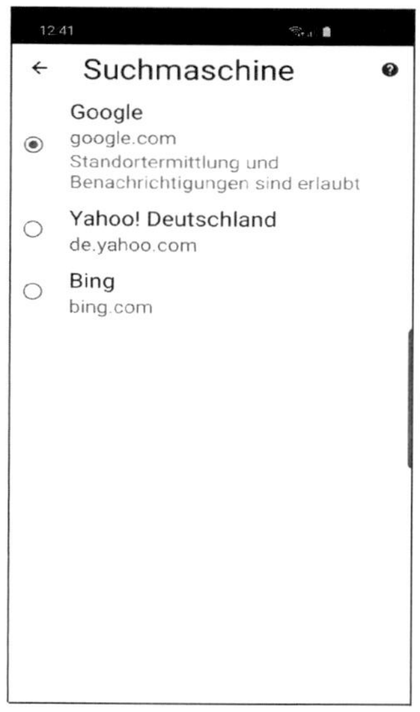

❶ Für die Browserkonfiguration gehen Sie auf ⋮/*Einstellungen.*

❷ Die hier angebotenen Optionen:

- *(Ihr Konto)@gmail.com*: Verwaltet die Synchronisation der Lesezeichen mit Ihrem Google-Konto.

Unter *Grundeinstellungen:*

- *Suchmaschine* (❸): Stellt die zu verwendende Suchmaschine ein (die Suche erfolgt automatisch, wenn Sie einen Begriff in der Browser-Adresszeile eingeben).
- *Passwörter*: Verwaltet alle Passwörter, die zwischengespeichert und das nächste Mal automatisch eingefügt werden. Sofern das Galaxy von mehreren Personen genutzt wird, sollten Sie diese Option deaktivieren.
- *Zahlungsmethoden*: Wenn Sie online einkaufen, füllt Ihnen der Chrome-Browser automatisch Eingabefelder aus, in denen nach Ihrer Kreditkarte gefragt wird. Weil in Europa meistens per Überweisung oder Paypal bezahlt wird, macht dieses Menü keinen Sinn.
- *AutoFill-Einstellungen*: Die hier erfassten Texte mit Ihren Adressdaten schlägt der Browser automatisch vor, wenn Sie in ein passendes Eingabefeld tippen (zum Beispiel Adressfelder in einem Online-Shop).
- *Google Assistant für Chrome*: Diese Funktion sorgt für das automatische Ausfüllen von Web-Formularen.
- *Benachrichtigungen*: Die Benachrichtigungen sollten Sie nicht ändern, zumal sie ohnehin nur selten stattfinden.
- *Startseite*: Die Startseite lädt der Chrome-Browser beim ersten Aufruf. Sie können hier eine beliebige andere Webseite einstellen.

Unter *Erweitert:*

- *Datenschutz*: Löschen Sie hier vom Chrome-Browser gespeicherte Daten und stellen Sie ein, ob der Browser bei der Adresseingabe Vorschläge macht.
- *Bedienungshilfen*: Standardschriftgröße bei den angezeigten Webseiten.
- *Website-Einstellungen*: Cookies, Übermittlung des Standorts, JavaScript, usw. zulassen.
- *Sprachen*: Einige Websites werten die Seitenanforderungen des Webbrowsers aus, und zeigen dann die Webseiten in der richtigen Landessprache an. Die Sprache stellen Sie hier ein.
- *Datensparmodus*: Beschleunigt die Datenübertragung, indem aufgerufene Webseiten zuerst von Google selbst eingeladen, komprimiert und dann im Chrome geladen werden. Dies ist nicht möglich für verschlüsselte Websites (beispielsweise beim Online-Banking). Sofern Sie auf Ihren Datenschutz Wert legen, sollten sie auf diese Funktion ver-

zichten.

- *Downloads*: Legen Sie fest, in welchem Verzeichnis heruntergeladene Dateien (siehe Kapitel *13.3 Dateien herunterladen*) abgelegt werden.
- *Über Google Chrome*

13.5.1 Datenschutz

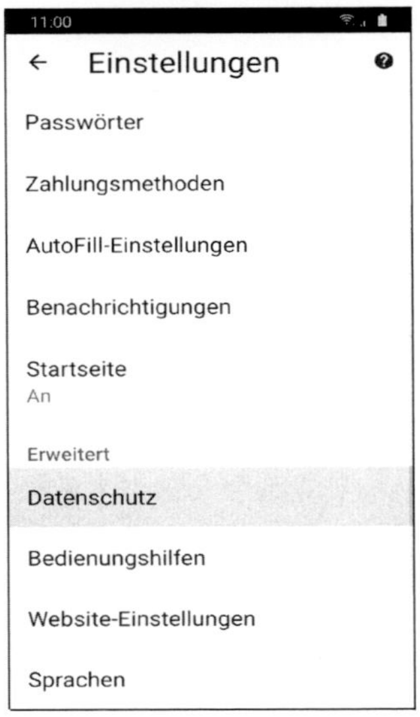

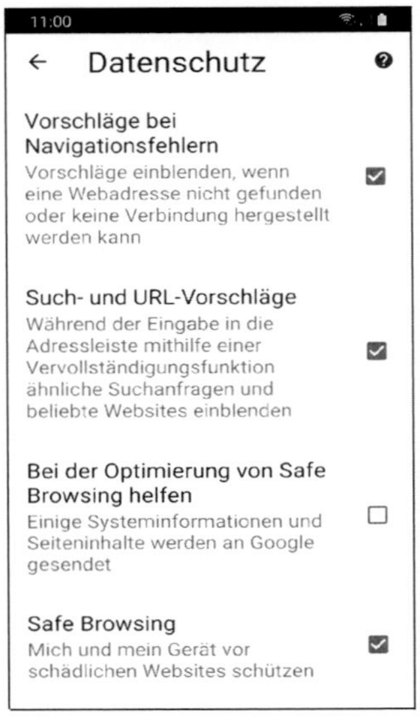

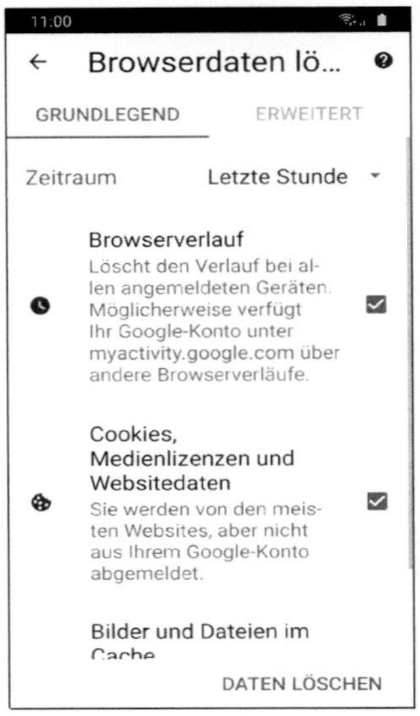

❶❷ Das *Datenschutz*-Menü konfiguriert:

- *Vorschläge bei Navigationsfehlern*: Wenn Sie eine Webadresse falsch eingeben, sodass sie nicht geladen werden kann, erscheint normalerweise die Meldung »Diese Webseite ist nicht verfügbar«. Aktivieren Sie *Vorschläge bei Navigationsfehlern*, so macht der Chrome-Browser Vorschläge wie die Webadresse korrekt lauten könnte.
- *Such- und URL-Vorschläge*: Schon während der Eingabe einer Webadresse, beziehungsweise von Suchbegriffen macht der Browser Vorschläge zu den möglicherweise gesuchten Webseiten, die man dann direkt anzeigen lassen kann.
- *Bei der Optimierung von Safe Browsing helfen*: Google wird automatisch informiert, wenn Websites versuchen, sicherheitsrelevante Sperren des Browsers zu überwinden.
- *Safe Browsing*: Der Browser blockiert automatisch den Zugriff auf Webseiten, die Google als gefährlich identifiziert hat.
- *Vervollständigungen für Seiten verwenden*: Nicht von Google dokumentiert.
- *Auf Zahlungsmethoden zugreifen*: Nicht von Google dokumentiert.
- *Nutzungs- und Absturzberichte*: Legt fest, ob der Chrome-Browser anonyme Nutzungsberichte an Google senden darf, die Google dann für Optimierungen verwendet.
- *"Do Not Track"*: Der Browser sendet an aufgerufene Webseiten einen Befehl, dass diese keine Benutzerdaten auswerten darf (beispielsweise für Werbung). In der Praxis hat dies aber keine Auswirkungen, weil sich kein Webseitenbetreiber daran hält.
- *Zum Suchen tippen*: Zu einem von Ihnen markierten Stichwort zeigt Google Definitionen und Suchergebnisse.

❸ Rufen Sie *Browserdaten löschen* auf für das Auswahlmenü:

- *Browserverlauf*: Die Adressen einmal besuchter Seiten speichert der Browser zwischen und zeigt sie dann als Auswahl an, wenn Sie eine ähnliche Webadresse in der Adresszeile angeben.
- *Cookies und Websitedaten*: Cookies sind Daten, die von Webseiten auf Ihrem Gerät abgelegt werden, um Sie bei einem späteren Besuch wiedererkennen zu können. Es dürfte nur sehr selten Sinn machen, die vom Browser angelegten Cookies zu löschen.
- *Bilder und Dateien im Cache*: Zwischengespeicherte Dateien.

Nachdem Sie die gewünschten Optionen eingestellt haben, betätigen Sie *DATEN LÖSCHEN*.

13.5.2 Bedienungshilfen

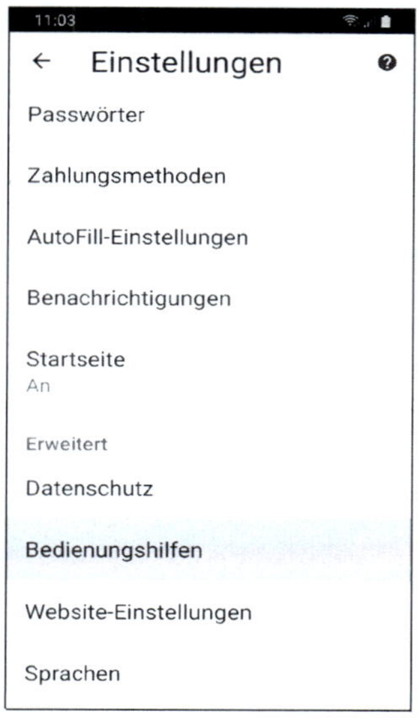

❶❷ Das *Bedienungshilfen*-Menü sind für Personen mit eingeschränkter Sehkraft gedacht:

- *Text-Skalierung*: Vergrößert die Textdarstellung.
- *Zoom zwingend aktivieren*: Manche für Handys optimierte Webseiten lassen sich nicht durch Doppeltippen oder eine Kneifgeste vergößern. Wenn Sie das stört, aktivieren Sie diese Option.
- *Vereinfachte Ansicht für Webseiten*: Nicht von Google dokumentiert.

13.5.3 Website-Einstellungen

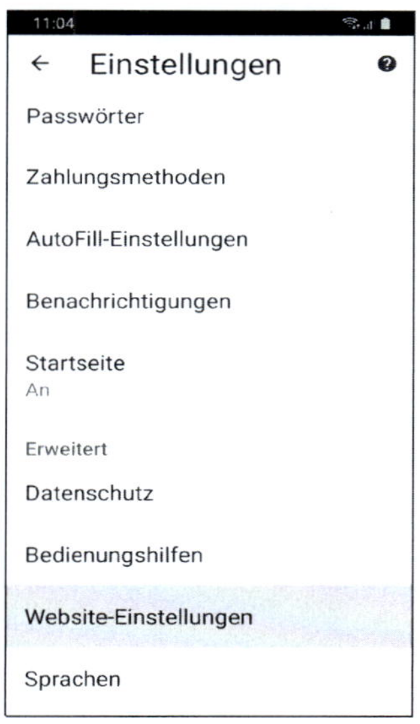

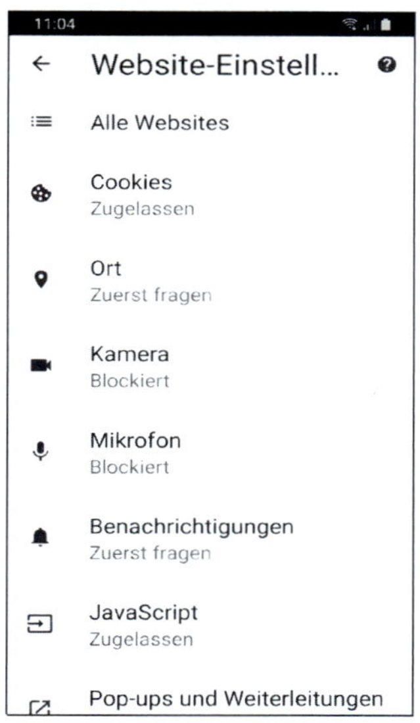

❶❷ In den *Website-Einstellungen* legen Sie fest, welche Daten oder Funktionen von Ihnen besuchte Websites nutzen dürfen. Sofern Sie nicht genau wissen, was Sie tun, sollten Sie die Voreinstellungen nicht verändern:

- *Cookies*: Wie bereits oben erwähnt, sind Cookies wichtig, damit man von Webseiten eindeutig zugeordnet werden kann. Insbesondere Websites, in die man sich über Login und Passwort einloggen kann, sowie Webshops, sind häufig auf Cookies angewiesen. Sie sollten also die Option *Cookies* nicht deaktivieren.
- *Standort*: Google kann für Suchanfragen Ihren aktuellen (GPS-)Standort auswerten, genauso verwenden manche Websites Ihren Standort, um für Ihre Standort optimierte Angebote bereitzustellen. Ein Beispiel dafür ist die Google-Suchmaschine selbst.

- *Kamera; Mikrofon*: Nur wenige Websites dürften den Zugriff auf Ihre Kamera oder das Mikrofon benötigen. Uns fällt jedenfalls kein Grund dafür ein.
- *Benachrichtigungen*: Auch wenn die angezeigte Webseite sich gerade im Hintergrund befindet (in einem anderen Browser-Tab), kann sie auf Ereignisse aufmerksam machen.
- *JavaScript*: JavaScript ist eine Programmiersprache, die in Webseiten eingebettet sein kann, um dort interaktive Funktionen zu realisieren. Dazu gehören zum Beispiel Eingabefeldprüfungen. Weil sonst viele Webseiten nicht mehr funktionieren, sollten Sie JavaScript immer aktiviert haben.
- *Pop-ups*: Viele Websites öffnen Popup-Fenster (Tabs), beispielsweise mit Werbung, wenn man sie besucht. Deshalb werden Popup-Fenster standardmäßig blockiert.
- *Hintergrund-Sync:* Auch wenn sich eine angezeigte Webseite im Hintergrund befindet, kann sie die Anzeige aktualisieren.
- *Medien*: Wählen Sie aus, ob kopiergeschützte Videos abgespielt werden dürfen. Auch das Autoplay, mit dem Videos sofort abgespielt werden, sobald sie eine Webseite aufrufen, stellen Sie hier ein.
- *Google Übersetzer*: Der Chrome-Browser unterstützt die automatische Übersetzung von fremdsprachlichen Texten. Sobald sie eine ausländische Webseite aufrufen, werden Sie gefragt, ob eine Übersetzung gewünscht wird.
- *Speicher*: Listet die von den bisher besuchten Websites angelegten Cookies auf.
- *USB*: Listet die Dateien auf einem angeschlossenem USB-Stick auf.
- *Zwischenablage*: Eine Website darf Daten aus der Zwischenablage (siehe Kapitel *35.4 Texte kopieren, ausschneiden und einfügen*) übernehmen.

13.6 Lesezeichen auf dem Startbildschirm

❶❷ Der schnelle Aufruf von Lesezeichen aus dem Startbildschirm ist über das *Chrome-Lesezeichen*-Widget möglich. Gehen Sie dazu auf *Chrome* in den Widgets. Wie Sie diese auf dem Startbildschirm anlegen, erfahren Sie im Kapitel *4.7.2 Widgets*.

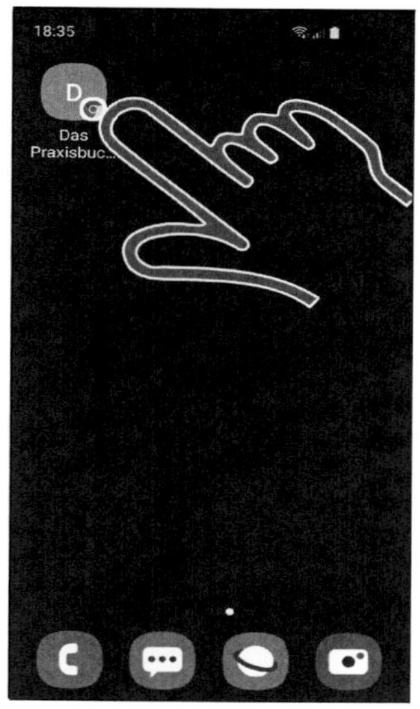

❶❷ Alternativ rufen Sie ⋮/*Zum Startbildschirm hinzufügen* auf, während eine Webseite angezeigt wird. Ändern Sie gegebenenfalls den Namen und betätigen Sie *HINZUFÜGEN* und dann erneut *Hinzufügen.*

❸ Die Webseite können Sie nun direkt über den Schnellzugriff im Startbildschirm aufrufen.

14. WhatsApp

WhatsApp ist ein sogenannter Messenger, über den Sie Nachrichten an andere Personen senden und von diesen empfangen können. Im Prinzip ähnelt die WhatsApp-Funktionsweise dem SMS-Versand, wobei allerdings für die Kommunikation eine Internetverbindung benötigt wird und keine zusätzlichen Kosten anfallen.

Nutzer von WhatsApp müssen sich nicht mit einem Login und Passwort bei WhatsApp anmelden, sondern identifizieren sich durch ihre Handynummer. Dies bringt leider den Nachteil mit sich, dass eine Nutzung nur über Handys und Tablets mit SIM-Karte möglich ist. Deshalb war es lange Zeit unmöglich, auf einem PC WhatsApp zu verwenden. Mit einem Trick, bei dem von der Handykamera ein Code auf dem Bildschirm eingelesen wird, umgehen die WhatsApp-Entwickler inzwischen dieses Problem. Ein Tablet oder Handy mit SIM-Karte wird aber weiterhin benötigt.

14.1 Erster Start

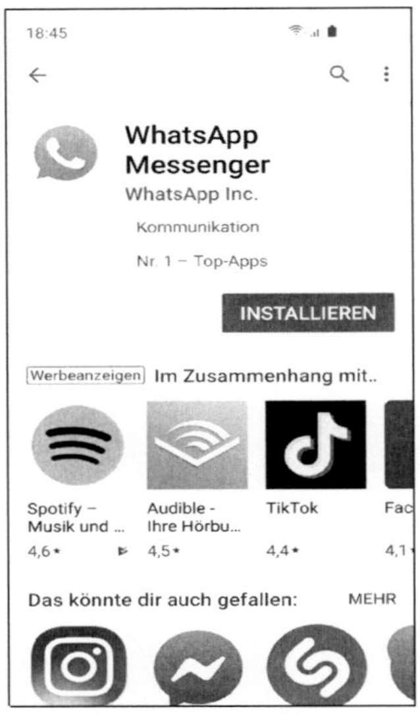

➊ Suchen und installieren Sie *WhatsApp Messenger* aus dem Google Play Store (siehe Kapitel *26.1 Play Store*).

➋ *WhatsApp* finden Sie nun im Hauptmenü.

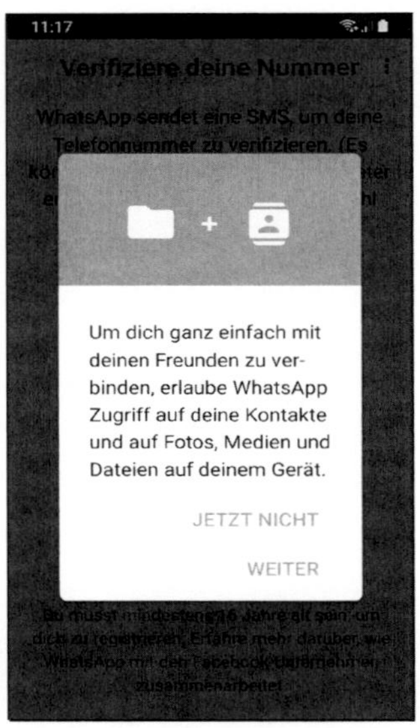

➊➋ Beim ersten Start des Programms betätigen Sie *ZUSTIMMEN UND FORTFAHREN* und schließen die folgenden Sicherheitsabfragen mit *WEITER* beziehungsweise *Zulassen.*

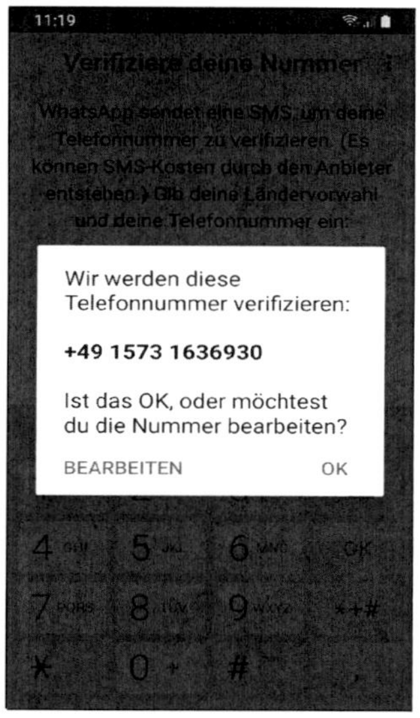

➊ Beim ersten Start des Programms müssen Sie sich erst beim WhatsApp-Netzwerk identifizieren, was über eine SMS geschieht. Geben Sie Ihre Handynummer ein und schließen Sie den Vorgang mit der grünen Schaltleiste neben dem Eingabefeld ab.

➋ Betätigen Sie die Sicherheitsabfrage mit *OK*. Warten Sie, während der Bestätigungsvorgang abläuft.

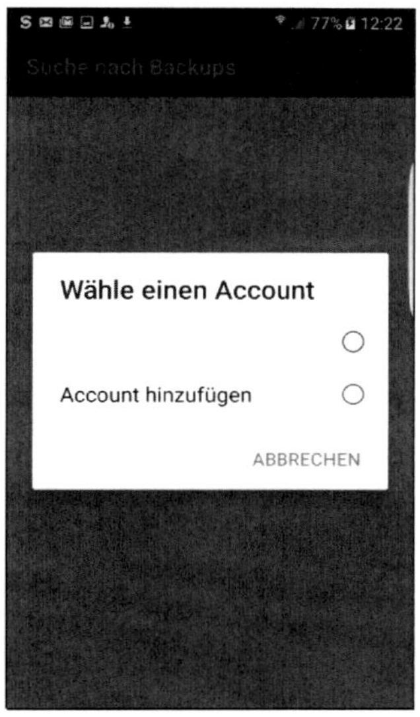

➊ Schließen Sie den Dialog mit *BERECHTIGUNG GEWÄHREN*. Eventuell müssen Sie danach noch Ihr Google-Konto auswählen. Anschließend betätigen Sie *ZULASSEN*.

➋ Sofern Sie WhatsApp bereits mal genutzt haben, erhalten Sie die Möglichkeit, alle WhatsApp-Nachrichten wiederherzustellen. Dazu wählen Sie Ihr Google-Konto aus. Andernfalls gehen Sie auf *ABBRECHEN* beziehungsweise *ÜBERSPRINGEN*.

➊ Noch während der Einrichtung wird Sie WhatsApp auf die neuen Datenschutzrichtlinien aufmerksam machen. Betätigen Sie *WEITER*.

➋ Aktivieren Sie das Abhakkästchen bei *Bestätige, dass du mindestens 16 Jahre alt bist und gehen Sie auf ZUSTIMMEN.*

➊ Erfassen Sie Ihren Namen und tippen Sie auf *WEITER.*

➋ Der WhatsApp-Hauptbildschirm erscheint.

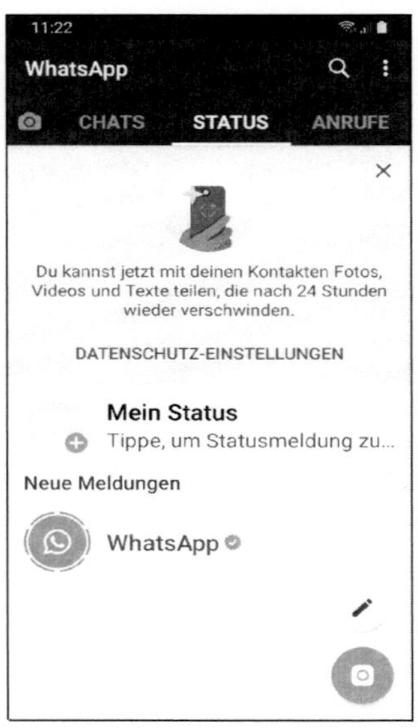

➊ Die Register am oberen Bildschirmrand schalten um zwischen:

- 📷: Foto/Video erstellen/versenden.
- *CHATS*: Schreiben Sie mit anderen WhatsApp-Nutzern. Dabei ist es auch möglich, Sprachaufnahmen und Dateien zu versenden.
- *STATUS* (❷): Stellen Sie ein Foto beziehungsweise einen Text ein, den andere für eine bestimmte Zeitspanne zu Gesicht bekommen. Falls Sie die Snapchat-Anwendung kennen, dürfte Ihnen diese Funktion bekannt vorkommen.
- *ANRUFE*: Sie können mit anderen WhatsApp-Nutzern telefonieren. Dabei baut das Handy keine Sprachverbindung über das Mobilfunknetz auf, sondern die Sprachübertragung erfolgt über das Internet. Deshalb fallen keine Telefonkosten an.

14.2 Nachrichten schreiben

Damit Sie einer anderen Person per WhatsApp schreiben können, muss er sich mit seiner Handynummer in Ihrem Telefonbuch (siehe Kapitel *7 Telefonbuch*) befinden. Außerdem ist es notwendig, auf seinem Handy oder Tablet ebenfalls WhatsApp zu installieren.

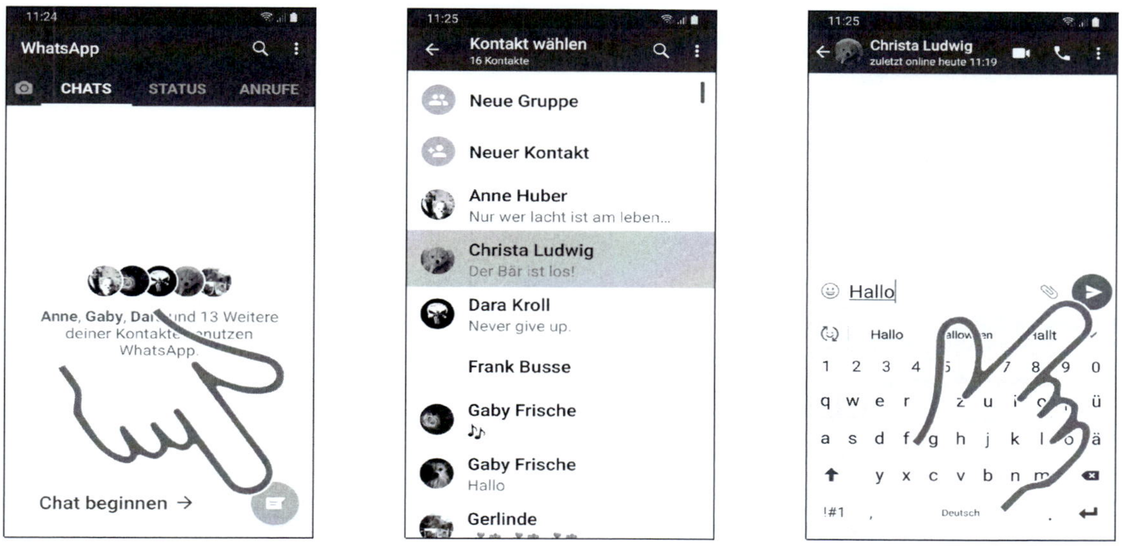

❶ Betätigen Sie 💬.

❷ WhatsApp listet alle Kontakte auf, die das soziale Netzwerk nutzen, aus denen Sie einen auswählen.

❸ Nach Eingabe eines Textes versenden Sie ihn mit ➤.

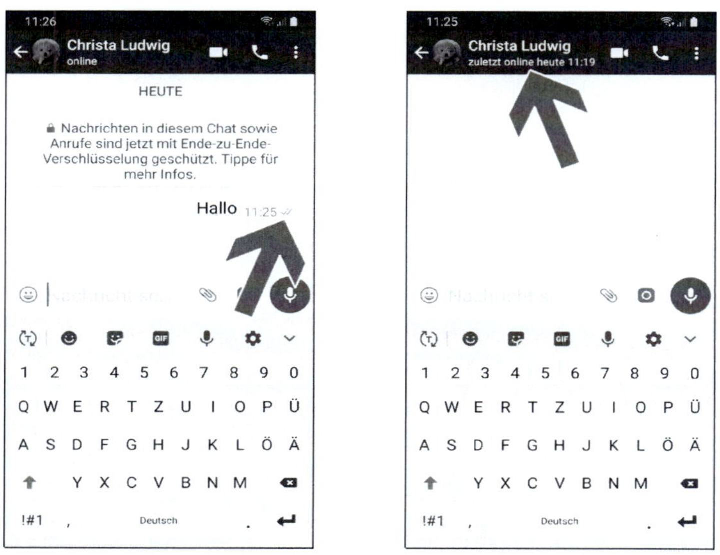

❶ Ein Haken hinter jeder Ihrer Nachrichten informiert über den Versandstatus:

- ✓: Nachricht wurde erfolgreich versandt, aber noch nicht dem Empfänger zugestellt (beispielsweise weil er sich in einem Funkloch befindet oder sein Handy abgestellt hat).

- ✓✓: Der Doppelhaken erscheint zunächst grau, sobald die Nachricht den Empfänger erreicht. Hat der Empfänger sie gelesen, wir der Doppelhaken blau eingefärbt.

❷ Der Hinweis »online« beziehungsweise das Datum (Pfeil) informiert am oberen Bildschirmrand darüber, ob und wann der Empfänger zuletzt online war.

14.3 Nachrichten empfangen

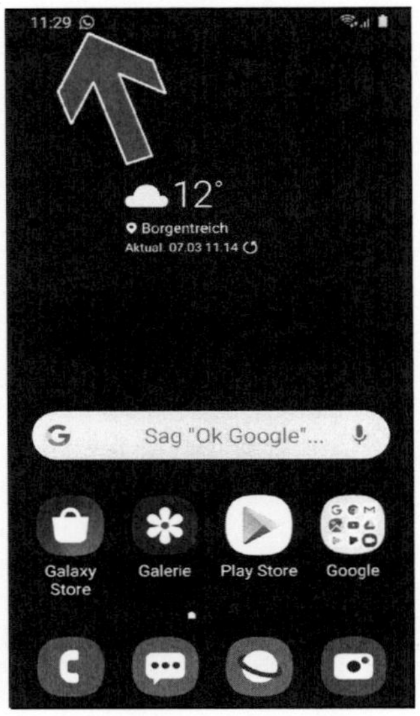

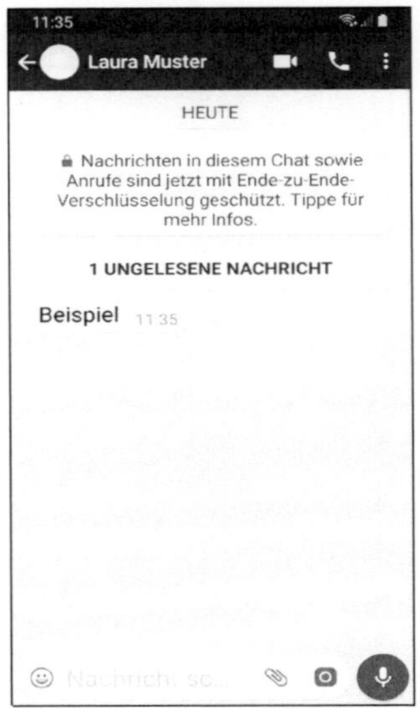

❶ Sie müssen die WhatsApp-Anwendung nicht permanent geöffnet haben, denn auch wenn Sie gerade nicht damit arbeiten, informiert Sie das Galaxy mit akustischem Signal und Hinweis in der Titelleiste (Pfeil) über neu vorliegende Nachrichten.

❷❸ Starten Sie dann entweder die WhatsApp-Anwendung oder gehen Sie im Benachrichtigungsfeld auf den WhatsApp-Eintrag.

14.4 Weitere Funktionen

❶❷ Auf die Konversationen mit Ihren Kontakten greifen Sie über die Auflistung im Hauptmenü zu.

❶ Besonders beliebt ist die Option, Fotos oder Sprachaufnahmen zu verschicken, was über die Schaltleisten am unteren Bildschirmrand (Pfeil) erfolgt.

❷❸ Beim Fotoversand knipsen Sie zunächst mit der blauen Schaltleiste (Pfeil) ein Bild, danach erfolgt mit ✓ der Versand.

❶❷ Andere Dateien, darunter auch bereits auf dem Handy vorhandene Fotos, verschicken Sie dagegen über die 📎-Schaltleiste.

14.5 Telefonie über WhatsApp

Wie bereits erwähnt, bietet WhatsApp eine Telefonie-Funktion, welche über das Internet statt über eine Mobilfunk-Sprachverbindung erfolgt und deshalb kostenlos ist.

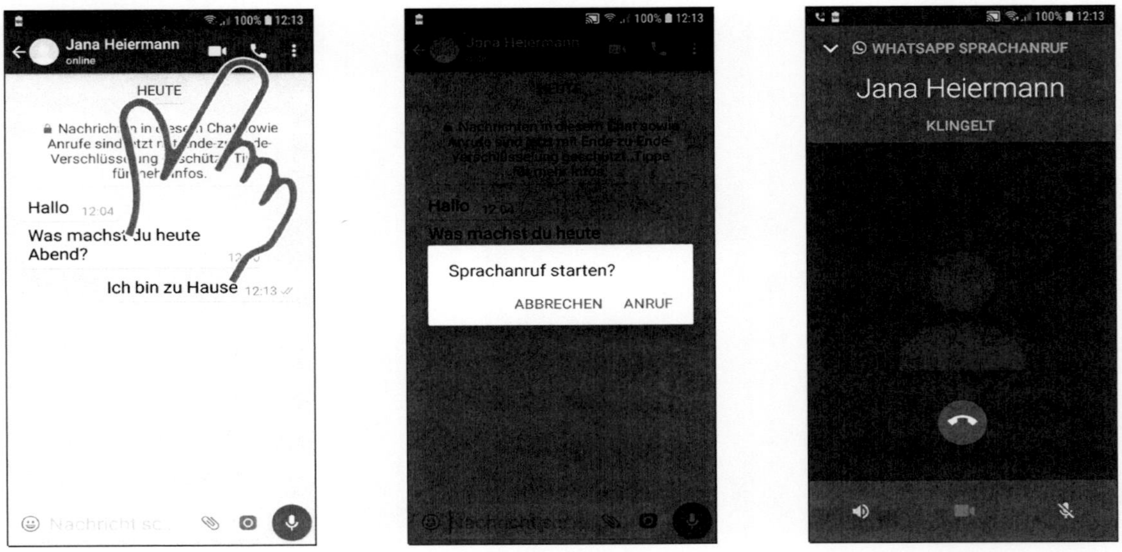

❶❷❸ Anrufe führen Sie jederzeit in einem Chat über die 📞-Schaltleiste (Pfeil) durch (die Schaltleiste daneben dient Videoanrufen). Schließen Sie die folgenden Popups mit *ANRUF* beziehungsweise *ZULASSEN*.

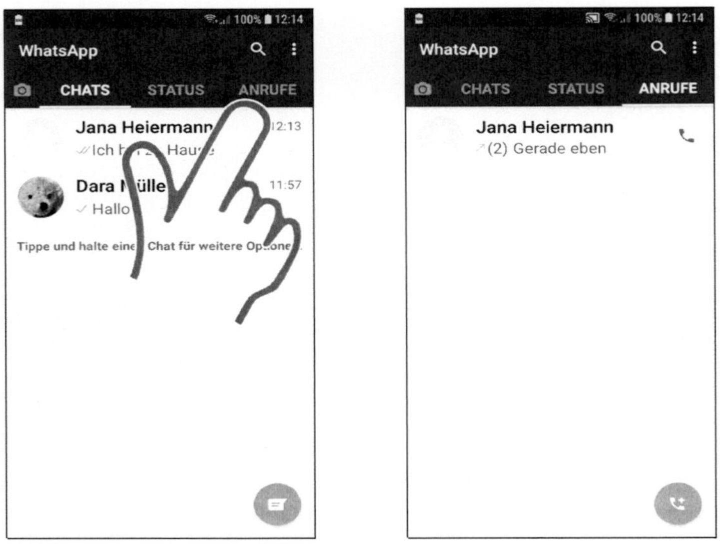

❶❷ Die durchgeführten Anrufe listet das *ANRUFE*-Register (Pfeil) auf.

15. Google Maps

Google Maps zeigt nicht nur Straßenkarten, sondern auch Satellitenansichten an und dient als mobiles Navigationsgerät. Beachten Sie, dass Google Maps die Kartenausschnitte jeweils aus dem Internet lädt, also eine WLAN- oder Mobilfunkverbindung bestehen muss.

Google Maps können Sie auch auf dem Desktop-PC im Webbrowser nutzen: Geben Sie dort *maps.google.de* als Webadresse ein.

15.1 Google Maps nutzen

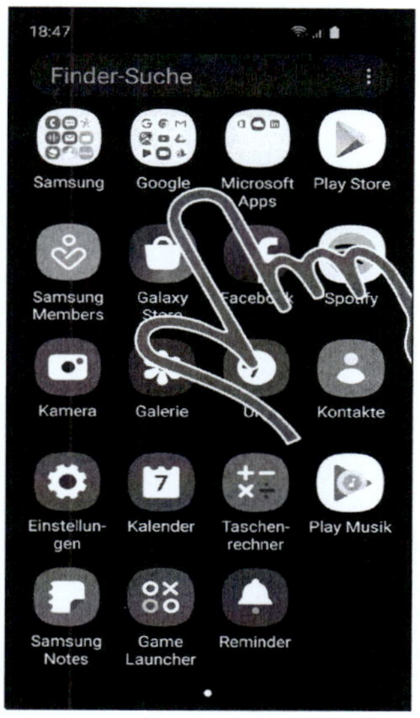

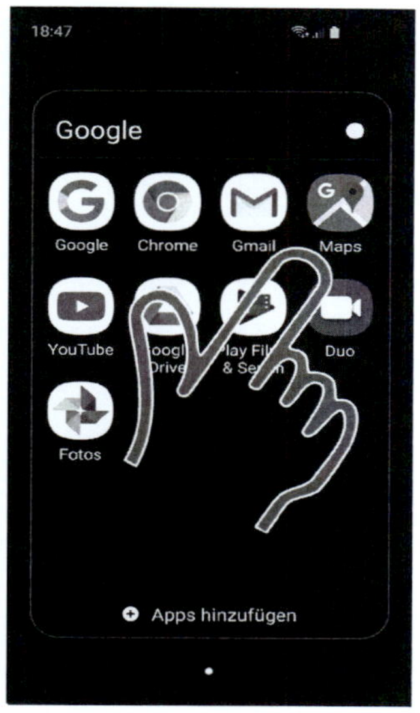

❶❷ Gehen Sie auf den *Google*-Ordner und darin auf *Maps*.

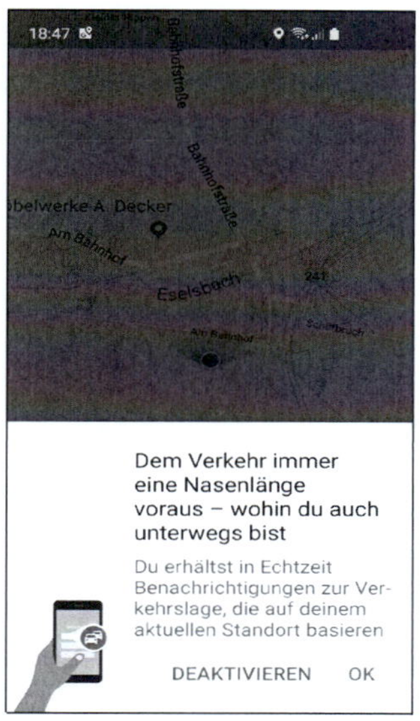

❶ Eventuell fordert Sie Google Maps auf, Ihren Standortverlauf zu aktivieren. Betätigen Sie *AKTIVIEREN*.

❷ Schließen Sie den Hinweis mit *OK*.

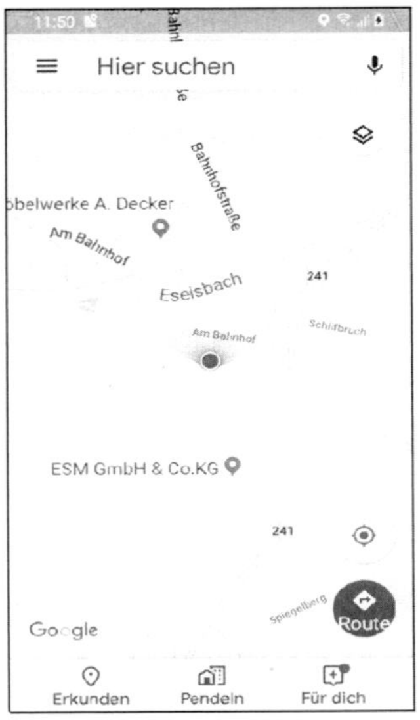

❶❷ Das Schnellmenü am unteren Bildschirmrand sollten Sie mit einer Wischgeste nach unten schließen, denn wir kommen darauf noch später zurück.

Hinweis: Sollte das Schnellmenü nicht angezeigt werden, dann wurde Google Maps nicht korrekt installiert. Wir haben die Erfahrung gemacht, dass in diesem Fall meistens ein Neustart des Handys hilft: Halten Sie dafür den Ein-/Ausschalter auf der rechten Geräteseite gedrückt, bis das Popup erscheint, in dem Sie *Neu starten* auswählen.

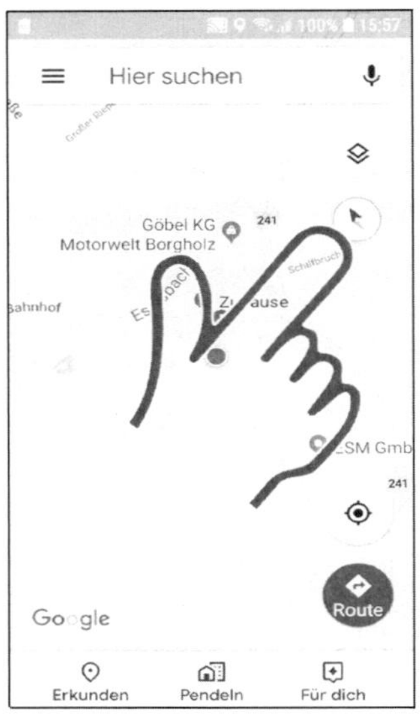

❶ Bei Google Maps ist Norden standardmäßig oben. Fußgänger dürften deshalb die Drehfunktion begrüßen: Tippen Sie mit zwei Fingern, zum Beispiel Daumen und Zeigefinger, auf das Display und drehen Sie beide Finger dann um sich selbst. Der Kartenausschnitt dreht sich mit. Als Fußgänger richten Sie so den Kartenausschnitt genau in Gehrichtung aus.

❷ Eine Kompassnadel oben rechts zeigt nun die Nord/Süd-Achse an. Tippen Sie darauf, richtet sich der Kartenausschnitt wieder nach Norden aus.

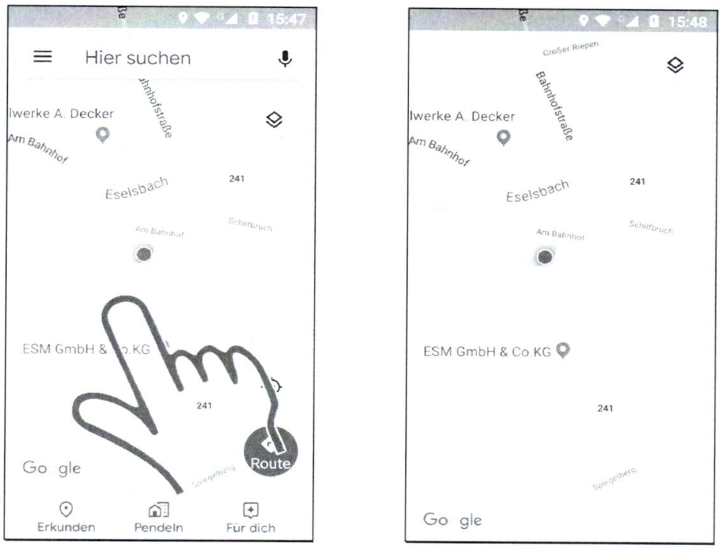

❶❷ Kurzes Tippen in die Karte blendet die Bedienelemente ein/aus.

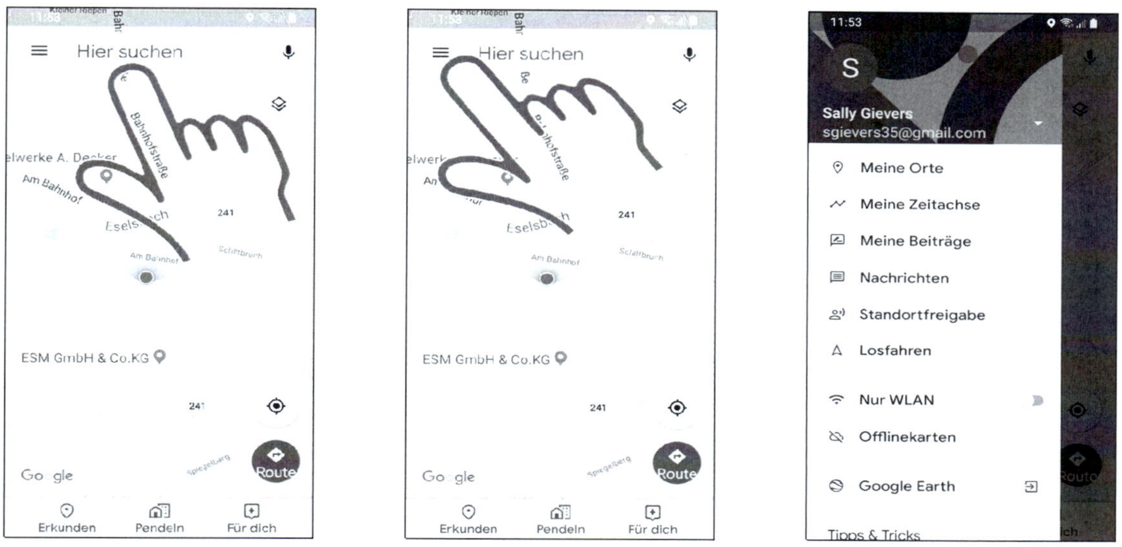

❶ Die Bedienelemente am oberen Bildschirmrand:

- Suchfeld (Pfeil): Nach Orten, Firmen, Adressen oder Sehenswürdigkeiten suchen.
- (Sprachsteuerung): Sprechen Sie einen Ort oder einen Point of Interest, nach dem Google Maps suchen soll.
- (»Route«): Plant eine Route und gibt Ihnen eine Wegbeschreibung.
- (»Mein Standort«, unten rechts im Bildschirm): Zeigt nach Antippen Ihre vom GPS-Empfänger ermittelte Position auf der Karte an. Dazu muss allerdings der GPS-Empfang (siehe nächstes Kapitel) aktiviert sein.

❷ Das Ausklappmenü:

- *Meine Orte* verwaltet die von Ihnen als Favoriten markierten Points of Interest, worauf Kapitel *15.9.1 Markierungen* noch eingeht.
- *Meine Zeitachse*: Ordnet Fotos, die Sie unterwegs mit der Kamera-Anwendung gemacht haben in einer Zeitachse ein. In der Praxis werden Sie diese Funktion selten verwenden.
- *Meine Beiträge*: Zu den von Ihnen besuchten Sehenswürdigkeiten, Restaurants, Museen, usw. (sogenannte Points of Interest) können Sie Bewertungen abgeben.
- *Nachrichten*: Dient der Kommunikation mit Unternehmen. In diesem Buch gehen wir nicht weiter darauf ein.
- *Standortfreigabe*: Anderen Personen automatisch Ihren Standort mitteilen.
- *Losfahren*: Startet die im Kapitel *15.7 Navigation* beschriebene Navigationsfunktion.

- *Nur WLAN*: Verhindert, dass die Kartendaten über die Internet-Mobilfunkverbindung heruntergeladen werden. Stattdessen verwendet Google Maps ausschließlich die WLAN-Verbindung.
- *Offlinekarten:* Google Maps benötigt normalerweise eine permanente Internetverbindung. Damit Sie auch unterwegs die Navigation funktioniert, bietet Google das vorherige Herunterladen der Kartendaten an. Darauf geht noch Kapitel *15.5 Kartenausschnitt auf dem Gerät speichern* ein.
- *Google Earth*: Verzweigt in den Play Store (siehe Kapitel *26.1 Play Store*), worin Sie die Google-Earth-Anwendung installieren können. Dieser »elektronische Globus« bietet allerdings kaum über Google Maps hinausgehende Funktionen.

15.2 Eigene Position

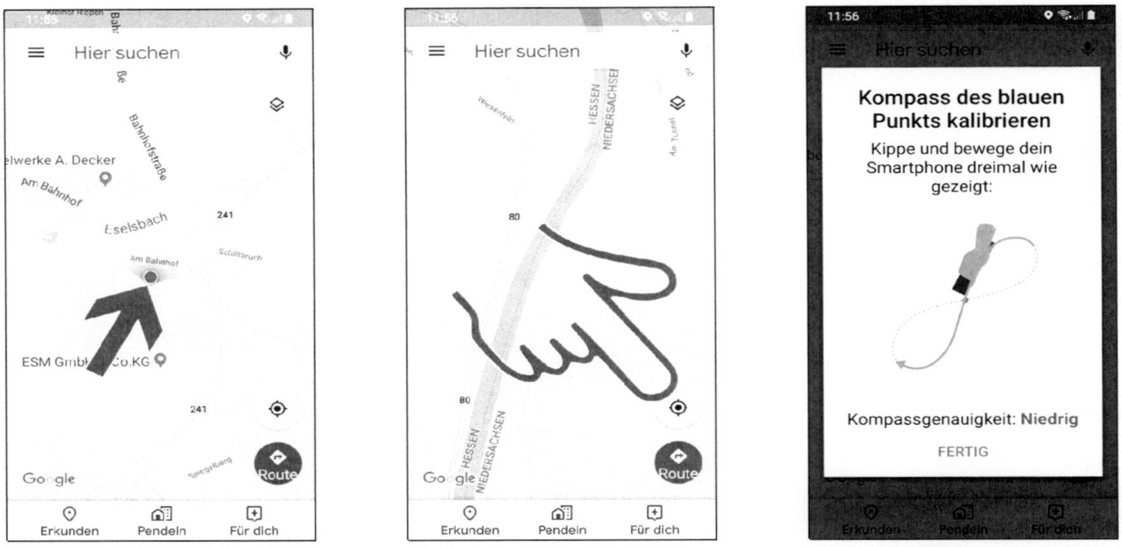

❶ Vielleicht ist Ihnen schon der kleine blaue Punkt aufgefallen, der Ihren aktuellen Standort anzeigt. Der vom blauen Punkt ausgehende Schweif zeigt Ihre ungefähre Blickrichtung (genauer: die Richtung, die in die Sie das Handy halten) an.

❷ Sie haben mit Wischgesten die Kartenansicht geändert? Dann bringt Sie einmaliges Antippen von ⌖ wieder zum aktuellen Standort zurück.

❸ Beim ersten Mal wird Sie das Handy zur Kompasskalibrierung auffordern, dem Sie nachkommen sollten. Betätigen Sie dann *FERTIG.*

15.3 Parken

Falls Sie häufiger an verschiedenen Orten mit Ihrem Auto parken müssen, dürften Sie manchmal nach Ihrem Gefährt später länger gesucht haben. Abhilfe schafft die Parken-Funktion von Google Maps.

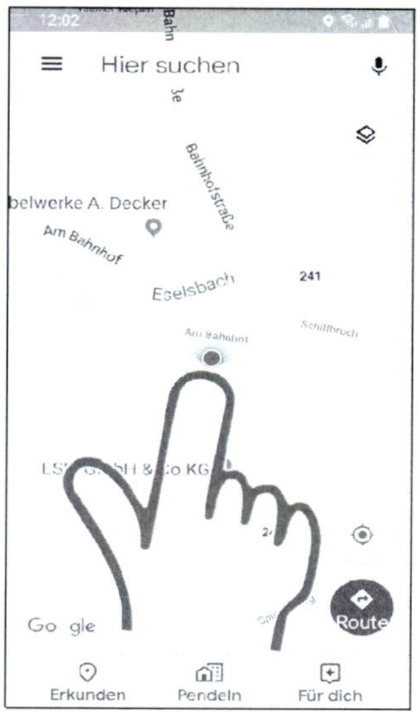

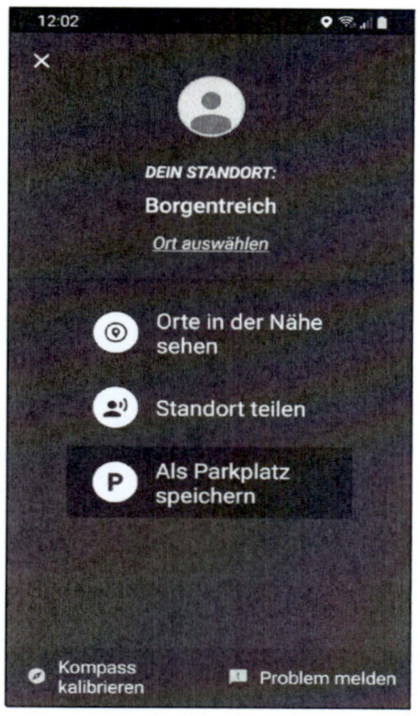

❶ Tippen Sie auf die blaue Standortanzeige.

❷ Im folgenden Bildschirm können Sie:

- *Orte in der Nähe suchen*: Listet alle Sehenswürdigkeiten, Unternehmen, Restaurants, usw. in der Nähe auf.
- *Standort teilen*: Senden Sie Ihre Position an andere Personen, damit sie Sie finden.
- *Als Parkplatz speichern*: Markiert die aktuelle Position als Ihren Parkplatz.

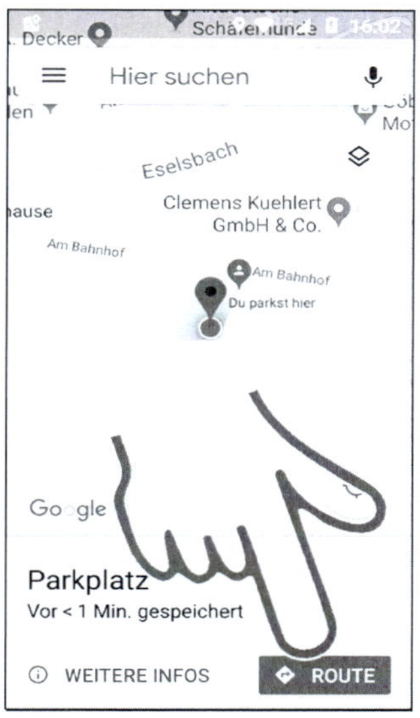

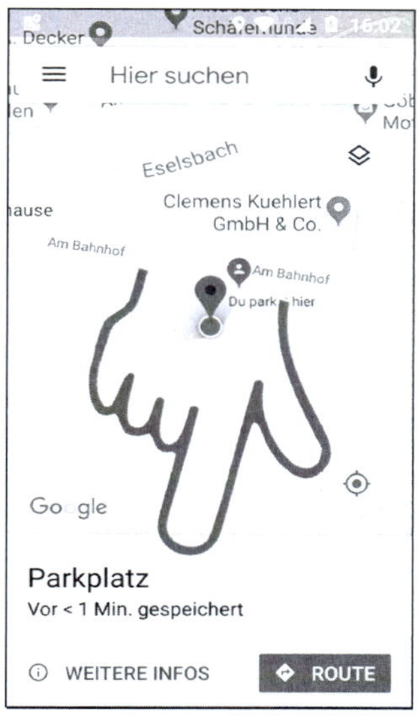

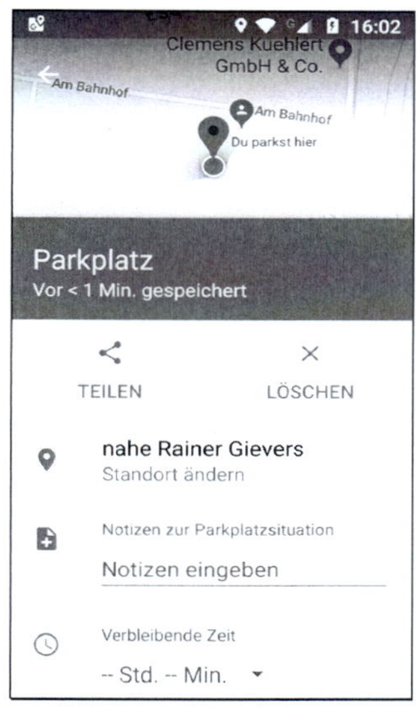

❶ Google Maps informiert mit einer Markierung in der Karte über Ihren Parkplatz. *ROUTE* am unteren rechten Bildschirmrand führt Sie später wieder zu Ihrem Gefährt zurück.

❷❸ Antippen von *Parkplatz* öffnet das Menü, in dem Sie unter *Verbleibende Zeit* einen nützlichen »Wecker« einstellen, damit Sie kein Strafticket erhalten. *LÖSCHEN* beendet die Parkplatz-Funktion.

15.4 Das Schnellmenü

❶ Das Schnellmenü am unteren Bildschirmrand öffnen Sie mit einer Wischgeste nach oben.

❷ Wischen nach unten schließt es wieder.

❶ Die Optionen:

- *Erkunden*: Vorschläge für Geschäfte, Sehenswürdigkeiten, Bars, usw. Tippen Sie einen Vorschlag an, um ihn auf der Karte anzuzeigen. Wir gehen darauf im Kapitel *15.9 Google Local* noch ein.
- *Pendeln* (❷): Google Maps unterstützt Sie bei der täglichen Fahrt zwischen Arbeitsplatz und Zuhause. Darauf geht noch Kapitel *15.7.3 Schnelle Navigation* ein.
- *Für dich* (❸): Nachdem Sie über *Gebiet auswählen* eine Region festgelegt haben, liefert Ihnen Google Maps dazu Infos über Neueröffnungen von Geschäften und Restaurants. Diese Funktion ist nur in Metropolregionen und Großstädten verfügbar.

15.5 Kartenausschnitt auf dem Gerät speichern

Google Maps hat gegenüber normalen Navis den Vorteil, immer tagesaktuelle Karten bereitzustellen, welche aus dem Internet nachgeladen werden. Problematisch wird es nur, wenn man das Handy unterwegs nutzt, da dann ja das Fehlen des WLAN-Empfangs die Kartenaktualisierung verlangsamt, denn häufig steht dann nur eine langsame Mobilfunkverbindung zur Verfügung, mit der Google Maps kaum Spaß macht. Deshalb unterstützt Google Maps die lokale Speicherung der Kartendaten auf dem Gerät.

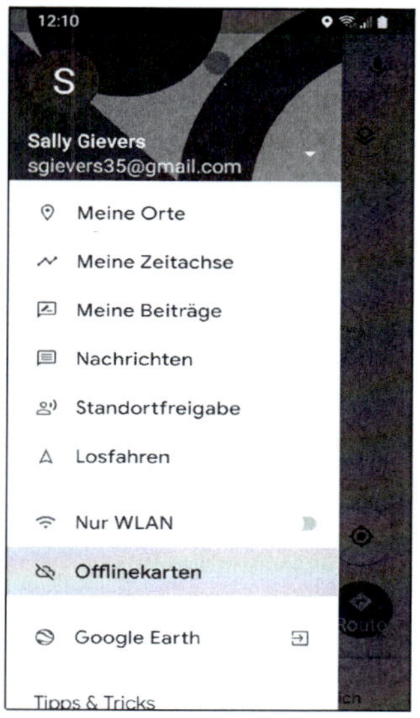

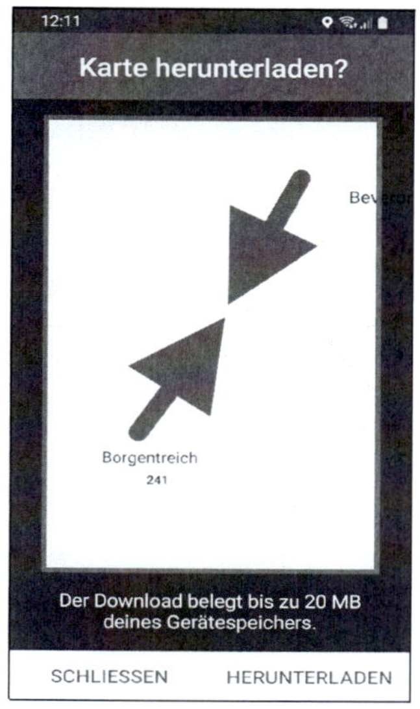

➊ Öffnen Sie das Ausklappmenü und gehen Sie auf *Offlinekarten.*

➋ Tippen Sie auf *WÄHLE DEINE EIGENE KARTE AUS.*

➌ Die Größe des lokal gespeicherten Kartenausschnitts stellen Sie ein, indem Sie den Kartenausschnitt vergrößern, beziehungsweise verkleinern (mit zwei Fingern auf das Display halten und dann beide auseinander-/zusammenziehen). Betätigen Sie dann *HERUNTERLADEN.* Schließen Sie den Bildschirm mit der ‹-Taste. Während des Herunterladens können Sie ganz normal mit Ihrem Handy weiterarbeiten.

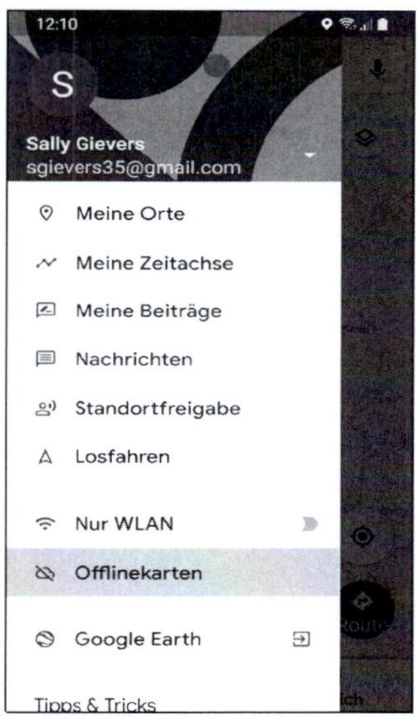

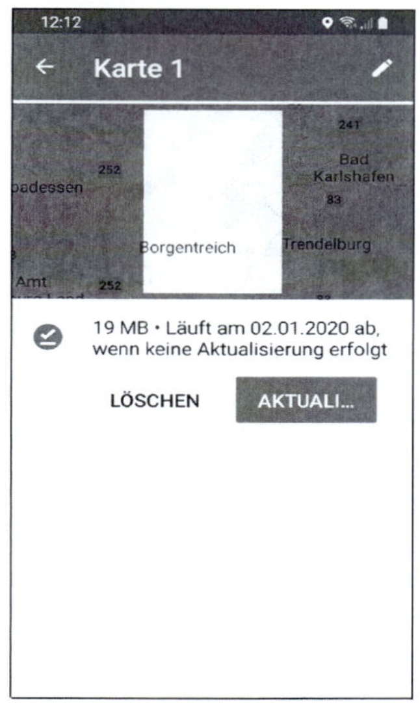

➊ Die gespeicherten Karten finden Sie im Ausklappmenü unter *Offlinekarten.*

➋ Tippen Sie den Karteneintrag an, um ihn zu bearbeiten.

➌ Sie können die Kartendaten nun löschen oder bearbeiten.

15.6 Suche

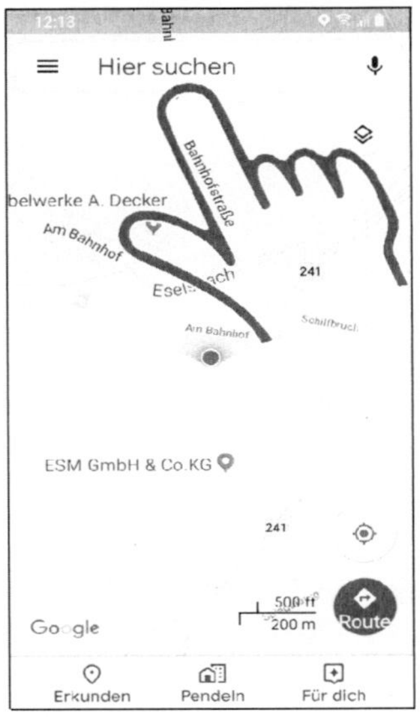

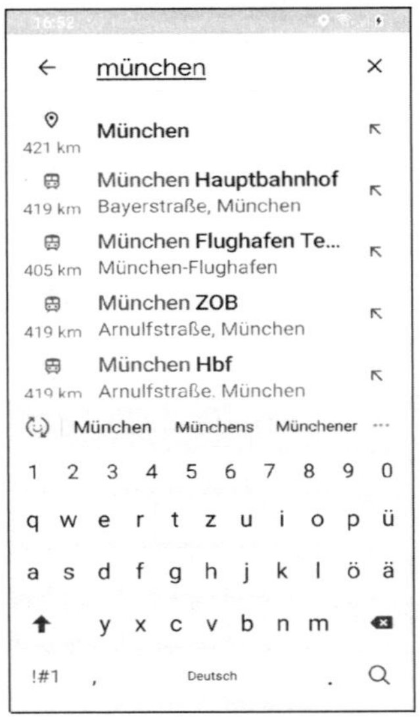

❶ Gehen Sie ins Suchfeld (Pfeil), um Adressen oder Sehenswürdigkeiten (Points of Interest) aufzufinden.

❷ Geben Sie eine Adresse ein und bestätigen Sie mit 🔍 im Tastenfeld. Google Maps macht hier während der Eingabe auch Vorschläge, die Sie direkt auswählen können.

❶ Google Maps zeigt die Adresse mit einer Markierung in der Karte an. Am unteren Bildschirmrand erscheint ein Ortshinweis, daneben die Fahrtzeit mit dem Auto. Tippen Sie auf den Ortshinweis (Pfeil).

❷ Es öffnet sich ein Dialog mit weiteren Bedienelementen:

- *SPEICHERN*: Den Ort als Favorit speichern. Siehe Kapitel *15.9.1 Markierungen*.
- *TEILEN*: GPS-Position als Web-Link per Bluetooth, SMS oder E-Mail versenden.
- *HERUNTERLADEN*: Karte offline verfügbar machen (siehe Kapitel *15.5 Kartenausschnitt auf dem Gerät speichern*).

❶ Häufig findet Google Maps auch mehrere Orte oder Points of Interest, die dann aufgelistet werden. Führen Sie in der Liste eine Wischgeste von unten nach oben durch, um die Listeneinträge zu durchblättern. Tippen Sie einen Eintrag für weitere Infos an.

❷❸ Umgekehrt schließen Sie die Liste, indem Sie (gegebenenfalls mehrfach) von oben nach unten wischen, worauf Sie wieder zur Kartenansicht gelangen. Hier stellt Google Maps alle Fundstellen mit Symbolen dar. Wenn Sie weitere Infos über einen Point of Interest haben möchten, tippen Sie ihn an.

> Tipp 1: Geben Sie im Suchfeld auch die Postleitzahl ein, wenn zu vermuten ist, dass eine gesuchte Stadt mehrfach vorkommt.
>
> Tipp 2: Möchten Sie beispielsweise wissen, welche Sehenswürdigkeiten es in einer bestimmten Region/Stadt gibt, dann wechseln Sie zuerst den entsprechenden Kartenausschnitt (Sie können auch die Stadt suchen) und geben dann im Suchfeld einen allgemeinen Begriff wie »Museum« ein.
>
> Zum Löschen der Suchergebnisse in der Karte tippen Sie oben rechts neben dem Suchfeld die X-Schaltleiste an.

❶ Tippen Sie in der Auflistung am unteren Bildschirmrand für weitere Infos zum Standort, Öffnungszeiten, Bewertungen, usw..

❷❸ Weitere Infos stehen Ihnen mit einer Wischgeste von unten nach oben zur Verfügung.

➊ Zu vielen Sehenswürdigkeiten beziehungsweise Standorten existieren Panoramafotos, die Sie über das Foto (Pfeil) aktivieren.

➋ Mit einer Wischgeste ändern Sie die Ansicht. Die <-Taste beendet die Fotoansicht und kehrt in Google Maps zurück.

✕ (Pfeil) beendet die Suche.

15.7 Navigation

Google Maps Navigation stellt eine vollwertige Alternative zu normalen Autonavigationsgeräten dar, wobei man allerdings den Nachteil in Kauf nehmen muss, dass laufend Kartenmaterial aus dem Internet nachgeladen wird. Man kommt also um einen Datenvertrag, den viele Netzbetreiber bereits ab rund 5 Euro pro Monat anbieten, nicht vorbei. Dafür ist allerdings das Kartenmaterial immer auf dem aktuellsten Stand. Für den Praxiseinsatz empfiehlt sich der Kauf einer Universal-Halterung für das Auto.

Als Alternative zu Google Maps empfehlen wir das kostenlose »HERE WeGo«, das Sie aus dem Google Play Store (siehe Kapitel *26.1 Play Store*) installieren können.

15.7.1 Routenplaner

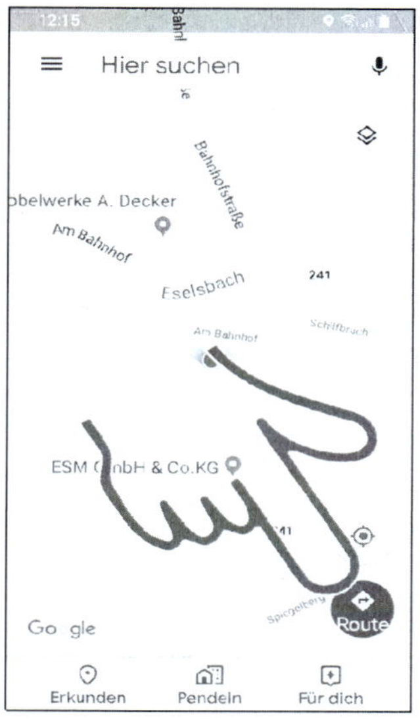

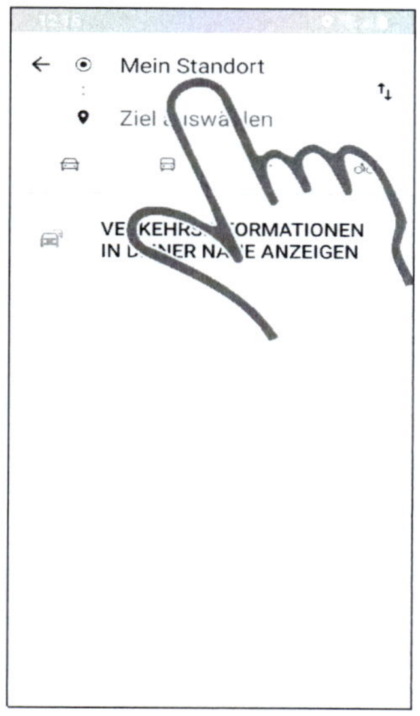

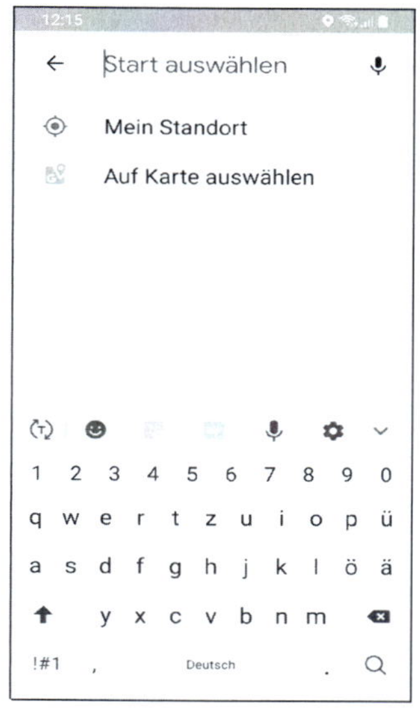

❶ (Pfeil) berechnet den optimalen Fahrtweg zwischen zwei Orten.

❷❸ Tippen Sie auf das erste Eingabefeld *Mein Standort*. **Achtung:** Dies ist nur nötig, wenn Sie nicht Ihren aktuellen Standort (der per GPS ermittelt wird), als Ausgangspunkt verwenden möchten. Geben Sie anschließend den Startort ein. Betätigen Sie 🔍 auf dem Tastenfeld oder wählen Sie einen der Vorschläge unter dem Eingabefeld aus.

> **Wichtig:** Wenn Sie tatsächlich anschließend navigieren möchten, müssen Sie ***Mein Standort*** **leer lassen**, weil sonst nur eine Routenvorschau möglich ist.

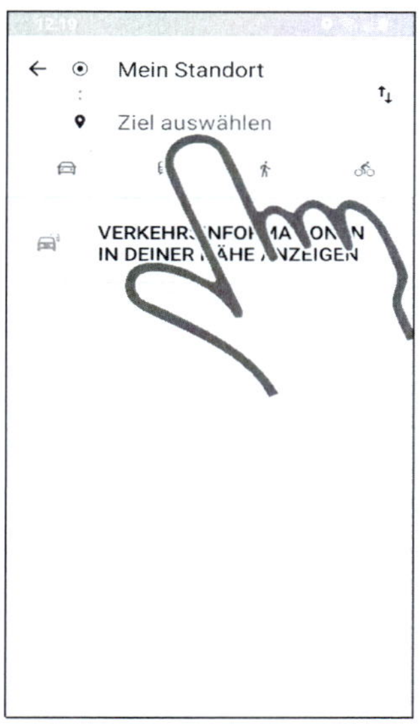

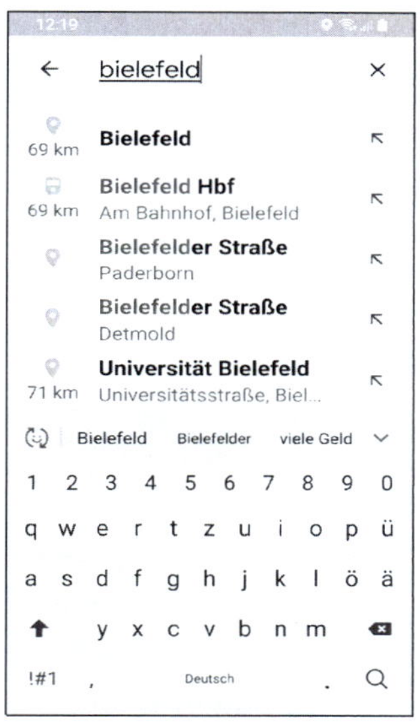

❶ Danach tippen Sie auf *Ziel auswählen.*

❷ Geben Sie auch hier eine Adresse beziehungsweise eine Stadt ein und schließen mit 🔍 auf dem Tastenfeld ab.

❶ Während der Fahrt können Sie Musik hören, worauf wir hier nicht weiter eingehen. Schließen Sie daher den Hinweis mit der ✕-Schaltleiste.

❷ Normalerweise lädt Google Maps das benötigte Kartenmaterial während der Navigation automatisch im Hintergrund aus dem Internet. Für den Fall, dass mal keine Internetverbindung besteht, sollten Sie aber die Kartendaten vor dem Fahrtbeginn herunterladen. Dazu tippen Sie auf den Hinweis am oberen Bildschirmrand. Sollte dieser nicht erscheinen, dann liegen die Kartendaten bereits auf dem Gerät vor.

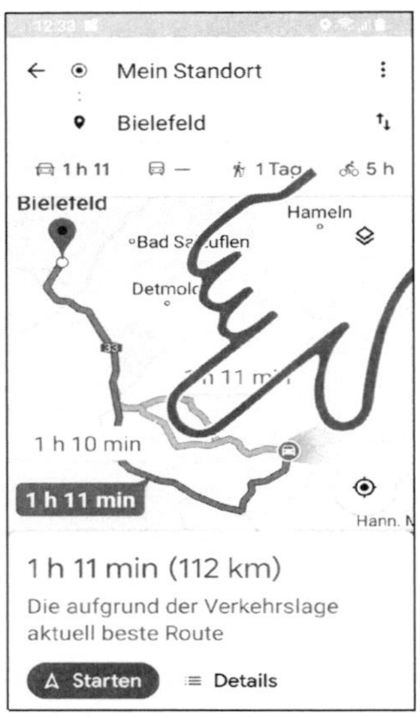

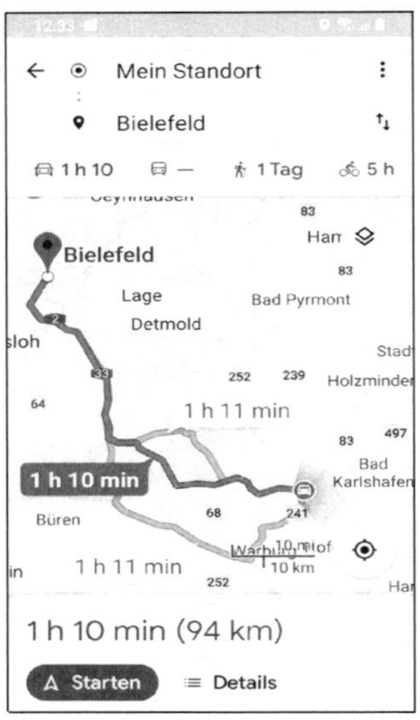

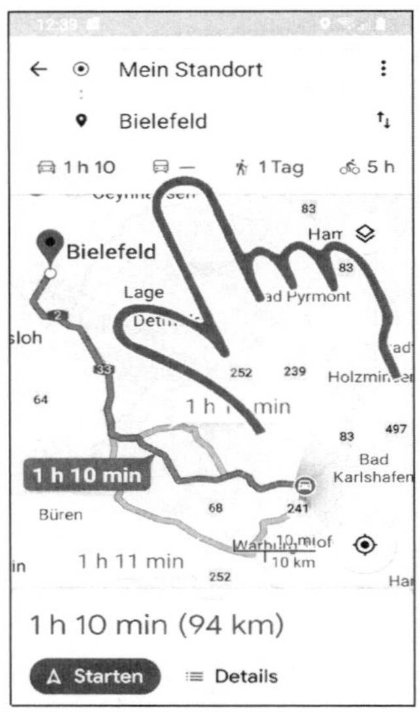

❶❷ Insbesondere bei längeren Strecken gibt es meist mehrere Fahrtmöglichkeiten. Google Maps blendet dann in der Kartenansicht mögliche Routen ein. Tippen Sie darin einfach einen der grauen Routenvorschläge an.

❸ Über die Piktogramme am oberen Bildschirmrand (Pfeil) wählen Sie die Art Ihres Fahrzeugs (Auto, öffentliche Verkehrsmittel, Fußgänger oder Fahrrad), was direkte Auswirkungen auf die empfohlenen Routen hat.

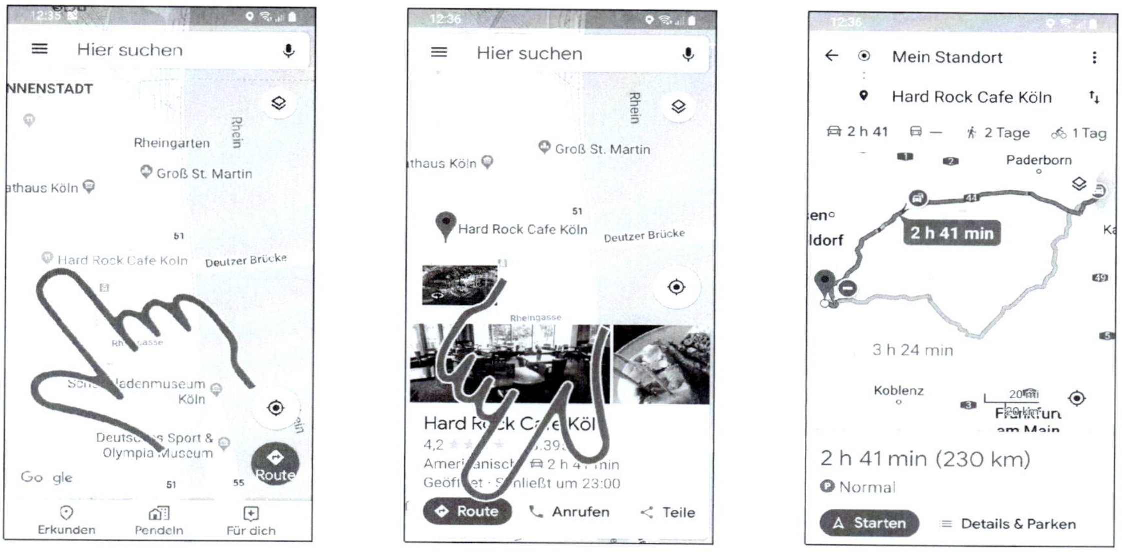

➊ Alternativ tippen und halten Sie den Finger auf einem Point of Interest beziehungsweise Kartenbereich, bis am unteren Bildschirmrand das Popup erscheint.

➋ Danach gehen Sie auf *Route*, worauf der zuvor im Popup angezeigte Ort als Zielort übernommen wird.

➌ Wählen Sie, falls nötig wie zuvor bereits beschrieben, einen der Routenvorschläge aus.

➊ Betätigen Sie *Starten*, worauf Google Maps in den Navigationsmodus wechselt.

➋ Schließen Sie den Hinweis mit *OK*.

➌ X (unten links) beendet die Navigation.

> Da die Navigation innerhalb von Google Maps abläuft, stehen dort viele der bereits ab Kapitel *15 Google Maps* beschriebenen Funktionen zur Verfügung. Zum Beispiel können Sie mit angedrücktem Finger den Kartenausschnitt verschieben, oder durch »Kneifen« mit zwei Fingern im Kartenmaterial heraus- und hineinzoomen.
>
> Praktisch: Ist ein Unternehmen, Restaurant oder eine Freizeitattraktion zur Ankunftszeit bereits geschlossen, erfolgt ein entsprechender Hinweis.

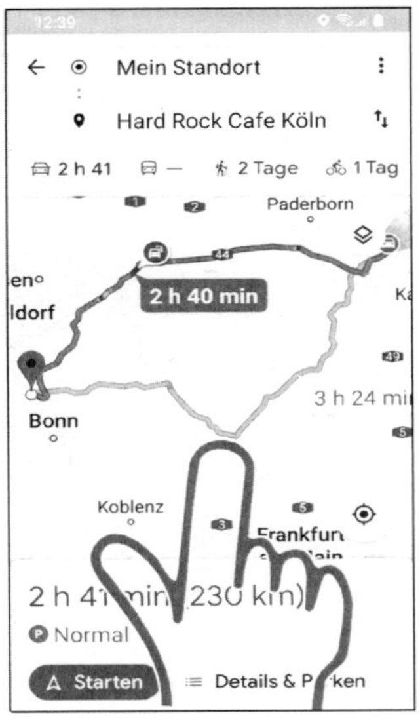

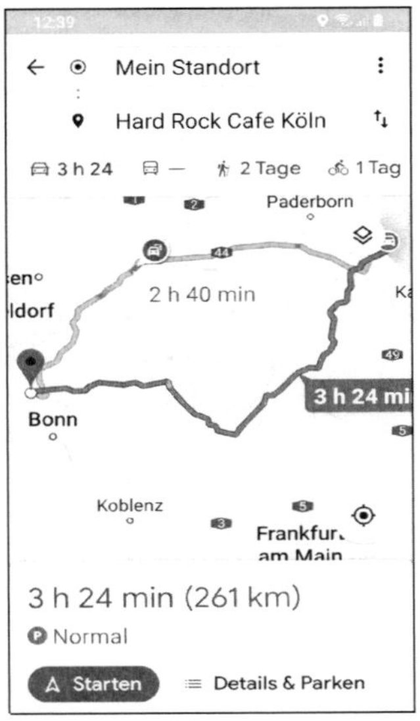

❶❷ Fast immer existieren alternative Routen. Zwischen den Navigationsvorschlägen schalten Sie mit Antippen der Zeitkästchen um (um den Routenverlauf zu kontrollieren, ist es hier zudem möglich, mit einer Kneifgeste beziehungsweise Doppeltippen den Kartenausschnitt zu verkleinern/vergrößern).

Hinweis: Die farbigen Strecken (schwarz, rot, orange oder grün) weisen auf die aktuelle Verkehrslage hin. Die Daten stammen von Android-Handys/Tablets, welche in anonymer Form ihre Position an Google-Server übermitteln, woraus Google den Verkehrsfluss ermittelt. Es sind nur Strecken eingefärbt, für die genügend Daten vorliegen.

Eine Streckenänderung während der Navigation ist nicht möglich. Sie müssen für diesen Fall den Navigationsmodus mit der ✕-Taste unten links beenden und dann die Routenplanung erneut aufrufen.

15.7.2 Navigation in der Praxis

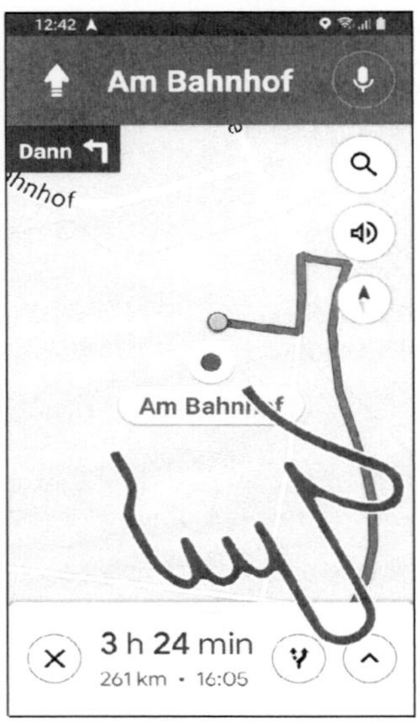

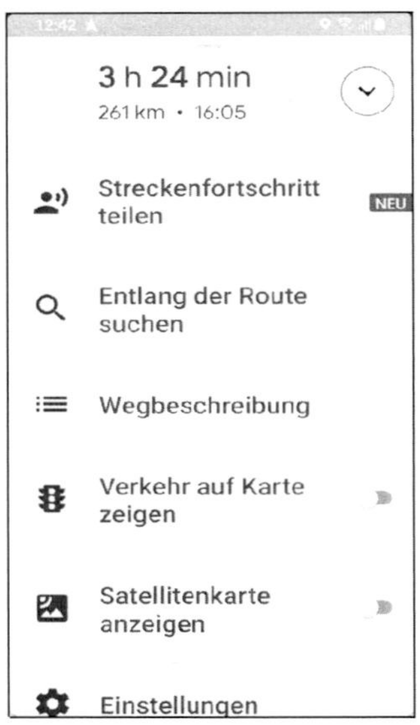

❶❷ Betätigen Sie ∧ für weitere Optionen:

- *Streckenfortschritt teilen*: Ausgewählte Personen sehen Ihre aktuelle Position.
- *Entlang der Route suchen*: Lassen Sie sich Tankstellen, Restaurants, usw. in Routennähe auf der Karte anzeigen.
- *Wegbeschreibung*: Auflistung der Fahrtanweisungen
- *Verkehr auf Karte anzeigen*: Google Maps informiert in der Karte mit Symbolen über das Verkehrsgeschehen.
- *Satellitenkarte anzeigen*: Satellitenbild einblenden. Beachten Sie, dass dabei das aus dem

Internet übertragene Datenvolumen stark ansteigt!

- *Einstellungen*: Darauf gehen wir unten ein.

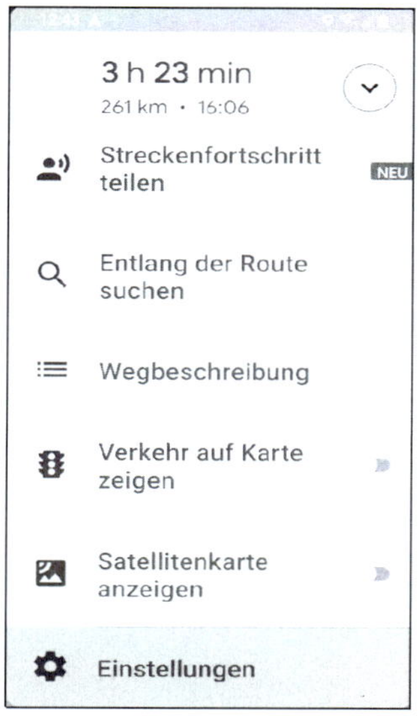

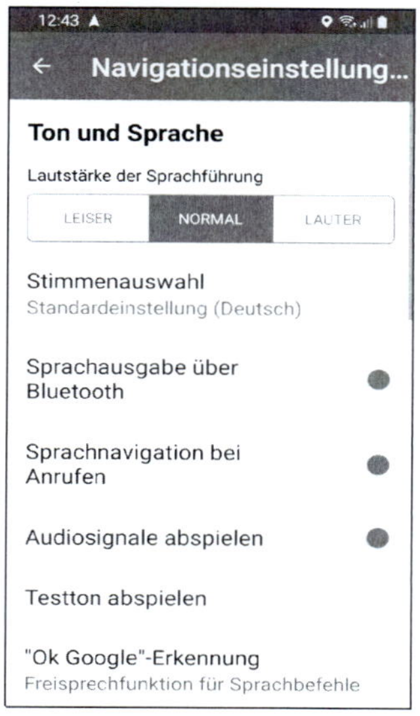

❶❷ Im *Einstellungen*-Menü finden Sie die Optionen:

Unter *Ton und Sprache*:

- *Lautstärke der Sprachführung*: Die Lautstärke lässt sich in drei Stufen einstellen.
- *Stimmenauswahl*: Stellt die verwendete Sprache ein
- *Sprachausgabe über Bluetooth*: Die Navigationsanweisungen werden über ein angeschlossenes Bluetooth-Gerät abgespielt (siehe Kapitel *32.3 Bluetooth-Headset / Freisprecheinrichtung verwenden*).
- *Sprachnavigation bei Anrufen*: Auch während Sie Telefonieren erfolgen Sprachanweisungen durch Google Maps.
- *Audiosignale abspielen*: Nicht von Google dokumentiert.
- *Testton abspielen*: Prüfen Sie die Lautstärke der Sprachanweisungen.
- *"Ok Google"-Erkennung*: Auf die Spracherkennung geht noch Kapitel *20 Google Assistant* ein.
- *Steuerung zur Medienwiedergabe einblenden*: Google Maps kann während der Fahrt Musik von Play Musik (siehe Kapitel *18 Play Musik*) oder einem anderen Audioplayer wiedergeben.

Unter *Routenoptionen* können Sie bestimmte Strecken von der Navigation ausschließen:

- *Autobahnen vermeiden*
- *Mautstraßen vermeiden*
- *Fähren vermeiden*

Unter *Kartendarstellung*:

- *Farbschema*: Google Maps schaltet automatisch – abhängig von der Uhrzeit – zwischen Tag- und Nachtansicht um. Letztere verwendet eine dunkle Farbgebung, um Blendung im dunklen Auto zu vermeiden.
- *Entfernungseinheiten:* Entfernungsangaben in der Sprachausgabe beziehungsweise in den Bildschirmanzeigen richten sich nach dem Land, in dem Sie sich befinden. Bei Bedarf können Sie aber auch *Kilometer* oder *Meilen* fest einstellen.
- *Norden immer oben*: Kartenansicht folgt nicht Richtungsänderungen. Wir raten von dieser Einstellung ab.

Unter *Optionen für Kraftfahrzeuge:*

- *Monatliche Navigationsstatistiken merken*: Google Maps wertet Fahrten in der Vergangenheit für Routenempfehlungen aus.

- *Benachrichtigungen beim Fahren*: Nicht von Google dokumentiert.
- *Verknüpfung mit Fahrmodus erstellen*: Legt im Startbildschirm eine Verknüpfung auf die aktuelle Route an.

❶❷ Betätigen von *Verknüpfung mit Fahrmodus erstellen* legt eine Verknüpfung im Startbildschirm an. Schließen Sie den folgenden Hinweis mit *Hinzufügen.*

❸ Antippen der Verknüpfung im Startbildschirm startet sofort die Navigation. Die Verknüpfungen sind besonders für Routen interessant, die Sie häufiger abfahren.

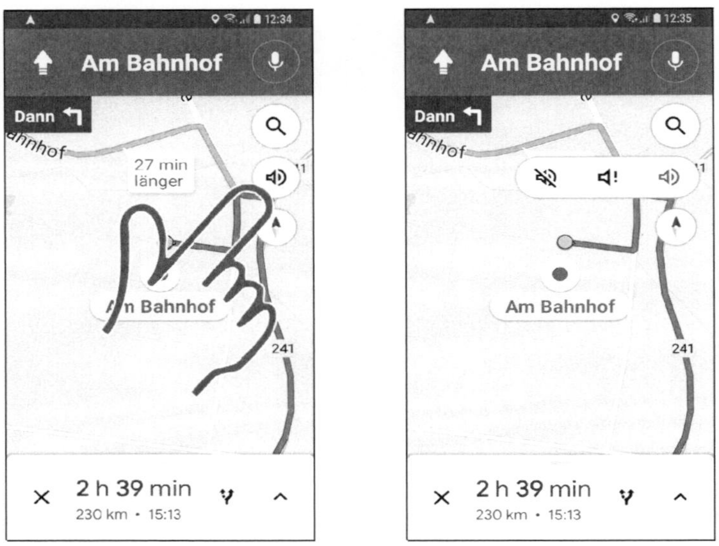

❶❷ 🔊 (Pfeil) klappt zwei Schaltleisten aus, mit denen Sie die Sprachausgabe abschalten oder nur Benachrichtigungen zulassen (beispielsweise »*Kein Empfang*«) oder alle Ansagen wieder erlauben.

15.7.3 Schnelle Navigation

Die Strecke zwischen Wohnort und Arbeit dürften die meisten Anwender am häufigsten fahren. Während Pendler, die nur wenige Kilometer zur Arbeitsstelle zurücklegen, dafür kein Navi brauchen, sieht es für längere Strecken anders aus. Häufig lohnt es sich dann Google Maps, weil es das aktuelle Verkehrsgeschehen berücksichtigt.

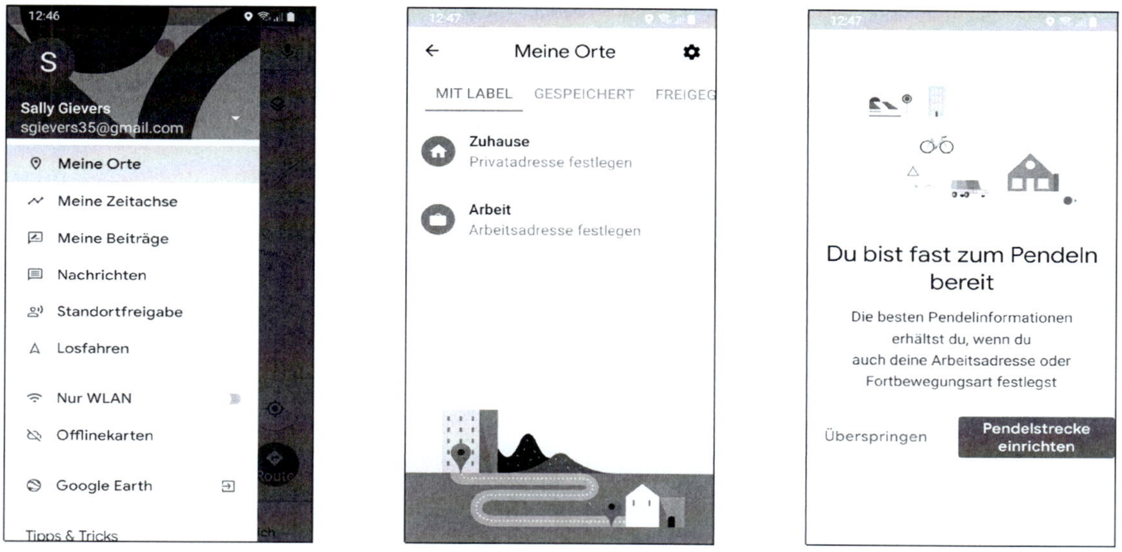

➊ Den Wohnort und die Adresse des Arbeitsplatzes sollten Sie zunächst abspeichern. Aktivieren Sie das Ausklappmenü und wählen Sie *Meine Orte.*

➋ Gehen Sie nun auf *Zuhause* beziehungsweise *Arbeit* und geben Sie die Adressen ein.

➌ Sobald Sie eine Adresse erfasst haben, startet der Assistent. Betätigen Sie *Pedelstrecke einrichten* und wählen Sie in den folgenden Bildschirmen Pendelzeit und Verkehrsmittel aus.

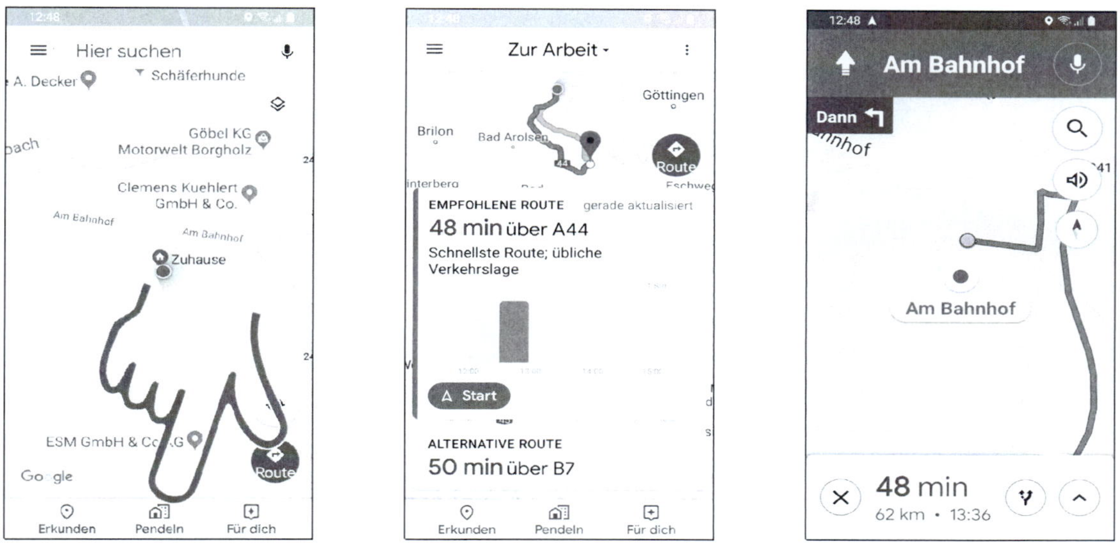

➊➋ Zum Navigieren gehen Sie unten auf *Pendeln* und betätigen dann *Start.*

➌ Die Navigation startet.

15.8 Ansichten

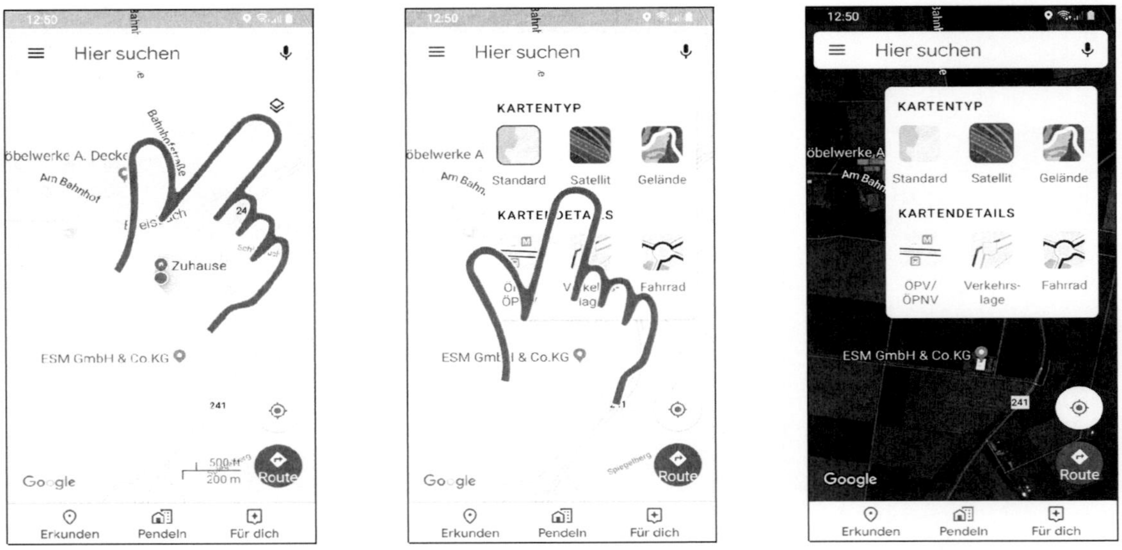

❶❷ Aktivieren Sie über ⮋ (Pfeil) das Menü, worin Sie auf *Satellit* gehen. Die Satellitenansicht ist insbesondere dann praktisch, wenn man sich genau orientieren will, weil die normale Kartenansicht kaum Hinweise auf die Bebauung und markante Geländemerkmale gibt.

❸ Das Popup-Menü schließen Sie mit der <-Taste – alternativ tippen Sie auf einen Kartenbereich neben dem Popup.

> Um die eingestellten Ansichten wieder auszuschalten, tippen Sie einfach im Popup erneut darauf.
>
> Beachten Sie, dass die Satellitenansicht auf einige Jahre alten Luftbildern basieren. Sensible Zonen und Gebäude, darunter Militär- und Regierungsgebäude, sind teilweise digital verfälscht, damit potenzielle Angreifer keine Planungsgrundlage erhalten.

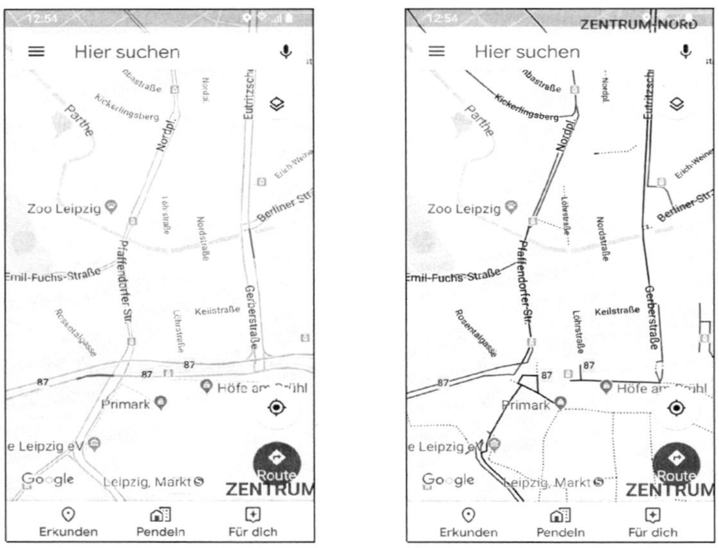

❶ *Verkehrslage* aus dem Dialog blendet die aktuelle Straßenlage in der Kartenanzeige ein, wobei das Verkehrsgeschehen mit orange/rot (zähflüssig/Stau) oder grün (freie Fahrt) bewertet wird. Für die Staudaten, welche Google Maps im Minutentakt aktualisiert, wertet Google das Bewegungsprofil von Android-Handys und Tablets aus. Jedes Android-Gerät sendet ja in anonymisierter Form im Minutenabstand seine aktuelle, per GPS ermittelte Position an die Google-Server, woraus sich dann ein Bewegungsmuster errechnen lässt.

❷ Verwenden Sie *Fahrrad* aus dem Dialog, um Fahrradtouren anhand der ausgewiesenen Fahrradwege zu planen.

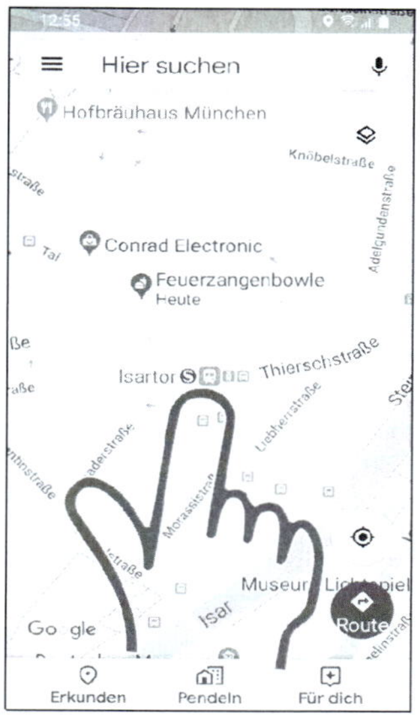

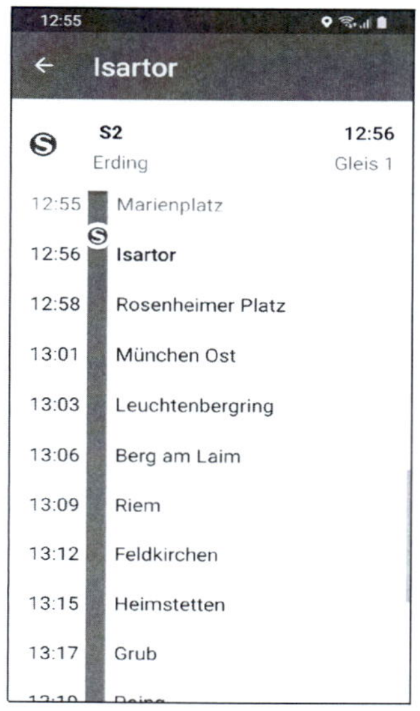

➊ Ebenfalls praktisch ist die Ansicht *ÖPV/ÖPNV*. Google Maps zeichnet dann alle Routen und Haltestellen öffentlicher Verkehrsmittel ein. Tippen Sie auf eine Haltestelle in der Kartenansicht.

➋➌ Tippen Sie eine Linie an, zu der Sie die Route erfahren möchten.

15.9 Google Local

Der Suchmaschinenbetreiber Google führt eine riesige Datenbank mit den Standorten von »Points of Interest« (POIs), darunter Unternehmen, Sehenswürdigkeiten, Restaurants, usw. Wenn Sie eine Suche, beispielsweise nach »Restaurant«, in Google Maps durchführen, greift Google Maps auf diese Datenbank zurück und listet die Fundstellen auf. Mit einem Fingerdruck kann man sich dann die Position eines Restaurants in der Karte, sowie weitere Infos, darunter auch Kundenbewertungen, Öffnungszeiten und Telefonnummern anzeigen. Diese Suche beschreibt bereits Kapitel *15.6 Suche*. Google Local vereinfacht die Suche und arbeitet mit Google Maps zusammen, um die Kartenposition anzuzeigen.

> Tipp: Sofern Sie eine Firma betreiben und noch nicht bei Google Local gelistet werden, sollten Sie sich unter der Webadresse *www.google.de/local/add* kostenlos registrieren und Ihre Daten hinterlegen. Alternativ gehen Sie im Ausklappmenü von Google Maps auf *Fehlenden Ort hinzufügen.*

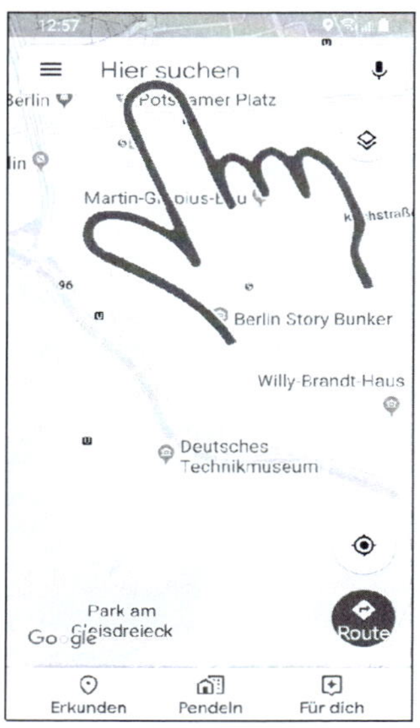

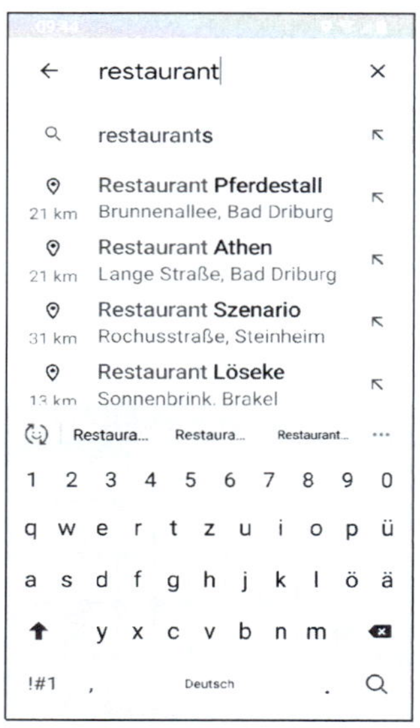

➊ Die Funktionen von Google Local stehen automatisch nach Antippen der Suchleiste zur Verfügung.

➋ Sie haben nun zwei Möglichkeiten; Entweder geben Sie einen Suchbegriff ein oder Sie wählen Sie eine der vorgegebenen Kategorien aus.

❸ Blättern Sie mit einer Wischgeste und wählen Sie einen Eintrag aus, zu dem Sie mehr Infos wünschen. Alternativ beschränken Sie über die Filter am oberen Bildschirmrand jeweils die Anzeige auf eine bestimmte Kategorie, beispielsweise *Jetzt geöffnet* oder *Top bewertet*.

> Etwas simpler ist die Option, einfach in den Kartenbereich zu wechseln, für den Sie Points of Interest suchen (zum Beispiel mit der im Kapitel *15.6 Suche* beschriebenen Suchfunktion), die Suche mit X beenden, die Suchleiste erneut antippen und dann eine der Schaltleisten, beispielsweise für Restaurants zu betätigen.
>
> Alle Points of Interest erscheinen zudem direkt in der Karte, wenn Sie tief genug hereinzoomen.

15.9.1 Markierungen

Points of Interest, die Sie häufiger benötigen, können Sie für spätere Verwendung markieren. Die Markierungen werden dann in Ihrem Google-Konto und nicht nur lokal auf Ihrem Samsung gespeichert.

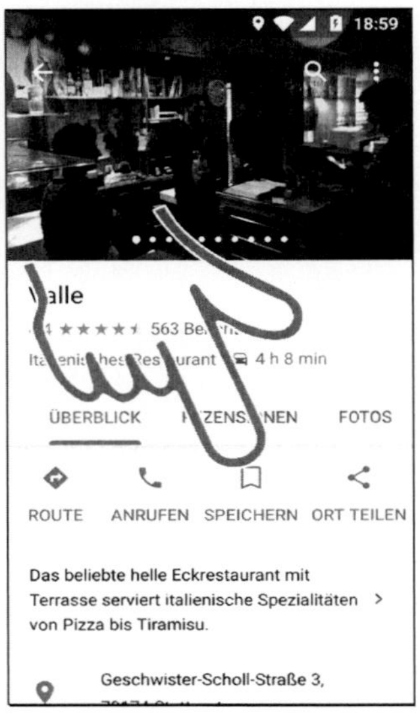

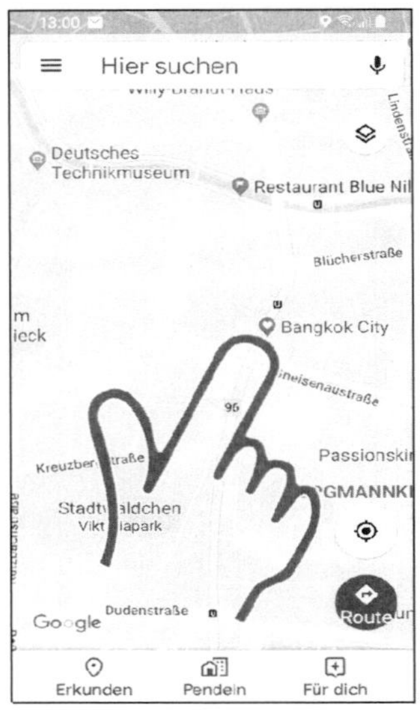

❶ In der Detailansicht setzen Sie eine Markierung durch *SPEICHERN* (Pfeil).

❷ Anschließend wählen Sie die Favoriten-Art aus.

❸ In der Kartenansicht von Google Maps sind die markierten Orte mit einem Symbol hervorgehoben. Tippen sie darauf für weitere Infos.

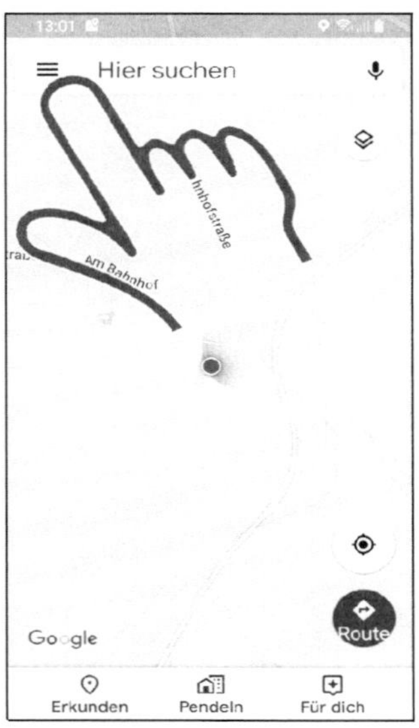

❶❷ Die von Ihnen gespeicherten Orte finden Sie im Ausklappmenü unter *Meine Orte.*

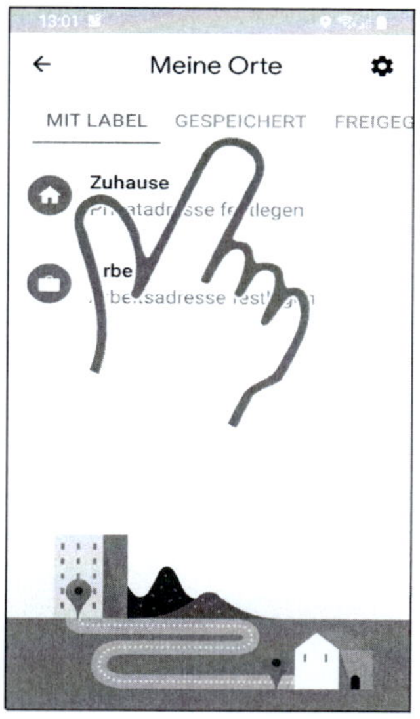

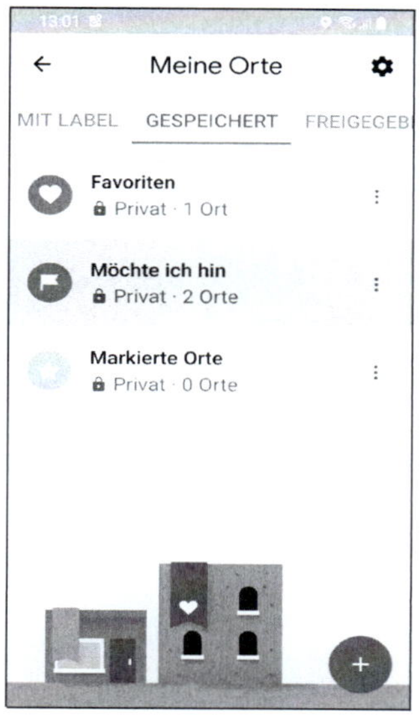

➊ Aktivieren Sie das *GESPEICHERT*-Register.

➋➌ Wählen Sie einen Favoritentyp aus, worauf Sie die Favoritenauflistung erhalten.

15.10 Adressen aus dem Telefonbuch

Google verknüpft alle von Ihnen auf dem Handy verarbeiteten Daten. Dies trifft auch auf Ihre Kontakte zu, die in Google Maps angezeigt werden.

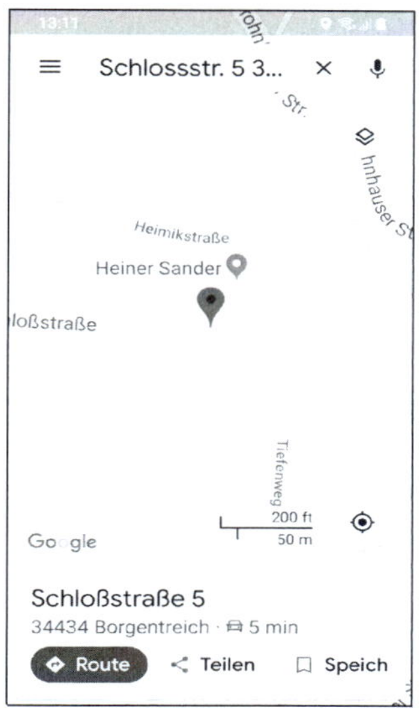

➊➋ Haben Sie zu einem Kontakt im Telefonbuch eine Adresse hinterlegt, dann können Sie direkt dort hin navigieren, indem Sie diese antippen.

❶❷ Die Kontakte mit hinterlegten Adressen zeigt Google Maps als 📍 an. Tippen Sie darauf für weitere Infos. *Route* navigiert Sie zur Adresse.

15.11 Einstellungen

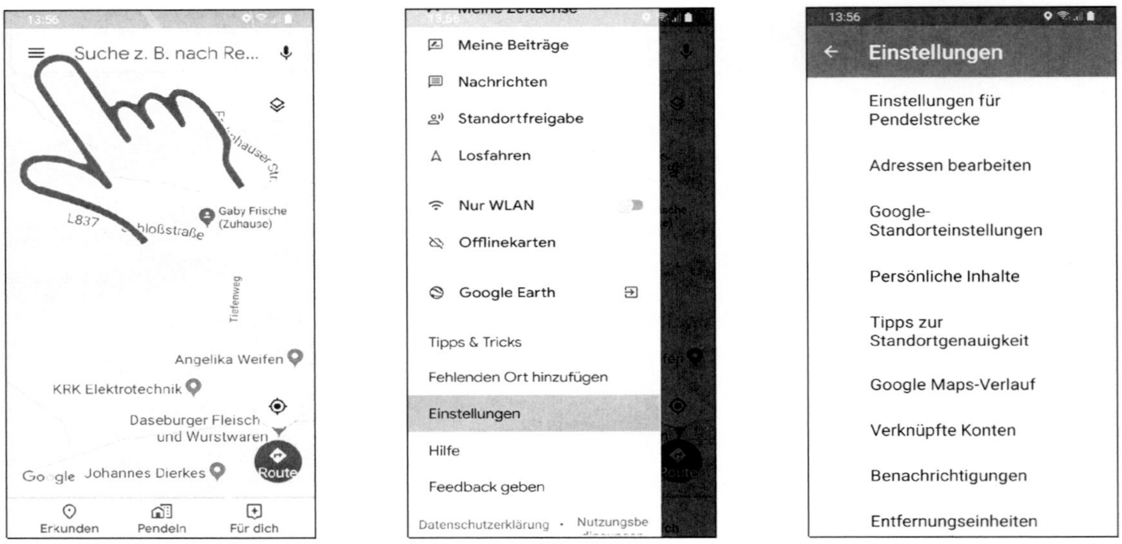

❶ Öffnen Sie das Ausklappmenü über die ☰-Schaltleiste.

❷ Gehen Sie auf *Einstellungen*.

❸ Die verfügbaren Optionen:

- *Einstellungen für Pendelstrecke*: Nach Erfassung von Haus- und Arbeitsadresse können Sie das verwendete Verkehrsmittel und die Pendelzeiten festlegen. Google Maps macht Sie dann bei Bedarf auf Verkehrsstörungen auf dem Arbeitsweg aufmerksam. Siehe auch Kapitel *15.7.3 Schnelle Navigation*.
- *Adressen bearbeiten*: Legen Sie für die einfachere Routenberechnung (siehe Kapitel *15.7 Navigation*) Heim- und Arbeitsadresse fest. Diese werden dann bei der Routeneingabe vorgeschlagen.
- *Google-Standorteinstellungen*: Diverse Einstellungen für Google Local, auf die Kapitel *15.9 Google Local* eingeht.
- *Persönliche Inhalte*: Darauf gehen wir weiter unten ein.
- *Tipps zur Standortgenauigkeit*: Sofern das Handy Ihre Position nicht exakt orten kann, gibt das Gerät hier Hinweise.
- *Google Maps-Verlauf*: Listet alle Orte auf, nach denen Sie gesucht beziehungsweise zu denen Sie navigiert haben. Auch als Favoriten markierte Orte (siehe Kapitel *15.9.1*

Markierungen) werden hier aufgelistet.

- *Verknüpfte Konten*: Es besteht die Möglichkeit, mehere Google-Konten in einem Konto zusammenzufassen, die dann hier aufgelistet werden.
- *Benachrichtigungen*: Informiert über Veranstaltungen (zum Beispiel Sportereignisse), welche die Verkehrssituation in Ihrer Nähe beeinflussen.
- *Entfernungseinheiten*: Sie können die Anzeige zwischen Meilen und Kilometer umschalten.
- *Maps in Satellitenansicht starten*: Die Satellitenansicht benötigt eine schnelle Internetverbindung und verbraucht in kurzer Zeit ein hohes Datenvolumen, weshalb wir von deren Nutzung abraten.
- *Maßstab auf der Karte anzeigen*: Informiert beim Zoomen in der Karte über den gerade aktiven Kartenmaßstab.
- *Navigationseinstellungen:* Hier können Sie nur über *Karte neigen* festlegen, dass während der Navigation (siehe Kapitel *15.7 Navigation*) die Karte leicht geneigt dargestellt wird.
- *Einstellungen für Offline-Karten*: Google Maps hält sein Kartenmaterial nicht auf dem Handyspeicher vor, sondern lädt es aus dem Internet. Damit das Kartenmaterial auch zur Verfügung stehet, wenn Sie mal keinen Internetzugang haben (zum Beispiel bei der Navigation wichtig), sollten Sie die Offline-Einstellungen aktiviert haben.
  - *Offlinekarten automatisch aktualisieren*: Durch die Aktualisierung berücksichtigt Google auch das aktuelle Verkehrsgeschehen und gesperrte Straßen in der Navigation.
  - *Offline-Karten automatisch herunterladen*: Lädt Kartendaten automatisch bei Bedarf herunter. Dies geschieht, sobald Sie sich einen Kartenausschnitt ansehen oder die Navigationsfunktion verwenden.
  - *Über die Offlinefunktion von Maps*: Weitere Informationen anzeigen.
- *Schütteln, um Feedback zu senden*: Falls Sie Verbesserungsvorschläge haben oder auf einen Programmfehler stoßen, können Sie ihn den Entwicklern melden.
- *Info, Datenschutz & Bedingungen*
- *Anmelden*: Über das Menü wechseln Sie das Google-Konto, in dem Google Maps angefallene Daten von Ihnen ablegt.

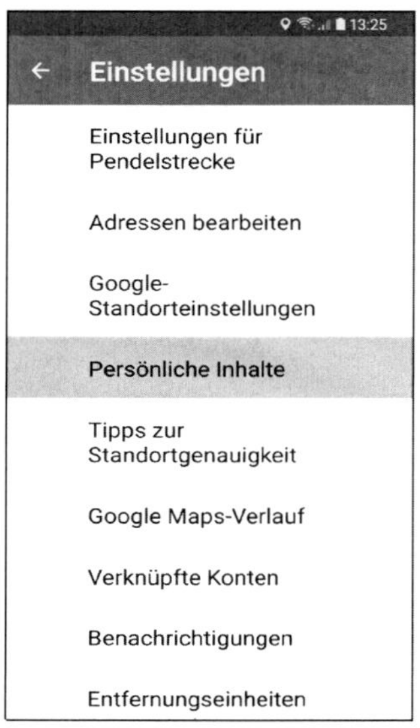

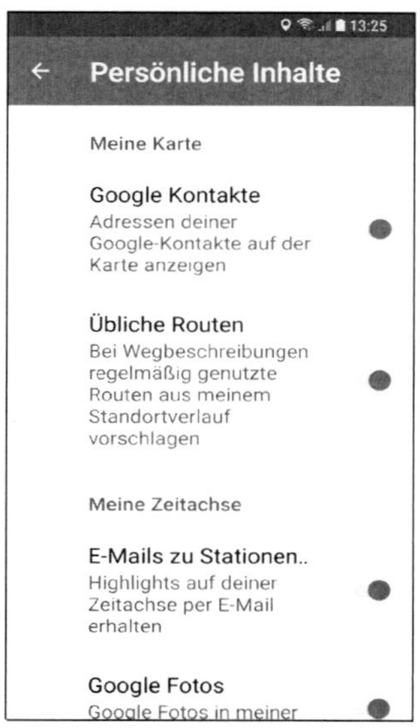

❶❷ Die Optionen in *Persönliche Inhalte* beziehen sich zum großen Teil auf die sogenannte Zeitachse. Dies ist eine Funktion, die genau auflistet, wo Sie sich zu bestimmten Zeitpunkten befunden haben. Wegen des damit verbundenen Eingriffs in Ihre Privatsphäre müssen Sie die Zeitachse erst im Ausklappmenü unter *Meine Zeitachse* aktivieren, bevor Sie sie nutzen können.

Unter *Meine Karte*:

- *Google-Kontakte*: Sofern Sie bei Ihren Kontakten im Telefonbuch (siehe Kapitel *7 Telefonbuch*) eine Adresse eingegeben haben, erscheinen diese in Google Maps.
- *Übliche Routen*: Google Maps schlägt in der Suche (siehe Kapitel *15.6 Suche*) Ihre regelmäßig genutzten Strecken vor.

Unter *Meine Zeitachse:*

- *E-Mails zu Stationen auf der Zeitachse*: Falls es neues zu Standorten gibt, die Sie mal besucht haben, erhalten Sie eine E-Mail.
- *Google Fotos*: Fotos, die Sie mit der Kamera erstellt haben, werden in der Zeitachse eingeblendet.

Unter *App-Verlauf:*

- *Web- und App-Aktivitäten sind aktiviert*: Steuert, welche Aktivitäten in der Zeitachse verzeichnet werden.

Unter *Standorteinstellungen:*

- *Standorterfassung ist aktiviert; Standortverlauf ist aktiviert*: Erlaubt die Speicherung Ihres Standorts in der Zeitachse.
- *Gesamten Standortverlauf löschen; Bestimmten Zeitraum im Standortverlauf löschen*: Verwaltet Ihren Standortverlauf, der in der Zeitachse erscheint.

Unter *Profileinstellungen*:

- *Beiträge in meinem Profil anzeigen*: Google erlaubt die Bewertung von Geschäften und Institutionen. Von Ihnen geschriebene Bewertungen erscheinen in der Karte.

❶❷ Die oben erwähnte Zeitachse finden Sie unter *Meine Zeitachse* im Ausklappmenü.

16. Kamera

Das Galaxy S10/S10+ besitzt drei Hauptkameras, zwischen denen Sie umschalten können:

- 12 Megapixel-Teleobjektiv (45^{0}) mit 2×-Zoom
- 12 Megapixel-Weitwinkelobjektiv (77^{0}) mit doppelter Blende
- 16 Megapixel Ultra-Weitwinkelobjektiv (123^{0})

Die Selfie-Kameras:

- 10 Megapixel Autofokus-Objektiv
- 8 Megapixel-Objektiv (beim Galaxy S10+)

Sie können nur die Video-, aber nicht die Fotoauflösung ändern. Vermutlich reicht Samsung diese Funktion noch nach, denn bei den Vorgängermodellen kann man die Auflösung einstellen.

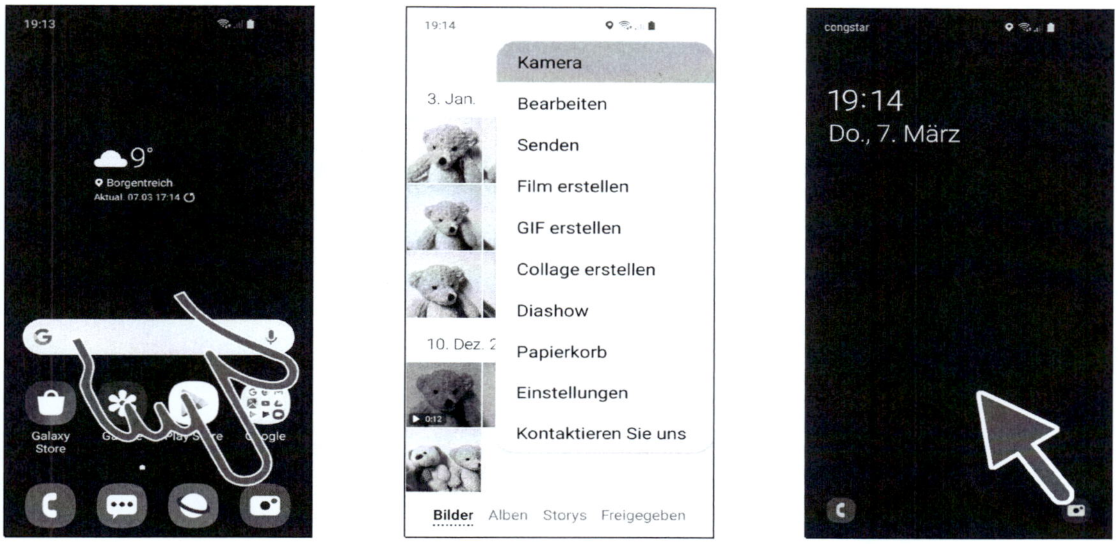

❶ Sie rufen die *Kamera*-Anwendung aus dem Startbildschirm oder Hauptmenü auf.

❷ Alternativ starten Sie die Kamera aus der Galerie-Anwendung über ⁝/*Kamera*. Die Galerie-Anwendung beschreibt Kapitel *17 Galerie*.

❸ Auch aus dem Sperrbildschirm ist ein Kamera-Aufruf möglich. Ziehen Sie einfach vom Kamera-Symbol aus nach oben.

Alternativ können Sie die Kamera-Anwendung auch durch zweimaliges schnelles Betätigen der Ein/Aus-Taste starten.

Die Kamera legt die Fotos und Videos auf dem Gerät im Verzeichnis *DCIM\Camera* ab.

Beim Fotografieren gibt es angesichts der vollautomatischen Aufnahmesteuerung moderner Digitalkameras eigentlich nicht viel zu beachten. Trotzdem ruinieren viele Anwender ihre Aufnahmen. Unsere Tipps: Wischen Sie vor jedem Fotografieren die Kameralinse mit einem Mikrofasertuch ab, damit Ihre Aufnahmen nicht durch »Nebel« entstellt werden. Zum Zweiten sollten Sie nach Möglichkeit Ihre Motive immer so fotografieren, dass die Sonne in Ihrem Rücken steht. Sie überfordern sonst die Belichtungssteuerung.

❶ Sofern Sie eine SD-Speicherkarte in Ihr Handy eingelegt haben, wird Sie die Kamera danach fragen, ob Sie Ihre Fotos darauf ablegen möchten. Wir raten dazu mit *OK* zu bestätigen, denn der Gerätespeicher ist meist kleiner als die Speicherkarte.

❷ Die Kamera kann den Aufnahmeort in Fotos ablegen, damit Sie wissen, wo Sie sie erstellt haben. Bestätigen Sie die Abfrage mit *Einschalten.*

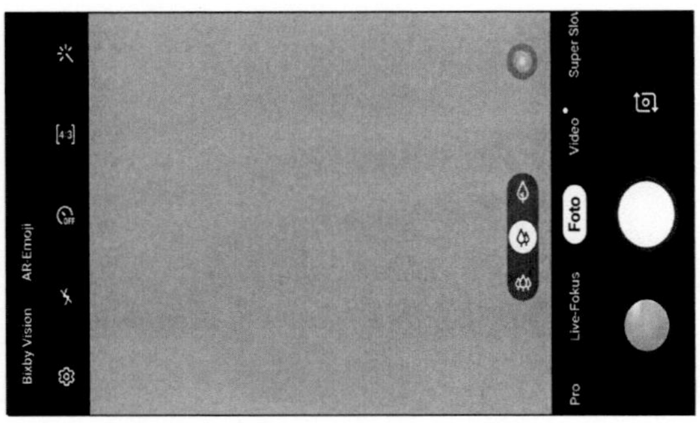

In der Kamera-Oberfläche steuern Sie alle Funktionen über die Schaltleisten:

Die Schaltleisten auf der linken Seite:

- *Bixby Vision* analysiert das Foto.
- *AR-Emoji*:
  - Fotos mit diversen Effekten verfremden.
  - Erstellt aus einem Foto von Ihrem Kopf eine Animation, die sich dann zum Beispiel per E-Mail oder WhatsApp verschicken lässt.
- ⁘: Diverse Bildverfremdungen.
- [4:3]: Bildformat zwischen 3:4, 16:9, 1:1 und Full (»Vollformat«) umschalten. Falls Sie vorhaben, Ihre Bilder später bei einem Fotoshop drucken zu lassen, sollten Sie die Voreinstellung 3:4 nicht verändern. Je nach Dienstleister wird sonst der Rand mehr oder weniger beschnitten.
- ⏲: Zeitschalter für automatische Auslösung zwischen 2, 5 oder 10 Sekunden setzen.
- ⚡: LED-Blitz ein/aus/automatisch.
- ⚙: Weitere Einstellungen.

Mit den Registern auf der rechten Seite schalten Sie zwischen den verschiedenen Modi um:

- *Hyperlapse*: Erstellt Zeitraffer-Videos.
- *Zeitlupe*: Videos mit hoher Bildzahl aufnehmen, die dann erheblich langsamer abgespielt werden.
- *Super Slow-Mo*: Super Slow Motion (»Super langsame Bewegung«) nimmt Videos mit

960 Bildern pro Sekunde auf, welche sich dann als Zeitlupe abspielen lassen. Optimale Ergebnisse erhalten Sie allerdings nur bei sehr guten Lichtverhältnissen (das Flackern von Leuchtstoffröhren würde stören) und mit der Verwendung eines Stativs. Weil die erzeugten Videos nur 0,2 Sekunden lang sind, bietet die Kamera einen automatischen Bewegungsauslöser an.

- *Video*: Videos aufnehmen.
- *Foto*: Die Standardeinstellung, in der Sie die meisten Fotos erstellen werden.
- *Live-Fokus*: Stellt wahlweise das Objekt im Vordergrund oder den Hintergrund scharf.
- *Pro:* Im Pro-Modus dürfen Sie viele Bildeinstellungen selbst vornehmen, darunter ISO, Belichtung und Focus.
- *Panorama*: Aus mehreren Einzelfotos ein Panorama erstellen.
- *Essen*: Stellt einen kreisförmigen Bereich scharf.

Die Schaltleisten auf der rechten Seite:

- : Zwischen Front- und Rückkamera umschalten. Alternativ wischen Sie einfach auf dem Bildschirm nach links oder rechts.
- (Weiße Schaltleiste): Foto erstellen.
- (Vorschaubild): Zeigt das zuletzt erstellte Foto an. Tippen Sie darauf, um das Foto in der Galerie-Anwendung anzuzeigen.

> Die Kameraelektronik benötigt relativ viel Strom, weshalb sich die Kamera-Anwendung bei Nichtnutzung automatisch beendet.
>
> Abhängig davon, wie Sie das Handy halten, erscheinen die Schaltleisten bei Ihnen auf der jeweils gegenüberliegenden Bildschirmseite.

16.1 Fotomodus auswählen

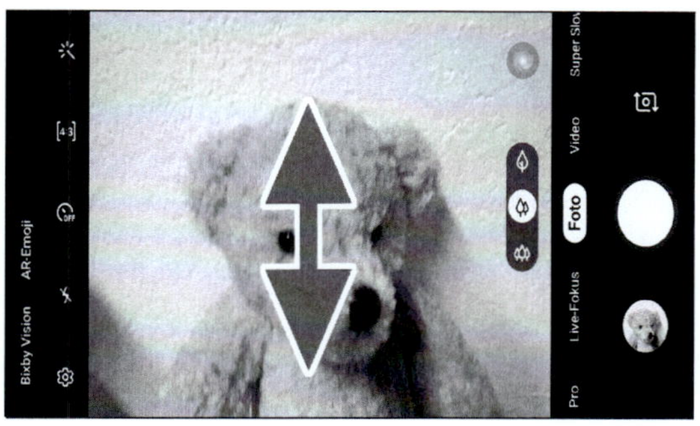

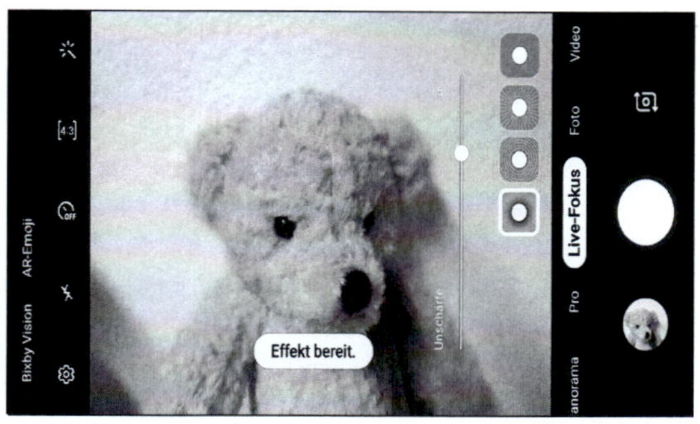

❶❷ Die Fotomodi sind größtenteils selbsterklärend, weshalb wir nur auf einige wichtige in diesem Buch eingehen. Zur Modusauswahl wischen Sie einfach nach oben beziehungsweise unten.

16.2 Foto erstellen

❶ Tippen Sie zuerst auf den scharf zu stellenden Bereich im Sucher. Meistens ist dies übrigens nicht nötig, weil die Kamera automatisch auf das Objekt in der Bildschirmmitte scharf stellt.

❷ Anschließend betätigen Sie die weiße Schaltleiste auf der rechten Seite. Alternativ betätigen Sie eine der Lautstärketasten auf der rechten Geräteseite. Die Kamera speichert das Foto und kehrt sofort in den Fotomodus zurück.

❶ Das erstellte Foto erscheint unten rechts als Vorschau. Tippen Sie es für die Vollbildschirmansicht an.

❷ Tippen Sie gegebenenfalls auf das Foto, um die Bedienelemente zu aktivieren:

- ◉: Aktiviert die im Kapitel *16.12 Bixby Vision* beschriebene Funktion.
- ✎: Fotoeditor aufrufen.
- ≺: Foto an eine andere Person per Bluetooth, E-Mail, usw. senden.
- 🗑: Foto ohne Speichern verwerfen.

Die ‹-Taste bringt Sie wieder in die Kamera-Anwendung zurück.

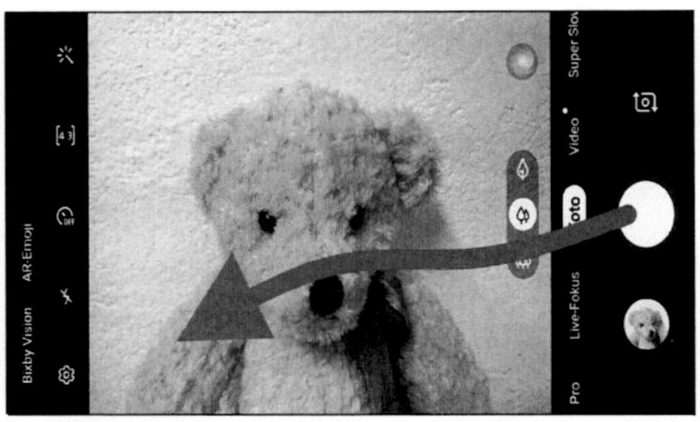

❶ Das Handydisplay ist sehr groß, weshalb Sie in manchen Situationen den Auslöser nicht einhändig bedienen können. Für diesen Fall erstellen Sie einfach eine zweite Taste: Halten Sie den Finger auf dem Auslöser und ziehen Sie ihn dann **sofort** an die gewünschte Position.

❷ Der zweite Auslöser steht nun zur Verfügung. Umgekehrt ziehen Sie den zweiten Auslöser auf den ersten Auslöser zurück, wenn Sie ihn nicht mehr benötigen.

16.3 Weitere Funktionen

Die nachfolgend beschriebenen Features unterstützen Sie beim Fotografieren.

16.3.1 Szenenoptimierung

Die Kamera erkennt automatisch dutzende verschiedene Szenen und optimiert Kontrast, Lichtintensität und Farbsättigung. Ein Symbol weist dann auf die automatische Optimierung hin.

Die automatische Szenenoptimierung aktivieren/deaktivieren Sie über den Schalter oben rechts (Pfeil).

16.3.2 Kamera zwischen Weit- und Ultraweitwinkel umschalten

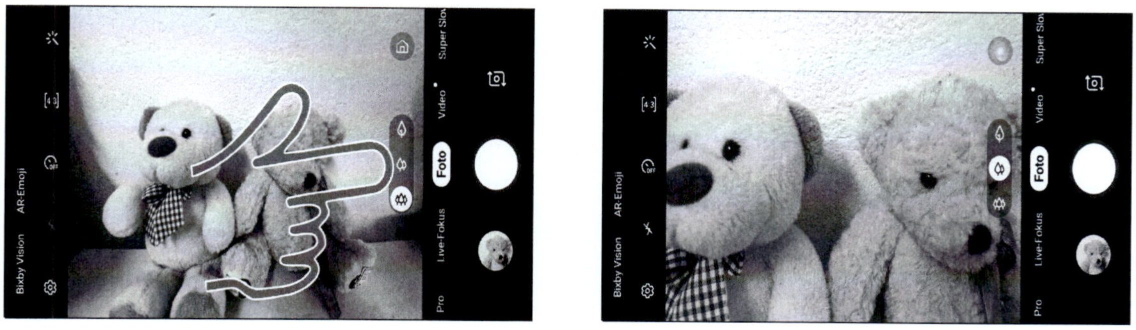

❶❷ Zwischen Tele-, Weitwinkel und Ultra-Weitwinkel wechseln Sie über eine separate Schaltleiste.

16.3.3 Zoom

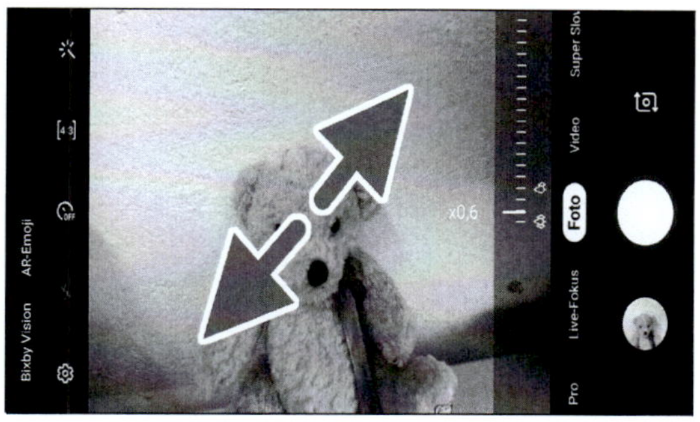

Zoomen Sie mit einer Kneifgeste (zwei Finger gleichzeitig auf das Display halten und auseinander/zusammenziehen). Die Kamera-Anwendung schaltet dann automatisch zwischen den drei Kameralinsen um.

16.3.4 Lokale Helligkeit

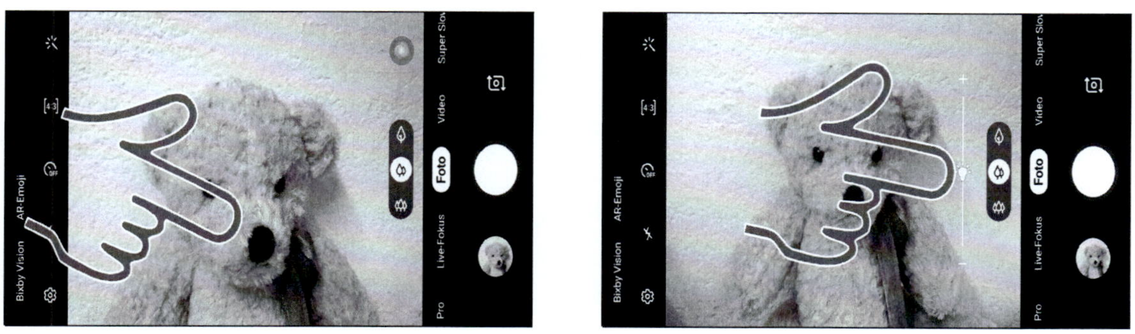

❶ Wie bereits gezeigt, stellt das Handy automatisch auf die im Vorschaubild angetippte Stelle scharf. Dabei wird auch die Helligkeit passend eingestellt.

❷ Für den Fall, dass dann andere Bildbereiche überstrahlen oder zu dunkel ausfallen, können Sie dann über den Schieberegler selbst die gewünschte Helligkeit einstellen.

16.4 Einstellungen

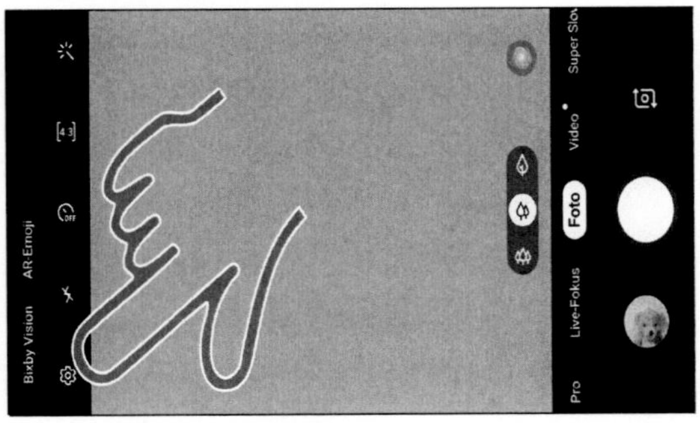

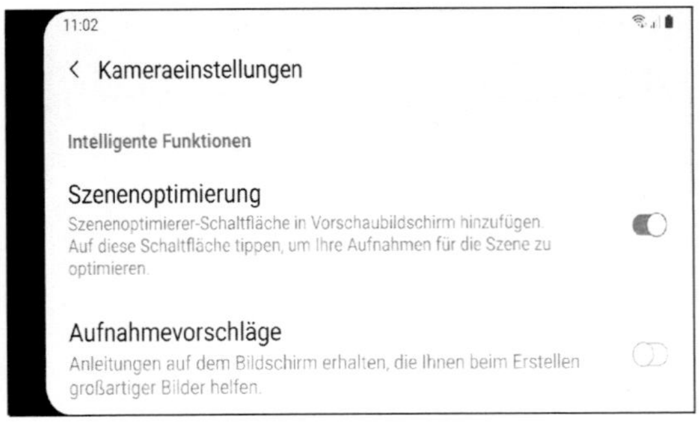

❶❷ Betätigen Sie ⚙ (Pfeil) für weitere Einstellungen:

Unter *Intelligente Funktionen*:

- *Szenenoptimierung*: Aktiviert die im Kapitel *16.3.1 Szenenoptimierung* beschriebene Schaltleiste in der Kameravorschau.
- *Aufnahmevorschläge*: Die Kamera-Anwendung gibt Tipps für bessere Fotos.
- *Mängelerkennung*: Sofern eine Person während des Fotografiervorgangs die Augen schließt, ein Objekt verschwommen ist oder das Objektiv verschmutzt ist, weist Sie die Kamera-Anwendung darauf hin.

Unter *Bilder*:

- *Bewegungsaufnahmen*: Die Kamera legt in den Fotos einige Sekunden Video ab. Wenn Sie später das Foto in der Galerie-Anwendung anzeigen, können Sie das Video abspielen lassen. Wir raten von dieser Funktion ab, weil sich die aufgenommenen Videos nur auf dem Samsung-Handy wiedergeben lassen und die Fotodateien sehr groß werden.
- *Auslöser halten für Folgendes*:
  - *Bild aufnehmen*: Einzelnes Foto aufnehmen.
  - *Serienbilder aufnehmen*: Solange Sie die Kameraschaltfläche gedrückt halten, erstellt die Kamera Fotos.
  - *GIF erstellen*: Erstellt aus den aufgenommenen Serienbildern ein animiertes GIF-Bild. GIF-Dateien sind sehr speicherintensiv und haben eine schlechte Bildauflösung, weshalb wir stattdessen die Verwendung der Videofunktion empfehlen.
- *Speicheroptionen*:
  - *RAW-Kopien (Pro)*: Im Pro-Modus (siehe Kapitel *16.8 Pro-Modus*) legt die Kamera neben dem der JPG-Fotodatei auch eine RAW-Datei im Speicher ab. Die Weiterverarbeitung von RAW-Dateien ist nur mit speziellen Bildbearbeitungsprogrammen auf dem PC möglich. Für Hobbyfotografen macht diese Option daher keinen Sinn.

Unter *Videos*:

- *Videogröße der Hauptkamera; Videogröße der Frontkamera*
- *Erweiterte Aufnahmeoptionen*:
  - *Video mit hoher Effizenz*: Videodaten im HVEC-Format speichern. Wir raten davon ab, weil die Videos sich eventuell auf anderen Geräten nicht abspielen lassen.
  - *Video mit HDR10+*: Speichert Videos mit besonders großem Farbraum. Dieses Format macht nur Sinn, wenn Sie später die Videos auf einem Gerät mit HDR10-Unterstützung wiedergeben.
- *Videostabilisierung*: Die Kamera korrigiert bei der Videoaufnahme leichte Verwackler.

Unter *Nützliche Funktionen*:

- *HDR*: Erstellt ein sehr kontrastreiches Foto. Nur möglich, wenn die Lichtverhältnisse gut sind und sich das Motiv nicht bewegt.
- *Verfolgungs-Autofokus*: Tippen Sie im Vorschaubild auf ein bewegtes Objekt, Tier oder

eine Person, worauf sich die Kamera permanent darauf scharf stellt.

- *Raster*: Blendet Gitterlinien im Sucher ein, was bei einigen Motiven, zum Beispiel Architektur, die optimale Kamerapositionierung erleichtert.
- *Geotagging*: Wenn eingeschaltet, werden in jedem Foto die GPS-Koordinaten Ihrer aktuellen Position mitgespeichert. Später können Sie sich in der Galerie-Anwendung die Aufnahmeorte anzeigen lassen.
- *Kameramodi*: Wählen Sie die Kameramodi aus, die Sie verwenden möchten. Die Modi *Gruppen-Selfie* und *Sport* sind standardmäßig deaktiviert.
- *Auslöser*:
  - *Drücken der Lautstärketaste*:
    - *Bild oder Video aufnehmen*: Betätigen Sie eine der beiden Lautstärketasten auf der linken Seite, um ein Foto aufzunehmen.
    - *Zoom*: Mit den Lautstärketasten verändern Sie den Zoom (siehe Kapitel *16.3.3 Zoom*).
    - *Systemlautstärke*: Stellt die Standardfunktion der Lautstärketasten ein.
  - *Sprachsteuerung*: Sprechen Sie für die Fotoaufnahme »Lächeln«, »Bitte lächeln«, »Klick« oder »Aufnahme«. Für Videoaufnahmen sprechen Sie »*Video aufnehmen*«.
  - *Schwebender Auslöser*: Eine zweite Aufnahme-Taste lässt sich frei auf dem Bildschirm platzieren.
  - *Zeigen der Handfläche*: Halten Sie kurz die Handfläche über der Kamera und ziehen Sie sie weg. Die Kamera wartet ca. 2 Sekunden und erstellt dann das Foto.
- *Speicherort*: Wählen Sie als Ablage für Ihre Fotos zwischen eingelegter Speicherkarte oder Handy-Gerätespeicher.
- *Schnellstart*: Starten Sie die Kamera-Anwendung durch zweimaliges schnelles Betätigen der Ein/Aus-Taste auf der rechten Geräteseite
- *Schnellbewertung*: Das Handy zeigt Ihnen ein erstelltes Foto sofort in der Galerie an.
- *Einstellungen zurücksetzen*: Alle Einstellungen auf den Auslieferungszustand des Handys zurücksetzen.

16.5 Positionsdaten

Das Galaxy S10/S10+ hinterlegt in den Fotos die jeweiligen Positionsdaten, sodass man später jederzeit anzeigen kann, wo genau die Bilder entstanden sind. Interessant ist so etwas zum Beispiel für Wanderer, Urlauber oder Bootsfahrer, die dann auch gleich ihre genommene Route erfahren.

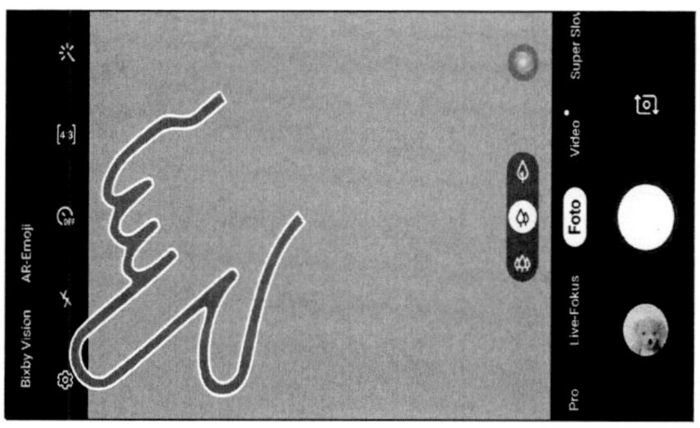

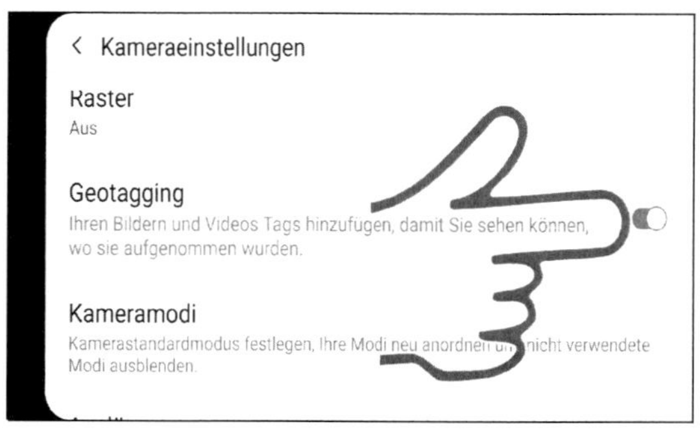

❶ Zuerst müssen Sie dafür sorgen, dass die Kamera die GPS-Koordinaten speichert. Gehen Sie auf ⚙.

❷ Prüfen Sie ob Geotagging aktiviert ist (Schalter ist blau) und schließen Sie den Bildschirm mit der ‹-Taste.

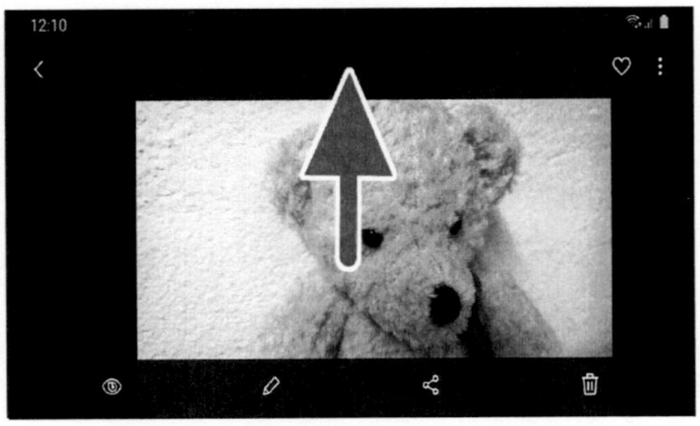

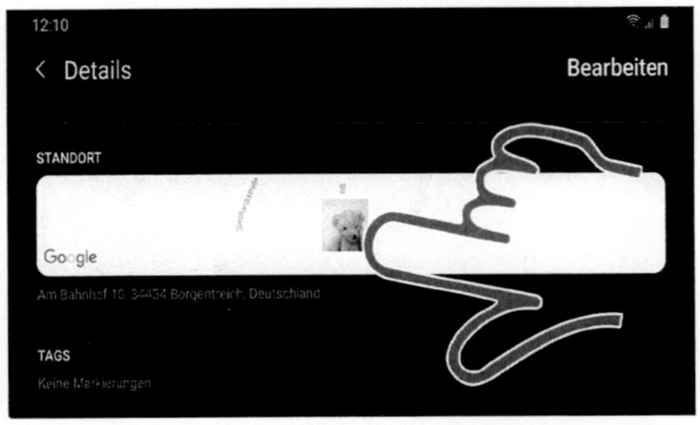

❶ Sie können zum Standort, an dem das Foto entstand, über die Galerie-Anwendung (siehe Kapitel *17 Galerie*) anzeigen: Rufen Sie dort die Vollbildansicht auf und wischen Sie nach oben.

❷ Tippen Sie auf den Kartenausschnitt, worauf die Kartenanwendung Google Maps startet und die Aufnahmeposition anzeigt.

16.6 Motivprogramme

Die Galaxy-Kamera unterstützt, genauso wie normale Kompaktkameras, diverse Motivprogramme, über die Sie Ihrer Kreativität freien Lauf lassen können.

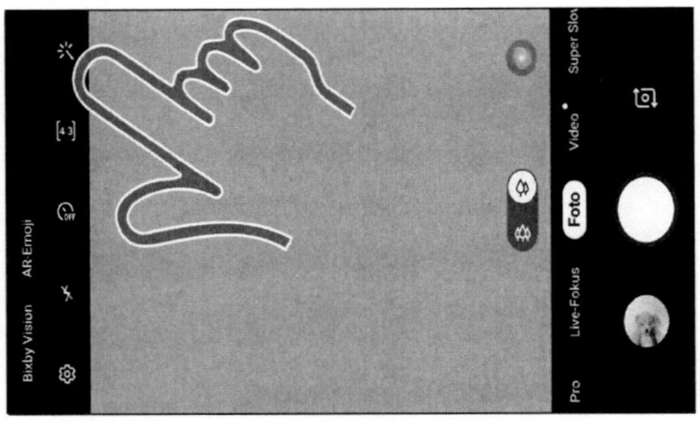

❶ Betätigen Sie die ✲-Schaltleiste.

❷ Über die Schaltleisten (Pfeil) wählen Sie zwischen den Filtern.

16.7 Selfies

Die Frontkamera diente in den Handys, die im letzten Jahrzehnt erstmals damit angeboten wurden, der Videotelefonie (eine Technik, die niemals große Bedeutung erlangte). Inzwischen nutzen viele Anwender die Frontkamera für Selbstportraits, die auch als »Selfies« (self = engl. »selbst«) bezeichnet werden.

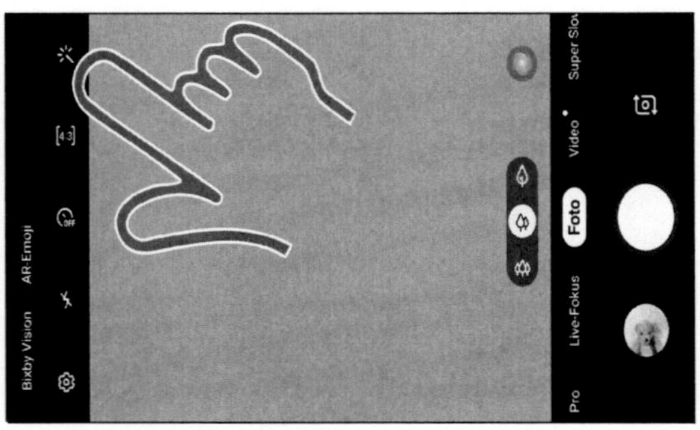

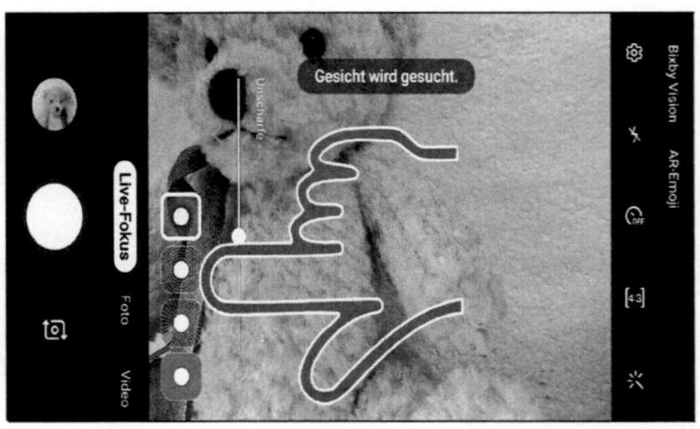

❶❷ Auf die Frontkamera schalten Sie mit der 🔄-Schaltleiste um. Alternativ wischen Sie einfach nach links oder rechts auf dem Bildschirm. Auf dem gleichen Wege schalten Sie den Selfie-Modus wieder ab. Wählen Sie über die vier Schaltleisten den Bokeh-Effekt und mit dem Regler die Hintergrundunschärfe aus.

Auf der linken Seite stehen einige zusätzliche Funktionen zur Verfügung:

- *Live-Fokus*: Stellt den Hintergrund unscharf. Dazu müssen Sie das Handy möglichst weit von sich entfernt halten.

- *Foto*: Der Standardmodus.
- *Video*

16.8 Pro-Modus

Im Pro-Modus nehmen Sie Einfluss auf viele Kamera-Parameter, die das Samsung normalerweise automatisch einstellt. Interessant dürfte dies nur für Anwender sein, die sich schon zuvor mit den manuellen Modi einer Digitalkamera intensiv auseinandergesetzt haben.

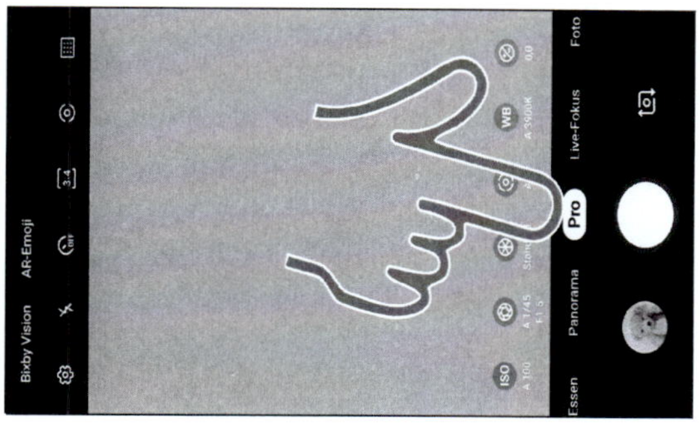

Rufen Sie *Pro* auf. Die Kamera-Parameter ändern Sie über die Schaltleisten am rechten Bildschirmrand.

16.9 AR-Emoij

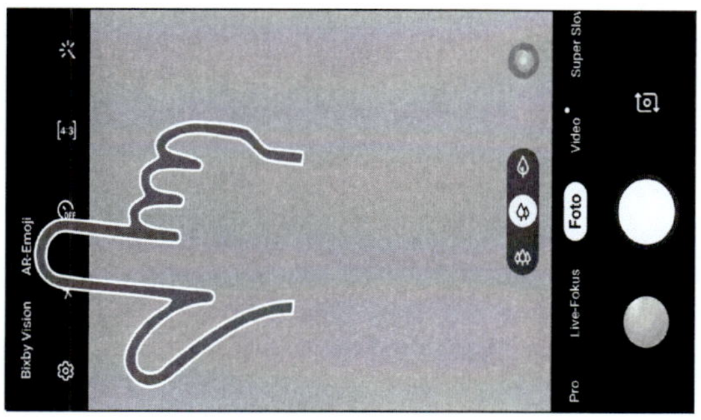

➊ *AR Emoji* bietet lustige Überlagerungen wie Brillen oder Hasenohren. Dieser Effekt funktioniert nur bei der Personenfotografie.

➋ Aktivieren Sie nun mit der ☺-Schaltleiste den Emoji-Modus.

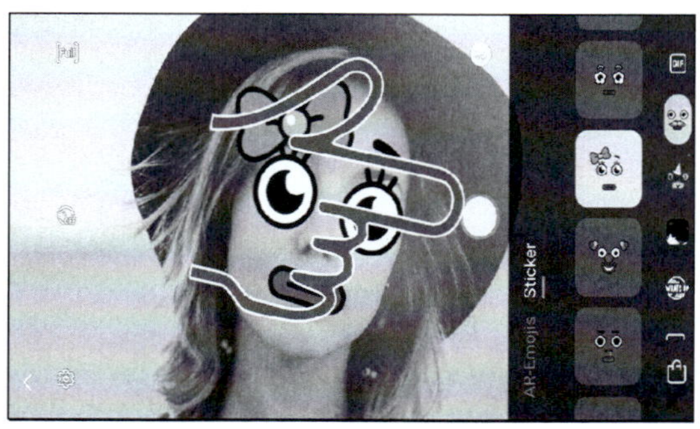

➊ Aktivieren Sie *Sticker* und wählen Sie dann rechts ein Effektpaket aus.

➋ Der Effekt wird live angewandt. Betätigen Sie den Auslöser, um ein Foto zu erstellen.

❶❷ Sie schalten mit 😐 das Bedienfeld ein/aus.

Die ‹-Schaltleiste (Pfeil) bringt Sie wieder in die Kamera-Anwendung zurück.

16.10 Eigener Avatar

Die eigenen Emotionen drückt man in E-Mails oder WhatsApp-Nachrichten normalerweise mit sogenannten Emoticons aus (beispielsweise 🙄). Falls Sie mal Abwechslung suchen, erstellen Sie einfach einen AR-Emoji mit Ihren eigenen Gesichtszügen.

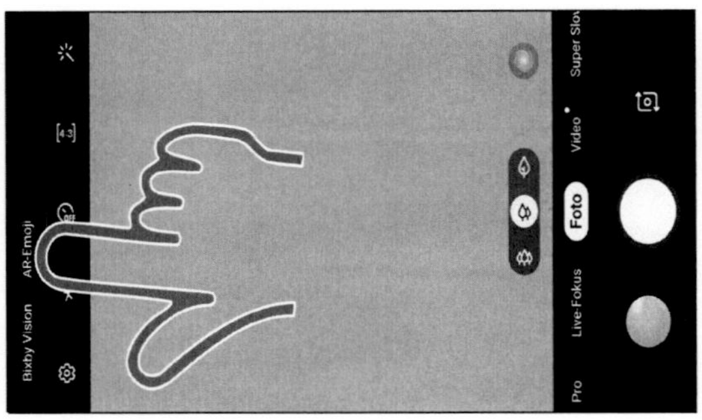

❶ Rufen Sie *AR Emoji* auf.

❷ Halten Sie das Handy aufrecht. Falls das Menü nicht zu sehen ist, gehen Sie auf 😐.

❶❷ Aktivieren Sie das *AR* Emoji-Register und betätigen Sie *Neues AR Emoji*.

Sie können mit der -Schaltleiste auch auf die vordere Kamera umschalten, wenn Sie den Avatar nicht von sich, sondern von einer anderen Person erstellen möchten.

❶ Der Kopf muss sich im weißen Kreis befinden. Betätigen Sie nun den Auslöser.

❷ Aktivieren Sie eine der vier Schaltleisten (Mann, Frau, geschlechtslos, Kleinkind) und betätigen Sie *Weiter*.

➊ Über die Register gelangen Sie in verschiedene Bearbeitungsoptionen, in denen Sie das Aussehen festlegen.

➋ Die ‹-Schaltleiste bringt Sie wieder in die Übersicht zurück.

➌ Schließen Sie den Vorgang mit *Weiter* ab.

➊➋ Schließen Sie den Hinweis mit *Zulassen* und den Erfolgshinweis mit *OK*.

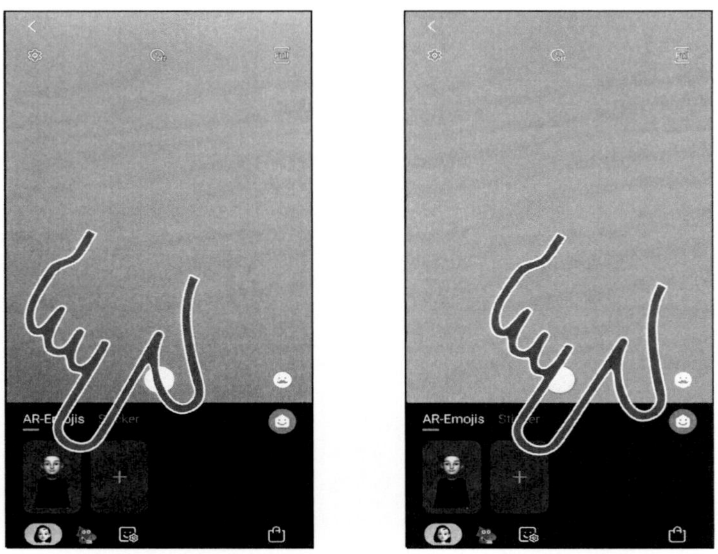

➊ Sie möchten Ihren AR-Emoji wieder löschen? Dann rufen Sie erneut, wie oben beschrieben, das *AR Emoji*-Menü auf. Tippen und halten Sie den Finger auf Ihrem Emoji, bis die Minus-

Schaltleiste erscheint, die Sie betätigen.

❷ Die +-Schaltleiste erstellt einen weiteren Avatar.

❶ Kurzes Antippen Ihres Avatars macht ihn »lebendig«.

❷ Halten Sie die Kamera auf die Person. Über die Schaltleisten oben rechts schalten Sie um zwischen verschiedenen Modi:

- Avatar ohne Hintergrund
- Der Avatar imitiert die Bewegungen der Person vor der Kamera. Dazu muss dessen Körper vollständig erfasst werden.
- Im Livebild wird der Kopf der Person durch den des Avatars ersetzt.

❸ Sie können nicht nur Fotos, sondern auch Videos von Ihrem Avatar erstellen.

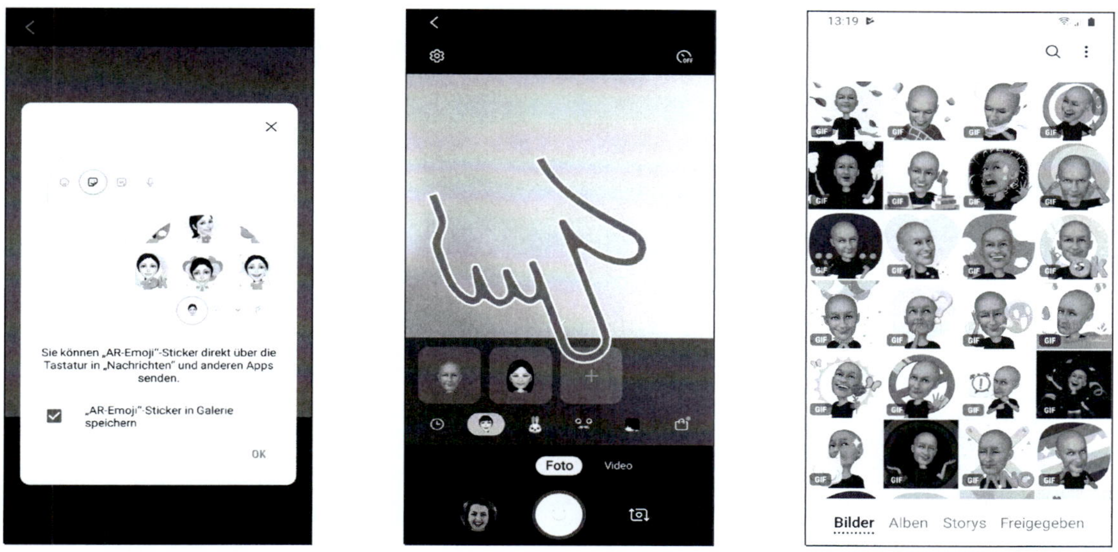

❶ Falls die erstellten Avatare auch als Bilder in der Galerie erscheinen sollen, aktivieren Sie nun *„AR Emoji"-Sticker in Galerie speichern.* Betätigen Sie erneut *OK*.

❷ Zum Löschen eines Avatars tippen und halten Sie den Finger darauf, bis ein rotes Minuszeichen erscheint. Einen weiteren Avatar fürgen Sie dagegen über die +-Schaltleiste hinzu.

❸ Die Kamera-Anwendung hat 18 verschiedene Avatare erstellt, die Sie in der Galerie-Anwendung (siehe Kapitel *17 Galerie*) finden und dort auch per E-Mail oder WhatsApps verschicken können.

16.10.1 Eigenen Avatar über Tastenfeld versenden

Diese Methode, den eigenen Avatar in einer Anwendung direkt einzugeben, wird nur von den Samsung-Anwendungen unterstützt. In der E-Mail-Anwendung (siehe Kapitel *11 E-Mail*) erscheint Ihr Avartar im Nachrichtentext als Bild, während die SMS-Anwendung (siehe Kapitel *6 Nachrichten (SMS)*) die SMS in eine MMS umwandelt (siehe Kapitel *6.9 MMS*). Versucht man dagegen, den Avatar in einer nicht unterstützten Anwendung, beispielsweise WhatsApp, einzufügen, dann erscheint eine Fehlermeldung.

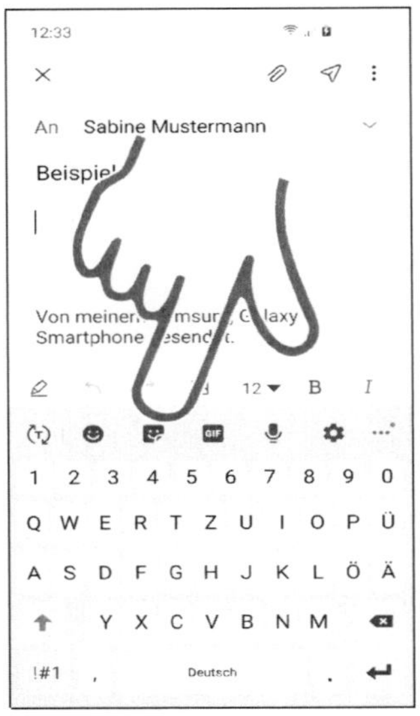

❶ Rufen Sie eine Anwendung auf, in der Sie Ihren Avatar versenden möchten, im Beispiel die E-Mail-Anwendung (siehe Kapitel *11 E-Mail*). Oberhalb des Tastenfelds betätigen Sie die -Schaltleiste (falls Sie diese nicht sehen, betätigen Sie vorher die -Schaltleiste).

❷ Zunächst listet das Tastenfeld die zuletzt verwendeten Avatare auf, weshalb Sie jetzt gegebenenfalls nach links wischen.

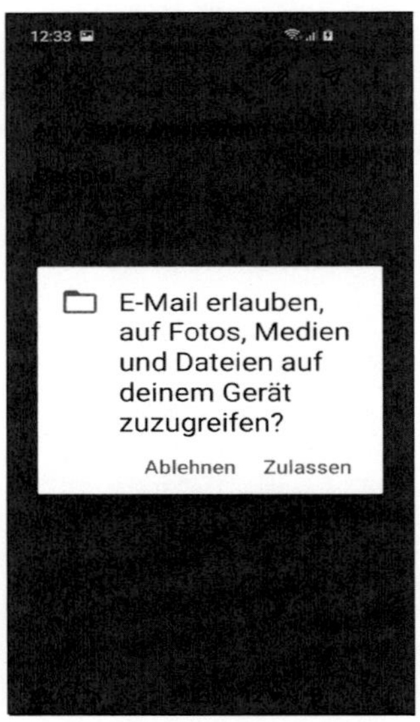

❶ Wählen Sie den Avatar aus.

❷ Schließen Sie den Sicherheitshinweis mit *Zulassen.*

❸ Über die -Schaltleiste kehren Sie zum Tastenfeld zurück.

16.11 Video-Funktion

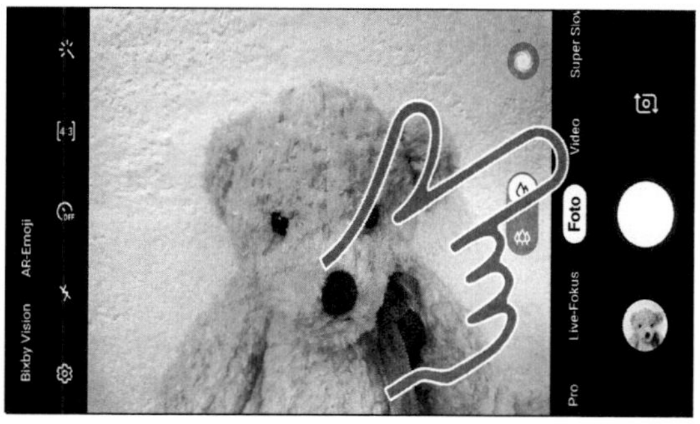

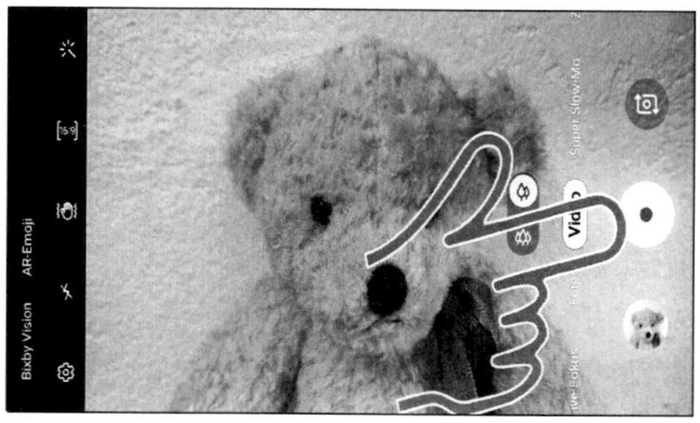

❶ Aktivieren Sie das *Video*-Register.

❷ Tippen Sie die ●-Schaltleiste (Pfeil) an, worauf die Aufnahme startet. Mit der Stopp- und Pause-Taste beenden beziehungsweise pausieren Sie die Aufnahme.

> Viele Funktionen im Videomodus sind identisch zur Kamerafunktion, auf die bereits die vorhergehenden Kapiteln eingehen.

16.12 Bixby Vision

Bixby Vision zeigt zu dem gerade im Kameravorschaubild oder der Galerie-Anwendung (siehe Kapitel *17 Galerie*) angezeigtem Motiv kontextabhängig weitere Infos an. Dazu nutzt das Programm die Dienste von verschiedenen externen Unternehmen. Derzeit sind dies:

- Übersetzer: Übersetzt fremdsprachliche Texte nach Deutsch. Die Übersetzung wird dabei direkt im Kamerabild eingeblendet.
- Bilder: Listet alle Bilder auf, die ein ähnliches Motiv enthalten.
- Ort: Aktuellen Standort in einer Karte anzeigen.
- Speisen: Listet Infos zu einem Gericht beziehungsweise deren Bestandteile auf.
- Wein: Identifiziert Weine anhand des Flaschenetiketts und informiert über Bewertung und passende Speisen.
- QR-Code: QR-Barcode auswerten und die zugehörige Website im Browser aufrufen.

Vermutlich werden mit der Zeit weitere Dienstleister von Bixby unterstützt.

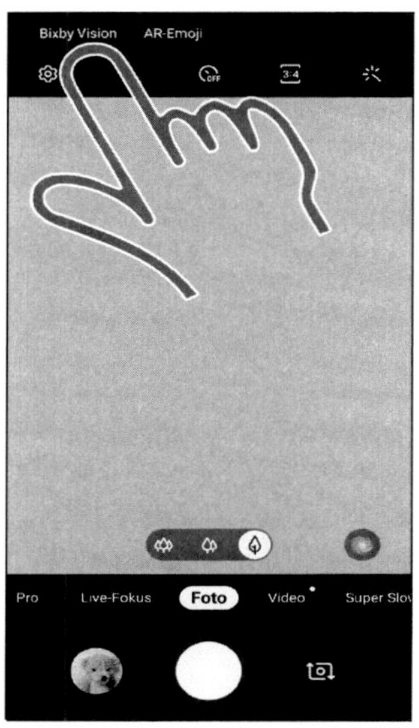

❶ *Bixby Vision* starten Sie über die gleichnamige Schaltleiste, Erneutes Betätigen beendet Bixby Vision wieder.

❷ Beim ersten Aufruf müssen Sie zuerst den Geschäftsbedingungen zustimmen. Dazu wischen Sie im unteren Bildschirmbereich nach oben.

❸ Aktivieren Sie nun *Ich habe Nutzungsbedingungen gelesen und stimme zu*, dann gehen Sie auf *Fortsetzen.*

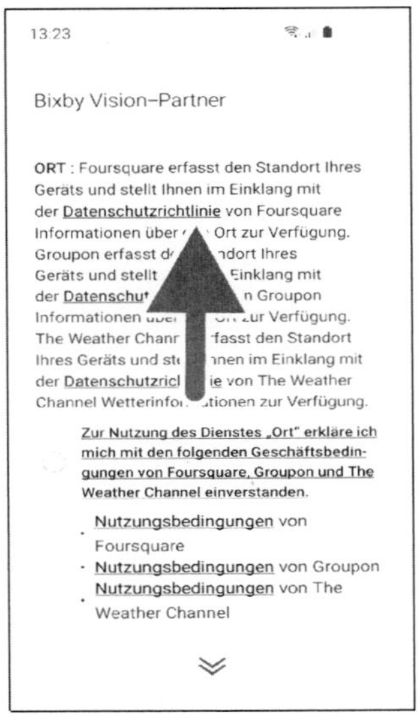

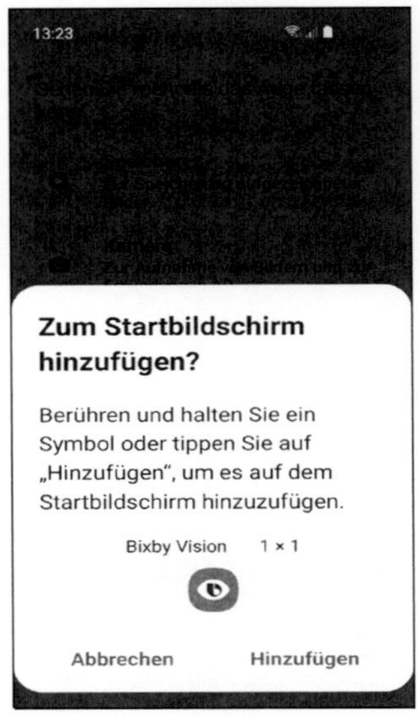

❶ Wischen Sie im *Bixby Vision*-Partner-Bildschirm nach oben.

❷ Aktivieren Sie beide Abhakkästchen und betätigen Sie *Weiter.*

❸ Den Hinweis schließen Sie mit *Hinzufügen.*

❶ Gehen Sie auf *Starten.*

❷ Die drei Warnhinweise schließen Sie mit *Zulassen.*

❶ Sehr wahrscheinlich möchte Bixby Vision beim ersten Aufruf ein Update durchführen. Betätigen Sie *Aktualisieren.*

❷ Aktivieren Sie gegebenenfalls *Ich stimme den AGB zu* und betätigen Sie *Starten.*

❸ Gehen Sie auf *Aktualisieren.*

Eventuell wird auch die Galaxy Store-Anwendung, über den Sie Bixby Vision installieren, eine Aktualisierung verlangen. Folgen Sie den Anweisungen und rufen Sie nach dessen Installatrion *Bixby Vision* erneut in der Kamera-Anwendung auf.

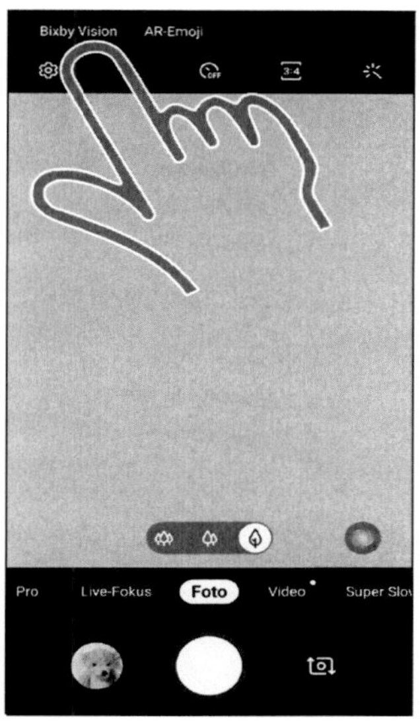

Sie müssen Bixby Vision nach dem Update erneut in der Kamera-Anwendung aufrufen.

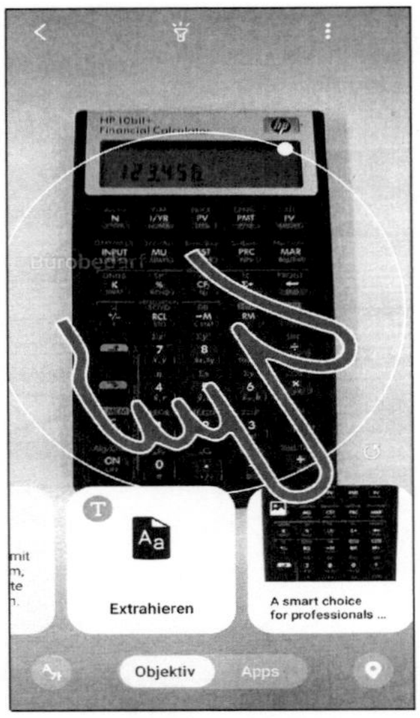

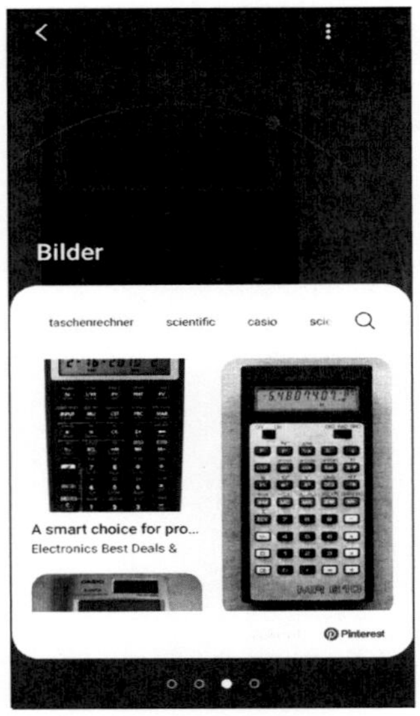

❶ Halten Sie einfach die Kamera auf ein Motiv, worauf Bixby Vision den Gegenstand im Vorschaubild identifiziert. Am unteren Bildschirmrand erscheinen Vorschläge, von denen Sie einen antippen.

❷ In unserem Beispiel werden Fotos von Taschenrechnern angezeigt.

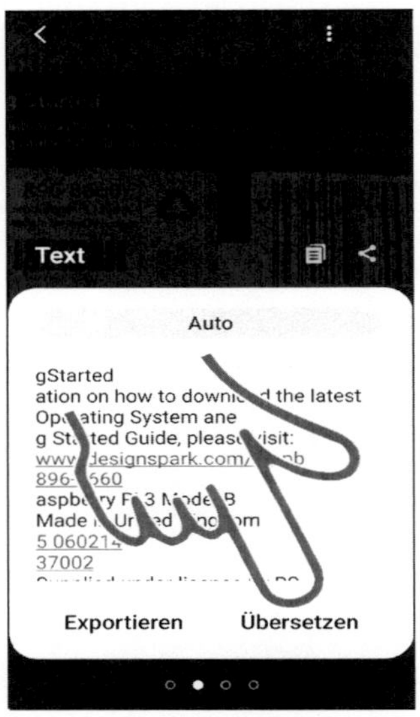

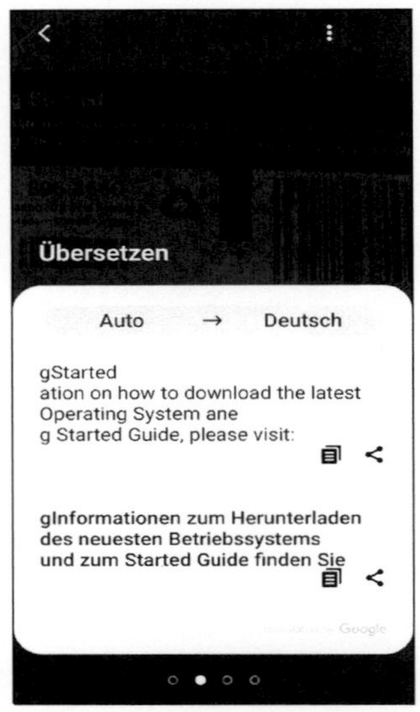

❶❷❸ Ein anderes Beispiel: Hier extrahieren wir erst den Text, den wir dann übersetzen lassen.

17. Galerie

Mit der Galerie-Anwendung zeigen Sie Bilder und Videos auf dem Handy an.

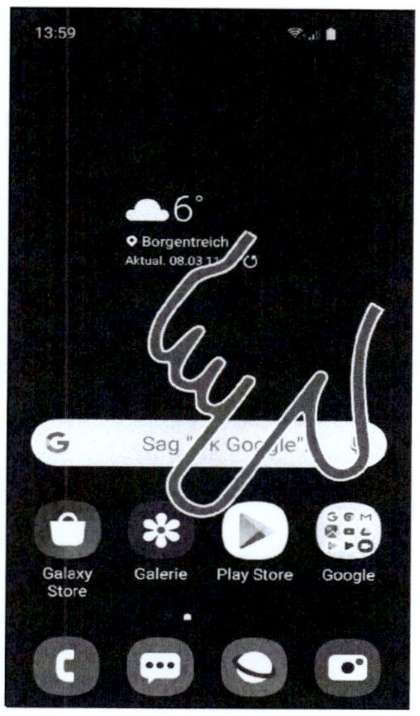

❶❷ Sie starten die *Galerie*-Anwendung aus dem Hauptmenü oder Startbildschirm.

17.1 Ansichten

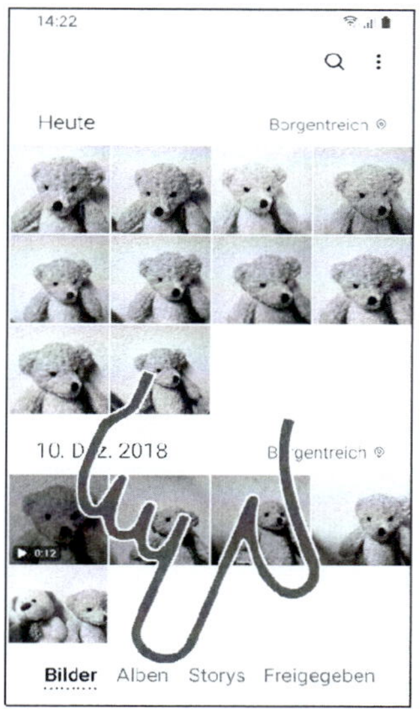

❶ Die Sortierung in der Galerie ist über die Register (Pfeil) umschaltbar zwischen:

- *Bilder*: Datumssortierung.
- *Alben* (❷): Bei den Alben handelt es sich um Verzeichnisse.
- *Storys*: Von Ihnen zusammengestellte Fotoalben.
- *Freigegeben*: Bilder an andere Personen senden. Auf diese Funktion gehen wir nicht ein, weil alle Personen, denen Sie die Bilder zugänglich machen, ein Samsung-Handy besitzen müssen.

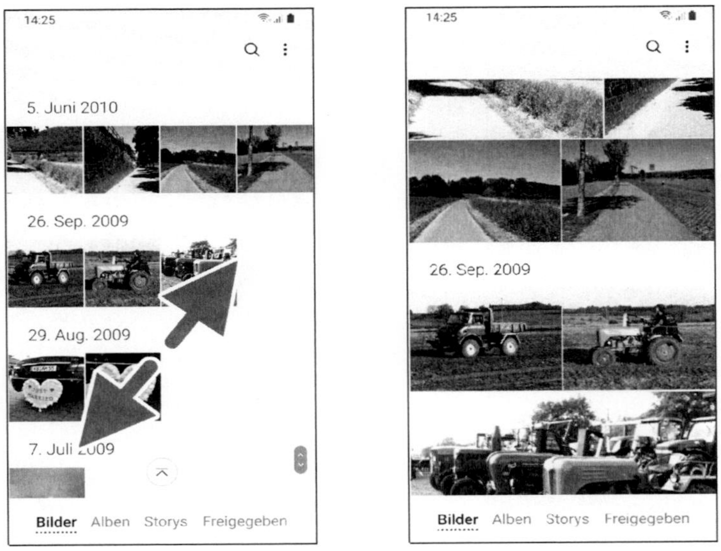

❶❷ Über eine Kneifgeste (mit zwei Fingern gleichzeitig auf den Bildschirm halten und dann auseinander oder zusammenziehen) verkleinern/vergrößern Sie die Bildervorschau.

17.1.1 Datumssortierung

Die Datumssortierung ist praktisch, um Bilder wiederzufinden, von denen Sie das ungefähre Aufnahmedatum wissen.

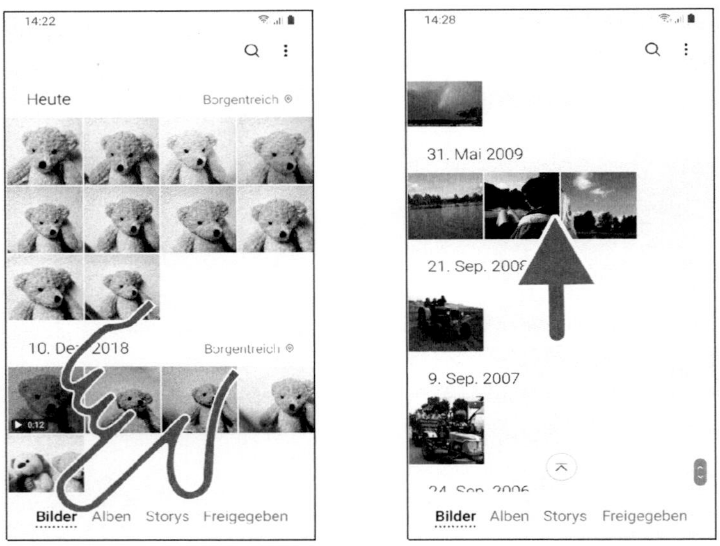

❶ Aktivieren Sie das *Bilder*-Register.

❷ Die Bildervorschau durchrollen Sie mit einer Wischgeste.

17.1.2 Albensortierung

Die Albenansicht macht vor allem Sinn, wenn Sie selbst Bilder auf das Galaxy kopiert haben (siehe Kapitel *29 Gerätespeicher*).

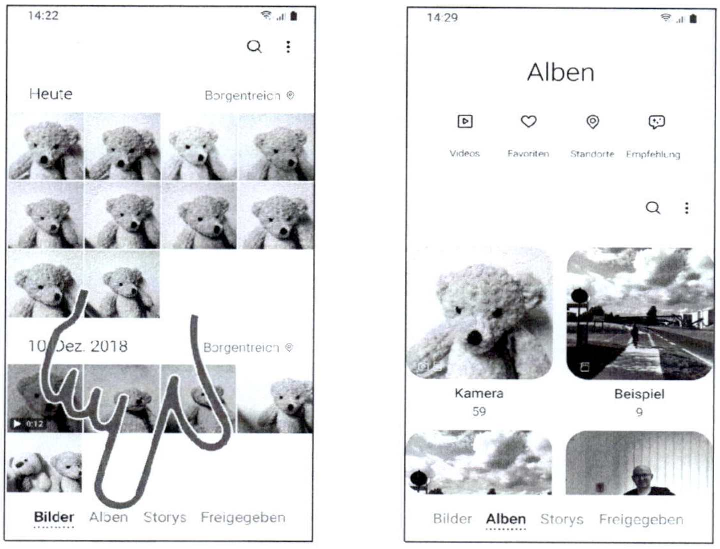

❶ Aktivieren Sie das *Alben*-Register.

❷ Eine Übersicht der Verzeichnisse erscheint. Vorhanden sind häufig:

- *Kamera*: Fotos/Videos im Gerätespeicher.
- ... weitere Ordner, die Sie angelegt haben, welche Fotos oder Videos enthalten.

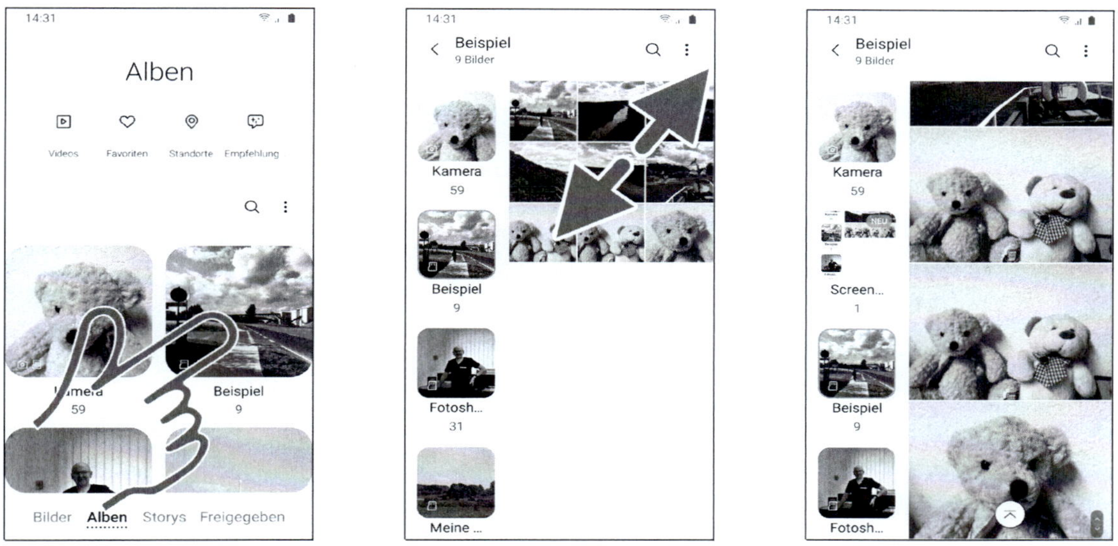

❶ Tippen Sie einen Ordner an.

❷❸ Die Albenansicht ändern Sie mit einer Kneifgeste (mit zwei Fingern gleichzeitig auf den Bildschirm halten und dann auseinander oder zusammenziehen). Verlassen Sie das Album mit der ‹-Taste, worauf Sie in die Albenübersicht zurückkehren.

Bei den Alben handelt es sich um Verzeichnisse. Sie brauchen also nur auf dem Gerät eine Bild- oder Videodatei in ein Verzeichnis kopieren, worauf dieses in der Galerie-Anwendung als Album erscheint. Wie Sie Dateien auf das Galaxy kopieren, erfahren Sie im Kapitel *29 Gerätespeicher*.

17.2 Bilder verarbeiten

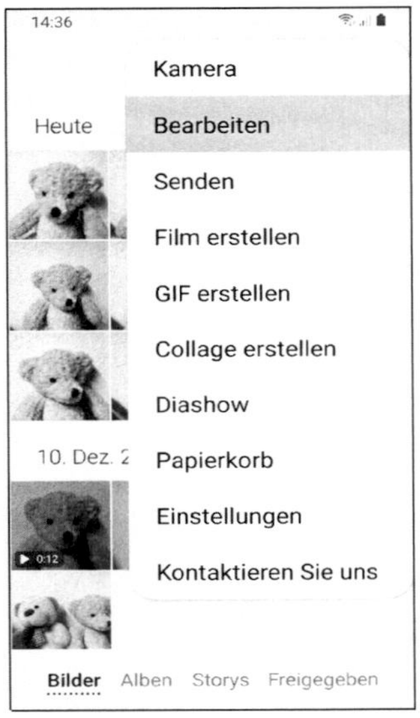

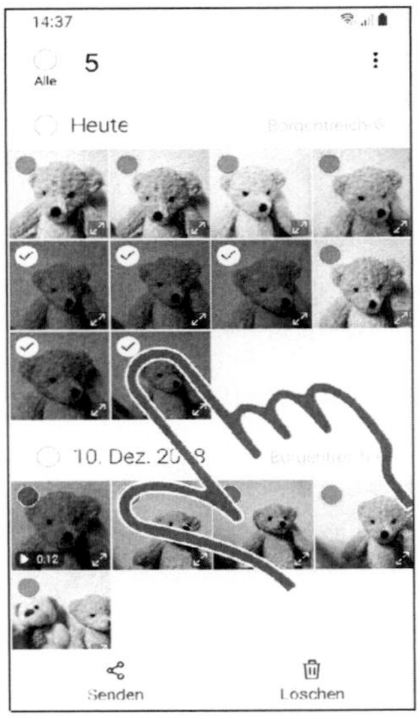

❶ Rufen Sie in der Bildervorschau das ⋮-Menü auf und gehen Sie auf *Bearbeiten*.

❷ Markieren Sie Elemente, indem Sie sie antippen (dabei nicht auf ⤢ tippen, weil damit die Vollbildansicht aufgerufen wird).

Über die Schaltleisten am unteren Bildschirmrand können Sie:

- *Senden*: Dateien per Bluetooth, E-Mail oder andere Wege versenden.
- *Löschen*: Dateien entfernen.

Zusätzliche Weiterverarbeitungsoptionen finden Sie im ⋮-Menü.

17.3 Vollbildansicht

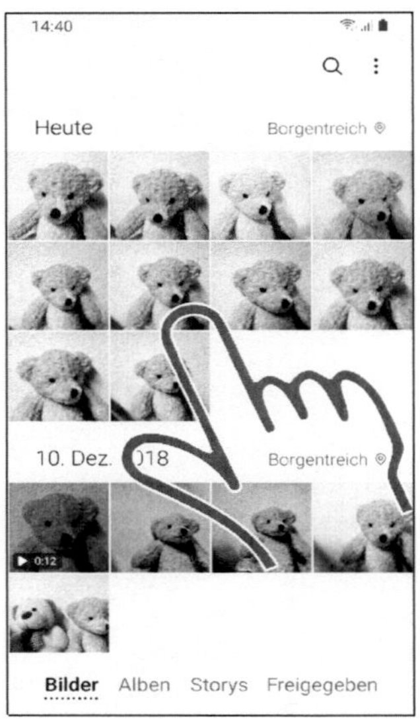

❶❷ Nach Antippen des Vorschaubilds (Pfeil) erscheint das Foto in der Vollbildansicht. Die Funktionen:

- Ziehen des angedrückten Fingers auf dem Foto nach links/rechts (»Wischgeste«): Vorheriges/nächstes Foto anzeigen.
- Zweimaliges schnelles Antippen auf dem Foto: Vergrößert/verkleinert die Darstellung.
- ⋮-Menü: Weitere Funktionen zum Versenden, Löschen oder Bearbeiten des aktuell angezeigten Fotos, auf die das nächste Kapitel noch eingeht.

Die Bedienelemente am unteren Bildschirmrand (nach einigen Sekunden werden diese ausgeblendet, aber kurzes Antippen des Fotos blendet sie wieder ein):

- 👁: Aktiviert die im Kapitel *16.12 Bixby Vision* beschriebene Funktion.

- 🖉: Fotoeditor aufrufen.
- ≪: Foto an eine andere Person per Bluetooth, E-Mail, usw. senden.
- 🗑: Foto ohne Speichern verwerfen.

Halten Sie das Handy um 90 Grad gedreht, um gegebenenfalls ein querformatiges Foto auf dem gesamten Bildschirm anzuzeigen.

❶❷ Das Samsung Galaxy unterstützt die »Kneifen«-Geste, um in Fotos herein- oder heraus zu zoomen: Tippen und halten Sie dazu gleichzeitig den Mittelfinger und Daumen einer Hand auf das Display und ziehen dann die beiden Finger auseinander, beziehungsweise zusammen. Übrigens spielt es keine Rolle, ob Sie nun vertikal oder waagrecht »kneifen«.

Alternativ tippen Sie einfach mit einem Finger zweimal schnell hintereinander auf die gleiche Stelle auf dem Bildschirm.

17.3.1 Einzelnes Bild bearbeiten

Rufen Sie das ⋮-Menü auf:

- *Details*: Bildparameter anzeigen.
- *Als Hintergrund festlegen:* Hintergrund für Displaysperre, Startbildschirm oder beides einstellen (siehe Kapitel *4.7.4 Hintergrundbild*).
- *Als Always On Display-Bild nutzen*: Zeigt bei ausgeschaltetem Display das Bild an. Siehe Kapitel *28.2 Always On Display*.
- *Mit Live-Nahricht teilen*: Darauf geht Kapitel *17.7 Live-Nachricht* ein.
- *Zu Sicherer Ordner verschieben*: Legt das Bild in einem extra geschütztem Speicherbereich ab. In diesem Buch gehen wir nicht darauf ein.
- *Drucken*: Auf die Druckausgabe geht dieses Buch nicht ein.

17.3.2 Bixby Vision

Sie haben Bixby Vision, das kontextabhängig weitere Infos zu einem Foto sucht, bereits im Kapitel *16.12 Bixby Vision* kennen gelernt.

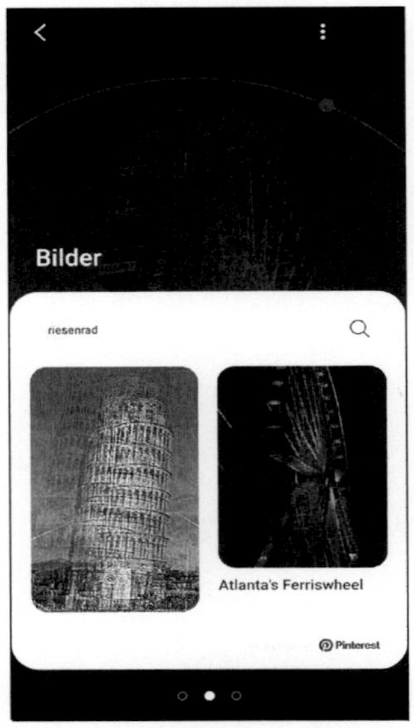

➊ In der Vollbildansicht gehen Sie auf ◎.

➋➌ Tippen Sie dann unten auf eine der vorgeschlagenen Optionen.

17.4 Videos

➊ Fotos und Videos listet die Galerie-Anwendung zusammen auf. Dabei erkennen Sie Videos anhand des ▷-Symbols. Tippen Sie ein Video an.

➋ Die Wiedergabe startet automatisch.

17.5 Positionsdaten

Im Handel werden seit einiger Zeit Digitalkameras angeboten, die über einen eingebauten GPS-Empfänger verfügen. In den Fotos werden dann die jeweiligen Positionsdaten hinterlegt, sodass man – eine entsprechende Software vorausgesetzt – später jederzeit auf einer digitalen Landkarte anzeigen kann, wo genau die Fotos entstanden sind. Interessant ist so etwas zum Beispiel für Wanderer, Urlauber oder Bootsfahrer, die dann auch gleich ihre genommene Route erfahren.

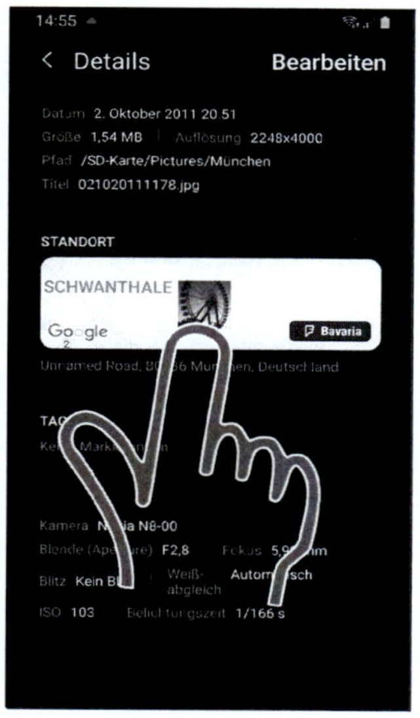

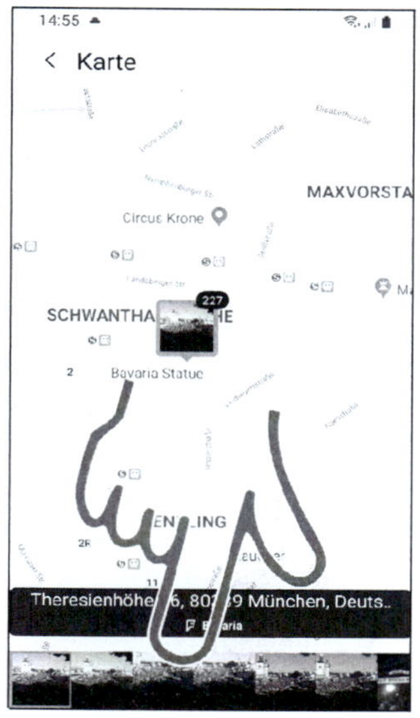

➊ In der Galerie-Anwendung wischen Sie, während ein Bild in der Vollbildansicht angezeigt wird, nach oben.

➋ Tippen Sie die Kartenvorschau an.

➋ Anschließend wischen Sie unten in der Bilderauflistung nach rechts/links und wählen Sie davon eines der anzuzeigenden Fotos aus.

Beachten Sie bitte, dass die in den Fotos enthaltenen GPS-Koordinaten je nach GPS-Genauigkeit während des Fotografierens um mehrere hundert Meter von der Realität abweichen können. In Kapitel *16.5 Positionsdaten* erfahren Sie, wie Sie mit der eingebauten Kamera Fotos mit eingebetteten GPS-Positionsdaten erstellen.

17.6 Storys

Über die Story-Funktion stellen Sie mehrere Fotos in eine Art Album zusammen. Dieses kann man nicht nur auf dem Handy anzeigen, sondern auch im Internet für andere zur Ansicht freigeben.

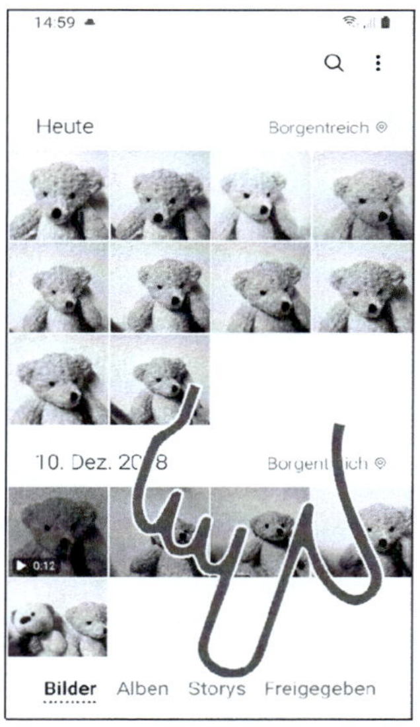

➊ Gehen Sie in das *STORYS*-Register.

➋ Über ⋮/*Story erstellen* kreieren wir ein neues Story-Album.

➌ Vergeben Sie dem Album einen Namen.

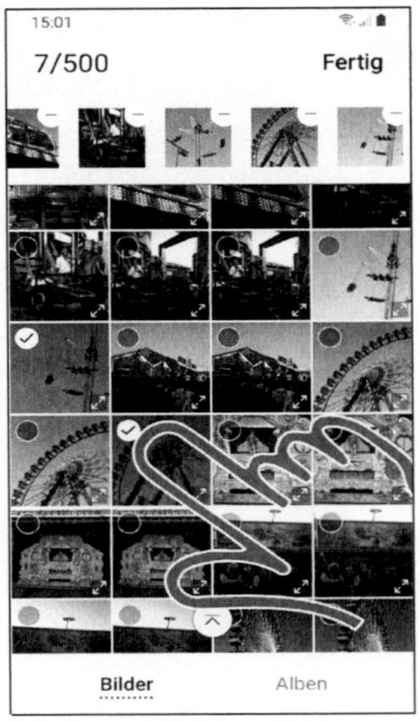

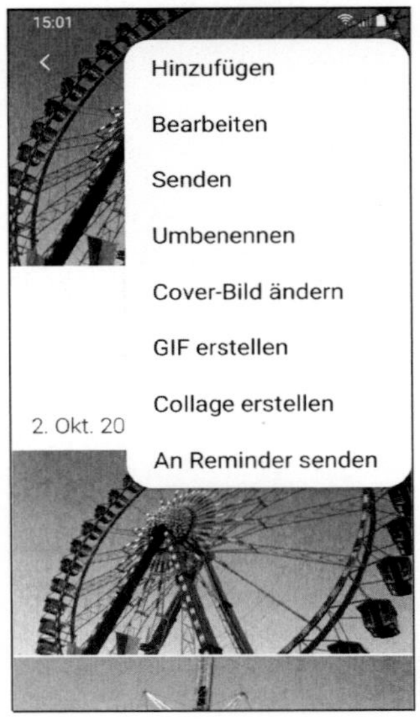

❶ Markieren Sie mehrere Bilder und gehen Sie auf *FERTIG.*

❷ Die <-Taste bringt Sie wieder in die Story-Übersicht zurück.

❸ Über das ⋮-Menü können Sie die Story bearbeiten beziehungsweise an andere Personen senden.

17.7 Live-Nachricht

Bei der Live-Nachricht handelt es sich um eine von Ihnen erstellte Animation (GIF-Datei), die Sie zum Beispiel per E-Mail verschicken können.

❶ Rufen Sie in der Vollbildansicht ⋮/*Mit Live-Nachricht teilen* auf.

❷ Die Live-Nachricht ist immer quadratisch, deshalb müssen Sie nun den Bildausschnitt einstellen (mit einer Kneifgeste ändern Sie die Größe) und gehen dann auf *FERTIG.*

❸ Wählen Sie Farbe, Stift beziehungsweise Effekt aus und malen Sie mit dem Finger auf dem Bildschirm.

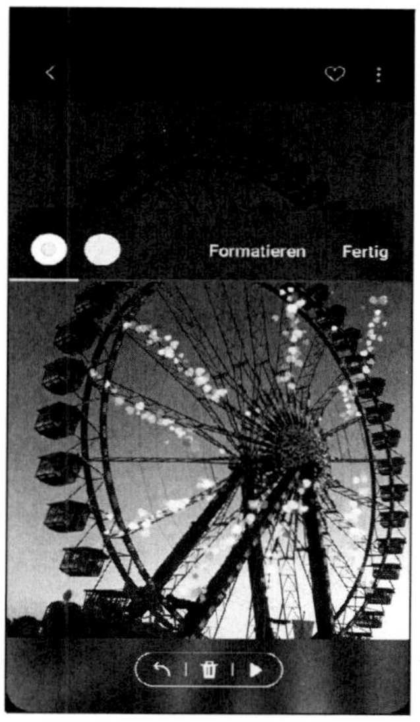

➊ Schließen Sie den Vorgang mit *Fertig* ab. Die Animation wird im Gerätespeicher als Bild gespeichert.

➋ Sie können nun über *Senden* die Animation beispielsweise per E-Mail verschicken.

18. Play Musik

Play Musik ist der offizielle MP3-Player von Google. Sie benötigen ihn, wenn Sie Songs im von Google betriebenen Online-Musik-Shop einkaufen möchten, denn die Wiedergabe der erworbenen Songs ist nur in in dieser Anwendung möglich. Natürlich spielt aber Play Musik auch alle Songs ab, die Sie sich selbst aufs Gerät kopiert haben.

> Wie Sie vom PC aus auf den Speicher zugreifen, um beispielsweise MP3-Dateien darauf zu kopieren, erklärt Kapitel *29 Gerätespeicher*.

➊ Rufen Sie *Play Musik* aus dem Hauptmenü auf.

➋ Die penetrante Werbung für den kostenlosen Test der Google Musik-Flatrate schließen Sie mit *NEIN DANKE* und das folgende Popup mit *ZULASSEN.*

➌ Danach gehen Sie erneut auf *NEIN DANKE.*

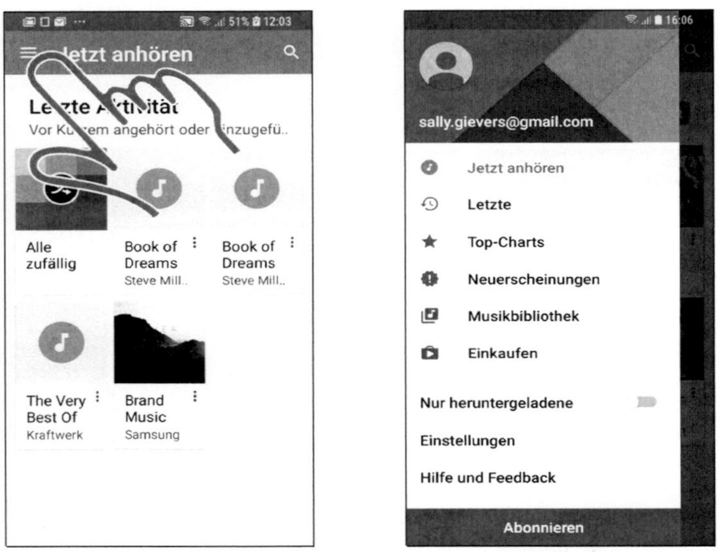

➊➋ Betätigen Sie jeweils die ≡-Schaltleiste zum Ausblenden/Einblenden des Klappmenüs (alternativ führen Sie eine horizontale Wischgeste von links nach rechts beziehungsweise umgekehrt durch). Hierin finden Sie die Funktionen:

- *Jetzt anhören*: Der MP3-Player schlägt, basierend auf den bisher abgespielten Titeln, den nächsten Song vor. Die Songvorschläge werden mit der Zeit dann immer genauer.
- *Top-Charts; Neuerscheinungen*: Beide Menüs setzen ein kostenpflichtiges monatliches Abo der der Google Musik-Flatrate voraus.
- *Musikbibliothek*: Die Songs auf Ihrem Gerät.

- *Einkaufen*: Weitere Songs im Play Store erwerben.

Auf die restlichen Menüeinträge gehen wir im Laufe dieses Kapitels ein.

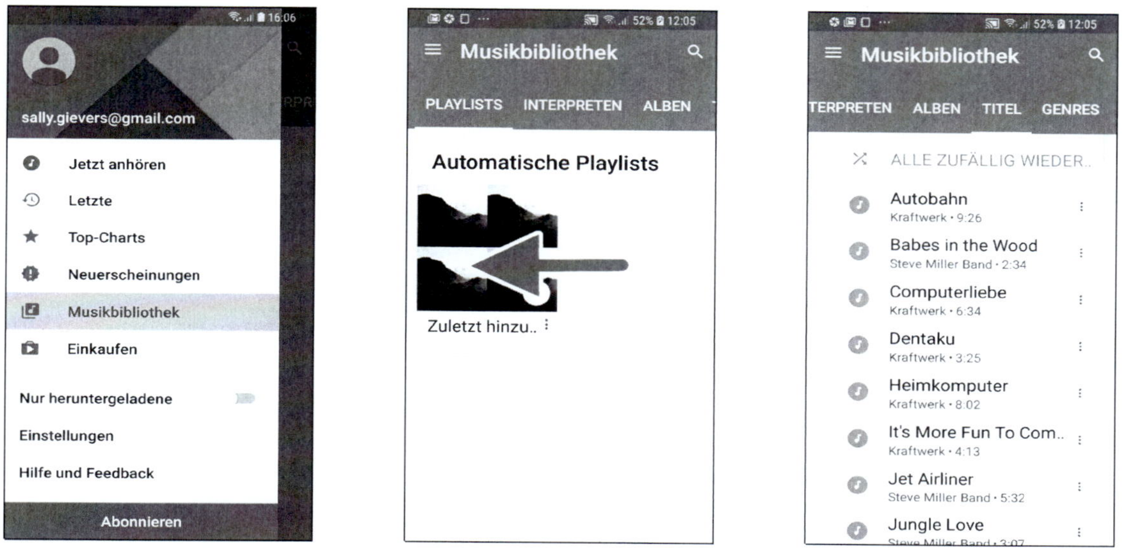

❶ Gehen Sie im Ausklappmenü auf *Musikbibliothek.*

❷ Der MP3-Player ordnet alle Songs automatisch den Kategorien *INTERPRETEN, ALBEN, TITEL* und *GENRES* zu. Zwischen den Kategorien wechseln Sie mit einer Wischgeste. Falls Sie alle Songs auflisten möchten, gehen Sie auf *TITEL*.

> Für die Zuordnung nach Interpret, Alben und Genres und wertet der MP3-Player das sogenannte MP3-ID-Tag in den MP3-Dateien aus. Beachten Sie, dass sehr häufig die MP3-ID-Tags falsch oder überhaupt nicht ausgefüllt sind. Man sollte sich daher nicht auf deren Richtigkeit verlassen.

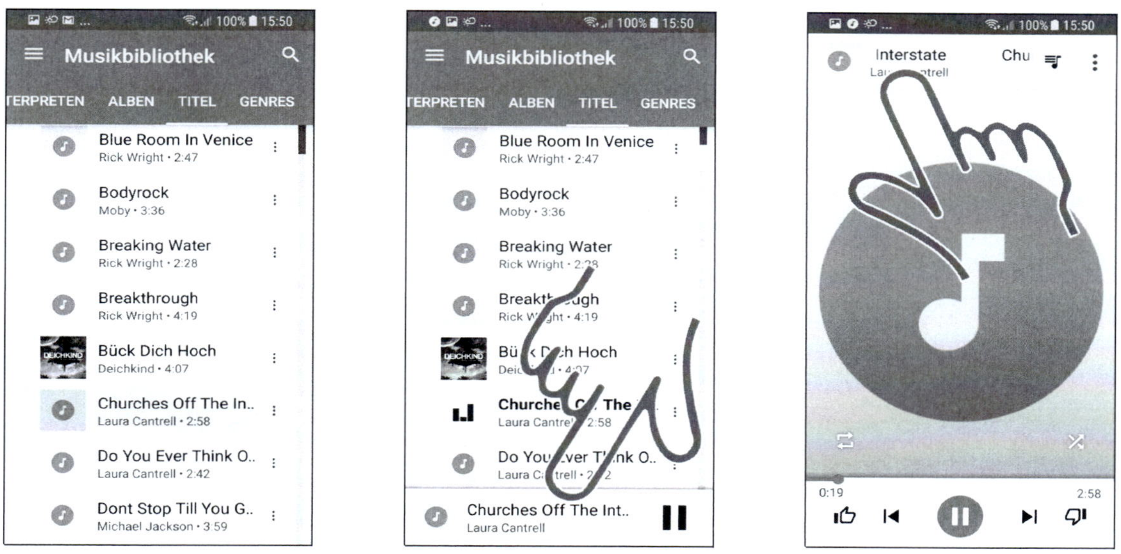

❶ Tippen Sie in der Auflistung im *TITEL*-Register einen Song an, der dann abgespielt wird.

❷❸ Über die Schaltleiste am unteren Bildschirmrand (Pfeil) springen Sie jederzeit in den Wiedergabebildschirm. Zur Titelauflistung gelangen Sie dann wieder mit der ❮-Taste, alternativ geschieht dies auch über Antippen des Song-Titels am oberen linken Bildschirmrand.

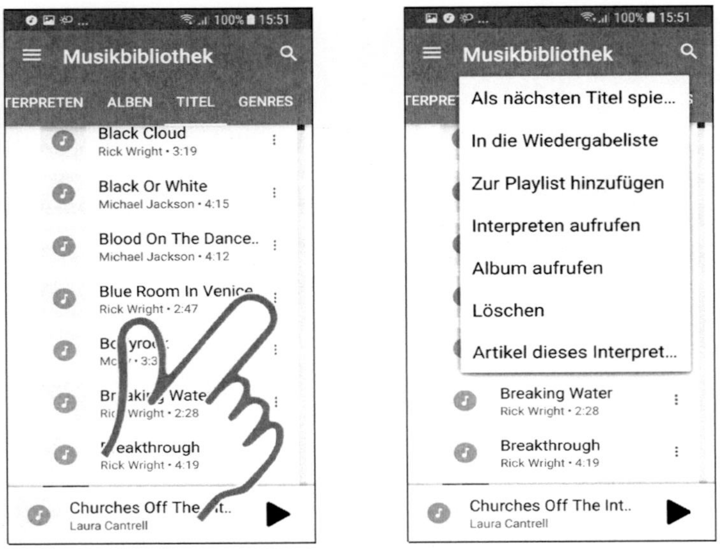

❶❷ Das mit ⋮ in der Titelauflistung bei einem Song aktivierbare Popup-Menü:

- *Als nächsten Titel spielen*: Das Lied landet in der Warteliste und wird als Nächstes gespielt.
- *In die Wiedergabeliste*: Fügt das Lied am Ende der Warteliste hinzu.
- *Zur Playlist hinzufügen*: Wird bereits im Kapitel *18.2 Playlists* beschrieben.
- *Interpreten aufrufen*: Alle Songs des Interpreten beziehungsweise der Band auflisten.
- *Album aufrufen*: Das zugehörige Album anzeigen.
- *Löschen*: Entfernt die Songdatei aus dem Speicher.
- *Artikel dieses Interpreten*: Startet eine Song-Suche im Google Play Store.

Der Menüpunkt *Schnellmix starten* ist nur bei Songs verfügbar, die bei Google hochgeladen wurden (siehe Kapitel *18.4 Der Google Play Musik-Dienst*).

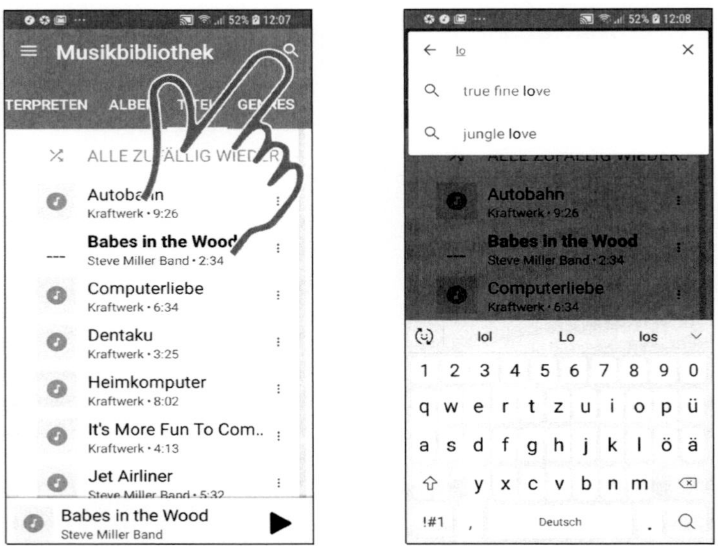

❶❷ 🔍 Führt eine Suche durch (falls Sie die obere Leiste nicht sehen, wischen Sie einfach auf dem Bildschirm einmal von oben nach unten). Schon während der Eingabe zeigt das Handy dabei die Fundstellen sortiert nach Interpreten, Alben und Titel an. Tippen Sie einen Eintrag an, den Sie anzeigen, beziehungsweise abspielen möchten. Die Suche beenden Sie mit der ❮-Taste.

18.1 Der Wiedergabebildschirm

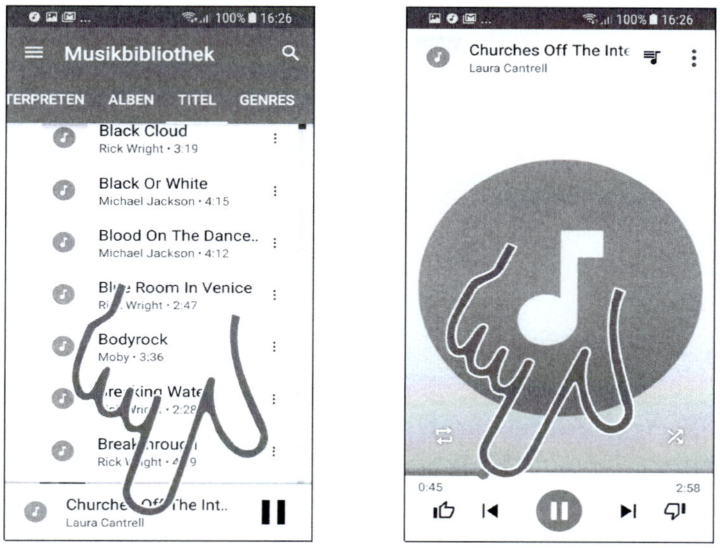

❶❷ Antippen des Musiktitels am unteren Bildschirmrand bringt Sie in den Wiedergabebildschirm.

Tippen Sie in einen beliebigen Bereich des Fortschrittsbalkens (Pfeil), wenn Sie zu einem bestimmten Punkt im abgespielten Song springen möchten.

Weitere Funktionen:

- ⇄: Alle Songs in der Wiedergabeliste nach dem Durchlaufen erneut abspielen. Tippen Sie diese Schaltleiste erneut an, wird nur immer der aktuelle Song wiederholt.
- ⤨: Zufällige Wiedergabe der Songs aus der aktuellen Wiedergabeliste.
- ▶| / |◀: Zum vorherigen/nächsten Titel springen (dies ist auch über eine Wischgeste nach links oder rechts möglich).
- ▸ / ॥ : Starten/Pausieren der Wiedergabe.

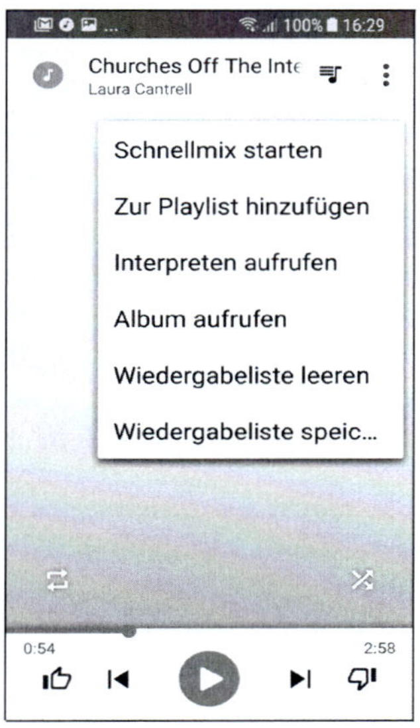

Das ⋮-Menü:

- *Schnellmix starten*: Der Schnellmix ist eine automatisch vom Galaxy erstellte Playlist, die anhand des Musiktyps des markierten Songs erstellt wird.
- *Zur Playlist hinzufügen*: Wird bereits im Kapitel *18.2 Playlists* beschrieben.
- *Interpreten aufrufen*: Alle Songs des Interpreten beziehungsweise der Band auflisten.
- *Album aufrufen*: Das zugehörige Album anzeigen.
- *Wiedergabeliste leeren; Wiedergabeliste speichern*: In der Titelliste können Sie sich über das Popup-Menü den nächsten abzuspielenden Song in eine Warteschlange übernehmen, die Sie hiermit wieder löschen. Siehe auch Kapitel *18.1.1 Warteschlange*.

18.1.1 Warteschlange

Die Warteschlange bestimmt, welcher Song aus der Titelliste (beziehungsweise einer Playlist) als jeweils nächster abgespielt wird.

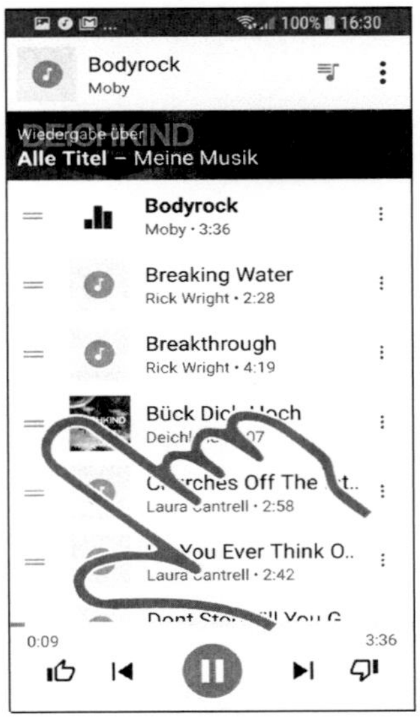

➊ Auf die Warteschlange schalten Sie mit der ≡-Schaltleiste (Pfeil) um.

➋ Tippen Sie den Finger auf die »Noppen« vor einem Song und ziehen Sie den Song nach oben oder unten, um die Abspielreihenfolge zu ändern. Dies bedarf etwas Geschicklichkeit, denn Sie dürfen den Finger nicht angedrückt lassen, weil Sie sonst den Song auswählen. Der oberste Song in der Liste wird jeweils als nächster gespielt.

In den Abspielbildschirm kehren Sie über die ‹-Taste zurück.

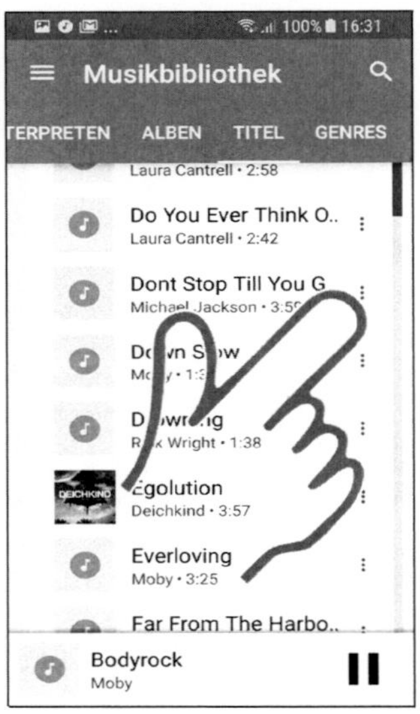

➊➋ Auch in der Titelliste, der Alben-, Genre- und Interpreten-Auflistung ist es vorgesehen, mittels ⋮/*In die Wiedergabeliste* die jeweiligen Songs auf die Warteschlange zu setzen.

18.2 Playlists

Wenn mehrere Hundert Songs auf dem Galaxy vorhanden sind, wird es mühselig, sich die abzuspielenden Songs herauszusuchen. Abhilfe schaffen die Wiedergabelisten (»Playlists«), denen man einfach einmalig die Songs zuordnet.

18.2.1 Playlist erstellen

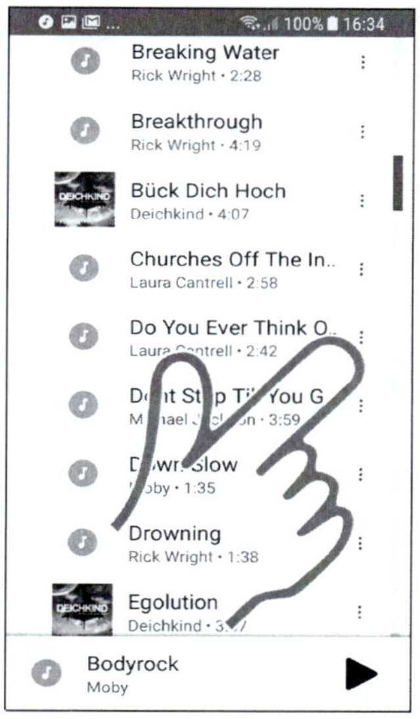

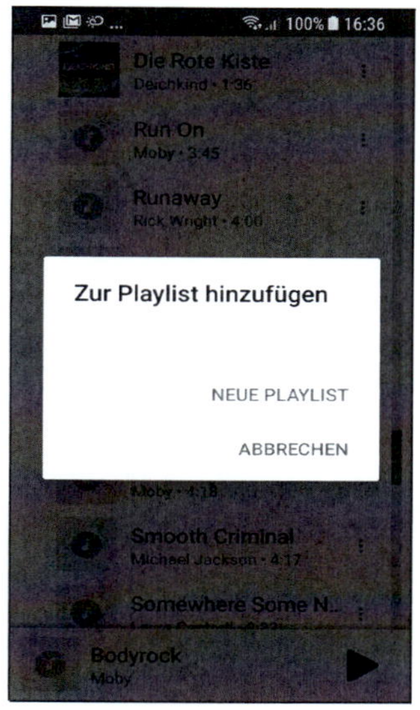

❶ Tippen Sie auf ⋮ hinter einem Titel.

❷ Gehen Sie auf *Zu Playlist hinzufügen.*

❸ Sie können hier eine bereits vorhandene Playlist auswählen, in unserem Fall möchten wir aber eine weitere Playlist anlegen, was über *NEUE PLAYLIST* geschieht.

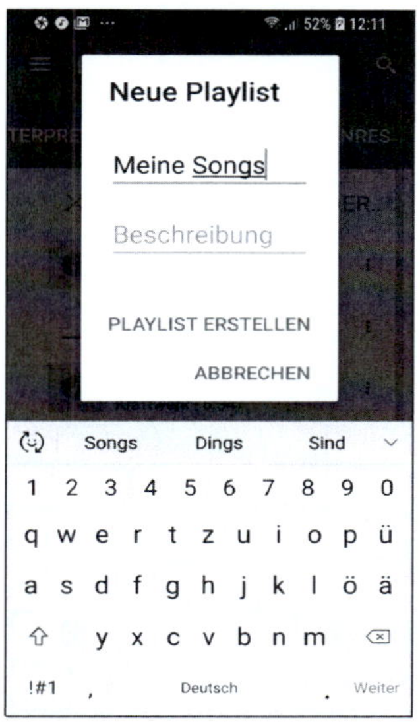

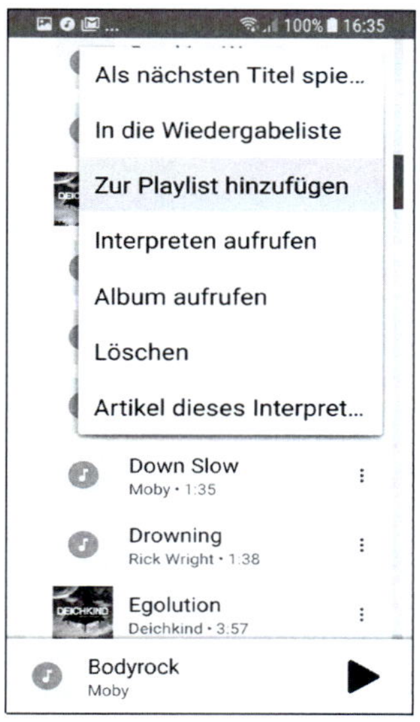

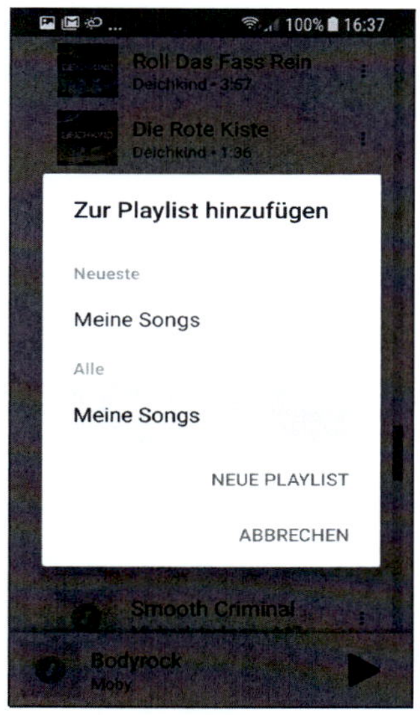

❶ Geben Sie den Namen der Wiedergabeliste ein und betätigen Sie *PLAYLIST ERSTELLEN.*

❷❸ Im Folgenden können Sie nun einzelne Songs über ⋮/*Zu Playlist hinzufügen* der neu erzeugten Playlist hinzufügen.

> Das Hinzufügen von mehreren Songs ist über das *ALBEN*- oder *INTERPRETEN*-Register möglich.
>
> Es ist leider nicht vorgesehen, in der Titelliste mehrere Songs auf einmal zu markieren, die man dann der Playlist hinzufügt.

18.2.2 Playlist nutzen

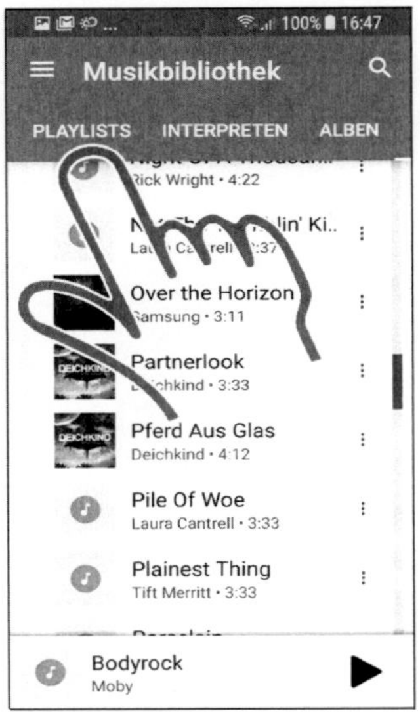

❶ Zum Abspielen einer Playlist rufen Sie das *PLAYLISTS*-Register auf (dafür eventuell mehrmals auf dem Bildschirm von links nach rechts wischen).

❷ Tippen Sie die Wiedergabeliste kurz an.

❸ Tippen Sie dann entweder ▶ (Pfeil) oder einen beliebigen Song in der Liste zum Start der Wiedergabe an.

18.2.3 Playlist bearbeiten

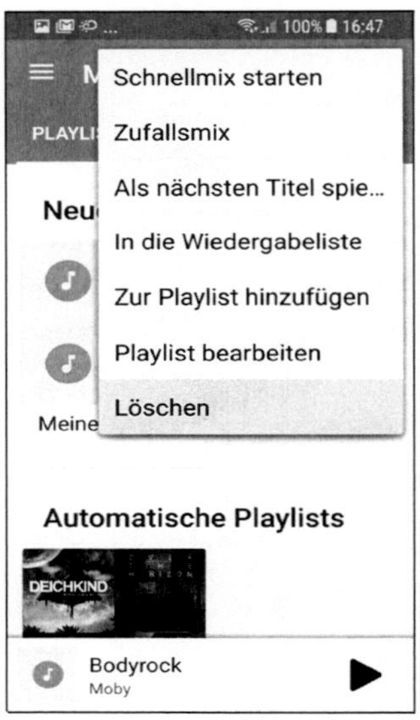

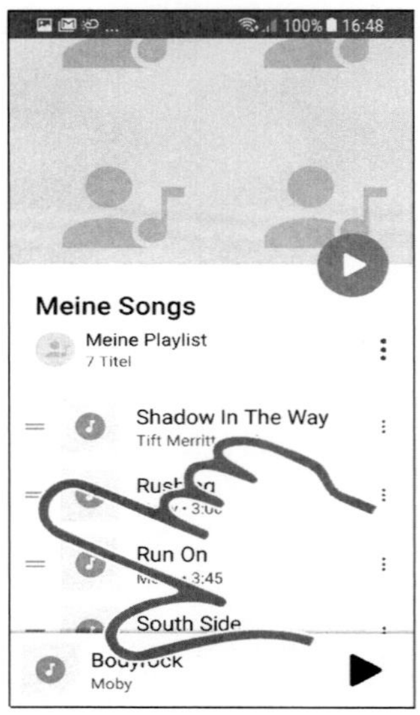

❶❷ Das Löschen einer Playlist erfolgt über ⁝/*Löschen* (Pfeil). Es verschwindet nur die Playlist, während die darin vormals enthaltenen Songs natürlich im Gerätespeicher erhalten bleiben.

❸ So ändern Sie die Abspielreihenfolge: Öffnen Sie die Playlist. Halten Sie den Finger links neben einem Songtitel und ziehen Sie mit dem Finger nach oben/unten (ohne Verzögerung nach oben/unten ziehen). Nach dem Loslassen wird der Song an der gewünschten Position eingeordnet.

18.3 Wiedergabe im Hintergrund

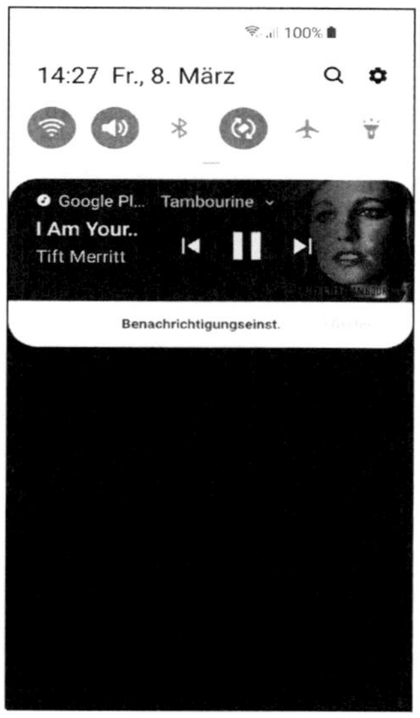

❶ Während der Wiedergabe muss der MP3-Player nicht unbedingt im Vordergrund laufen: Betätigen Sie die O-Taste (unterhalb des Displays), so läuft die Wiedergabe weiter und in der Titelleiste weist ein ❶ (Pfeil) auf die aktive Wiedergabe hin.

❷ Ein Steuerfeld erhalten Sie nach Öffnen des Benachrichtigungsfelds (siehe Kapitel *4.7.5 Titelleiste und Benachrichtigungsfeld*) angezeigt. Dort tippen Sie auf den Songtitel für den Abspielbildschirm.

18.4 Der Google Play Musik-Dienst

Google Play Musik ist eine Musikplattform, über die man seine Musiksammlung als »Stream« anhören kann. Beim sogenannten »streaming« erfolgt die Wiedergabe direkt aus dem Internet, ohne dass der abgespielte Song lokal auf dem Gerät gespeichert wird. Ein Vorteil des Streamings ist die zentrale Ablage aller Songs auf einem Server, wobei die Wiedergabe auf jedem beliebigen Endgerät, vom PC bis zum Handy möglich ist – es wird nur eine Internetverbindung benötigt, die noch nicht einmal besonders schnell sein muss.

Im Prinzip funktioniert Google Musik wie der Konkurrent Apple iTunes, mit dem Unterschied, dass die meisten Anwender ihre eigenen Songs (bis zu 20.000) selbst bei Google Musik hochladen. Weitere Songs oder Alben können über die Website von Google Musik oder über eine Android-Anwendung erworben werden. Ein Kopieren Ihrer gekauften oder von Ihnen selbst hochgeladenen Songs ist nicht vorgesehen, das heißt, für die Wiedergabe benötigt man auf jeden Fall ein Android-Gerät oder einen Webbrowser, über den man die Google Play-Oberfläche aufruft.

Falls Sie Ihre Musik nicht nur auf dem Handy oder Tablet abspielen möchten, sondern auch ganz klassisch von CD, sollten Sie auf Google Play Music verzichten, denn es ist offiziell keine Möglichkeit vorgesehen, die einmal im Google Play Store gekaufte, beziehungsweise selbst hochgeladene Musik wieder herunterzuladen, um Sie beispielsweise auf eine CD zu brennen. Im Internet sind allerdings bereits einige mehr oder weniger illegale »Hacks« zu finden, mit denen man dies trotzdem auf relativ unbequeme Art und Weise schafft.

Die Weboberfläche von Google Musik, die Sie auf dem PC-Webbrowser unter *music.google.com* aufrufen. Sie verwalten damit nicht nur Ihre Songs, sondern können diese auch abspielen und natürlich weitere Songs beziehungsweise Alben im Play Store kaufen.

Beim ersten Aufruf der Google Play Musik-Weboberfläche wird Ihnen der Download des Music Managers angeboten (falls Sie hier *Überspringen* anklicken, können Sie jederzeit den Download über die *Musik hochladen*-Schaltfläche nachholen. Mit dem Music Manager laden Sie Ihre bereits auf dem PC vorhandene Musik bei Google Musik hoch.

18.4.1 Erste Einrichtung

Wie bereits zuvor erwähnt, muss man in der Play Musik-Anwendung zwischen den lokal auf dem Gerät vorhandenen Songs (die man beispielsweise über eine USB-Verbindung vom PC auf das Gerät kopiert hat) und den auf Google-Servern liegenden Songs unterscheiden. Letztere sind Ihrem Google-Konto gespeichert. Sofern Sie mehrere Google-Konten auf dem Galaxy nutzen, sollten Sie deshalb darauf achten, immer das gleiche Google-Konto für den Upload eigener Songs, beziehungsweise den Kauf von Songs/Alben zu verwenden.

Beim ersten Aufruf der Play Musik-Anwendung erfolgte bereits eine Abfrage, welches Google-Konto Sie verwenden möchten (sofern Sie mehrere Google-Konten auf dem Gerät nutzen).

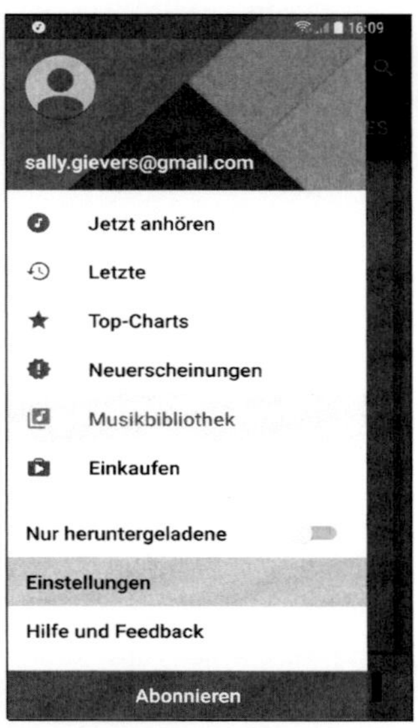

❶❷ Sofern Sie mehrere Google-Konten auf dem Galaxy gleichzeitig nutzen, sollten Sie zuerst das gerade eingestellte Konto überprüfen. Dazu gehen Sie auf *Einstellungen* im Ausklappmenü und stellen unter *Konto* das Konto ein.

18.4.2 Kauf von Songs oder Alben

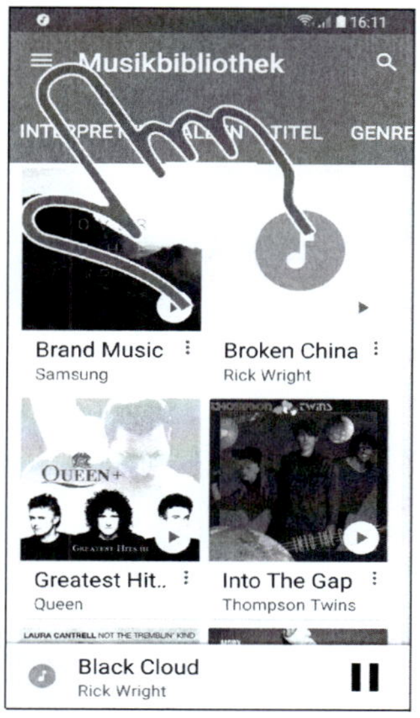

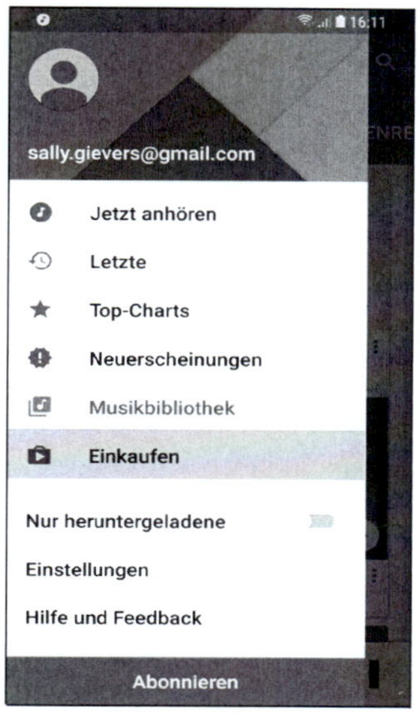

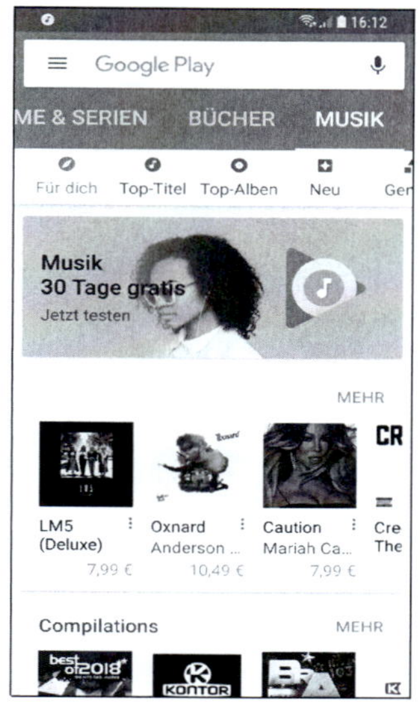

❶❷ Der Musikverkauf findet im Play Store statt (siehe Kapitel *26.1 Play Store*). Aktivieren Sie hier das Ausklappmenü und gehen Sie darin auf *Einkaufen.*

❸ Im Play Store erfolgt der Song-Erwerb wie bereits im Kapitel *26.1.8 Softwarekauf im Google Play Store* anhand des Softwarekaufs beschrieben.

Alternativ erwerben Sie die Songs über die Webadresse *play.google.com* auf dem Heim-PC.

18.4.3 Play Musik in der Praxis

In der Play Musik-Anwendung werden die lokal auf dem Gerät und auf dem Google Musik-Server vorhandenen Songs zusammen aufgelistet. Auch in der Google Play Musik-Webseite angelegte Playlists sind hier verfügbar. Von der Bedienung her werden Sie keinen Unterschied zu den ab Kapitel *18.1 Der Wiedergabebildschirm* beschriebenen Funktionen bemerken.

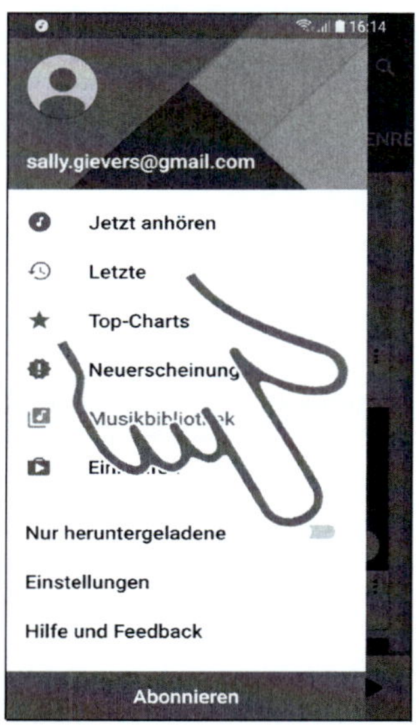

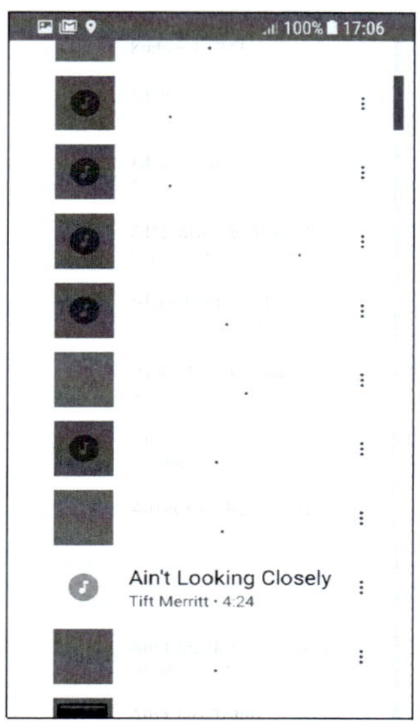

❶ Damit Sie auf die gestreamten Songs Zugriff haben, muss im Ausklappmenü der Eintrag *Nur heruntergeladene* deaktiviert sein.

❷ Verlieren Sie die Internetverbindung, so erscheinen alle nur online vorhandenen Songs ausgegraut und der Abspielbildschirm zeigt gegebenenfalls einen Hinweis.

> Beachten Sie, dass Google Musik nur immer von einem Gerät aus nutzbar ist. Verwenden Sie beispielsweise zusätzlich noch ein Tablet, auf dem Sie mit Ihrem Google-Konto angemeldet sind, dann pausiert dort die Wiedergabe.

18.4.4 Konfiguration

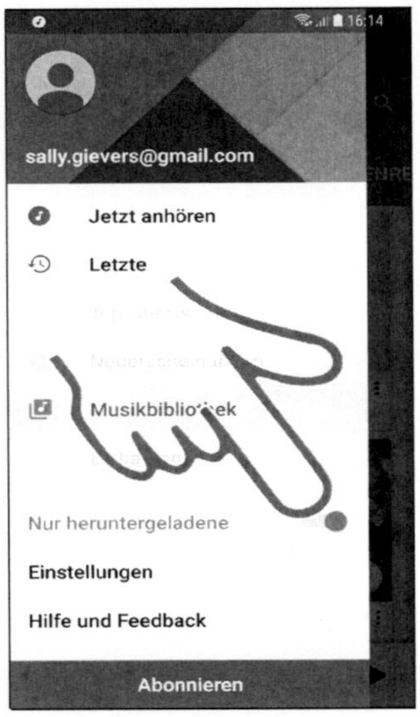

So blenden Sie die Google Musik-Songs in der Play Musik-Anwendung aus: Aktivieren Sie im Ausklappmenü den Eintrag *Nur heruntergeladene*.

18.4.5 Offline-Nutzung

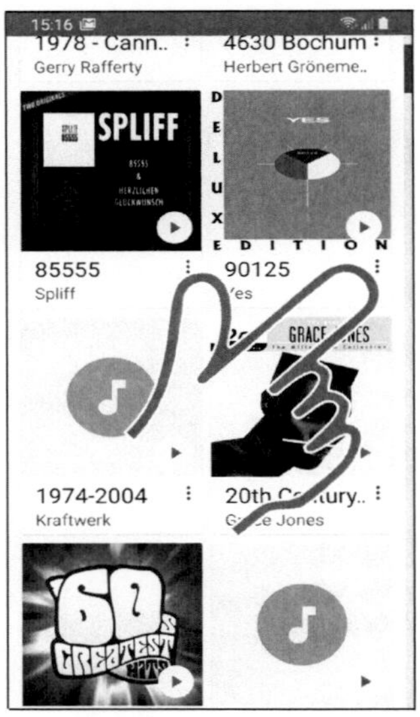

❶❷ Für den Fall, dass mal keine Internetverbindung zur Verfügung steht, lassen sich Songs auch herunterladen. Aktivieren Sie dafür im *ALBEN*-Register ⋮/*Herunterladen*.

❸ Der Song-Download erfolgt nun automatisch im Hintergrund, was Sie an der Fortschrittsanzeige im Benachrichtigungsfeld nachvollziehen können. In der Titelleiste informiert eine Animation zudem über den gerade durchgeführten Download.

> Um einen Song wieder aus der Liste zu nehmen, müssen Sie, wie zuvor beschrieben, Songs in der *ALBEN*-Ansicht deselektieren.
>
> Die heruntergeladenen Songs landen in einem versteckten Speicherbereich, auf den man keinen Zugriff hat. Es ist also nicht möglich, die Songs auf diesem Wege herunterzuladen, um sie dann beispielsweise für anderweitige Verwendung auf einen PC zu kopieren.

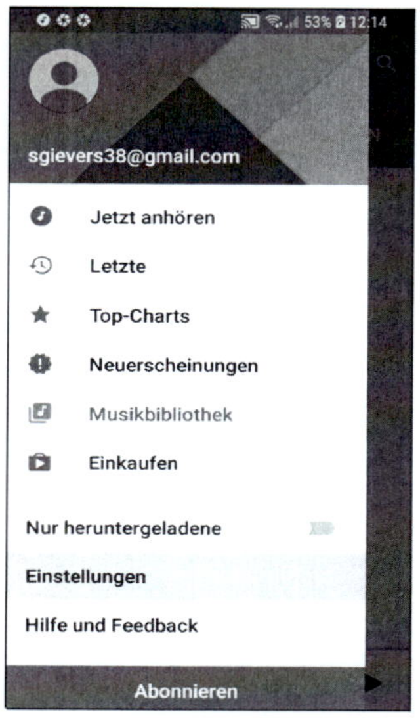

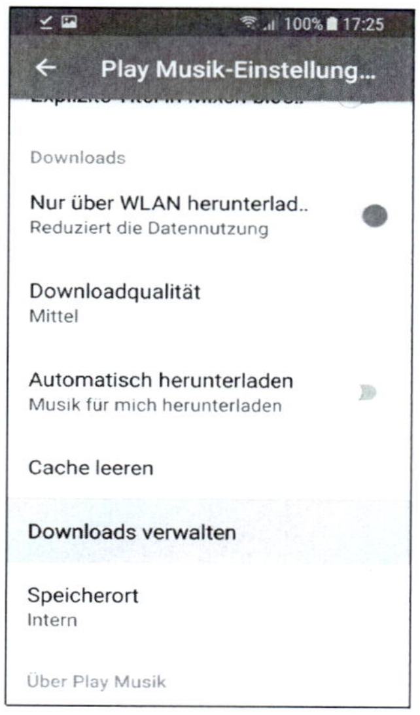

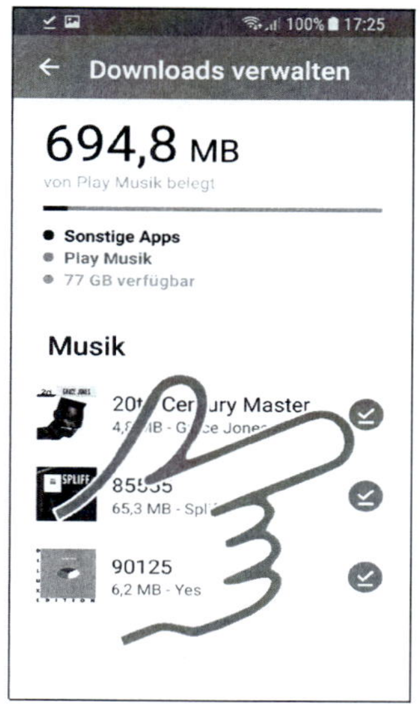

❶ So löschen Sie heruntergeladene Songs: Gehen Sie im Ausklappmenü auf *Einstellungen.*

❷ Rufen Sie *Downloads verwalten* auf.

❸ Die Schaltleiste hinter jedem Albumtitel löscht nach einer Rückfrage die zugehörigen Songs aus dem Gerätespeicher.

18.4.6 Streaming-Einstellungen

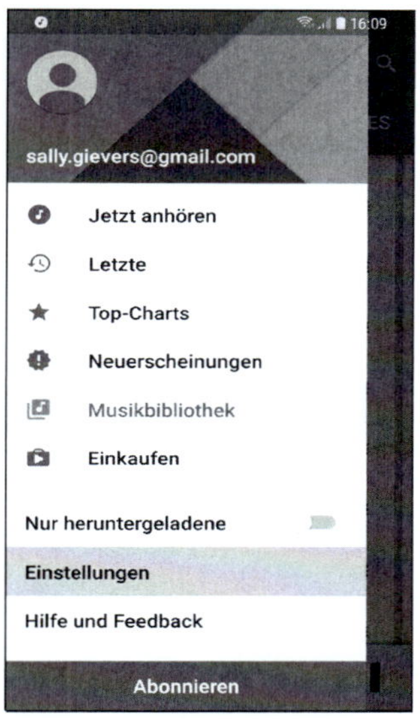

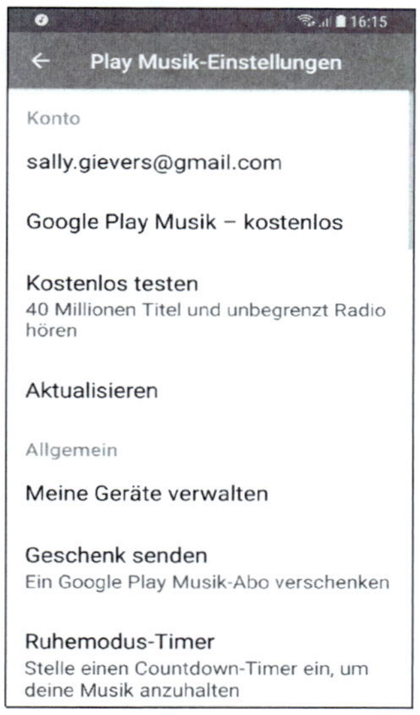

❶❷ *Einstellungen* im Ausklappmenü konfiguriert:

Unter *Konto*:

- *(Ihr Konto)@gmail.com:* Mit diesem Konto ist Google Musik verknüpft.
- *Google Play Musik - kostenlos:* Dieses Menü hat keine Funktion.
- *Kostenlos testen*: Kostenpflichtige Streaming-Flatrate kostenlos testen.
- *Aktualisieren*: Falls Sie in Ihrem Google-Konto neue Songs vorliegen haben (seien sie gekauft oder vom PC aus hochgeladen), können Sie hiermit die Songliste aktualisieren.

Unter *Allgemein*:

- *Meine Geräte verwalten*: Verwaltet die von Ihnen für die Musikwiedergabe verwendeten Geräte. Im Normalfall werden Sie dieses Menü nie benötigen.
- *Geschenk senden*: Für einen anderen Android-Nutzer die Google Play Musik-Streaming-Faltrate bezahlen.
- *Ruhemodus-Timer*: Stellen Sie ein, nach welcher Zeitspanne die Musikwiedergabe automatisch beendet wird.

Unter *Datenschutz und Standort* finden Sie mehrere Menüs, über die Sie Ihre »Datenspuren« bei Google verwalten beziehungsweise löschen. In der Praxis werden Sie diese aber nicht nutzen.

Unter *Wiedergabe*:

- *Equalizer*: Passen Sie Bass und Höhen an Ihre Vorlieben an.
- *Nur über WLAN streamen:* Musikstreaming erfolgt nur bei einer vorhandenen WLAN-Verbindung
- *Qualität über Mobilfunknetz; Qualität über WLAN*: Normalerweise passt der MP3-Player die Datenrate beim Streamen an die Geschwindigkeit des Internetzugangs an. Aktivieren Sie *Hoch*, wenn Sie keine Kompromisse bei der Klangqualität akzeptieren – Sie müssen sich aber dann darauf einrichten, dass es ab und zu Aussetzer bei der Wiedergabe gibt, weil der Player erst wieder den Datenpuffer füllt.
- *Musik beim Streamen in den Cache*: Gestreamte Musik wird von Google Musik automatisch auf dem Gerät gespeichert.
- *Wiedergabe auf externen Geräten zulassen*: Wählen Sie aus, ob die Musikwiedergabe über den Gerätelautsprecher oder über ein angeschlossenes Bluetooth-Gerät (siehe Kapitel *32 Bluetooth*) erfolgt.
- *Explizite Titel in Mixen blockieren*: Wenn Sie den Schnellmix nutzen, werden nicht jugendfreie Titel übersprungen.
- *Albumcover auf dem Sperrbildschirm anzeigen*: Albumgrafik in der Displaysperre einblenden.

Unter *Downloads*:

- *Nur über WLAN herunterladen*: Von Ihnen zum Download markierte Songs (siehe Kapitel *18.4.5 Offline-Nutzung*) werden nur bei vorhandener WLAN-Verbindung heruntergeladen.
- *Downloadqualität*: Die heruntergeladenen Audiodaten sind komprimiert, was Speicherplatz spart, aber manchmal die Wiedergabequalität beeinflusst. In solchen Fällen stellen Sie die *Downloadqualität* auf *Hoch*.
- *Automatisch herunterladen*: Die Google Musik-Anwendung erkennt, welche Songs/Alben häufig gespielt werden und lädt diese im Hintergrund auf Ihr Gerät herunter. Die Songs stehen dann auch zur Verfügung, wenn Sie keine Internetverbindung haben.
- *Cache leeren*: Beim Streaming zwischengespeicherte Songdaten aus dem Speicher entfernen.
- *Downloads verwalten*: Listet die gerade heruntergeladenen Songs auf, die Sie, wie im Kapitel *18.4.5 Offline-Nutzung* beschrieben, offline auf dem Gerät verfügbar machen.
- *Speicherort*: Der Speicherort (Gerätespeicher oder eingelegte Speicherkarte) für heruntergeladene Songs.

18.5 Welcher Song ist das?

Sie kennen sicher das Problem, ab und zu im Radio, TV, Kaufhaus oder Club einen unbekannten Song zu hören, der Ihnen gefällt. Den Songtitel herauszufinden gestaltete sich dann schwierig. Als Problemlösung bietet sich eine Automatik an, die anhand eines mitgehörten Ausschnitts Interpret, Titel und Album ermittelt.

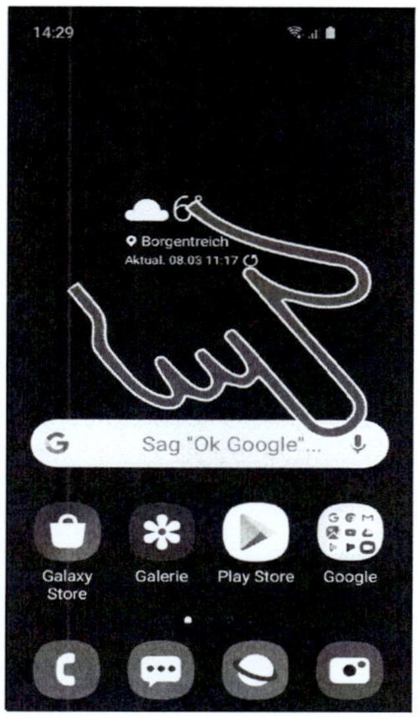

➊ Betätigen Sie – während die Musik gespielt wird – die 🎙-Schaltleiste im Google-Such-Widget (Pfeil) des Startbildschirms.

➋ Tippen Sie dann auf das Notensymbol (Pfeil).

➌ Google analysiert nun die Musik und zeigt den Songtitel und Interpreten an. Tippen Sie *Google Play* an, um den Song oder das zugehörige Album im Play Store zu kaufen.

19. Google Fotos

Das Galaxy sichert alle Ihre mit der Kamera-Anwendung erstellten Fotos und Videos automatisch im Internet auf Google-Servern. Dabei werden die Mediendateien in Ihrem Google-Konto (siehe Kapitel *23 Das Google-Konto*) hinterlegt. Für Sie hat dies den Vorteil, auf jedem Android-Gerät, auf dem Sie mit Ihrem Google-Konto angemeldet sind, auf alle Ihre Fotos und Videos zugreifen zu können. Eine umständliche Datensicherung, beispielsweise vom Handy auf dem PC, ist deshalb nicht nötig.

Für die Anzeige Ihrer lokal auf dem Handy vorhandenen Fotos steht neben dieser Anwendung auch die Galerie-Anwendung (siehe Kapitel *17 Galerie*) zur Verfügung.

19.1 Start und erste Einrichtung

❶ Gehen Sie auf den *Google*-Ordner im Hauptmenü.

❷ Rufen Sie *Fotos* auf.

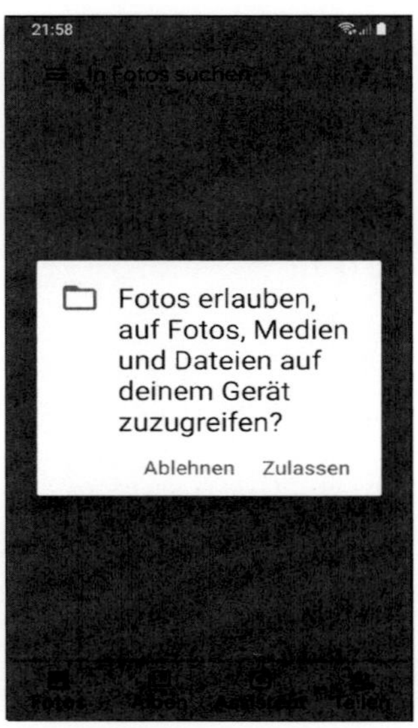

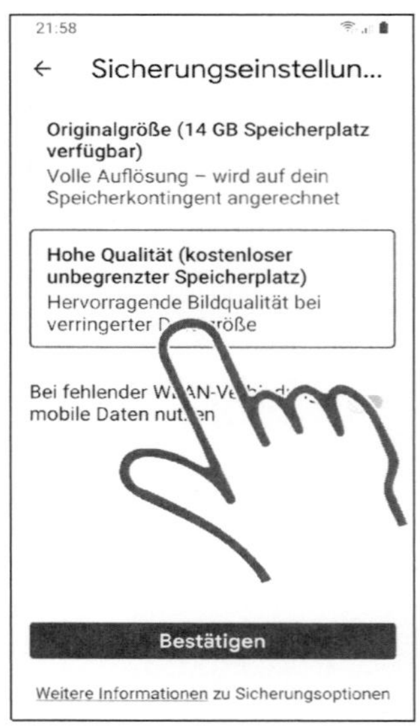

❶ Schließen Sie den eventuell einmalig angezeigten Dialog mit *Zulassen.*

❷ Betätigen Sie *Weiter*.

❸ Im folgenden Bildschirm müssen Sie auf jeden Fall *Hohe Qualität* auswählen, damit Sie unbegrenzt Fotos im Google-Konto speichern können. Gehen Sie danach auf *Bestätigen.*

19.2 Die Benutzeroberfläche

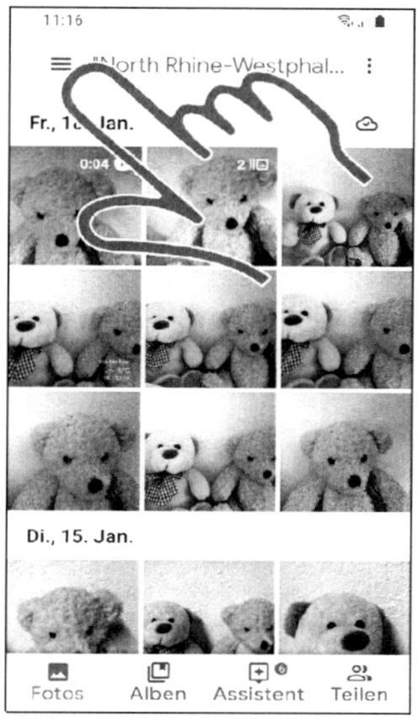

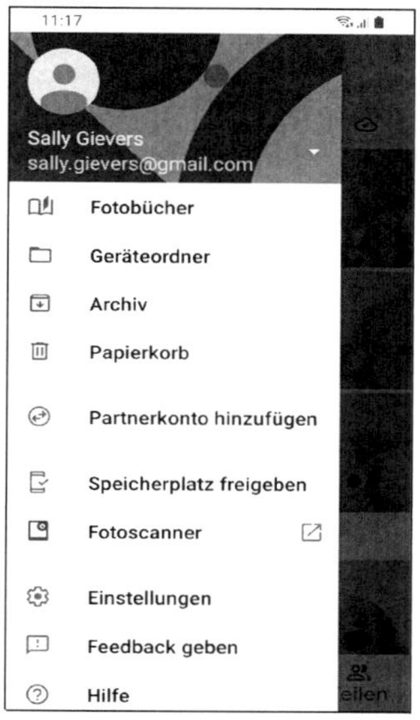

❶❷ Alle Funktionen erhalten Sie nach Öffnen des Ausklappmenüs (Schaltleiste oben links antippen):

- *Fotobücher*: Google bietet die Herstellung von Fotobüchern an. Dieser Service ist im Vergleich zu etablierten Internet-Fotobuchanbietern allerdings recht teuer. So kostet ein Softcoverbuch (18 x 18 cm) mit 20 Seiten 13 Euro, als Hardcover (23 x 23 cm) 23 Euro. Hinzu kommen noch 4 Euro Versandkosten.
- *Geräteordner*: Nur im Gerätespeicher beziehungsweise eingelegter Speicherkarte vorhandene Fotos/Videos anzeigen. Im Google-Konto vorhandene Fotos/Videos blendet das Programm dann aus.
- *Archiv*: Fotos und Videos können Sie »archivieren«, sodass sie Google Fotos nicht mehr in der Bilderauflistung anzeigt. Die Medien sind aber weiterhin in der Suche und in den jeweiligen Ordnern sichtbar.
- *Papierkorb*: Von Ihnen in Google Fotos gelöschte Dateien.
- *Partnerkonto hinzufügen*: Gestatten Sie anderen Personen den Zugriff auf alle oder einige Fotos/Videos.
- *Speicherplatz freigeben*: Löscht auf dem Handy alle Fotos und Videos, welche bereits in das Google-Konto hochgeladen wurden. Auf die entfernten Dateien haben Sie dann weiterhin in Google Fotos Zugriff, das heißt sie werden automatisch heruntergeladen, wenn Sie sie anzeigen.
- *Fotoscanner*: Verzweigt in den Google Play Store, worin Sie den Foto Scanner installieren können. Dieser übernimmt alte Bilder auf Fotopapier in Google Fotos.
- *Einstellungen*: Darauf geht Kapitel *19.7 Einstellungen* ein.
- *Feedback geben*: Falls Probleme mit Google Fotos auftreten, können Sie die Entwickler darüber informieren.
- *Hilfe*: Stellt das Programm ausführlich vor.

➊ Mit den Schaltleisten *Fotos* und *Alben* wechseln Sie zwischen der standardmäßigen Fotoauflistung und der Albenansicht (➋). Auf letztere gehen wir im Kapitel *17.1.2 Albensortierung* noch genauer ein.

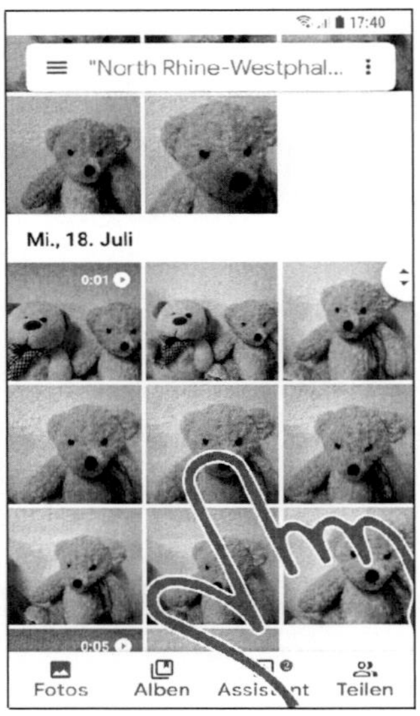

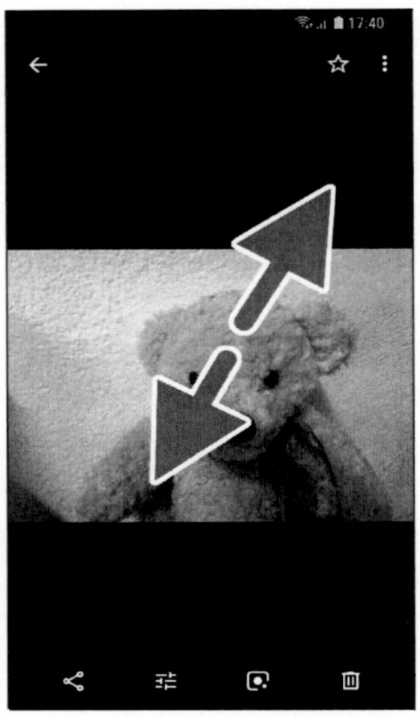

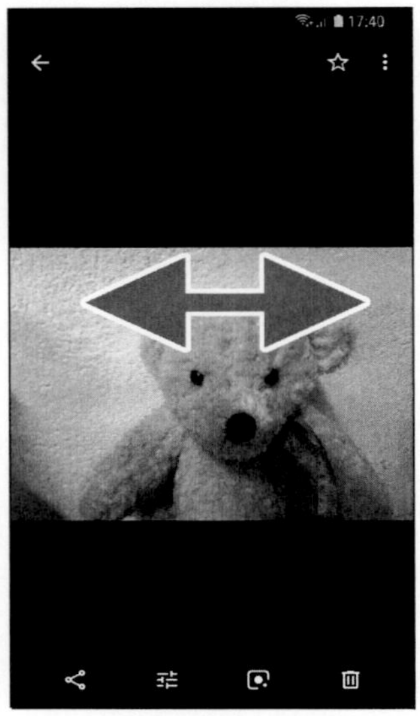

➊ Für die Vollbildansicht tippen Sie ein Foto in der Auflistung an.

➋ Die verfügbaren Funktionen:

- Doppeltippen (zweimal schnell hintereinander auf den Bildschirm tippen): Vergrößert/Verkleinert die Bildschirmdarstellung. Mit einer Wischgeste ändern Sie in der vergrößerten Ansicht den Bildschirmausschnitt.
- Kneifgeste (zwei Finger einer Hand gleichzeitig auf den Bildschirm setzen und dann auseinander/zusammenziehen, wie im Bild gezeigt): Bild vergrößern oder verkleinern.

➌ In der Normalansicht (keine Bildvergrößerung aktiv) können Sie mit einer Wischgeste nach rechts/links das nächste/vorherige Foto anzeigen.

Tippen Sie auf die ←-Schaltleiste oben links für die Rückkehr ins Hauptmenü. Alternativ betätigen Sie die <-Taste unterhalb des Displays.

Die Schaltleisten:

- : Foto per E-Mail, Bluetooth, usw. senden.
- : Bild-Editor aufrufen, in dem Sie Farbe und Kontrast anpassen, sowie einige Bildeffekte anwenden können.
- : Bild mit Google Lens (siehe Kapitel *19.8 Google Lens*) analysieren.
- : Bild löschen.

19.3 Geräteordner sichern

Unter Geräteordner versteht die Google Fotos-Anwendung Verzeichnisse mit Fotos beziehungsweise Videos. Diese lädt das das Programm ins Google-Konto hoch, worauf sie auch auf anderen Handys und Tablets zur Verfügung stehen. Einzige Voraussetzung ist, dass Sie sich dort mit dem gleichen Google-Konto anmelden. Siehe zu diesem Thema auch Kapitel *23 Das Google-Konto*.

Das Verzeichnis, in dem die Kamera-Anwendung (siehe Kapitel *16 Kamera*) Fotos und Videos ablegt, wird automatisch im Google-Konto gesichert. Die nachfolgenden Maßnahmen müssen Sie also nur vornehmen, wenn Sie selbst Fotoverzeichnisse auf das Galaxy kopiert haben, beispielsweise über eine USB-Verbindung mit dem PC (siehe Kapitel *29 Gerätespeicher*).

19.3.1 Zu sichernden Geräteordner im Assistenten auswählen

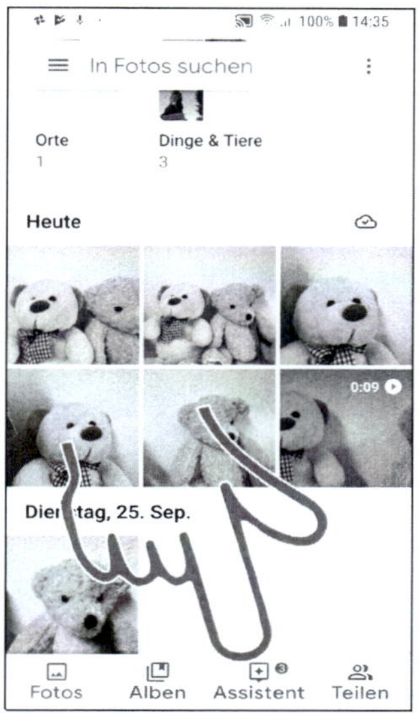

➊ Rufen Sie *Assistent* auf.

➋ Gehen Sie auf *Geräteordner*.

➌ Aktivieren Sie den Schalter bei den Ordnern, die Sie sichern möchten.

19.3.2 Zu sichernden Ordner in der Alben-Ansicht auswählen

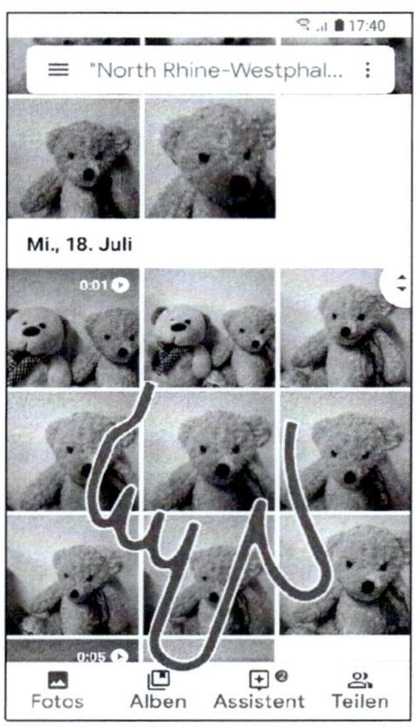

➊ Aktivieren Sie die *Alben*-Ansicht.

➋ Ordner, die das Handy noch nicht im Google-Konto sichert, erkennen Sie jeweils am ⊘-Symbol (Pfeil).

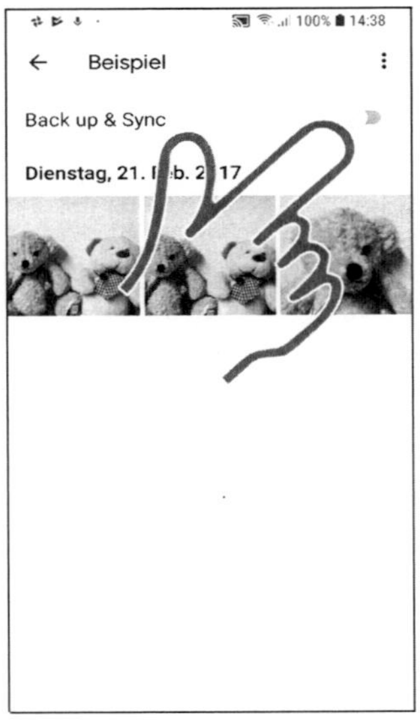

❶ Tippen Sie einen Ordner an, den Sie sichern möchten.

❷ Aktivieren Sie den Schalter bei *Backup & Sync.*

19.3.3 Sicherung über das Benachrichtigungsfeld

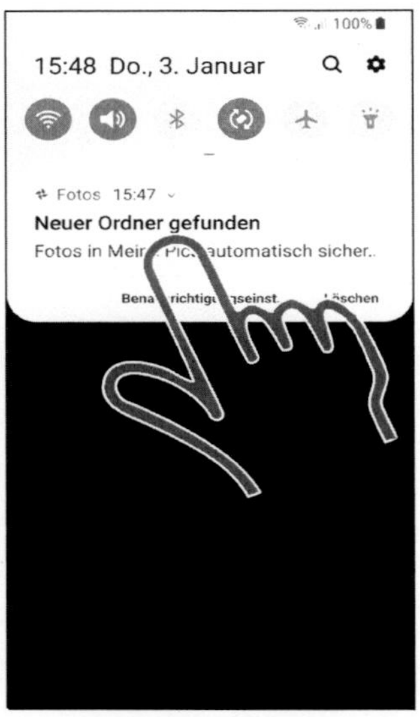

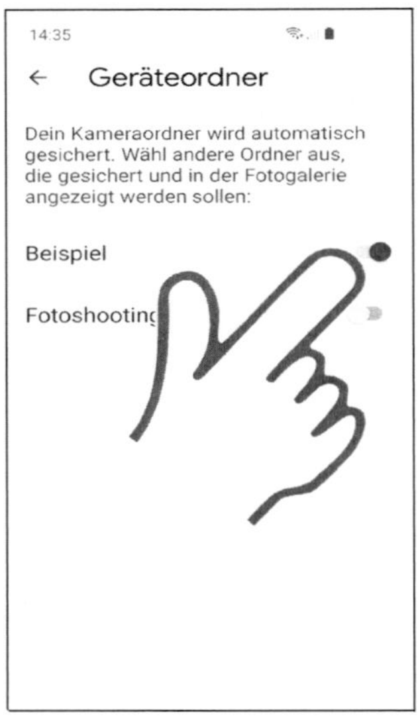

❶ Sie finden im Benachrichtigungsfeld den Hinweis »*Neuen Ordner gefunden*«. Tippen Sie den Eintrag an.

❷ Aktivieren Sie nun diejenigen Verzeichnisse, die Google Fotos im Internet sichern soll.

19.4 Medien verwalten

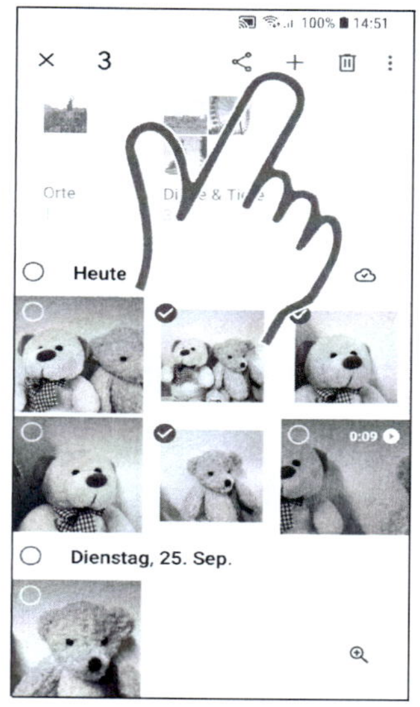

❶ Gehen Sie zunächst auf *Fotos*.

❷ Tippen und halten Sie den Finger über einem Bild, bis es markiert ist und markieren dann durch kurzes Antippen die weiteren Bilder.

❸ Tippen Sie eine der Schaltleisten oben rechts an, um die markierten Fotos zu senden oder löschen. Eine Besonderheit stellt die +-Schaltleiste dar, auf das nachfolgendes Kapitel *19.5 Spezialfunktionen* noch eingeht.

19.5 Spezialfunktionen

❶❷ Die Spezialfunktionen von Google Fotos erreichen Sie über das ⋮-Menü:

- *Album*: Wählen Sie Fotos aus, die Sie dann einem Album zuweisen. Alben dürfen nicht mit den (Foto-)Verzeichnissen verwechselt werden, denn sie dürfen Fotos aus verschiedenen Verzeichnissen enthalten.
- *Geteiltes Album*: Geben Sie Bilder zur Ansicht für Dritte frei. Diese erhalten beispielsweise per E-Mail einen Link, über den sie ihre Bilder anzeigen können.
- *Film*: Erstellt aus bis zu 50 Fotos ein Video mit Musikuntermalung.
- *Animation*: Erstellt aus mehreren Fotos eine sogenannte GIF-Datei, deren Inhalt automatisch auf jedem Gerät wie ein Film abgespielt wird. Damit die Animation vernünftig aussieht, sollten Sie nach Möglichkeit gleichartige Fotos aus der gleichen Perspektive dafür verwenden, beispielsweise solche, die mit der Serienbildfunktion (bei vielen Kameras vorhanden) erstellt wurden.

- *Collage*: Fügt mehrere Fotos in einem Bild zusammen.

➊ In unserem Beispiel möchten wir einen *Film* erstellen.

➋ Zur Auswahl stehen:

- *Fotos und Videos auswählen*: Stellen Sie selbst den Film aus Ihren Fotos/Videos zusammen.
- *Selfie-Film*: Aus den vorhandenen Fotos sucht Google alle Selfies (Portraitfotos) heraus und stellt daraus einen Film zusammen.
- *Lächeln*: Fotos, auf dem Sie und andere ein fröhliches Gesicht haben, landen im fertigen Film.

In unserem Fall verwenden wir *Fotos und Videos zusammenstellen.*

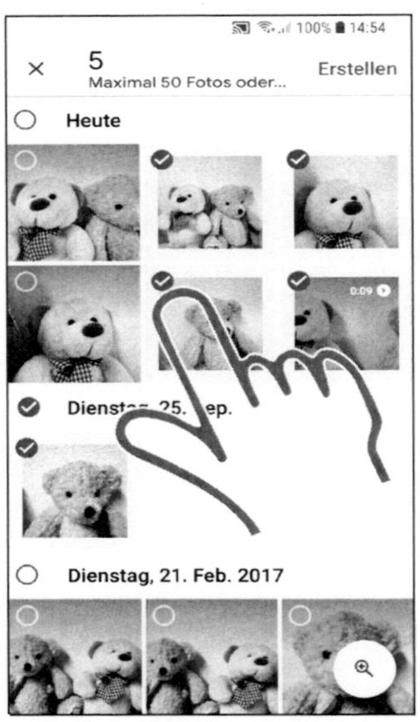

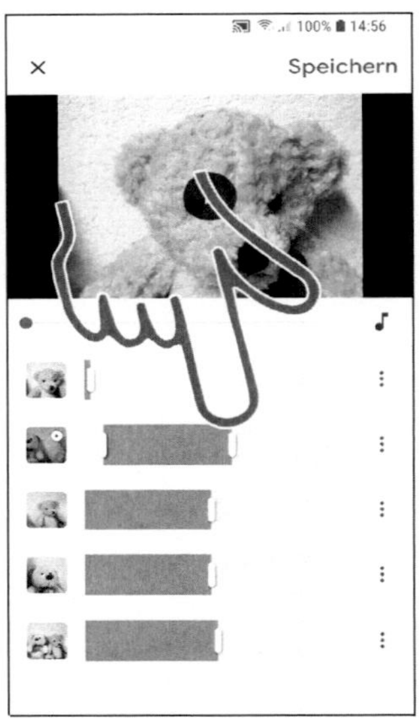

➊ Markieren Sie durch Antippen mindestens fünf Fotos und betätigen Sie *Erstellen.*

➋ Die Anzeigedauer jedes Fotos legen Sie jeweils über die Regler fest. *Speichern* erstellt anschließend das Video.

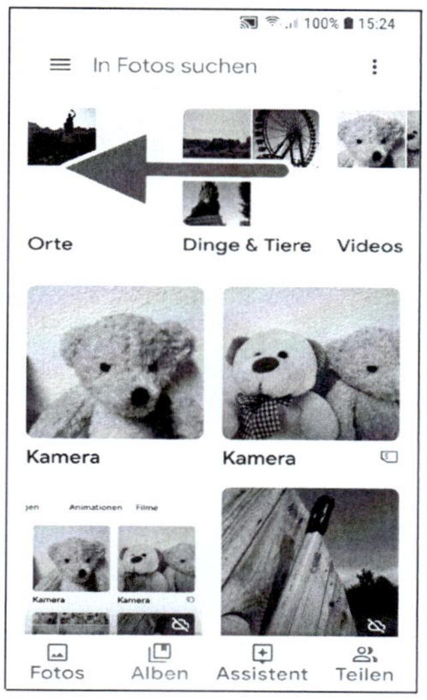

❶ Rufen Sie *Alben* auf.

❷ Die Symbolleiste bietet verschiedene Schaltleisten, zwischen denen Sie wischen.

❸ Tippen Sie davon eines an:

- *Geteilt*: Von Ihnen über Google+ veröffentlichte Alben. In diesem Buch gehen wir nicht weiter darauf ein.
- *Geräteordner*: Bilderverzeichnisse auflisten.
- *Orte*: Fotos nach Aufnahmeort (GPS-Koordinaten) gruppieren.
- *Dinge*: Gruppiert Fotos nach Motiv, zum Beispiel »Haus«, »Essen«, usw.
- *Videos*: Listet alle Videos auf.
- *Collagen; Animationen; Filme*: Von Ihnen, wie auf der vorherigen Seite beschrieben, weiterverarbeitete Bilder.

> Von Ihnen erstellte Animationen erscheinen auch direkt in der Fotoauflistung mit einem Vorschaubild.

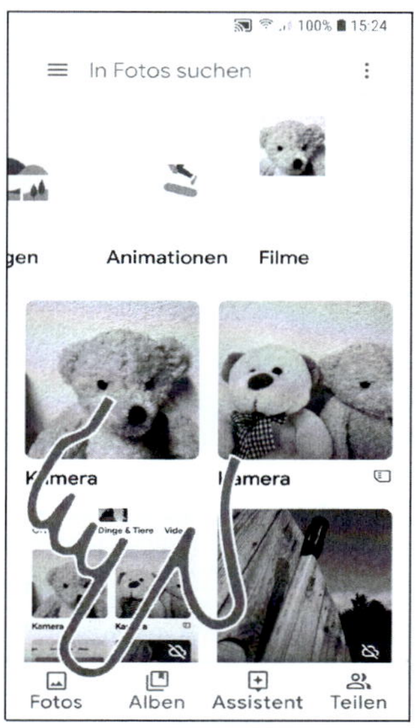

❶❷ Das *Fotos*-Register (Pfeil) bringt Sie wieder in die Fotoauflistung zurück.

19.6 Suche

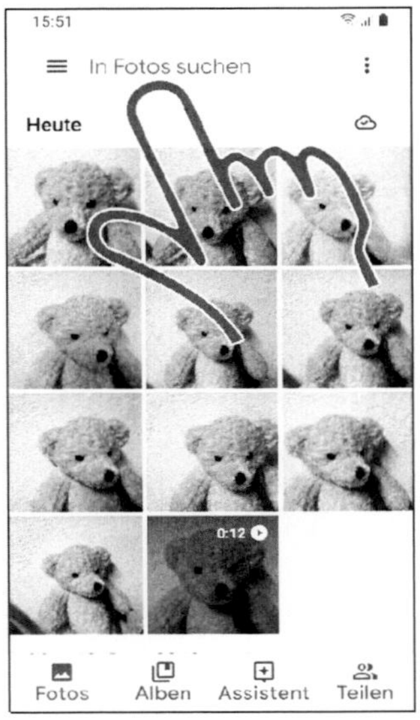

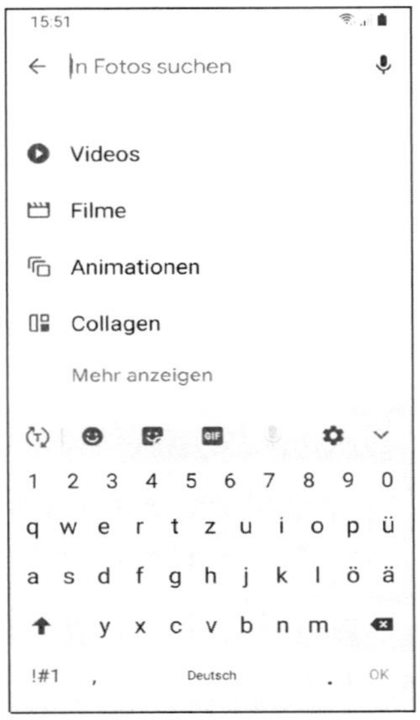

❶ Tippen Sie ins das Suchfeld (Pfeil).

❷ Unterhalb des Suchfelds werden drei verschiedene Bereiche angezeigt:

- Bereits mal verwendete Suchbegriffe.
- Medientypen wie Videos, von Ihnen erstellte Filme (siehe Kapitel *19.5 Spezialfunktionen*), usw.
- Standorte (Fotos, welche die GPS-Koordinaten des Aufnahmepunkts enthalten).

❸ Eine Besonderheit von Google Fotos ist, dass Bildinhalte erkannt werden. Beispielsweise zeigt »Riesenrad« alle Fotos mit der Rummelplatzattraktion an. Weitere unterstützte Begriffe sind »Tanzen«, »Feier«, »Wald«, »Blumen«, »Kinder«, usw.

Beachten Sie bitte, dass nur Fotos, die in Ihrem Google-Konto hochgeladen wurden (siehe Kapitel *19.3 Geräteordner sichern*), von der Suche berücksichtigt werden.

19.7 Einstellungen

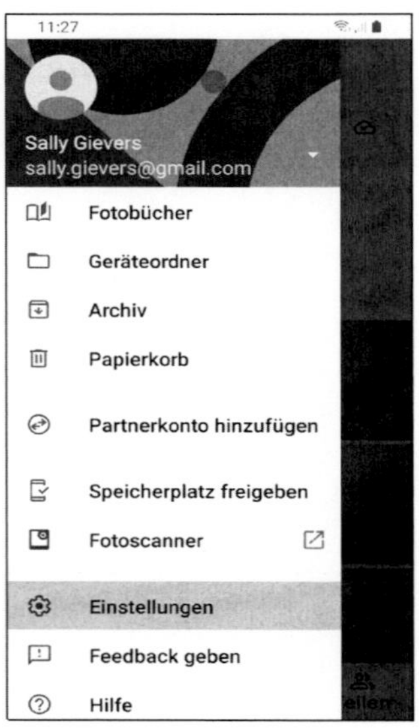

❶❷ Aktivieren Sie das Ausklappmenü und gehen Sie auf *Einstellungen*. Die Parameter:

- *Backup & Sync*: Ruft die Synchronisationseinstellungen auf, auf die wir nicht weiter eingehen.
- *Gerätespeicherplatz freigeben*: Löscht Fotos/Videos aus dem Gerätespeicher, die bereits in Ihr Google-Konto hochgeladen wurden (siehe Kapitel *19.4 Medien verwalten*).

- *Benachrichtigungen*: Sie erhalten eine Benachrichtigung, sobald neue Fotos zum Freigeben an andere Personen zur Verfügung stehen. In diesem Buch gehen wir nicht weiter darauf ein.
- *Assistentenkarten*: Diverse Voreinstellungen. Siehe Kapitel *19.1 Start und erste Einrichtung*.

Unter *TEILEN:*

- *Geteilte Fotogalerien*: Wählen Sie Personen aus, die Google automatisch über neu vorliegende Fotos/Videos informiert.
- *Video aus Fotos mit Bewegtbild entfernen*: Filtert Videos zusammen mit Fotos versandt werden, wenn Sie die Teilen-Funktion verwenden.
- *Standortinformationen entfernen*: Google Fotos entfernt Standortinfos aus per Link geteilten Fotos und Videos.

Unter *GOOGLE-APPS*:

- *Google Drive*: Zeigt auch in der Google Drive-Anwendung (siehe Kapitel *22.2 Google Drive*) vorhandene Fotos/Videos in Google Fotos an.
- *Google-Standorteinstellungen*: Öffnet den Konfigurationsbildschirm für die Standortermittlung.
- *Google Lens*: Weist darauf hin, dass persönliche Daten in Ihrem Google-Konto abgelegt werden.

19.8 Google Lens

Google Lens analysiert Fotos und wertet Gegenstände, Orte, Barcodes und Texte aus. Je nach vermuteten Kontext schlägt Google Lens anschließend eine Aktion vor, beispielsweise bei Produkten eine Google-Suche nach der Produktbezeichnung. Weil Google Lens selbstlernend ist (»künstliche Intelligenz«), ändern sich mit der Zeit eventuell die Erkennungsergebnisse.

Laut Google (*support.google.com/photos/answer/7539151?hl=de&co=GENIE.Platform= Android*) werden unter anderem folgende Funktionen unterstützt:

- Visitenkarte: Telefonnummer oder Adresse für einen Kontakt speichern.
- Buch: Rezensionen oder andere Informationen abrufen.
- Sehenswürdigkeit oder Gebäude: Weitere Informationen recherchieren.
- Gemälde in einem Museum: Weitere Informationen recherchieren.
- Pflanze oder Tier: Weitere Informationen recherchieren.
- Flyer oder Plakat für Veranstaltung: Ereignis im Kalender hinzufügen.

❶ Starten Sie die Google Lens-Funktion mit der [Lens-Symbol]-Schaltleiste in der Vollbildansicht.

❷❸ Schließen Sie die Hinweise jeweils mit *Weiter* beziehungsweise *Jetzt starten*.

❶❷ Wenn Sie künftig [Lens-Symbol] betätigen, zeigt Google Lens abhängig vom Kontext passende Ergebnisse an.

Die ‹-Taste bringt Sie jederzeit in den Google Lens-Hauptbildschirm beziehungsweise in den Google Assistant zurück.

❶ Vistenkarten werden ebenfalls automatisch erkannt.

❷ Sie können nun den Kontakt ins Telefonbuch aufnehmen (Pfeil), Anrufen, eine SMS oder E-Mail senden.

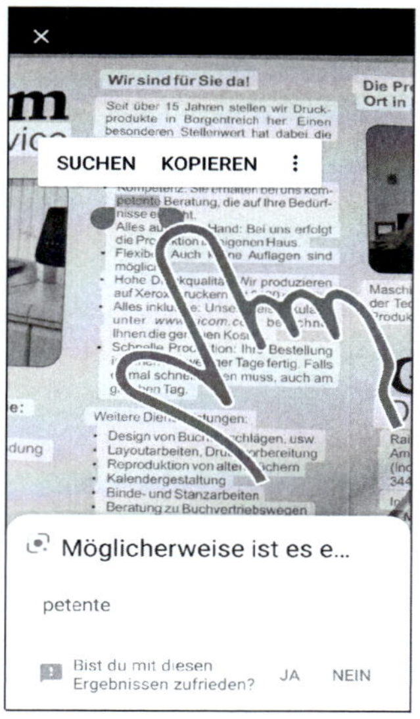

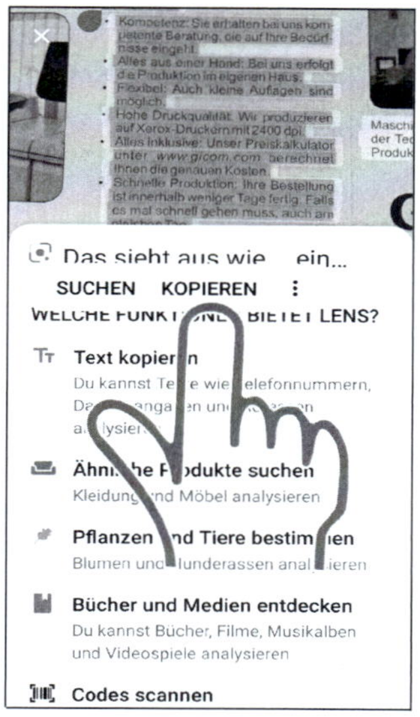

❶❷ Texte lassen sich markieren, indem Sie den Finger lange darauf halten. Danach passen Sie die Markierung über die blauen Begrenzungen an und gehen auf *KOPIEREN* und fügen den Text, wie in Kapitel *35.4 Texte kopieren, ausschneiden und einfügen* gezeigt, in einer anderen Anwendung ein.

20. Google Assistant

Der Google Assistant (engl. für Assistent) ist eine intelligente Sprachsteuerung. Sie können darüber beispielsweise Termine anlegen, Kontakte anrufen oder im Internet suchen. Mittels künstlicher Intelligenz soll der Google Assistant nach und nach Ihre Vorlieben kennen lernen und entsprechend reagieren.

Sie dürfen den Google Assistant nicht mit dem den im Kapitel *22.6 Google-Anwendung* vorgestellten Programmen verwechseln, das ähnliche Funktionen anbietet, aber auf manche Sprachbefehle anders reagiert.

20.1 Einrichtung

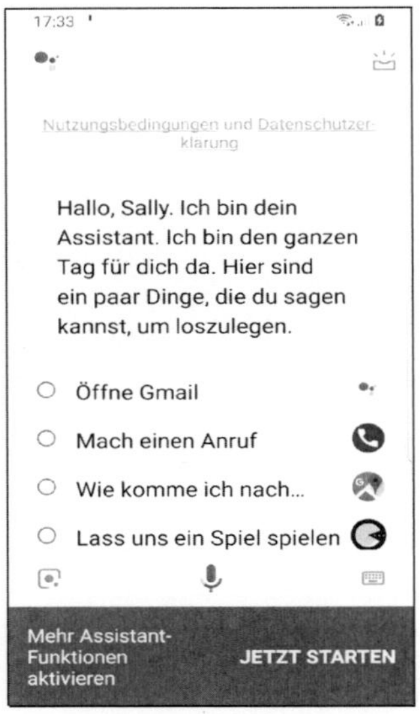

Tippen und halten Sie die O-Taste unterhalb des Displays, bis die einmalig notwendige Einrichtung startet.

❶ Gehen Sie auf *JETZT STARTEN.*

❷❸ Betätigen Sie *Weiter* und dann *Mehr.*

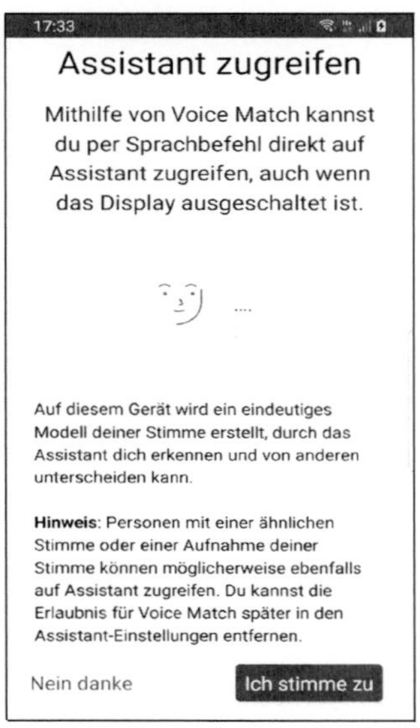

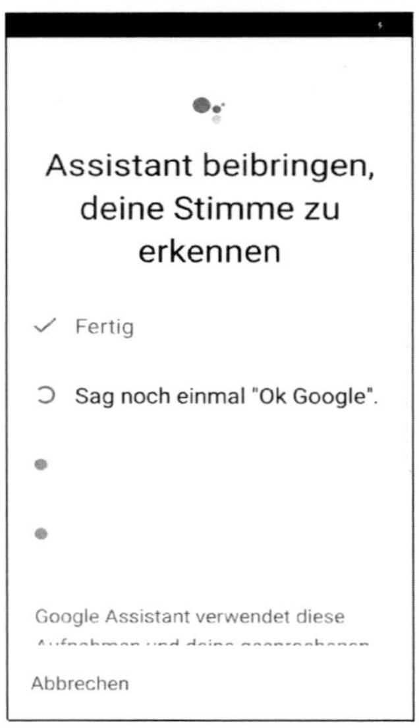

❶ Gehen Sie auf *Ich stimme zu.*

❷ Sprechen Sie zweimal hintereinander *»Ok Google«,* dann zweimal *»Hey Google«,* damit die Spracherkennung optimal funktioniert.

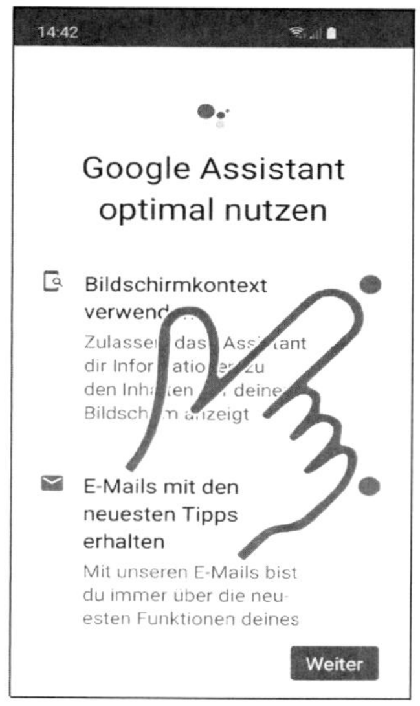

❶❷ Betätigen Sie *Mehr* und dann *Ich stimme zu.*

❸ Aktivieren Sie *Bildschirmkontext verwenden* und *E-Mails mit den neuesten Tipps erhalten* (Google schickt ab und zu einen Newsletter an Ihre Google-E-Mail-Adresse). Schließen Sie die Einrichtung mit *Weiter* ab.

Fertig! Der Google Assistant steht bereit.

20.2 Aufruf

Künftig rufen Sie den Google Assistant auf zwei Wegen auf:

- Sie halten die ▢-Taste gedrückt.
- Sie sprechen »Ok Google«.

Die ‹-Taste beendet den Assistenten.

❶❷ Eine Vollbildansicht erhalten Sie durch Wischen nach oben auf dem Bildschirm.

20.3 Funktionen des Galaxy steuern

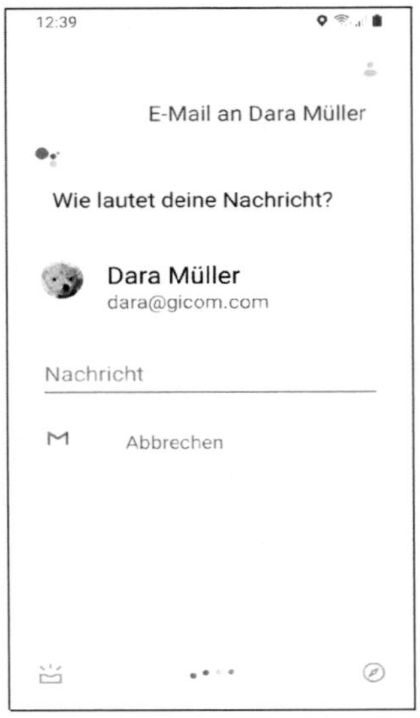

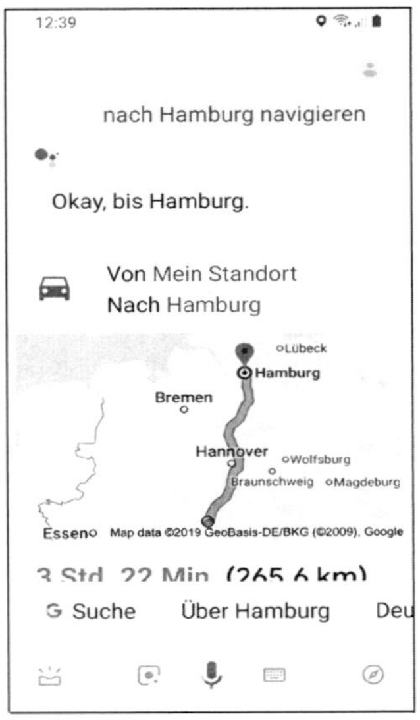

Über den Google Assistant lassen sich auch Dinge erledigen, für die Sie sonst erst umständlich auf dem Bildschirm eine Anwendung starten müssten. Einige Beispiele sollen die Möglichkeiten verdeutlichen. Rufen Sie mit »Ok Google« den Assistenten auf und sprechen Sie einen Befehl (**fett** jeweils die Schlüsselwörter):

- »**E-Mail an** Dara«: E-Mail-Editor starten, die E-Mail-Adresse des Kontakts *Dara* aus dem Telefonbuch als Empfänger übernehmen (❶).
- »Antonia **mobil anrufen**«: Kontakt auf Handynummer aus dem Telefonbuch anrufen.
- »Hamburg **ansteuern**«, »**Weg zu** Hamburg«, »**Weg zu** Brandenburger Tor«: Startet die Navigation in Google Maps, berechnet die Route zum Zielort und startet die Routenführung (❷).
- »**Karte von** Berlin«: Den genannten Ort in Google Maps anzeigen.
- »**Zeige mir** Flughäfen (Restaurants/Tankstellen/Museen/...) **in** Berlin«: Points auf Interest in der Karte anzeigen (❸).
- »**Spiele** Beatles«: YouTube oder MP3-Player starten und dort nach den Interpreten/Song suchen.
- »**Zeige** Beatles Yesterday **in YouTube**«: Bestimmten Song von Band/Interpret in der YouTube-Anwendung suchen und sofort abspielen.
- **Abbrechen**: Die gerade laufende Aktion vorzeitig beenden (alternativ betätigen Sie die ‹ -Taste oder Wischen auf dem Bildschirm einmal nach unten).
- **Was steht heute an**: Liefert die Uhrzeit, die Wettervorhersage und listet die anstehenden Termine auf.
- **Spiel Musik**: Öffnet die Musik-Anwendung (siehe Kapitel *18 Play Musik*) und startet die Wiedergabe.
- **Öffne Kontakte**: Telefonbuch anzeigen.

Die Spracherkennung beantwortet auch Ihre Fragen, die Sie am Besten möglichst kurz halten, da Google nur die Schlüsselworte und keine langen Sätze auswertet.

- »Wer ist Bundeskanzler in Deutschland«
- »Wetter in Berlin«
- »Wo ist der nächste Burger King«

Sollte die Spracherkennung mal ein Wort oder einen Satz nicht erkennen, führt das Handy eine Google-Websuche durch.

Eine aktuelle Liste aller unterstützten Sprachbefehle gibt es unseres Wissens von Google nicht.

Google gibt auf seiner Website selbst einige weitere Beispiele zu den Sprachbefehlen (hier wörtlich von der Webadresse *support.google.com/websearch/answer/2940021* übernommen). Wir geben hier nur diejenigen Sprachbefehle an, die bei uns im Test auch funktionierten:

- Wecker einstellen: "Wecker auf 7 Uhr einstellen"
- Erinnerung einrichten: "Erinnern an: um 18.00 Uhr Max anrufen" oder "Erinnern an: Eisdiele am Marienplatz testen"
- Termin im Google Kalender erstellen: "Erstelle einen Termin in meinem Kalender: Abendessen in München, Samstag um 19.30 Uhr"
- Freund anrufen: "Martina Müller anrufen" oder "Mama anrufen"
- SMS an einen Freund: "SMS an Stefan: Komme 5 Minuten später"
- E-Mail senden: "E-Mail senden an Kerstin: Betreff: neue Schuhe, Nachricht: Ich muss dir unbedingt meine neuen Schuhe zeigen"
- Routen abrufen: "Navigieren von Berlin nach Köln" oder "Wegbeschreibung von Berlin nach Frankfurt am Main"
- Orte in der Nähe finden: "Wo ist das nächste Café?"
- Nach der Uhrzeit fragen: "Wie spät ist es in London?"
- Nach dem Wetter fragen: "Wie ist das Wetter morgen Früh?"
- Interessante Antworten auf Fragen: "Wo wurde Albert Einstein geboren?" oder "Wie alt ist Beyonce?"
- Worte oder Sätze übersetzen: "Was heißt Gurke auf Spanisch?"
- Wort definieren: "Was bedeutet Adipositas?"
- Einheiten umrechnen: "Was sind 12 Zoll in Zentimeter?"
- Mathematische Gleichungen lösen: "Was ist die Wurzel aus 2209?"

Auch die Systemeinstellungen ändert die Sprachsteuerung:

- **Taschenlampe einschalten; Taschenlampe aussschalten**: Die Kamera-LED ein/ausschalten.
- **Bildschirm dunkler; Bildschirm heller**: Displayhelligkeit ändern.
- **Musik lauter/leiser**; **Klingelton lauter/leiser**: Lautstärke ändern.

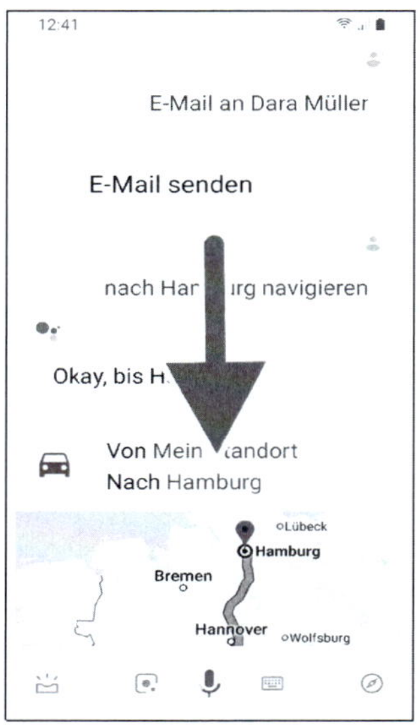

➊ Eine Wischgeste nach unten zeigt die zuletzt durchgeführten Befehle an.

➋➌ Befehle dürfen Sie auch über ein Tastenfeld erfassen, das Sie mit der Schalteiste am unteren Bildschirmrand aktivieren.

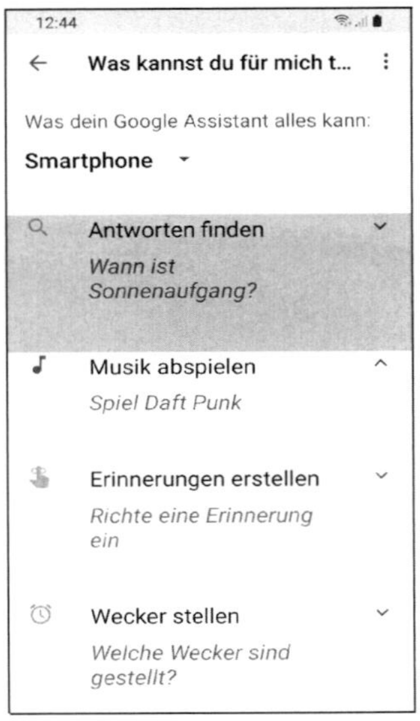

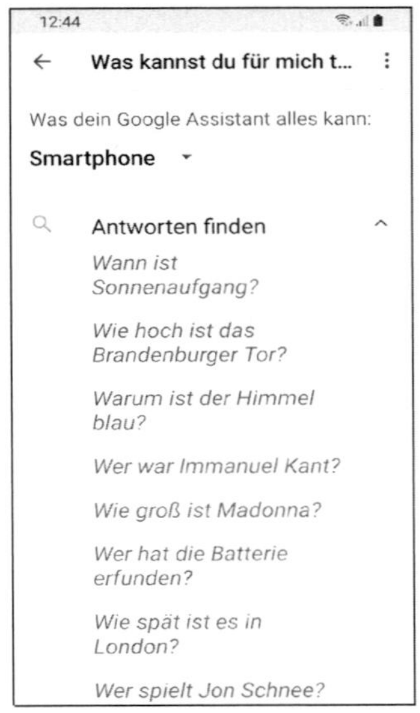

➊ Sie möchten wissen, was der Assistent alles an Befehlen drauf hat? Dann sprechen Sie »*Was kannst du*«. Danach betätigen Sie *Zeige alle Vorschläge.*

➋➌ Tippen Sie einen Vorschlag an.

20.4 Weitere Funktionen

Im Google Assistant sind zusätzliche Assistenten verfügbar, die von Drittanbietern entwickelt und betrieben werden.

➊ Eine Liste der verfügbaren Assistenten liefert die ⊘-Schaltleiste (Pfeil).

➋ Google macht hier bereits zahlreiche Vorschläge, Sie können aber auch über das Suchfeld gezielt nach bestimmten Assistenten suchen.

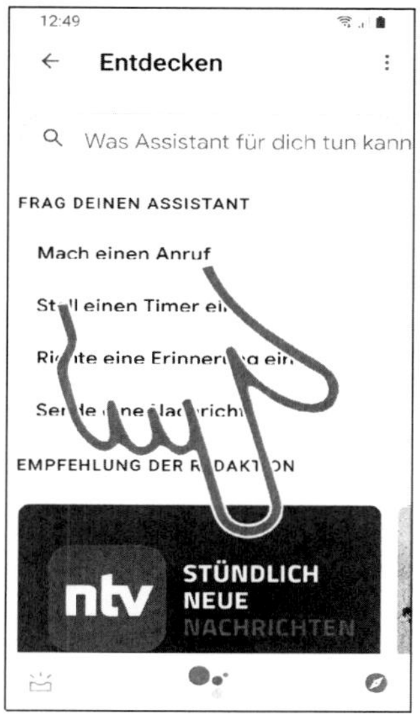

❶ In unserem Beispiel gehen wir auf den Vorschlag *»NTV«*.

❷ Der Bildschirm informiert Sie über den Entwickler und darüber, wie Sie die Funktion aktivieren. Merken Sie sich den Befehl, im Beispiel *»Spiel Nachrichten von ntv«*. Sie können nun den Bildschirm mit der ‹-Taste verlassen. Künftig rufen Sie den Google Assistant per *»OK Google«* auf und sprechen dann den Befehl.

20.5 Einstellungen

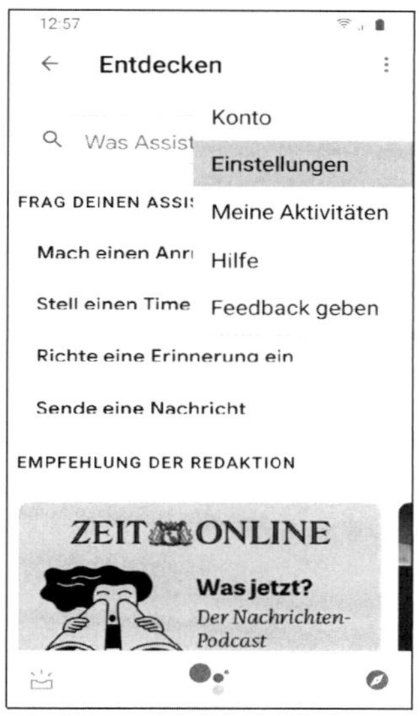

❶ Für die Konfiguration tippen Sie oben rechts auf die ⊘-Schaltleiste.

❷ Rufen Sie ⋮/*Einstellungen* auf.

❶❷ Die Einstellungen sind über drei Register verteilt, zwischen denen Sie mit Antippen umschalten:

Unter *Persönliche Daten*:

- *Alias*: Standardmäßig spricht Sie der Assistent mit dem Namen an, den Sie bei der Ersteinrichtung Ihres Geräts eingegeben haben. Sie ändern ihn in diesem Menü.
- *Meine Orte*: Privat- und Geschäftsadresse sollten Sie anlegen, damit Sie die Befehle »Navigiere mich nach Hause« oder »Navigiere mich zur Arbeit« verwenden können.
- *Orientierung*: Stellen Sie ein, mit welchem Verkehrsmittel Sie jeweils zur Arbeit und zu Freizeitaktivitäten fahren.
- *Zahlungen*: Google betreibt mit »Google Pay« seit kurzem auch in Deutschland eine Zahlungsabwicklung, die von zahlreichen Händlern, darunter Aldi Süd, McDonalds, Rewe und Lidl unterstützt wird.
- *Wetter*: Die Voreinstellung *Celsius* sollten Sie nicht ändern. Dies wird unter anderem für Wetteransagen verwendet.
- *Reservierungen*: Nicht von Google dokumentiert.
- *Käufe*: Listet alle Softwarekäufe im Play Store (siehe Kapitel *26.1 Play Store*) auf.

Unter *Assistant*:

- *Sprachen*: Die für die Spracherkennung und Ausgabe genutzte Landessprache.
- *Durchgängige Unterhaltung*: Das Handy lässt nach Ihrem Sprachbefehl das Mikrofon offen, falls Sie mit einer Frage nachfassen. Wir raten davon aus Datenschutzgründen ab.
- *Voice Match*: Erstellen Sie bis zu sechs Sprachprofile, anhand derer Google Assistant die verschiedenen Nutzer erkennt. Nur für Nutzer interessant, die in einem Haushalt mehrere Google-Geräte (zum Beispiel »Google Home Smart Speaker«) verwenden.
- *Smart-Home-Steuerung*: Google vertreibt zahlreiche Heimautomationsgeräte, beispielsweise Google Home Smart Lautsprecher, die Sie in diesem Menü einrichten.
- *Abläufe*: Das Menü automatisiert häufige Abläufe.
- *E-Mail-Updates*: Google informiert Sie per E-Mail über Neuerungen beim Assistenten.
- *Smartphone*: Darauf gehen wir unten ein.

Unter *Dienste* stellen Sie ein, welche Anwendungen der Google Assistant bei Sprachbefehlen verwendet. Beispielsweise können Sie den Videodienst Netflix unter *Videos und Fotos* aktivieren.

Unter *Home* konfigurieren Sie *Google Chromecast* und andere optionale Google-Geräte. Dazu muss die *Google Home*-Anwendung installiert werden.

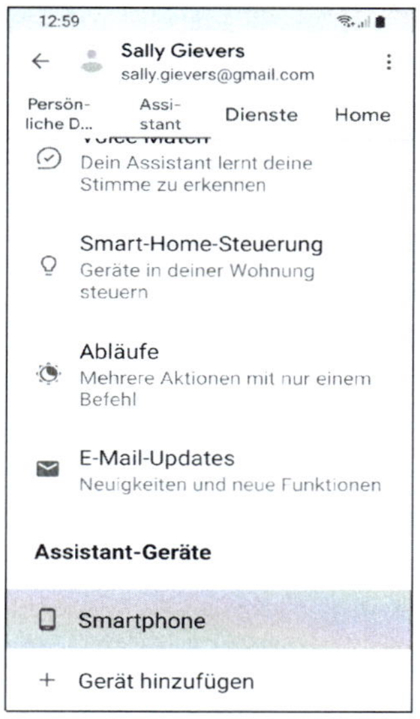

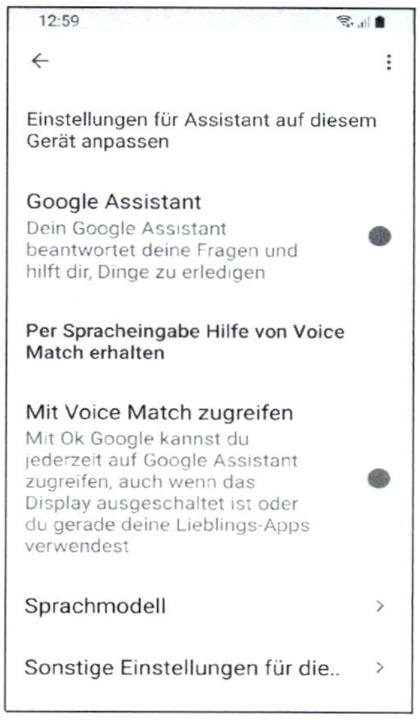

❶❷ Weitere Optionen erhalten Sie unter *Smartphone* im *Assistant*-Register:

Unter *Einstellungen für Assistant auf diesem Gerät anpassen:*

- *Google Assistant*: Damit deaktivieren Sie den Assistenten.

Unter *Per Spracheingabe Hilfe von Voice Match erhalten:*

- *Mit Voice Match zugreifen*: Auch im Sperrbildschirm ist der Google Assistant per Sprachbefehl aktivierbar.
- *Sprachmodell*:
  - *Sprachmodell umtrainieren; Sprachmodell löschen*: Den »*Ok Google*«-Befehl haben Sie bereits bei der Assistentenrichtung trainiert.
- *Sonstige Einstellungen für die Spracheingabe*: Legt fest, ob die Sprachsteuerung auch über ein Bluetooth- oder Kabelheadset erfolgen darf.

Unter *Sprache:*

- *Bevorzugte Eingabe*: Schaltet den Assistenten zwischen Sprach- und Tastatureingabe um, was aber keinen Sinn ergibt.
- *Sprachausgabe*: Stellen Sie ein, ob Sie die Sprachausgabe nutzen möchten, oder nur, wenn die Freisprechfunktion aktiv ist.
- *Andere Einstellungen für die Sprachbedienung*:
  - *Offline-Spracherkennung*: Einige Spracherkennungsfunktionen funktionieren auch offline, das heißt ohne Internetverbindung, wenn Sie hier ein entsprechendes Sprachpaket installieren.
  - *Anstößige Wörter sperren*: Vulgäre Schimpfwörter verwirft die Spracherkennung und ersetzt sie durch »#«.
  - *Bluetooth-Headset*: Nutzen Sie ein Bluetooth-Headset (siehe Kapitel *32.3 Bluetooth-Headset / Freisprecheinrichtung verwenden*), so läuft die Spracherkennung darüber.

Unter *Allgemein:*

- *Bildschirmkontext verwenden*: Der Assistent berücksichtigt bei seinen Antworten die gerade aktive Anwendung.
- *Screenshots zur Verfügung stellen*: Google darf Bildschirminhalten zur Dienstverbesserung auswerten.
- *Benachrichtigungen*: Erinnerungen durch den Google Assistant aktivieren/deaktivieren.

21. Kalender

Der Kalender verwaltet Ihre Termine, die sich mit dem Google-Kalender synchronisieren lassen.

❶❷ Sie finden den *Kalender* im Hauptmenü (Pfeil).

Sofern Sie bereits ein Google-Konto auf dem Galaxy eingerichtet haben, erscheinen in der Kalender-Anwendung schon beim ersten Aufruf diverse im Google-Kalender hinterlegte Termine.

21.1 Kalenderansichten

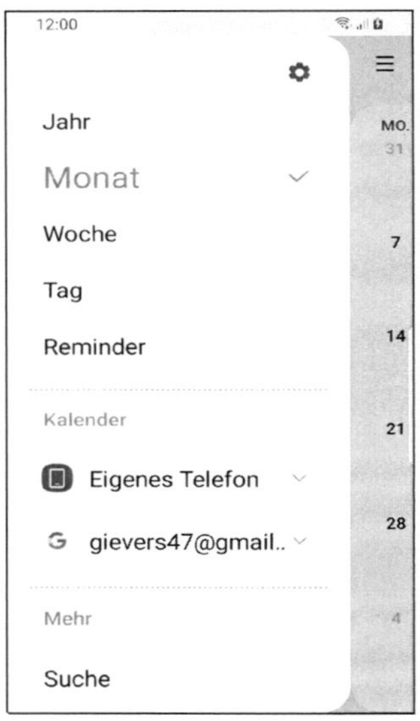

❶❷ Der Kalender zeigt beim Start standardmäßig den aktuellen Monat an. Um auf eine andere Kalenderansicht umzuschalten, aktivieren Sie das Ausklappmenü und gehen auf *Jahr, Monat, Woche, Tag* oder *Reminder*. Letzteres ist eine separate Anwendung zur Aufgabenverwaltung, auf die wir im Kapitel *21.8 Bixby Reminder* eingehen.

21.1.1 Jahresansicht

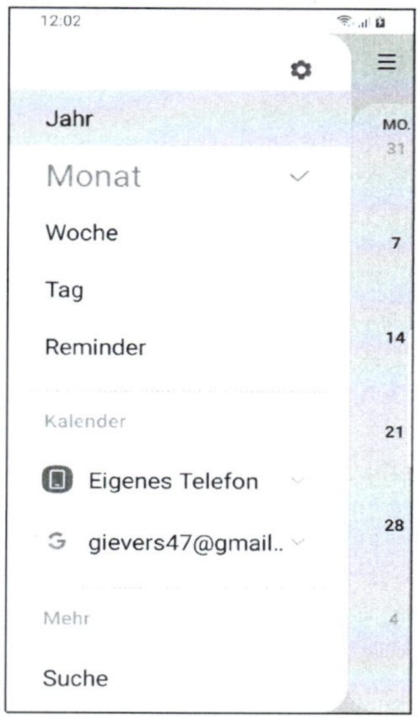

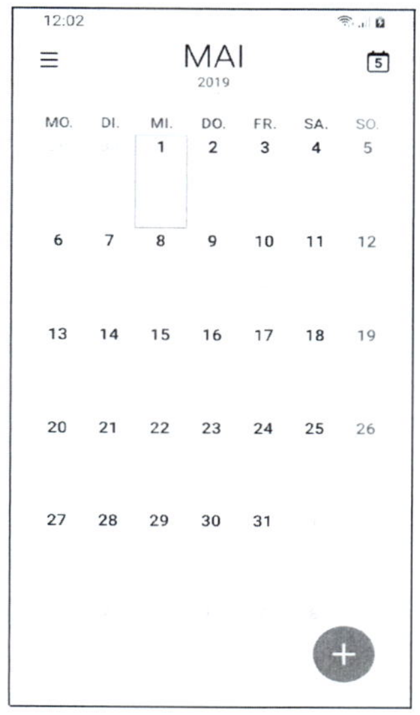

❶ Über *Jahr* im Ausklappmenü springen Sie schnell zu einem bestimmten Monat.

❷❸ Tippen Sie dann einfach einen Monat im angezeigten Kalender an.

21.1.2 Monatsansicht

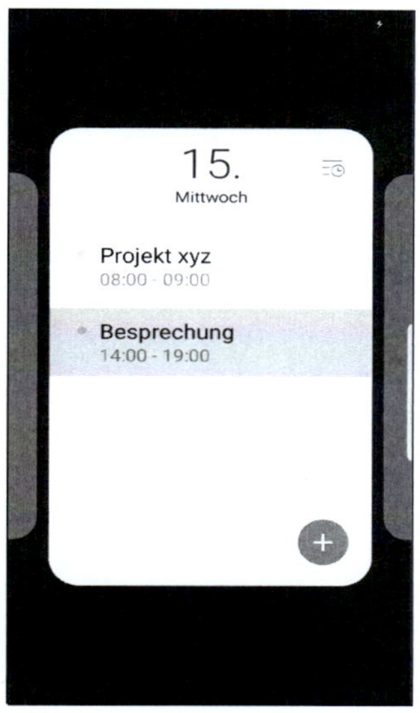

❶ Tippen Sie einen Kalendertag kurz an, so listet der Kalender alle zugehörigen Termine in einem Popup auf.

❷❸ Dort wählen Sie dann den anzuzeigenden Termin aus.

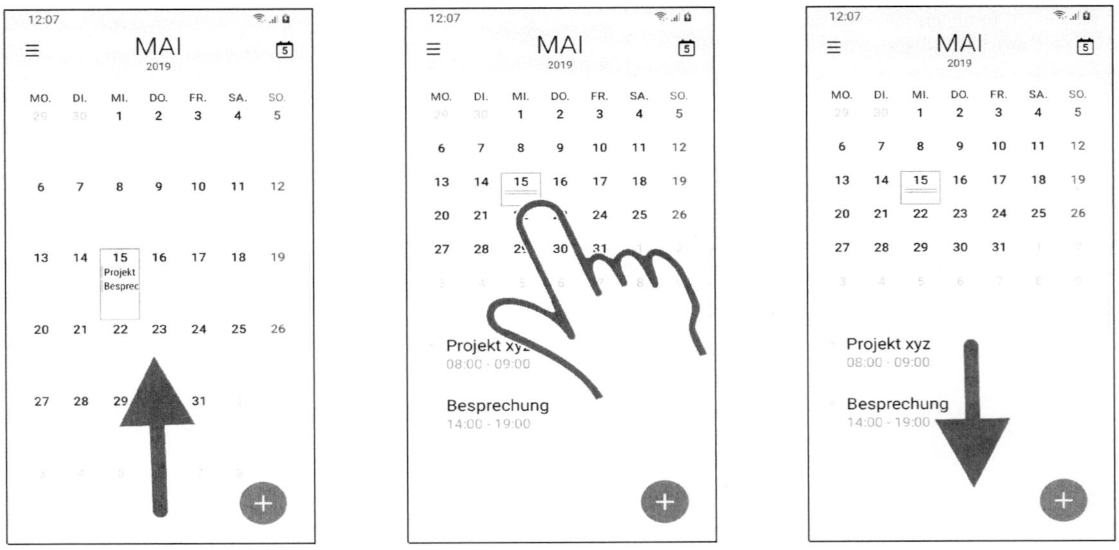

❶ Über eine Wischgeste von unten nach oben schalten Sie auf eine alternative Ansicht um.

❷ Wochentage mit zugeordneten Terminen erkennen Sie an den kleinen Linien. Tippen Sie einen Tag an, worauf im unteren Bildschirmdrittel die Tagestermine angezeigt werden.

❸ Wischen Sie nach unten, um die alternative Ansicht wieder auszuschalten.

21.1.3 Wochenansicht

❶❷ In der Wochenansicht sind alle Termine als Balken auf einer Zeitachse angelegt. Man sieht auf diesem Wege sofort, ob und wo noch freie Zeiträume sind. Antippen eines Termins (Pfeil) zeigt diesen wiederum an.

❸ Ganztagstermine blendet der Kalender jeweils am oberen Bildschirmrand ein. Diese können Sie für Termindetails antippen.

21.1.4 Tagesansicht

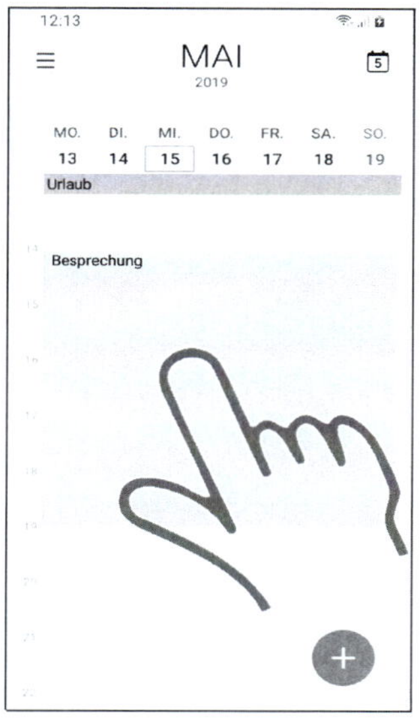

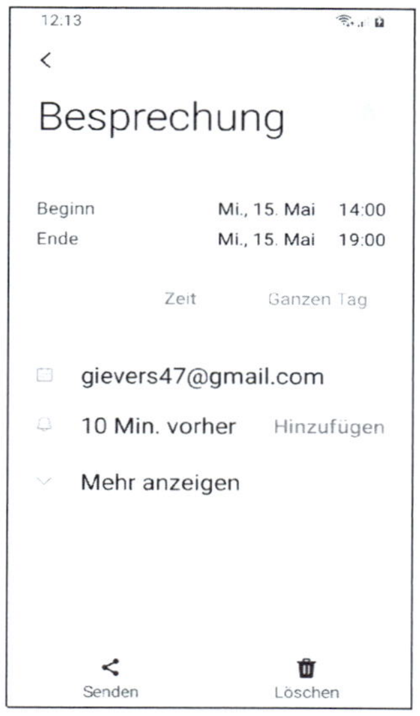

❶❷ Auch die Tagesansicht stellt die Termine in einer Zeitachse dar. Tippen Sie einen Termin (Pfeil) für die Detailansicht an.

21.2 Navigation im Kalender

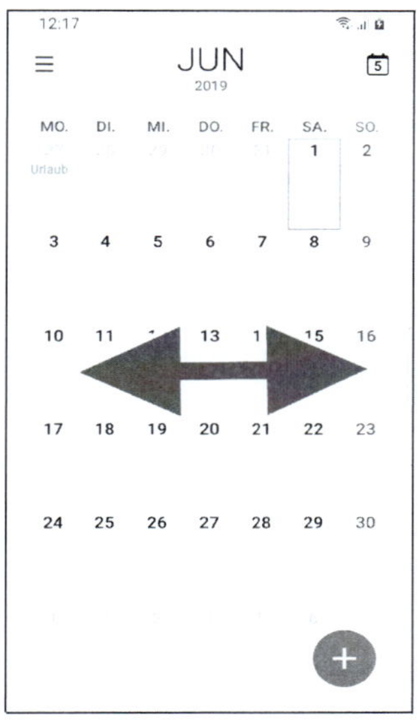

❶ Mit einer Wischgeste nach links/rechts blättern Sie in den Terminen vor oder zurück.

❷ Über die Schaltleiste am oberen rechten Bildschirmrand kehren Sie zum aktuellen Datum zurück.

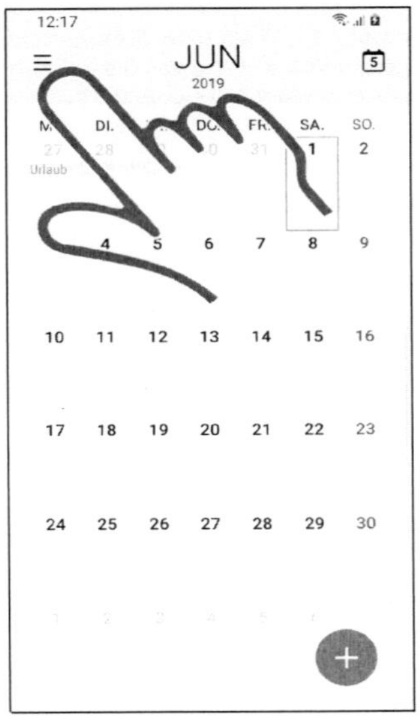

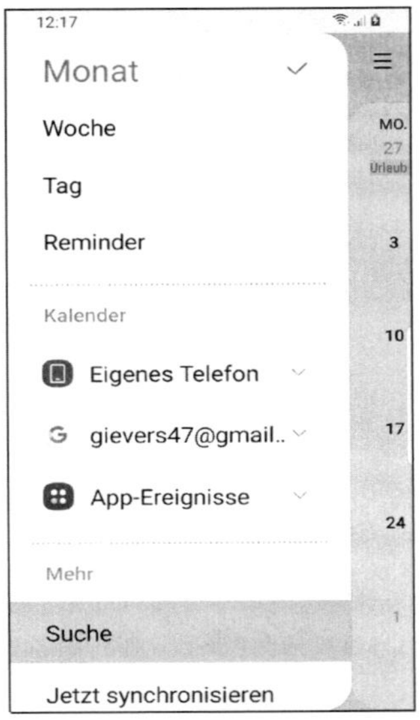

❷❸ Als Hilfreich erweist sich *Suche* Im Ausklappmenü, das alle Termine auflistet und die Suche darin erlaubt.

21.3 Neuen Termin hinzufügen

❶ In allen Kalenderansichten erzeugt die +-Schaltleiste einen neuen Termin.

❷ Sie ersparen sich so übrigens etwas Arbeit, indem Sie vor Betätigen der +-Schaltleiste kurz auf den Kalendertag (Monatsansicht) oder in die Zeitleiste (Wochen- und Tagesansicht) tippen (Pfeil). Der Kalendertag wird dann in den Termineditor übernommen.

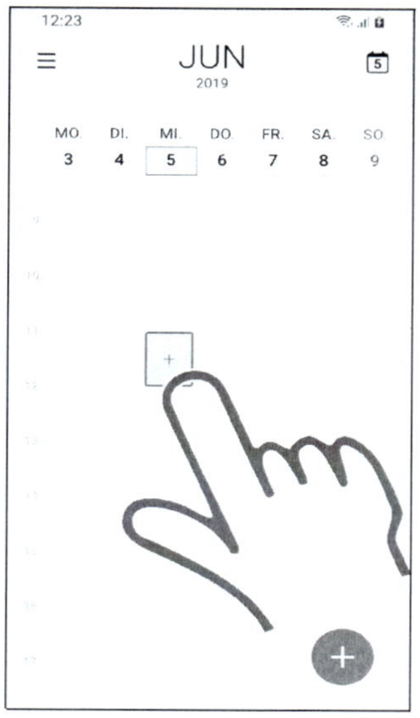

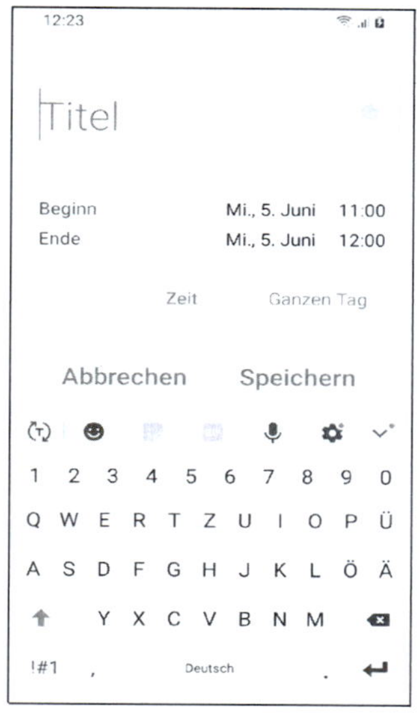

❶ Der Kalender unterstützt noch eine weitere Methode für die Terminerfassung: Doppeltippen Sie mit dem Finger auf einen Kalendertag beziehungsweise eine Uhrzeit in der Zeitleiste.

❷ Erfassen Sie im Bearbeitungsbildschirm die Termindaten. Sofern es sich um einen Termin ohne feste Uhrzeit, beispielsweise einen Geburtstag, handelt, aktivieren Sie *Ganzen Tag*.

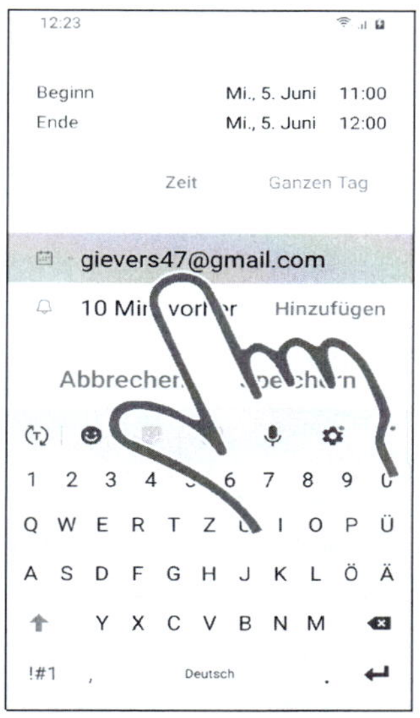

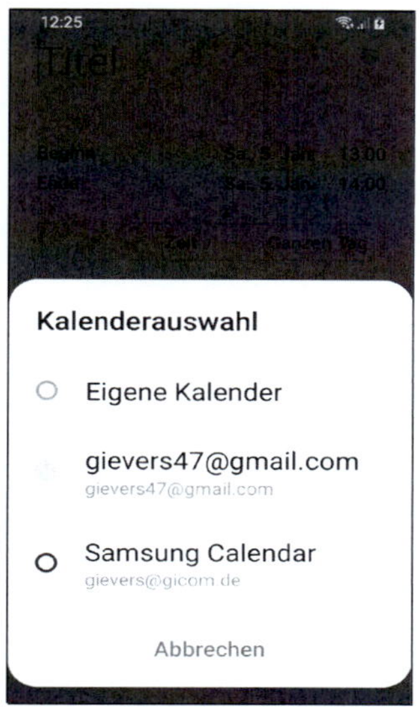

❶❷ Über das Auswahlmenü (Pfeil) stellen Sie ein, was mit den Daten geschieht:

- *Eigene Kalender*: Der Termin bleibt auf dem Gerät und wird weder mit dem Samsung-Konto noch dem Google-Konto abgeglichen.
- *Samsung Calendar*: Samsung bietet ebenfalls die Möglichkeit, Termine im Samsung-Konto (siehe Kapitel *25 Das Samsung-Konto*) abzulegen. Wir gehen in diesem Buch nicht darauf ein.*(Ihr Konto)@gmail.com*: Datenabgleich des Termins mit Google Kalender über das Internet. Diese Einstellung wird von uns empfohlen.

Sie sollten immer Ihr Google-Konto verwenden, da die Speicherung auf dem Gerät keinen Sinn macht.

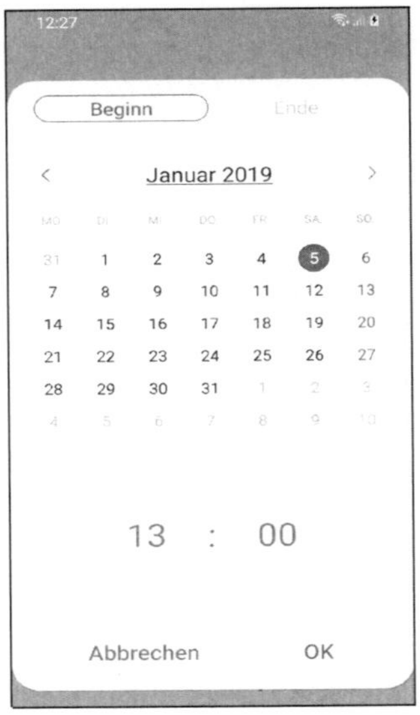

❶ Die Terminzeit stellen Sie über *Beginn* beziehungsweise *Ende* ein.

❷ Sie müssen den Tag (meistens ist dieser ja schon korrekt voreingestellt) eingeben und die Uhrzeit. Wischen Sie einfach über die Uhrzeitziffern nach oben oder unten. Falls Sie die Uhrzeit lieber über ein Tastenfeld erfassen möchten, tippen Sie auf die Zahlen.

❸ Zwischen Anfangs- und Endzeit schalten Sie über die Register am oberen Bildschirmrand um. Schließen sie den Vorgang mit *OK* ab.

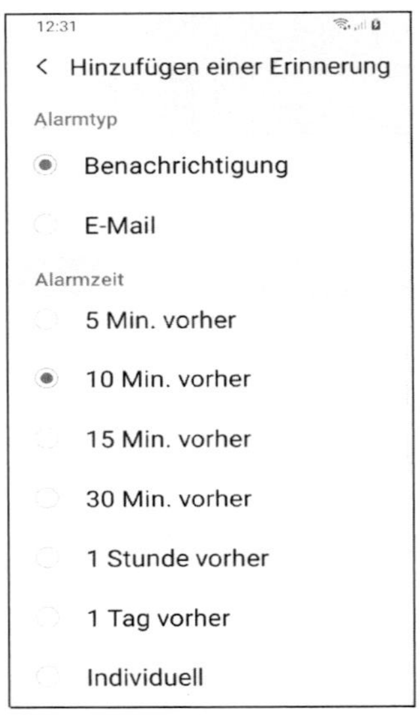

❶❷ Das Handy macht Sie standardmäßig auf den Termin 10 Minuten vorher aufmerksam. Diese Erinnerung können Sie durch Antippen jederzeit auf einen anderen Zeitraum ändern.

❸ Über die Minus-Schaltleiste (Pfeil) entfernen Sie Terminerinnerungen, während die *Hinzufügen*-Schaltleiste weitere Erinnerungen anlegt.

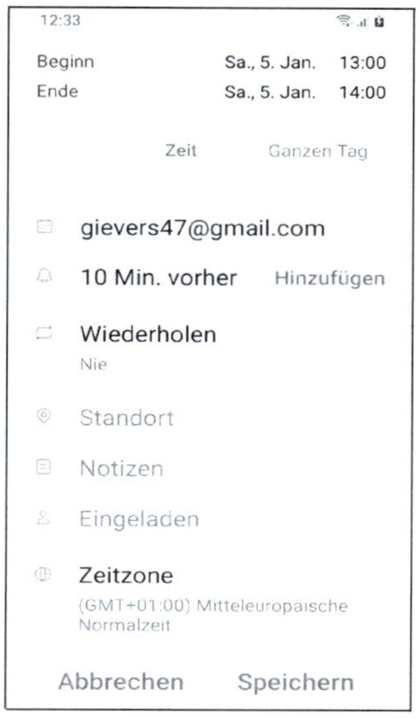

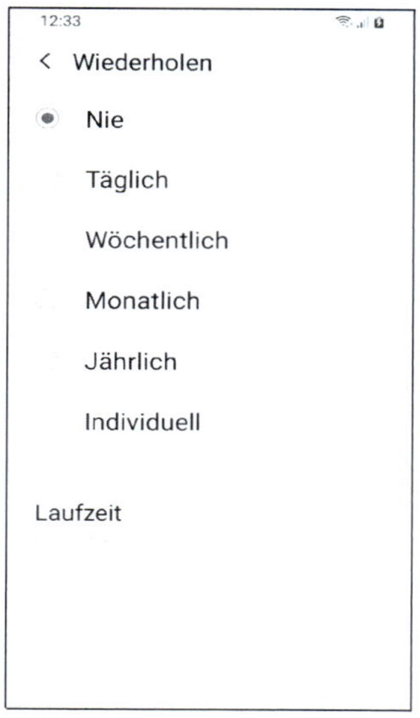

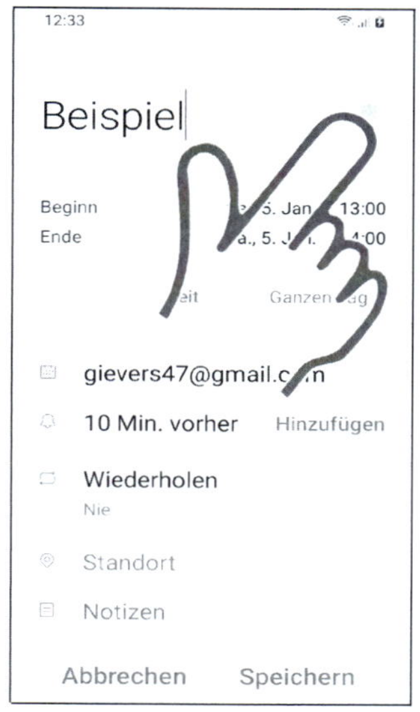

❶ Die weiteren Eingabefelder:

- *Wiederholen* (❷) ermöglicht es dagegen, den Termin in bestimmten Zeiträumen automatisch erneut anzusetzen, beispielsweise wöchentlich oder monatlich.
- *Standort*
- *Notizen*
- *Eingeladen*: Legen Sie Kontakte aus dem Telefonbuch fest, die automatisch über Terminupdates informiert werden. In diesem Buch gehen wir nicht weiter auf Termineinladungen ein.
- *Zeitzone*: Die Zeitzone ist ausschließlich für Anwender interessant, die Termine in anderen Ländern wahrnehmen. Standardmäßig rechnet der Kalender alle Terminuhrzeiten auf die jeweilige Lokalzeit des Aufenthaltslandes um. Wenn Sie dies nicht möchten, stellen Sie die Zeitzone entsprechend ein.

❸ Die Hintergrundfarbe des Termins in der Tages- und Wochenansicht legen Sie über die Schaltleiste oben rechts fest.

Betätigen Sie anschließend *Speichern* am unteren Bildschirmrand.

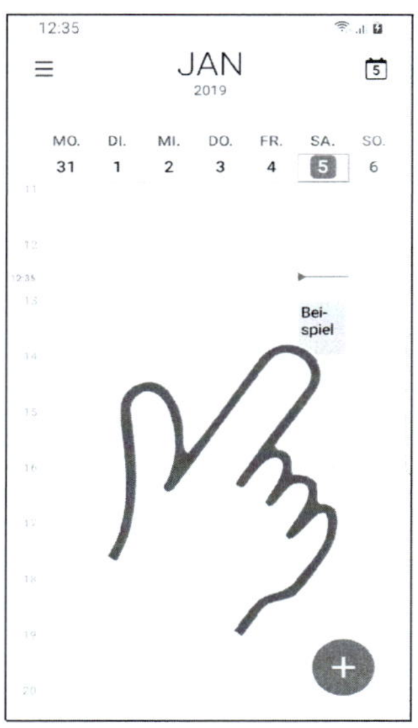

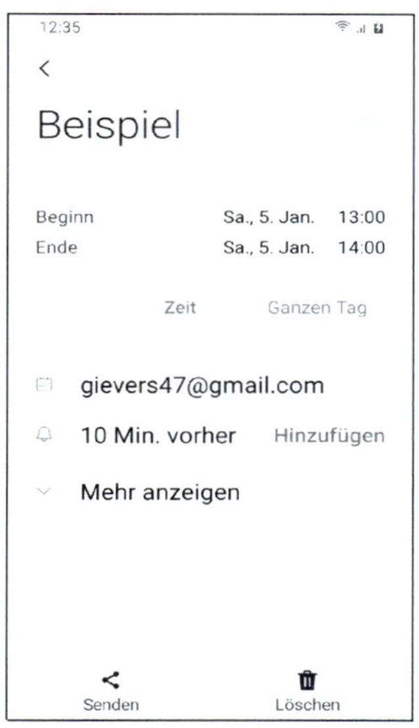

❶❷ Der Termin erscheint im Kalender. Tippen Sie ihn an für die Termindetails. Falls Sie ihn ändern möchten, tippen Sie einfach eines der angezeigten Datenfelder an.

21.4 Weitere Terminverwaltungsfunktionen

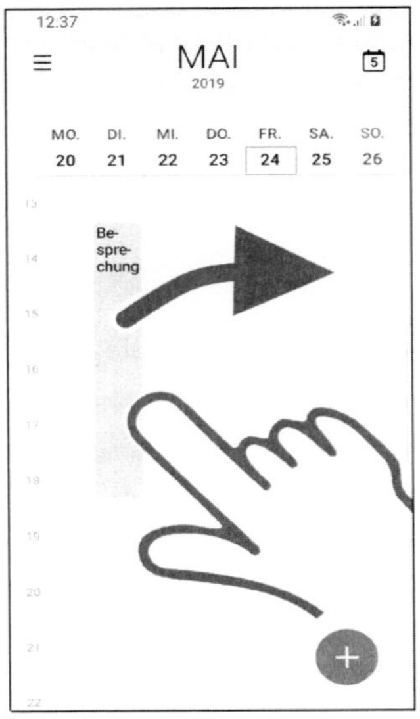

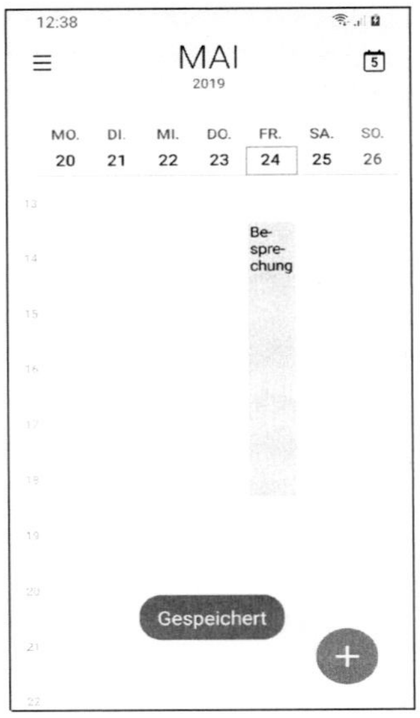

❶❷ In der Tages- und Wochenansicht lassen sich Termine sehr einfach auf eine andere Uhrzeit oder sogar ein anderes Datum verlegen, ohne dass man sie erst in der Bearbeitungsansicht öffnen muss: Tippen und halten Sie für einige Sekunden den Finger auf einem Eintrag und ziehen Sie ihn dann auf der Zeitachse an die gewünschte Position.

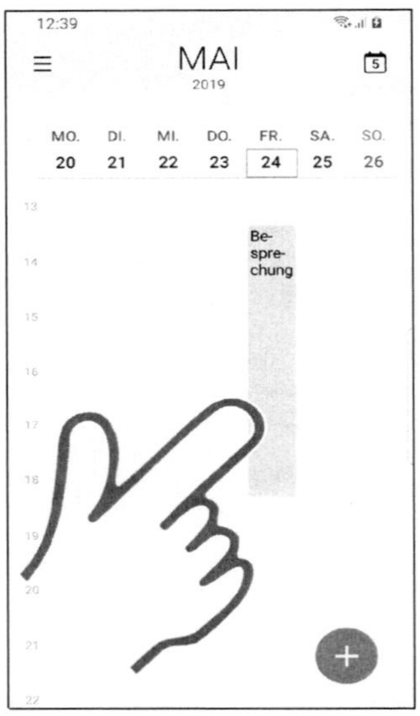

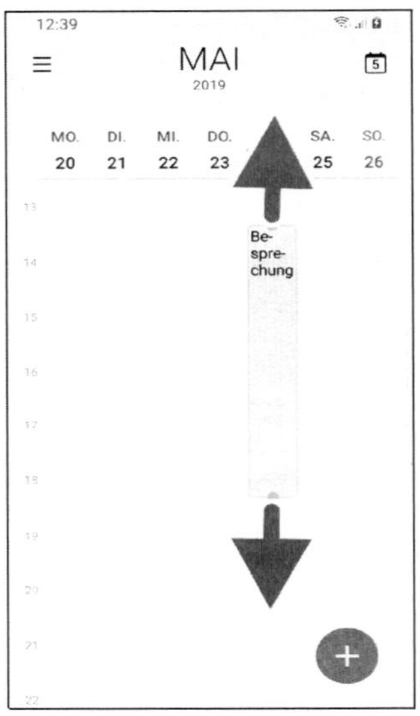

❶❷ Die Terminlänge lässt sich ebenfalls ändern: Tippen und halten Sie den Finger für einige Sekunden auf einem Termin, bis dieser »markiert« ist. Danach ziehen Sie unten oder oben an den Kugeln.

21.5 Terminerinnerung

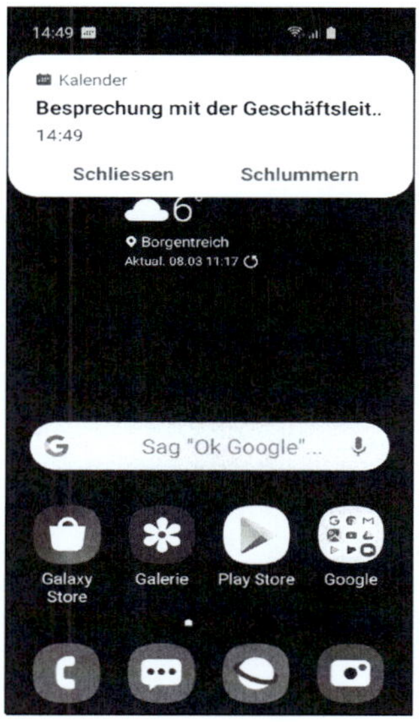

❶ Zum eingestellten Termin ertönt der Erinnerungston und ein Popup erscheint. Verwenden Sie *Schließen*, um die Erinnerung auszuschalten oder *Schlummern*. Bei letzterem wird Sie das Handy nach 5 Minuten erneut erinnern.

❷ Auch im Benachrichtigungsfeld ist ein Terminhinweis vorhanden.

Den Alarmton für Kalendertermine stellen Sie, wie im Kapitel *4.14 Medienlautstärke und Signaltöne* erläutert, ein.

21.6 Einstellungen

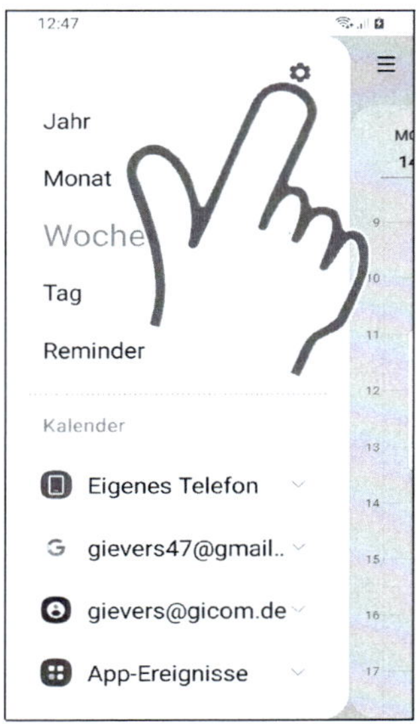

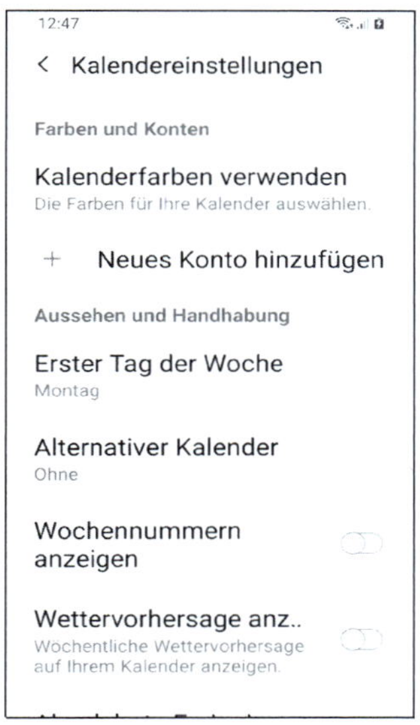

❶❷ ⚙ im Ausklappmenü öffnet die Einstellungen:

Unter *Farben und Konten*:

- *Kalenderfarben verwenden*: Legen Sie separat für jedes Konto die Farbe fest.
- *Neues Konto hinzufügen:* Weiteres Samsung-, Google Exchange-, Google- oder Microsoft Exchange-Konto anlegen.

Unter *Aussehen und Handhabung*:

- *Erster Tag der Woche*: In manchen Kulturkreisen beginnt die Woche bereits am Sonntag, was Sie hier festlegen.
- *Alternativer Kalender*: Kalender auf asiatische Gegebenheiten umstellen.
- *Wochennummern anzeigen*: Wochennummer in der Wochenansicht einblenden (oben im

Bildschirm).

- *Wettervorhersage anzeigen*: Zeigt in der Wochen- und Tagesansicht an der Oberseite ein Symbol für das zu erwartende Wetter an. In der Monatsansicht erscheint das Wettersymbol direkt im Tageskästchen.
- *Abgelehnte Ereignisse ausblenden*: Terminanfragen, die Sie ablehnen (in diesem Buch gehen wir nicht weiter darauf ein), blendet der Kalender aus.
- *Ereign. zu bestimm. Zeit hervorheben*: Termine, die weniger als einen Tag dauern in der Monatsansicht hervorheben.

Unter *Weitere Einstellungen*:

- *Benachrichtigungen*: Stellt eine der vordefinierten Klangfolgen beziehungsweise die Vibration als Terminalarm ein.
- *Warnungseinstellungen*: Legt die voreingestellte Terminerinnerung fest:
  - *Highlights*: Als Voreinstellung setzt der Kalender bei der Terminneuanlage jeweils *10 Minuten* ein, können aber auch kürzere oder längere Zeiträume einstellen. Sie haben so genügend Zeit, um sich auf die Wahrnehmung Ihrer Termine zu konzentrieren.
  - *Ganztägige Ereignisse*: An einen ganztägigen Termin werden Sie um 17 Uhr des Vortags erinnert.
- *Zeitzone festlegen*: Befinden Sie sich in einer anderen Zeitzone, so rechnet das Galaxy automatisch alle Termine von Mitteleuropäischer Zeit auf die besuchte Zeitzone um. Stellen Sie hier dagegen ein, in welcher Zeitzone Sie sich befinden, so erfolgt keine automatische Umrechnung der Terminzeiten.
- *Personalisierter Dienst*: Nicht von Samsung dokumentiert.

21.7 Kalender im Startbildschirm

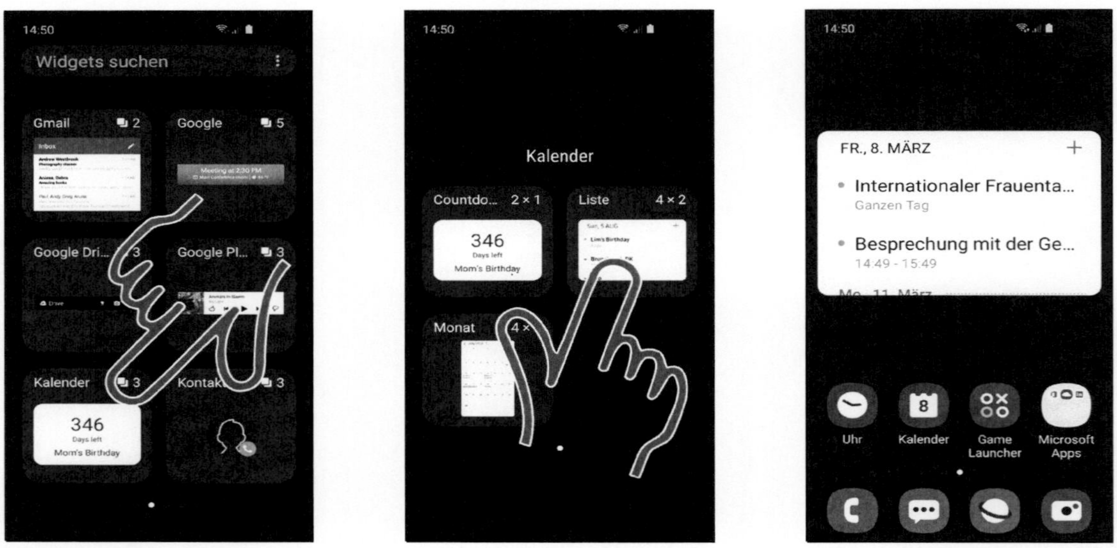

❶❷ Im Widget-Bildschirm stehen nach Antippen von *Kalender* drei verschiedene Kalender-Widgets zur Verfügung. Wählen Sie davon eines aus.

❸ Beispiel für das *Liste*-Widget.

Die Widgets beschreibt bereits Kapitel *4.7.2 Widgets*. Weil das Widget meistens nicht auf die erste Startbildschirmseite passt, müssen Sie eine weitere anlegen, was im Zusammenhang mit dem E-Mail-Widget gezeigt wird (siehe Kapitel *11.5 E-Mails auf dem Startbildschirm*).

21.8 Bixby Reminder

Das englische Wort »Reminder« lässt sich mit »Erinnerungen« übersetzen, was die Funktion des Programms bereits beschreibt. Die Erinnerungen verwaltet das Galaxy getrennt vom Kalender (siehe Kapitel *21 Kalender*).

21.8.1 Aufruf

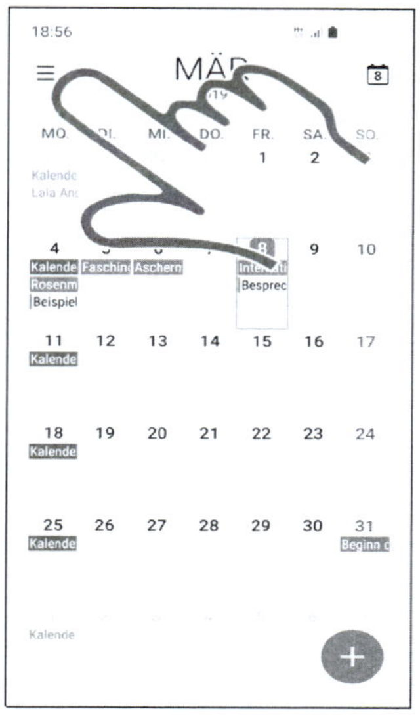

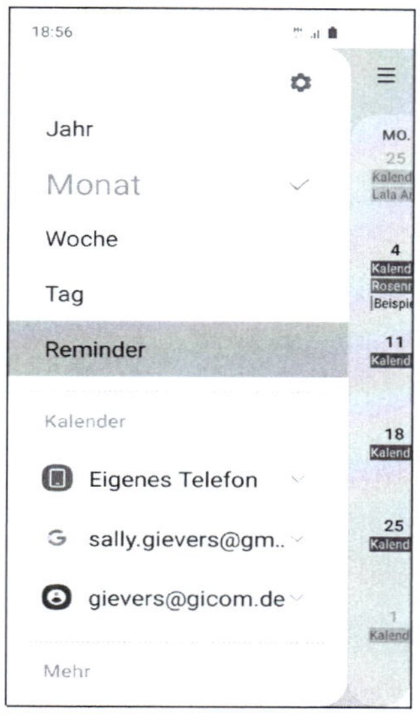

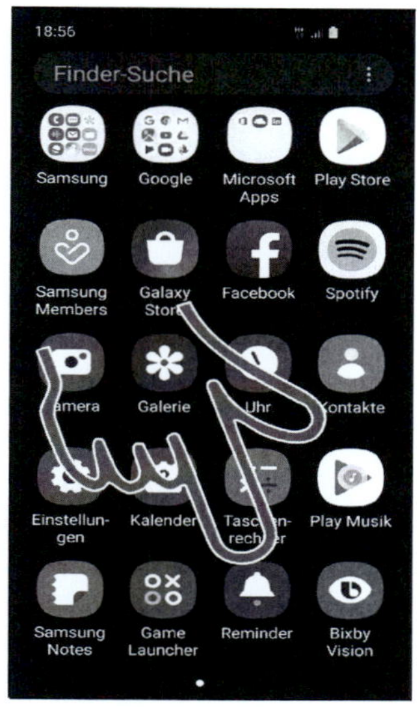

❶❷ *Reminder* rufen Sie im Ausklappmenü des Kalenders (siehe Kapitel *21 Kalender*) auf. Beim ersten Mal können Sie eine Verknüpfung im Hauptmenü anlegen. Falls dazu kein Hinweis erscheint, haben Sie den Reminder bereits an anderer Stelle aktiviert, beispielsweise über Bixby (siehe Kapitel *24.2 Bixby Voice*).

❸ Künftig rufen Sie den *Reminder* alternativ aus dem Hauptmenü auf.

21.8.2 Reminder in der Praxis

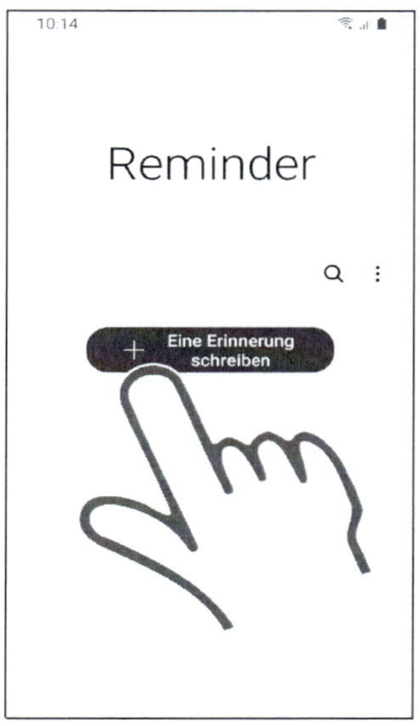

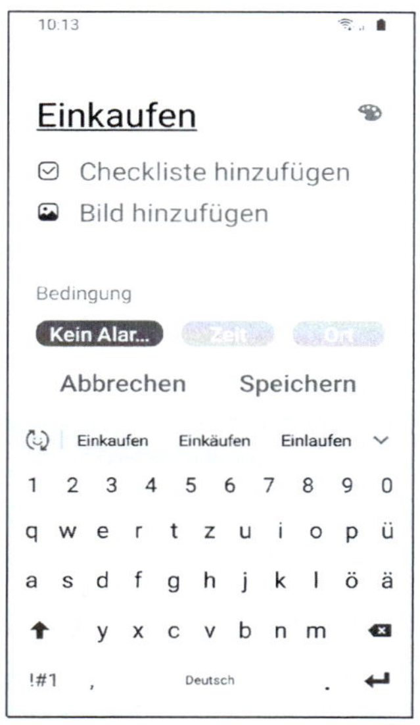

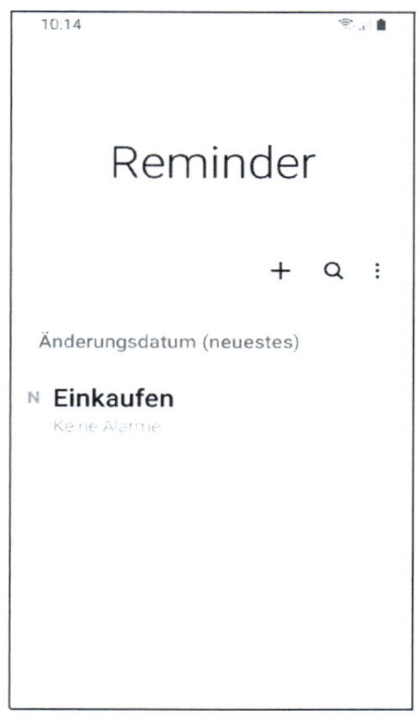

❶❷ *Eine Erinnerung schreiben* erstellt eine neue Erinnerung. Schließen Sie mit *Speichern* ab.

❸ Die neue Erinnerung erscheint in der Auflistung. Weitere Erinnerungen erstellen Sie danach mit der **+**-Taste.

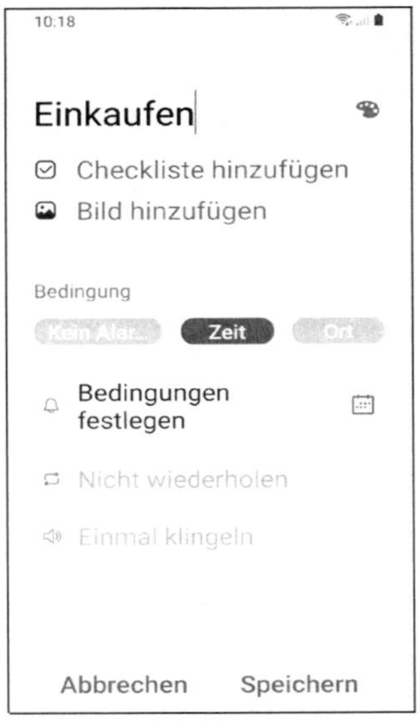

❶❷ Während der Erinnerungsanlage legen Sie weitere Termineinstellungen fest:

- *Keine Alarme*: Deaktiviert zeit- oder ortsbezogene Erinnerungen.
- *Zeit*: Reminder erinnert Sie zu einer bestimmten Uhrzeit.
- *Ort*: Wenn Sie einen bestimmten Standort erreichen, erfolgt der Alarm.

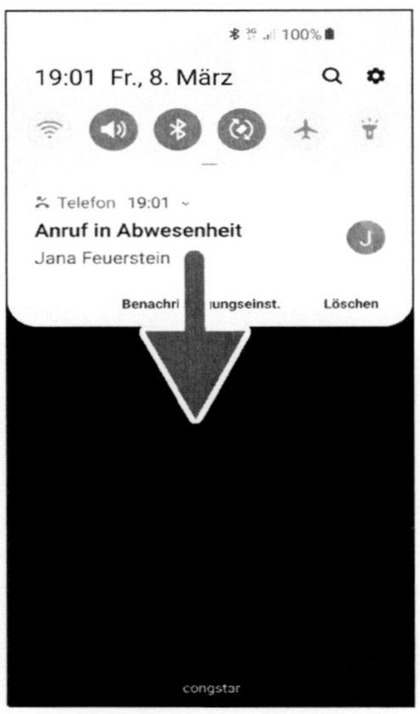

❶❷❸ So legen Sie Erinnerungen auf verpasste Anrufe an: Beim verpassten Anruf im Benachrichtigungsfeld ziehen Sie mit dem Finger nach unten, worauf die Schaltleisten erscheinen. Betätigen Sie *Neue Erinnerung.*

❶❷ So entfernen Sie erledigte Erinnerungen: Tippen Sie die jeweilige Erinnerung an und gehen Sie dann auf *Abschließen.*

22. Weitere Programme

22.1 Taschenrechner

❶ Sie finden den *Taschenrechner* im Hauptmenü.

❷ Alle Eingaben erfolgen in natürlicher Schreibweise. Das Rechenergebnis erhalten Sie dann nach Betätigen der »=«-Taste auf dem Tastenfeld. Die ⌫-Taste löscht ein Rechenergebnis.

❸ Tippen und halten Sie den Finger auf den Ausgabebereich, um Rechenoperationen, beziehungsweise Ergebnisse in die Zwischenablage zu kopieren und in andere Anwendungen wieder einzufügen.

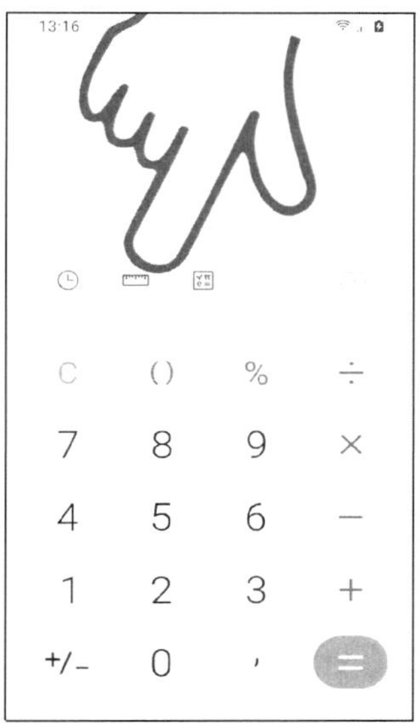
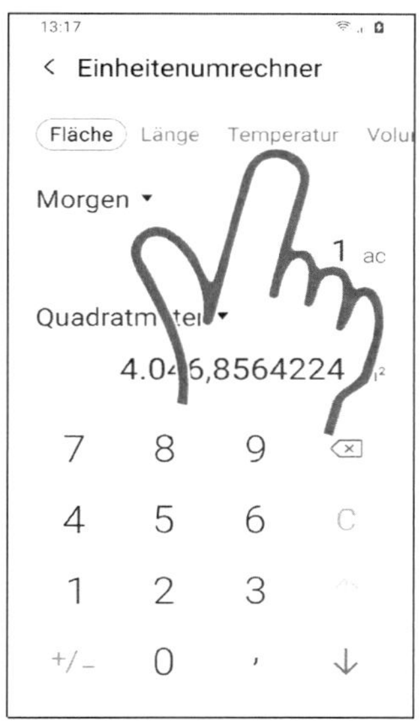

❶ Die ⌸-Schaltleiste aktiviert den Einheitenumrechner.

❷ Wählen Sie einen der angebotenen Umrechner aus. Die ‹-Taste bringt Sie in den Taschenrechner zurück.

22.2 Eigene Dateien

Eigene Dateien ist ein Dateimanager, ähnlich dem Windows Explorer auf dem PC, den Sie allerdings nur selten benötigen werden.

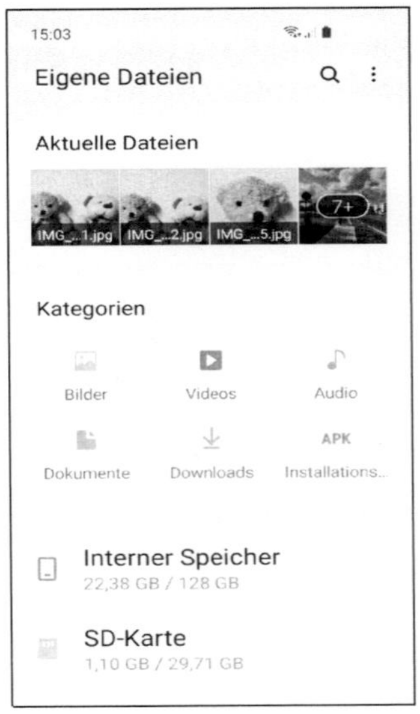

❶❷ Sie finden *Eigene Dateien* im *Samsung*-Ordner des Hauptmenüs.

❸ Die Funktionen im Hauptmenü:

- *Aktuelle Dateien* listet die zuletzt auf das Handy kopierten beziehungsweise erstellten Dateien auf.

Unter *Kategorien* haben Sie Zugriff auf folgende Dateiarten:

- *Bilder*
- *Videos*
- *Audio*: MP3- und sonstige Audiodateien.
- *Videos*
- *Dokumente*: Office-Dateien (PDF, Word, Excel, usw.)
- *Downloads:* Aus E-Mails gespeicherte Dateianhänge sowie im Webbrowser heruntergeladene Dateien.
- *Installationsdateien*: Listet Programmpakete für die manuelle Installation auf. In diesem Buch gehen wir nicht darauf ein, weil die Installation über den Play Store (siehe Kapitel *26.1 Play Store*) sicherer ist.

Die weiteren Menüpunkte:

- *Interner Speicher*: Dateien im Gerätespeicher.
- *SD-Karte*: Dateien auf der eingelegten SD-Karte.
- *Samsung Cloud Drive*: Dateien in Ihrem Samsung-Konto (siehe Kapitel *25 Das Samsung-Konto*). Dieses Buch geht darauf nicht ein, weil Google Drive (siehe Kapitel *22.2 Google Drive*) die gleichen Funktionen bietet.
- *Google Drive*: Listet die Dateien in Google Drive (siehe Kapitel *22.2 Google Drive*) auf.
- *OneDrive*: Dieser Online-Dienst von Microsoft erfüllt eine ähnliche Funktion wie Google Drive, weshalb wir nicht darauf in diesem Buch eingehen.

Durch die Verzeichnisse bewegen Sie sich durch Antippen. Tippen und halten Sie den Finger auf einem Verzeichnis oder einer Datei für weitere Funktionen. Dagegen öffnet kurzes Antippen einer Datei diese in der zugehörigen Anwendung.

Das Galaxy kennt – wie alle Android-Geräte – keine Laufwerke beziehungsweise Laufwerksbuchstaben, wie sie Windows einsetzt. Stattdessen werden Gerätespeicher und Speicherkarte wie Verzeichnisse behandelt.

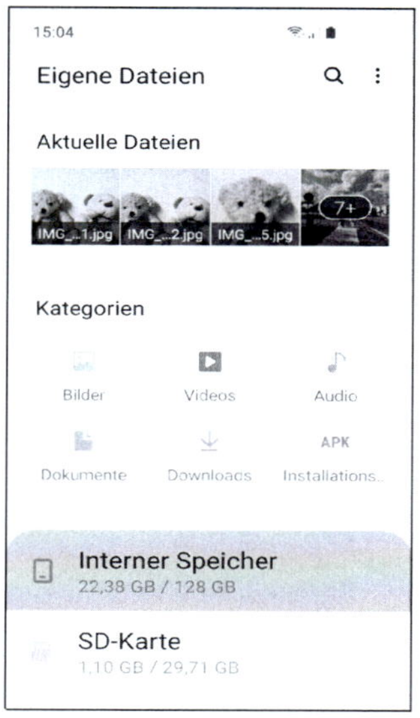

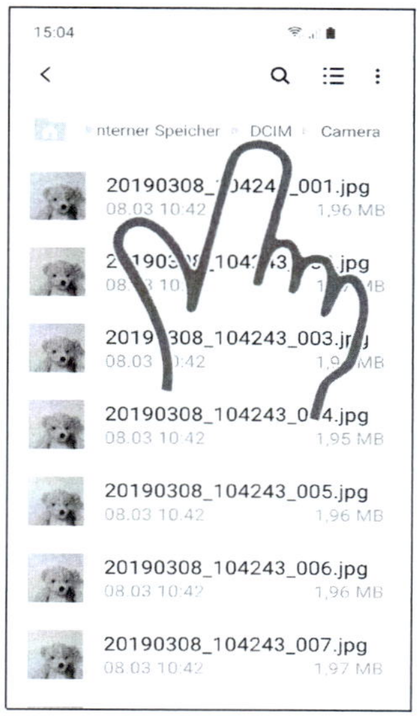

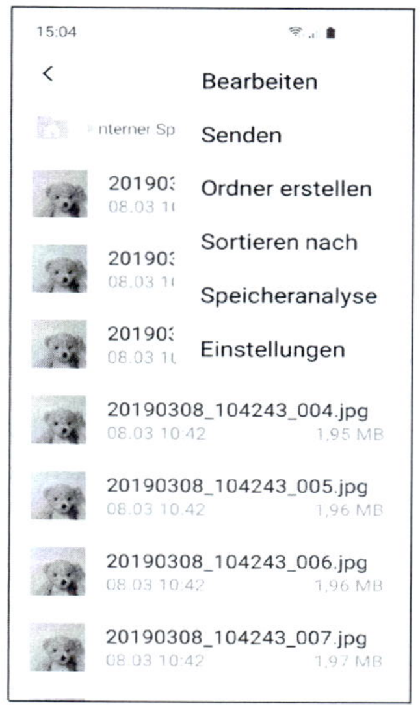

➊ Möchten Sie die Dateistruktur »durchwandern«, so wählen Sie *Interner Speicher* oder *SD-Karte* aus. Gehen Sie jetzt einmal auf *Interner Speicher.*

➋ In welchem Verzeichnis Sie sich gerade befinden, erfahren Sie am oberen Bildschirmrand. Tippen Sie einen der Verzeichnisnamen an, um diesen direkt anzuspringen.

➌ Die Funktionen im ⁝-Menü:

- *Bearbeiten*: Dateien markieren, die dann gelöscht, kopiert, verschoben, gesendet usw. werden können.
- *Ordner erstellen*
- *Sortieren nach*: Datensortierung nach *Zeit, Datum, Typ, Name, Größe* umschalten.
- *Speicheranalyse*: Sie erhalten eine Übersicht des verwendeten Gerätespeicher und die Möglichkeit, durch Löschen wieder Speicher frei zugeben.
- *Einstellungen*: Samsung- und Google-Konto verwalten; angezeigte Dateien festlegen.

22.2.1 Bearbeitungsfunktionen

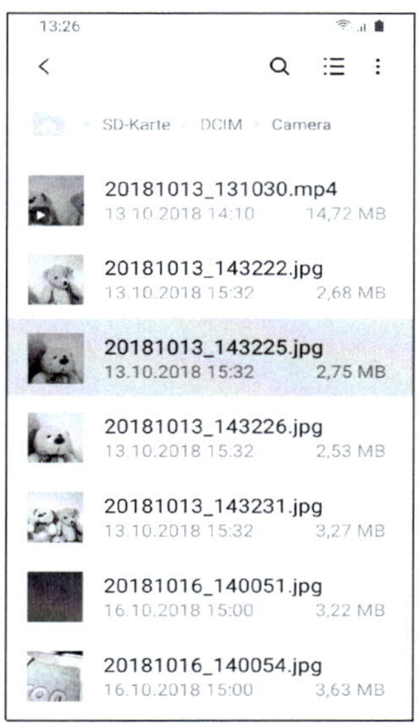

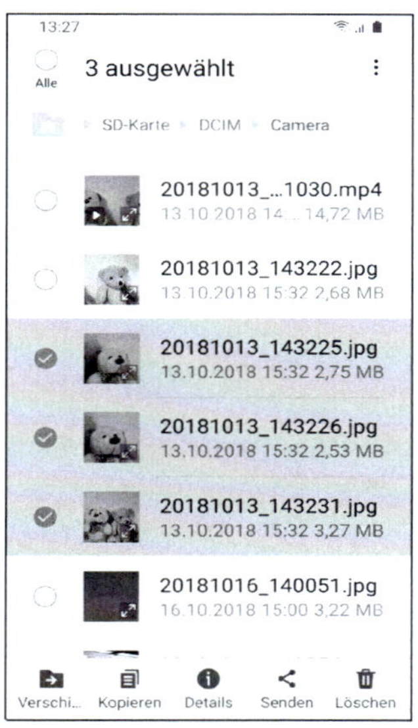

➊➋ Tippen und halten Sie den Finger über einer zu markierenden Datei, bis Sie abgehakt ist. Anschließend können Sie auch weitere Dateien abhaken. Mit den Schaltleisten am unteren Bildschirmrand verschieben oder kopieren Sie sie in ein anderes Verzeichnis beziehungsweise löschen sie.

22.3 Wetter

Das *Wetter*-Widget liefert aktuelle Wetter-Infos zu einem einstellbaren Standort.

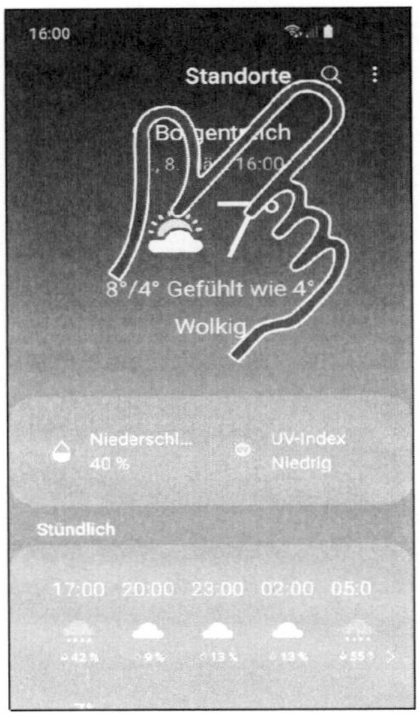

❶ Das Wetter-Widget ist im Startbildschirm bereits vorinstalliert.

❷❸ Weitere Orte und damit deren Wettervorhersagen übernehmen Sie mit 🔍. Tippen Sie ins Suchfeld, geben Sie einen Stadtnamen ein und wählen Sie einen Vorschlag aus.

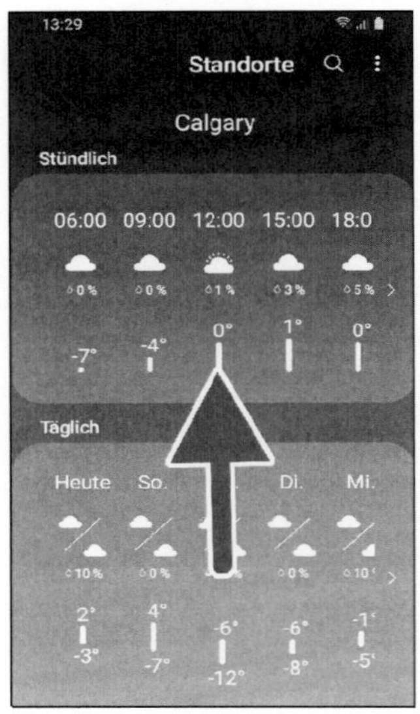

❶ Gehen Sie auf den Stadtnamen und betätigen Sie *Hinzufügen.*

❷ Zwischen den Wettervorhersagen wechseln Sie mit einer Wischgeste. Die hier zuletzt eingestellte Stadt zeigt das Wetter-Widget auch im Startbildschirm an.

❸ Mit einer Wischgeste blättern Sie in der stündlichen und täglichen Wettervorhersage.

22.4 YouTube

Die YouTube-Anwendung bietet eine ähnliche Funktionalität wie das Videoportal, das Sie unter *www.youtube.com* im Web finden.

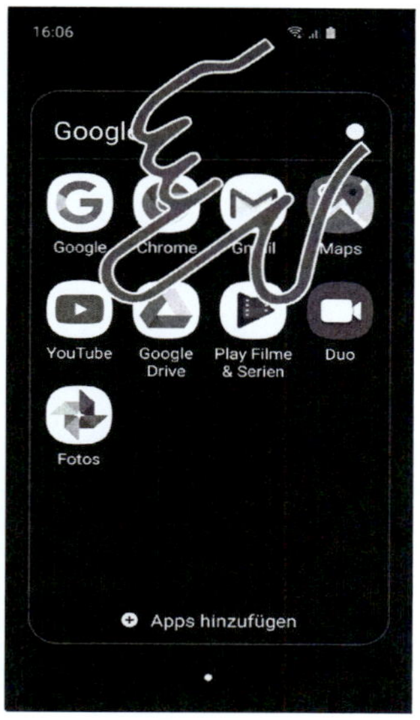

➊➋ Sie finden *YouTube* im *Google*-Ordner des Hauptmenüs.

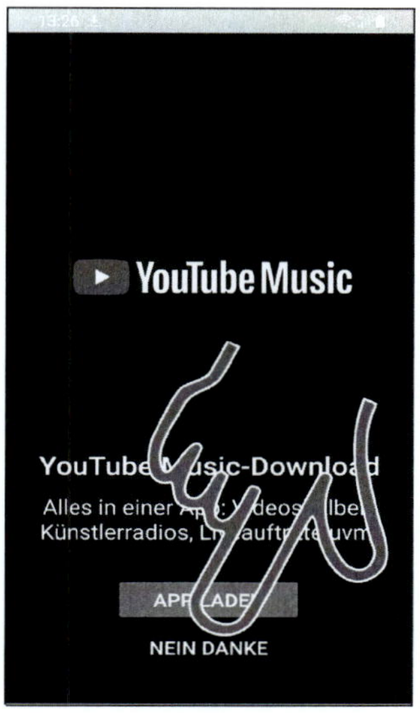

➊ Schließen Sie gegebenenfalls den Hinweis auf den kostenpflichtigen Musikdienst mit *NEIN DANKE*.

➋ Beim ersten Aufruf können Sie Themen auswählen, die für Sie relevant sind. YouTube schlägt dann später passende Videos vor. Betätigen Sie dann *WEITER*.

Für optimale Nutzung empfehlen wir das Handy um 90 Grad gedreht zu halten, damit die abgespielten Videos den Bildschirm ausfüllen.

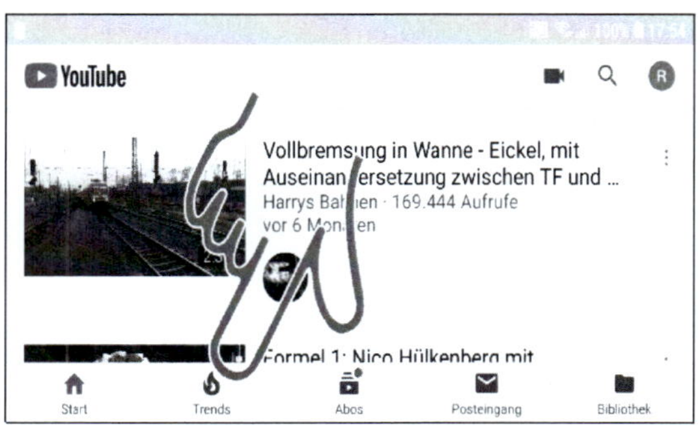

➊➋ Über die Register schalten Sie um zwischen:

- *Start*: Startseite
- *Trends*: Derzeit angesagte (häufig abgerufene) Videos.
- *Abos*: Von Ihnen abonnierte Kanäle (=Anbieter).
- *Posteingang*: Informiert über neue Videos in den von Ihnen abonnierten Kanälen.

- *Bibliothek*:
  - *Verlauf*: Liste der bereits aufgerufenen Videos
  - *Meine Videos*: Von Ihnen selbst hochgeladene Videos
  - *Später ansehen*: Für späteres Ansehen markierte Videos.

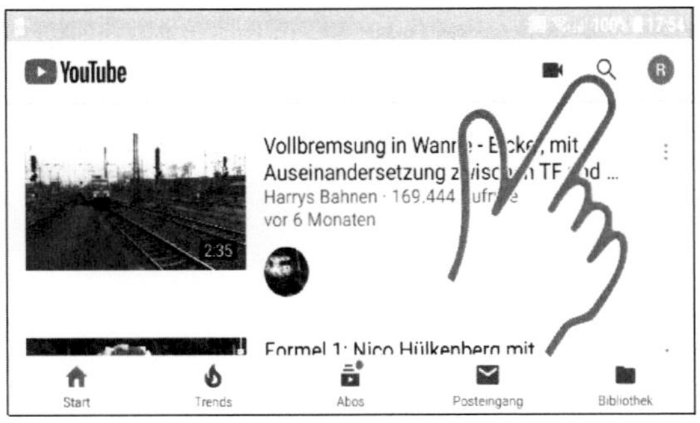

❶❷ Zum Auffinden von Videos tippen Sie oben auf , geben den Suchbegriff ein und betätigen auf dem Tastenfeld. Tippen Sie in den aufgelisteten Suchergebnissen das anzuzeigende Video an.

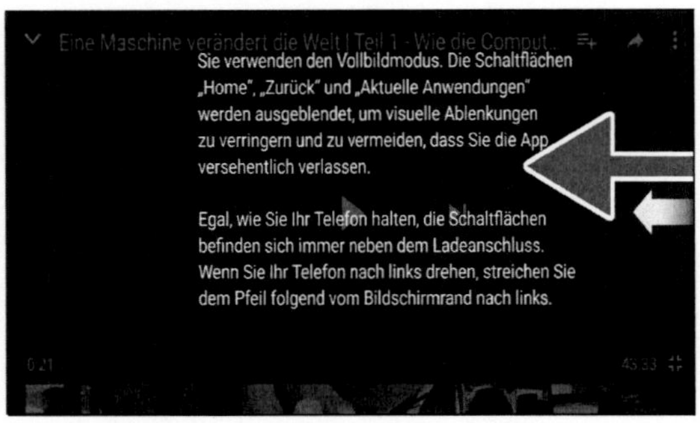

❶❷ Bei der ersten Wiedergabe macht Sie YouTube auf eine Besonderheit aufmerksam: Die Navigationstasten werden ausgeblendet. Führen Sie die verlangten Bedienschritte aus, das heißt, Sie wischen einmal von außerhalb des Bildschirms nach links und schließen Sie die Hinweise mit *Weiter* beziehungsweise *OK*.

❶❷ Die Wiedergabe erfolgt. Tippen Sie auf den Bildschirm, um Bedienelemente anzuzeigen. Die <-Taste bringt Sie wieder auf in das Hauptmenü. (Pfeil) schaltet dagegen in ein kleines Videofenster um.

> Bitte wundern Sie sich nicht, wenn ein Video nicht den gesamten Bildschirm ausfüllt, sondern ein schwarzer Rand bleibt. Bis vor 10 Jahren unterstützten TV-Sender und Aufnahmegeräte häufig nur das 3:4-Format (gelesen als »Länge zu Breite«), während heute 16:9 (HD-Format) üblich ist. Die von anderen YouTube-Nutzern hochgeladenen Videos im 3:4-Format stammen also aus älteren Quellen oder von veralteten Aufnahmegeräten.

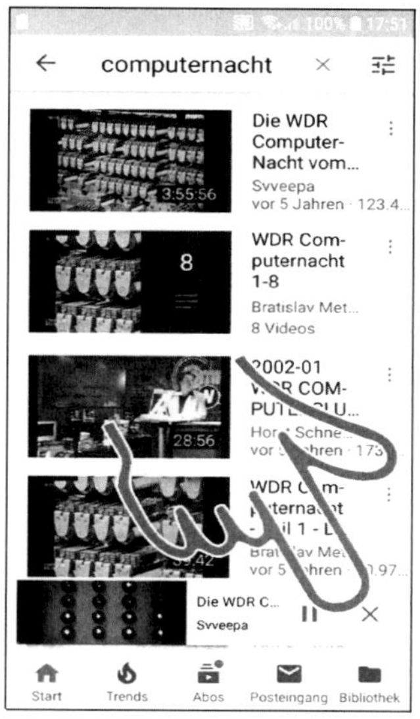

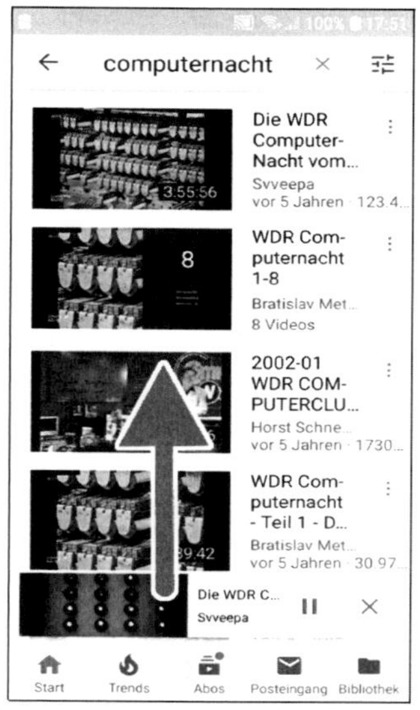

❶ Wenn Sie das Handy aufrecht halten, verkleinern Sie mit einer Wischgeste nach unten das Videofenster.

❷ Sie können dann in YouTube weiter stöbern, während das Video weiterläuft. X beendet die Wiedergabe.

❸ Wischen nach oben vergrößert das Videofenster wieder.

22.5 Gerätewartung

Die Gerätewartung fasst viele Infos, die sonst in den Einstellungen des Samsung Galaxy verborgen sind, in einem Programm zusammen. Darüber hinaus sind auch einige Wartungsfunktionen vorhanden.

❶❷ Rufen Sie die *Einstellungen* aus dem Hauptmenü auf und gehen Sie darin auf *Gerätewartung*.

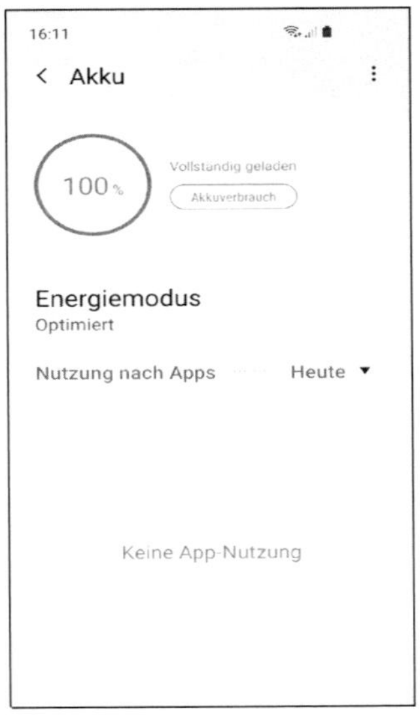

❶ Sie haben Zugriff auf die Menüs:

- *Akku* (❷): Informiert über den Akkuladezustand. Außerdem stellen Sie hier bei Bedarf einen anderen *Energiemodus* ein, um die Akkubetriebsdauer zu erhöhen.
- *Speicher* (❸): Belegten Gerätespeicher anzeigen und gegebenenfalls Speicher wieder freigeben.
- *Arbeitsspeicher*: Aktuell im Hintergrund laufende Programme auflisten. Sie können hier auch Programme beenden.
- *Gerätesicherheit*: Verwaltet Samsung KNOX und die damit verbundenen Sicherheitsfunktionen. KNOX richtet einen besonders geschützten Speicherbereich auf dem Handy ein, ist aber nur für Unternehmensanwender sinnvoll einsetzbar. Es werden auch mögliche Bedrohungen durch Schadprogramme aufgelistet, wobei wir mangels Dokumentation durch den Entwickler an dessen Nützlichkeit starke Zweifel haben.

Betätigen Sie *Jetzt optimieren*, damit das Samsung nicht benötigte Daten (beispielsweise von Programmen angelegte, aber nicht mehr genutzte Dateien) löscht.

22.6 Google-Anwendung

Die Google-Anwendung stellt die zum aktuellen Zeitpunkt wichtigen Infos auf einem Blick zur Verfügung. Dazu wertet das Programm das Nutzerverhalten im Hintergrund aus und versucht daraus Schlüsse zu ziehen, welche Infos für Sie gerade nützlich sein könnten.

Je nach Situation werden laut Google folgende Infos angezeigt:

- *Wetter*: Wetteraussichten
- *Verkehr*: Falls Sie unterwegs sind.
- *Öffentliche Verkehrsmittel*: Falls Sie sich in der Nähe einer Haltestelle öffentlicher Verkehrsmittel befinden.
- *Flüge*: Wird nach einer Flug-Suche angezeigt.
- *Sport*: Punktezahlen für eine Mannschaft, nach der gesucht wurde.
- *Nächster Termin*: Anstehende Kalendertermine.
- *Übersetzung*
- *Währung*: Währungsumrechnung.
- *Uhrzeit zu Hause*: Wenn Sie sich in einer anderen Zeitzone befinden.
- *Orte*: Points of Interest in der Nähe.

Einige Funktionen der Google-Anwendung überschneiden sich mit dem im Kapitel *20 Google Assistant* beschriebenen.

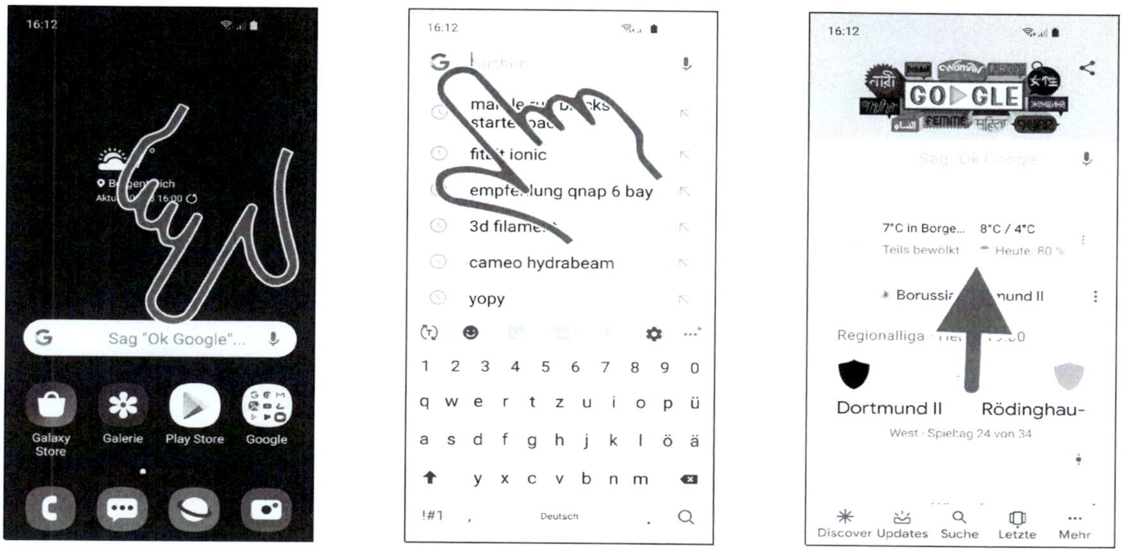

❶ Tippen Sie die Google-Schaltleiste im Startbildschirm an.

❷ Danach tippen Sie auf das bunte »G« oben links.

❸ Rollen Sie mit einer Wischgeste durch die angezeigten »Notizkarten«.

❶❷ Jede »Karte« lässt sich über das ⁝-Menü (Pfeil) anpassen.

In den ersten Tagen der Nutzung wird die Google-Anwendung zunächst nur kaum nützliche Infos anzeigen, was sich aber mit der Zeit ändert.

Die Google-Anwendung bringt auch eine Suche mit. Geben Sie einfach im Suchfeld am oberen Bildschirmrand den Suchbegriff ein beziehungsweise betätigen Sie die 🎤 für die Sprachbefehle.

22.7 Uhr

➊ Die *Uhr* starten Sie aus dem Hauptmenü.

➋ Über das Register am unteren Bildschirmrand schalten Sie zwischen den Funktionen der Uhr-Anwendung um: *Alarm, Weltuhr, Stoppuhr* und *Timer.*

22.7.1 Alarm

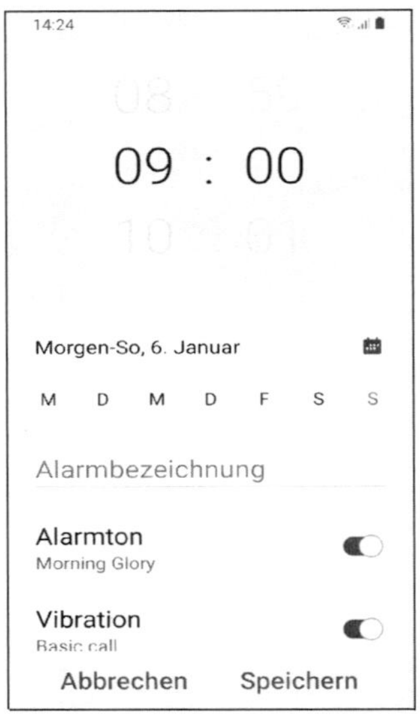

➊ Gehen Sie im *Alarm*-Register auf +.

➋ Stellen Sie hier ein:

- *(Uhrzeit)*: Tippen Sie die Ziffern an, um eine Alarmzeit einzustellen. Sofern Sie die Alarmzeit lieber über ein Tastenfeld eingeben möchten, tippen Sie einfach auf eine Zahl.
- *(Datum)*: Datum, ab dem der Alarm aktiv ist. Sie ändern das Datum über die -Schaltleiste.
- *(Wochentage)*: Die Wochentage, an denen der Alarm erfolgen soll.
- *Alarmbezeichnung*: Vergeben Sie dem Alarm bei Bedarf eine Bezeichnung.
- *Alarmton*: Alarm-Melodie und Lautstärke festlegen.
- *Vibration*: Vibrationsart
- *Erinnern*: Der Alarm ertönt nach der eingestellten Zeitspanne erneut, beziehungsweise wird x Mal wiederholt.

Gehen Sie zum Abschluss auf *Speichern*.

Wie man eigene Alarmtöne auf dem Galaxy einrichtet, erfahren Sie im Kapitel *33.1 Eigene Klingel- und Benachrichtigungstöne*.

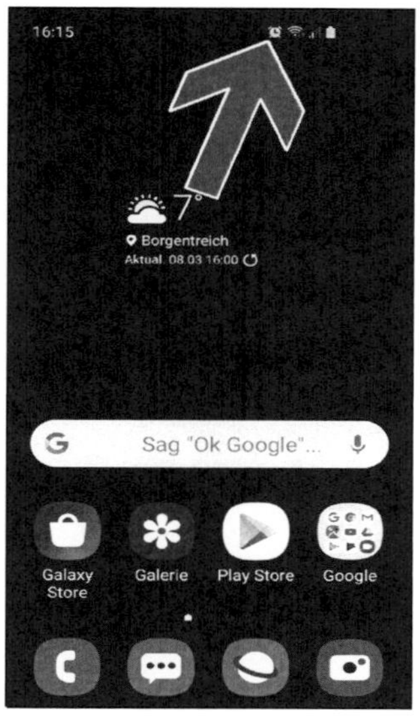

❶ Einen Alarm aktivieren/deaktivieren Sie jederzeit über den Schalter (Pfeil). Zum Bearbeiten tippen Sie einen Alarm an.

❷ Dass mindestens ein Alarm aktiv ist, erkennen Sie am ⏰-Symbol in der Titelleiste (Pfeil).

❸ So entfernen Sie die Alarme wieder: Tippen und halten Sie den Finger auf einem Alarm, bis dieser markiert ist. Danach tippen Sie die weiteren Alarm-Einträge zum Markieren kurz an. *Löschen* entfernt dann die markierten Alarm-Einträge.

Zum eingestellten Zeitpunkt ertönt der Alarm. Ziehen Sie zum Beenden des Alarms von *Verwerfen* aus in eine beliebige Richtung.

22.7.2 Weltuhr

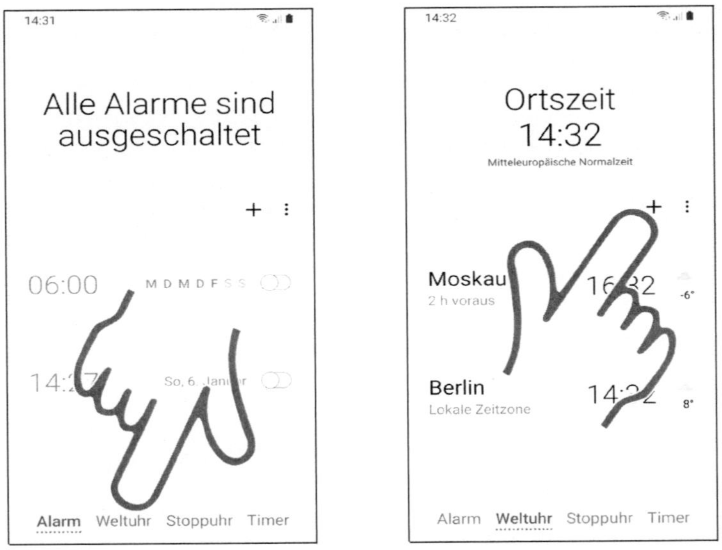

❶ Die Weltzeituhr, die Sie im *Weltuhr*-Register (Pfeil) finden, zeigt die Weltzeiten für fast jeden denkbaren Standort an.

❷ Über **+** legen Sie weitere Weltzeiten an.

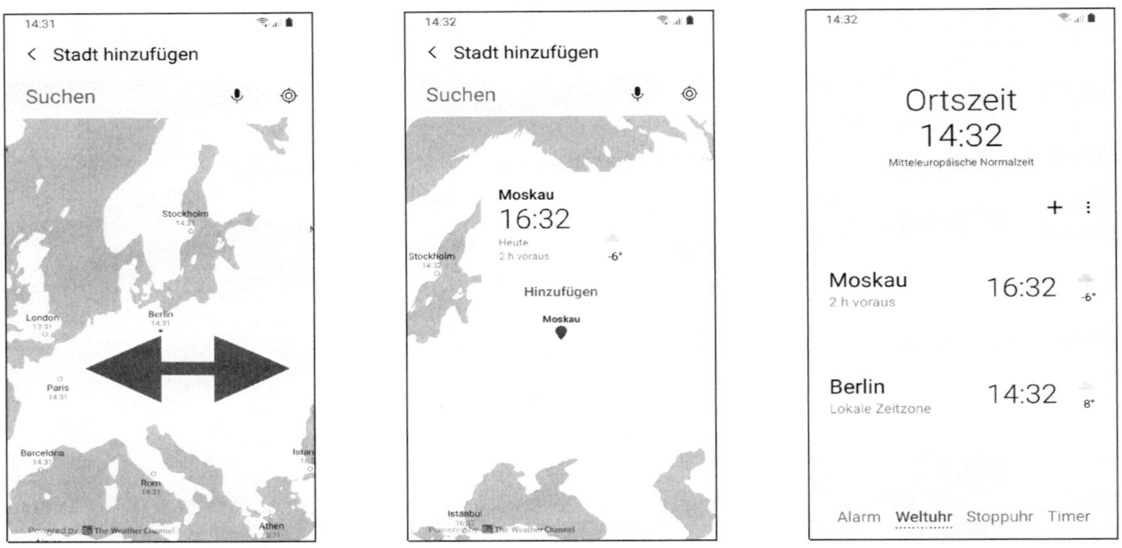

❶❷ Zwar ist es möglich, eine Stadt über das *Stadt hinzufügen*-Eingabefeld aufzufinden, eleganter ist aber die direkte Stadtauswahl auf der virtuellen Weltkugel. Sie drehen die Kugel mit einer Wischgeste oder vergrößern/verkleinern die Ansicht über eine Kneifgeste.

❷❸ Tippen Sie eine Stadt an und betätigen Sie *Hinzufügen*.

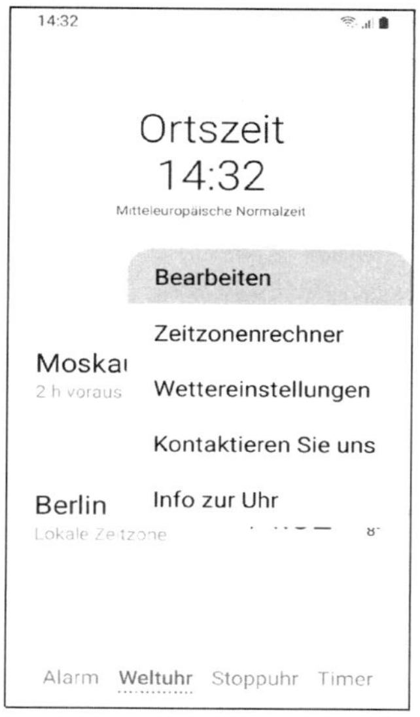

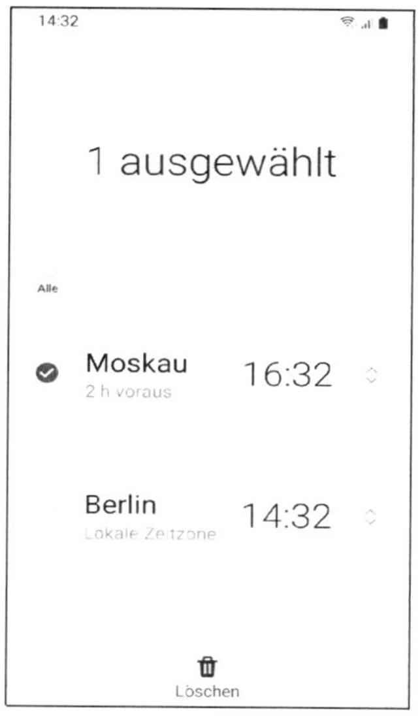

❶❷ Das Entfernen von Städten erfolgt über ⋮/*Bearbeiten*. Haken Sie nun eine oder mehrere Städte ab und gehen Sie auf *Löschen*.

22.1 Google Play Filme

Der Onlinedienst Google Play Filme holt für Sie das Kino sozusagen aufs Handy. Zu Preisen zwischen 1 bis 5 Euro können Sie Videos mieten, die Sie wahlweise auf dem Handy oder im Webbrowser auf dem PC ansehen. Einmal angefangene Filme sind leider nur 48 Stunden verfügbar, lassen sich aber erfreulicherweise nicht nur online ansehen (als sogenanntes »Streaming« in verschiedenen Qualitätsstufen), sondern auch herunterladen. Unerlaubtes Vervielfältigen verhindert ein Kopierschutz.

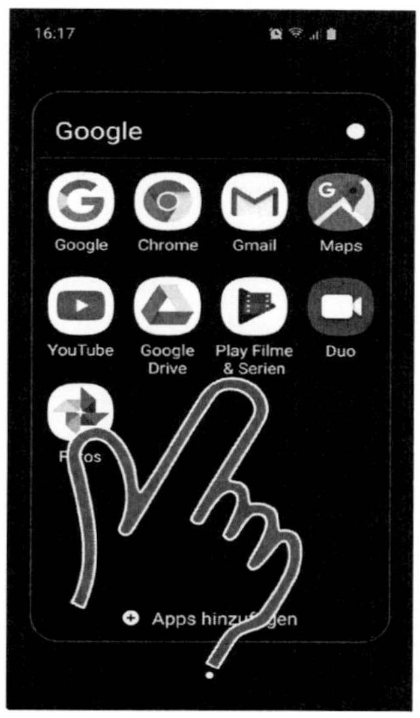

❶❷❸ Die Anzeige Ihrer ausgeliehenen und gekauften Videos erfolgt über die *Play Filme & Serien*-Anwendung im *Google*-Ordner des Hauptmenüs. Dort ist auch der Erwerb/Ausleihe möglich. Es empfiehlt sich, das Handy bei der Wiedergabe waagerecht zu halten, damit der ganze Bildschirm ausgenutzt wird.

➊ Wählen Sie einen Film aus. Wahlweise leihen Sie den Film, was die bereits oben erwähnten Beschränkungen mit sich bringt, oder Sie kaufen ihn für unbegrenzte Nutzung. Ob ein Kauf oder Leihe möglich sind, hängt vermutlich vom Kinostart des jeweiligen Films ab; neuere Filme kann man meist nur ausleihen, ältere dagegen nur kaufen.

➋ Häufig stehen zu unterschiedlichen Preisen die Qualitätsversionen SD (DVD-Qualität) oder HD zur Verfügung, wovon Sie eine auswählen und auf *WEITER* tippen. Danach stellen Sie die Zahlungsmethode ein, betätigen *AKZEPTIEREN & KAUFEN* und bestätigen Sie den Kauf.

22.2 Google Drive

Bei Google Drive handelt es sich um einen Online-Speicher, worin Sie beliebige Dateien ablegen. Das Arbeitsprinzip kennen Sie vielleicht schon vom Konkurrenten Dropbox. Google Drive ist mit Ihrem Google-Konto verknüpft.

Beachten Sie, dass Google Drive zwar 15 Gigabyte Online-Speicher zur Verfügung stellt, dieser aber mit anderen Google-Diensten wie Google Drive (siehe Kapitel *22.2 Google Drive*) und Gmail (siehe Kapitel *10 Gmail*) geteilt wird.

Die übliche Vorgehensweise:

1. Laden Sie von Ihrem Handy aus beliebige Dateien wie Fotos oder Office-Dokumente in Google Drive hoch.
2. Der Zugriff auf die Dateien lässt sich anschließend für andere Nutzer freigeben.
3. Über eine Weboberfläche (*drive.google.com*) ist auch die Dateiverwaltung über einen PC-Webbrowser möglich. Dort können Sie auch ein PC-Programm herunterladen, das Ihnen die Arbeit mit Google Drive erleichert.

Zusätzlich unterstützt Google Docs das Erstellen und Bearbeiten von Microsoft Office-Dateien (Word, Excel und PowerPoint). Dies geschieht über die Zusatzprogramme Google Docs (Word-Dateien), Google Sheets (Excel-Tabellendateien) und Google Slides (PowerPoint-Präsentations-dateien). Google Drive ist sehr umfangreich, weshalb wir hier nur auf die interessantesten Funktionen eingehen können.

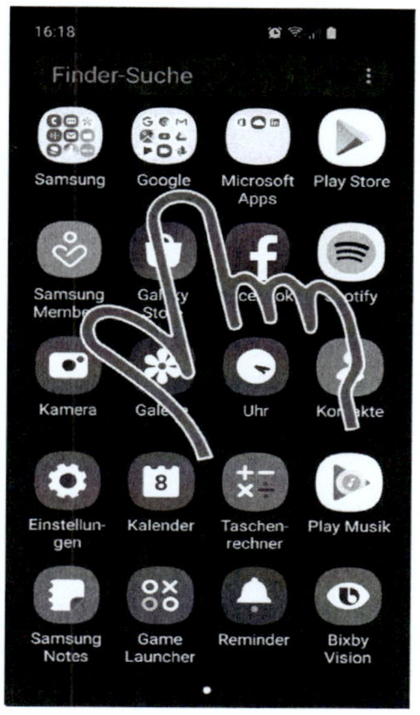

❶❷ Das Programm *Google Drive* rufen Sie aus dem *Google*-Ordner im Hauptmenü auf.

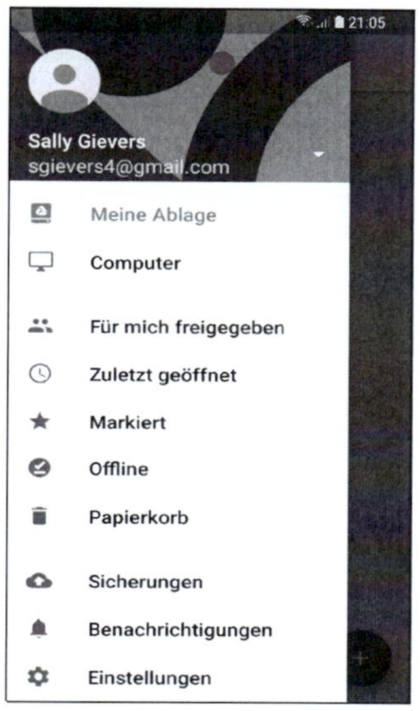

❶❷ Mit einer Wischgeste nach rechts öffnen Sie das Ausklappmenü, welches Sie durch Wischen nach links wieder schließen. Die enthaltenen Funktionen:

- *Meine Ablage*: Alle von Ihnen in Google Drive erstellten Office-Dokumente, sowie hochgeladene Dateien.
- *Computer*: Falls Sie die Google Drive-PC-Software einsetzen, sehen Sie hier die Dateien, welche sich auf Ihrem Computer befinden. Sie können die Software unter *www.google.com/drive/download* auf Ihrem PC herunterladen.
- *Für mich freigegeben*: Dateien anderer Google Drive-Nutzer, die Ihnen den Zugriff gestatten.
- *Zuletzt geöffnet*: Dateien, auf die Sie zuletzt zugegriffen haben (Zugriffsverlauf).
- *Markiert*: Von Ihnen als Favoriten markierte Dateien, beispielsweise weil Sie sie häufig nutzen.
- *Offline*: Aus Google Drive heruntergeladene Dateien. Sie haben darauf auch offline – also ohne Internetverbindung – Zugriff.
- *Papierkorb*: Von Ihnen in Google Drive gelöschte Dateien.
- *Sicherungen:* Nicht von Google dokumentiert.
- *Benachrichtigungen*: Informiert über Dateien, die andere Nutzer für Sie in ihrem Google Drive für Sie freigegeben haben.
- *Einstellungen*: Diverse Datensicherungseinstellungen.

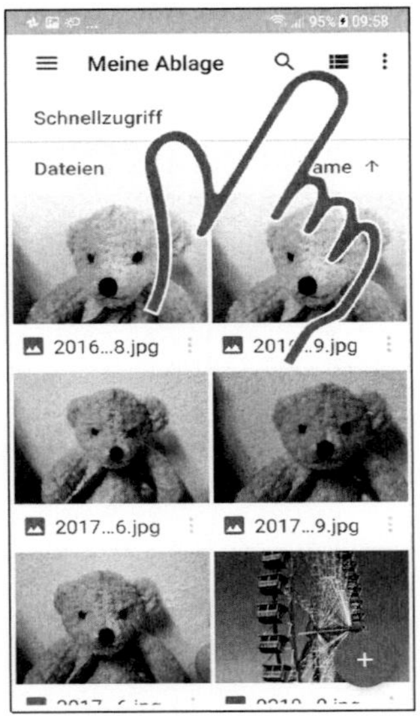

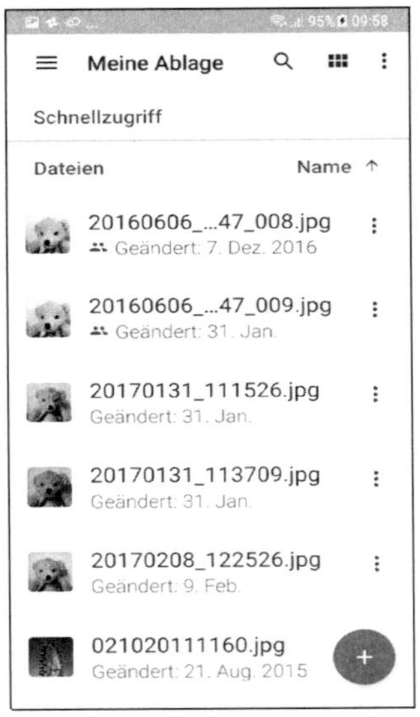

❶❷ ☰ (Pfeil) schaltet zwischen Listenansicht und Vorschauansicht um.

22.2.1 Dateien bei Google Drive hochladen

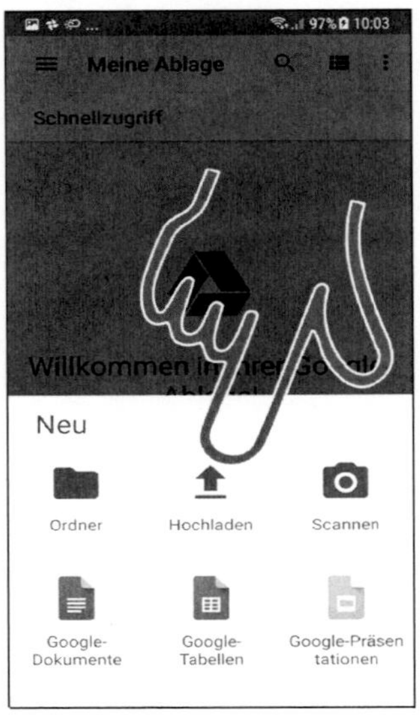

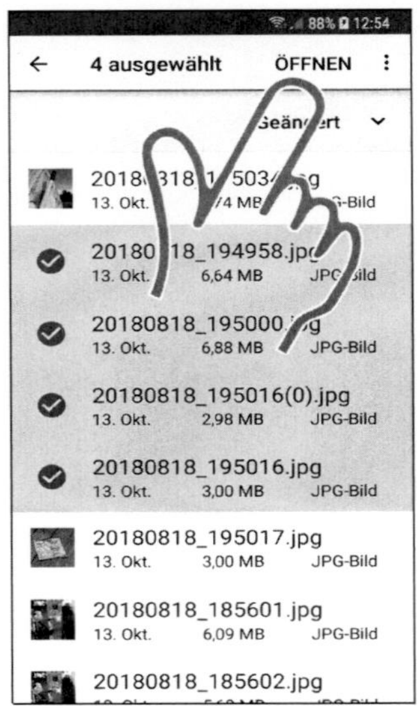

❶❷ Gehen Sie auf + und dann auf *Hochladen*.

❸ Tippen Sie ein Bild an, das sofort in Google Drive hochgeladen wird. Möchten Sie mehrere Bilder gleichzeitig hochladen, dann tippen und halten Sie den Finger über einem Bild, bis dieses markiert ist. Anschließend reicht kurzes Antippen der restlichen Bilder zum Markieren aus. Das Hochladen starten Sie dann mit *ÖFFNEN* (Pfeil). Eventuell erscheint eine Sicherheitsabfrage, die Sie mit *Zulassen* schließen.

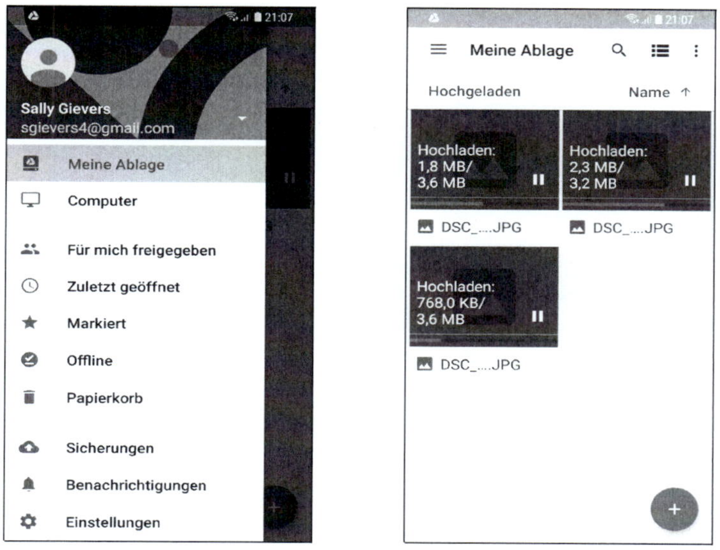

❶❷ Die hochgeladenen Dateien erscheinen in *Meine Ablage.*

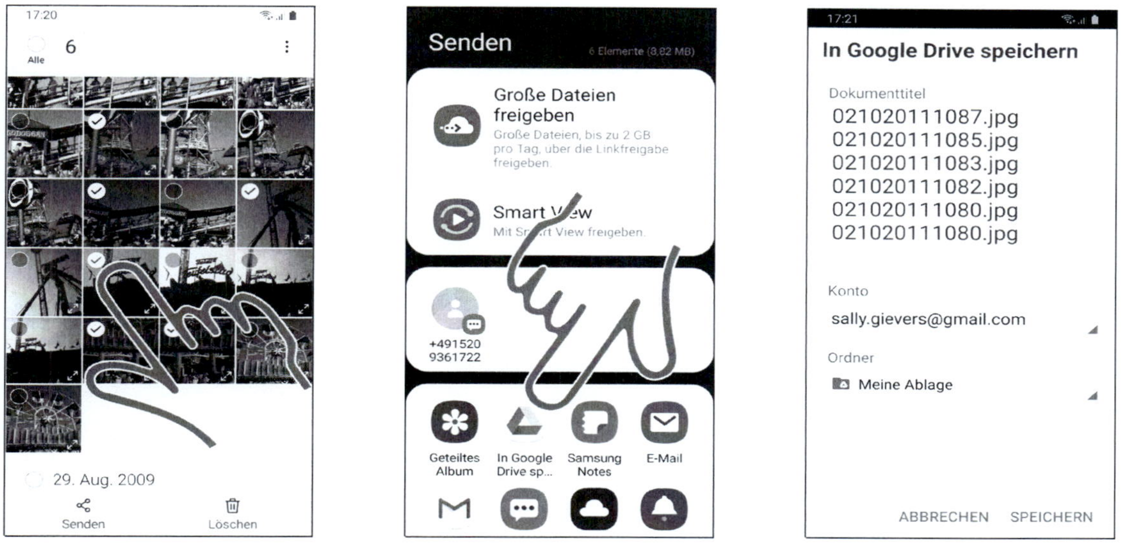

❶ Möchten Sie mehrere Dateien, in diesem Beispiel Fotos, bei Google Drive hochladen, dann empfehlen wir, die jeweils zuständige Anwendung zu bemühen. Starten Sie die *Galerie*-Anwendung aus dem Hauptmenü. Hier tippen und halten Sie den Finger über dem ersten zu markierenden Foto, das dann ein Häkchen erhält. Markieren Sie anschließend weitere Fotos durch kurzes Antippen.

❷ Das Hochladen erfolgt über *FREIGABE.* Gehen Sie dann auf *In Google Drive speichern* (eventuell in der Symbolauflistung mit einer Wischgeste nach oben durchrollen, bis Sie *In Google Drive speichern* sehen).

❸ Wählen Sie zum Schluss noch das Google-Konto (nur wenn Sie Google Drive mit mehreren Google-Konten nutzen) und den Zielordner bei Google Drive aus, dann gehen Sie auf *SPEICHERN.*

22.2.2 Office-Datei erstellen

Google bietet Programme an, mit denen Sie Office-Dokumente auf dem Gerät, aber auch in Google Drive hochgeladene Office-Dateien bearbeiten können. Unterstützt werden dabei die Microsoft-Dateiformate Word, Excel und PowerPoint.

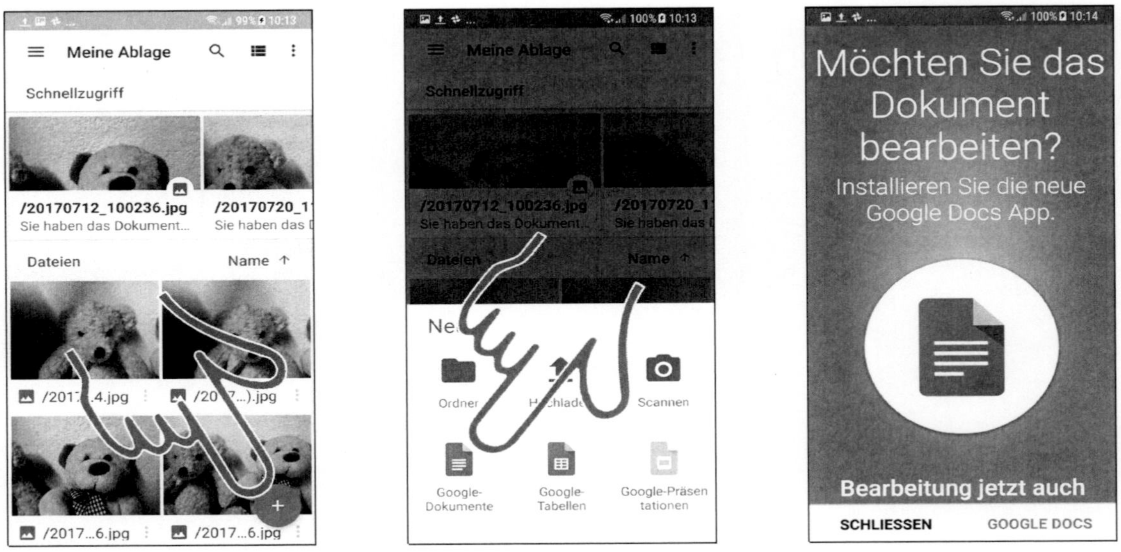

❶❷ Betätigen Sie + und dann *Google-Dokumente*, *Google-Tabellen* oder *Google-Präsentationen*.

❸ Die Bearbeitungsfunktionen sind auf dem Galaxy nicht vorinstalliert. Sie werden daher beim ersten Aufruf gegebenenfalls aufgefordert, die Installation nachzuholen. Dazu müssen Sie die *GOOGLE DOCS*-Schaltleiste unten rechts betätigen.

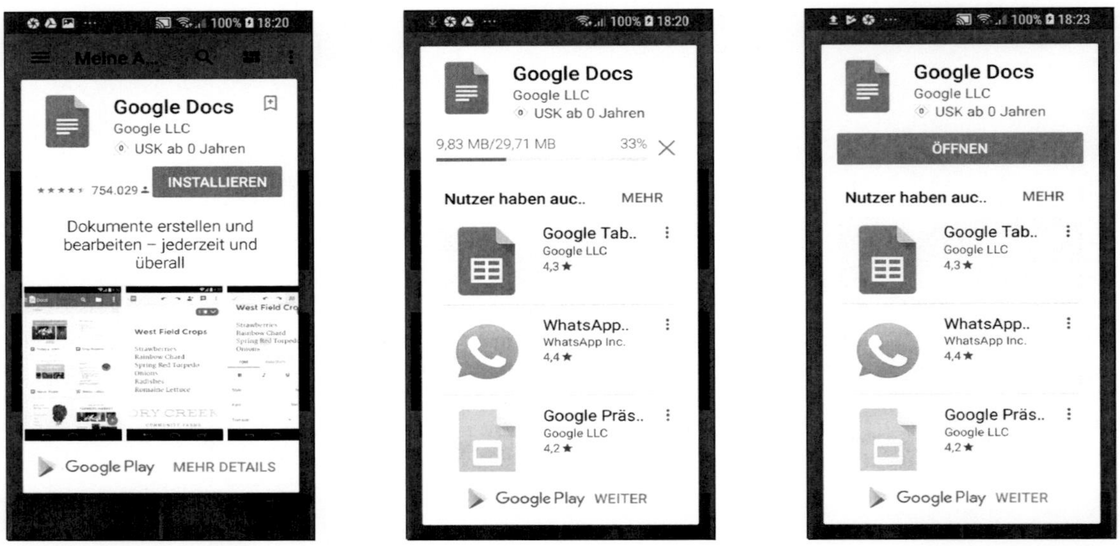

❶ Gehen Sie auf *INSTALLIEREN*.

❷❸ Sie müssen nun warten, bis die Installation abgeschlossen ist. Betätigen Sie dann *ÖFFNEN*.

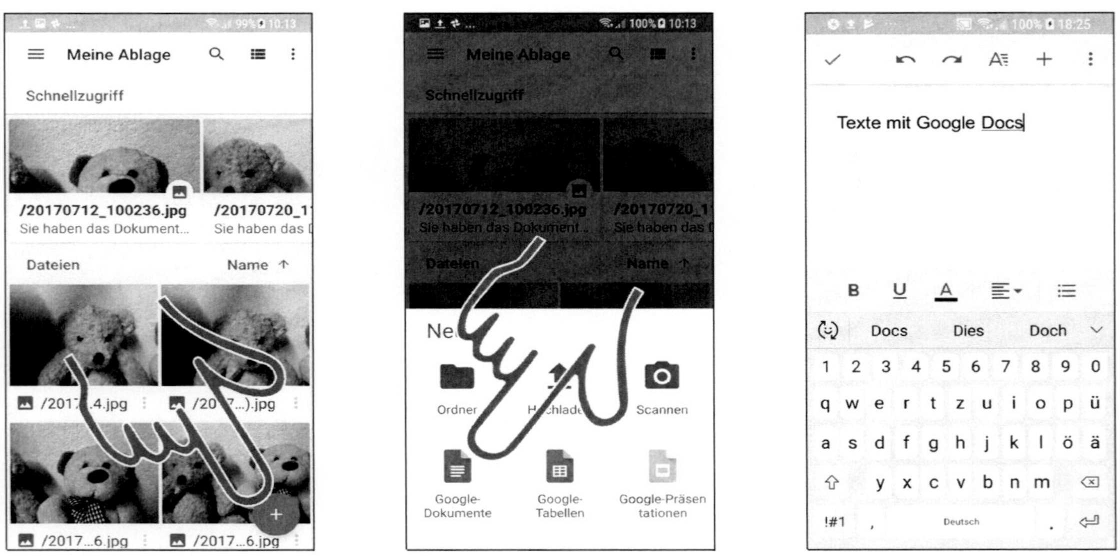

❶❷❸ Künftig gehen Sie in Google Drive auf + und dann auf *Google-Dokumente*, worauf Google Docs mit einem leeren Dokument/einer leeren Tabelle startet. Sie befinden Sie im Editor. Nach der Bearbeitung speichern Sie die Datei mit ✓ und finden die Datei unter *Meine Ablage* beziehungsweise *Zuletzt geöffnet* im Ausklappmenü von Google Drive.

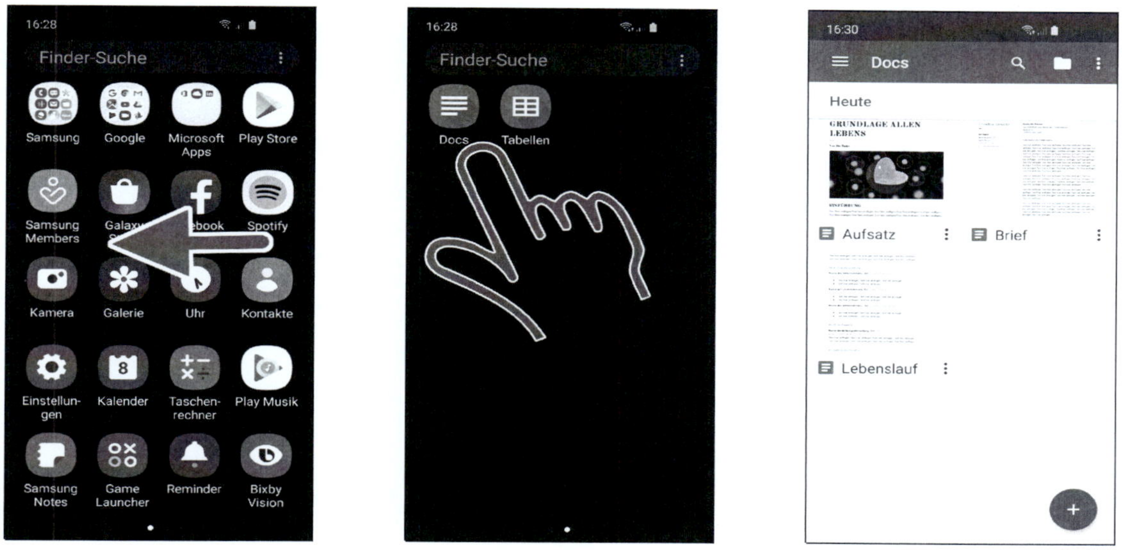

Google-Dokumente, Google-Tabellen und Google-Präsentationen sind eigenständige Anwendungen. Sie brauchen also nicht den Umweg über Google Drive zu nehmen, sondern gehen einfach im Hauptmenü auf *Docs, Tabellen* oder *Präsentationen*.

❶❷❸ Für neu installierte Programme müssen Sie einmal im Hauptmenü nach links wischen. In unserem Beispiel rufen wir dann Google Docs über *Docs* auf.

22.2.3 Dateien freigeben

Standardmäßig haben nur Sie Zugriff auf Ihre in Google Drive abgelegten Dateien. Sie können aber Dateien oder Verzeichnisse für Dritte freigeben. Über einen Link, den Sie beispielsweise per E-Mail verschicken, können die Empfänger die jeweilige Datei im Webbrowser anzeigen.

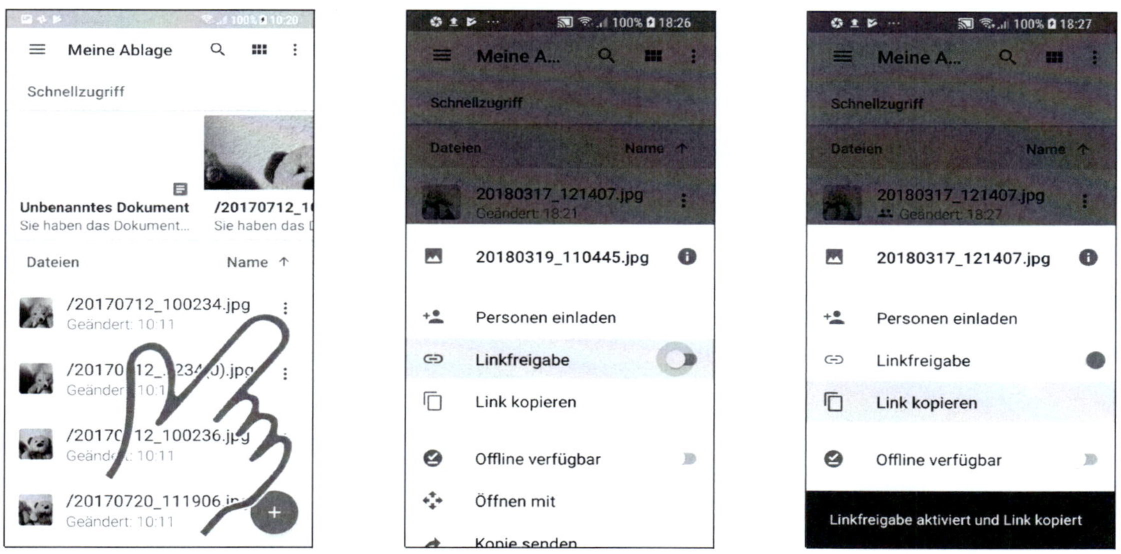

❶ Tippen Sie hinter dem Dateinamen auf ⋮ (Pfeil).

❷ Gehen Sie auf *Linkfreigabe*. Damit ist der Zugriff auf die Datei durch andere Internetnutzer möglich.

❸ Jetzt geht es darum, den Link auf die Datei an jemand anders zu senden, der die Datei erhalten soll. Deshalb verwenden wir *Link Kopieren*, was den Link in die Zwischenablage übernimmt.

❶ In unserem Beispiel möchten wir jemand anderem die Datei per E-Mail zugänglich machen. Verlassen Sie Google Drive und rufen Sie eine E-Mail-Anwendung, im Beispiel Gmail, auf. Erstellen Sie dort eine neue Nachricht. Tippen und halten Sie den Finger in den Eingabebereich und gehen Sie auf *Einfügen*.

❷ Sie können nun die E-Mail mit dem Link versenden.

22.3 Samsung Members

Samsung selbst beschreibt die Samsung Members (Members = engl. Mitglieder)-App so: »Samsung Members ist eine App für den Support sowie der Gerätediagnose und ermöglicht das Übermitteln von Fragen und Feedback. Sie können außerdem Informationen mit anderen Mitgliedern der Galaxy Community austauschen oder Neuigkeiten und Tipps zu verschiedenen Produkten und Aktionen einsehen«.

Melden Sie sich vor der Nutzung von Samsung Members bei Ihrem Samsung-Konto an (siehe Kapitel *25 Das Samsung-Konto*).

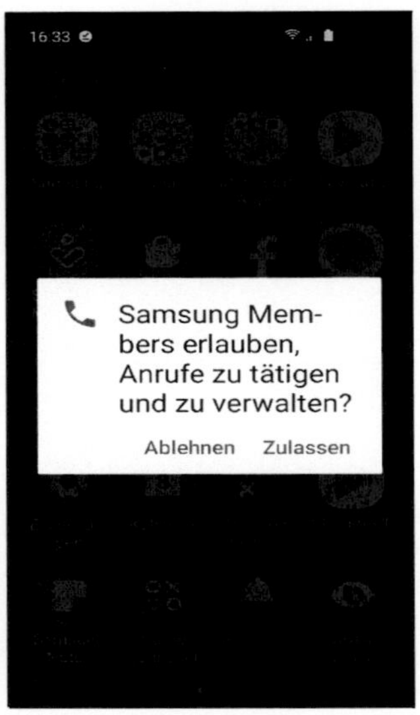

❶ Sie finden *Samsung Members* im Hauptmenü.

❷ Beim ersten Aufruf müssen Sie mit *Zulassen* eine Berechtigung erteilen.

❸ Nach kurzer Zeit wird Sie Samsung Members auffordern, ein Update durchzuführen. Betätigen Sie *OK* und folgen Sie den Anweisungen. Danach rufen Sie Samsung Members erneut auf.

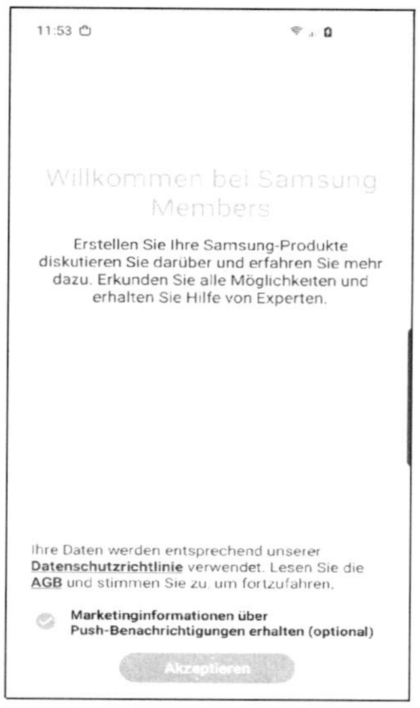

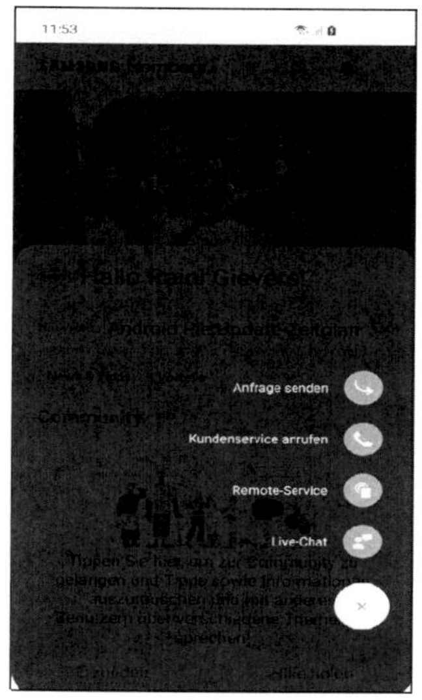

❶ Aktivieren Sie das Abhakkästchen und betätigen Sie *Akzeptieren*.

❷❸ Über die +-Schaltleiste fordern Sie Hilfe bei Samsung an: Wahlweise senden Sie eine Anfrage, telefonieren mit dem Kundenservice, lassen sich über Remote-Service helfen oder nutzen die Chat-Funktion.

❶❷ Antippen der *Community*-Schaltleiste (Pfeil) öffnet das offizielle Samsung-Diskussionsforum.

Sie können das Samsung-Diskussionsforum auch in einem Webadresse unter der Webadresse *eu.community.samsung.com/t5/German/ct-p/de* besuchen.

22.4 Samsung Notes

Über die Samsung Notes-Anwendung erstellen und verwalten Sie Notizen.

➊ Starten Sie *Samsung Notes* aus dem Hauptmenü.

➋ Sie müssen nun die gewünschten Berichtigungen einmalig mit *Zuöassen* erteilen.

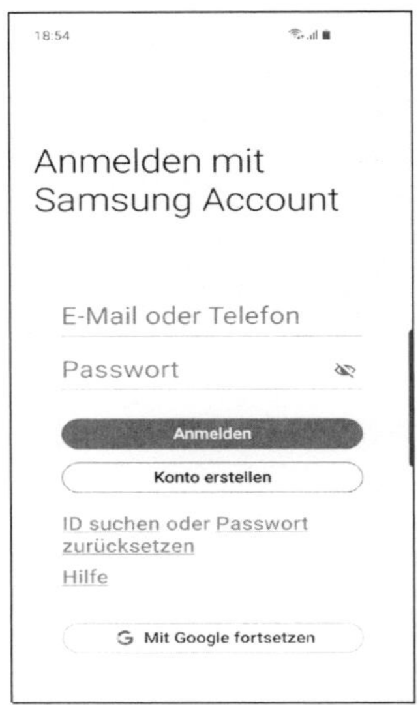

➊ Sollte die Meldung »*Vom Samsung-Account importieren*« erscheinen, dann tippen Sie auf *Einstellungen*.

➋➌ Wählen Sie *Mit Samsung Cloud synchronisieren* und melden Sie sich bei Ihrem Samsung-Konto an. Siehe auch Kapitel *25 Das Samsung-Konto*.

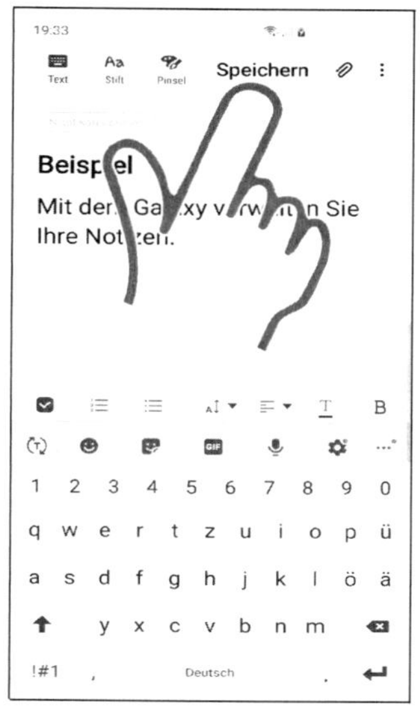

❶ Zunächst zeigt Samsung Notes nur einen leeren Bildschirm an. Gehen Sie auf + (Pfeil), um Ihre erste Notiz anzulegen.

❷ Erfassen Sie die Notiz. Über die Schaltleisten am oberen Bildschirmrand fügen Sie bei Bedarf handschriftliche Notizen, Bilder oder Sprachaufnahmen hinzu.

❸ Das Speichern geschieht entweder über *Speichern* oder Sie betätigen mehrmals die ‹- beziehungsweise ⌄-Taste, bis der Dialog erscheint, in dem Sie *Speichern* auswählen.

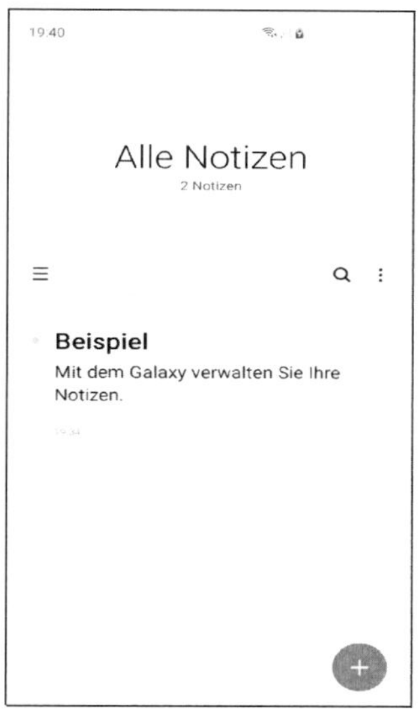

❶❷ Die ‹-Schaltleiste bringt Sie wieder in den Hauptbildschirm zurück.

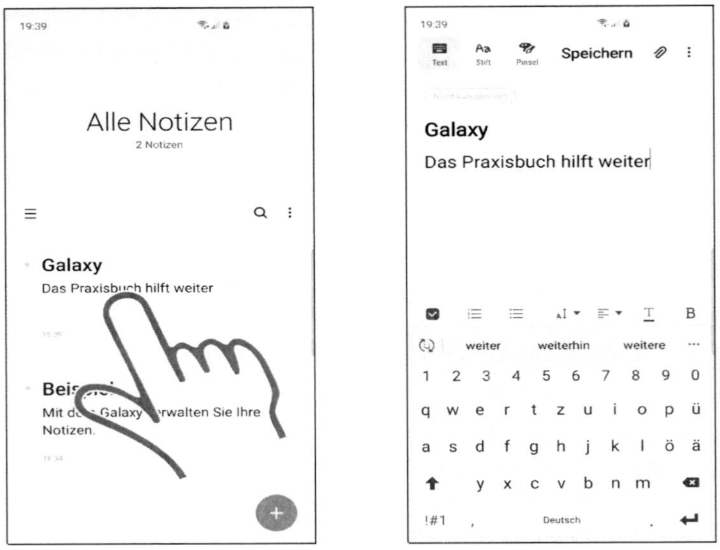

➊➋ Zum Editieren gehen Sie auf eine Notiz, danach tippen Sie an die Stelle, wo Sie sie bearbeiten möchten.

22.4.1 Objekte

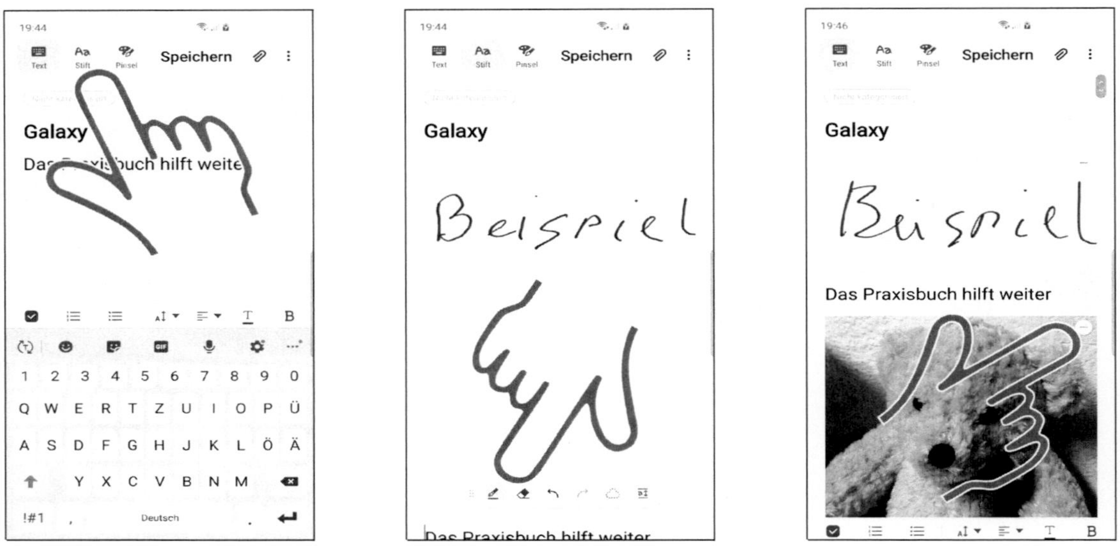

➊ Über die Schaltleisten am oberen Bildschirmrand fügen Sie ein:

- *Stift*: Handschriftliche Notizen. Das Handy blendet dabei ein Linienraster ein.
- *Pinsel*: Malfunktion mit verschiedenen Pinseltypen und freier Farbauswahl.
- *Sprache*: Audioaufnahme einfügen.
- 🖇: Bild oder Sprachaufnahme in die Notiz einfügen.

➋ Einige zusätzliche Funktionen werden jeweils am unteren Bildschirmrand eingeblendet (Pfeil). Den Mal/Schreibvorgang schließen Sie mit der ‹-Taste ab.

➌ Antippen der Minusschaltleiste (Pfeil) löscht ein Objekt wieder aus der Notiz.

22.4.2 Notizen verwalten

❶❷ So entfernen Sie nicht mehr benötigte Notizen: Tippen und halten Sie den Finger auf einer Notiz im Hauptmenü, bis diese markiert ist. Anschließend markieren Sie gegebenenfalls weitere Notizen und gehen auf *Löschen*.

23. Das Google-Konto

Google betreibt im Internet zahlreiche kostenlose Online-Dienste, wovon natürlich die Google-Suchmaschine die bekannteste ist. Weitere Web-Anwendungen sind unter anderem Gmail (E-Mail), Google Maps (Karten und Navigation), YouTube (Videos) und Google Fotos (Bilder und Videos). Android bietet mit den gleichnamigen Anwendungen die Möglichkeit, Googles Web-Anwendungen direkt auf dem Handy zu nutzen.

Damit Sie Fotos, Dokumente, Kontakte, Termine, usw. auf verschiedenen Geräten (PC-Webbrowser, Android-Handy und Android-Tablet) nutzen können, hat Google das sogenannte **Google-Konto** ersonnen: Sie sind dabei permanent mit Ihrem Google-Konto auf dem Tablet/Handy angemeldet. Legen Sie beispielsweise auf dem Handy einen neuen Kontakt oder einen neuen Termin an, so wird dieser im Google-Konto gespeichert und steht auch auf allen anderen Android-Geräten und dem PC-Webbrowser zur Verfügung. Der dazu nötige Datenabgleich erfolgt automatisch über Googles Internetserver im Hintergrund. Einzige Voraussetzung ist, dass Sie auf den anderen Geräten ebenfalls mit Ihrem Google-Konto angemeldet sind.

Ein anderes Beispiel: Sie können tagsüber während der Arbeit auf dem Handy E-Mails mit der Gmail-Anwendung verarbeiten, am Abend loggen Sie sich auf dem Desktop-PC-Webbrowser in die Gmail-Oberfläche ein und sehen den gleichen Nachrichtenstand wie auf dem Handy.

Auch wenn Sie kein Fan von Google sind, kommen Sie nicht darum herum, ein Google-Konto zu eröffnen, denn Sie benötigen es spätestens, wenn Sie über den Google Play Store (siehe Kapitel *26.1 Play Store*) weitere Spiele oder Anwendungen auf dem Gerät installieren wollen.

23.1 Einrichtung in einer Google-Anwendung

Wenn Sie eine Google-Anwendung wie Gmail, Play Store, usw. starten, werden Sie aufgefordert, sich mit Ihrem Google-E-Mail-Konto anzumelden, sofern Sie dies nicht schon vorher getan hatten. Die Anmeldung mit der Gmail-Adresse ist nur einmalig notwendig. Danach können sie Gmail, Google Play Store, usw. ohne erneute Anmeldung nutzen.

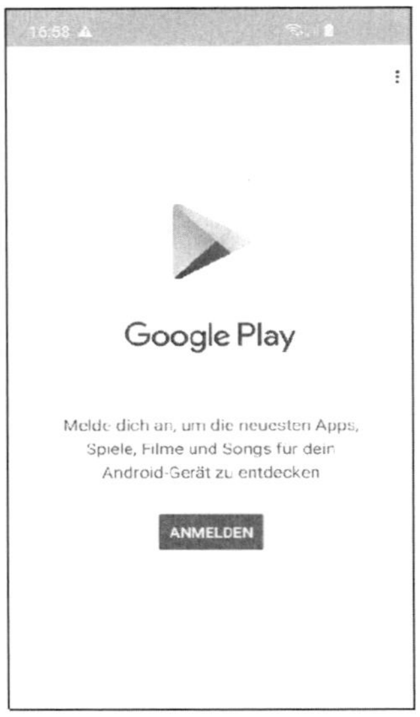

❶ Starten Sie jetzt eine Anwendung, die ein Google-Konto benötigt, im Beispiel *Play Store,* aus dem Startbildschirm.

❷ Betätigen Sie *ANMELDEN.*

Falls direkt die Benutzeroberfläche des Programms angezeigt wird, ohne dass Ihre Kontodaten abgefragt werden, dann haben Sie bereits die nur einmalig notwendige Anmeldung durchgeführt, beispielsweise bei der Inbetriebnahme (siehe Kapitel *3 Erster Start*).

❶❷ Nach Antippen des entsprechenden Eingabefelds erfassen Sie Ihr Google-Konto und betätigen Sie *Weiter* (falls Sie die *Weiter*-Schaltleiste nicht sehen, müssen Sie das Tastenfeld mit der ∨-Taste schließen).

> Sie brauchen nur den ersten Teil Ihrer Google-Mail-Adresse vor dem »@« einzugeben, denn »@gmail.com« wird automatisch ergänzt, wenn Sie ins Passwortfeld wechseln.
>
> Die Anmeldung mit der Gmail-Adresse ist nur einmalig notwendig. Danach können sie Gmail, Google Play Store, usw. ohne erneute Anmeldung nutzen.

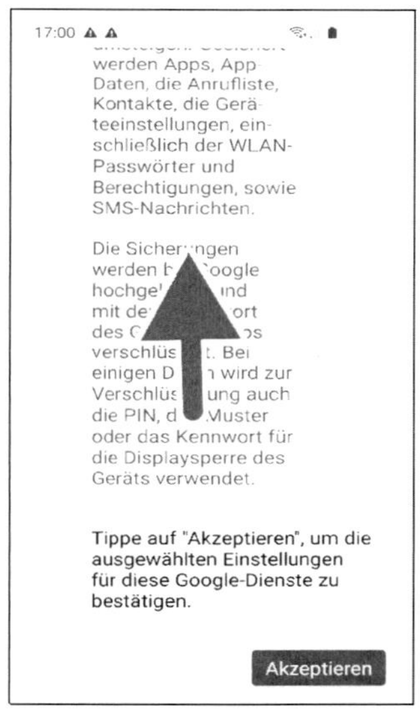

❶ Gehen Sie genauso mit dem nächsten Eingabefeld vor, in dem Sie das Passwort Ihres Google-Kontos eingeben.

❷ Wischen Sie durch die Hinweise und betätigen Sie *Ich stimme zu.*

❸ Auch im nächsten Bildschirm wischen Sie einmal nach oben und gehen auf *Akzeptieren.*

Die Play Store-Anwendung (siehe Kapitel *26.1 Play Store*) startet und lässt sich jetzt nutzen.

23.2 Google-Konto entfernen

Es dürfte nur sehr selten nötig sein, das eigene Google-Konto zu entfernen. Alle in Ihrem Google-Konto im Internet hochgeladenen Daten bleiben erhalten und werden auf einem anderen Gerät wieder hergestellt, wenn Sie sich dort erneut mit dem gleichen Google-Konto anmelden.

Falls Sie vorhaben, Ihr Handy an einen Dritten abzugeben, dann sollten Sie nicht Ihr Google-Konto vom Gerät entfernen, weil sich dann noch alle Daten im Gerätespeicher befinden, sondern, das Handy, wie im Kapitel *36.2 Allgemeine Verwaltung* beschrieben, komplett auf den Werkszustand zurücksetzen.

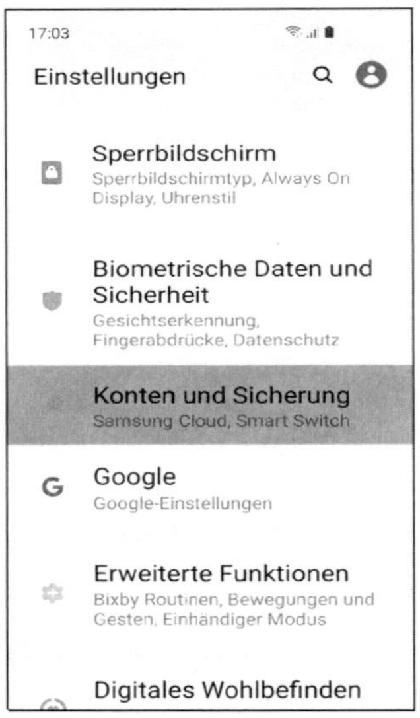

➊ Rufen Sie *Einstellungen* im Hauptmenü auf.

➋➌ Rollen Sie mit einer Wischgeste durch die Menüauflistung und gehen Sie auf *Konten und Sicherung* und dann auf *Konten*.

❶ Wählen Sie Ihr Google-Konto aus.

❷❸ Betätigen Sie *Konto entfernen* und im Popup erneut *Konto entfernen.*

23.3 Datensicherung im Google-Konto

Android-Geräte wie das Galaxy sind auf die Kommunikation mit den Internetservern von Google angewiesen. Dies hat den Vorteil, dass Ihre Daten, darunter Kontakte, Kalendertermine, Browser-Lesezeichen, usw. automatisch bei Google unter Ihrem Google-Konto gespiegelt werden.

Beachten Sie, dass Programme von Drittanbietern, die Sie aus dem Google Play Store installiert haben, häufig nicht die Datensicherung im Google-Konto nutzen. In den Programmen vorgenommene Einstellungen und angelegte Daten gehen deshalb meist bei einem Zurücksetzen des Geräts verloren. Die zuvor von Ihnen installierten Programme werden Ihnen dagegen im Play Store nach dem Zurücksetzen zur erneuten Installation angeboten.

Haben Sie keinen Zugriff auf Ihr Handy, beispielsweise weil Sie es verloren haben, oder es defekt ist, dann können Sie jederzeit dessen Daten auf einem anderen Android-Handy (es muss noch nicht mal das gleiche Modell sein) wiederherstellen.

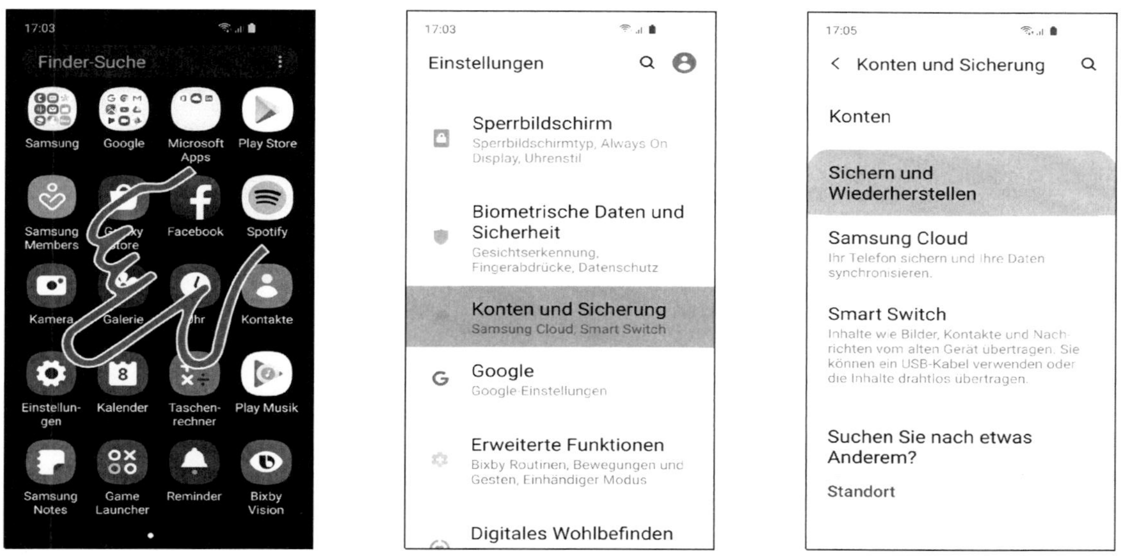

❶ Für die Sicherungseinstellungen rufen Sie *Einstellungen* aus dem Hauptmenü auf.

❷❸ Danach rollen Sie durch die Menüauflistung nach unten und wählen *Konten und Sicherung* und darin *Sichern und Wiederherstellen* auf.

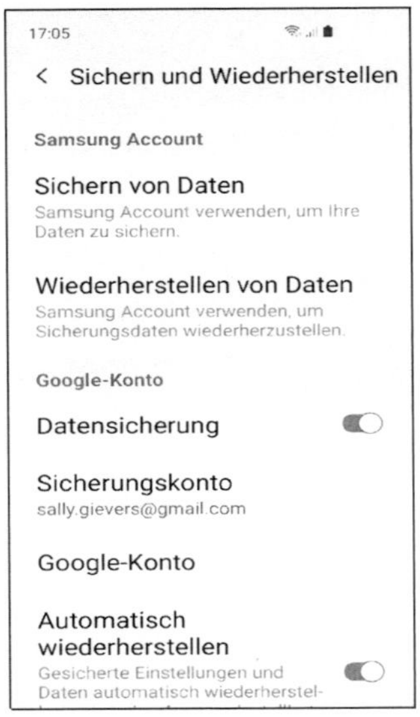

Die Funktionen:

Unter *Samsung Account*:

- *Sichern von Daten; Wiederherstellen von Daten*: Samsung bietet, ebenso wie Google, eine Datensicherung an. Weil sie aber gegenüber dem Google-Konto keine Vorteile bietet, verzichten wir in diesem Buch auf eine ausführliche Vorstellung.

Unter *Google-Konto*:

- *Datensicherung*: Sorgt dafür, dass Ihre Benutzerdaten automatisch im Hintergrund auf einem Google-Server in Ihrem Google-Konto gesichert werden.
- *Sicherungskonto*: In Ihrem Google-Konto speichert das Handy Ihre Benutzerdaten im Internet.
- *Google-Konto*: Verwaltungsfunktionen für Unternehmen, die Googles professionellen Dienste nutzen.
- *Automatisch wiederherstellen*: Alle Einstellungen und Daten, die in Ihrem Google-Konto gesichert sind, werden automatisch wiederhergestellt, wenn Sie nach dem Zurücksetzen des Galaxy erneut mit Ihrem Google-Konto anmelden.

24. Bixby

Bixby ist ein Assistent, der Sie situationsabhängig bei Ihrer täglichen Arbeit unterstützen soll. In der Praxis konkurriert Bixby mit dem Google Assistant (siehe Kapitel *20 Google Assistant*), der ebenfalls für Sie Daten aufbereitet und kontext- und zeitabhängig anzeigt.

Weil derzeit Bixby zumindest für deutschsprachige Anwender keine Funktionen mitbringt, die nicht durch Google Assistant abgedeckt werden, raten wir aktuell von der Bixby-Nutzung ab.

Die Bixby-Fotoanalyse ist übrigens von Bixby Home unabhängig nutzbar. Wir stellen sie im Kapitel *16.12 Bixby Vision* vor. Aber auch hier existiert mit der im Kapitel *19.8 Google Lens* vorgestellten Anwendung bereits eine ähnliche Funktion von Google.

24.1 Bixby Home

Die Bixby Home-Anwendung fasst Infos aus verschiedenen anderen Samsung-Anwendungen in einer Ansicht zusammen. Dazu gehören E-Mails, Kalendertermine, Wetter und aktuelle Nachrichten.

Bixby Home wird über eine separate Bixby-Taste auf der linken Geräteseite aufgerufen. Sollten Sie aus Versehen mal die Bixby-Taste betätigt haben, verlassen Sie den Bixby-Bildschirm einfach mit der <-Taste.

24.1.1 Erster Start

Bixby Home setzt voraus, dass Sie mit Ihrem Samsung-Konto angemeldet sind. Falls dies noch nicht der Fall ist, lesen Sie bitte erst Kapitel *25 Das Samsung-Konto*.

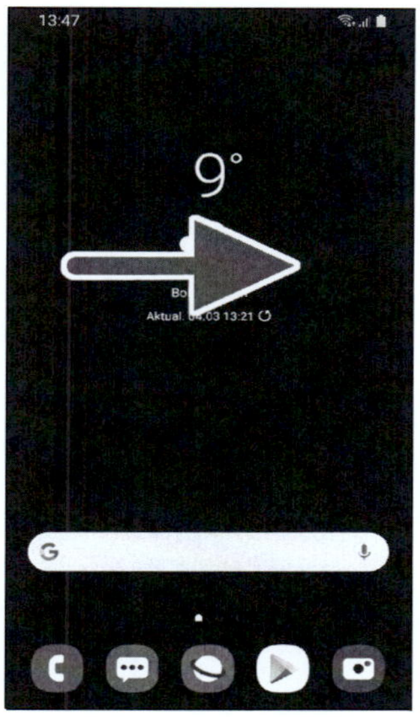

❶ Wischen Sie auf dem Startbildschirm gegebenenfalls mehrfach nach rechts, bis der Bixby-Bildschirm erscheint.

❷ Gehen Sie auf *Fortsetzen*.

❸ Betätigen Sie *Anmelden*. Sofern Sie bereits das Samsung-Konto auf dem Gerät nutzen, kommt ein kurzer Hinweis, sonst müssen Sie hier E-Mail-Adresse und Kennwort angeben, mit dem Sie sich bei Samsung registriert haben.

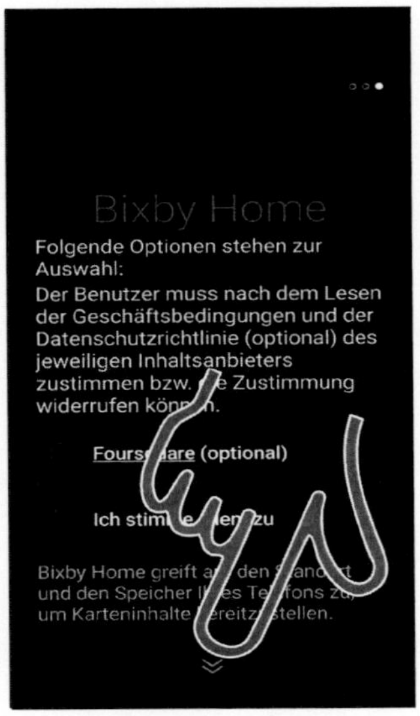

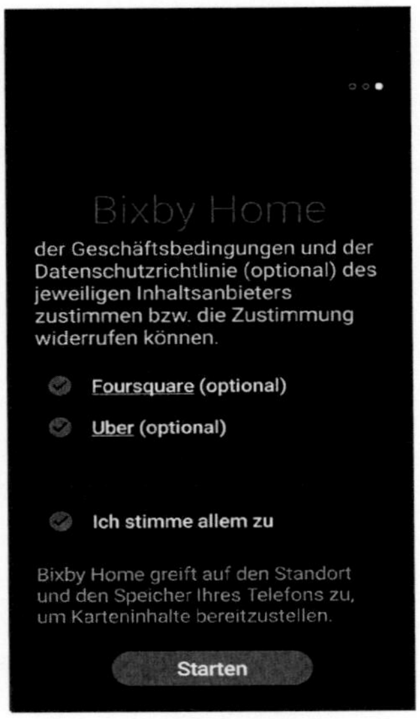

➊ Betätigen Sie die Schaltleiste am unteren Bildschirmrand.

➋ Achten Sie darauf, dass *Ich stimme allem zu* aktiviert ist und gehen Sie auf *Starten.*

24.1.2 Bixby in der Praxis

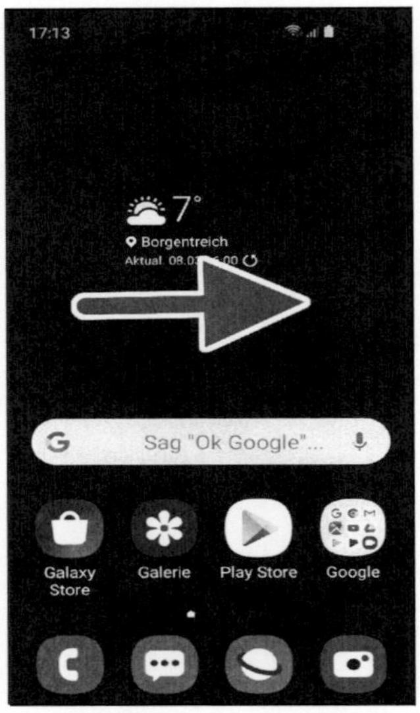

➊ Künftig rufen Sie Bixby im Startbildschirm, wie bereits gezeigt, mit einer Wischgeste nach rechts auf.

➋➌ Bixby Home ist weitgehend selbsterklärend. Wischen Sie durch die Kacheln und tippen Sie Kacheln an, deren hinterlegte Funktionen Sie nutzen möchten.

24.2 Bixby Voice

Die Sprachsteuerung Bixby Voice ist derzeit nur auf Galaxy-Handys und Tablets zu finden. Samsung hat allerdings bereits angekündigt, Bixby Voice auch für Geräte anderer Hersteller anzubieten.

Bixby Voice konkurriert mit dem Google Assistant (siehe Kapitel *20 Google Assistant*), der auf die Google-Anwendungen (Gmail, Chrome-Browser, Google Fotos, usw.) zugeschnitten ist. Bixby ist dagegen auf die Samsung-eigenen Anwendungen (E-Mail, Internet-Browser, Galerie, Kalender, Kontakte, usw.) ausgerichtet.

Sie müssen sich zuvor bei Ihrem Samsung-Konto angemeldet haben, worauf Kapitel *25 Das Samsung-Konto* eingeht.

24.2.1 Einrichtung

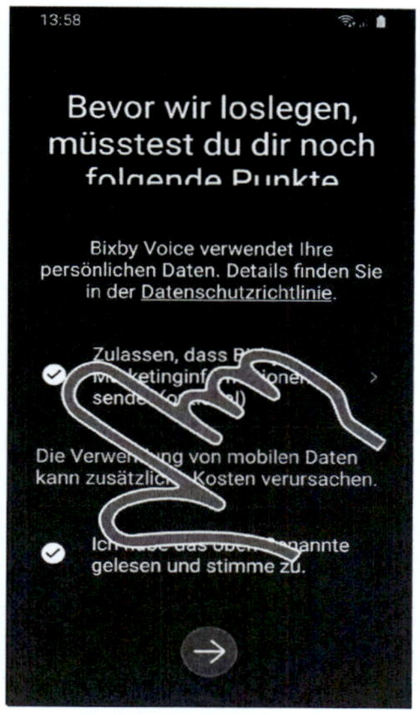

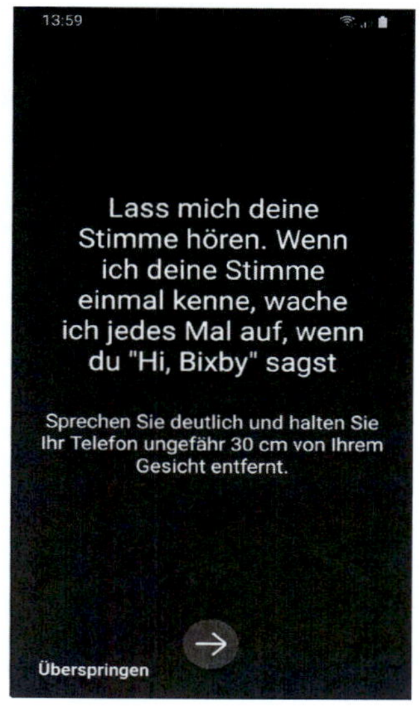

Betätigen Sie die Bixby-Taste auf der linken Geräteseite (zu finden unter den Lautstärketasten).

❶ Betätigen Sie die →-Schaltleiste am unteren Bildschirmrand.

❷ Aktivieren Sie die beiden Schaltkästchen, dann gehen Sie wieder auf die →-Schaltleiste.

❸ Das nun folgende Sprachtraining sollten Sie in einer ruhigen Umgebung durchführen. Gehen Sie wieder auf →.

Bixby wird beim ersten Aufruf nach einer Aktualisierung verlangen. Betätigen Sie dann einfach *Aktualisieren* und folgen Sie den Anweisungen. Warten Sie, bis die neue Version heruntergeladen und installiert ist, danach betätigen Sie erneut die Bixby-Taste.

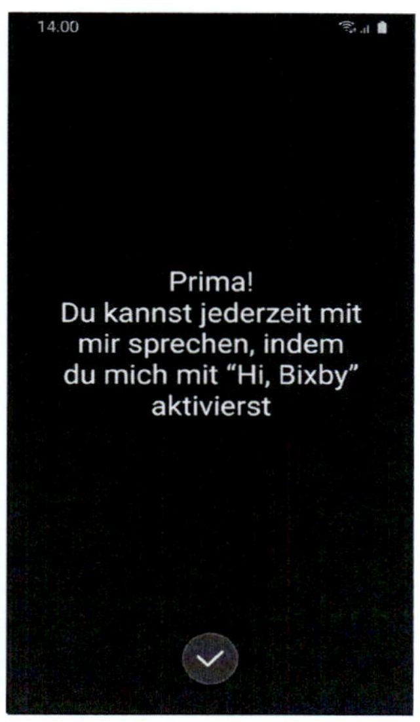

❶ Sprechen Sie mehrmals hintereinander »*Hi, Bixby*« (diese englischen Wörter werden als »*hei bicksbie*« gesprochen).

❷ Damit ist Bixby eingerichtet und Sie schließen mit der <-Taste den Erfolgshinweis.

24.2.2 Bixby-Sprachsteuerung in der Praxis

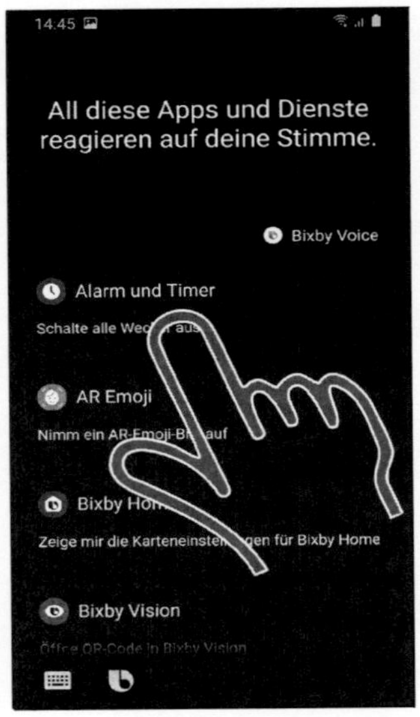

❶ Sprechen Sie jetzt testweise mal *»Hi Bixby«* und **warten Sie auf den Signalton**. Erst danach sprechen Sie *»Was kannst du tun?«*

❷❸ Nun werden alle Programme aufgelistet, die von Bixby unterstützt werden. Tippen Sie einen der Einträge für die unterstützten Sprachbefehle an. Wie andere Sprachassistenten wertet Bixby auch Synonyme aus und berücksichtigt den jeweiligen Kontext.

Einige Beispiele (wörtlich aus der Bixby-Hilfe entnommen):

Alarm und Timer (siehe Kapitel *22.7 Uhr*):

- *Stelle den 7 Uhr Wecker auf 6:30*
- *Lass den Timer 5 Minuten laufe*
- *Stelle einen Wecker auf 6:30 morgens*
- *Stelle einen Wecker namens Aufwecken für morgen auf 7:30*
- *Richte einen Wecker für jeden Tag um 15 Uhr ein*
- *Zeige mir alle Wecker*
- *Zeige mir alle Wecker für morgen*
- *Verwerfe den Wecker*
- *Öffne den Timer*
- *Schalte alle Wecker aus*
- *Öffne die Stoppuhr*
- *Lösche alle meine Wecker*
- *Schalte den Wecker für 6 Uhr morgens ein*
- *Schalte alle Wecker ein*

Allgemeine Fragen

- *Wie weit sind Mond und Erde voneinander entfernt?*
- *Warum ist Gras grün?*
- *Was ist das stärkste Tier auf der Welt?*
- *Wieviele Kalorien hat ein Apfel? Wie schreibt man Bronchitis?*

Datum und Zeit:

- *Wie spät ist es jetzt?*
- *Wie spät ist es in New York?*
- *Was ist heute für ein Wochentag?*
- *Auf welches Datum fällt das Erntedankfest nächstes Jahr?*
- *Auf welchen Wochentag fällt dieses Jahr Weihnachten?*
- *In welchem Monat ist Ostern 2018?*
- *Welches Jahr haben wir?*
- *Welches Jahr ist nächstes Jahr?*
- *Was ist die Zeitverschiebung zwischen New York und meinem Standort?*
- *Was ist die Zeitverschiebung zwischen New York und meinem Standort?*
- *Wie viele Stunden beträgt der Zeitunterschied zwischen Paris und London?*
- *Wie spät ist es in Los Angeles, wenn es 16 Uhr hier ist?*
- *Wie spät ist es in New York, wenn es 17 Uhr in Frankfurt ist?*

Bixby Vision (siehe Kapitel *17.3.2 Bixby Vision*):

- *Öffne QR-Code in Bixby Vision.*
- *Zeig mir die 100 Meter Umgebung mit Bixby Vision.*
- *Such nach ähnlichen Bildern in Bixby Vision.*

Das Örtliche:

- *Gibt es in der Nähe ein Fitnessstudio?*
- *Zeig mir Friseure in dieser Stadt*
- *Wo finde ich hier ein Restaurant?*
- *Gibt es in der Nähe einen Geldautomaten?*
- *Ich suche einen Geldautomaten von der Cash Group*
- *Zeig mir Bankautomaten in der Nähe*
- *Wo finde ich Bankautomaten der Sparkasse?*
- *Zeig mir Geldautomaten im Umkreis von 500 m*

Diktiergerät:

- *Starte eine Sprachaufnahme*
- *Starte eine Aufnahme im Interview-Modus*

E-Mail (siehe Kapitel *11 E-Mail*):

- *Lösche die E-Mail, die heute eingegangen ist*
- *Zeig mir meine ungelesenen Mails*
- *Suche nach E-Mails mit Anhang*
- *Lies die E-Mails, die als wichtig markiert wurden*
- *Lies die ungelesenen E-Mails vor Schicke eine E-Mail an Robert*

Reminder (siehe Kapitel *21.8 Bixby Reminder*)

- *Erinnere mich daran, am zweiten November zu trainieren*
- *Erinnere mich ans Pflanzengießen wenn ich Zuhause bin*
- *Merke meinen Parkplatz in der 3. Etage*
- *Zeige mir meine Erinnerungen mit dem Schlüsselwort kaufen*

- *Zeige mir meine To-do-Liste für heute*
- *Zeige mir meine Erinnerung, wo ich geparkt habe*

Eigene Dateien (siehe Kapitel *22.2 Eigene Dateien*):

- *Öffne die Datei, die 'Plan' heißt*
- *Suche nach dem Word-Dokument*
- *Finde das Dokument, das kürzlich geöffnet wurde*
- *Zeige die Dateien in der Kategorie Dokumente*
- *Zeige den Katzen-Ordner auf der SD Karte*

Einstellungen:

- *Schalte den Bitte nicht stören Modus aus*
- *Aktiviere den Bitte nicht stören Modus*
- *Erhöhe die Schriftgröße*
- *Verringere die Schriftgröße*
- *Zeig mir das Benutzerhandbuch*
- *Zeig mir die Kamera im Benutzerhandbuch*

Flugstatus:

- *Wie ist der Status von Lufthansa 1290?*
- *Status von easyJet Flügen von Frankfurt nach München*
- *Wie ist der Status der Flüge von FRA nach MUC?*
- *Ist der Flug London nach New York pünktlich?*
- *Ist M355 verspätet heute?*
- *Von welchem Gate startet die Alaska 350?*
- *Status der nonstop Alaska Airlines Flüge von San Francisco nach New York heute*
- *Von welchem Gate startet die Alaska 350?*
- *Status der nonstop Alaska Airlines Flüge von San Francisco nach New York heute*
- *Wie wahrscheinlich ist es, dass Jetblue 133 zu spät kommt?*
- *Sind irgendwelche Flüge von LAX nach SFO verspätet?*

Galerie (siehe Kapitel *17 Galerie*)

- *Zeig mir meine Fotoansicht*
- *Zeig mir meine Fotoalben*
- *Zeig mir meine Storys*
- *Zeige mir, was gestern in New York aufgenommen wurde*
- *Zeig meine Selfies*
- *Starte eine Diashow*

Gerätewartung (siehe Kapitel *22.5 Gerätewartung*):

- *Optimiere mein Handy*
- *Zeig mir meinen Gerätestatus*
- *Schalte den Spielemodus ein*
- *Schalte den mittleren Energiesparmodus ein*
- *Schalte den Spielemodus aus*

Kalender (siehe Kapitel *21 Kalender*)

- *Zeig mir meine Arzt Termine für diesen Monat*
- *Zeig mir meinen heutigen Termin.*
- *Erstelle einen Termin.*
- *Erstelle einen Arzt Termin für morgen 8 Uhr*
- *Ändere die Zeit meines 11 Uhr Termins auf 14 Uhr*
- *Sage den heutigen Abendessen Termin ab*
- *Zeig mir den Kalender für diesen Monat*
- *Teile das heutige Meeting*

Kamera (siehe Kapitel *16 Kamera*)

- *Wechsel zur vorderen Kamera*
- *Mach ein Foto*
- *Öffne die Kamera-Einstellungen*
- *Stell die Kamera auf Pro-Modus*

Kontakte (siehe Kapitel *7 Telefonbuch*)

- *Finde meine Mama in meinen Kontakten*
- *Erstelle mir einen neuen Kontakt mit Thomas Müller als Name und 1234567890 als Telefonnummer*
- *Lösche alle Kontakte mit dem Namen Manuel Lahm*
- *Zeige mir mein Profil*
- *Sende Kontaktinformationen von Phillip Steiner als VCF über WhatsApp*

Karten

- *Wo ist Boston?*
- *Zeige mir den Weg zur Schillerstraße 132*
- *Zeig mir Berlin*

Nachrichten (siehe Kapitel *6 Nachrichten (SMS)*)

- *Sende eine Nachricht ich komme etwas später*
- *Lies meine Nachrichten von Stefanie vor*
- *Lies meine ungelesenen Nachrichten vor*
- *Lösch die letzte Nachricht*

Samsung Internet-Browser (siehe Kapitel *12 Webbrowser*)

- *Öffne samsung.com*
- *Suche nach Autos in Google*
- *Suche im Internet nach Veranstaltungen am Wochenende*

Rechner (siehe Kapitel *22.1 Taschenrechner*)

- *1 Tonne in Gramm*
- *Berechne 3 + 1-^2-1x2*
- *Wie groß ist π?*

Upday (Nachrichten)

- *Zeig mir die Schlagzeilen*
- *Was sagt Upday heute?*
- *Kann ich die Top News sehen?*

Wetter (siehe Kapitel *22.3 Wetter*)

- *Wie ist das Wetter?*
- *Wie ist das Wetter in Berlin?*
- *Wann geht die Sonne auf?*

YouTube (siehe Kapitel *22.4 YouTube*)

- *Finde Galaxy S10 Bewertungen auf YouTube*
- *Spiele Yoga Videos auf YouTube ab*
- *Suche John Oliver Videos auf Youtube*

AR Emoji (siehe Kapitel *16.9 AR-Emoij*):

- *Erstelle ein AR-Emoji*
- *Nimm ein AR-Emoji-Bild auf*

24.2.3 Schnellbefehle

Damit Sie sich bei regelmäßig aufgerufenen Bixby-Funktionen nicht den Mund fusselig reden, bringt die Spracherkennung die sogenannten Schnellbefehle mit. Bereits vordefiniert sind zahlreiche Routinen, Sie können diese bearbeiten oder eigene erstellen.

Die Schnellbefehle wurden von Samsung vor allem in Hinblick auf künftige Produkte zur Heimautomatisierung (sogenanntes Smart Home) entwickelt. Mitte 2019 könnte die dazu benötigte technische Basis »Samsung Galaxy Home« auf den Markt kommen, über die Sie dann Steckdosen, Lampen, Schalter und Sensoren steuern beziehungsweise auswerten. Das System funktioniert ähnlich wie der Amazon Echo mit seiner Alexa-Sprachsteuerung.

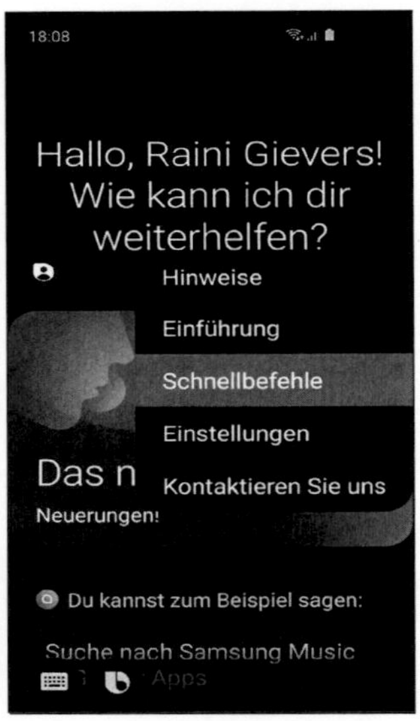

Betätigen Sie die Bixby-Taste (unterhalb der Lautstärketasten auf der linken Geräteseite).

❶❷ Rufen Sie ⁝/*Schnellbefehle* auf.

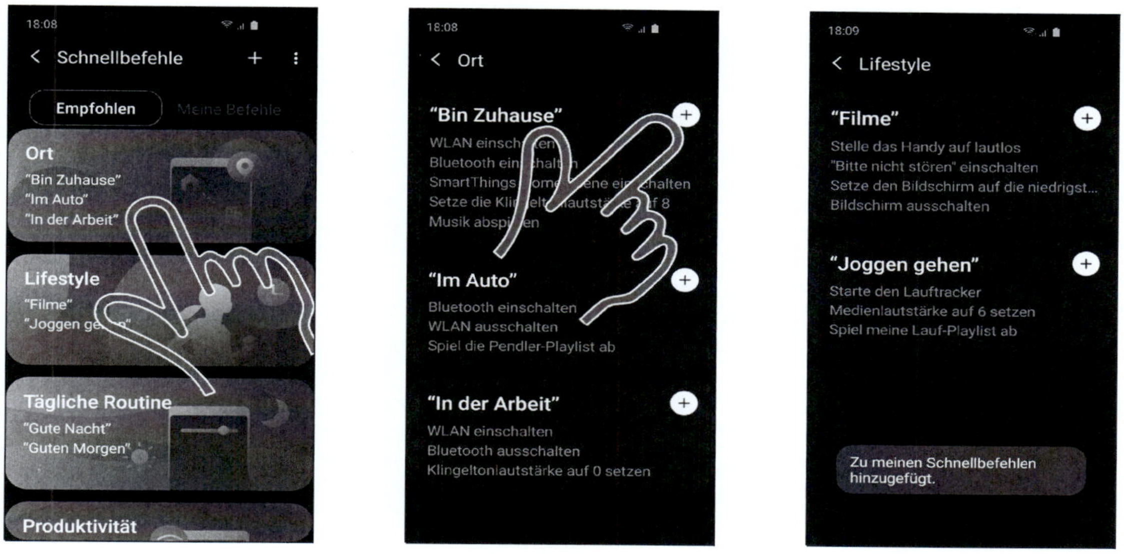

❶ Im ersten Schritt übernehmen wir einige vordefinierte Befehle. Tippen Sie beispielsweise auf *Ort*.

❷❸ Betätigen Sie bei den Schnellbefehlen, die Sie verwenden möchten, die ⊕-Taste, worauf jeweils der Hinweis »*Zu meinen Schnellbefehlen hinzugefügt*« erscheint. Die ‹-Taste bringt Sie wieder ins Hauptmenü.

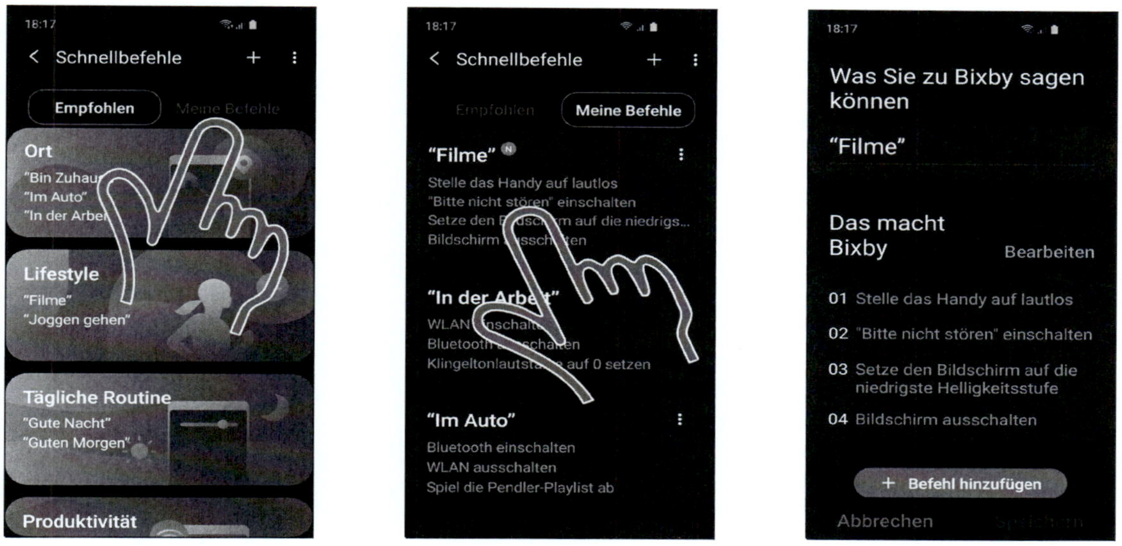

❶ Die hinzugefügten Schnellbefehle finden Sie im *Meine Befehle*-Register.

❷ Zum Bearbeiten tippen Sie einen Befehl an.

❸ Sie können hier über *Befehl hinzufügen* weitere Befehle anhängen.

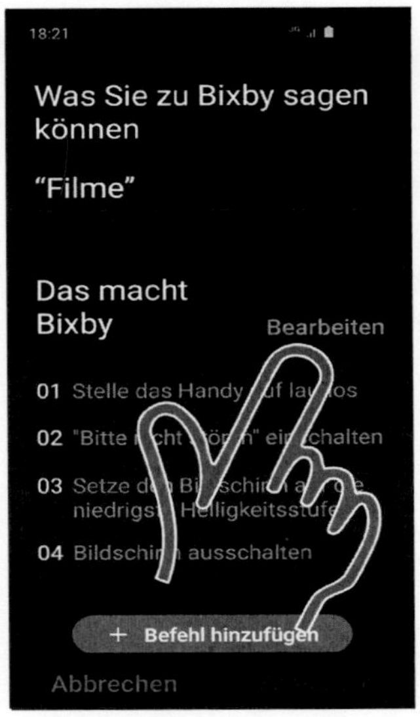

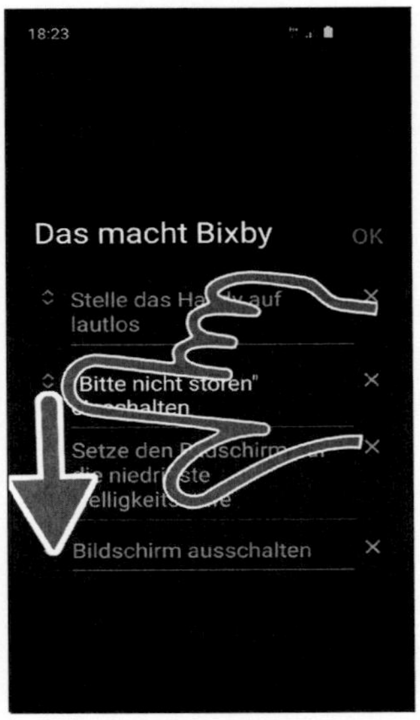

❶❷ Im *Bearbeiten*-Menü (Pfeil) können Sie über ✕ einzelne Befehle wieder löschen.

❸ Zum Verschieben halten Sie den Finger über ⇕ vor dem jeweiligen Befehl und ziehen nach oben oder unten. Lassen Sie den Finger dann los.

Probieren Sie ruhig einmal aus, was passiert, wenn Sie »*Hi Bixby*« und dann den Schnellbefehl sprechen! Beachten Sie bitte, dass Sie auf den Signalton nach dem »*Hi Bixby*« warten müssen, bevor Sie weitersprechen.

24.2.4 Bixby-Taste umbelegen

Sofern Sie Bixby nicht einsetzen möchten, können Sie statt Bixby eine andere Anwendung damit aufrufen.

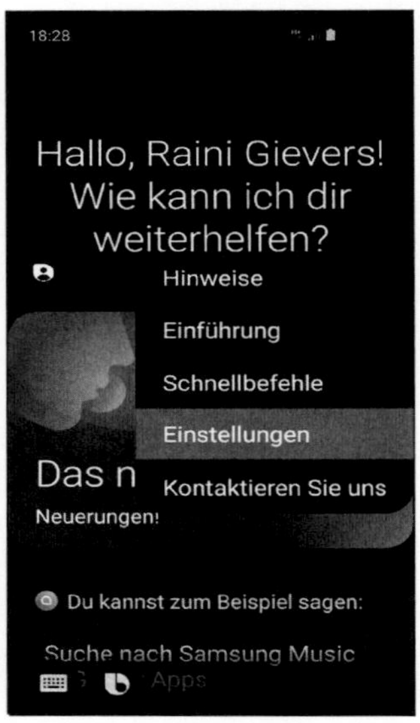

❶❷ Gehen Sie auf ⁝/*Einstellungen*.

❸ Wählen Sie *Bixby-Taste.*

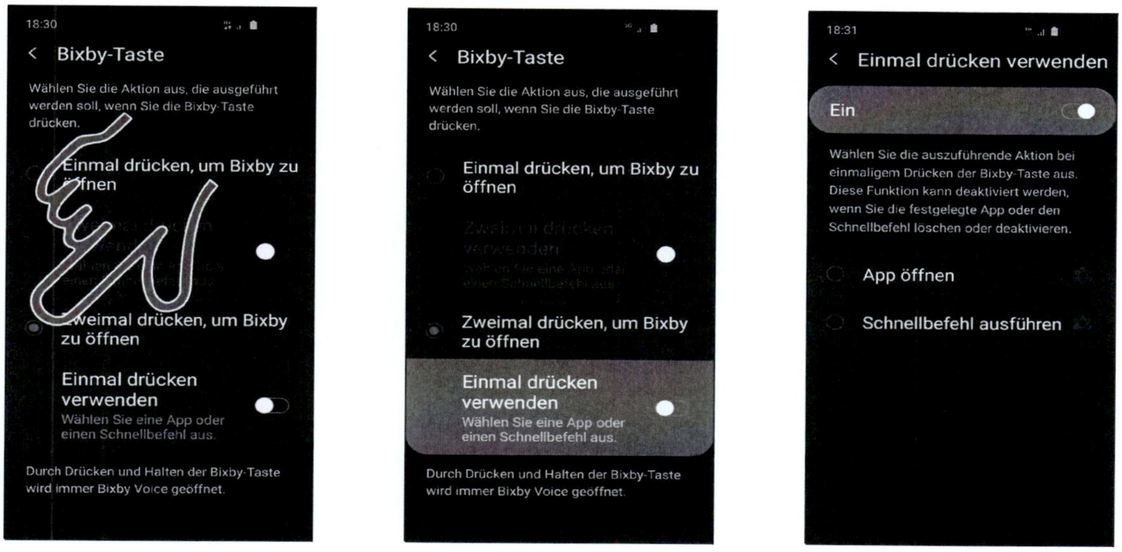

➊ Aktivieren Sie *Zweimal drücken, um Bixby zu öffnen.*

➋ Gehen Sie auf *Einmal drücken verwenden.*

➌ Aktivieren Sie den Schalter am oberen Bildschirmrand.

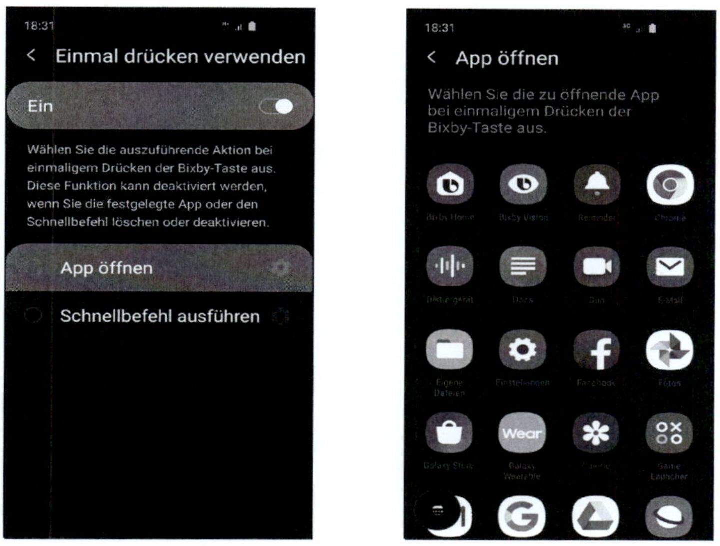

➊➋ Nach Betätigen von *App öffnen* stellen Sie die Anwendung ein, die Sie mit der Bixby-Taste aufrufen möchten.

25. Das Samsung-Konto

Einige Funktionen auf dem Galaxy setzen die vorherige Einrichtung eines sogenannten Samsung-Kontos voraus, wozu Galaxy Apps (siehe Kapitel *26.2 Galaxy Store*) und Find My Mobile (siehe Kapitel *30.5 Maßnahmen gegen Diebstahl* zählen).

Neben den oben erwähnten Funktionen dient das Samsung-Konto dazu, einige Daten aus den Samsung-eigenen Anwendungen im Internet zu sichern. Unterstützt werden dabei die Anwendungen Kontakte (Telefonbuch), Kalender, Samsung Notes, Samsung Internet (Webbrowser) und einige mehr. Das Samsung-Konto konkurriert also mit dem Google-Konto.

25.1 Erste Einrichtung

Als Erstes müssen wir unser Samsung-Konto anlegen. Falls Sie bereits ein Samsung-Konto besitzen, lesen Sie bitte ab Kapitel *25.2 Anmeldung* weiter.

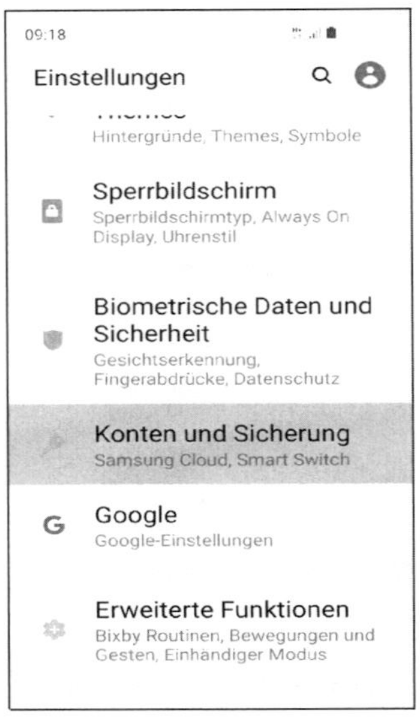

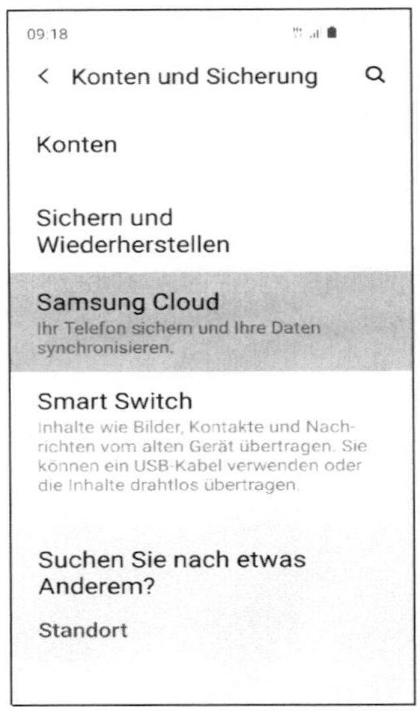

➊ Rufen Sie im Hauptmenü die *Einstellungen* auf.

➋➌ Gehen Sie dann auf *Konten und Sicherung* und wählen Sie *Samsung Cloud.*

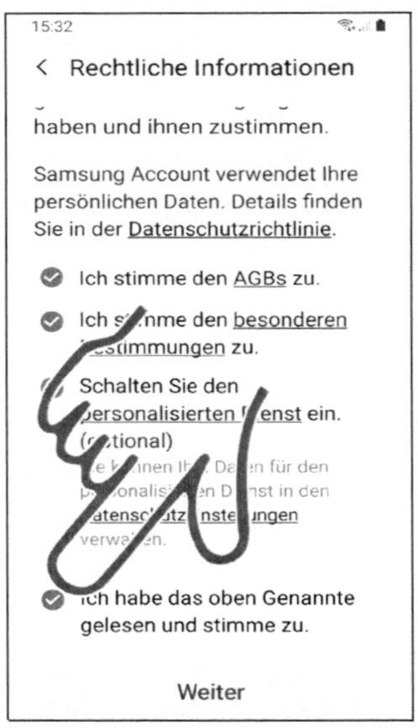

➊ Betätigen Sie *Konto erstellen.*

➋ Aktivieren Sie *Ich habe das oben Genannte gelesen und stimme zu* und gehen Sie auf *Weiter.*

➊ Erfassen Sie das Kennwort (welches Sie sich unbedingt gut einprägen sollten!), sowie Vorname, Nachname und Geburtsdatum. Betätigen Sie dann *Erstellen*.

➋ Samsung hat Ihnen einen Bestätigungs-Link per E-Mail geschickt. Betätigen Sie die O-Taste und rufen Sie Ihre Email-Anwendung auf. Falls Sie Ihre E-Mails immer auf einem PC aufrufen, können Sie es natürlich auch dort durchführen.

➊ In unserem Beispiel rufen wir die E-Mail-Anwendung (siehe Kapitel *11 E-Mail*) auf und tippen auf die Samsung-Nachricht.

➋ Tippen Sie *KONTO BESTÄTIGEN* an.

➌ Damit ist die Einrichtung abgeschlossen.

25.2 Anmeldung

Sie haben bereits ein Samsung-Konto, weil Sie es bereits früher mal auf einem anderen Samsung-Gerät angelegt hatten? Dann brauchen Sie sich auf dem Galaxy jetzt nur noch damit anzumelden.

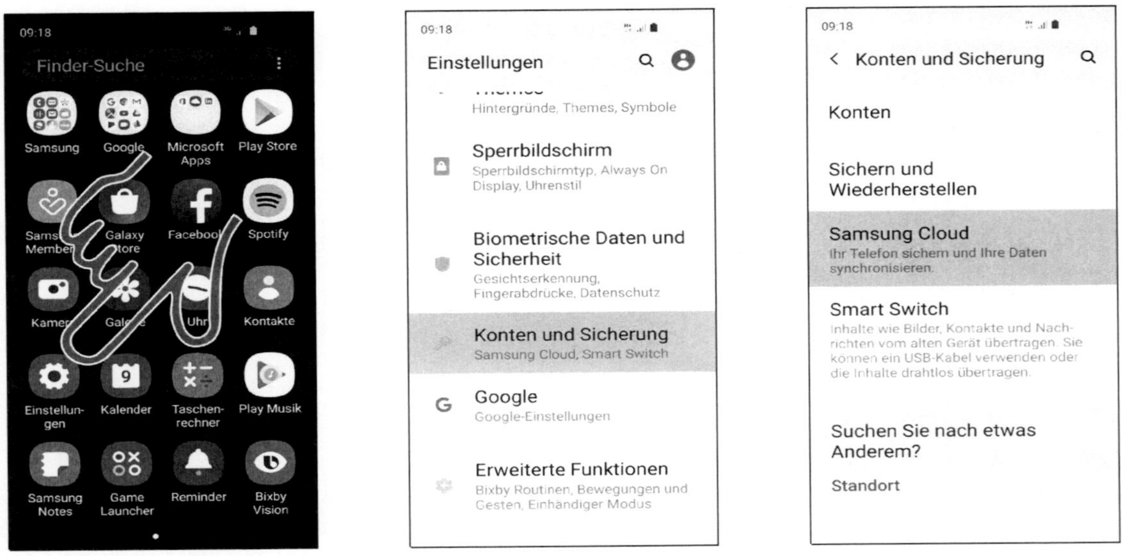

❶ Rufen Sie im Hauptmenü die *Einstellungen* auf.

❷❸ Gehen Sie dann auf *Konten und Sicherung* und wählen Sie *Samsung Cloud.* Schließen Sie den folgenden Bildschirm mit *STARTEN.*

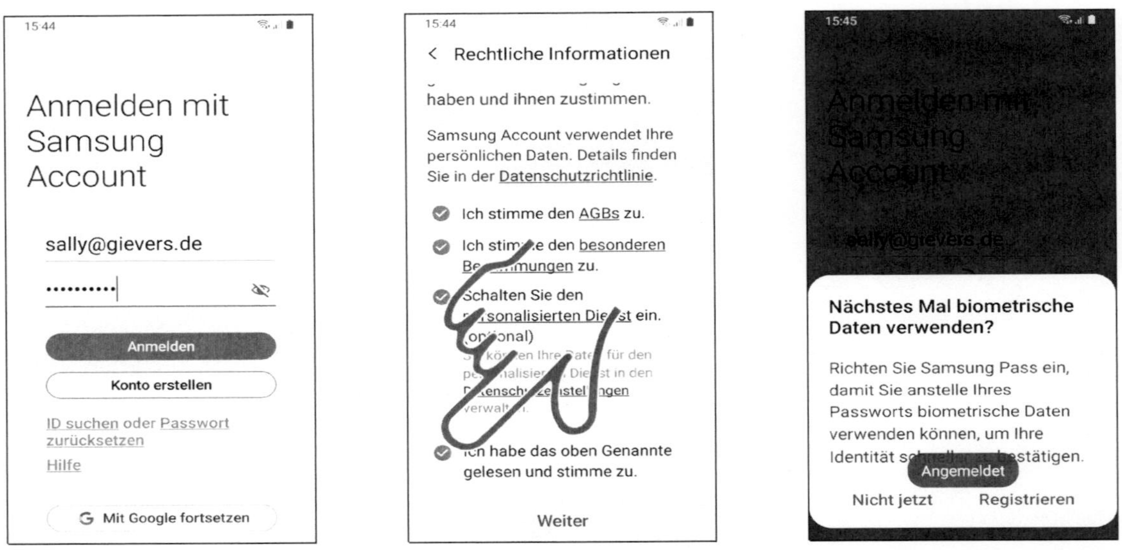

❶ Geben Sie Ihre für das Samsung-Konto verwendete E-Mail-Adresse, sowie das Kennwort ein und betätigen Sie *ANMELDEN.*

❷❸ Aktivieren Sie *Ich habe das oben genannte gelesen und stimme zu*, betätigen Sie *Weiter* und beim *Nächstes Mal biometrische Daten verwenden?* Die *Nicht jetzt*-Schaltleiste.

25.3 Samsung-Konto in der Praxis

Um es vorweg zu sagen: Wenn Sie die Google-eigenen Anwendungen Gmail (siehe Kapitel *10 Gmail*), Chrome (siehe Kapitel *13 Chrome-Webbrowser*) oder Google Fotos (siehe Kapitel *19 Google Fotos*) bereits intensiv nutzen, werden Sie das Samsung-Konto kaum benötigen. Das Samsung-Konto hat darüber hinaus den Nachteil, dass es nur auf Samsung-Geräten funktioniert, während Ihr Google-Konto auf Android-Geräten aller Hersteller genutzt werden kann.

Trotzdem ist das Samsung-Konto manchmal nützlich, falls Sie mehrere Samsung-Geräte, beispielsweise ein Tablet neben dem Galaxy-Handy, verwenden. Sind Sie auf beiden Geräten mit dem gleichen Samsung-Konto angemeldet, stehen zum Beispiel die Lesezeichen des Samsung-Webbrowsers (siehe Kapitel *12 Webbrowser*) auf beiden Geräten zur Verfügung.

Mussten Sie Ihr Handy zurücksetzen, wurde es geklaut oder wechseln Sie zu einem anderen Samsung-Handy, dann melden Sie sich einfach bei Ihrem Samsung-Konto für die Wiederherstellung an.

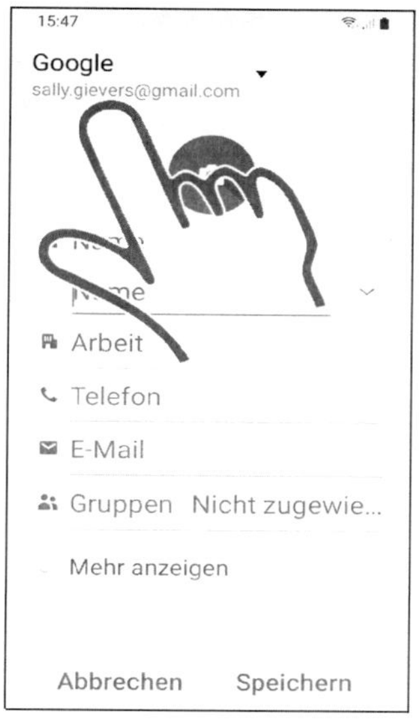

➊➋ Sie möchten dennoch das Samsung-Konto statt dem Google-Konto für die Sicherung von Kontakten und Terminen nutzen? Dann achten Sie darauf, das Konto während der Kontakt-/Terminanlage entsprechend einzustellen.

26. Programmverwaltung

Die mitgelieferten Programme auf Ihrem Handy decken bereits die wichtigsten Anwendungsfälle ab. Weitere Anwendungen und natürlich Spiele können Sie bei Bedarf über den sogenannten Play Store nachinstallieren, der mehr ca. 2 Millionen Programme enthält. Sie finden wirklich zu jedem noch so exotischen Anwendungsfall ein passendes Programm. Neudeutsch spricht man statt von Programmen auch von **Apps**, es ist damit aber das selbe gemeint.

Etwa Zweidrittel aller Programme sind kostenlos beziehungsweise finanzieren sich über eingeblendete Werbung. Im Vergleich zu PC-Software sind die kostenpflichtigen Android-Programme in der Regel mit Preisen von unter 5 Euro recht günstig.

Es gibt mehrere Möglichkeiten, Programme zu installieren:

- **Google Play Store**: Über die Play Store-Anwendung haben Sie Zugriff auf Tausende von Anwendungen und Spielen. Auch der Kauf von Programmen im Play Store ist möglich. Die meisten Anwender nutzen ausschließlich den Play Store und nicht die anderen hier aufgelisteten Installationsmöglichkeiten.
- **Galaxy Store**: Wird von Samsung betrieben und bietet, ähnlich wie der Google Play Store, zahlreiche Programme zum Download an.

26.1 Play Store

Lassen Sie sich bitte nicht von leider manchmal umständlichen und unübersichtlichen Bedienung des Play Store beeindrucken. Spätestens, wenn Sie einige Programme installiert haben, dürften Sie die wesentlichen Vorgehensweisen verstanden haben.

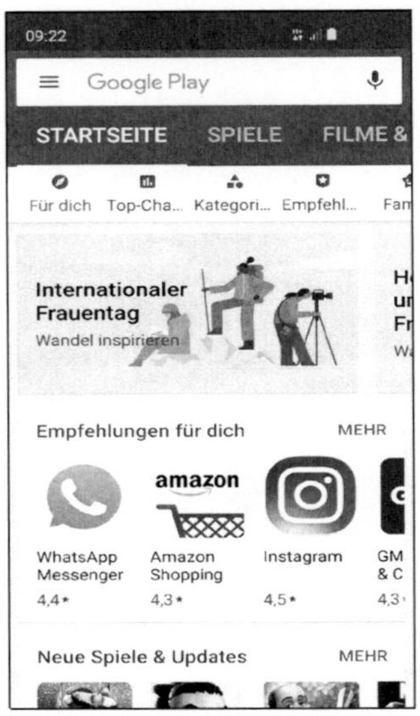

Sie finden den *Play Store* im Startbildschirm (❶) beziehungsweise Hauptmenü (❷).

❸ Das allgemeine Softwareangebot wird standardmäßig im Hauptbildschirm aufgelistet.

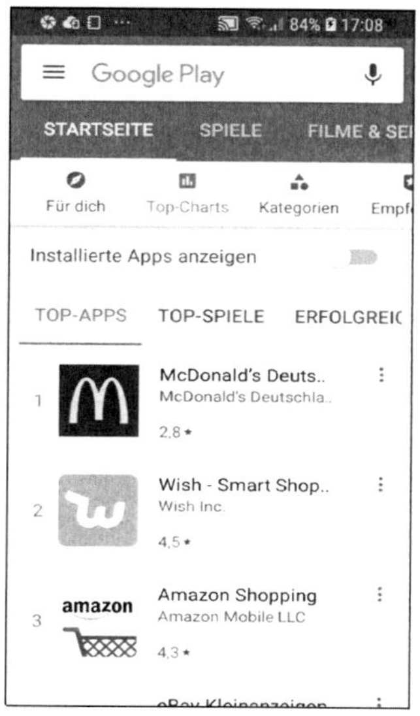

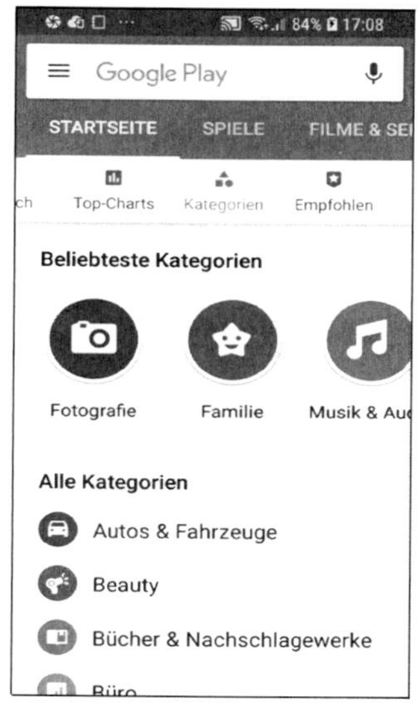

❶ Die Benutzeroberfläche besitzt mehrere Register, zwischen denen Sie mit den Schaltleisten wechseln. Tippen Sie dann einen Eintrag an:

- *Für dich*: Von Google zusammengestellte Empfehlungen.
- *Top-Charts* (❷): Verschiedene Bestenlisten:
  - *TOP APPS*: Die von Nutzern am besten bewerteten Anwendungen.
  - *TOP-SPIELE*: Die höchstbewerteten Spiele.
  - *ERFOLGREICHSTE*: Die am häufigsten heruntergeladenen Programme.
  - *TRENDS*: Programme, die aktuell häufig heruntergeladen werden, beispielsweise, weil die Medien darüber berichtet haben.
  - *BESTSELLER-APPS:* In den letzten Wochen häufig verkaufte Anwendungen.
  - *BESTSELLER-SPIELE*: In den letzten Wochen häufig verkaufte Spiele.
- *Kategorien* (❸): Alle Programme sind im Play Store nach Kategorien sortiert, die Sie einfach nach interessanten Anwendungen oder Spielen durchblättern können. Bitte beachten Sie, dass in den Kategorien auch viele Programme zu finden sind, welche keinerlei Nutzwert haben.
- *Empfohlen*: Von einer Redaktion ausgewählte Programme.
- *Familie*: Wählen Sie die zu installierenden Anwendungen und Spiele nach empfohlener Altersstufe aus.
- *Vorabzugriff*: Einige Entwickler stellen Ihre Programme kostenlos für einen gewissen Zeitraum als sogenannte Beta-Version kostenlos zur Verfügung.

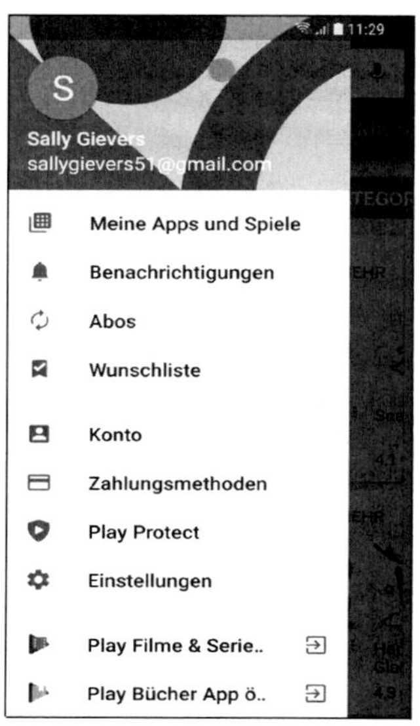

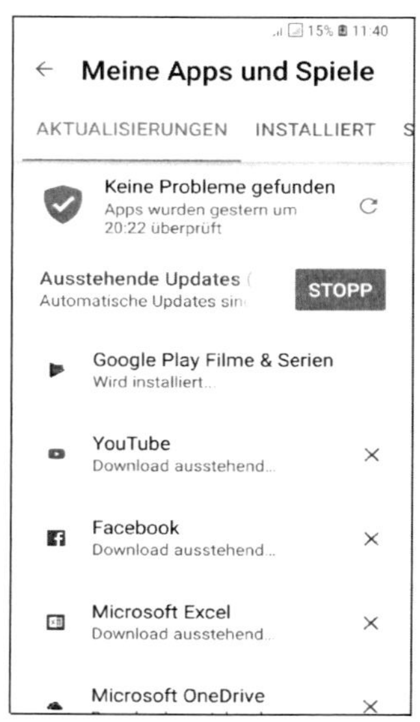

➊➋ Betätigen Sie im Hauptmenü ≡ oben links für das Ausklappmenü. Die Menüpunkte:

- *(Ihr Konto)@gmail.com*: Das Google-Konto, mit dem Sie angemeldet sind.
- *Meine* Apps *und Spiele*: Zeigt die von Ihnen installierten Programme an und ermöglicht diese wieder zu deinstallieren. Außerdem sehen Sie hier, ob Updates zu installierten Programmen im Play Store vorliegen (➌).
- *Benachrichtigungen*: Sofern Updates der von Ihnen installierten Programme vorliegen, erhalten Sie jeweils Benachrichtigungen, die hier aufgelistet werden.
- *Abos*: Verwaltet die regelmäßigen Zahlungen für Programme, die regelmäßge Zahlungen voraussetzen, beispielsweise Lern- oder Unterhaltungsanwendungen.
- *Wunschliste*: Eine Art Erinnerungsliste, auf die Sie Programme setzen können, die Sie irgendwann mal ausprobieren, beziehungsweise kaufen möchten.
- *Konto*: Verwaltet unter anderem das für Zahlungen verwendete Google-Konto und listet die letzten Käufe auf.
- *Zahlungsmethoden*: Verwaltet die Zahlungsmittel, welche Sie für Ihre Play Store-Käufe einsetzen und listet Ihre letzten Käufe auf.
- *Play Protect*: Google überprüft Ihre installierten Programme auch nach der Installation auf Schadfunktionen. So wird beispielsweise verhindert, dass teure Telefonnummern angerufen oder Ihre persönlichen Daten ausgelesen werden. Sie sollten Play Protect deshalb nie deaktivieren.
- *Einstellungen*: Auf die Einstellungen geht Kapitel *26.1.7 Einstellungen* ein.
- *Filme & Serien öffnen*: Öffnet die Anwendung, in der Sie Spielfilme und Serien kaufen und ansehen. Siehe Kapitel *22.1 Google Play Filme*.
- *Play Bücher App öffnen*: Ebooks lesen und kaufen. Dazu muss die Play Bücher-Anwendung installiert werden.
- *Play Musik App:* Musik anhören und kaufen. Siehe Kapitel *18.4 Der Google Play Musik-Dienst*.
- *Einlösen*: Google vertreibt über Supermärkte und Tankstellen Gutscheine, die Sie in diesem Menü einlösen. Das Guthaben lässt sich dann für den Kauf von Programmen, Filmen, Ebooks, usw. verwenden.
- *Hilfe & Feedback*
- *Leitfaden für Eltern*
- *Impressum*

26.1.1 Konten

Welche Programme Sie aus dem Play Store installiert beziehungsweise gekauft haben, speichert der Play Store in Ihrem Google-Konto ab. Es ist möglich, auf dem Galaxy mehrere Google-Konten gleichzeitig zu nutzen (beispielsweise privat und geschäftlich). Wenn Sie ein Anwender mit mehreren Google-Konten sind, müssen Sie jeweils darauf achten, welches Konto Sie gerade verwenden, denn gekaufte Programme lassen sich nicht zwischen den Google-Konten übertragen.

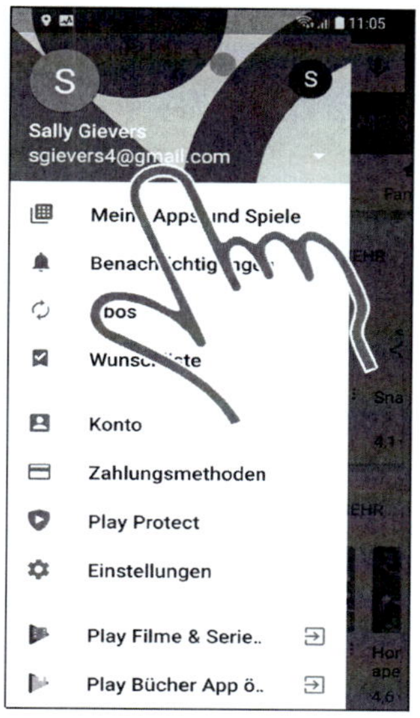

➊➋ Aktivieren Sie das Ausklappmenü, indem Sie im Hauptmenü die ≡-Schaltleiste oben links betätigen. Wählen Sie nun das im Play Store zu nutzende Google-Konto aus.

26.1.2 Programme installieren

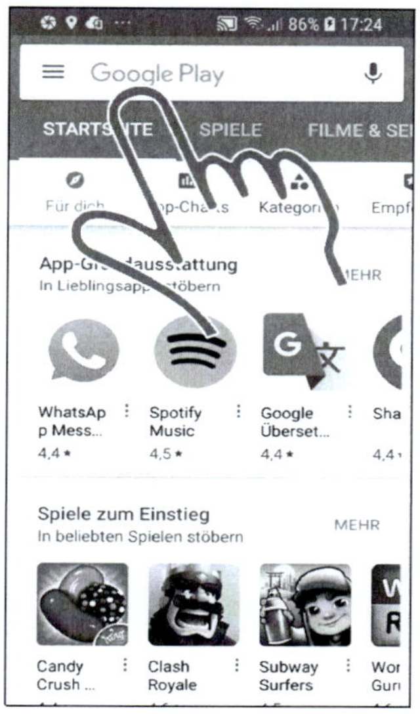

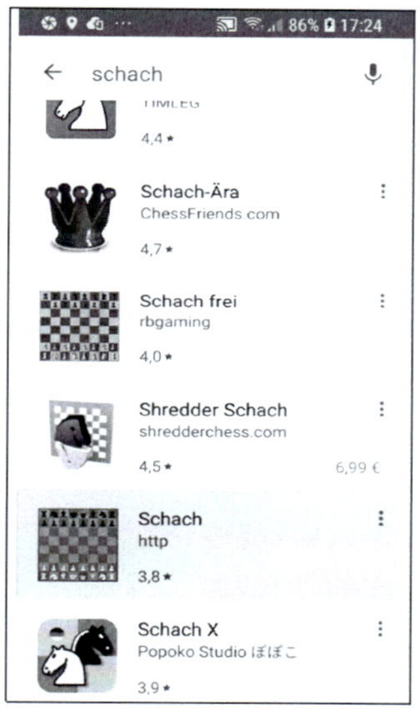

➊ Gehen Sie auf die Suchleiste im Hauptbildschirm und geben Sie den Suchbegriff ein. Bestätigen Sie mit 🔍 im Tastenfeld. Es werden der Name und die Beschreibung aller Programme durchsucht.

➋ Die Fundstellen werden mit Namen, Bewertung und Preis aufgelistet. Tippen Sie eines der angebotenen Programme an.

➌ Neben einer ausführlichen Beschreibung finden Sie hier die Bewertungen von anderen Benutzern, Infos zum Entwickler mit der Möglichkeit, seine weiteren Programme im Play Store anzuzeigen, sowie Kontaktmöglichkeiten zum Entwickler. Betätigen Sie zuerst *INSTALLIEREN*, dann *AKZEPTIEREN*, um das Programm auf dem Handy zu installieren. Der Download erfolgt anschließend im Hintergrund.

Falls der Hinweis »*Kontoeinrichtung abschließen*« erscheint, müssen Sie erst eine Zahlungsmethode auswählen. Darauf geht Kapitel *26.1.8 Softwarekauf im Google Play Store* ein.

❶❷ Wenn Sie das erste Mal ein Programm installieren, erscheint einmalig der Hinweis *Kontoeinrichtung abschließen*. Betätigen Sie dann *WEITER*. Schließen Sie den Hinweis mit *ÜBERSPRINGEN*. Wie Sie kostenpflichtige Programme installieren, erläutert noch Kapitel *26.1.8 Softwarekauf im Google Play Store*.

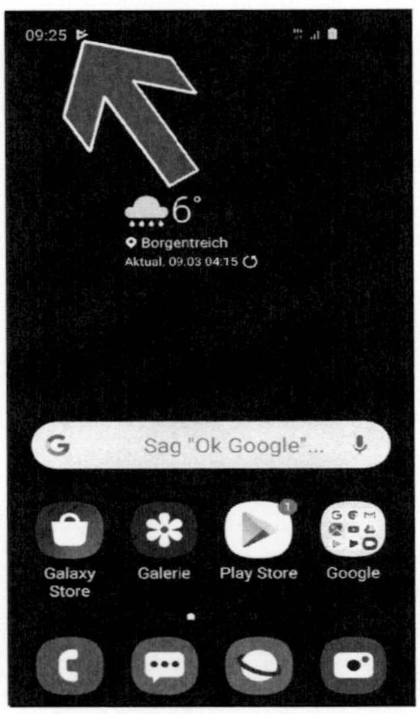

❶ Ein -Symbol (Pfeil) informiert in der Titelleiste über die erfolgreich durchgeführte Installation.

❷ Öffnen Sie das Benachrichtigungsfeld für weitere Informationen. Von dort lässt sich das Programm dann auch starten.

❸ Alternativ betätigen Sie nach der Installation in der Programmanzeige die *ÖFFNEN*-Schaltleiste.+

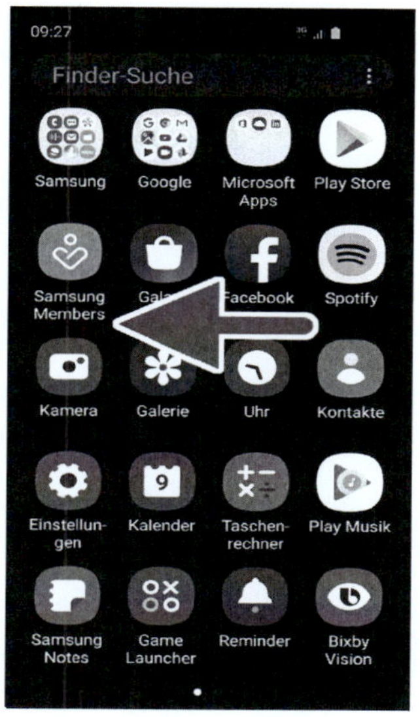

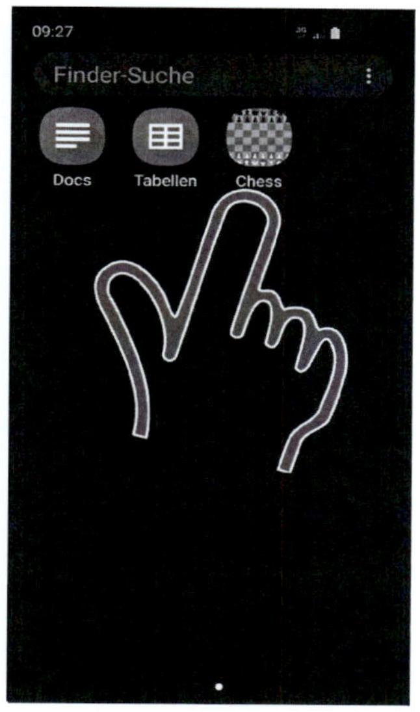

❶❷ Sie finden das neue Programm im Hauptmenü. Sofern die erste Bildschirmseite des Hauptmenüs bereits voll belegt ist, müssen Sie erst mit einer Wischgeste zur nächsten Seite blättern.

❶ Tipp: Falls Sie ein Programm nicht wiederfinden beziehungsweise prüfen möchten, ob Sie es bereits vor einiger Zeit installiert hatten, dann gehen Sie auf *Finder-Sucher* im Hauptmenü.

❷ Bereits während der Eingabe des Suchbegriffs werden die gefundenen Programme aufgelistet.

26.1.3 Game Tools und Game Launcher

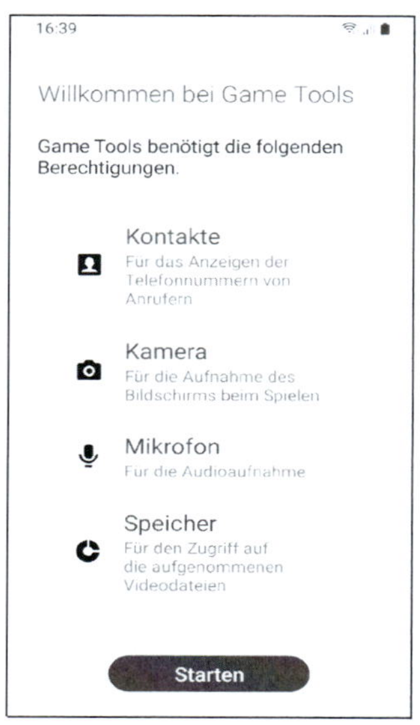

❶❷ Beim ersten Aufruf eines Spiels müssen Sie den Game Tools-Hinweis mit *Zustimmen* beziehungsweise *Starten* schließen.

❶ Wischen Sie in einem Spiel mit dem Finger von unten außerhalb des Bildschirms nach oben für die Anzeige der Navigationstasten.

❷ Die ⚙-Schaltleiste unten links betätigen Sie als Nächstes.

❸ Die Schalter im Game Tools-Menü:

- *Anrufe und Benachrichtigungen*: Benachrichtigungs-Pop-ups deaktivieren.
- *Im Spiel sperren:*
  - *Bixby*: Bixby-Taste auf der linken Geräteseite deaktivieren.
  - *Home-Taste*: ▢-Taste deaktivieren.
  - *Seiten-Paneel*: Seitenbildschirm (siehe Kapitel *31 Der Seitenbildschirm*) deaktivieren.
  - *Automatische Helligkeit*: Deaktiviert den Sensor, der die Displaybeleuchtung an die Umgebungshelligkeit anpasst.
- *Erweiterte Spielefunktionen*:
  - *Navigationsflächen anzeigen*
  - *Pop-Up-Bereich*: Blendet über dem Games Tools-Menü Schaltleisten für den Aufruf weiterer Programme ein.
  - *Automatische Bildschirmsperre*: Nicht von Samsung dokumentiert.
- *Dolby Atmos für Spiele*: Klangverbesserung nutzen, sofern vom Programm unterstützt.

Die Schaltleisten am unteren Bildschirmrand:

- *Sperre für Nav-Tasten*: Navigationstasten ausblenden und gegen versehentliche Betätigung sperren. Sie aktivieren die Navigationstasten wieder über das Schloss-Symbol unten rechts.
- *Eingabesperre*: Aktiviert die Displaysperre.
- *Screenshot*: Bildschirmkopie erstellen.
- *Aufnehmen*: Videoaufnahme des Bildschirms.

❶ Im Hauptmenü finden Sie den *Game Launcher* (engl. »Spiel Starter«), der alle auf dem Handy installierten Spiele auflistet.

❷ Schließen Sie den einmaligen Hinweis mit *Starten.*

❸ Der Game Launcher fragt, ob Sie die Spiele-Verknüpfungen im Hauptmenü ausblenden möchten. Wenn Sie *Spiele ausblenden* betätigen, können Sie die Spiele nur noch im Game Launcher aufrufen.

Der Game Launcher wird ausgeführt.

26.1.4 Ausgeblendete Navigationstasten

Das Galaxy startet einige Programme, darunter Spiele, im Vollbildmodus, bei dem die Navigationstasten ausgeblendet werden.

Wischen Sie von unten nach oben in den Bildschirm, um die Navigationstasten wieder anzuzeigen

26.1.5 Wunschliste

Auf die »Wunschliste« setzen Sie Programme, die Sie interessieren und vielleicht später mal ausprobieren oder kaufen möchten.

❶❷ Wenn Sie mal auf ein interessantes Programm stoßen, rufen Sie ⋮/*Auf die Wunschliste* auf. Mit ⋮/*Von Wunschliste entfernen* machen Sie dies wieder rückgängig.

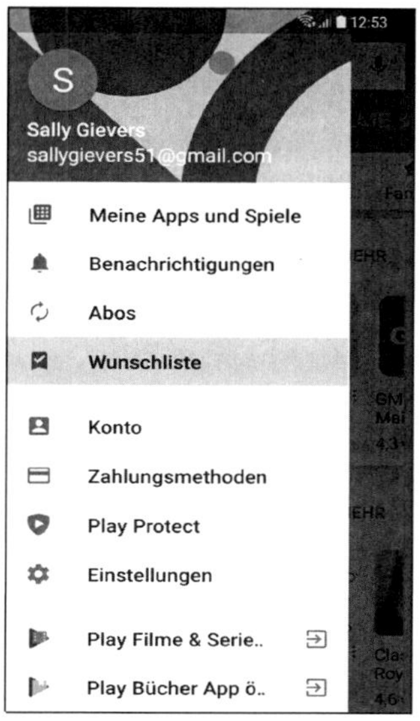

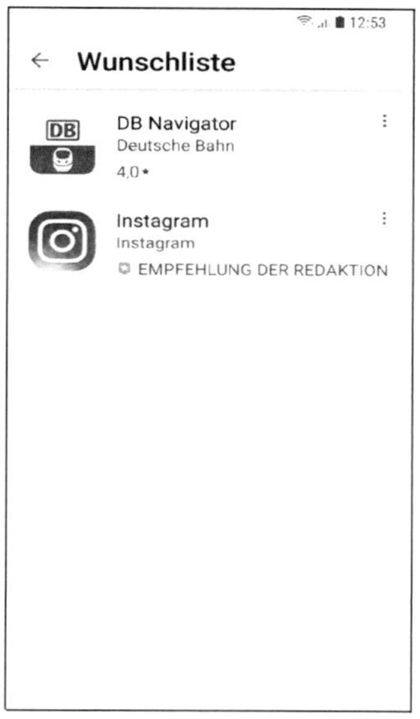

❶❷ Ihre Wunschliste finden Sie im Ausklappmenü unter *Wunschliste*.

26.1.6 Gute von schlechter Software unterscheiden

- Häufig geladene (und damit meist gute) Software findet in den Kategorien *TOPP-APPS, ERFOLGREICHSTE*, usw. Eingang.
- Auch wenn Sie die Suchfunktion nutzen, erscheinen in der Auflistung zuerst die am häufigsten heruntergeladenen Programme.
- Zusätzlich finden Sie bei jedem Programm eine Sterne-Bewertung sowie Kommentare der Nutzer. Insbesondere bei Kaufprogrammen (die Sie ja nicht vorab testen können) sollten Sie sich die Nutzerbewertungen durchlesen.
- Manche Kaufprogramme sind auch als in der Funktion eingeschränkte Version kostenlos im Play Store erhältlich, sodass man zumindest einen groben Überblick über deren Tauglichkeit erhält. Es gibt übrigens häufig auch Programme, die sowohl kostenlos, als auch als Kaufversion erhältlich sind. Die kostenlose Version finanziert sich dann meistens durch Werbebanner. Werbebanner haben allerdings den Nachteil, häufig aus dem Internet Daten nachzuladen (irgendwoher müssen die Werbebanner ja kommen) und teilweise den GPS-Empfänger zu aktivieren. Letzteres dient dazu, dem Nutzer für sein Land optimierte Werbung anzuzeigen. Leider reduziert sich dadurch die Handy-Akkulaufzeit...
- Die Softwareentwickler bestimmen selbst ob ihre Programme für bestimmte Handys und Handys geeignet sind. Programme, die nicht auf Ihrem Handy funktionieren, werden erst gar nicht im Play Store anzeigt. Trotzdem werden Sie ab und zu auf Programme, insbesondere Spiele stoßen, die nicht gut angepasst sind, was sich u.a. in pixeliger Darstellung, verschobenen Schaltleisten, überstehenden Texten, usw. bemerkbar macht. Falls Ihnen ein Programm trotzdem gefällt, sollten Sie einfach das Programm installiert lassen. Der Play Store meldet zu jeder installierten Software automatisch im Benachrichtigungsfeld, wenn ein Update vorliegt, das vielleicht die Probleme beseitigt.

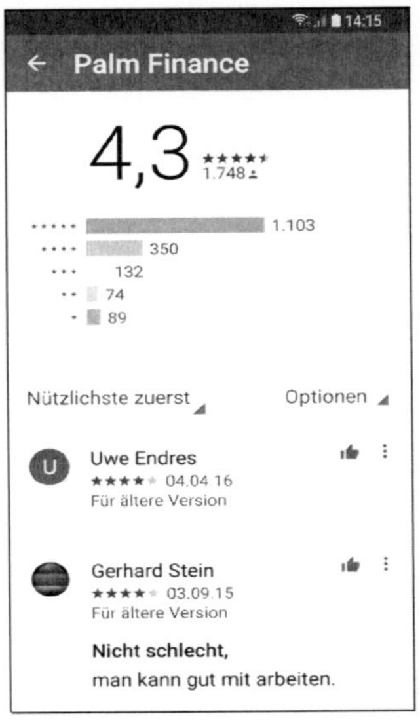

❶ Die Bewertungen erhalten Sie angezeigt, wenn Sie die Bewertungszahl (Pfeil) antippen. Alternativ führen Sie auf dem Display eine Wischgeste von unten nach oben durch.

❷ Hohe Stern-Bewertungen und große Downloadzahlen führen manchmal auch in die Irre: Der Play Store fasst die weltweit auflaufenden Nutzerbewertungen zusammen. Beispielsweise wird ein Buchhaltungsprogramm, das in den USA entwickelt wurde, dort von den Anwendern hochgelobt und entsprechend bewertet werden, während es für deutsche Anwender nicht geeignet ist.

Einige Programme werden zudem nicht weiterentwickelt, weshalb unter Umständen eine hohe Bewertung heute nicht mehr gerechtfertigt wäre.

Der Play Store zeigt nur deutsche Bewertungstexte an. Es kann deshalb vorkommen, dass Sie bei einem international angebotenen Programm zwar viele Bewertungen, aber kaum Bewertungstexte sehen.

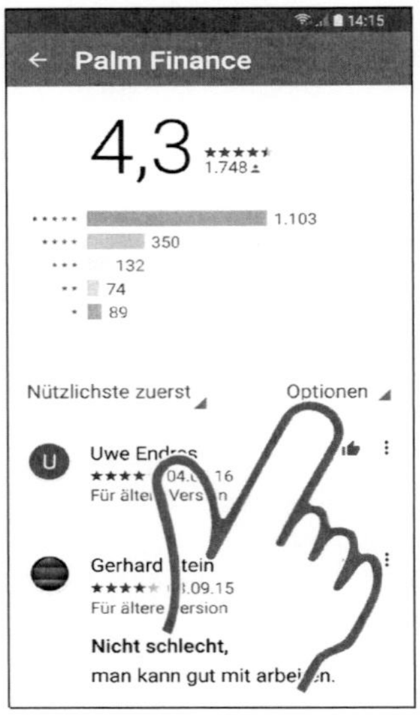

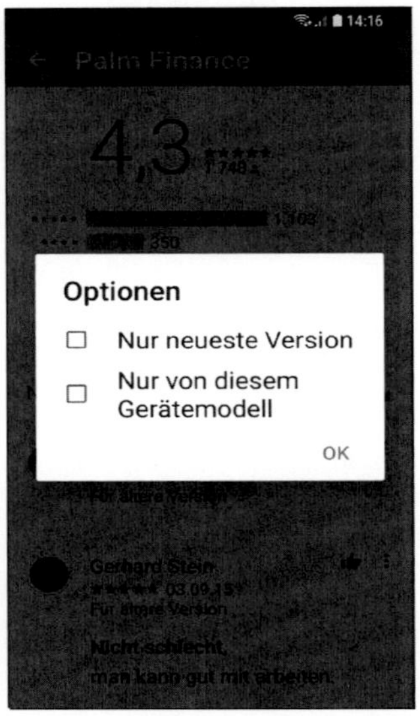

❶ Während man Freeware einfach installiert und bei Nichtgefallen wieder vom Gerät wirft, ist es bei Kaufprogrammen besser, vorher die Nutzerbewertungen anzuschauen. Tippen Sie daher auf *Optionen*.

❷ Sie können nun mit *Nur neueste Version*, beziehungsweise *Nur von diesem Gerätemodell* die Bewertungstexte einschränken (*Nur von diesem Gerätemodell* führt allerdings meistens dazu, dass der Play Store keine Bewertungen mehr anzeigt, weil es nicht besonders viele Nutzer eines Geräts gibt).

Tipp: Von vielen höherwertigen Programmen wird im Play Store eine kostenlose Version mit beschnittenen Funktionsumfang angeboten, Sie können so das jeweilige Programm schon vorab auf Herz und Nieren testen und anschließend die Vollversion erwerben.

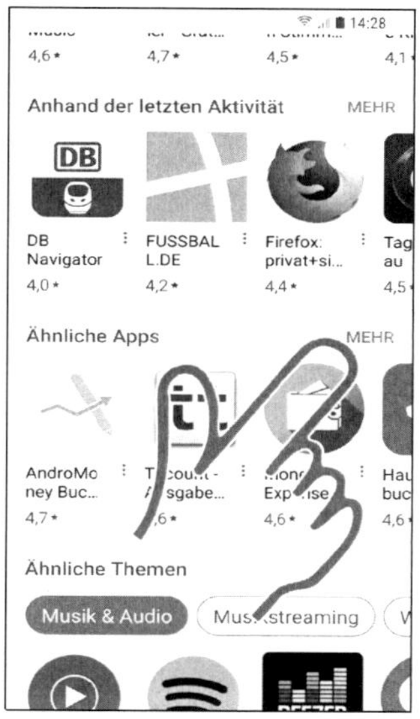

❶❷❸ Zu jedem Programm gibt es Alternativen. Dazu wischen Sie durch die Programminfos und betätigen hinter Ähnliche *Apps* die *MEHR*-Schaltleiste.

26.1.7 Einstellungen

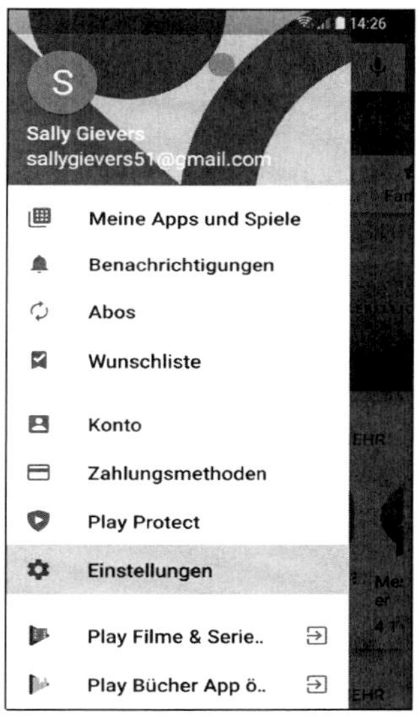

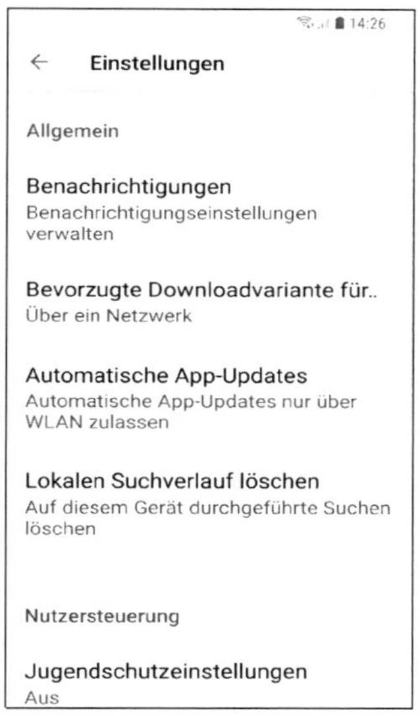

Unter *Allgemein*:

- *Benachrichtigungen*:
  - *Updates*: Wenn zu einem aus dem Play Store installiertem Programm Updates vorliegen, erhalten Sie eine Benachrichtigung.
  - *Automatische App-Updates*: Sie erhalten einen Benachrichtigung, sobald ein Update im Hintergrund installiert wurde.
  - *Vorregistrierung; Angebote und Werbeaktionen*: Sie erhalten eine Benachrichtigung, wenn Entwickler neue Programme auf den Markt bringen, die für Sie interessant sein könnten.
- *Bevorzugte Downloadvariante für Apps*: Legen Sie fest, wie die Installation erfolgt:
  - *Über ein Netzwerk*: Downloads erfolgen über Mobilfunkinternet, wenn kein WLAN zur Verfügung steht.
  - *Nur über WLAN*
  - *Jedes Mal fragen*: Wählen Sie aus, ob der Download über WLAN oder Mobilfunkinternet erfolgt.
- *Automatische App-Updates*: Installierte Programme werden automatisch im Hintergrund

aktualisiert,

- *Lokalen Suchverlauf löschen*: Die Suchfunktion speichert alle eingegebenen Begriffe und schlägt sie beim nächsten Mal vor.

Unter *Nutzersteuerung*:

- *Jugendschutzeinstellungen*: Für Eltern: Blockieren Sie die Installation und Nutzung von Programmen und Medien, die nicht altersgerecht sind.
- *Authentifizierung für Käufe erforderlich*: Sie können die Programminstallation von einer vorher einzugebenen PIN abhängig machen.
- *Google Play Instant*: Legen Sie fest, welchem Google-Konto die sogenannten Instant Apps zugeordnet werden. Instant Apps sind auf dem Handy installierte Programme, die sich auch über einem Link im Webbrowser aufrufen lassen. Derzeit haben Instant Apps noch keine große Bedeutung, zumal sie nicht alle Handys unterstützen.

26.1.8 Softwarekauf im Google Play Store

Viele Programme im Play Store sind kostenpflichtig, wobei als Zahlungsmethode neben einer Kreditkarte auch Paypal (ein Zahlungsdienstleister), die Handyrechnung (nicht bei allen Netzbetreibern möglich) und Gutscheine akzeptiert werden (auf Letztere geht Kapitel *26.1.9 Google-Gutscheine* noch genauer ein). Damit Sie nicht die »Katze im Sack« kaufen, lassen sich Käufe innerhalb von 2 Stunden rückgängig machen. Eine Rückgabe ist beim erneuten Kauf dann aber nicht mehr möglich. Die erworbenen Programme werden mit Ihrem Google-Konto verknüpft und lassen sich beim Gerätewechsel ohne erneuten Kauf herunterladen und installieren.

> Gekaufte Software lässt sich immer nur auf einem Gerät gleichzeitig nutzen.
>
> Beachten Sie bitte, dass manche Software nur für bestimmte Geräte angeboten wird. Insbesondere Spiele unterstützten nicht alle Android-Handys und Tablets. Problematisch sind auch Programme, deren Entwicklung eingestellt wurde und daher nicht für neue Geräte freigegebenen sind, obwohl sie darauf laufen könnten.

❶ Betätigen Sie bei einem Kaufprogramm die Preisschaltleiste (Pfeil).

❷ Tippen Sie jetzt auf *WEITER* (Pfeil).

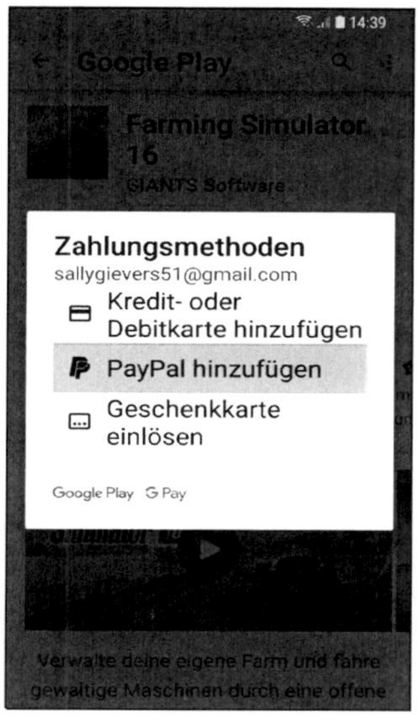

❶❷ Wählen Sie nun eine der Zahlungsmethoden aus:

- *Abrechnung über xxx verwenden*: Die Zahlung erfolgt über Ihren Mobilnetzbetreiber und taucht dann auf Ihrer nächsten Mobilfunkrechnung auf. Beachten Sie bitte, dass nicht jeder Netzbetreiber mobile Zahlungen akzeptiert. Haben Sie beim Netzbetreiber »Inkasso von Dritten« deaktivieren lassen, ist ebenfalls kein Kauf über die Mobilfunkrechnung möglich.
- *PayPal hinzufügen*: Zahlungsabwicklung über PayPal. Dieser Zahlungsabwickler wird von Ebay betrieben und bucht Rechnungen entweder von Ihrem Bankkonto oder Ihrer Kreditkarte ab. Siehe auch die PayPal-Website unter *www.paypal.com*.
- *Kredit- oder Debitkarte hinzufügen*: Zahlung über Ihre Kreditkarte.
- *Code einlösen*: Gutschein verwenden. Falls Ihnen die anderen Zahlungsmethoden unbekannt sind oder zu unsicher erscheinen, ist die Nutzung eines Guthabens die beste Bezahlmethode. Wir gehen darauf im Kapitel *26.1.9 Google-Gutscheine* genauer ein.

In diesem Beispiel wählen wir *Kredit- oder Debitkarte hinzufügen.*

Folgen Sie einfach den Anweisungen, das heißt, zuerst erfassen Sie die Kreditkartennummer, das Ablaufdatum und den Sicherheitscode (CCV), danach Ihre persönlichen Daten. Betätigen Sie dann *SPEICHERN.*

❸ Betätigen Sie *KAUFEN.*

❶ Geben Sie das Passwort Ihres Google-Kontos eingeben und schließen Sie mit *BESTÄTIGEN* ab. Dies ist dann auch bei künftigen Käufen nötig.

❷ Einmalig erfolgt die Nachfrage, ob Sie jeden Kauf im Play Store mit Ihrem Passwort bestätigen möchten. Wir empfehlen aus Sicherheitsgründen *JA, IMMER.*

❸ Schließen Sie den Hinweis mit *WEITER*.

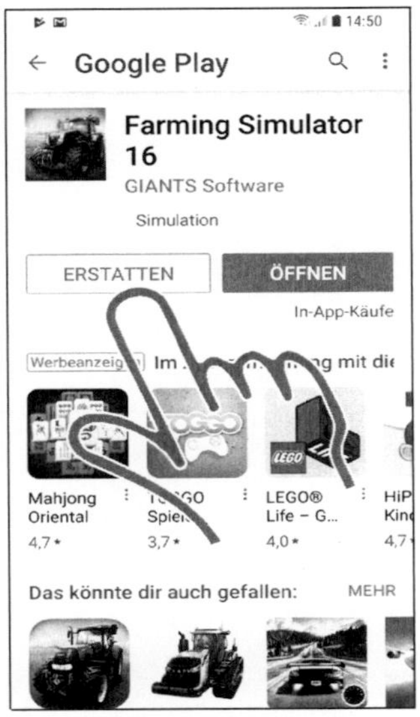

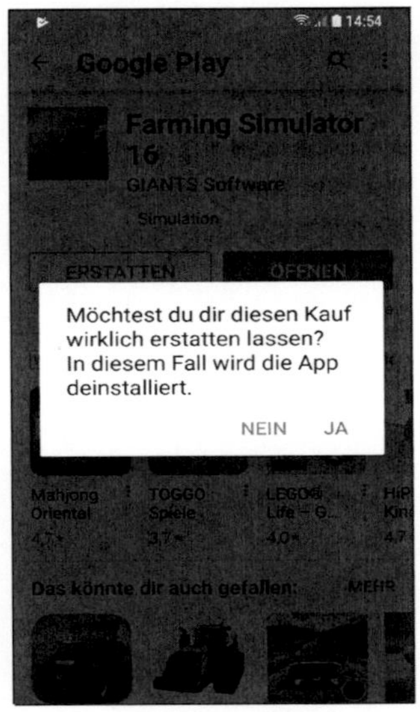

❶❷ Wenn Sie das Programm nicht so funktioniert wie es soll, betätigen Sie *ERSTATTEN* in den Programmdetails (beachten Sie, dass Sie dazu nur 2 Stunden Zeit haben!).

26.1.9 Google-Gutscheine

Es sind Gutscheine für den Google Play Store in Stückelungen von 15 und 25 Euro bei diversen Tankstellen, in Supermärkten und Elektronikketten erhältlich. Da die Karten schwarz sind, sollten sie nicht zu übersehen sein.

Vorsicht ist übrigens bei günstigen Gutscheinen von Internet-Shops geboten! Häufig handelt sind diese nicht in Deutschland gültig.

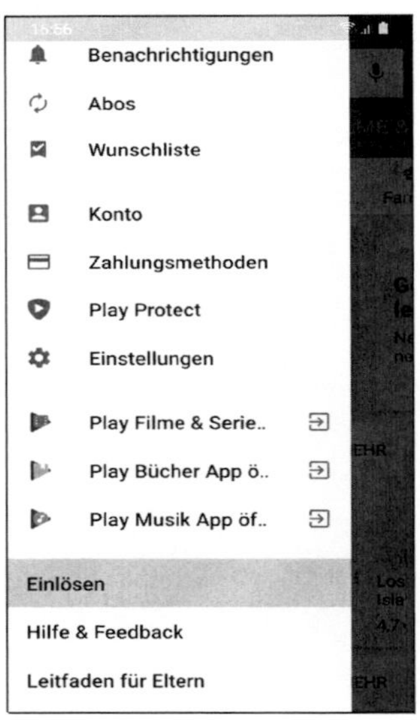

❶❷ Zum Einlösen aktivieren Sie einfach im Play Store das Ausklappmenü und gehen auf *Einlösen*. Geben Sie dann den Code von der Karte ein.

❸ Wählen Sie gegebenenfalls während des Kaufvorgangs das *Google Play*-Guthaben aus. Dazu müssen Sie auf den Programmnamen tippen und dann in *Zahlungsmethoden* das *Google Play-Guthaben* auswählen.

26.1.10 In-App-Käufe

Programmentwickler können sich grundsätzlich auf drei Arten finanzieren: Durch den Verkauf ihrer Programme, die Einblendung von Werbung oder durch ein Freemium-Modell (Wortspiel aus engl. Free = Frei und engl. Premium = kostenpflichtig). Freemium-Modelle kommen vorwiegend bei Computerspielen vor. Freemium heißt, dass das Programm kostenlos ist, Sie aber zusätzliche Inhalte oder Funktionen jederzeit erwerben dürfen. Dies können in einem Ballerspiel beispielsweise leistungsfähigere Waffen sein oder bei einem Fitness-Programm weitere Trainings. Für Kinder sind solche Programme ungeeignet, da sie die dadurch entstehenden Kosten nicht einschätzen können.

Damit wir uns nicht missverstehen: Grundsätzlich sind Freemium-Programme nicht immer schlecht, denn insbesondere bei Spielen leidet der Spaß nur geringfügig, wenn man auf In-App-Käufe verzichtet.

Gegenüber dem »normalen« Kauf im Play Store haben In-App-Käufe einige Nachteile (wörtlich übernommen von *support.google.com/googleplay/answer/1061913*):

- Es gibt kein zweistündiges Erstattungsfenster.
- Erstattungen werden im Allgemeinen nach dem Ermessen des App-Entwicklers gewährt.
- Für die Bereitstellung von In-App-Käufen sind die Entwickler zuständig.

Im Play Store erkennen Sie In-App-Käufe anhand der Berechtigungen, die **vor** der Installation aufgelistet werden (siehe Kapitel *26.1.2 Programme installieren*).

Bei jedem In-App-Kauf müssen Sie zur Sicherheit das Passwort zu Ihrem Google-Konto eingeben.

26.1.11 Spiele

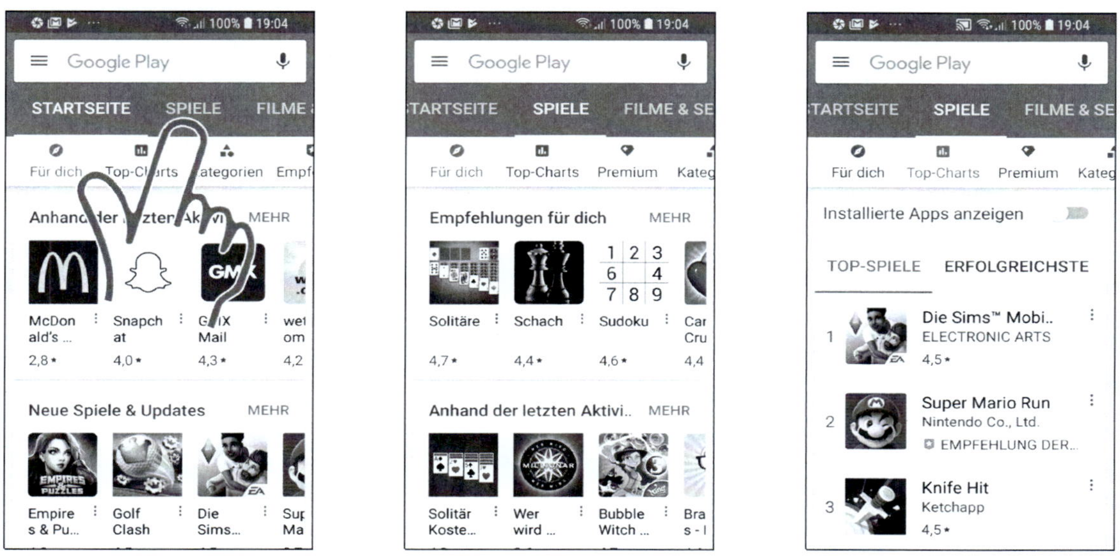

❶ Über das *SPIELE*-Register schalten Sie die Anzeige auf Computerspiele um.

❷❸ Die Register *TOP-CHARTS, KATEGORIEN,* usw. beziehen sich nun ausschließlich auf Unterhaltungsprogramme.

26.2 Galaxy Store

Galaxy Store ist ein Online-Angebot des Herstellers, über das sich weitere Anwendungen, aber auch Spiele, für das Galaxy herunterladen lassen. Auch kommerzielle Programme sind dort vorhanden, welche man über Kreditkarte oder Handyrechnung kaufen kann.

> Galaxy Store bietet nur relativ wenige Programme zum Download an, hat aber den Vorteil, dass im Vergleich zum Google Play Store manche Programme kostenlos sind, für die man im Google Play Store bezahlen müsste. Es lohnt sich also ab und zu mal einen Blick in den Galaxy Store zu werfen.
>
> Damit Sie den Galaxy Store nutzen können, richten Sie bitte zuerst Ihr Samsung-Konto, wie im Kapitel *25 Das Samsung-Konto* beschrieben, ein.
>
> Der Galaxy Store hieß bis Ende 2018 noch Galaxy Apps.

26.2.1 Galaxy Store in der Praxis

Starten Sie *Galaxy Store* aus dem Hauptmenü. Eventuell müssen Sie nun die Geschäftsbedingungen annehmen.

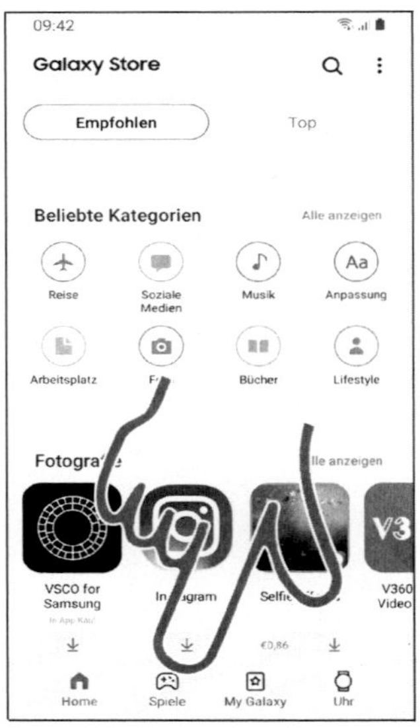

❶ Es wird bereits eine Reihe von Programmen vorgeschlagen. Wischen Sie durch die Auflistung für einen Überblick.

❷❸ Über die Register am unteren Bildschirmrand grenzen Sie die Anzeige auf Spiele ein.

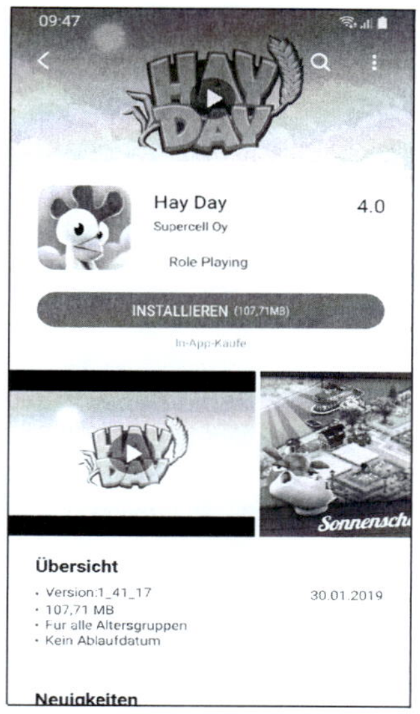

❶ Gehen Sie auf einen Programmeintrag.

❷ Es erscheint eine kurze Programmbeschreibung. Betätigen Sie *INSTALLIEREN*. Das Programm wird nun im Hintergrund heruntergeladen und installiert. Sie können währenddessen mit dem Galaxy ganz normal weiterarbeiten. Anschließend finden Sie das installierte Programm im Hauptmenü wieder, wo Sie es auch starten.

> Für den Kauf von Programmen stehen die Zahlungsmethoden Mobilrechnung, PayPal oder Kreditkarte zur Verfügung.

26.3 Programme deinstallieren

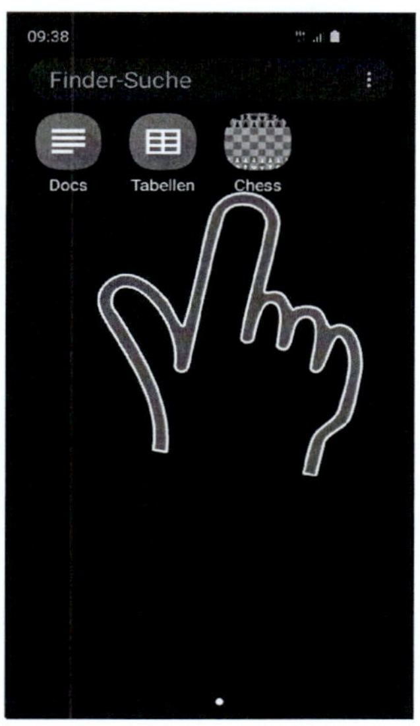

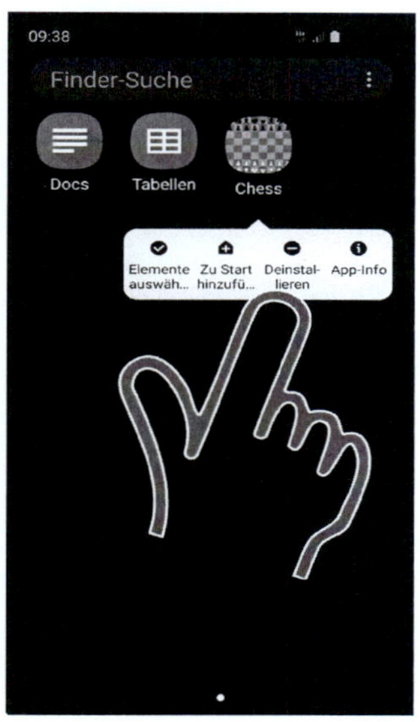

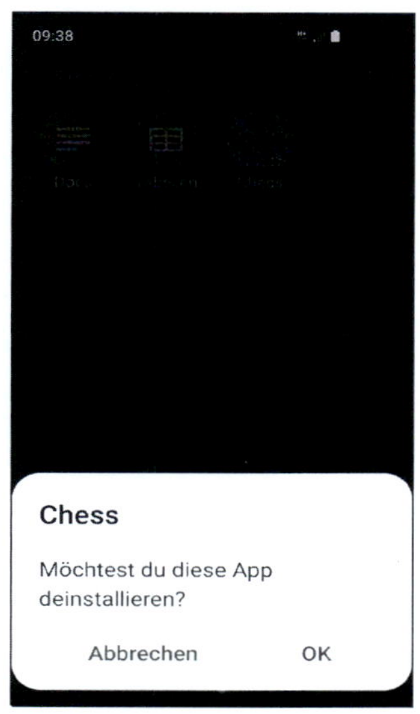

❶ Tippen und halten Sie den Finger über einem Programmeintrag, bis das Popup erscheint.

❷❸ Wählen Sie im Popup *Deinstallieren* und betätigen dann *OK*.

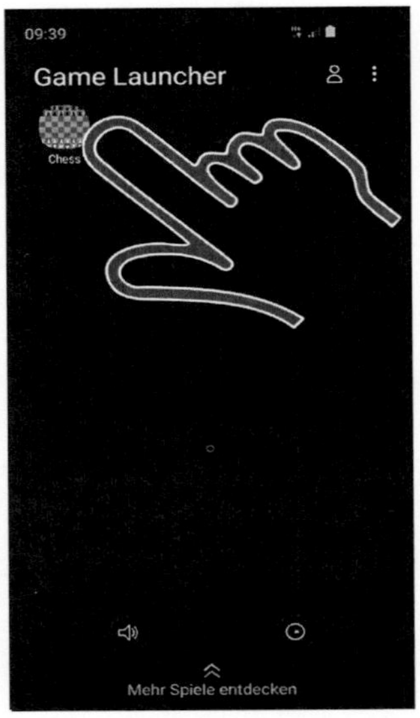

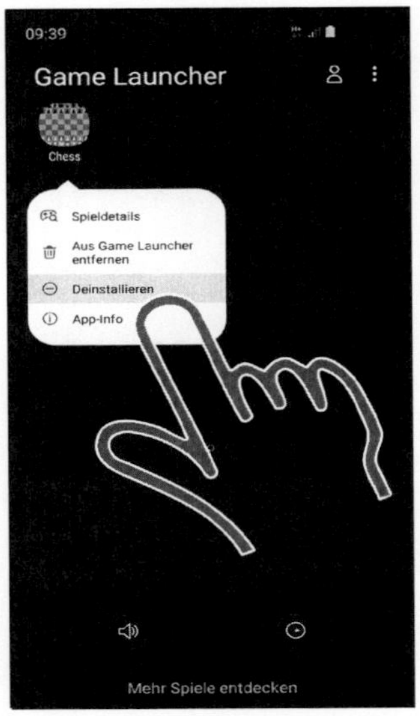

➊ Zu beachten ist, dass Sie Spiele im *Game Launcher*-Ordner finden (sofern Sie diese Option, wie im Kapitel *26.1.3 Game Tools und Game Launcher* beschrieben, aktiviert haben).

➋➌ Tippen und halten Sie den Finger auf einem Spiel und gehen Sie auf *Deinstallieren.*

➊➋ Einige vorinstallierte Programme lassen sich dagegen nicht deinstallieren, sondern nur ausblenden: Gehen Sie auf *Deaktiv* im Popup und betätigen Sie *Deaktivieren.*

Einige Programme, die unbedingt vom Handy benötigt werden, lassen sich nicht deaktivieren.

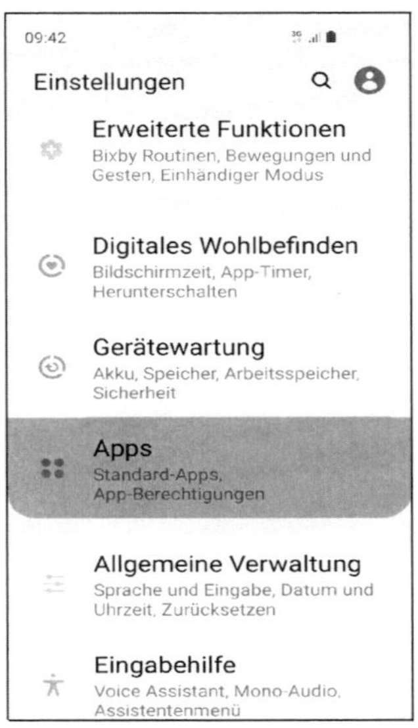

❶ So machen sie ausgeblendete (deaktivierte) Programme wieder im Hauptmenü sichtbar: Rufen Sie die *Einstellungen* im Hauptmenü auf.

❷ Gehen Sie auf *Apps.*

❸ Das Auswahlmenü (Pfeil) stellen Sie auf *Deaktiviert.*

❶❷ Das wieder sichtbar zu machende Programm tippen Sie an und betätigen *Aktivieren.*

26.4 Programme im Hintergrund

Genauso wie unter Windows auf dem PC dürfen auch auf Android mehrere Programme gleichzeitig aktiv sein. Zum Beenden eines Programms unter Android betätigen Sie einfach die <-Taste. Soll dagegen das gerade aktive Programm im Hintergrund weiterlaufen, drücken Sie die O-Taste. In das Hintergrund-Programm kehren Sie entweder durch erneuten Programmaufruf aus dem Hauptmenü zurück, oder Sie verwenden dazu die nachfolgend beschriebene Vorgehensweise.

Wenn Sie die III-Taste unterhalb des Displays betätigen, listet das Galaxy die zuletzt aufgerufenen Programme auf – was übrigens nicht heißt, dass diese noch im Hintergrund laufen. Ziehen Sie mit angedrücktem Finger ein Vorschaubild nach oben, um es aus der Liste zu entfernen beziehungsweise zu beenden. Alternativ betätigen Sie *Alle schließen* am unteren Bildschirmrand.

Grundsätzlich dürfte es nur äußerst selten nötig sein, im Hintergrund laufende Programme zu beenden.

27. Empfehlenswerte Apps aus dem Play Store

Im Google Play Store werden unzählige Programme (Neudeutsch als »Apps« bezeichnet) angeboten, die den Funktionsumfang Ihres Handys erweitern. Unsere kleine Übersicht stellt davon einige Nützliche vor.

Wie Sie Programme auf dem Galaxy installieren, erfahren Sie im Kapitel *26.1 Play Store*.

Damit Sie die vorgestellten Programme schnell im Play Store auffinden, haben wir in kursiver Schrift deren genauen Namen angegeben.

Beispiel:

Pro 7, Sat.1, Kabel eins

7TV | Mediathek, TV Livestream

»Aktuelle Folge verpasst….«

Suchen Sie im Beispiel im Play Store nach »*7TV | Mediathek, TV Livestream*«. Meistens reicht es aus, die ersten Buchstaben des Programmnamens einzugeben, worauf der Play Store schon das Gesuchte vorschlägt.

> Es ist leider nicht selten, dass Programme aus dem Play Store verschwinden oder nicht auf Ihrem Gerät installierbar sind (es gibt dann einen entsprechenden Hinweis). Also bitte nicht frustriert sein!

27.1 Fernsehen

Alle Fernsehsender bieten eine entsprechende App mit weiteren Infos zum Programm an. Häufig kann man damit nicht nur Live-Sendungen schauen, sondern auch vergangene Sendungen erneut abspielen.

Pro 7, Sat.1, Kabel eins

7TV | Mediathek, TV Livestream (❶)

»Aktuelle Folge verpasst oder gerade unterwegs, wenn Ihre Lieblingssendung im Fernsehen läuft? Mit der 7TV App sehen Sie Ihre 6 Lieblingssender in einer TV App. Ob The Voice of Germany, The Royals, Circus HalliGalli oder Got To Dance Kids - mit 7TV sehen Sie Ihre TV Sendungen wann Sie wollen und wo Sie wollen.«

Das Erste

Das Erste (❷)

»Mit der neuen Das Erste App kommen Sie noch leichter an Ihre Lieblingssendungen und Videos. Der neue Programmkalender vereint Programmvorschau, Livestream und Videos zu vergangenen Sendungen auf einen Blick. Redaktionelle Highlights und persönliche Empfehlungen finden Sie geordnet und übersichtlich auf der Startseite. Videos finden Sie schnell und leicht über den Programmkalender, über ein A-Z und über Rubriken wie Dokumentationen, Filme, Krimis, Nachrichten, Kinder, Ratgeber oder Kultur und Wissen.«

ZDF

ZDFmediathek & Live TV (❸)

»Mit der Mediathek holen Sie sich Live-TV und die TV-Sendungen des ZDF aufs Smartphone oder Tablet«

Viele Sender haben auch eine Mediathek-App im Play Store, über die Sie ältere Sendungen erneut abrufen können. Suchen Sie im Play Store nach »*Mediathek*« für eine Übersicht.

27.2 TV- und Kinoprogramm

Sie sind ein TV-Stubenhocker? Dann dürften diese Programme für Sie nützlich sein.

Prime Guide TV Programm (❶)

»Prime Guide ist mehr als eine Fernsehzeitung: Für TV Sendungen und Spielfilme kannst Du direkt Trailer, Bewertungen und spannende Hintergrundinfos aufrufen.«

TV SPIELFILM - TV Programm mit LIVE TV (❷)

»Das TV-Programm von über 140 Sendern kompakt und schnell im Überblick! Live TV: Jederzeit überall LIVE fernsehen - direkt in der App! Mit TV SPIELFILM live können Sie über 50 Sender kostenlos anschauen«

TV Movie - TV Programm (❸)

»Kostenloses TV Programm für über 150 Sender«

27.3 Transport, Reisen und Hotels

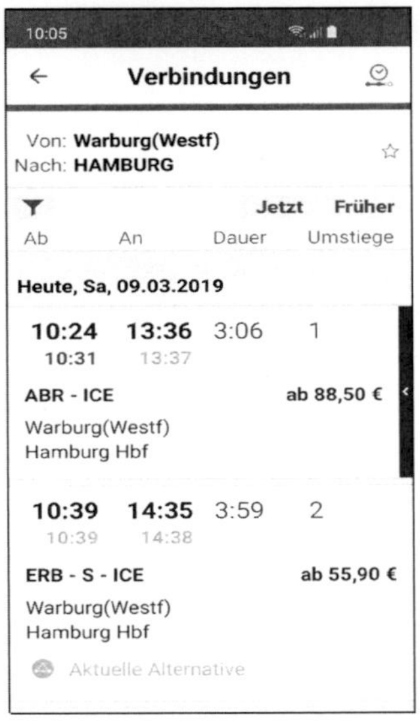

Die verschiedenen lokalen Verkehrsverbünde und die Deutsche Bahn haben eigene Apps veröffentlicht. Damit sind Sie bei Fragen zum Fahrplan nicht vom schlecht gelaunten Zugpersonal oder umständlichen Fahrkartenautomaten abhängig.

DB Navigator (❶)

Der DB Navigator der Deutschen Bahn berechnet Ihnen Routen vom Start- zum Zielort und weist auf bevorstehende Umstiege frühzeitig hin. Auch Echtzeit-Informationen wie Verspätungen und der direkte Zugang zu alternativen Verbindungen werden gezeigt. Das Programm nutzt Echtzeitdaten und informiert über Zugausfälle und Ersatzfahrpläne. Über den Menüpunkt »Regionale Angebote« können Sie Länder-Tickets, das Quer-Durchs-Land-Ticket und das Schönes-Wochenende-Ticket auswählen und direkt mobil buchen.

Bahnhofstafel (❷)

Das Programm nutzt die gleiche Datenquelle wie die Anzeigetafeln an den jeweiligen Bahnhöfen. Sie erhalten so einen schnellen Überblick über Verspätungen und Gleiswechsel.

Öffi – Fahrplanauskunft (❸)

All-in-one-App eines privaten Entwicklers für die öffentlichen Verkehrsmittel mit Infos zu den Abfahrtszeiten und nächstgelegenen Haltestellen in den wichtigsten deutschen und internationalen Städten. Ein Routenplaner ermittelt die optimale Fahrtstrecke.

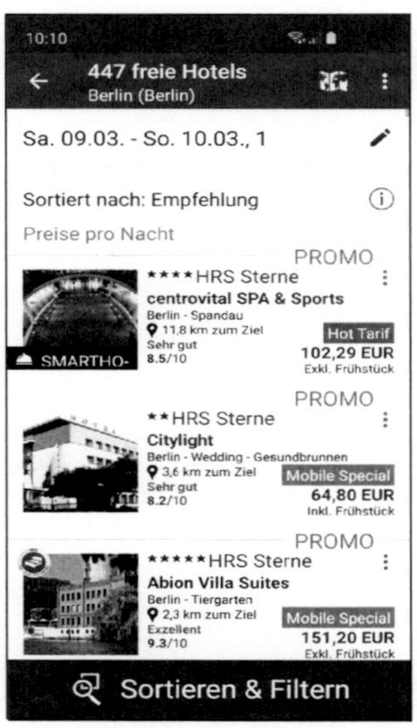

Vergleichen Sie die Preise von Hotels und buchen Sie direkt Ihr Zimmer mit den nachfolgend vorgestellten Programmen.

Die Apps:

- *Hotel Suche HRS* (❶)
- *Booking.com – Hotel-Buchungen* (❷)

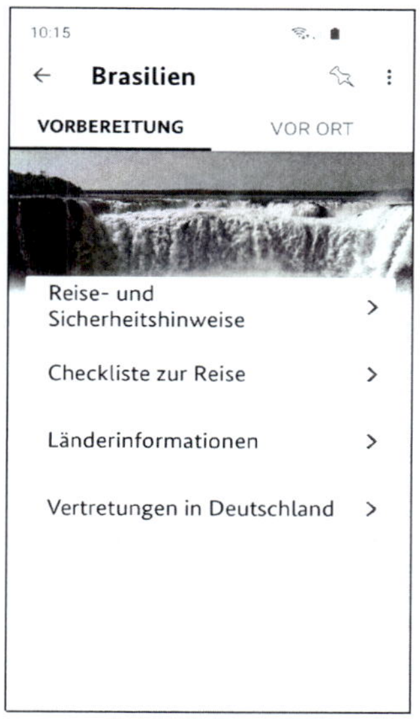

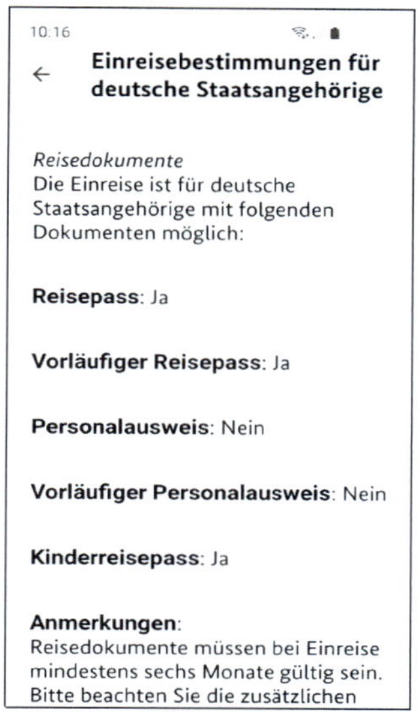

Eine Auslandsreise kann schnell zum Albtraum werden, wenn man sich nicht an die Bräuche und Gesetze des Gastgeberlands hält. Damit Sie nicht durch Unwissen in Schwierigkeiten geraten und im Notfall wissen, an wen Sie sich wenden sollten, wurden zwei Apps entwickelt.

Sicher reisen (❶❷)

Das Programm liefert die nötigen Infos für eine sichere und reibungslose Auslandsreise: Sie erhalten Tipps für Ihre Reisevorbereitung und für Notfälle, die Adressen der deutschen Vertretungen im Ausland und der Vertretungen Ihres Reiselandes in Deutschland. Falls nötig, werden Sie über Reise- und Sicherheitshinweise des Auswärtigen Amts informiert.

Zoll und Reise (❸)

Wenn Sie sich nicht sicher sind, was man abgabenfrei aus dem Urlaub mit nach Deutschland bringen darf, hilft Ihnen diese App weiter. Mit dieser ermitteln Sie bei Bedarf auch die fälligen Abgaben, wenn Sie die Freimenge überschreiten und erfahren, welche Waren Sie nicht einführen dürfen.

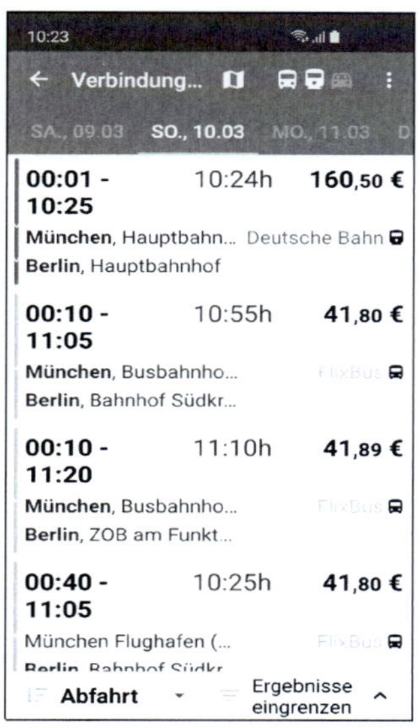

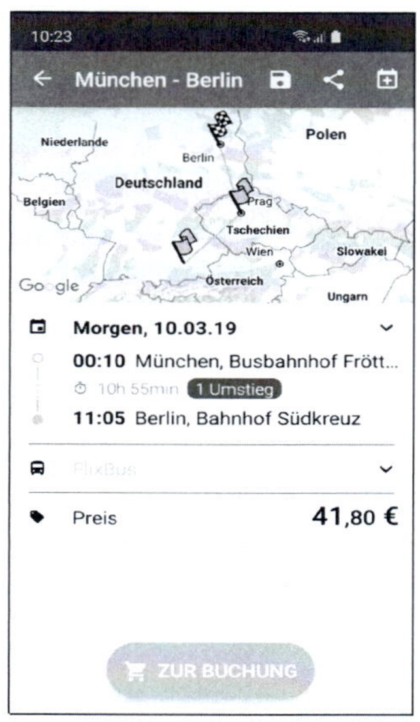

Die Fernbusse haben sich inzwischen zu einer starken Konkurrenz zur Deutschen Bahn entwickelt. Über entsprechende Apps ermitteln Sie die nächsten Fahrten, deren Kosten und erwerben Tickets.

FlixBus: Fernbus durch Europa (❶)

»Reise in Europa günstig mit Fernbus und Zug. Einfach bequem per App buchen.«

Busliniensuche: Fernbus App (❷❸)

Mit Busliniensuche ermitteln Sie die passende Fernbusverbindung und haben alle Preise, Abfahrtszeiten und Haltestellen in Ihrer Umgebung zur Hand. Das Programm berücksichtigt alle auf dem deutschen Markt aktiven Fernbuslinien und zeigt deren Fahrtdauer und Preise an.

27.4 Auskunft

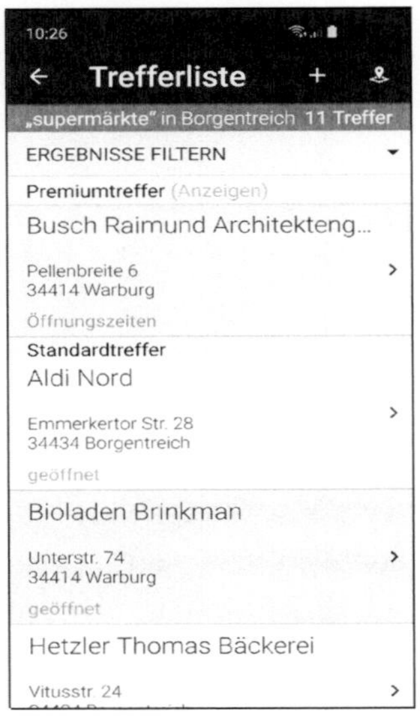

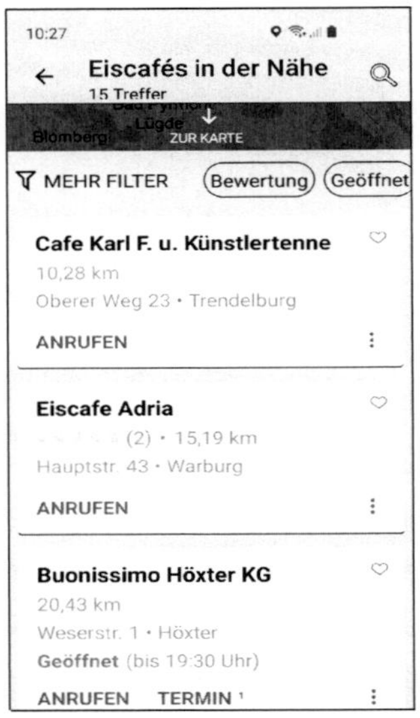

Das Örtliche Telefonbuch & Auskunft in Deutschland (❶)

Das Örtliche Telefonbuch und Auskunft für Deutschland. Das Programm dient nicht nur als Telefonbuch, sondern informiert auch über die Benzinpreise, das Kinoprogramm und listet Bars, Hotels, Supermärkte und Freizeitgelegenheiten. Außerdem ist ein Routenplaner enthalten.

Gelbe Seiten – Auskunft und mobiles Branchenbuch (❷)

In den Gelben Seiten sind alle Gewerbebetriebe gelistet, die Sie somit einfach auffinden. Soweit hinterlegt, informiert die App auch über die Öffnungszeiten und Benutzerbewertungen.

27.5 Smart Switch

Die meisten neu gekauften Handys werden heute als Ersatz für ein älteres Gerät angeschafft. In Kapitel *2.2 Das Google-Prinzip* haben wir bereits beschrieben, dass die Übernahme der vorhandenen Daten auf das neue Handy kein Problem darstellt. Alle Kontakte, Termine, usw. sind ja in Ihrem Google-Konto im Internet gespeichert und werden automatisch wiederhergestellt, sobald Sie sich mit Ihrem Google-Konto auf dem neuen Handy anmelden.

Was leider nicht wieder gestellt wird, sind SMS, Memos, Alarme, Sprachmemos, usw. Auch Kontakte und Termine, die nicht dem Google-Konto zugeordnet sind, finden nicht den Weg aufs neue Gerät.

Mit Smart Switch, was sich ungefähr mit »kluger Wechsel« übersetzen lässt, steht dagegen eine einfache Methode bereit, alle Daten und Dateien aufs neue Galaxy-Handy zu transferieren.

Zur Verfügung stehen Ihnen zwei Varianten des Smart Switch:

- Beim kabelgebundenen Smart Switch verbinden Sie das Galaxy S10/S10+ und das alte Handy über einen mitgelieferten Adapter und das USB-Kabel. Unterstützt werden nur alte BlackBerry-Modelle (kein OS 10!) und Samsung-Geräte ab Android 4.
- Smart Switch Mobile unterstützt dagegen Handys/Tablets nicht nur von Samsung, sondern auch von anderen Android-Lizenznehmern, sowie Apple-Produkte und BlackBerry-Handys. Damit dies funktioniert, müssen Sie auf dem anderen Gerät allerdings erst eine Software installieren.

Die drahtlose Übertragung ist am einfachsten anzuwenden. Auch wenn Sie von einem Blackberry oder iPhone auf das Galaxy S10/S10+ umsteigen und die Daten mitnehmen möchten, machen Sie dies drahtlos.

ART DER DATEN	TRANSFER AUS ICLOUD-BACKUP	IOS USB-OTG² TRANSFER	ANDROID ZU ANDROID
App-Listen ¹	✓	✓	✓
Browser-Bookmarks	✓	✓	✓
Dokumente		✓	✓
Einstellungen			✓
Fotos und Videos		✓	✓
Hintergrundbilder			✓
Kalendereinträge	✓	✓	✓
Kontakte	✓	✓	✓
Memos	✓		✓
Musik		✓	✓
Telefonprotokolle	✓		✓
Textnachrichten (SMS/MMS)		✓	✓
Sprachnachrichten		✓	✓
WLAN-Passwörter		✓	✓

Die übertragenen Datentypen unterscheiden sich zwischen Android- und Apple-Geräten (Screenshot von *www.samsung.com/de/support/smartswitch*).

Das Gerät, von dem Sie senden (hier als Beispiel ein Android-Handy):

➊ Installieren Sie *Samsung Smart Switch Mobile* aus dem Play Store (siehe Kapitel *26.1 Play Store*). Danach starten Sie *Smart Switch* mit *ÖFFNEN* oder rufen es aus dem Hauptmenü auf.

➋➌ Betätigen Sie *Zustimmen* und dann *Starten*.

❶❷ Gehen Sie auf *Daten senden* und dann auf *Drahtlos.*

❸ Das Gerät wartet auf die Empfangsbereitschaft des anderen Handys.

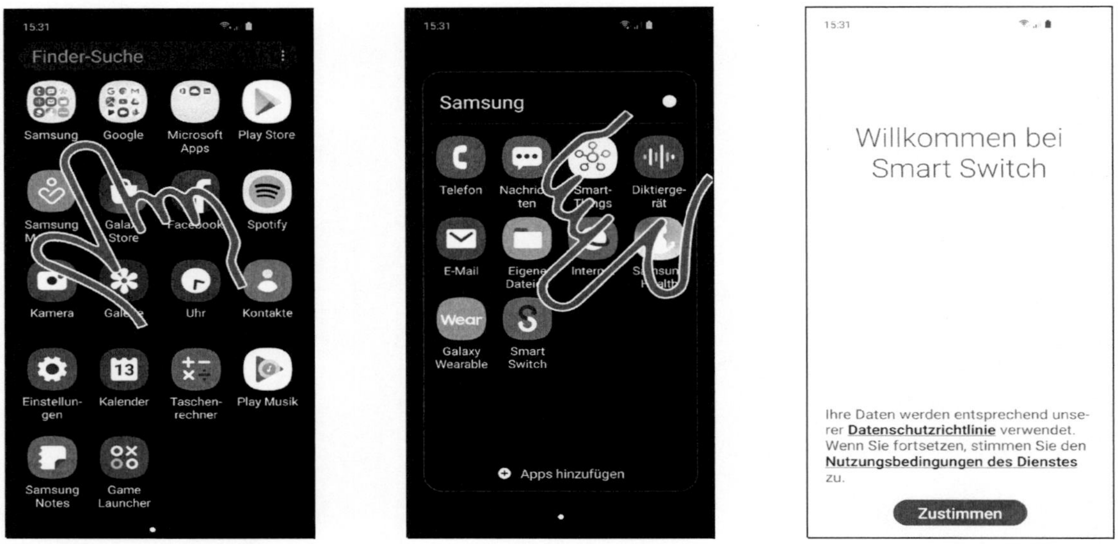

❶❷ Das Galaxy S10: Starten Sie *Samsung Switch* aus dem *Samsung*-Ordner des Hauptmenüs. Beim Galaxy S10+ ist dagegen Smart Switch nicht vorhanden und muss erst, wie oben beschrieben, aus dem Play Store installiert werden.

❸ Gehen Sie auf *Zustimmen.*

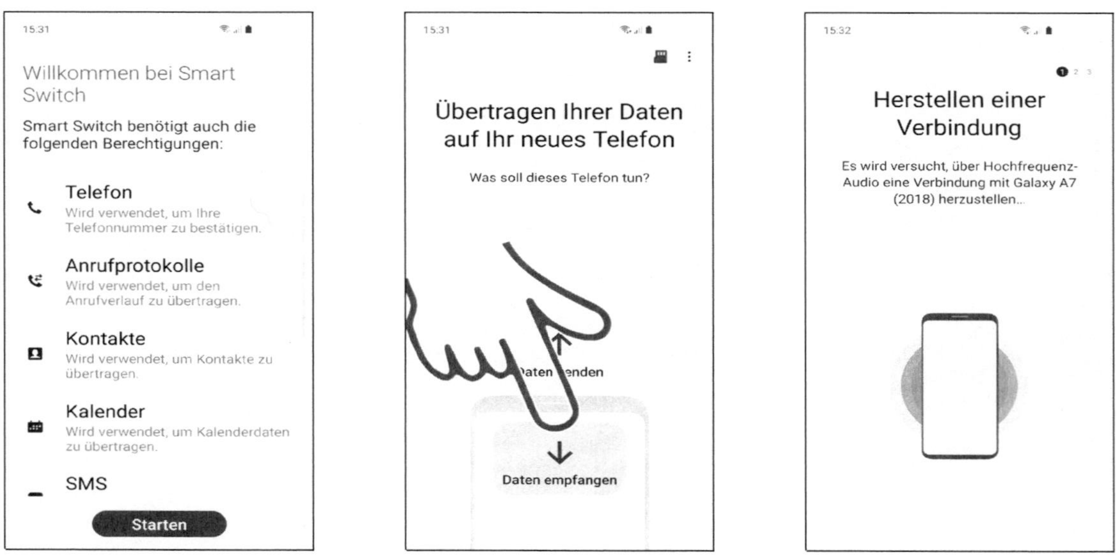

❶ Betätigen Sie *Starten.*

❷❸ Wählen Sie *Daten empfangen* und warten Sie auf die Datenübertragung. Beide beteiligte Handys sollten nebeneinander liegen. Über ein hochfrequentes Signal (das Sie nicht wahrnehmen können), wird nun eine Autorisierung durchgeführt.

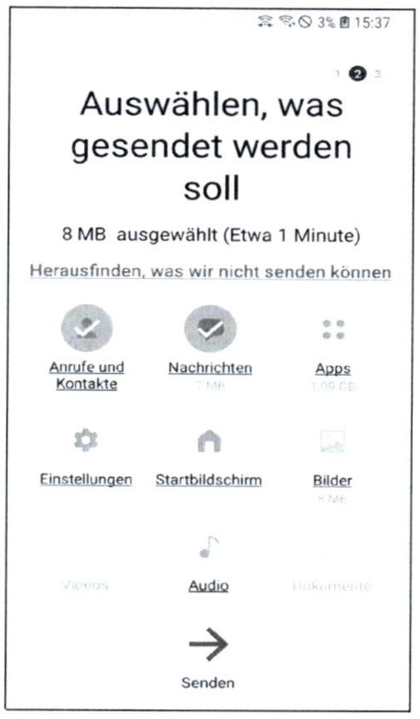

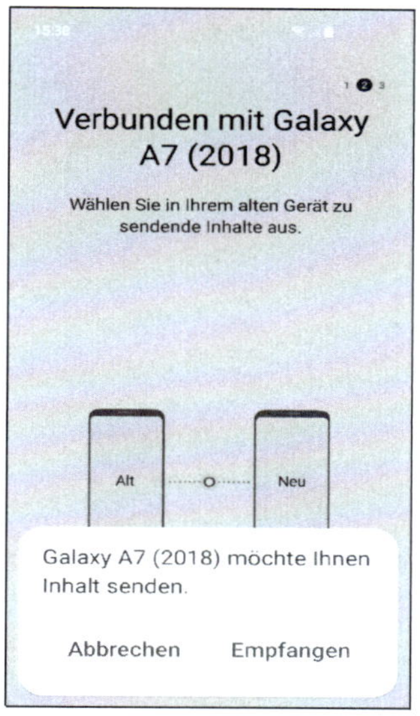

❶ Wählen Sie die zu übertragenden Daten aus und betätigen Sie *Senden*.

❷ Sie müssen nun auf dem Galaxy S10/S10+ die Übertragung mit *Empfangen* gestatten.

❸ Zum Schluss erscheint eine Erfolgsmeldung.

28. Benutzeroberfläche optimal nutzen

In diesem Kapitel werfen wir einen Blick auf die zahlreichen Optionen, mit denen Sie das Galaxy an Ihre Bedienweise anpassen.

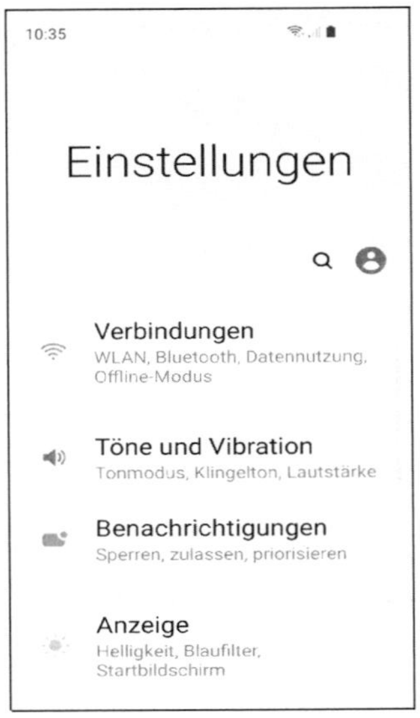

❶❷ Für die in den nachfolgenden Kapiteln beschriebenen Funktionen greifen Sie häufig auf die *Einstellungen*-Anwendung zurück, die Sie im Hauptmenü starten.

28.1 Bildschirmanzeige anpassen

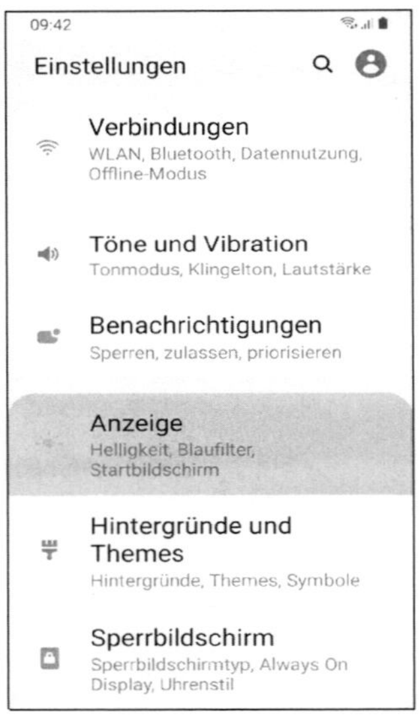

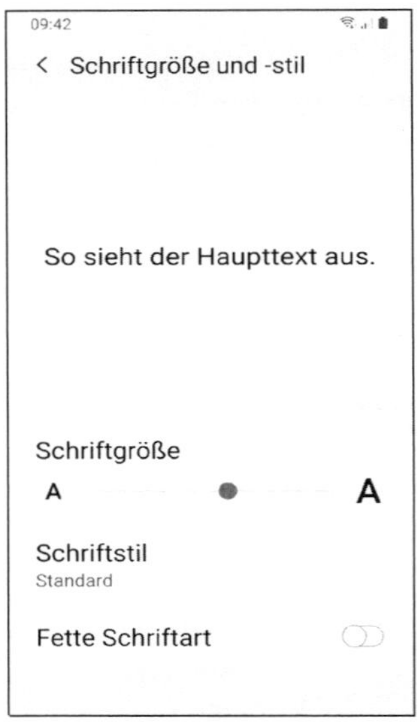

❶❷ In *Einstellungen/Anzeige* konfigurieren Sie die Bildschirmanzeige:

- *Helligkeit*: Diese können Sie einfacher über den Helligkeitsregler im Benachrichtigungsfeld anpassen.
- *Adaptive Helligkeit*: Die Displaybeleuchtung passt sich automatisch an das Tageslicht an.
- *Blaufilter*: Die Wissenschaft macht den Blauanteil in der Displaybeleuchtung für negative Effekte wie schlechten Schlaf und Konzentrationsstörungen verantwortlich. Über den *Blaufilter* reduzieren Sie den Blauanteil, worauf der Bildschirm in einem angenehmen Gelbton leuchtet.
- *Nachtmodus*: Invertiert die Bildschirmfarben, was bei Dunkelheit gegen Blendung hilft.
- *Bildschirmmodus*: Passen Sie die Farbdarstellung an Ihre Vorstellungen an.
- *Schriftgröße und Stil* (❸): Neben der Schriftgröße lässt sich auch die Schriftart einstellen. In diesem Buch verwenden wir beispielsweise eine etwas größere Schrift, damit die Bildschirmabbildungen besser lesbar sind.

- *Bildschirmzoom*: Größe aller Schaltleisten und Bildschirmtexte anpassen.
- *Bildschirmauflösung*: Ihnen ist sicher nicht aufgefallen, dass das Handy nicht die maximale Displayauflösung nutzt. Voreingestellt ist nämlich FHD+ (2280×1080 Pixel), was in der Praxis völlig ausreicht. Optional lässt sich eine niedrigere (HD+ mit 1520×720 Pixel) oder höhere Auflösung einstellen (WQHD+ mit 3040×1440 Pixel).
- *Vollbild-Apps*: Sie können hier Anwendungen auswählen, die den Bildschirm voll ausnutzen, indem die Titelleiste ausgeblendet wird. Auf dem Galaxy S10/S10+ macht so etwas aber wenig Sinn, weil das Gerät ohnehin ein sehr hohes Display verwendet.
- *Bildschirm-Timeout*: Nach der eingestellten Zeitspanne schaltet sich das Display aus. Alternativ betätigen Sie dafür den Ein/Ausschalter.
- *Startbildschirm*: Aktiviert den Bearbeitungsmodus für den Startbildschirm. Siehe auch Kapitel *4.7 Startbildschirm konfigurieren*.
- *Seitenbildschirm*: Verwaltet die sogenannten Seiten-Panele. Darauf geht noch Kapitel *31 Der Seitenbildschirm* ein.
- *Einfacher Modus*: Schaltet die Bildschirmdarstellung im Startbildschirm auf große Symbolschaltleisten um. Siehe Kapitel *34.1 Startbildschirm-Profile*.
- *Navigationsleiste*: Farbe und Funktion der Navigationsleiste (die Tasten unterhalb des Bildschirms) konfigurieren.
- *Schutz vor versehentlicher Berührung*: Verhindert, dass das Handy aus Versehen während des Transports Funktionen auslöst. Dazu werden die verschiedenen Sensoren im Handy ausgewertet.
- *Berührungsempfindlichkeit*: Falls Sie eine Displayschutzfolie verwenden, müssen Sie eventuell *Berührungsempfindlichkeit* aktivieren, damit Ihre Fingergesten erkannt werden.
- *Bildschirmschoner*: Legt fest, was das Galaxy anzeigt, wenn es an eine Stromversorgung angeschlossen ist. Neben einem Farbverlauf können Sie auch Fotos anzeigen lassen.

Die Optionen *Helligkeit* und *Bildschirm-Timeout* haben großen Einfluss auf die Akkubetriebsdauer, weshalb Sie sie nicht zu hoch einstellen sollten.

28.2 Always On Display

Aus Energiespargründen schaltet sich das Display nach einer einstellbaren Zeitspanne (siehe Kapitel *4.2 Displaysperre*) automatisch aus. Für den Anwender ist das ärgerlich, denn jedes Mal, wenn er wissen möchte, ob beispielsweise neue SMS vorliegen, muss er erst den Ein-/Ausschalter betätigen.

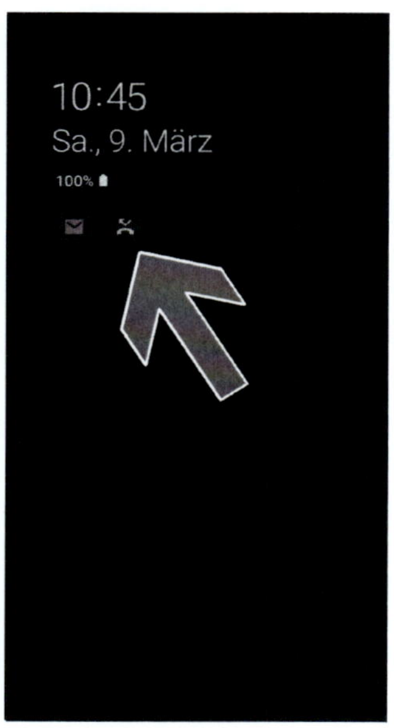

❶❷ Abhilfe schafft beim Galaxy das sogenannte Always On Display. Dazu tippen Sie kurz auf das ausgeschaltete Display, worauf das Handy die Uhrzeit und einige andere Infos anzeigt.

An der sonst gewohnten Bedienung Ihres Galaxy-Handys ändert sich mit dem Always On Display nichts. Das heißt, wenn Sie das Handy nutzen möchten, drücken Sie kurz den Ein-/Aus-schalter und gelangen dann zur Displaysperre.

Bitte beachten Sie auch die Einführung im Kapitel *4.2 Displaysperre*.

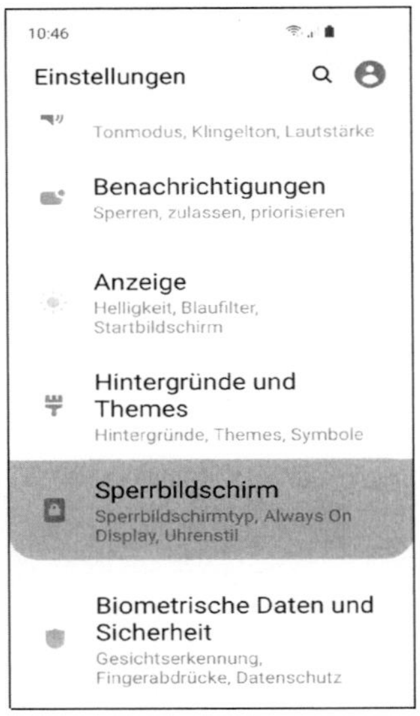

❶❷ Rufen Sie in den *Einstellungen* das *Sperrbildschirm*-Menü auf und gehen auf *Always On Display*.

❸ Die verfügbaren Optionen:

- *Ein*: Über den Schalter am oberen Bildschirmrand aktivieren/deaktivieren Sie das Alway On Display.
- *Anzeigemodus*: Legt fest, unter welche Bedingungen das Always On Display angezeigt wird:
  - *Zum Anzeigen tippen*: Tippen Sie einmal mit dem Finger kurz auf den Bildschirm.
  - *Immer anzeigen*: Das Always On Display ist immer sichtbar.
  - *Wie geplant anzeigen*: Das Handy unterstützt die tageszeitabhängige Anzeige des Always On Displays.
- *Bildschirmausrichtung*: Sie können die Anzeige zwischen Hoch- und Querformat umschalten. Letzteres macht allerdings meistens keinen Sinn.
- *Musikinformationen anzeigen*: Falls Sie die Musiksteuerung in der Displaysperre nutzen, werden entsprechende Infos im Always On Display angezeigt.
- *Always On Display-Warnungen*: Standardmäßig zeigt Das Always On Display die Erinnerungen des Reminders (siehe Kapitel *21.8 Bixby Reminder*) an.
- *Automatische Helligkeit*: Helligkeit der Bildschirmanzeige automatisch anpassen.

28.2.1 Foto im Always On Display

Das Galaxy unterstützt auch die Anzeige von Bildern im Always On Display. Wir raten davon aber eher ab, weil der damit einhergehende zusätzliche Energieverbrauch die Akkulaufzeit etwas reduziert.

❶❷ So weisen Sie dem Always On Display ein Bild zu: Rufen Sie im Bildanzeiger (siehe Kapitel *17 Galerie*) ein Foto in der Vollbildansicht auf und gehen Sie auf ⋮/*Als Always On Display-Bild nutzen*.

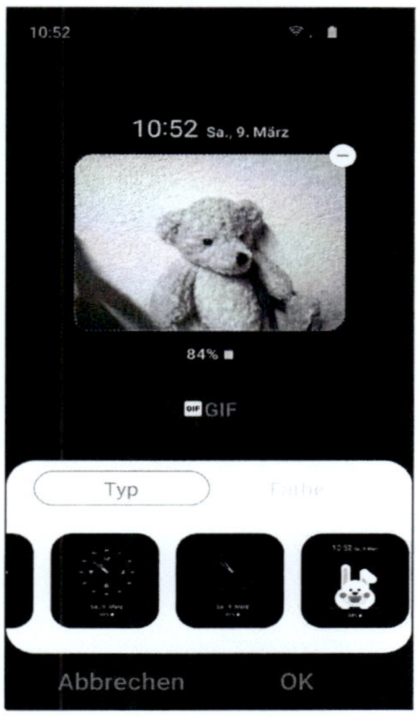

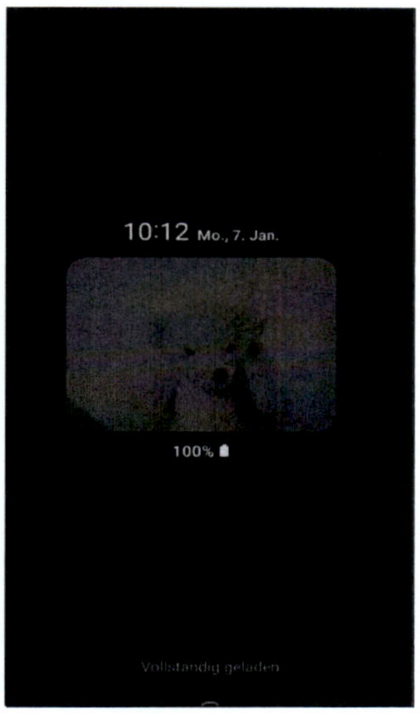

❶ Betätigen Sie *OK*.

❷ Das Bild erscheint nun immer, wenn Sie das Handydisplay ausgeschaltet ist.

Wie Sie das Bild wieder aus dem Always On Display entfernen, erfahren Sie im nächsten Kapitel.

28.2.2 Always On Display individualisieren

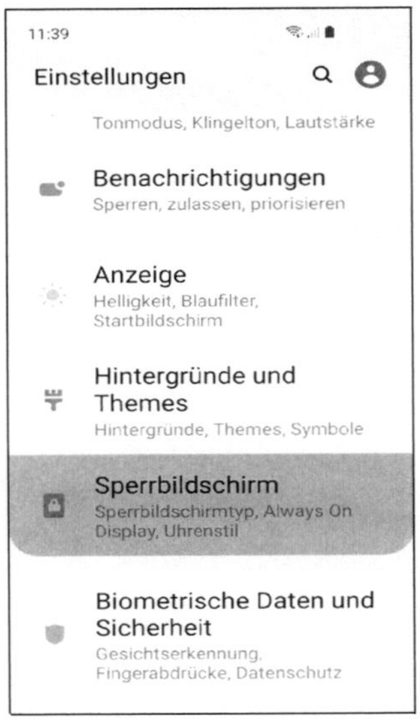

➊ Im Startbildschirm gehen Sie auf *Einstellungen.*

➋ Rufen Sie das Menü *Sperrbildschirm* auf.

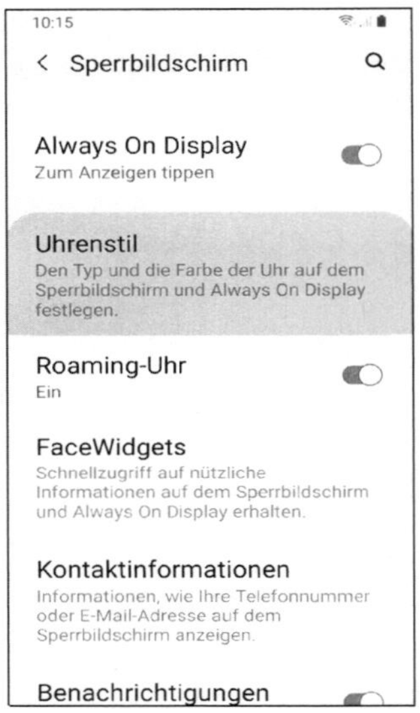

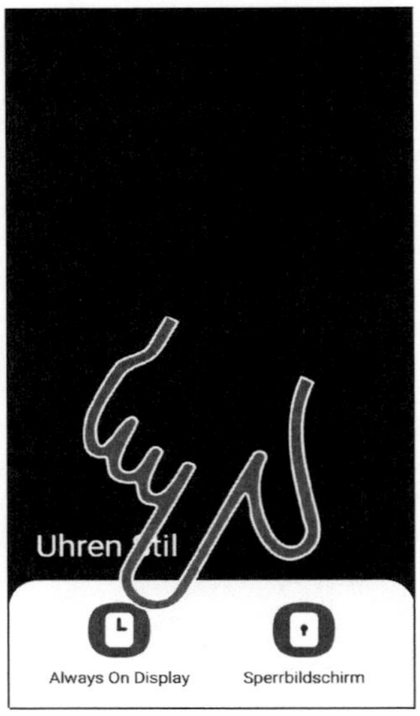

➊ Gehen Sie auf *Uhrenstil*.

➋ Wählen Sie *Always On Display* aus.

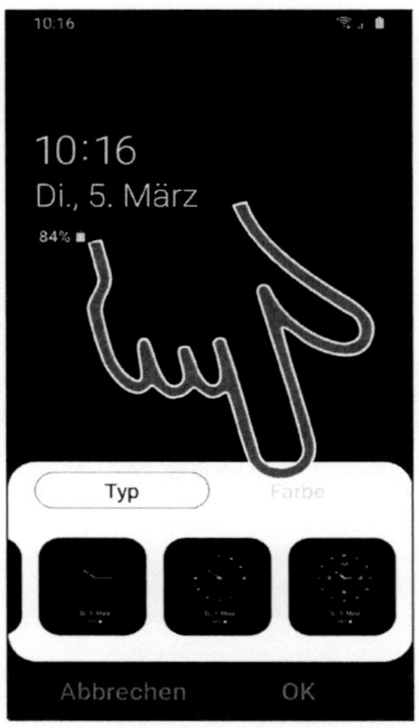

➊ Stellen Sie hier das gewünschte Design ein und schließen Sie mit *OK* ab. Wischen Sie über den Vorschaubildern nach links/rechts für weitere Designs.

❷❸ Im *Farbe*-Register legen Sie die Farbe des Always On Displays fest. Vergessen Sie auch hier nicht, Ihre Auswahl mit *OK* zu bestätigen.

28.3 Design der Displaysperre anpassen

Wie bereits im Kapitel *4.2 Displaysperre* erwähnt, aktiviert sich nach einer voreingestellten Zeitspanne (wie Sie diese festlegen, erfahren Sie im Kapitel *4.4 Erste Schritte*) die Displaysperre. Im Folgenden erfahren Sie, wie man sie an die eigenen Bedürfnisse anpasst.

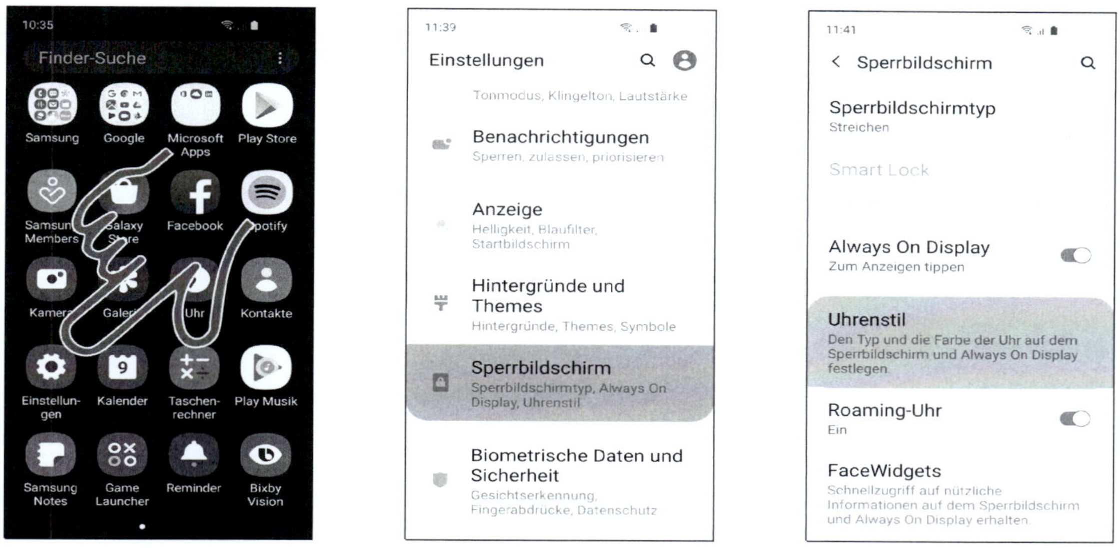

❶ Im Startbildschirm gehen Sie auf *Einstellungen*.

❷❸ Dann rufen Sie *Sperrbildschirm/Uhrenstil* auf.

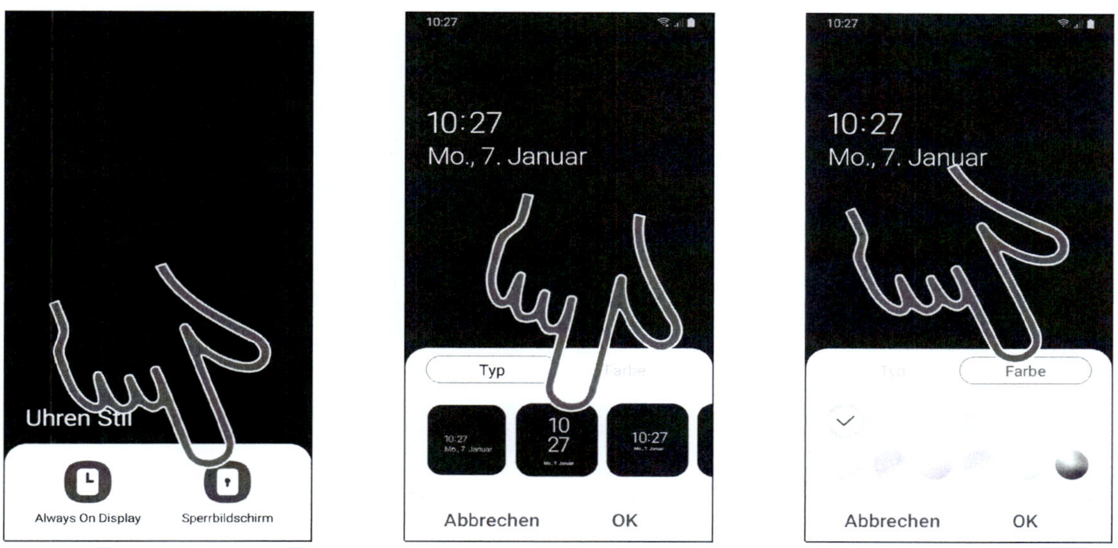

❶ Wählen Sie *Sperrbildschirm*.

❷ Eines der vorgegebenen Designs wählen Sie aus.

❸ Im *Farbe*-Register stellen Sie die gewünschte Farbe ein.

28.4 Funktionen in der Displaysperre

Je nach Voreinstellung (unter *Einstellungen/Anzeige/Bildschirm-Timeout*) aktiviert sich nach bis zu 10 Minuten die Displaysperre, wenn Sie das Gerät nicht nutzen. Alternativ schaltet sich die Displaysperre auch ein, wenn Sie kurz den Ein/Ausschalter betätigen.

Manche der in den folgenden Kapiteln vorgestellten Funktionen machen bei genauerer Betrachtung kaum Sinn. Es ist also Ihnen überlassen, ob Sie sie im Alltag nutzbringend verwenden können.

Abhängig von Ihrem persönlichen Nutzungsmuster, ist es eventuell sinnvoll, bestimmte Bildschirmelemente in der Bildschirmsperre ein- oder auszuschalten.

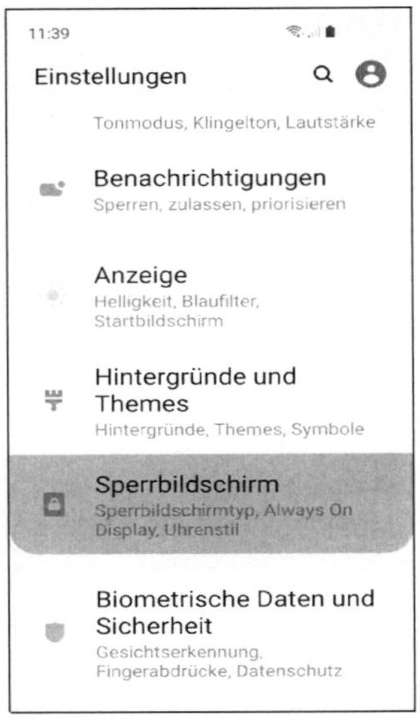

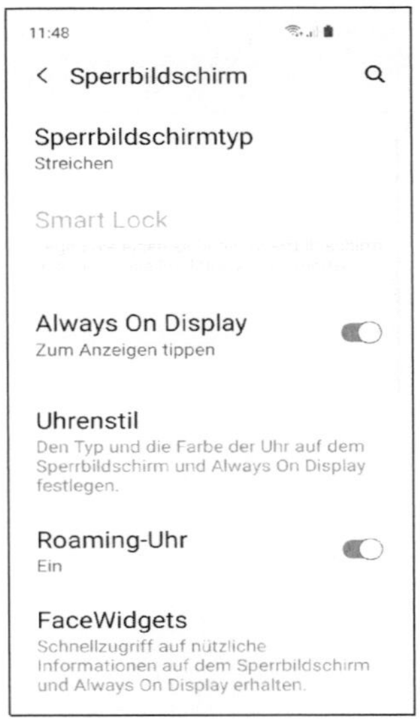

❶❷❸ In *Einstellungen/Sperrbildschirm* lassen sich weitere Einstellungen vornehmen:

- *Sperrbildschirmtyp*: Bildschirmsperre durch PIN, Passwort, Muster oder biometrische Merkmale (siehe Kapitel *30.2 Gerätesperre*).
- *Smart Lock*: Wenn bestimmte Umgebungsbedingungen (Standort, Ihre Stimme, oder ähnliches) auftreten, entsperrt sich das Handy automatisch. Wir raten aus Sicherheitsgründen von dessen Verwendung ab.
- *Always On Display*: Wird bereits im Kapitel *28.2 Always On Display* beschrieben.
- *Uhrenstil*: Darauf gehen wir weiter unten ein.
- *Roaming-Uhr*: Falls Sie sich im Ausland befinden und das Handy in einem fremden Mobilfunknetz (Roaming) eingebucht ist, erscheint eine weitere Uhr.
- *FaceWidgets*: Sie können im Sperrbildschirm mit einer Wischgeste zwischen mehreren Bildschirmen mit Musiksteuerung, Terminanzeige und Alarmanzeige umschalten.
- *Kontaktinformationen*: Geben Sie hier Ihre Kontaktdaten ein, damit ein ehrlicher Finder Ihres Handys weiß, wem es gehört.
- *Benachrichtigungen*: Konfigurieren Sie, welche der auf dem Handy installierten Anwendungen den Sperrbildschirm für ihre Anzeigen nutzen können. Möchten Sie beispielsweise nicht, dass der Betreff von neu empfangenen E-Mails auf dem Sperrbildschirm angezeigt werden, dann deaktivieren Sie einfach den E-Mail-Eintrag.
- *App-Shortcuts*: Stellen Sie ein, welche Anwendungsverknüpfungen im Startbildschirm sichtbar sein sollen.

28.4.1 App-Shortcuts

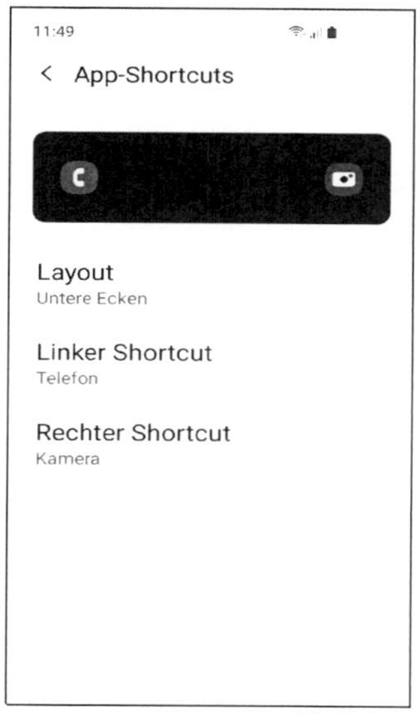

❶❷ Unter *App-Shortcuts* können Sie für die linke und rechte Seite ein beliebiges Programm zuweisen. Vordefiniert sind *Telefon* und *Kamera*.

❸ So rufen Sie ein Programm aus dem Sperrbildschirm auf: Tippen und halten Sie den Finger auf einer Verknüpfung und ziehen Sie ihn in eine beliebige Richtung.

28.4.2 FaceWidgets

Sie können im Sperrbildschirm mit einer Wischgeste zwischen mehreren Bildschirmen mit Musiksteuerung, Terminanzeige und Alarmanzeige umschalten.

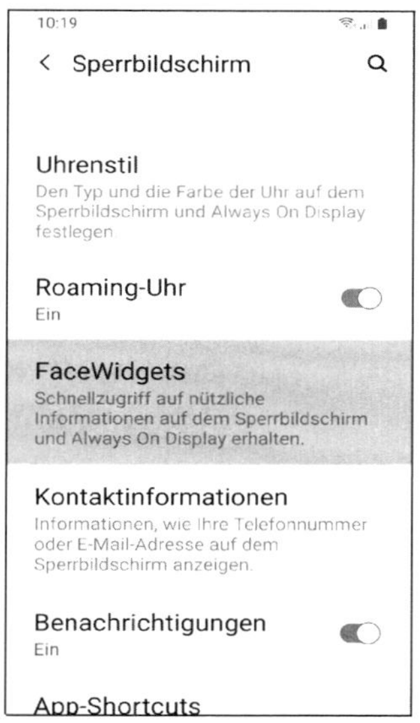

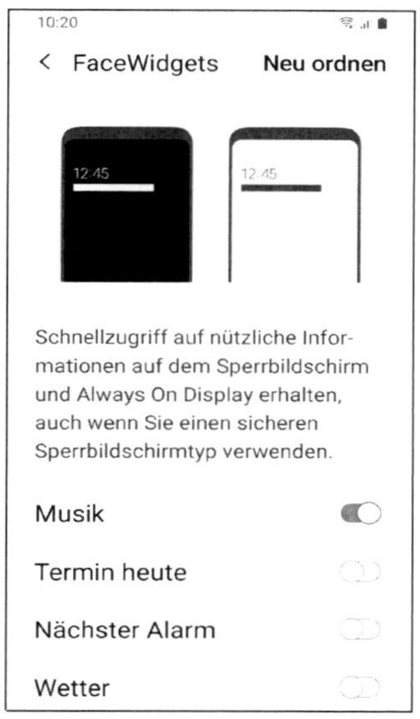

❶❷ Rufen Sie *FaceWidgets* auf und aktivieren Sie diejenigen Elemente, die Sie benötigen.

❶❷ Beispiel für die verschiedenen Anzeigen im Sperrbildschirm, wenn Sie von rechts nach links wischen. Wichtig: Die Wischgeste muss im oberen Bildschirmdrittel erfolgen, weil Sie sonst direkt das Gerät entsperren.

28.5 Ruhemodus

In bestimmten Fällen, beispielsweise, wenn man außerhalb seiner Arbeitszeit keine Anrufe annimmt, ist es sinnvoll, die Signaltöne des Galaxy zu deaktivieren. Damit Sie nicht am nächsten Morgen vergessen, die Signaltöne wieder einzuschalten, besitzt das Handy dafür einen Timer.

❶ Rufen Sie die *Einstellungen* aus dem Hauptmenü auf.

❷❸ Gehen Sie auf *Benachrichtigungen* und dann *Nicht stören.*

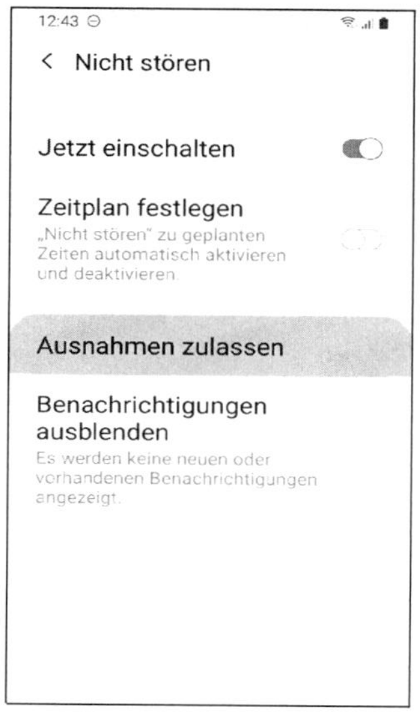

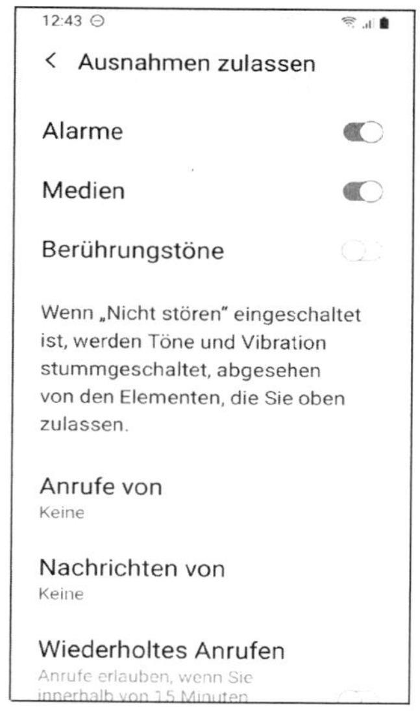

➊ Aktivieren Sie *Jetzt einschalten*.

➋➌ Das Menü *Ausnahmen zulassen* bestimmt, welche Benachrichtigungen auch im Ruhemodus aktiv sind. Standardmäßig sind *Alarme* (siehe Kapitel *22.7.1 Alarm*) und *Medien* (Musikwiedergabe mit dem im Kapitel *18 Play Musik* beschriebenen Programm) immer eingeschaltet.

Weitere Optionen:

- *Anrufe von; Nachrichten von* konfigurieren, welche Telefonbuchkontakte durchkommen, wenn Sie alle Signale deaktiviert haben.
  - *Alle*: Deaktiviert.
  - *Nur Kontakte*: Alle Kontakte, deren Rufnummer in Ihrem Telefonbuch (siehe Kapitel *7 Telefonbuch*) enthalten sind.
  - *Nur bevorzugte Kontakte:* Favoriten-Kontakte (siehe Kapitel *7.7 Favoriten*).
  - *Keine*: Keine Kontaktdatenauswertung.
- *Wiederholtes Anrufen*: Anrufer durchlassen, die innerhalb von 15 Minuten zweimal anrufen.
- *Ereignis-/Aufgabenalarme*: Kalendertermine und Aufgaben.
- *Erinnerungen*: Benachrichtigungen von Anwendungen erlauben.

Verlassen Sie den Bildschirm mit der <-Taste.

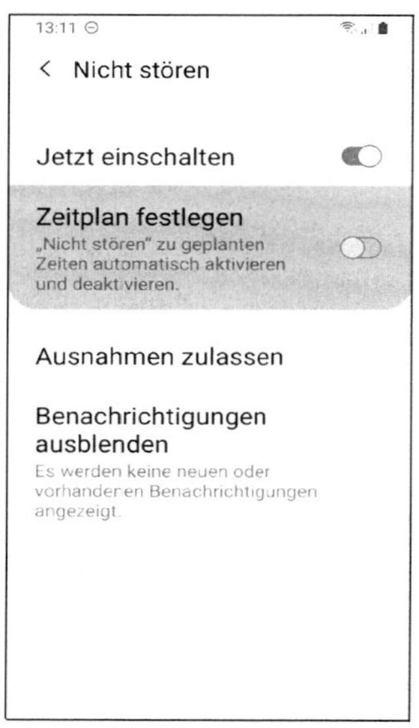

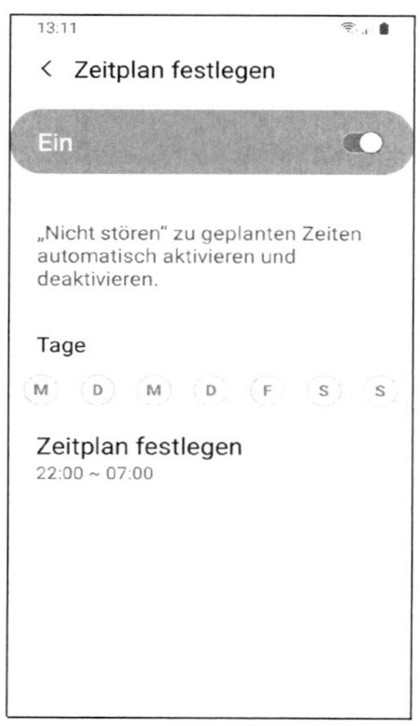

➊ In der Voreinstellung ist der Ruhemodus solange aktiv, bis Sie ihn wieder deaktivieren. Wir empfehlen deshalb, die Zeitsteuerung zu verwenden, die Sie über *Zeitplan festlegen* einschalten.

➋ Anschließend stellen Sie die betreffenden Wochentage, sowie Start- und Endzeit ein.

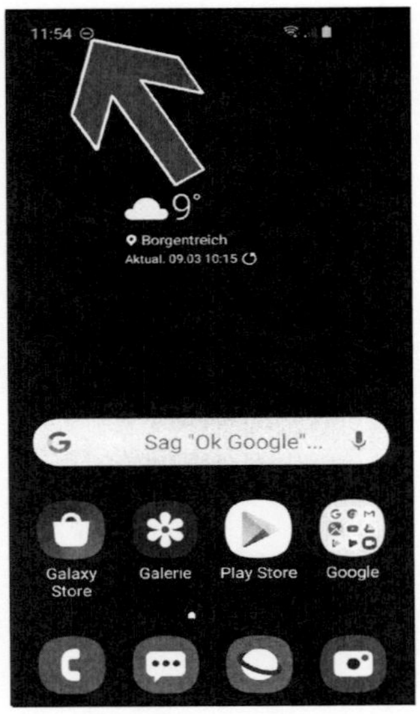

➊ Wenn der Ruhemodus aktiv ist, erscheint in der Titelleiste das ⊖-Symbol.

➋ In das Ruhemodus-Menü gelangen Sie nach Antippen der *„Nicht stören" aktiviert*-Schaltleiste im Benachrichtigungsfeld.

28.6 Notfallmodus

Der Notfallmodus ist für Situationen gedacht, falls der Handy-Akku fast leer ist oder Sie ihn für unabsehbare Zeit nicht laden können. Im Notfallmodus werden alle nicht unbedingt nötigen Funktionen deaktiviert und es wird eine reduzierte Benutzeroberfläche angezeigt, in der nur einige wenige Kommunikationsfunktionen verfügbar sind.

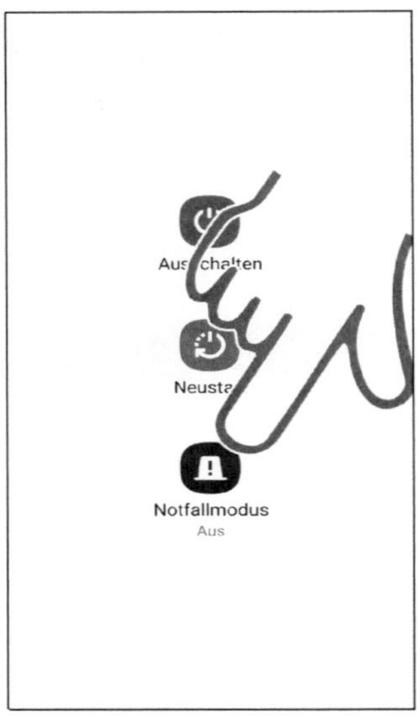

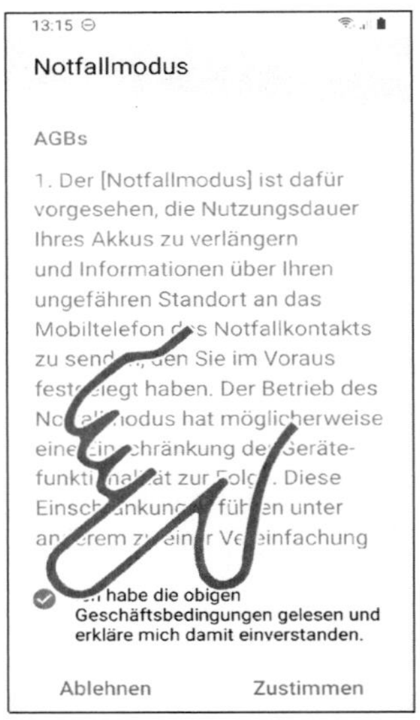

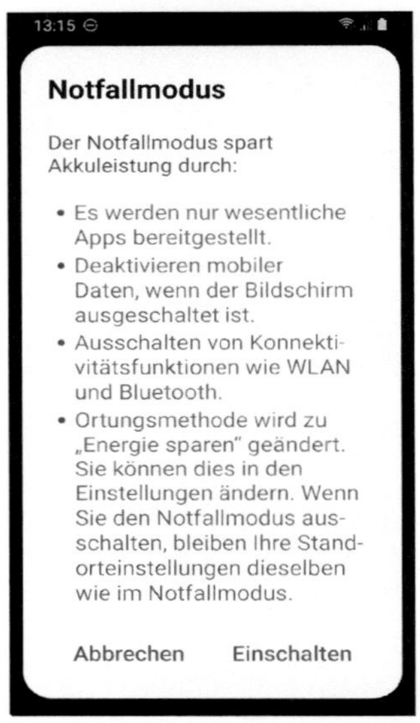

➊ Halten Sie den Ein-/Ausschalter gedrückt, bis die drei Schaltleisten erscheinen, wovon Sie *Notfallmodus* antippen.

➋ Sie müssen nun das Abhahkästchen aktivieren (Pfeil) und *Zustimmen* bestätigen.

➌ Gehen Sie auf *Einschalten*.

Zum Deaktivieren des Notfallmodus halten Sie den Ein-/Ausschalter erneut für einige Sekunden gedrückt und betätigen die Notfallmodus-Schaltleiste.

29. Gerätespeicher

Schon vor Jahren hat sich die Erweiterbarkeit des Handys durch Speicherkarten eingebürgert. Für den Hersteller hatte dies damals den Vorteil, dass sie ihre Geräte nur mit dem gerade notwendigsten Speicherausbau ausliefern konnten, was Produktionskosten sparte. Weil Fotos, Videos und MP3-Dateien viel Speicherplatz benötigen, musste dann der Kunde für eine nachträglich erworbene Speicherkarte tief in die Tasche greifen.

Heute sieht es glücklicherweise anders aus: Handy-Hersteller packen die inzwischen sehr günstigen Speicherchips gleich im Gigabyte-Pack in ihre Handys. Eine Speicherkarte wird deshalb beispielsweise beim Samsung Galaxy nicht unbedingt benötigt.

Der Speicher des Samsung Galaxy ist in drei Bereiche unterteilt:

- *Telefonspeicher*: Hier speichert das Gerät beispielsweise Kontaktdaten, Termine, Programme und sonstige Verwaltungsinformationen.
- *Gerätespeicher*: Freier Speicherbereich für MP3-Dateien, Videos, Fotos, usw. Die interne Speicherkarte ist fest im Gerät enthalten und lässt sich nicht austauschen.
- *SD-Karte*: Die SD-Karte lässt sich entnehmen und austauschen.

Beim erstmaligem PC-Anschluss erfolgt eine Sicherheitsabfrage, die Sie mit *Zulassen* bestätigen müssen.

29.1 Speicherzugriff unter Windows

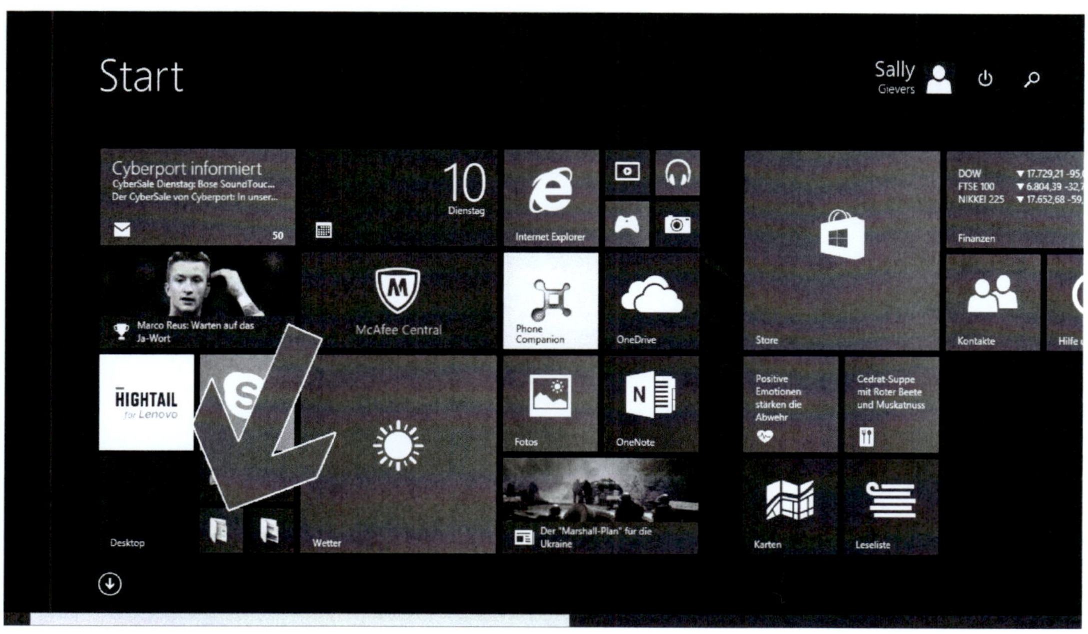

Unter Windows 8 klicken Sie in der Kacheloberfläche auf das Ordner-Symbol (Pfeil).

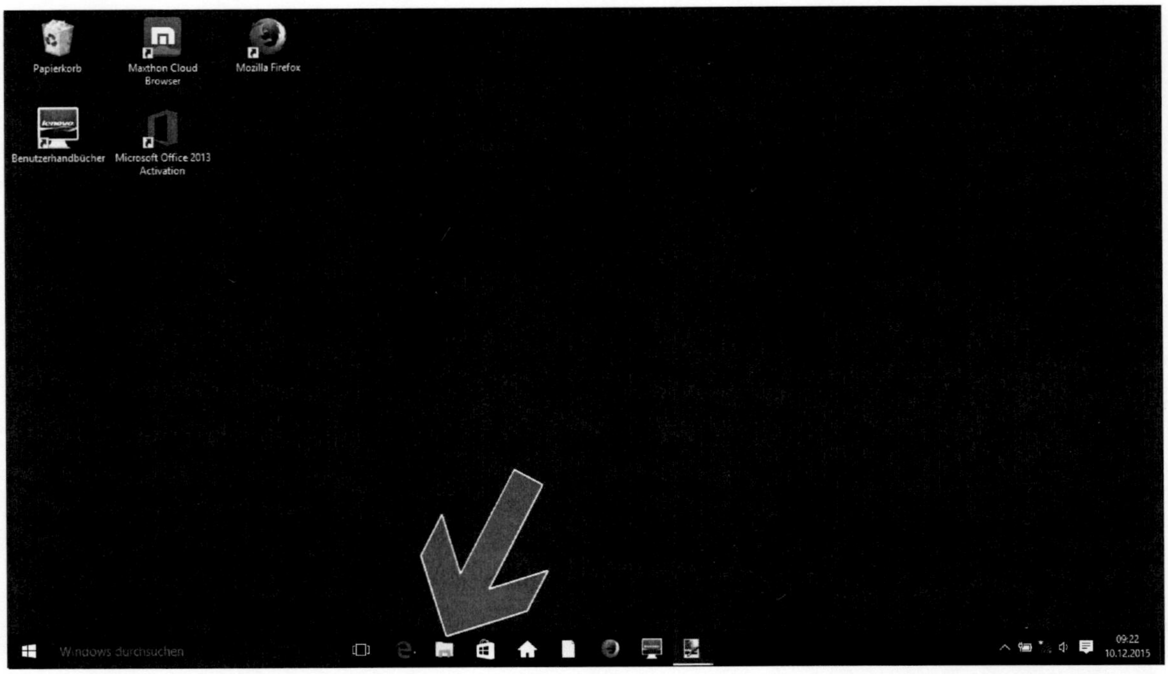

Im Desktop von Windows 8 oder Windows 10 klicken Sie dagegen auf die Ordner-Schaltleiste am unteren Bildschirmrand.

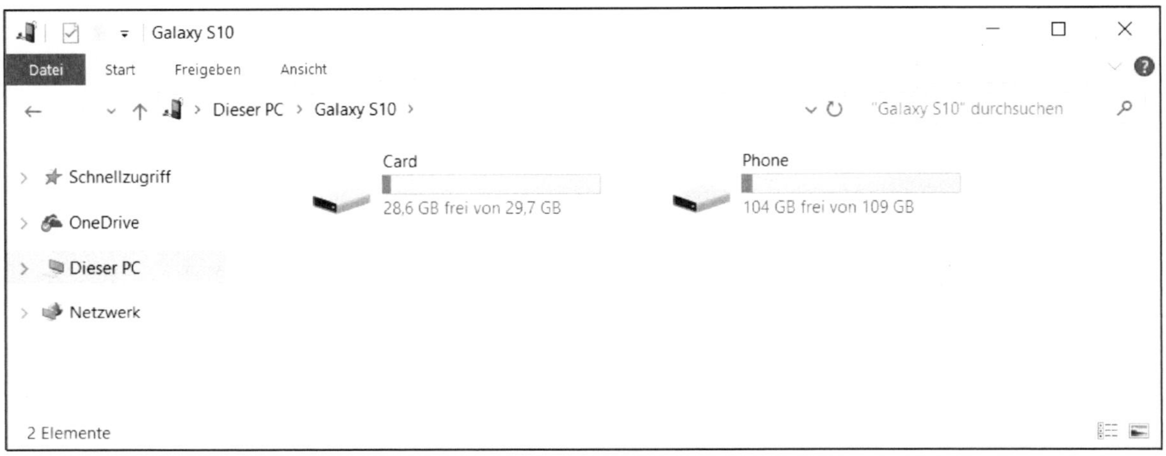

Gehen Sie dort links im Verzeichnisbaum unter *Dieser PC* auf den Gerätenamen des Galaxy. Die externe (eingesteckte) Speicherkarte heißt *Card*, der Gerätespeicher dagegen *Phone*.

29.2 Allgemeine Hinweise

Wenn Sie Videos vom PC auf das Galaxy kopieren, die das Handy möglicherweise nicht abspielen kann, erscheint ein Warnhinweis. Betätigen Sie *Ja*, wenn die Datei dennoch kopiert werden soll. Über eine Konvertierungssoftware (suchen Sie einfach auf dem PC in Google nach »Videokonverter«) können Sie Videos gegebenenfalls dem PC in ein auf dem Handy abspielbares Format zu bringen. Alternativ suchen und installieren Sie einfach einen passenden Videoplayer aus dem Google Play Store (zum Beispiel den *BS Player*).

Tipp: Ziehen Sie auf dem PC einfach die markierten Dateien mit der Maus aus dem Fenster auf das Galaxy. Das Handy speichert die Dateien dann automatisch im richtigen Verzeichnis. Bilder landen beispielsweise in *Pictures*.

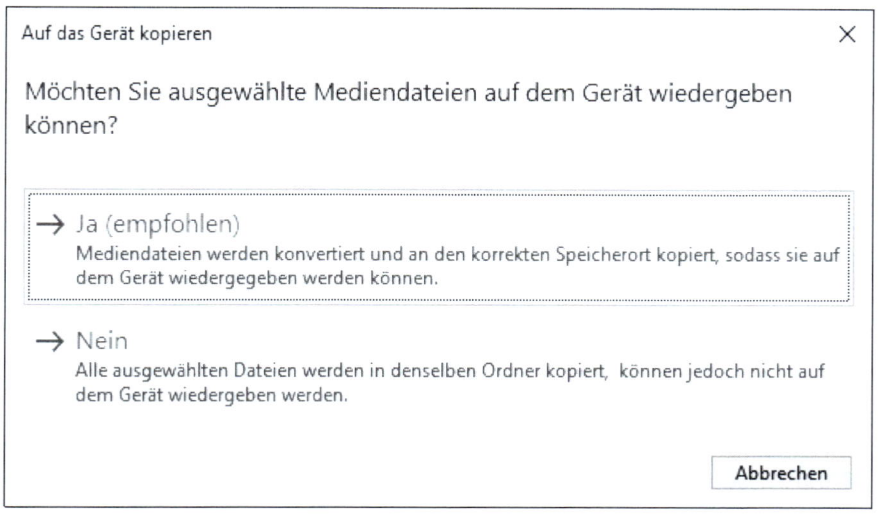

Sofern Sie auf dem PC mehrere verschiedene Dateiarten (beispielsweise PDF- und Bilddateien) gleichzeitig auf das Galaxy ziehen, stellt Sie ein Dialog zur Wahl:

- *Ja (empfohlen)*: Die Dateien werden auf dem Galaxy an den korrekten Ort kopiert, beispielsweise landen PDF-Dateien im Hauptverzeichnis, Fotos im *Pictures*-Verzeichnis und Musikdateien im *Music*-Verzeichnis.
- *Nein*: Alle Dateien landen auf dem Galaxy im Hauptverzeichnis.

Auch wenn der Hinweis-Dialog anderes suggeriert, macht es keinen Unterschied, wohin auf dem Galaxy Sie Ihre Bild- und MP3-Dateien kopieren. Die Album-Anwendung und der MP3-Player »Musik« durchsuchen alle Verzeichnisse auf dem Gerät und zeigen diese an beziehungsweise spielen sie ab.

29.3 Speicherverwaltung

❶❷ Für die Speicherkartenverwaltung rufen Sie im Hauptmenü *Einstellungen* auf und gehen auf *Gerätewartung*.

Die Gerätewartung wird im Kapitel *22.5 Gerätewartung* genauer vorgestellt.

❶❷ Betätigen Sie *Speicher*. Der Bildschirm informiert Sie über die von den jeweiligen Dateitypen beziehungsweise Programmen belegten Speicherplatz.

❶❷ Die Bereinigung, das heißt das Löschen von nicht benötigten Dateien, ist ganz einfach. Wählen Sie einen Dateityp aus, dann aktivieren Sie die Abhakkästchen vor den Dateien und betätigen *Löschen*.

29.4 Verzeichnisse

Die Anwendungen auf dem Galaxy legen bei Bedarf die von ihnen benötigten Verzeichnisse selbst an. Wir weisen in diesem Buch in den jeweiligen Kapiteln darauf hin, falls Sie selbst mal ein Verzeichnis anlegen müssen. Beachten Sie bitte, dass Android bei Verzeichnis- und Dateinamen – im Gegensatz zu Windows auf dem PC – zwischen Groß- und Kleinschreibung unterscheidet.

Die wichtigsten Verzeichnisse:

- *Sounds*: Mit der Sprachmemo-Anwendung aufgenommene Sprachaufnahmen.
- *DCIM*: Enthält die mit der Kamera (Kapitel *16 Kamera*) aufgenommenen Fotos und Videos.
- *Download*: Aus E-Mails (siehe Kapitel *10.1.3 Dateianlagen*) gespeicherte Dateien.
- *Ringtones; Notifications; Alarms*: In diesen Verzeichnissen legt man zusätzliche Klingel- und Benachrichtigungstöne ab, die dann für Signalisierungen zur Verfügung stehen (siehe Kapitel *4.14.1 Signaltöne*).

30. Zugriffssperren

Sie haben die Möglichkeit, Ihr Galaxy auf Geräteebene (»Gerätesperre«) oder SIM-Ebene (»SIM-Sperre«) gegen unbefugten Zugriff zu sichern. Sobald Sie eine der beiden Sperren aktivieren, lässt sich das Handy erst nach Eingabe des jeweiligen Codes nutzen. Beachten Sie, dass auf Sie erhebliche Probleme zukommen, wenn Sie den Code vergessen: Im Fall der Gerätesperre können Sie Ihr Galaxy nur noch durch einen Hard-Reset wieder entsperren, wodurch aber alle Daten verloren gehen. Wenn Sie dagegen die PIN bei der SIM-Sperre dreimal falsch eingeben, erfolgt eine Sperre, die Sie immer noch über die »General-PIN«, die PUK, beenden können. Geben Sie die PUK allerdings zehnmal falsch ein, erfolgt eine Dauersperre und Ihnen bleibt nichts anderes übrig, als dies dem Netzbetreiber zu melden, der Ihnen eine neue SIM-Karte zuschickt.

Neben der Geräte- und SIM-Sperre gibt es noch die Displaysperre, die einfach nur gegen ungewollte Tastenbetätigung schützt, wenn Sie das Gerät gerade nicht nutzen.

Damit ein Dieb nichts mit den Daten auf dem Smartphone und der SIM-Karte anfangen kann, sollten SIM-Sperre und Gerätesperre mit Codeschutz gleichzeitig aktiv sein.

PIN und PUK senden die Netzbetreiber ihren Kunden automatisch beim Vertragsabschluss zu. einfach mit einem handelsüblichen Speicherkartenleser auslesen.

30.1 Displaysperre

Die Displaysperre, welche bereits im Kapitel *4.2 Displaysperre* beschrieben wird, aktiviert sich automatisch nach einiger Zeit der Nichtnutzung.

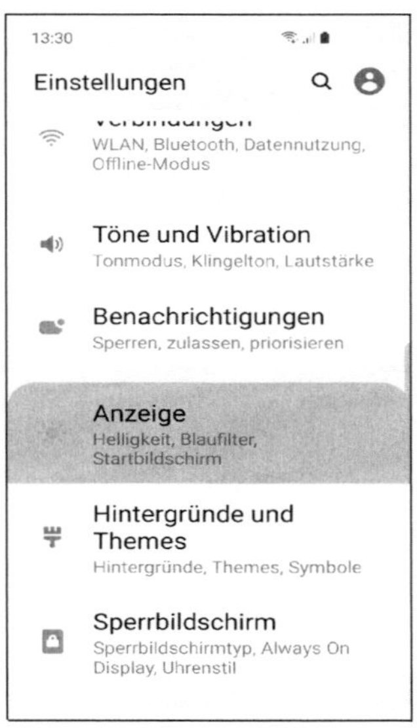

❶❷❸ Den Zeitraum bis zum Einsetzen der Displaysperre konfigurieren Sie in den *Einstellun-*

gen. Dazu rufen Sie im Hauptmenü die *Einstellungen* auf. Gehen Sie anschließend in das Menü *Anzeige/Bildschirm-Timeout.* Wählen Sie dort die Verzögerung aus.

30.2 Gerätesperre

Einen Schutz vor unbefugtem Zugriff auf das Galaxy bietet der Kennwortschutz für die Displaysperre. Wenn das Display entsperrt oder das Gerät eingeschaltet wird, muss der Benutzer entweder erst ein Entsperrmuster mit dem Finger auf dem Gerät malen, ein Passwort eingeben oder mit dem Finger über den Fingerabdrucksensor wischen, bevor er es nutzen kann.

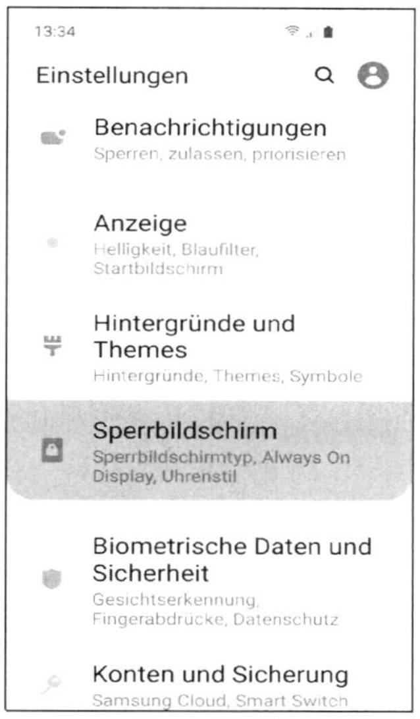

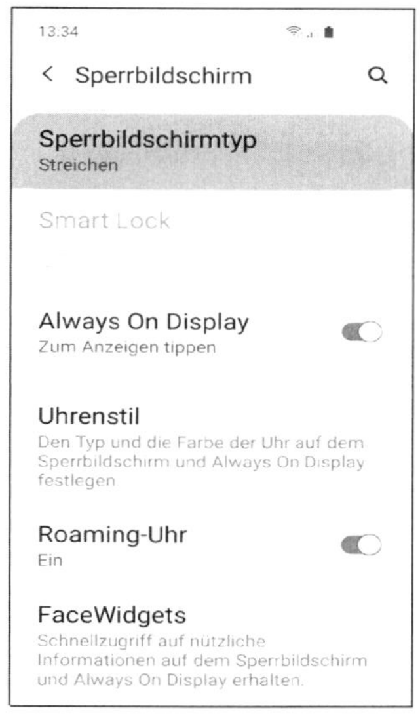

❶❷ Rufen Sie *Einstellungen* im Hauptmenü auf und gehen Sie auf *Sperrbildschirm/Sperrbildschirmtyp*.

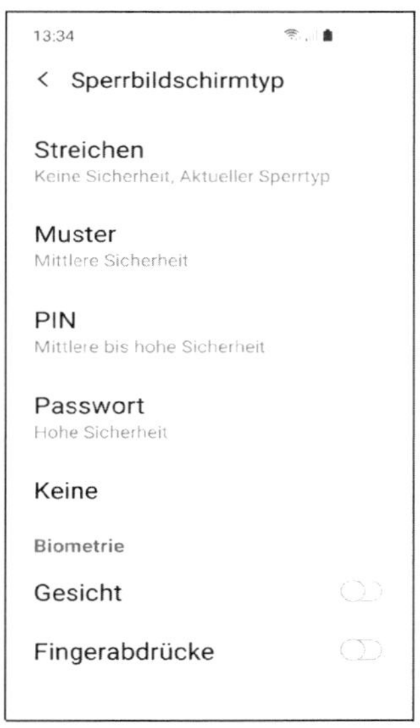

Sie haben nun die Wahl zwischen:

- *Streichen*: Zum Entsperren reicht es, mit dem Finger über das Display zu wischen (keine Gerätesperre).
- *Muster*: Sperre, die das Gerät nach Malen eines Musters frei schaltet.
- *PIN*: PIN-basierte Sperre (nummerisches Kennwort).
- *Passwort*: Gerät wird nach Eingabe des Passworts (alphanumerisches Kennwort) frei gegeben.
- *Keine*: Gerätesperre nie aktivieren. Ideal, wenn das Galaxy nur zuhause genutzt wird.

Unter *Biometrie*:

- *Gesicht:* Gesichtserkennung
- *Fingerabdrücke*: Halten Sie Ihre Fingerkuppe auf den Fingerabdrucksensor.

> Auf die weiteren Optionen in diesem Menü geht bereits Kapitel *30.3 Optionen während der Sperre* ein.
>
> Sollten Sie die Entsperrgeste, die PIN oder das Passwort vergessen haben beziehungsweise das biometrische Merkmal nicht funktionieren, so steht als letzter Rettungsanker die Find My Mobile-Funktion zur Verfügung, die Kapitel *30.5 Maßnahmen gegen Diebstahl* beschreibt. Über *Entsperren* heben Sie den Schutz wieder auf.

30.2.1 Muster-Sperre

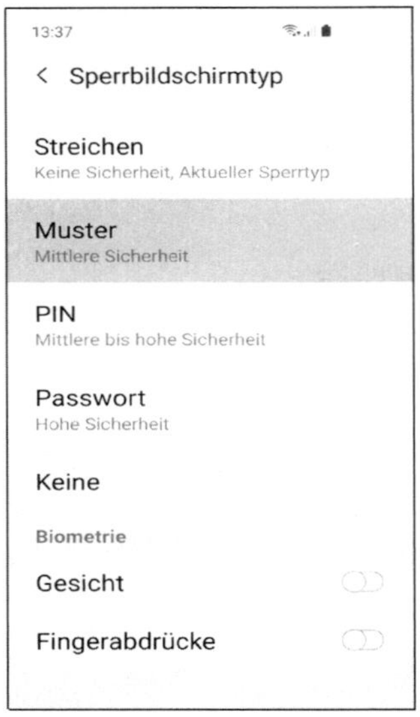

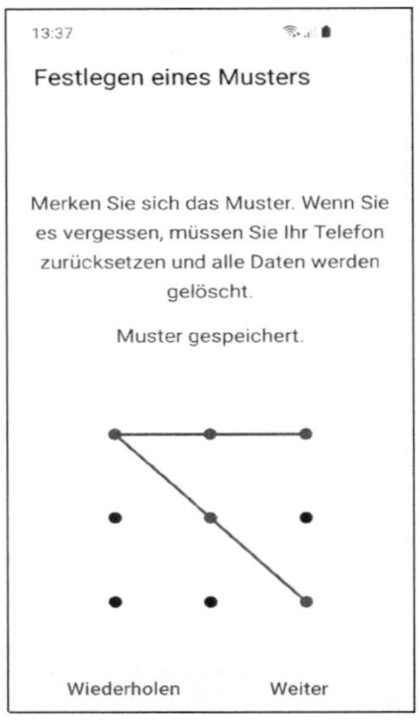

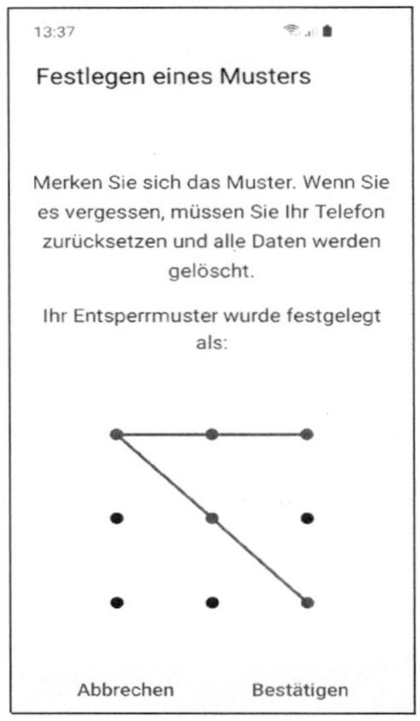

➊ Gehen Sie auf *Muster.*

➋ Nun sind Sie an der Reihe: Verbinden Sie mindestens vier der Knöpfe auf dem Bildschirm, indem Sie mit angedrücktem Finger darüber fahren. Merken Sie sich das Muster und schließen Sie mit *Weiter* ab.

➌ Das Muster ist dann erneut zu zeichnen. Betätigen Sie dann *Bestätigen.*

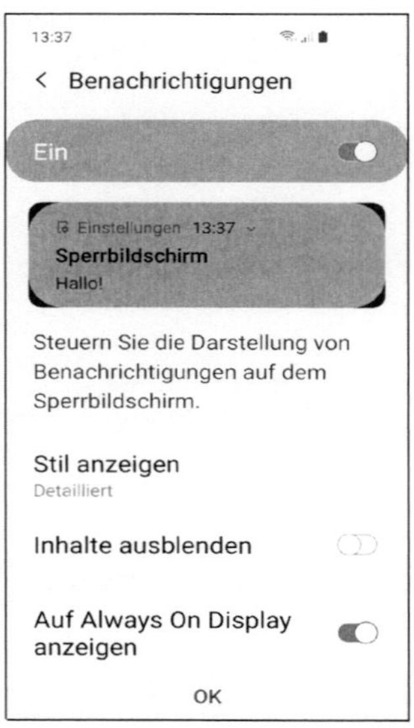

➊ Zum Schluss wählen Sie aus, ob das Galaxy Benachrichtigungen (über verpasste Anrufe, neue SMS oder E-Mails, Termine, usw.) auf dem Sperrbildschirm anzeigen soll. Mitunter ist es aus Datenschutzgründen sinnvoll, dort keine Benachrichtigungen erscheinen zu lassen. Schließen Sie mit *OK* ab.

❷ Der Hinweis *Muster sichern*? macht auf eine Besonderheit aufmerksam: Falls Sie mal die Entsperrgeste vergessen haben, lässt sich die Gerätesperre über den Find My Mobile-Dienst (siehe Kapitel *30.5 Maßnahmen gegen Diebstahl*) zurücksetzen. Schließen Sie den Hinweis mit *Fortfahren*.

❶❷ So sieht der Bildschirm bei aktiver Gerätesperre aus: Wischen Sie zunächst einmal über das Display und malen Sie dann das zuvor erstellte Muster, um das Gerät zu entsperren.

> Sie haben fünf Versuche, das Muster korrekt einzugeben und müssen danach jeweils 30 Sekunden warten.
>
> Beachten Sie, dass Sicherheitsexperten eine schwerwiegende Schwachstelle der Muster-Displaysperre herausgefunden haben: Hält man das Handy etwas schräg gegen das Licht, sieht man anhand der Fingerspuren, an welcher Stelle auf dem Display das Muster »gezeichnet« wurde. Besseren Schutz bietet die im nachfolgenden Kapitel beschriebene PIN-, beziehungsweise Passwortsperre.

30.2.2 PIN- und Passwortsperre

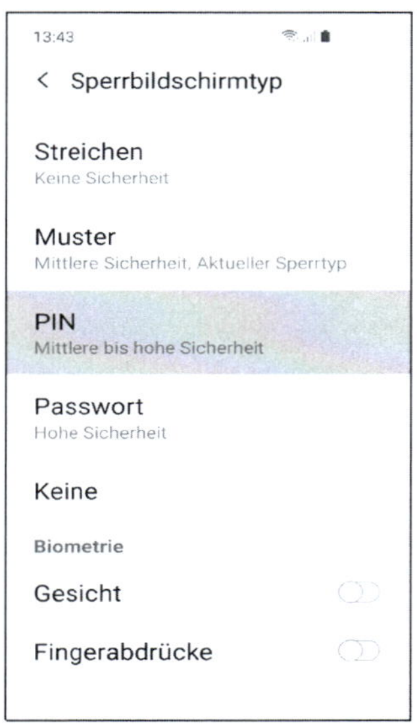

❶ Gehen Sie auf *PIN* oder *Passwort*.

❷ Geben Sie dann das Kennwort ein, betätigen Sie *Weiter*, erfassen Sie das Kennwort erneut und schließen Sie den Bildschirm mit *OK*.

❸ Die Gerätesperre verlangt nun beim nächsten Mal das Kennwort.

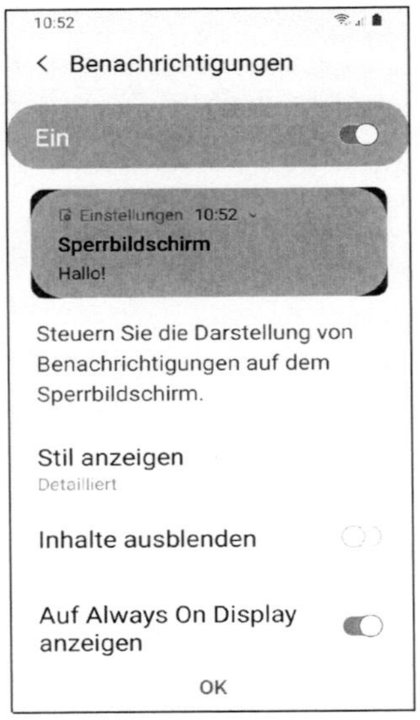

❶ Zum Schluss wählen Sie aus, ob das Galaxy Benachrichtigungen (über verpasste Anrufe, neue SMS oder E-Mails, Termine, usw.) auf dem Sperrbildschirm anzeigen soll. Mitunter ist es aus Datenschutzgründen sinnvoll, dort keine Benachrichtigungen erscheinen zu lassen. Schließen Sie mit *OK* ab.

❷ Der Hinweis PIN *sichern*? macht auf eine Besonderheit aufmerksam: Falls Sie mal die Entsperrgeste vergessen haben, lässt sich die Gerätesperre über den Find My Mobile-Dienst (siehe Kapitel *30.5 Maßnahmen gegen Diebstahl*) zurücksetzen. Schließen Sie den Hinweis mit *Fortfahren.*

30.2.3 Fingerabdrucksperre

Die Fingerabdrucksperre setzt zwingend die vorherige Einrichtung einer Gerätesperre, wie Sie Kapitel *30.2.2 PIN- und Passwortsperre* beschreibt, voraus.

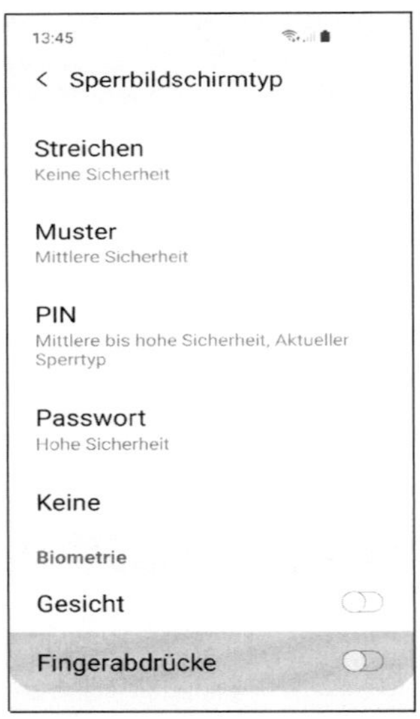

❶ Rufen Sie *Fingerabdrücke* auf. Sie müssen gegebenenfalls nun PIN, Passwort oder Muster eingeben, die Sie zuvor eingerichtet hatten.

❷ Ist noch keine Gerätesperre per Muster, Pin oder Passwort vorhanden, dann erscheint dieser Hinweis. Betätigen Sie dann *Weiter.*

❸ Richten Sie dann eine der im Kapitel *30.2.2 PIN- und Passwortsperre* beschriebenen Sperren ein.

➊ Jetzt registrieren Sie Ihren Finger – wir empfehlen den Zeigefinger – indem Sie Ihn auf den Sensor unten im Display halten (hervorgehobener Bereich).

➋ Während Sie den Finger auf die Sensorfläche halten, informiert Sie eine Prozentanzeige über den Fortschritt.

➌ Zwischendurch müssen Sie auf *Weiter* gehen und legen dann nacheinander die seitlichen Fingerflächen auf den Sensor.

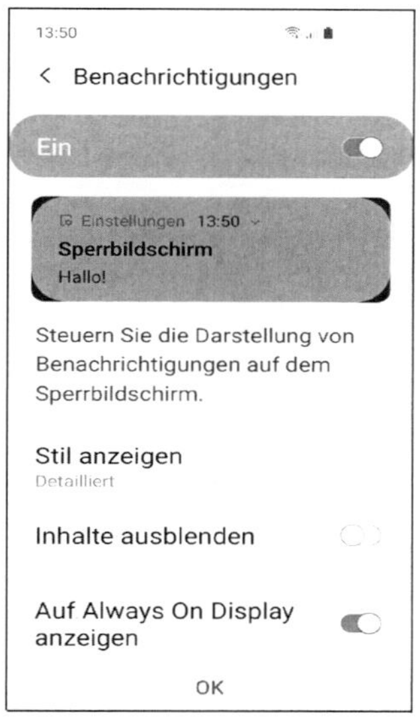

➊ Den Erfolgshinweis schließen Sie mit *OK*.

➋ Schließen Sie den folgenden Bildschirm mit *OK*.

Künftig entsperren Sie einfach, wie bereits von Ihnen bei der Fingererfassung durchgeführt, durch Berühren der Sensorfläche auf dem Bildschirm.

30.2.3.a Fingerabdrücke verwalten

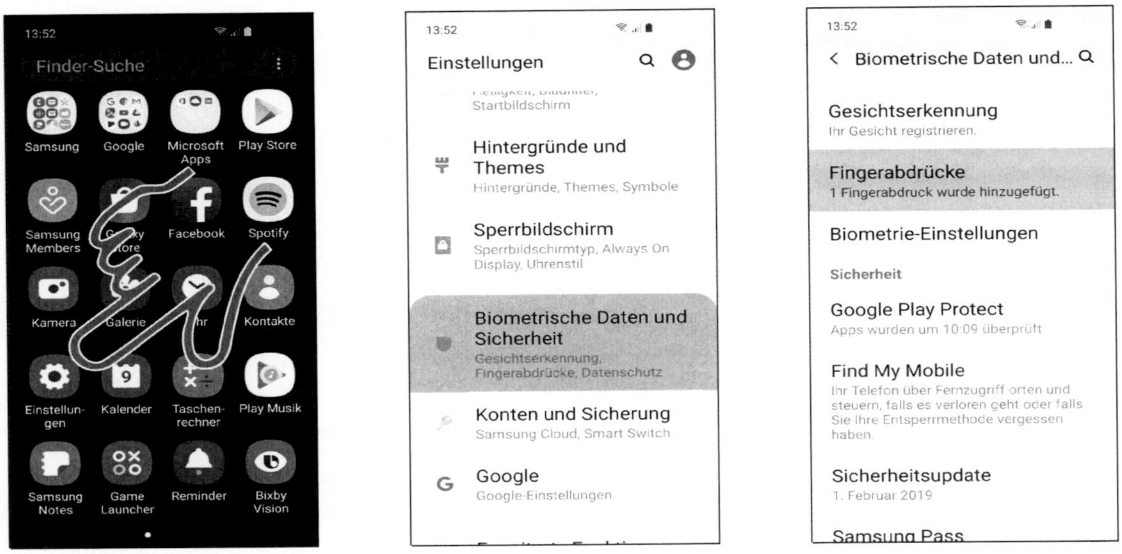

❶❷❸ Für die Fingerabdruckverwaltung gehen Sie die *Einstellungen* und dann in *Biometrische Daten und Sicherheit/Fingerabdrücke.*

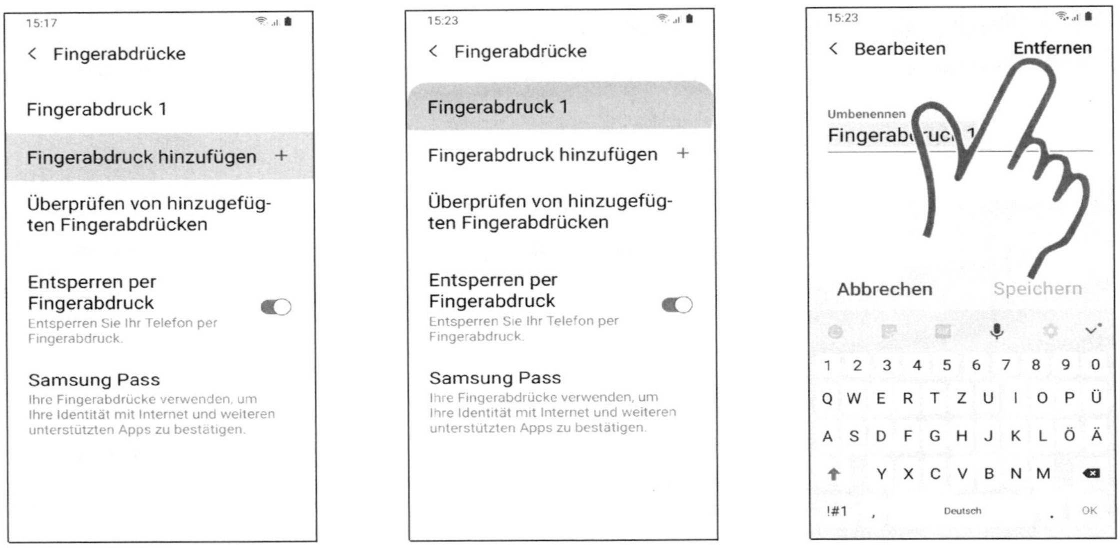

❶ Weitere Fingerabdrücke können Sie im *Fingerabdruck hinzufügen*-Menü jederzeit anlegen, beispielsweise, um das Gerät sowohl mit dem Daumen als auch den Zeigefinger zu entsperren.

❷❸ Ihren gespeicherten Fingerabdruck entfernen Sie, indem Sie das *Fingerabdruck 1*-Menü aufrufen und dann *Entfernen* betätigen.

30.2.4 Gesichtserkennung

Die Gesichtserkennung ist vergleichsweise unsicher, denn es reicht manchmal, wenn jemand ein Foto von Ihnen in die Kamera hält.

Sie müssen vor dem Einrichten der Gesichtserkennung erst eine PIN oder ein Passwort als Sperre festlegen (siehe Kapitel *30.2.2 PIN- und Passwortsperre*).

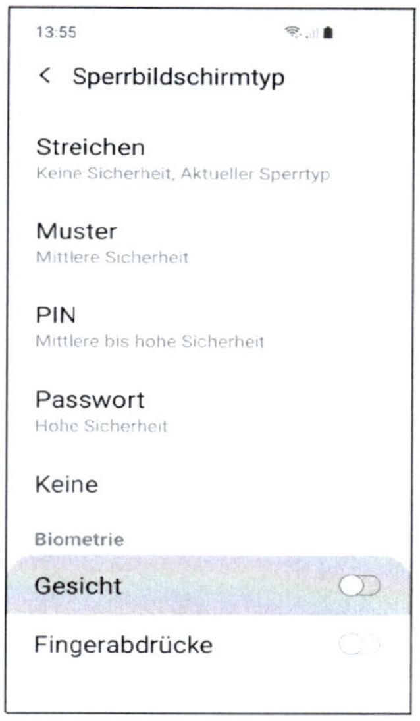

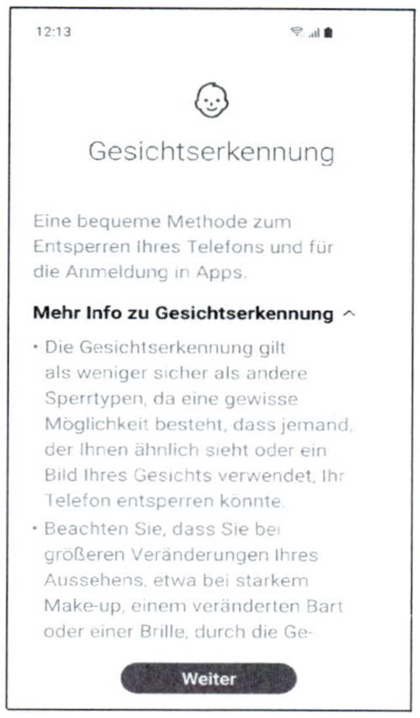

❶ Gehen Sie auf *Gesicht.*

❷ Betätigen Sie *Weiter.*

❸ Sofern Sie noch keine Muster-, PIN- der Passwortsperre angelegt hatten, müssen Sie dies nachholen.

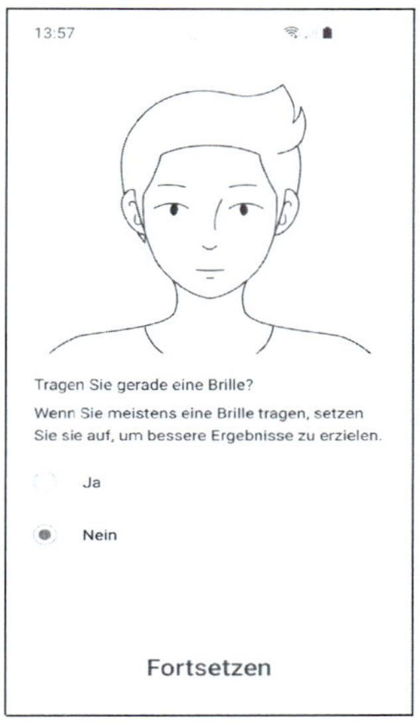

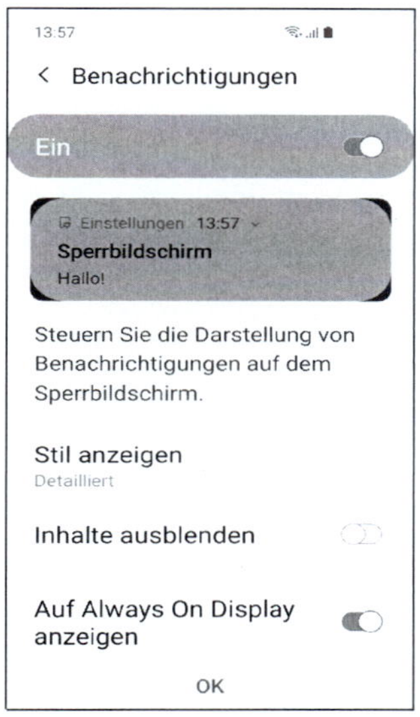

❶ Jetzt wird es ernst: Falls Sie eine Brille tragen, aktivieren Sie *Ja.* Betätigen Sie *Fortsetzen* und halten Sie das Handy so, dass Ihr Gesicht im Kameravorschaubild erscheint. Daraufhin erfolgt die Gesichtserfassung.

❷ Gehen Sie auf *OK.*

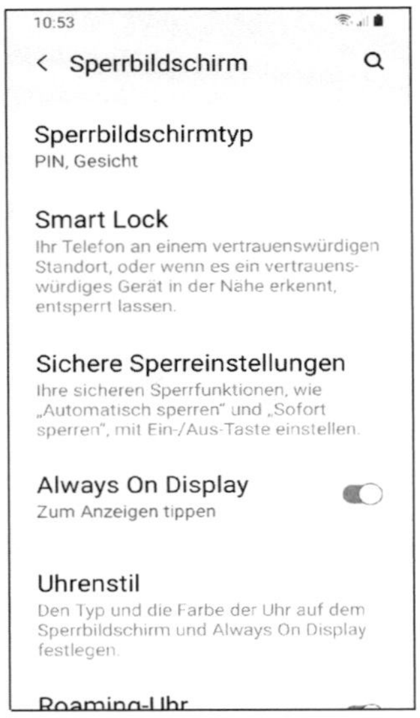

Schließen Sie den Bildschirm mit *OK*, worauf Sie sich wieder im *Sperrbildschirm*-Menü befinden.

Künftig erfolgt die Displayentsperrung automatisch, sobald Sie das Handy ca. 20 - 50 cm vor Ihr Gesicht halten.

30.2.4.a Gesichtsdaten verwalten

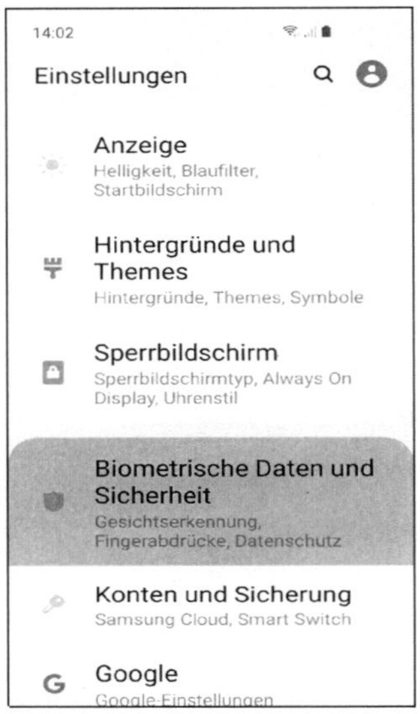

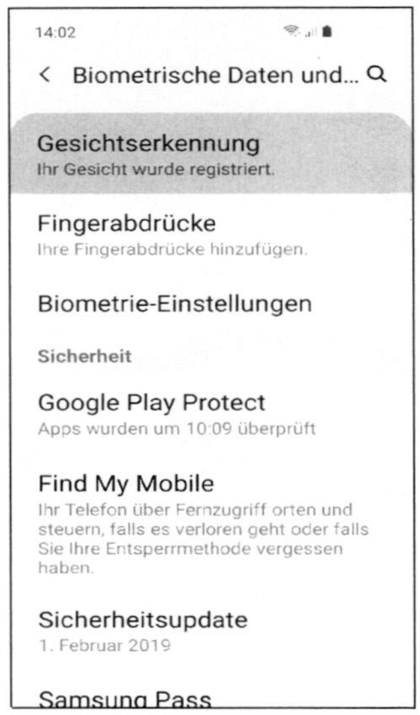

❶❷❸ Für die Fingerabdruckverwaltung gehen Sie die *Einstellungen* und dann in *Biometrische Daten und Sicherheit/Gesichtserkennung.*

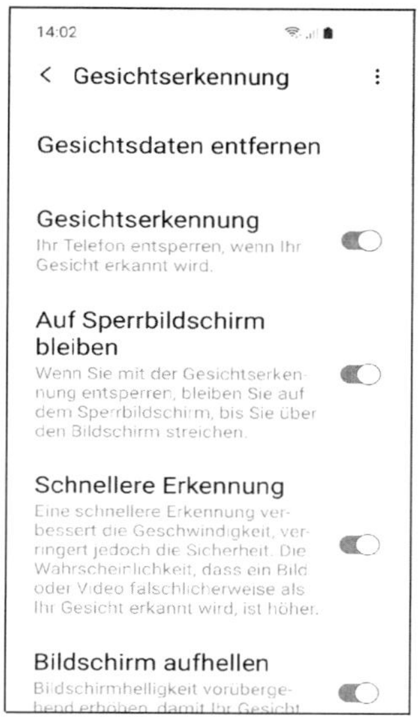

Die Optionen:

- *Gesichtsdaten entfernen*: Löscht die Gesichtsdaten, worauf Sie Ihr Gesicht erneut registrieren können.
- *Gesichtserkennung*: Muss aktiviert sein, damit das Gerät die Gesichtserkennung nutzt.
- *Auf Sperrbildschirm bleiben*: Nach der Gesichtserkennung schaltet das Handy auf die Displaysperre um, die Sie mit einer Wischgeste entsperren.
- *Schnellere Erkennung*: Die Gesichtsentsperrung dauert etwas länger, ist aber sicherer, weil das Handy zusätzliche Merkmale wie Augenblinzeln auswertet.
- *Bildschirm aufhellen*: Erhöht während des Erkennungsvorgangs die Displayhelligkeit.
- *Samsung Pass*: Über Samsung Pass verwaltet das Handy die im Webbrowser (siehe Kapitel *12 Webbrowser*) eingegebenen Anmeldedaten (Login und Passwort) zu Shopping-Websites und Online-Banking. In diesem Buch gehen wir darauf nicht ein, weil der Browser die Logindaten bereits selbsttätig speichert.

30.3 Optionen während der Sperre

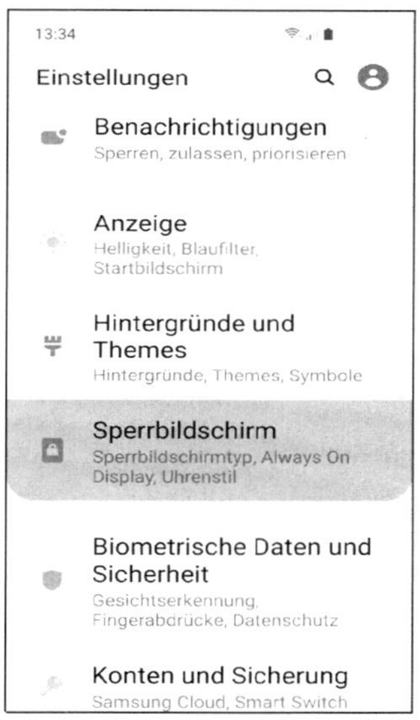

❶❷❸ Unter *Sperrbildschirm/Sichere Sperreinstellungen* sind nun weitere Optionen freigeschaltet:

- *Automatisch sperren*: Zeitspanne, die das Handy nach dem Displayabschalten wartet, bevor es die Sperre aktiviert.
- *Mit Ein/Aus sofort sperren*: Drücken des Ein/Ausschalters aktiviert die Sperre.
- *Automatisch zurücksetzen*: Geben Sie 15 Mal den Entsperrcode falsch ein, so setzt sich das Handy automatisch auf die Fabrikeinstellungen zurück.
- *Netzwerk und Sicherheit*: Diese Funktion soll Netzwerkverbindungen von außen erleichtern, was die Ortung (siehe Kapitel *30.5 Maßnahmen gegen Diebstahl*) bei Geräteverlust ermöglicht.
- *Sperroption anzeigen*: Drücken und halten des Ein-/Ausschalters zeigt eine *Sperrmodus*-Schaltleiste an, über die Sie die Fingerabdruck-, Iris- oder Gesichtsentsperrung deaktivieren. Das Entsperren des Geräts ist dann nur noch über Pin/Passwort möglich.

30.4 SIM-Sperre

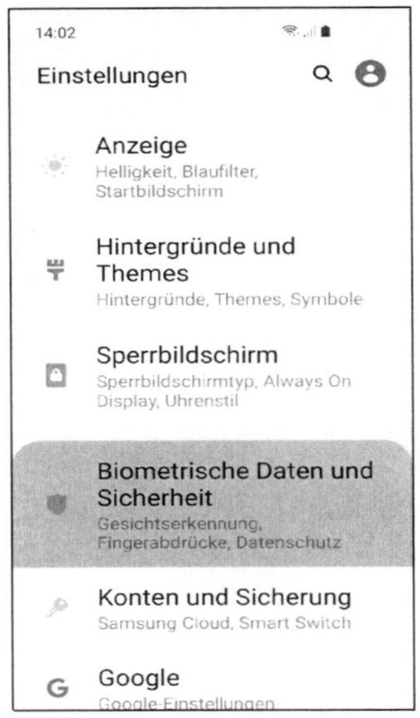

❶ Das Gerät kann man bei der SIM-Sperre erst nach Eingabe der PIN Ihrer SIM-Karte nutzen, wenn man es einschaltet.

❷❸ So konfigurieren Sie die SIM-Sperre: Rufen Sie im Hauptmenü die *Einstellungen* auf und gehen Sie ins *Biometrische Daten und Sicherheit*-Menü.

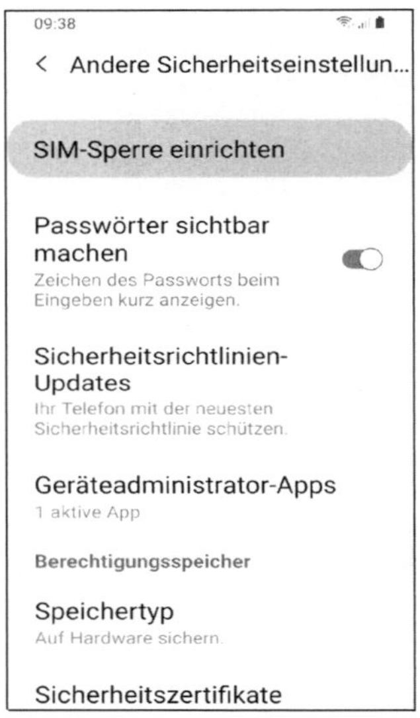

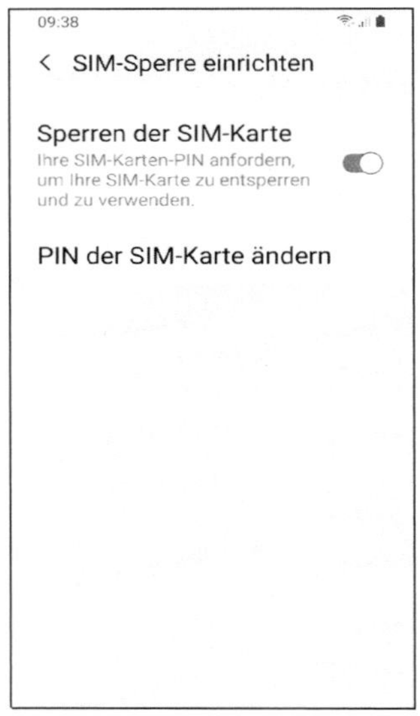

❶❷ Gehen Sie auf *Andere Sicherheitseinstellungen/SIM-Sperre einrichten.*

❸ Aktivieren/Deaktivieren Sie die SIM-PIN-Abfrage über *Sperren der SIM-Karte*. Über *PIN der SIM-Karte ändern* können Sie die vom Netzbetreiber vorgegebene vierstellige PIN ändern.

30.5 Maßnahmen gegen Diebstahl

Jeden Tag gehen in Deutschland mehrere Tausend Mobilgeräte verloren, sei es durch Diebstahl oder Vergesslichkeit. Falls Sie mal Ihr Galaxy verlieren sollten, ist dies glücklicherweise nicht so schlimm, denn alle Daten, die Sie mit den mitgelieferten Google-Anwendungen verwalten, werden automatisch im Internet in Ihrem Google-Konto gesichert. Melden Sie sich dann mit Ihrem Google-Konto auf einem anderen Android-Tablet/Handy an, stehen Ihre Daten automatisch nach einigen Minuten wieder zur Verfügung. Haben Sie außerdem Ihr Galaxy, wie im Kapitel *30.2 Gerätesperre* beschrieben, gegen fremden Zugriff geschützt, brauchen Sie auch kaum Angst haben, dass jemand mit Ihren Daten Missbrauch treibt.

Ärgerlich bleibt ein Geräteverlust aber trotzdem. Mit den in diesem Kapitel vorgestellten Anwendungen können Sie daher Ihr Handy lokalisieren. Von Erfolg sind die Ortungsmaßnahmen nur gekrönt, wenn das Handy eingeschaltet ist und der Dieb/Finder es nicht über eine Tastenkombination zurücksetzt. Deshalb gilt: Je schneller Sie die Ortung durchführen, desto größer ist die Wahrscheinlichkeit, es wiederzufinden.

Find My Mobile ist eine von Samsung mitgelieferte Fernzugriffsfunktion, über die Sie nicht nur das Galaxy lokalisieren, sondern auch anrufen oder fern löschen können.

Damit Sie diese Funktion nutzen können, müssen Sie vorher erst ein Samsung-Konto anlegen. Siehe dazu Kapitel *25 Das Samsung-Konto*.

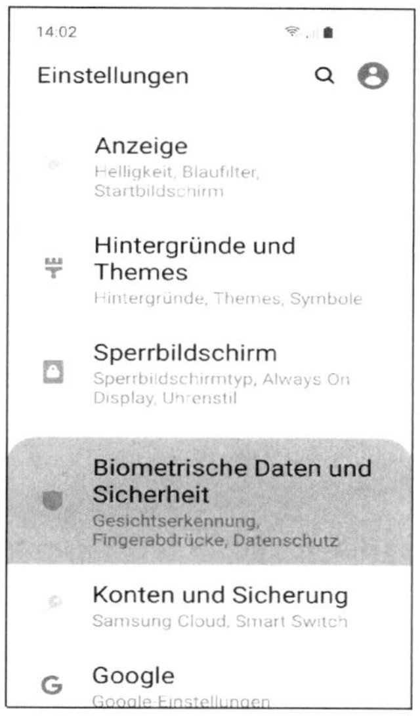

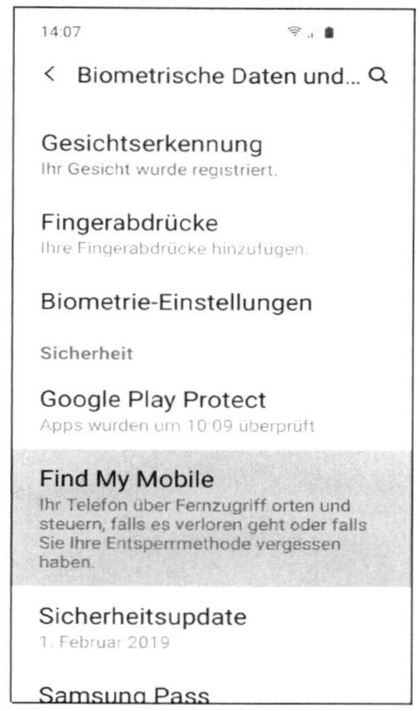

❶❷ Nachdem Sie die *Einstellungen* im Hauptmenü aufgerufen haben, gehen Sie auf *Biometrische Daten und Sicherheit*.

❸ Die Diebstahlschutz-Funktionen sind unter *Find My Mobile* zu finden. Sie müssen dann erst aus Sicherheitsgründen das Passwort Ihres Samsung-Kontos (siehe Kapitel *25 Das Samsung-Konto*) angeben.

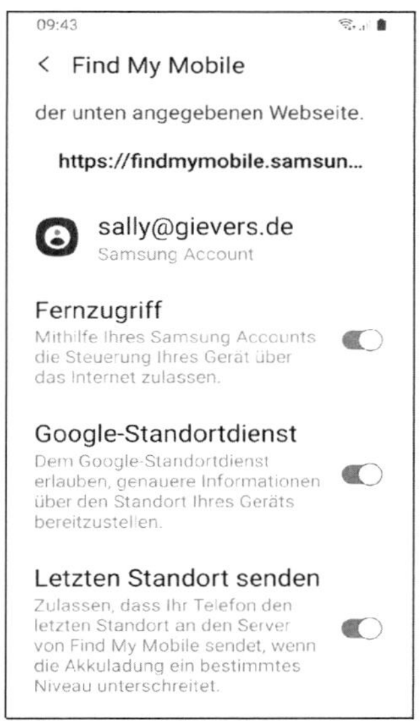

Prüfen Sie, ob *Fernzugriff*, *Google-Standortdienst* und *Letzten Standort senden* aktiv sind. Verlassen Sie den Übersichtsbildschirm mit der ‹-Taste.

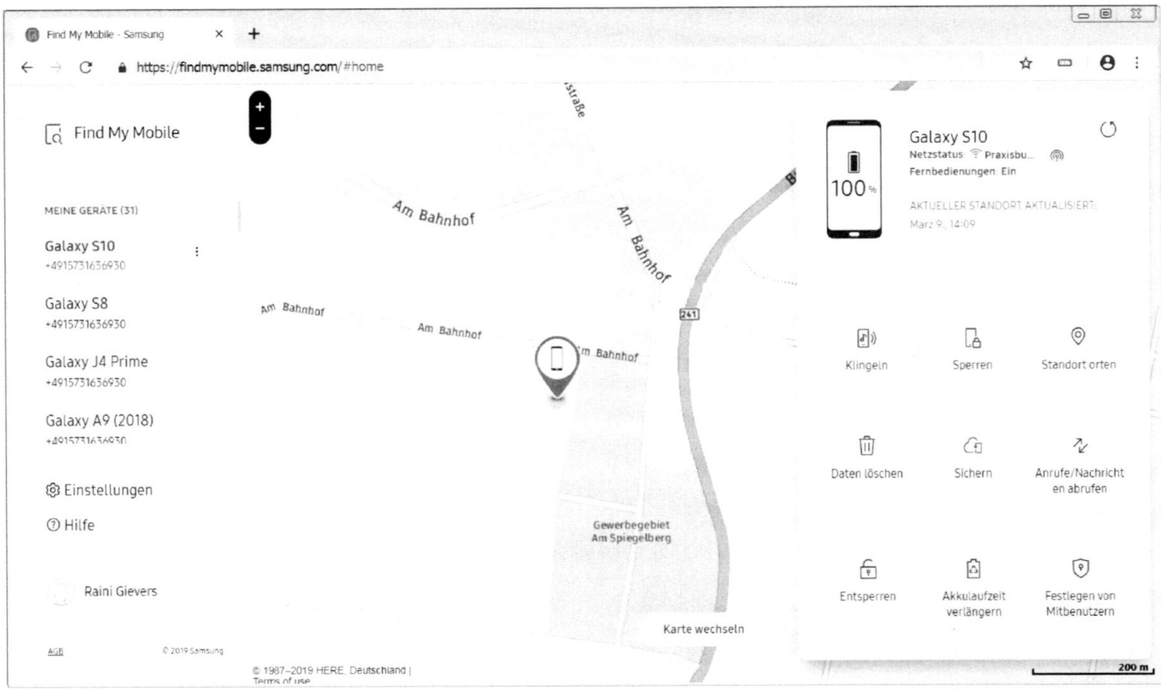

Ihr Galaxy (und andere Samsung-Geräte mit Fernzugriffsfunktion) verwalten Sie nun über den Webbrowser mit »Find my Mobile« (*findmymobile.samsung.com*). Loggen Sie sich auf der Website mit Ihren Samsung-Konto-Logindaten ein.

Sofern Sie mehrere Samsung-Handys/Tablets einsetzen, müssen Sie erst das zu lokalisierende oben rechts auswählen.

Folgende Funktionen stehen zur Verfügung:

- *Klingeln*: Signalton auf dem Handy aktivieren.
- *Sperren:* Geben Sie eine vierstellige PIN ein. Das Handy wird darauf hin gesperrt und lässt sich erst durch die PIN wieder entsperren.
- *Daten löschen*: Löscht alle Daten auf dem Handy.
- *Sichern:* Datensicherung im Samsung-Konto (siehe Kapitel *25 Das Samsung-Konto*) für eine spätere Rücksicherung auf einem anderen Samsung-Gerät durchführen.
- *Anrufe/Nachrichten abrufen*: Sie erfahren, mit welchen Rufnummern auf dem Handy telefoniert wurde.
- *Entsperren*: Entsperrt ein mit Gerätesperre (siehe Kapitel *30.2 Gerätesperre*) versehenes Handy. Die eingestellte Gerätesperre wird entfernt.
- *Akkulaufzeit verlängern*: Versetzt das Galaxy in einen Energiesparmodus, der die Akkubetriebsdauer auf 4-5 Tage erhöht.
- *Festlegen des Vormunds:* Sie erlauben damit einem Dritten, einige der obigen Sicherheitsfunktionen durchzuführen.

Beachten Sie: Damit Find My Mobile funktioniert, muss das Gerät Internetzugang über Mobilfunk oder WLAN haben. Schaltet ein Dieb das Galaxy einfach aus, beziehungsweise besteht kein Internetzugang, bringt Find My Mobile natürlich nichts. Auch wenn der Dieb es schafft, das Gerät zurückzusetzen, ist die Fernwartungsfunktion nutzlos.

Das von Ihnen über der Find My Mobile-Website ferngesteuerte Mobilgerät blendet in der Titelleiste einen Hinweis ein. Eine unbemerkte Nutzung ist also nicht möglich.

31. Der Seitenbildschirm

Der sogenannte Seitenbildschirm – damit ist der gebogene rechte Bildschirmrand gemeint – unterstützt folgende Funktionen:

- App-Anzeige: Dient dem schnellen Aufruf von Programmen.
- VIP-Anzeige: Legen Sie bis zu 5 verschiedene Kontakte als VIPs (= very important Person = dt. sehr wichtige Person) fest, die alle eine unterschiedliche Farbe haben. Ruft Sie jemand an, so leuchtet der Seitenbildschirm in der eingestellten Farbe. Diese Funktion ist nur verfügbar, wenn das Handy umgedreht auf einem Tisch liegt.
- Seitenpaneele: Anzeige von Benachrichtigungen (zum Beispiel verpasste Anrufe, neue E-Mails oder SMS, usw.),
- Seitenlicht: Der Seitenbildschirm blinkt bei eingehenden Anrufen, sowie neu empfangenen SMS oder E-Mails. Dies geschieht aber nur, wenn das Galaxy mit dem Display zuerst auf einem Tisch liegt.
- Diverse weitere Funktionen, darunter die Anzeige der Wettervorhersage, Kalendertermine, Nachrichten, usw.

Auf dem ersten Blick mag es unvorsichtig sein, das teure Handy für bestimmte Funktionen umgedreht auf einen Tisch zu legen, da ja Kratzer entstehen könnten. Beim Galaxy S10/S10+ ist das Display allerdings (wie bei vielen anderen Handys dieser Preisklasse) gegen Kratzer besonders versiegelt.

Die Seitenbildschirm-Funktion bringt keinen großen Nutzen, denn viele Funktionen lassen sich über Verknüpfungen und Widgets (siehe Kapitel *4.7 Startbildschirm konfigurieren*) einfacher aufrufen.

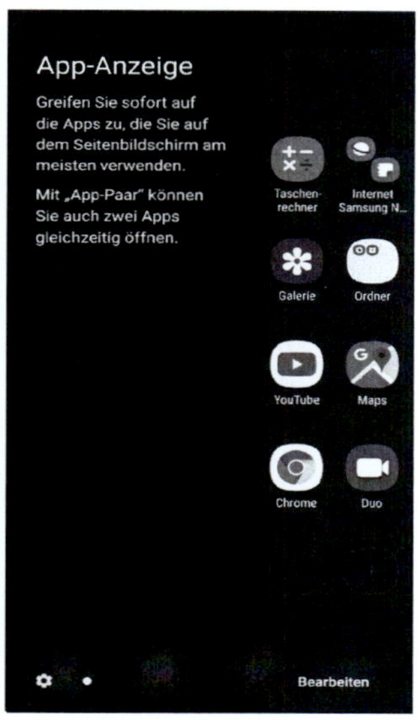

❶ Egal in welcher Anwendung Sie sich gerade befinden, öffnet eine Wischgeste vom grauen Balken aus den sogenannten Seitenbildschirm.

❷ Standardmäßig begrüßt Sie die sogenannte App-Anzeige, über die Sie Programme aufrufen. Sie schließen das Paneel mit der O- oder <-Taste unterhalb des Displays.

Sie können selbst festlegen, welche Paneele angezeigt werden und auch den Inhalt der Paneele teilweise an Ihre Bedürfnisse anpassen. Darauf kommen wir noch.

31.1 Einstellungen

Die Paneele passen Sie recht einfach an Ihre Bedürfnisse an.

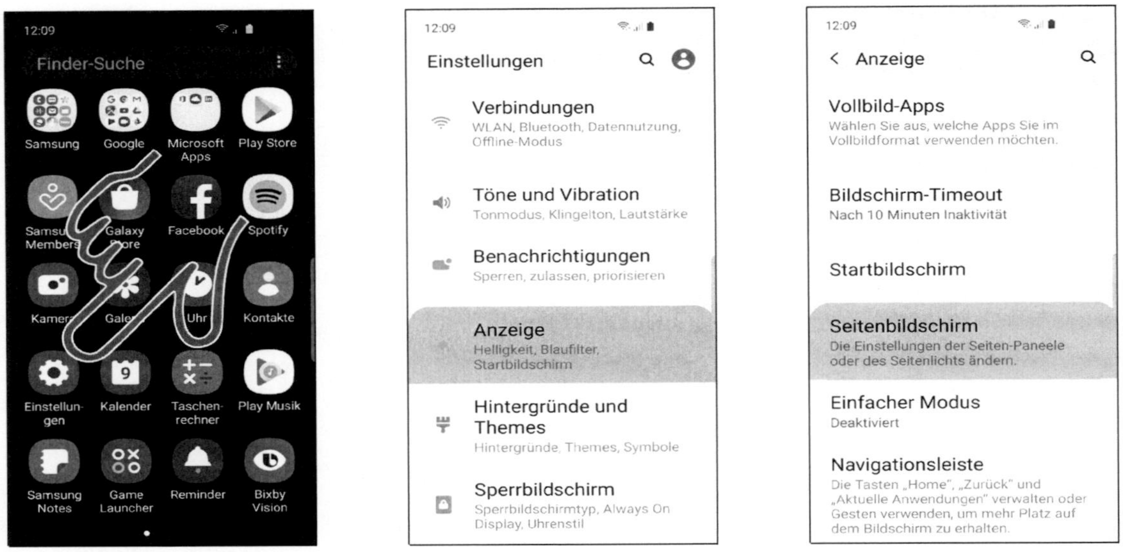

❶ Rufen *Einstellungen* im Hauptmenü auf.

❷❸ Gehen Sie auf *Anzeige* und dann *Seitenbildschirm*. Die einzelnen Menüs stellen die nächsten Kapitel vor.

31.2 Seiten-Paneele

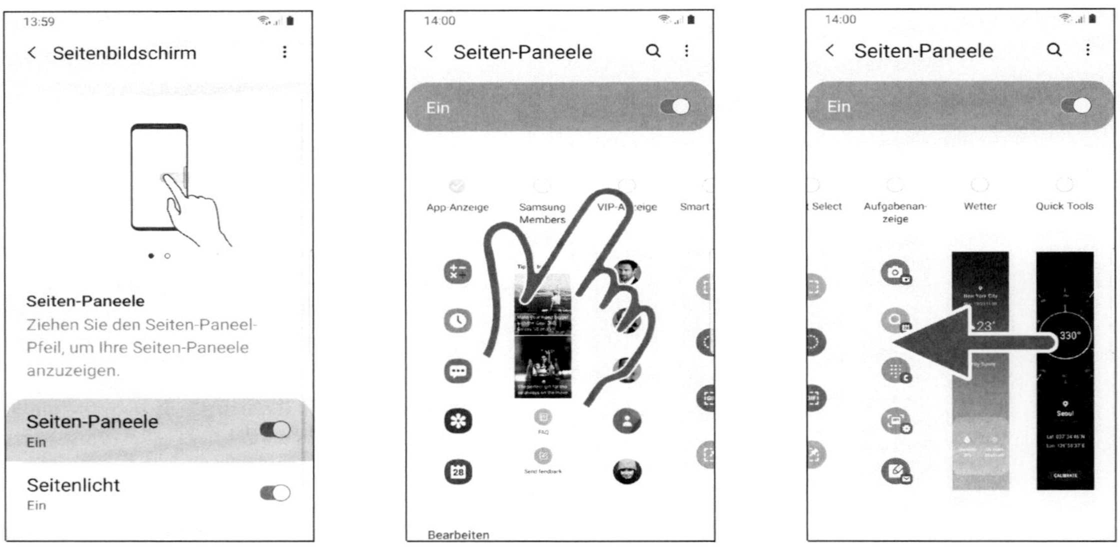

❶ Rufen Sie *Seiten-Paneele* auf.

❷❸ Aktivieren Sie die anzuzeigenden Paneele (Abhakkästchen). Gegebenenfalls blättern Sie mit einer Wischgeste durch die Paneele.

Jedes der Paneele hat eine bestimmte Aufgabe:

- *App-Anzeige*: Häufig verwendete Anwendungen
- *Samsung Members*: Hilfestellungen von Samsung zum Galaxy-Handy.
- *VIP-Anzeige*: Wenn Sie ein als VIP definierter Kontakt anruft oder eine SMS schickt, blinkt der Bildschirm farbig.
- *Smart Select*: Einen Bildausschnitt als animierte Bilddatei (GIF) speichern.
- *Aufgabenanzeige*
- *Wetter*

- *Quick Tools*: Kompass, Lineal, Steuerung der LED-Lampe.
- *Samsung-Internet*: Stellt Lesezeichen bereit, die man im Webbrowser (siehe Kapitel *12 Webbrowser*) aufrufen kann.
- *Reminder*: Erinnerungen anzeigen (siehe Kapitel *21.8 Bixby Reminder*).
- *Zwischenablage-Anzeige*
- *Sportarten*: Ergebnisanzeige für verschiedene Sportarten.
- *Finanzen*: Börsenkurse

Über ⋮/*Galaxy Apps* installieren Sie weitere Seiten-Paneele von Drittanbietern. Bitte beachten Sie, dass die meisten davon kostenpflichtig sind.

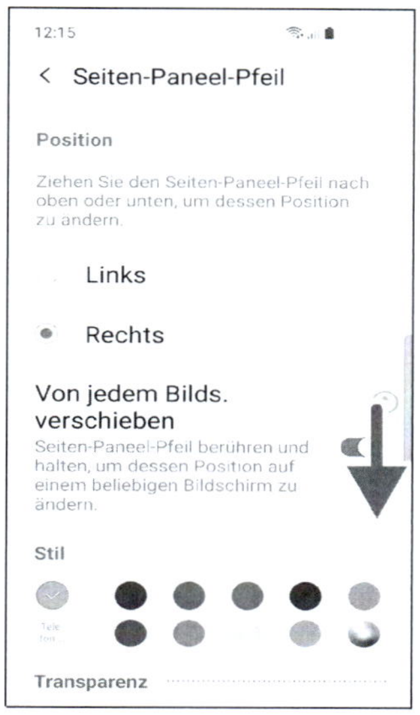

❶❷ In ⋮/*Seiten-Paneel-Pfeil* legen Sie fest:

Unter *Position*:

- *Links; Rechts*: Seitenpanel auf linker oder rechter Seite einblenden.
- *Von jedem Bilds. verschieben*: Wenn diese Option aktiviert ist, können Sie die Seitenpaneel-Position auch im Startbildschirm ändern. Dazu halten Sie den Finger auf dem Startpaneel und ziehen ihn nach oben/unten.

Unter *Stil*:

- *Transparenz*: Standardmäßig ist das Paneel zu 30 Prozent durchsichtig.
- *Größe*: Die Paneelgröße ist stufenlos einstellbar.
- *Vibrieren*: Antippen des Paneels quitiert das Handy mit einer Vibration.

Unter *Vibrieren*:

- *Vibrieren*: Das Handy vibriert, wenn Sie das Paneel berühren.

Die Position des grauen Balkens ändern Sie mit einer Wischgeste auf der rechten Seite. Der graue Balken wird bei ausgeblendetem Paneel angezeigt (❸). Um das Paneel anzuzeigen, müssen Sie vom grauen Balken aus wischen, wie wir bereits erläutert haben. Deshalb kann es sinnvoll sein, ihn an eine ergonomisch günstige Position zu verschieben.

31.2.1 VIP-Anzeige

Legen Sie bis zu 10 verschiedene Kontakte aus Ihrem Telefonbuch als VIP fest. Der Seitenbildschirm leuchtet bei Anrufen der VIP-Kontakte farbig, allerdings nur, wenn das Handy mit dem Display zuerst auf einem Tisch liegt.

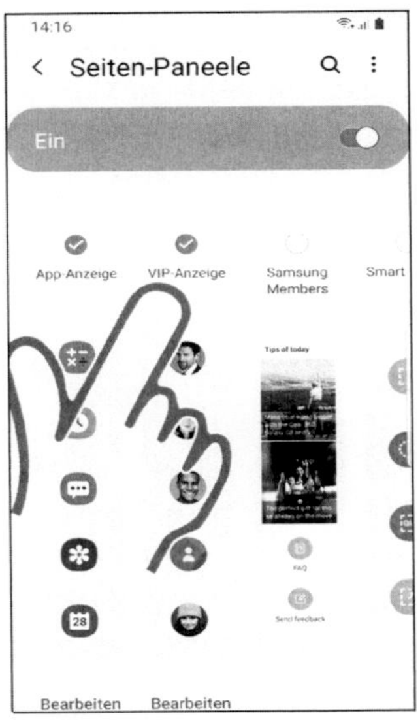

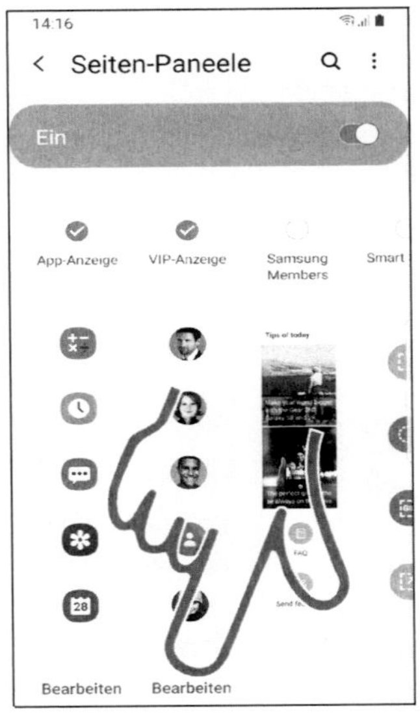

❶ Achten Sie darauf, dass das *VIP-Anzeige*-Paneel aktiv ist (Pfeil).

❷ Als ersten Schritt legen wir die VIP-Kontakte über *Bearbeiten* an.

❸ Betätigen Sie *Auswählen von Kontakten.*

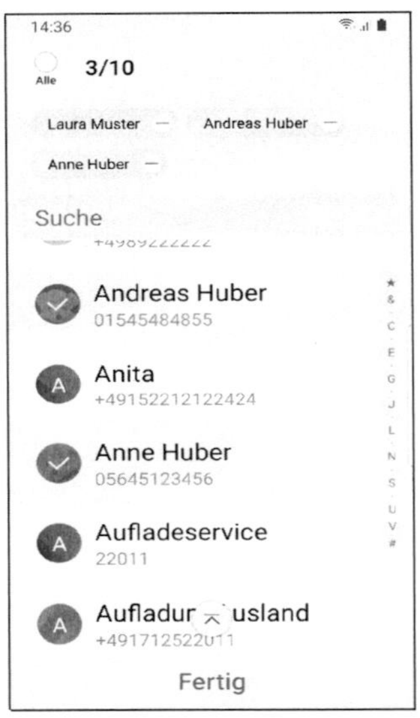

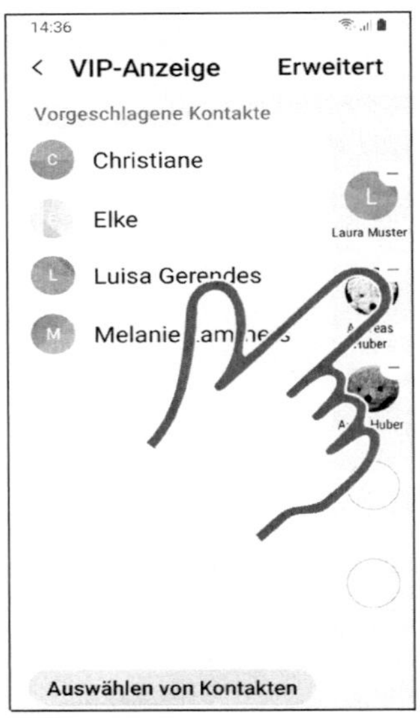

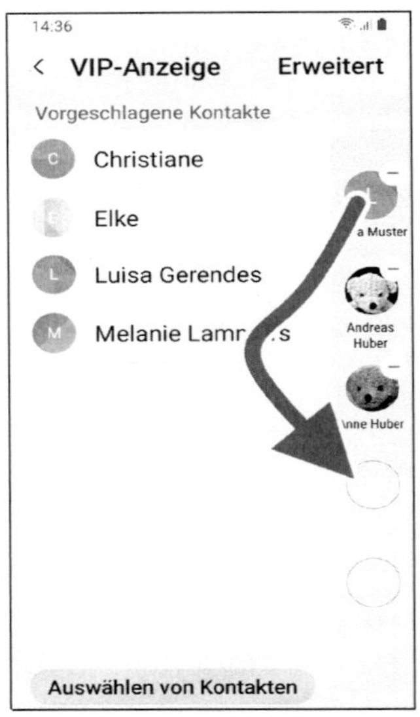

❶ Markieren Sie die als VIP vorgesehenen Kontakte und schließen Sie den Vorgang mit *Fertig* ab.

❷ Nicht mehr benötigte VIPs löschen Sie mit der Minus-Schaltleiste (Pfeil).

❸ Sie möchten die Position eines Kontaktsymbols ändern? Halten Sie den Finger über einem Kontaktsymbol gedrückt und ziehen Sie es dann an die gewünschte Position. Die anderen Symbole rutschen dann nach unten.

➊ Öffnen Sie mit einer Wischgeste das Paneel.

➋ Gegebenenfalls wischen Sie mehrmals durch die Paneele, bis zur *VIP-Anzeige*.

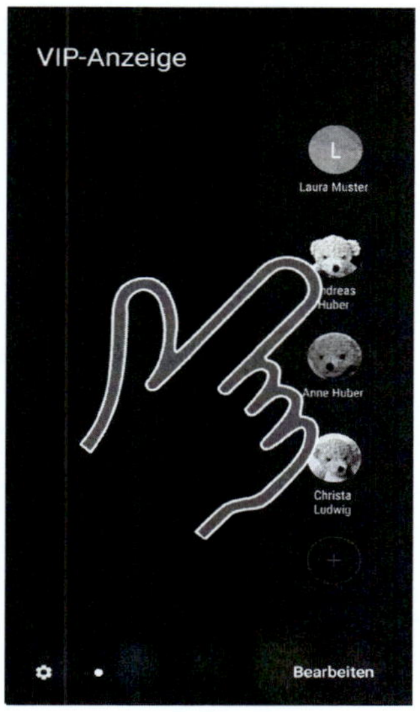

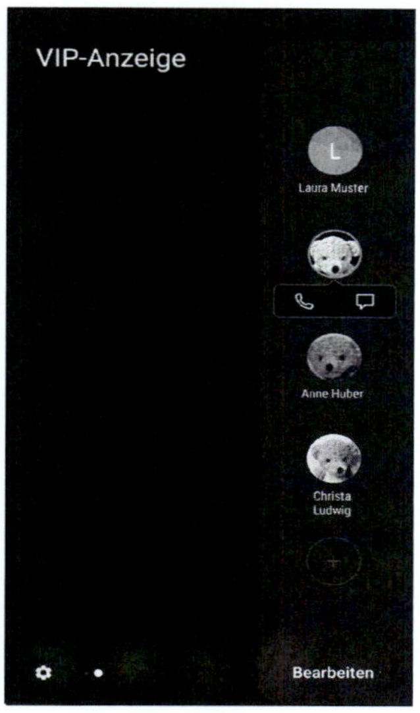

➊➋ Im VIP-Paneel tippen Sie zum Anrufen oder SMS-Schreiben einfach einen VIP-Kontakt an und anschließend auf das Symbol für Telefonie oder SMS.

32. Bluetooth

Bluetooth ist ein Funkstandard zur schnurlosen Verbindung verschiedener Geräte wie PCs, Handys, Drucker und natürlich Mobilcomputer. Mit Bluetooth kann man in der Praxis Distanzen von etwa zwei bis zehn Metern überbrücken, wobei theoretisch Übertragungsgeschwindigkeiten bis 24 Mbit/s möglich sind. Es ist kein Sichtkontakt zwischen den Geräten nötig.

Jede Datenübertragung zwischen zwei Bluetooth-Geräten setzt eine vorherige Kopplung voraus. Dabei kann es sich um eine kurzzeitige Kopplung handeln oder eine permanente. Während der Kopplung muss einer der Teilnehmer ein Kennwort eingeben beziehungsweise bestätigen. Die permanente Kopplung hat den Vorteil, dass man das Kennwort jeweils nur einmalig eingeben muss.

Auch wenn Bluetooth sehr viel mehr kann, wird es von den meisten Anwendern ausschließlich für die Kopplung mit Headsets oder Bluetooth-Lautsprechern genutzt.

32.1 Bluetooth ein/ausschalten

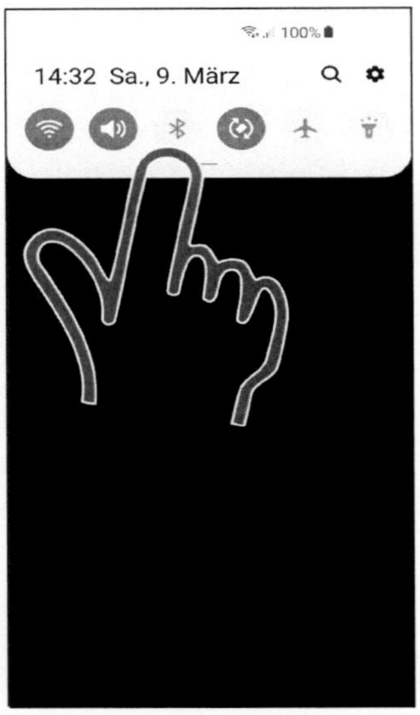

❶ Aktivieren Sie Bluetooth, indem Sie das Benachrichtigungsfeld öffnen und auf ✱ tippen (Pfeil). Erneutes Antippen beendet Bluetooth wieder.

❷ Das Popup, mit dem die Möglichkeit eine Kopplung mit anderen Geräten durchzuführen angeboten wird, schließen Sie mit *Stopp* beziehungsweise der ‹-Taste.

Das Benachrichtigungsfeld beschreibt ausführlich das Kapitel *4.7.5 Titelleiste und Benachrichtigungsfeld.*

Sobald Bluetooth aktiv ist, können Sie ausgehend vom Galaxy mit einem anderen Gerät koppeln.

32.2 Bluetooth konfigurieren

Damit Sie Bluetooth sinnvoll nutzen können, müssen Sie es erst einrichten. In den Standardeinstellungen kann nämlich kein anderes Gerät mit Ihrem Gerät koppeln und Daten übertragen.

32.2.1 Koppeln aus dem Benachrichtigungsfeld

❶❷ Sobald Sie ᛒ aus dem Benachrichtigungsfeld aktivieren, erscheint das Popup-Menü. Während dieses aktiv ist, können andere Geräte mit Ihrem Galaxy koppeln.

Auf anderen Bluetooth-Geräten wird Ihr Handy als »*Galaxy S10*« oder »*Galaxy S10+*« anzeigt. Sie können diesen Namen einfach, wie im Kapitel *36.3.1 Geräteinformationen* beschrieben, ändern.

Sollte Bluetooth bereits aktiv sein, dann betätigen Sie sie die ᛒ-Schaltleiste einfach zweimal hintereinander, um das Popup zu erhalten (beim ersten Antippen wird Bluetooth ausgeschaltet, beim zweiten Mal wieder aktiviert).

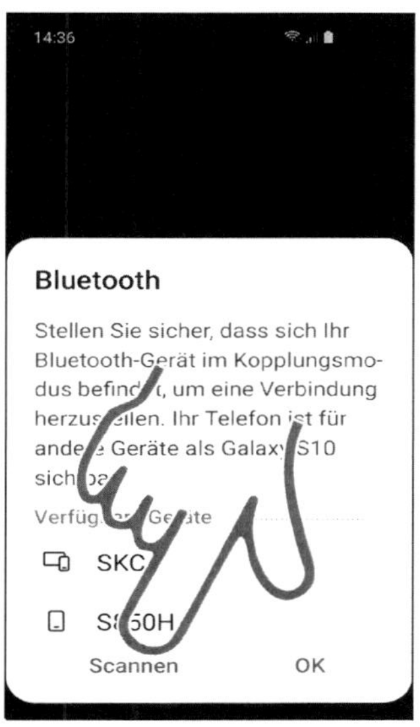

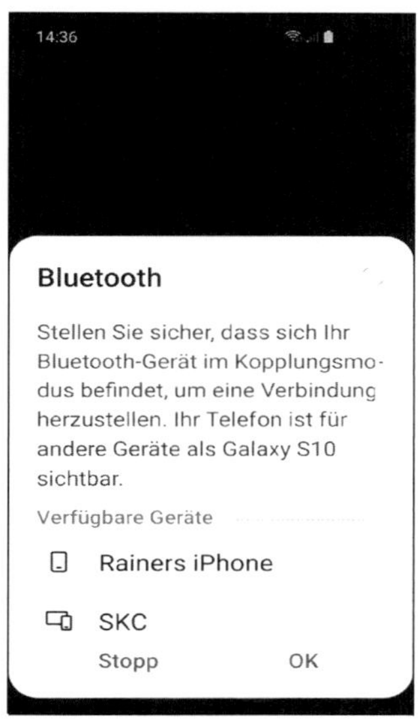

❶❷ Verwenden Sie die *Scannen*-Schaltleiste, um nach zu koppelnden Bluetooth-Geräten zu suchen. Meist ist dies allerdings nicht nötig, weil das Bluetooth-Menü bereits beim Aufruf nach Bluetooth-Geräten sucht und sie anzeigt.###

32.2.2 Koppeln aus den Einstellungen

Das Koppeln aus den Einstellungen ist nicht so bequem wie direkt im Benachrichtigungsfeld, bietet aber mehr Optionen.

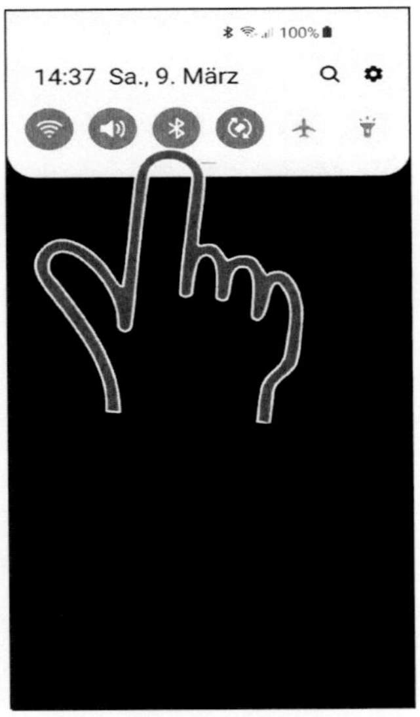

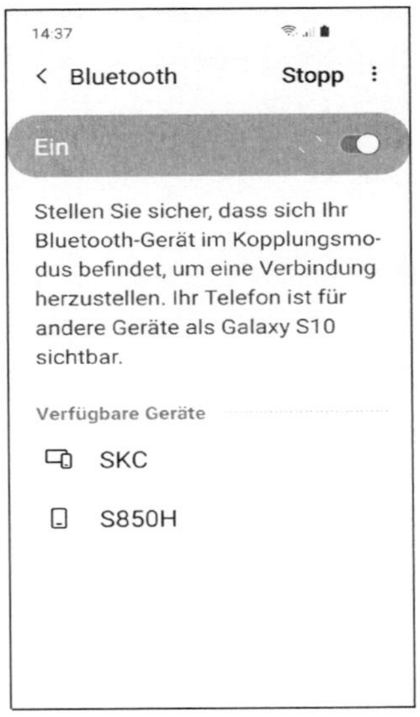

❶❷ Öffnen Sie das Benachrichtigungsfeld, tippen und halten Sie die ✻-Schaltleiste, bis der Bluetooth-Bildschirm erscheint.

Solange Sie sich im Bluetooth-Bildschirm befinden, können anderen Geräte mit Ihrem Galaxy koppeln. Verwenden Sie die *Scannen*-Schaltleiste, um nach zu koppelnden Bluetooth-Geräten zu suchen. Meist ist dies allerdings nicht nötig, weil das Bluetooth-Menü bereits beim Aufruf nach Bluetooth-Geräten sucht und sie anzeigt.

32.3 Bluetooth-Headset / Freisprecheinrichtung verwenden

Bluetooth eignet sich besonders gut für den Betrieb von drahtlosen Headsets. In unserem Beispiel verwenden wir ein Headset von Samsung (Modell HM1100). Es funktionieren aber natürlich auch Headsets vieler anderer Hersteller, zum Beispiel von Motorola oder Hama.

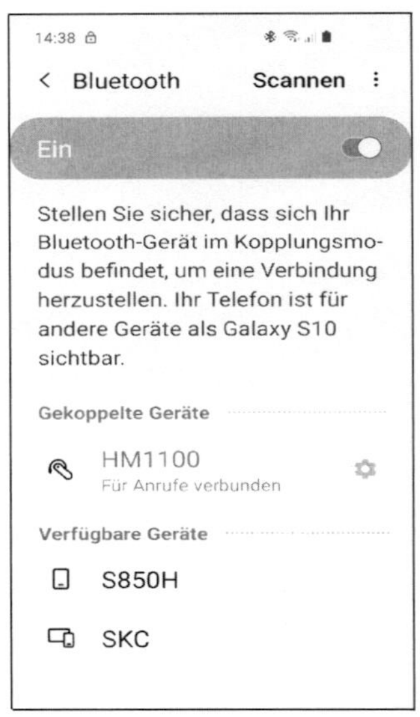

❶❷ Gehen Sie, wie im vorherigen Kapitel beschrieben, in den *Bluetooth*-Bildschirm. Rufen Sie gegebenenfalls *Scannen* auf, falls das Headset dort nicht bereits in der Liste der gefundenen Geräte angezeigt wird. Nach einigen Sekunden wird die Freisprecheinrichtung gefunden und angezeigt. Tippen Sie deren Namen an.

❸ Das Galaxy meldet nun »*Für Anruffunktion verbunden*« beim Headset.

Auf dem Headset müssen Sie zuvor in den Kopplungs-Modus schalten, beim Samsung HM1100 beispielsweise, indem Sie die Sprechtaste mehrere Sekunden drücken. Eine LED blinkt dann blau.

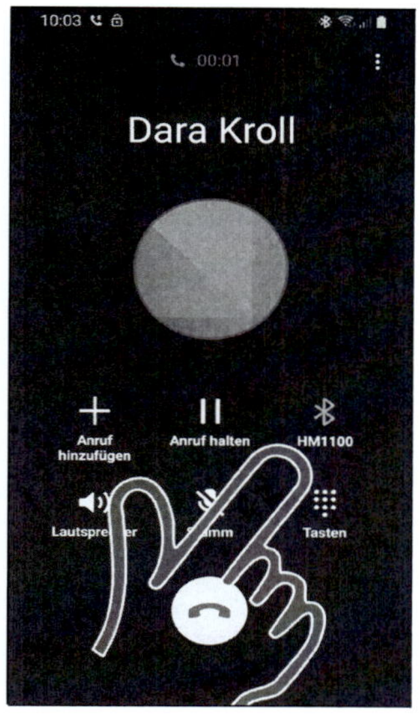

❶ Geht jetzt ein Anruf ein, können Sie ihn wie gewohnt, oder alternativ über die Sprechtaste des Bluetooth-Headsets, entgegennehmen.

❷ Zwischen Telefon-Lautsprecher und Headset schalten Sie jederzeit mit der *Bluetooth*-Schaltleiste (Pfeil) um.

Wenn Sie das Headset ausschalten, wird natürlich auch automatisch die Bluetooth-Verbindung zum Galaxy beendet. Umgekehrt baut das Headset beim Einschalten automatisch wieder die Bluetooth-Verbindung auf.

Besonders praktisch ist die Verwendung von Bluetooth-Freisprecheinrichtungen, die es bereits ab 20 Euro für den nachträglichen Einbau ins Auto gibt. Verlassen Sie das Auto mit Ihrem Handy, so wird automatisch die Bluetooth-Verbindung abgebaut, beim Einsteigen wieder aufgebaut. Sie brauchen also nicht die Freisprecheinrichtung jeweils ein/auszuschalten. Wichtig ist nur, daran zu denken, dass die Bluetooth-Verbindung auch dann aktiv ist, wenn Sie einige Meter neben dem Auto stehen – eingehende Anrufe laufen dann über die Freisprecheinrichtung.

❶❷ So heben Sie die Verbindung mit dem Headset auf: Tippen Sie mit dem den Finger kurz auf das Bluetooth-Headset in der Geräteauflistung. Alternativ können Sie natürlich auch einfach das Headset ausschalten.

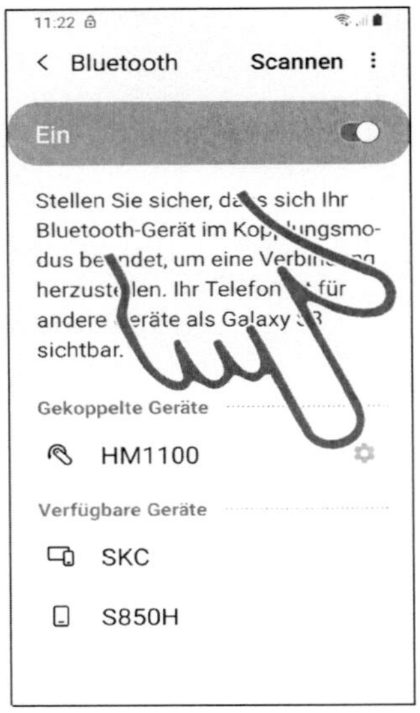

❶❷ Weitere Funktionen erhalten Sie nach Antippen der ⚙-Schaltleiste:

- *Umbenennen*: Vergibt dem verbundenen Bluetooth-Gerät einen neuen Namen.
- *Entkoppeln*: Beendet die Bluetooth-Verbindung, sodass keine Daten mehr zwischen den beiden Geräten übertragen werden können. Für eine erneute Datenverbindung können Sie allerdings eine erneute Kopplung durchführen.
- *Anrufe*: Das vom gekoppelten Bluetooth-Gerät unterstützte Bluetooth-Profil.

32.4 Bluetooth-Audio

Sie können unterwegs zwar über den Handy-Lautsprecher Musik hören (beispielsweise über YouTube, siehe Kapitel *22.4 YouTube* oder Play Musik, siehe Kapitel *18 Play Musik*), wir empfehlen für diesen Zweck aber einen Bluetooth-Lautsprecher. Diese besitzen in der Regel einen eigenen Akku und haben den Vorteil, dass man sie beliebig im Haus positionieren kann. Vernünftige Bluetooth-Lautsprecher ab ca. 30 Euro bieten einen besseren Klang und sind lauter als das Handy. Einige Exemplare bieten weitere Features wie eine Telefon-Freisprechfunktion, eine Lademöglichkeit für das Handy oder sind wasserdicht für den Außeneinsatz.

❶ Gehen Sie in den Bluetooth-Bildschirm und betätigen Sie *Scannen* (Pfeil), sofern die Bluetooth-Box nicht bereits gefunden wurde.

❷ Tippen Sie kurz den gefundenen Eintrag, in unserem Beispiel *PhilipsBT,* an, worauf die Verbindung hergestellt wird.

Meistens zeigt eine LED an der Bluetooth-Box die Kopplungsbereitschaft an. Beachten Sie dazu auch das Handbuch zu Ihrer Bluetooth-Box.

Alle Anwendungen auf dem Handy nutzen jetzt die Bluetooth-Box für die Audioausgabe, nur die Telefoniefunktion nutzt weiterhin ganz normal den Gerätelautsprecher. Sie können also, wenn gerade Musik abgespielt wird, Anrufe entgegen nehmen ohne befürchten zu müssen, dass andere Personen im Raum über die Bluetooth-Box mithören.

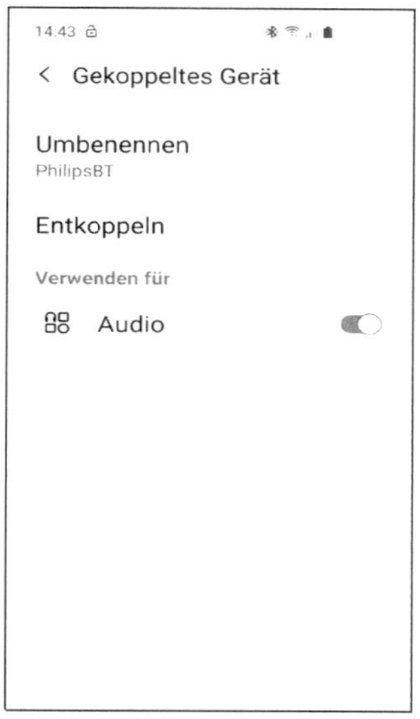

❶❷ Zum Deaktivieren der Audioausgabe über Bluetooth schalten Sie entweder die Bluetooth-Box aus, entfernen sich aus dessen Empfangsreichweite oder schalten Bluetooth am Handy aus. Alternativ gehen Sie auf ✿ und deaktivieren dann das Abhakkästchen bei *Audio* (Medienwiedergabe). Aktivieren Sie es später wieder, damit die Audioausgabe erneut über Bluetooth läuft.

32.5 Bluetooth-Nutzung zur Datenübertragung

Bluetooth kann nicht nur für die Kopplung mit Audio-Geräten, sondern auch für die Datenübertragung verwendet werden. Wenn Sie beispielsweise Ihre Fotos, Termine, Kontaktdaten, usw. mit jemandem anders teilen möchten, dann nutzen Sie einfach Bluetooth.

Die vor jeder Datenübertragung nötige Bluetooth-Kopplung kann, wie bereits erwähnt, entweder von Ihrem Handy aus oder durch den Kommunikationspartner erfolgen. In diesem Kapitel beschränken wir uns der Einfachheit halber auf die Bluetooth-Kopplung durch Ihr Handy.

Auch das populäre WhatsApp (siehe Kapitel *14 WhatsApp*) bietet die Möglichkeit an, Dateien über eine Internetverbindung an andere Geräte zu übertragen. Bluetooth basiert allerdings auf einer Direktverbindung zwischen beiden Kommunikationspartnern und ist deshalb wesentlich schneller.

32.5.1 Bluetooth-Kopplung

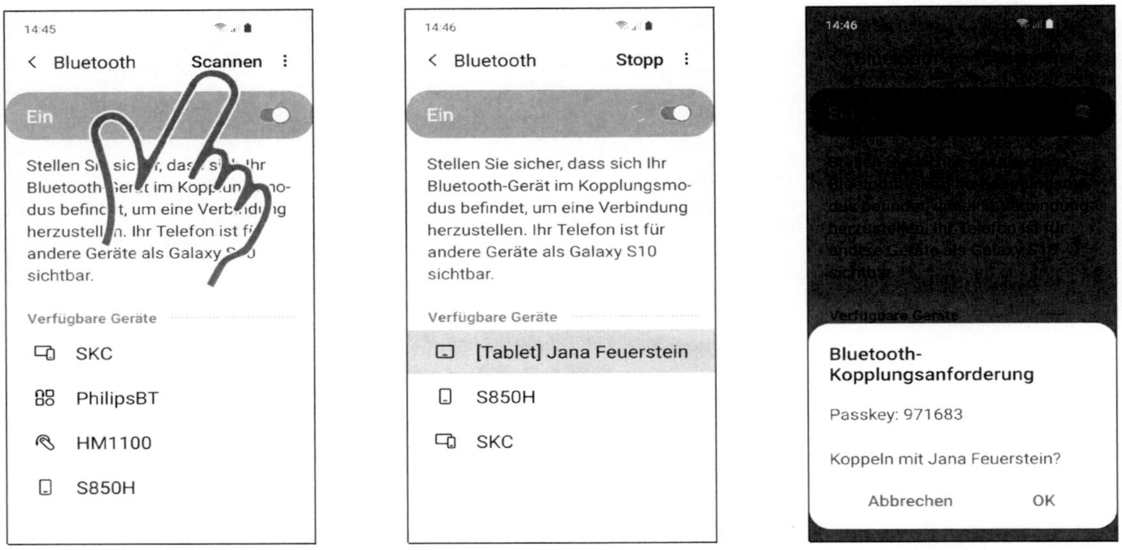

➊ Gehen Sie, wie in den vorherigen Kapiteln beschrieben, in den Bluetooth-Bildschirm und betätigen Sie *Scannen*, sofern der Kommunikationspartner nicht bereits gefunden wurde.

➋ Tippen Sie kurz den gefundenen Eintrag an, worauf die Verbindung hergestellt wird.

➌ In der Regel müssen Sie das angezeigte Kennwort nur noch mit *OK* bestätigen.

Auf dem zu verbindenden Handy, Tablet oder Notebook muss Bluetooth eingeschaltet und die Bluetooth-Sichtbarkeit aktiv sein.

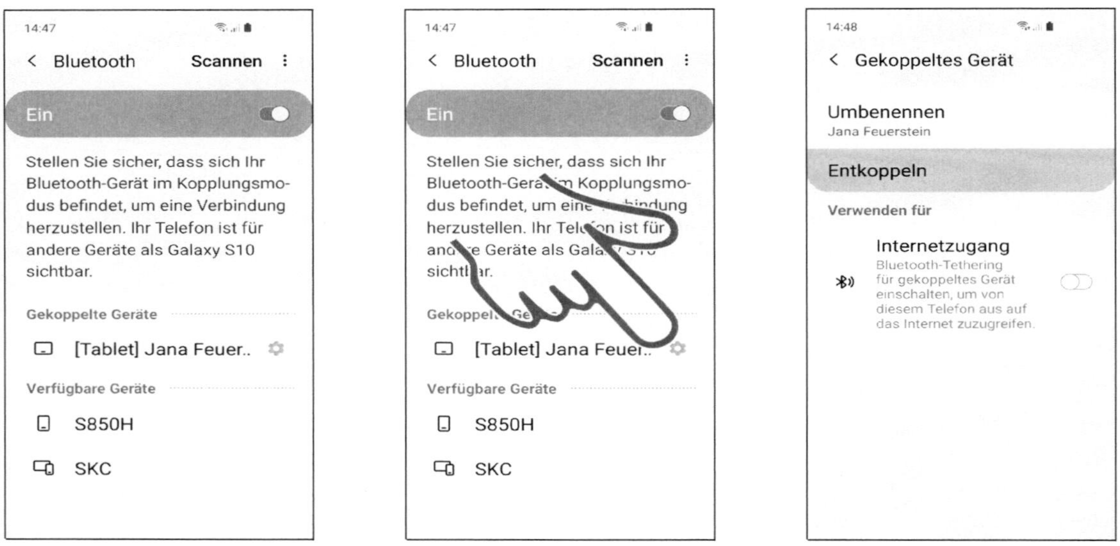

➊ Das andere Gerät erscheint nun unter *Gekoppelte Geräte*.

➋➌ Falls Sie später mal die Kopplung wieder deaktivieren möchten, gehen Sie auf ⚙ hinter dem Geräteeintrag und betätigen *Entkoppeln*.

32.5.2 Daten vom Galaxy senden

Auf dem Galaxy unterstützen unter anderem der Kalender, das Telefonbuch und die Galerie-Anwendung den Datenversand per Bluetooth.

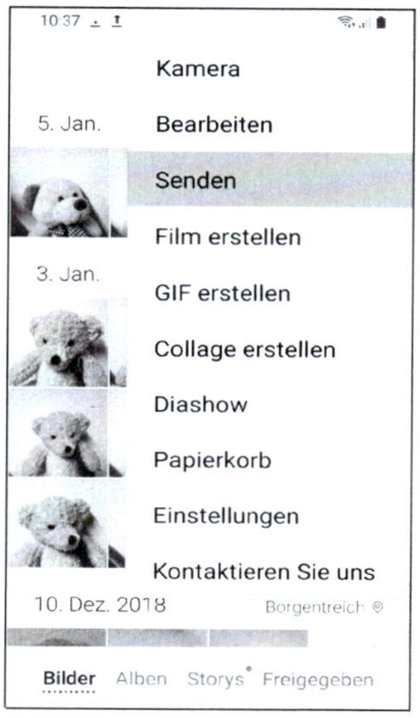

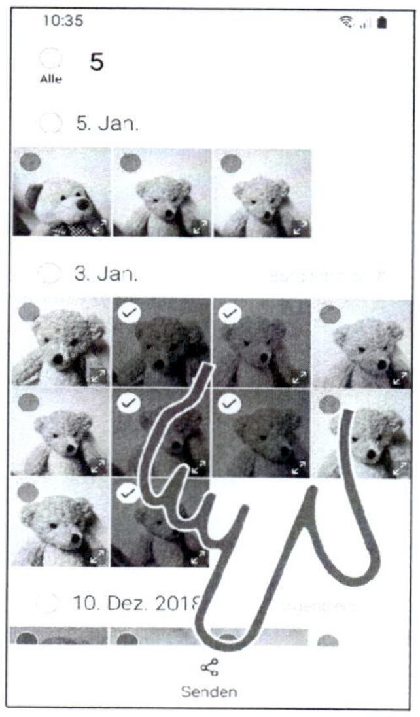

➊ In der Galerie-Anwendung (siehe Kapitel *17 Galerie*) aktivieren Sie zunächst den Markierungsmodus, indem Sie auf ⁝/*Senden* gehen. Die Galerie-Anwendung wechselt daraufhin in den Markierungsmodus und Sie können die Dateien markieren.

➋ Danach betätigen Sie *Senden*.

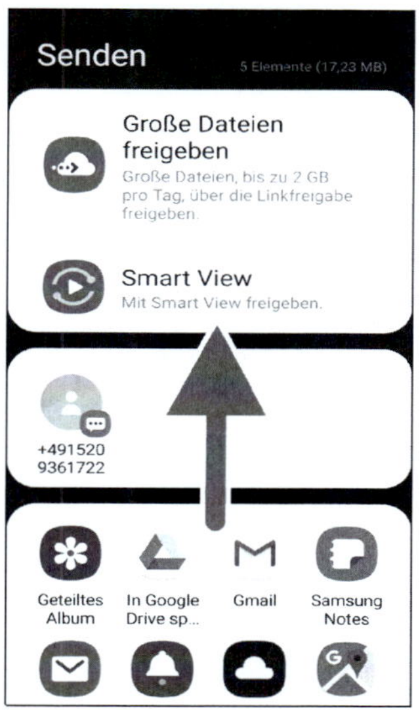

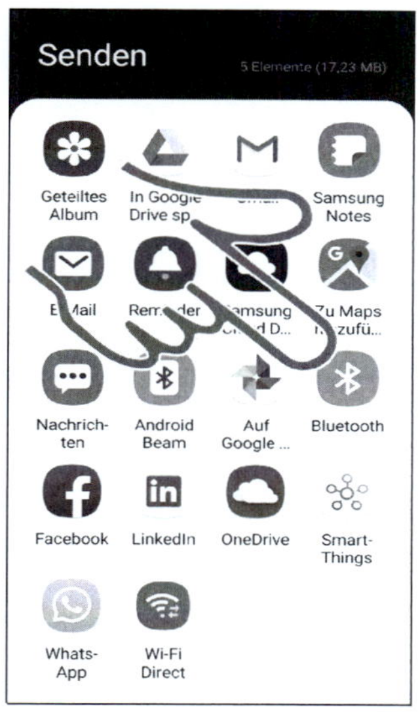

➊➋ Im folgenden Menü ist *Bluetooth* auszuwählen. Falls die entsprechende Schaltleiste nicht zu finden ist, blättern Sie einfach mit einer Wischgeste in den Übertragungsoptionen.

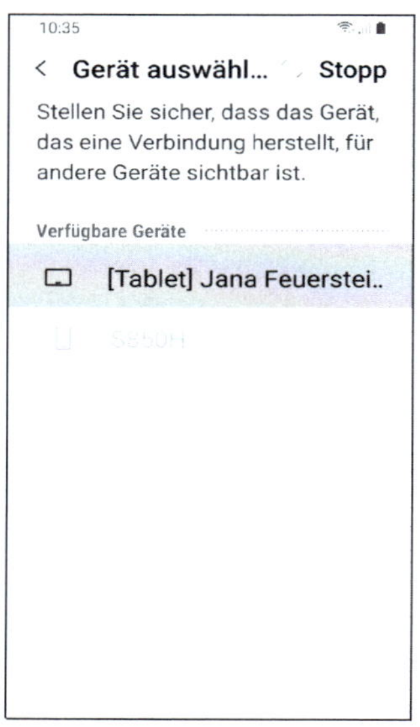

Wählen Sie den Empfänger aus. Auf dem anderen Gerät müssen Sie in der Regel den Empfang über einen Dialog erlauben.

32.5.3 Daten auf dem Galaxy empfangen

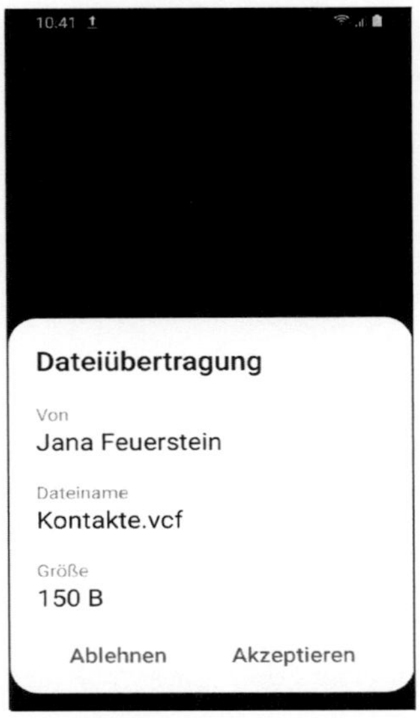

Wenn Ihnen jemand eine Datei sendet, zeigt das Handy eine Sicherheitsabfrage an. Betätigen Sie *Akzeptieren.*

Alle empfangenen Dateien landen automatisch im Gerätespeicher, im Beispiel von Fotos oder Videos nutzen Sie den Bildanzeiger (siehe Kapitel *17 Galerie*) für die Ansicht.

Beachten Sie, dass empfangene Kontakte automatisch in das Telefonbuch (siehe Kapitel *7 Telefonbuch*) übernommen werden. Gleiches gilt auch für Kalenderdaten (siehe Kapitel *21 Kalender*).

33. Tipps & Tricks

33.1 Eigene Klingel- und Benachrichtigungstöne

Standardmäßig bietet das Galaxy nur eine kleine Auswahl an Klingel- und Benachrichtigungs-signalen. Sie dürfen aber weitere Audiodateien (idealerweise im Format MP3) installieren.

33.1.1 Einrichtung über den PC

Schließen Sie das Galaxy am PC an (siehe auch Kapitel *29 Gerätespeicher*). Wählen Sie als Gerät *Phone* aus.

Sie finden folgende Verzeichnisse vor:

- *Ringtones*: Für Klingeltöne (siehe Kapitel *5.4.2 Klingelton und Klingeltonlautstärke*)
- *Notifications*: Für Benachrichtigungen (Kalender, neue Nachrichten)
- *Alarms*: Für den Alarm (siehe Kapitel *22.7.1 Alarm*)

Kopieren Sie nun Audiodateien in die entsprechenden Verzeichnisse.

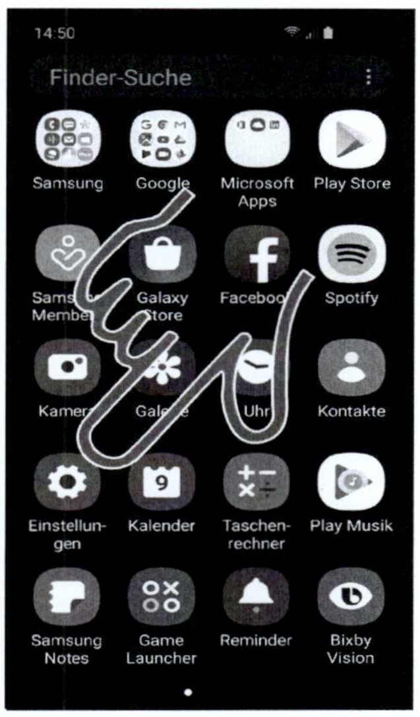

➊ Die neuen Klingel- und Benachrichtigungstöne lassen sich nun verwenden (siehe Kapitel *5.4.2 Klingelton und Klingeltonlautstärke*): Gehen Sie dazu im Hauptmenü in die *Einstellungen*.

➋➌ Wählen Sie *Töne und Vibration/Klingelton*.

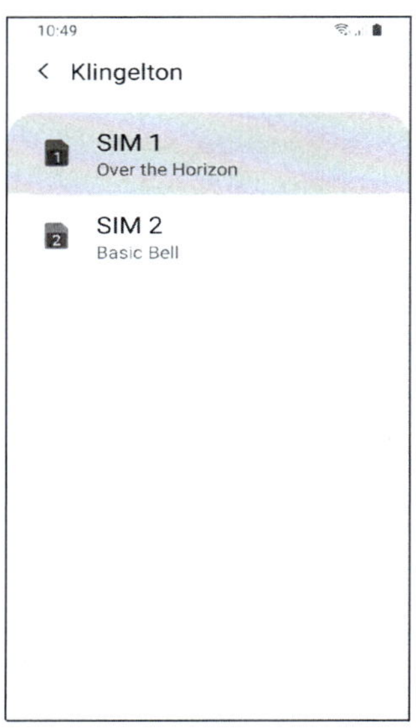

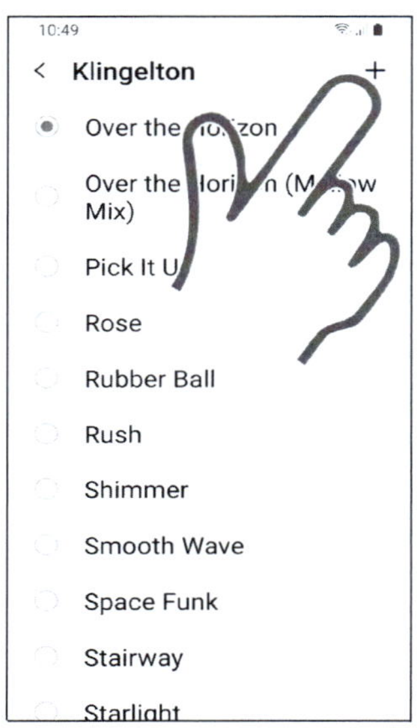

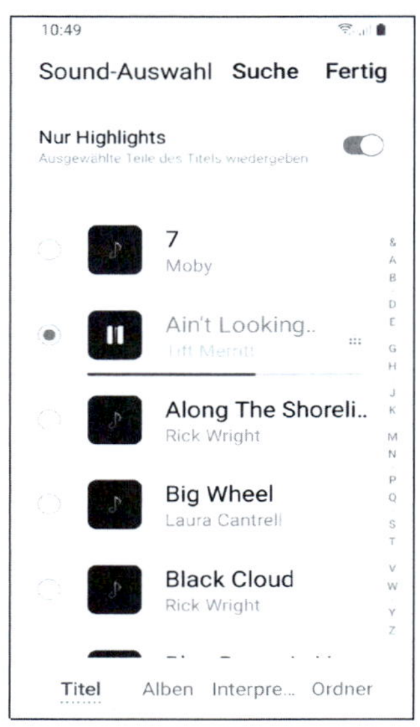

➊ Wählen Sie die genutzte SIM-Karte (siehe Kapitel *37 Dual-SIM-Verwendung*) aus.

❷❸ Stellen Sie den gewünschten Klingelton ein. Alternativ können Sie hier auch über die +-Schaltleiste einen Song, der sich an beliebiger Stelle auf Speicherkarte oder im Gerätespeicher befinden darf, als Signalton einstellen.

33.2 Zip-Dateien

Auf dem PC sind Zip-Archive, die mehrere Dateien und Verzeichnisse komprimiert speichern, Standard. Zip-Archive, die Sie an der Dateiendung ».zip« erkennen, werden häufig für im Internet angebotene Downloads verwendet, das heißt, wenn Sie häufig Dateien mit Ihrem Webbrowser herunterladen, dürften Sie früher oder später auch auf Zip-Dateien stoßen. Der mitgelieferte Datei-Manager (siehe Kapitel *22.2 Eigene Dateien*) kann diese entkomprimieren.

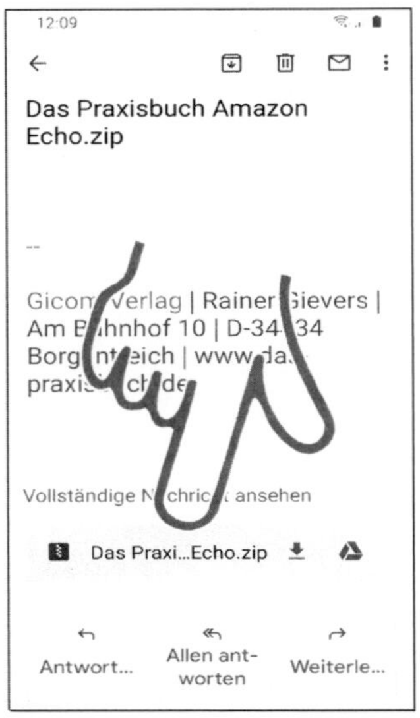

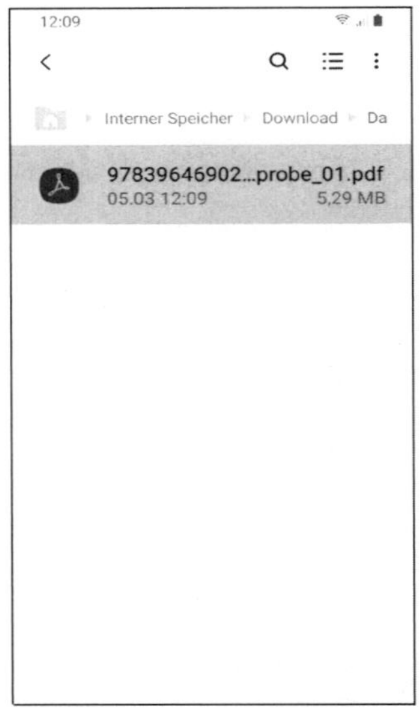

❶ Beispiel: Sie haben in Gmail eine E-Mail erhalten, die eine Zip-Datei als Dateianhang enthält (die Gmail-Anwendung beschreibt Kapitel *10 Gmail*). Tippen Sie die Datei an.

❷ Nach dem Herunterladen öffnet sich der Datei-Manager, worin Sie *Extrahieren* betätigen.

❸ Damit haben Sie nun Zugriff auf die entkomprimierte Datei, die Sie zum Öffnen antippen.

33.3 Anwendungen als Standard

Sie haben wahrscheinlich zu diesem Zeitpunkt schon einige dutzend Programme aus dem Google Play Store (siehe Kapitel *26.1 Play Store*) installiert. Häufig überlappen sich dabei die Programmfunktionen, beispielsweise unterstützen viele Anwendungen PDF, Word- oder Excel-Dokumente.

Wenn Sie auf dem Galaxy eine Funktion auslösen, für die mehrere Anwendungen in Frage kämen, fragt das Gerät nach. Im Fall einer Word-Datei, die Sie im Dateimanager (siehe Kapitel *22.2 Eigene Dateien*) oder einer E-Mail antippen, erscheint eine Rückfrage. Wählen Sie dann das gewünschte Programm aus und betätigen Sie *Immer*. Künftig wird der Dateityp jeweils immer in der gewählten Anwendung geöffnet.

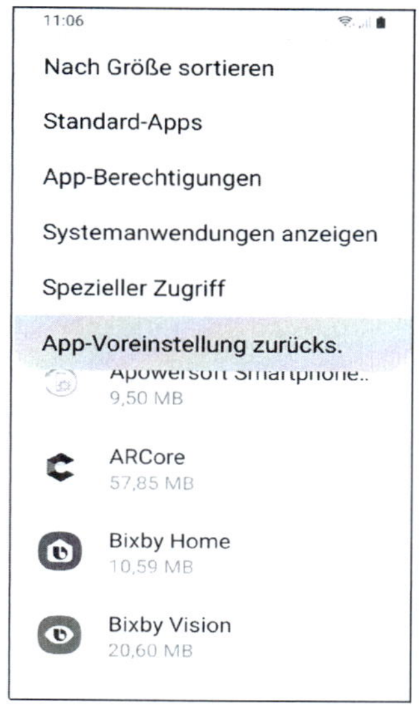

❶ So setzen Sie die oben erwähnte *Immer*-Voreinstellung wieder zurück: Gehen Sie *Einstellungen* im Hauptmenü.

❷ Wählen Sie *Apps* aus.

❸ Der Einfachheit halber setzen wir alle Standardwerte zurück, was über ⁝*/App-Voreinstellung zurücksetzen* geschieht. Schließen Sie den Warnhinweis mit *ZURÜCKSETZEN*.

33.4 Handy verloren oder geklaut – was nun?

Vorsorge ist immer die beste Versicherung, um das eigene Handy oder Tablet wiederzubekommen, wenn Sie es irgendwo mal liegen lassen oder es gestohlen wird. Wichtig ist erst einmal, dass ein ehrlicher Finder, beziehungsweise die Polizei die Möglichkeit hat, Sie zu kontaktieren. Zwar lassen sich auf dem Galaxy die Kontaktdaten so einstellen, dass sie beim Einschalten angezeigt werden, ist der Akku aber leer, bringt dies dem Finder auch nichts. Wir bringen deshalb auf unseren elektronischen Geräten, die wir unterwegs dabei haben, Adressaufkleber mit unseren Kontaktdaten an. Beim Galaxy ist dies leider mit einem Risiko verbunden, da der Kleber eventuell mit dem Plastikgehäuse reagiert. Entfernt man den Aufkleber später, beispielsweise weil man das Handy weiterverkaufen will, bleibt ein verfärbter Bereich sichtbar. Die meisten Anwender dürften sich aber für unterwegs ohnehin eine Schutzhülle anschaffen, sodass dort ohne Probleme ein Adressaufkleber angebracht werden kann.

33.4.1 Datenschutz

Ein weiteres wichtiges Thema ist der Schutz Ihrer persönlichen Daten auf dem Handy. Ein Finder/Dieb könnte nämlich zum Beispiel Folgendes:

- Kontakte und Termine ändern oder löschen.
- Die im Webbrowser gespeicherte Formulardaten, zum Beispiel das Login von Ebay oder einer Shopping-Website ausnutzen, um Käufe in Ihrem Namen durchzuführen.
- Diffamierende E-Mails oder SMS in Ihrem Namen über die E-Mail/Nachrichten-Anwendung verschicken.
- Nach peinlichen SMS, E-Mails, Fotos oder Videos suchen und diese im Web oder anderswo veröffentlichen.
- Sex-Hotlines oder sonstige teure 0900er-Premiumnummern über Ihre SIM-Karte anrufen.
- Im Google Play Store über Ihre dort gespeicherte Kreditkarte fröhlich Ihr Geld für teure Software ausgeben (nur möglich, wenn Sie Ihr Google-Konto-Passwort dort gespeichert haben).

An dieser Stelle wollen wir erst gar nicht über den Einsatz Ihres Android-Handys in einem sensiblen Firmenbereich reden. Das Galaxy speichert viele Daten wie Kontakte, Termine, Browser-Lesezeichen, usw. auf Google-Server, auf die amerikanische Behörden problemlos Zugriff haben. Es soll auch Firmen geben, die Software anbieten, um abgesicherte Geräte auszulesen, wozu nur der physische Zugriff auf das Gerät nötig ist (zum Beispiel auf Flughäfen bei der Zollkontrolle). Natürlich lässt sich das Galaxy auch ohne Google-Konto (und damit ohne Google-Server) nutzen, dann könnte man sich aber auch genauso gut ein Notizblock zulegen.

Damit es Diebe nicht zu einfach haben, hier einige Tipps:

- Aktivieren Sie in *Einstellungen/Sperrbildschirm/Sperrbildschirmtyp* die Gerätesperre (Muster, PIN, Passwort oder Fingerabdruck). An die Daten in Ihrem Gerätespeicher kommt dann der Dieb nicht heran (siehe Kapitel *30.2 Gerätesperre*).
- Den Google Play-Store können Sie mit einer PIN in dessen Einstellungen absichern. Käufe sind dann erst nach PIN-Eingabe möglich.
- *Einstellungen/Biometrische Daten und Sicherheit/Andere Sicherheitseinstellungen/SIM-Sperre einrichten* stellt die SIM-Kartensperre ein, sodass ein Dieb Ihre SIM-Karte nicht einfach entnehmen und in seinem Handy für teure Anrufe nutzen kann. Stattdessen wird der Dieb an der Abfrage der SIM-PIN scheitern.
- Aktivieren Sie in *Einstellungen/Biometrische Daten und Sicherheit/Find My Mobile* die Optionen *Fernzugriff* und *Google-Standortdienst* (siehe Kapitel *30.5 Maßnahmen gegen Diebstahl*). Probieren Sie danach unbedingt die Find my Mobile-Website aus, damit Sie im Schadensfall schnell reagieren können.
- Notieren Sie sich die IMEI Ihres Handys (in der Telefonoberfläche des Handys **#06#* eingeben) und schreiben Sie diese am besten auf Ihre Rechnung für das Gerät, sofern sie dort nicht bereits aufgeführt ist. Bei einer Diebstahlsmeldung können Sie die IMEI dann mit angeben.

Der Diebstahl/Verlust ist eingetreten:

Abhängig von der Situation, also wenn Sie nicht sicher sind, ob die zuvor aufgeführten Sicherheitsmaßnahmen greifen, gehen Sie wie folgt vor:

- Rufen Sie sich selbst an. Sind Sie mit mehreren Personen vor Ort, sollten diese zuvor ausschwärmen lassen, damit das Handy schnell lokalisiert wird. Ein markanter Klingelton ist da natürlich hilfreich. Der Selbstanruf ist auch von der Find my Mobile-Website (siehe Kapitel *30.5 Maßnahmen gegen Diebstahl*) möglich, wobei auch ein auf lautlos gestelltes Gerät mit voller Lautstärke klingelt.
- Loggen Sie sich auf der Google-Website in Ihr Google-Konto ein und ändern Sie Ihr Passwort.
- Erstatten Sie Anzeige bei der Polizei (den Polizei-Beleg benötigen Sie eventuell, damit Ihre Versicherung den Verlust erstattet). Eventuell hat sich dort auch schon der ehrliche Finder gemeldet.
- In Hotels, Bahnhöfen, Flughäfen gibt es extra Fundbüros, vielleicht hat dort jemand zwischenzeitlich das Gerät abgegeben.
- Lassen Sie beim Mobilnetzbetreiber Ihre SIM-Karte sperren.
- Falls Sie sich nach einiger Zeit sicher sind, dass Sie das Gerät nicht wieder erhalten, beziehungsweise wenn wichtige Daten drauf sind, die nicht in falsche Hände geraten sollen, führen Sie über die Find My Mobile-Website die Fernlöschung durch.

33.4.2 Schutz von Firmendaten

Im Jahr 2013 wurde bekannt, dass amerikanische Geheimdienste systematisch Telefon- und Internetdaten sammeln. Unterstützt werden sie dabei von praktisch allen im Internetgeschäft aktiven Unternehmen, darunter Google und Microsoft, die dafür spezielle Abhörschnittstellen bereitstellen. Weil auch die amerikanischen Betreiber der sogenannten Internetbackbones den Geheimdiensten helfen, können Sie davon ausgehen, dass alle Daten, die irgendwie durch die USA fließen, aufgezeichnet und ausgewertet werden.

Auch außerhalb der Vereinigten Staaten ist man nicht sicher, denn die britischen und französischen Geheimdienste sind natürlich ebenfalls im Lauschgeschäft aktiv. Offiziell dienen die beschriebenen Aktivitäten zwar der Terrorabwehr, laut Geheimdienstquellen profitieren von den gesammelten Informationen aber auch verschiedene Großunternehmen.

Wir empfehlen deshalb Unternehmen, auf die sogenannten Cloud-Dienste, bei denen Informationen auf Internetservern abgelegt und abgerufen werden, entweder zu verzichten oder besondere Sicherungsmaßnahmen zu ergreifen. Hilfreich sind Cloud-Dienste, deren Server ausschließlich in Deutschland stehen. Es sollte klar sein, dass Sie die Google-Dienste (Google-Konto) ebenfalls nicht nutzen dürfen, da Ihre Kontakte, Termine, Fotos, Webbrowser-Favoriten, Fotos, Bewegungsprofile (Google Maps, Google-Anzeigen mit Ortsauswertung in kostenlosen Programmen aus dem Play Store) usw. den US-Geheimdiensten praktisch auf dem Servierteller gereicht werden. Sofern Sie den Google-Speicher Drive nutzen, sollten Sie die hochgeladenen Dateien erst mit Verschlüsselungssoftware behandeln.

Erwähnenswert ist auch die Möglichkeit der Grenzbeamten in Großbritannien und den USA, anlasslos Daten von Notebook, Tablets oder Handys herunterzukopieren.

33.5 Akkulaufzeit erhöhen

Mit einigen kleinen Kniffen erhöhen Sie die Akkulaufzeit Ihres Galaxy-Handys:

- Wenn Sie keine GPS-Positionsbestimmung benötigen, deaktivieren Sie diese durch Ausschalten in den *Einstellungen* unter *Verbindungen/Standort.*
- Gleiches gilt auch für WLAN oder Bluetooth, die Sie bei Nichtverwendung im Benachrichtigungsfeld deaktivieren.
- Passen Sie über den Helligkeitsregler im Benachrichtigungsfeld die Displaybeleuchtung an. Das Display ist die Handy-Komponente mit dem höchsten Stromverbrauch.
- Die Displayabschaltdauer stellen Sie in den *Einstellungen* unter *Anzeige/Bildschirm-Timeout* ein.
- Der im Kapitel *33.7 Energiesparmodi* vorgestellte Energiesparmodus kann ebenfalls die Akkulaufzeit positiv beeinflussen.
- Widgets im Startbildschirm (siehe Kapitel *4.7.2 Widgets*) dienen dazu, immer aktuelle Infos für den Anwender bereit zustellen, laden dafür aber teilweise in regelmäßigen Abständen Daten aus dem Internet (beispielsweise bei Newstickern). Reduzieren Sie die Aktualisierungshäufigkeit in den Einstellungen des Widgets oder löschen Sie nicht benötigte Widgets vom Startbildschirm).
- Beenden Sie alle Anwendungen und Spiele, wenn Sie sie nicht nutzen (mit der ᐸ-Taste, sofern es keine andere Beendigungsoption gibt).

Im Handel sind sogenannte Power-Packs erhältlich, die aus einem großen Akku bestehen, an die Sie Ihr Handy zum Nachladen anschließen. Ein Power-Pack reicht – je nach Kapazität – für mehrere Ladungen, bevor sie das Power-Pack selbst an einer Steckdose aufladen müssen.

Einen großen Einfluss hat auch das Mobilfunknetz. Befinden Sie sich an einem Standort mit schlechten Empfang (oben rechts in der Titelleiste werden nur ein oder zwei Balken für die Empfangsstärke angezeigt), dann versucht das Handy mit verstärkte Leistung zu senden, was die Akkulaufzeit reduziert. Wir empfehlen dann:

- Falls möglich, wechseln Sie den Standort. In Gebäuden ist der Empfang in Fensternähe oder in einem höheren Stockwerk meist besser.
- Befinden Sie sich längerfristig an einem Ort mit schlechtem Mobilfunkempfang, dann sollten Sie solange den Flugmodus aktivieren (sofern Sie weder telefonieren noch das Internet nutzen müssen). Den Flugmodus beschreibt Kapitel *5.6 Flugmodus (Offline-Modus)*.
- Vermeiden Sie Telefonate bei schlechtem Mobilfunkempfang. Nicht nur reduzieren Sie damit die Akkulaufzeit erheblich, sondern Sie setzen sich unnötigem Elektrosmog aus. Ein eindeutiger Einfluss von elektromagnetischen Wellen auf die Gesundheit wurde bisher allerdings noch nicht nachgewiesen.

33.5.1 Akku-Lebensdauer

Der Akku in Ihrem Handy bestimmt die Nutzungsdauer Ihres Handys, denn er verliert nach einigen Jahren deutlich an Kapazität. Sie müssen dann Ihr Handy häufiger am Tag aufladen. Ab einem gewissen Kapazitätsverlust werden Sie den Akku ersetzen wollen.

Leider können Sie den fest verbauten Akku nicht selbst tauschen, sondern müssen sich an einen Spezialisten wenden: Im Internet bieten neben den von Samsung autorisierten Service-Centern (siehe *www.samsung.com/de/support/service-center*) auch zahlreiche weitere Unternehmen den Akkuaustausch an. Wegen der damit verbundenen Kosten werden Sie aber eher das alte Handy zum Elektrorecycling geben und sich ein neues Gerät kaufen.

Ob Sie mit dem Aufladen des Handy-Akkus warten, bis das Handy sich wegen niedrigem Akkustand abschaltet oder regelmäßig zwischendurch aufladen, spielt übrigens bei der Akkulebensdauer keine Rolle. Die im Akku verbaute Li-Ion-Technik ist nämlich nicht mit den alten NiCad- oder NiMH-Zellen zu vergleichen, die durch falsche Handhabung beim Laden deutlich Kapazität verlieren (sogenannter Memory-Effekt).

33.6 Screenshots (Bildschirmkopien)

In jeder beliebigen Anwendung dürfen Sie einen Screenshot (Bildschirmkopie) erstellen.

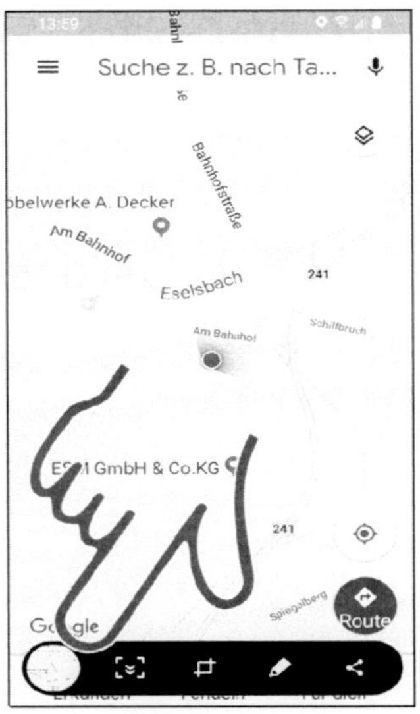

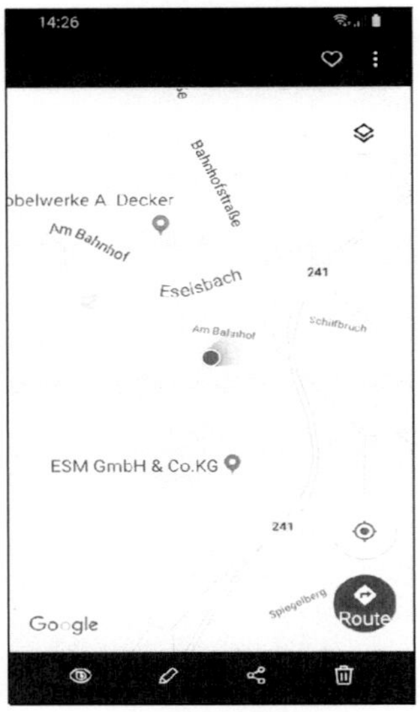

❶ Drücken Sie in der Anwendung, von der Sie einen Screenshot erstellen möchten, für einige Sekunden gleichzeitig den Ein/Ausschalter und die Lautstärke-leiser-Taste (linke Geräteseite). Ein aufblitzender Rahmen informiert über den erfolgreichen Vorgang. Am unteren Bildschirmrand erscheint für einige Sekunden eine schwarze Leiste:

- (Vorschaubild) (❷): Öffnet den Screenshot im Bildanzeiger (siehe Kapitel *17 Galerie*).
- [⇣]: Durchrollender Bildschirm: Screenshot von größerem Bildschirmausschnitt erstellen. Tippen und halten Sie diese Schaltleiste, bis der gewünschte Bildschirmbereich erfasst wurde.
- ⌗: Screenshot zuschneiden.
- ✎: Öffnet den Screenhot im Bildeditor, worin Sie handschriftliche Anmerkungen vornehmen oder den Screenshot beschneiden.
- <: Screenshot versenden.

Die Screenshot-Bilder finden Sie im Gerätespeicher im Verzeichnis *DCIM\Screenshots*.

33.7 Energiesparmodi

Nicht immer hat man Zeit und Gelegenheit, den Akku des Galaxy zeitnah aufzuladen. Für solche Notfälle können Sie den Energieverbrauch reduzieren.

> Beachten Sie auch Kapitel *33.5 Akkulaufzeit erhöhen*, das auf weitere Energiesparmöglichkeiten am Handy eingeht.
>
> Wir raten wegen des damit verbundenen Komfortverlustes von der Verwendung der Energiesparmodi ab. Sollte Ihnen die Akkulaufzeit nicht ausreichen, empfehlen wir Ihnen stattdessen die Anschaffung eines sogenannten Powerpacks, über den Sie Ihr Handy unterwegs nachladen können.

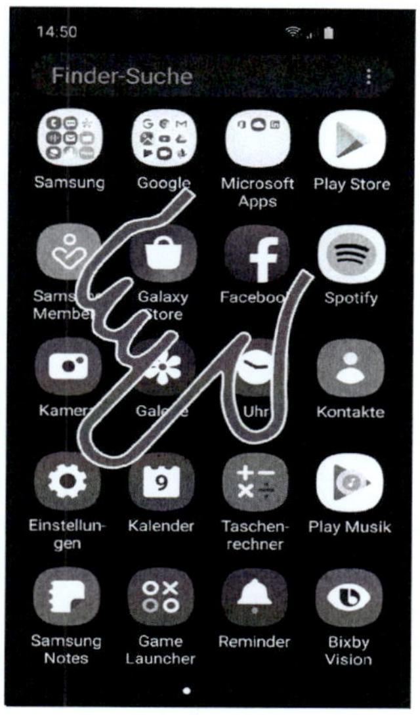

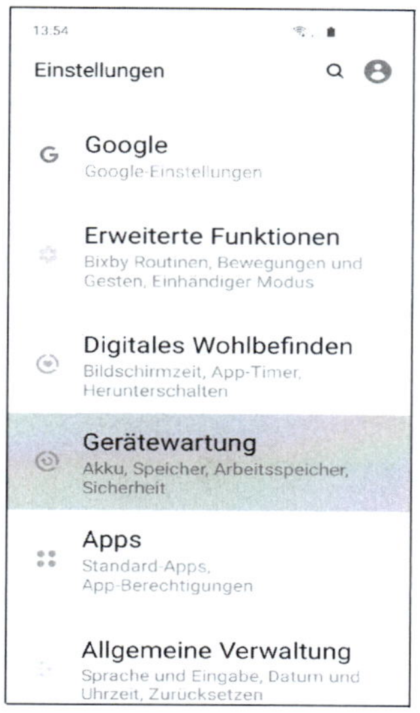

❶ Gehen Sie auf *Einstellungen* im Hauptmenü.

❷ Rufen Sie *Gerätewartung* auf.

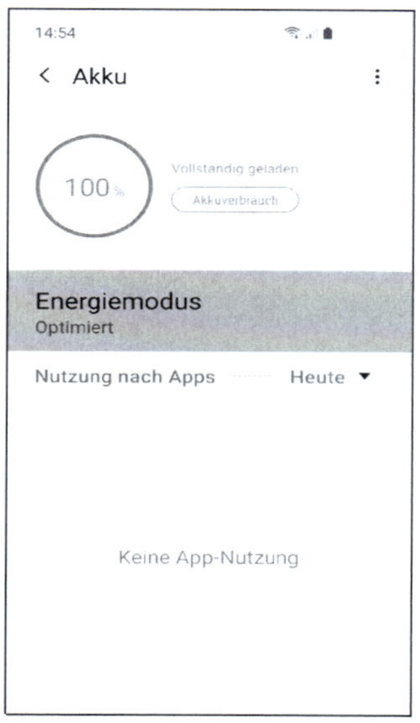

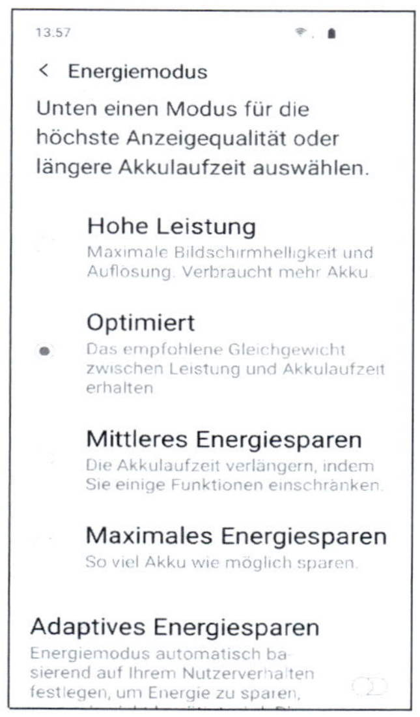

❶ Das *Akku*-Menü rufen Sie als Nächstes auf.

❷❸ Unter *Energiemodus* wählen Sie zwischen:

- *Hohe Leistung*: Erhöht die Displayhelligkeit um bis zu 10 Prozent und schaltet auf die höchste Displayauflösung um.
- *Optimiert*: Standardeinstellung.
- *Mittleres Energiesparen*: Deaktiviert die Datenübertragung im Hintergrund, schaltet das Always On Display aus, reduziert die CPU-Geschwindigkeit und die Displayhelligkeit. Der Nutzer merkt davon kaum etwas.

- *Maximales Energiesparen*: Nur für den »Notfall«, weil man damit die Benutzeroberfläche und viele Funktionen abschaltet.
- *Adaptives Energiesparen*: Anhand Ihrer Nutzungsgewohnheiten schaltet das Handy jeweils in den optimalen Modus.

33.8 Benachrichtigungen einschränken

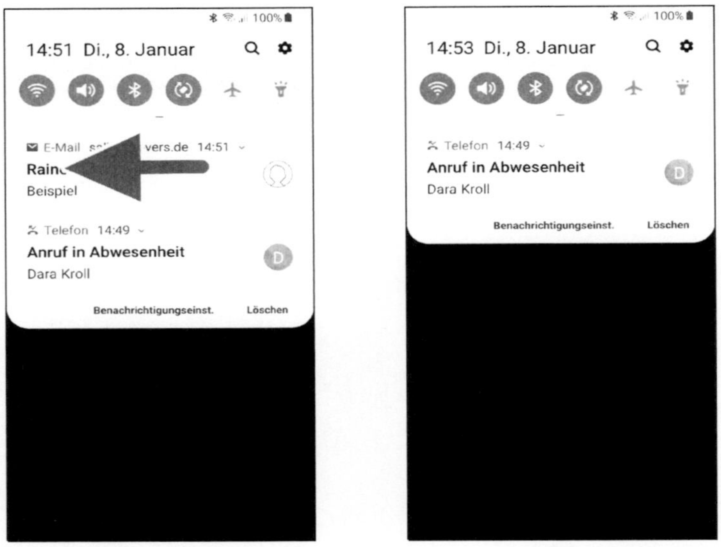

❶❷ Das Benachrichtigungsfeld fasst alle Meldungen der auf dem Galaxy vorhandenen Programme zusammen. Zur Kenntnis genommene Meldungen können Sie, wie bereits im Kapitel *4.7.5 Titelleiste und Benachrichtigungsfeld* gezeigt, mit einer horizontalen Wischgeste entfernen.

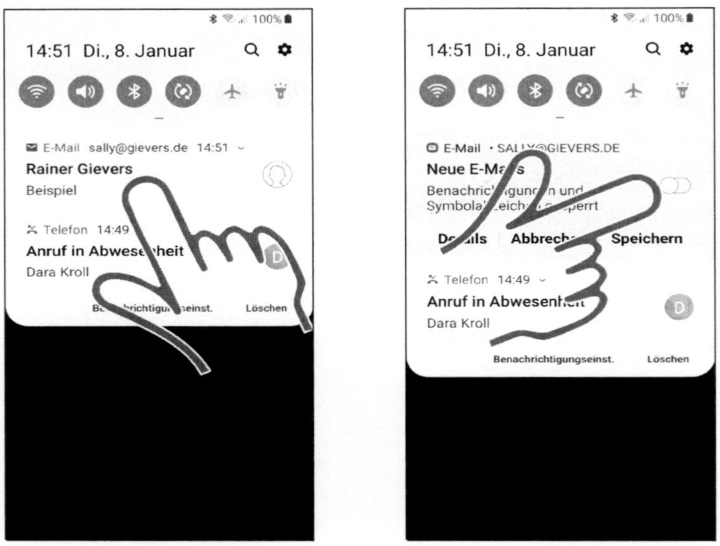

❶ Von manchen Anwendungen wünschen Sie vielleicht keine Benachrichtigungen: Abhilfe schafft dann die Benachrichtigungseinstellung, die Sie durch Tippen und Halten des Fingers über einem Eintrag aufrufen.

❷ Deaktivieren Sie den Schalter (Pfeil) und schließen Sie den Dialog mit *Speichern*.

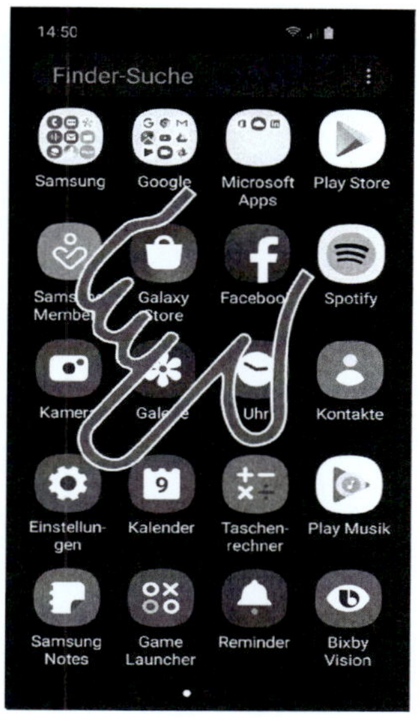

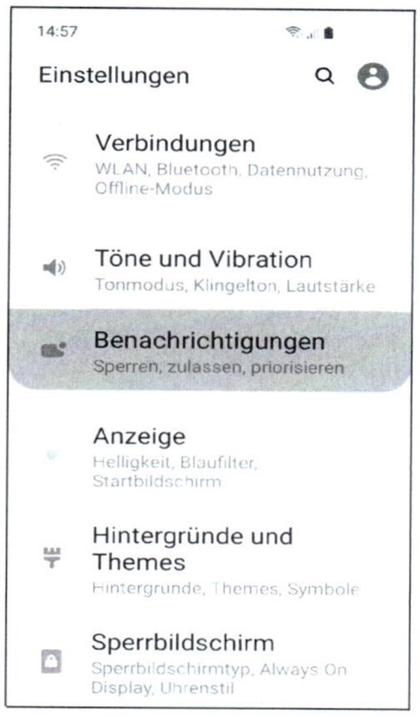

❶ Alternativ bearbeiten Sie die Benachrichtigungen über die *Einstellungen* aus dem Hauptmenü.

❷ Wählen Sie *Benachrichtigungen* aus.

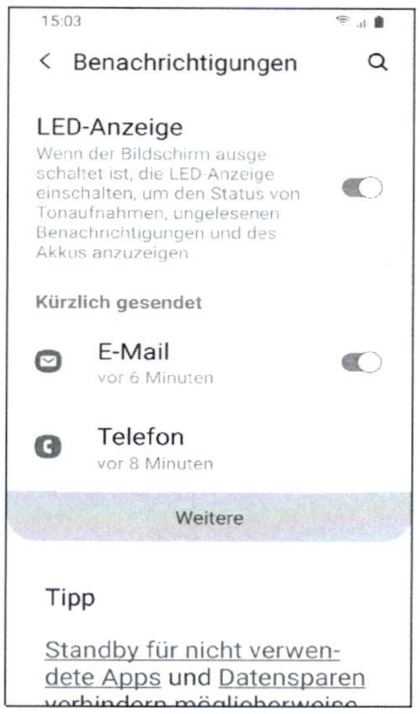

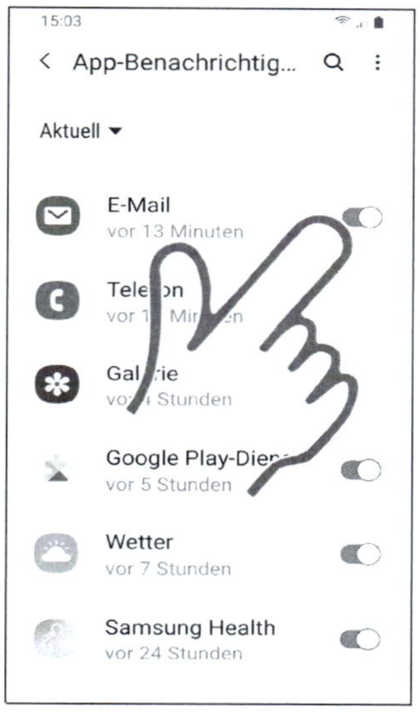

❶❷ Gehen Sie auf *Weitere* und deaktivieren Sie die Schalter bei den Anwendungen, die sich nicht mehr bemerkbar machen sollen.

33.9 NFC

Der Begriff »NFC« steht für Near Field Communication (zu deutsch »Nahfeld-Kommunikation«), was schon einen Hinweis auf dessen Arbeitsweise gibt. Im Gegensatz zu anderen Funkstandards wie WLAN oder Bluetooth ist NFC für die drahtlose Datenübertragung über kurze Distanzen von wenigen Zentimetern gedacht. Auch in punkto Geschwindigkeit kann man über NFC mit 424 kBit/s (noch langsamer als bei älteren Bluetooth-Handys, die heute 2 Mbit/s und mehr erreichen) keinen Blumentopf gewinnen, aber dafür ist NFC auch nicht gedacht. Der NFC-Einsatzbereich erstreckt sich auf einige wenige Spezialgebiete, zum Beispiel dem drahtlosen Bezahlen, drahtlosen Eintrittskarten oder Zugangskontrollen. Überdies darf NFC nicht mit den RFID-Etiketten verwechselt werden, die der Handel inzwischen statt Barcodes verwendet. Einen Überblick zum Thema NFC gibt ein Wikipedia-Artikel (*de.wikipedia.org/wiki/NFC*), der auch zahlreiche NFC-Feldversuche, insbesondere zur drahtlosen Zahlungsabwicklung aufführt.

Bei den Android-Handys und Tablets wird NFC vor allem verwendet, um mit der Android Beam-Funktion – abhängig von der gerade laufenden Anwendung – Daten zu übertragen. Beispielsweise würden der Webbrowser und Youtube die gerade angezeigte Seite an die Gegenseite übertragen, das Telefonbuch dagegen den gerade angezeigten Kontakt.

Neuerdings ist auch die Zahlung an Ladenkassen mit dem Google Pay-Dienst möglich. Weil diese Funktion derzeit noch nicht von allen Banken unterstützt wird, verzichten wir auf eine ausführliche Beschreibung.

❶ Zuerst müssen Sie NFC und Android Beam aktivieren: Gehen Sie auf *Einstellungen* im Hauptmenü.

❷❸ Rufen Sie *Verbindungen/NFC und Zahlung* auf.

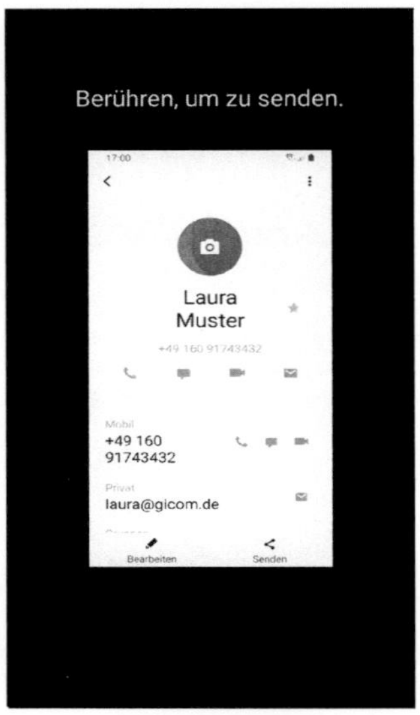

❶ Prüfen Sie, ob *NFC* eingeschaltet ist (Schalter am oberen Bildschirmrand ist blau). Auch *Android Beam* sollte aktiviert sein.

❷ Es gibt keine extra Funktion, die festlegt, welches Gerät als Sender und welches als Empfänger fungiert. Halten Sie einfach beide Geräte mit den Rückseiten gegeneinander, worauf ein Signal ertönt und Sie auf dem Gerät, das senden soll, den Bildschirm antippen. Eventuell muss der Empfänger anschließend noch auswählen, wie die empfangenen Daten weiterverarbeitet werden.

Anwendungsbeispiele:

- Browser: Webseite im Browser auch auf dem Empfänger-Handy öffnen.
- YouTube: Geöffnetes Video in der YouTube-Anwendung auch auf dem Empfänger-Handy anzeigen
- Telefonbuch: Daten eines im Telefonbuch angezeigten Kontakts auf dem Empfänger-Handy im Telefonbuch speichern.
- Google Maps: Maps-Karte im Empfänger-Handy öffnen.
- Google Play Store: Programmdetails auf dem Empfänger-Handy anzeigen.

34. Bedienungshilfen

Mit den folgenden Tipps lösen Sie einige häufiger benötigte Funktionen mit einer Geste aus.

34.1 Startbildschirm-Profile

Für Anwender, die mit dem Galaxy-Handy nicht zurecht kommen, bietet sich die Umschaltung auf eine vereinfachte Benutzeroberfläche an.

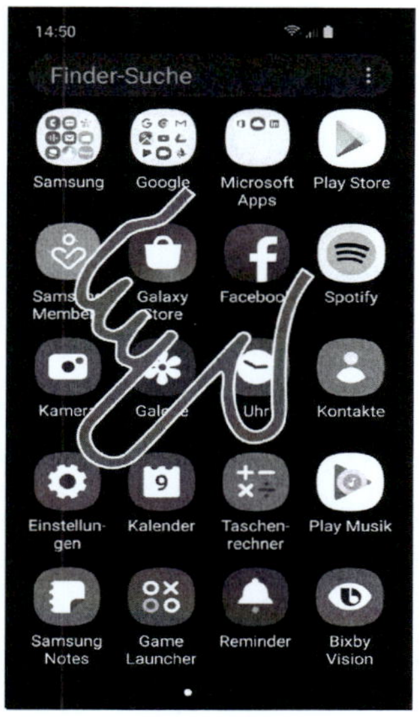

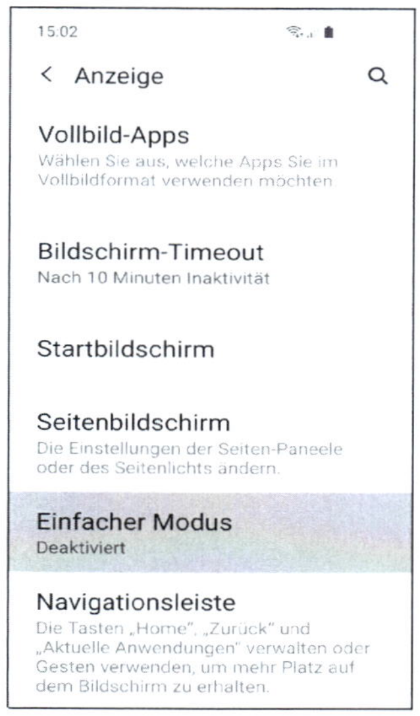

➊ Das Galaxy bietet ebenfalls zwei umschaltbare Startbildschirm-Profile. Gehen Sie im Hauptmenü auf *Einstellungen.*

➋➌ Rufen Sie *Anzeige* und dann *Einfacher Modus* auf.

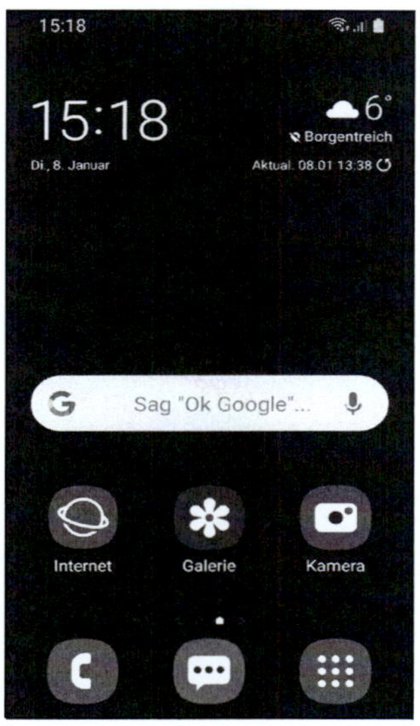

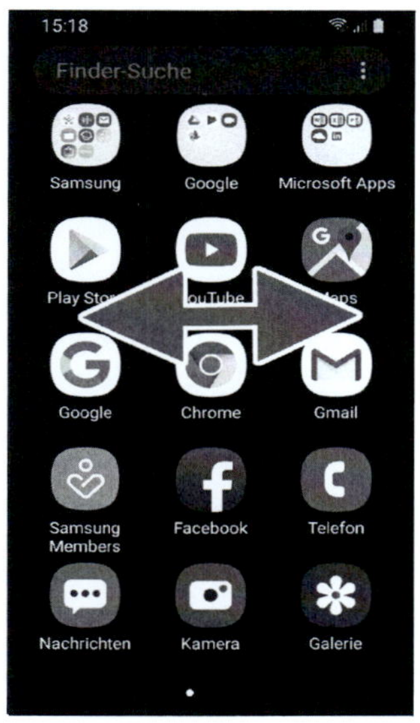

➊ Aktivieren Sie *Einfacher Modus* und schließen Sie den Bildschirm mit *Anwenden.*

➋➌ So sieht der »Einfache Modus« im Startbildschirm und Hauptmenü aus. Zum Deaktivieren des Einfachen Modus gehen Sie im Hauptmenü wieder auf *Einstellungen* und dann auf *Ansicht/Einfacher Modus.* Stellen Sie im Menü *Standardmodus* ein.

Wenn Sie hier später wieder auf den *Standardmodus* umschalten werden Ihre vorgenommenen Änderungen gespeichert. Passen Sie die beiden Startbildschirme, wie im Kapitel *4.7 Startbildschirm konfigurieren* beschrieben, einfach an Ihre Vorlieben an.

34.2 Gestensteuerung

Den Bewegungssensor, die Frontkamera, das berührungsempfindliche Display und ausgefuchste Software versetzen das Galaxy in die Lage, bestimmte Gesten in Aktionen umzusetzen. Allerdings werden Sie viele der unterstützten Bewegungssteuerungen wohl nie nutzen, da sie einfach zu umständlich sind, oder gewohnte Abläufe stören.

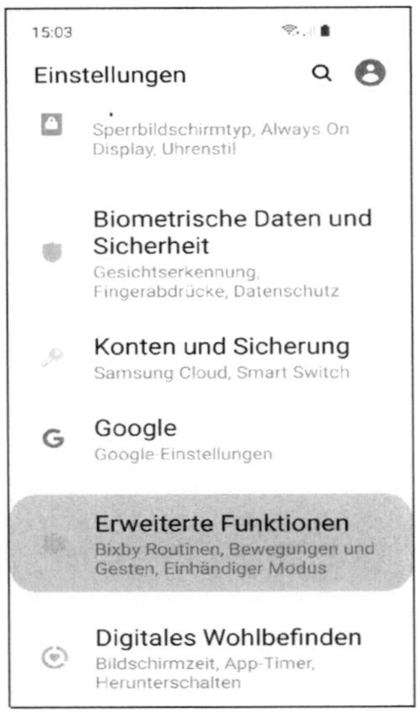

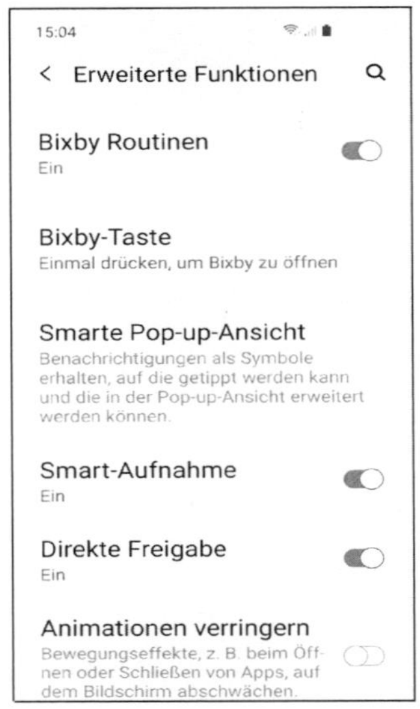

❶ Rufen Sie die *Einstellungen* aus dem Hauptmenü auf.

❷ Rufen Sie das *Erweiterte Funktionen*-Menü auf.

❸ Die Optionen (nicht alle der aufgeführten Menüs haben etwas mit der Bewegungssteuerung zu tun):

- *Bixby-Routinen*: Auf die Sprachsteuerung geht Kapitel *24.2 Bixby Voice* ein.
- *Bixby-Taste*: Sie können die sogenannte Bixby-Taste mit einer anderen Anwendung belegen, worauf Kapitel *24.2.4 Bixby-Taste umbelegen* eingeht.
- *Smarte Popup-Ansicht*: Ermöglicht es, Benachrichtigungen anzutippen, die dann in einem eigenen Fenster geöffnet werden. Siehe Kapitel *34.4.2 Popup-Fenster*.
- *Smart-Aufnahme*: Die Wischgeste mit der Handfläche über dem Handydisplay führt einen Screenshot durch (siehe Kapitel *33.6 Screenshots (Bildschirmkopien)*).
- *Direkte Freigabe*: Die direkte Freigabe ist in vielen Anwendungen nach Aufruf der Sendenfunktion verfügbar. In diesem Buch gehen wir nicht weiter darauf ein.
- *Animationen verringern*: Steuert die Anzeige von Effekten in der Benutzeroberfläche.
- *Bewegungen und Gesten*:
  - *Zum Aktivieren hochheben*: Das Display schaltet sich ein, sobald Sie das Handy von einem Tisch aufnehmen.
  - *Zum Aktivieren zweimal tippen*: Wenn das Display ausgeschaltet ist, tippen Sie zweimal schnell hintereinander darauf, um es einzuschalten.
  - *Smart Stay*: Durch die Auswertung Ihrer Augenbewegungen mit der Kamera erkennt das Handy, ob Sie das Display anschauen. Die automatische Displayabschaltung wird dann deaktiviert.
  - *Smart Alert*: Wenn Sie das ausgeschaltete Handy von einem Tisch anheben, vibriert es, sofern neue SMS oder E-Mails vorliegen.
  - *Einfache Stummschaltung*: Legen Sie – abhängig von der hier vorgenommenen Einstellung – das Handy mit dem Display zuerst auf den Tisch oder halten Sie die Handfläche über das Display, um Anrufe und Alarmtöne stumm zu schalten.
  - *Einhändiger Modus*: Verkleinert die Bildschirmdarstellung, damit Sie das Handy mit einer Hand bedienen können.

- *Screenshot*: Wenn Sie mit der Handkante von rechts nach links über den Bildschirm wischen, erstellen Sie einen Screenshot (siehe Kapitel *33.6 Screenshots (Bildschirmkopien)*).
- *Für Anruf/Nachrichten streichen*: Im Anrufprotokoll beziehungsweise Telefonbuch wischen Sie nach rechts oder links über einem Kontakt/Anrufeintrag, um ihn anzurufen oder eine SMS zu senden. Auf diese Funktion gehen Kapitel *5.1.4 Anruf aus dem Telefonbuch* und *6.2.1 Kontakt aus Telefonbuch* ein.

- *Game Launcher*: Alle von Ihnen auf dem Gerät installierten Spiele landen automatisch in einem eigenen Ordner des Startbildschirm und im Hauptmenü, wenn Sie *Game Launcher* aktivieren.
- *Dual Messenger*: Die meisten Chat-Programme wie Instagramm oder Snapchat erlauben nur die Einrichtung eines Benutzerkontos. Über die Dual Messenger-Funktion können Sie dagegen mehrere Benutzerkonten nutzen. In der Praxis macht dies aber keinen Sinn.
- *Videooptimierung*: Soll für lebhaftere Farben bei der Videowiedergabe sorgen.
- *SOS-Nachrichten senden*: Dreimaliges schnelles Betätigen des Ein-/Ausschalters sendet eine Notfall-SMS an vorbestimmte Notfallkontakte.

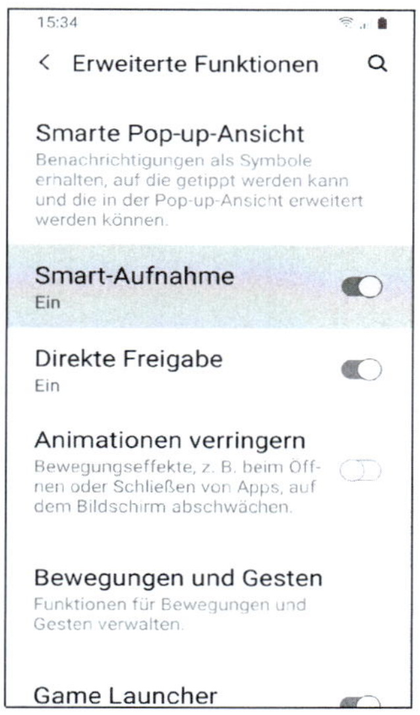

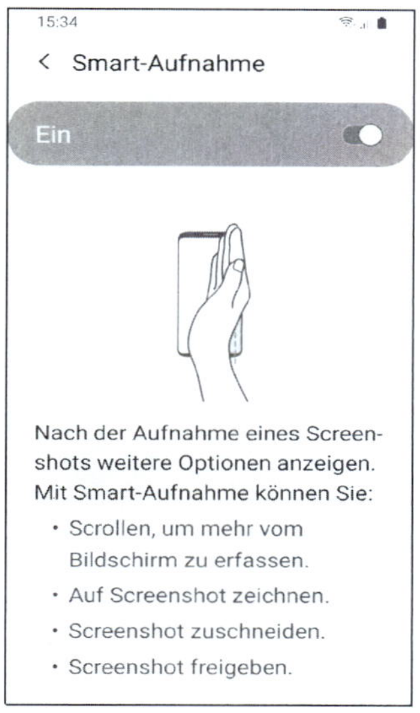

❶❷ Alle Bewegungssteuerungsfunktionen, im Beispiel *Smart-Aufnahme*, werden nach Auswahl in einer Animation gezeigt und ausführlich erläutert.

34.3 Einhändiger Betrieb

Es gibt die Option einer Bildschirmverkleinerung, damit sich das Handy mit einer Hand bedienen lässt.

❶ Rufen Sie die *Einstellungen* aus dem Hauptmenü auf.

❷ Rufen Sie das *Erweiterte Funktionen/Bewegungen und Gesten/Einhändiger Modus*-Menü auf.

❸ Die Optionen:

- *Ein*: Aktivieren Sie den einhändigen Modus über den Schalter oben rechts im Bildschirm.
- *Geste*: Diagonal mit dem Finger von unten nach oben auf dem Bildschirm wischen. Wir empfehlen, diese Voreinstellung nicht zu ändern.
- *Schaltfläche*: Dreimaliges schnelles Betätigen der O-Taste verkleinert die Bildschirmdarstellung.

❶ Wenn die Option *Einhändiger Modus* aktiv ist, wischen Sie einmal von unten links nach oben rechts.

❷ Über die Schaltleiste auf der linken beziehungsweise rechten Seite (Pfeil) ändern Sie die Anordnung. Sie beenden die verkleinerte Ansicht, wenn Sie die außerhalb des »Bildschirms« tippen.

34.4 Mehrfensteransicht

Normalerweise läuft auf Android-Geräten immer nur ein Programm im Vordergrund. Es ist zwar möglich, zwei Programme mit der Funktion »geteilter Bildschirm« gleichzeitig in Fenstern laufen zu lassen, praktisch ist das aber nicht.

34.4.1 Geteilter Bildschirm

❶ Aktivieren Sie zunächst mit der III-Taste unterhalb des Displays die Liste der zuletzt genutzten Anwendungen. Mit einer Wischgeste nach oben/unten blättern Sie durch die Auflistung. Tippen Sie auf das runde Symbol.

❷ Im Popup wählen Sie nun *In geteilter Bildschirmansicht öffnen* aus.

❶ Wählen Sie ein zweites Programm in den Vorschlägen aus.

❷ Das Galaxy wechselt in die Mehrfensteransicht.

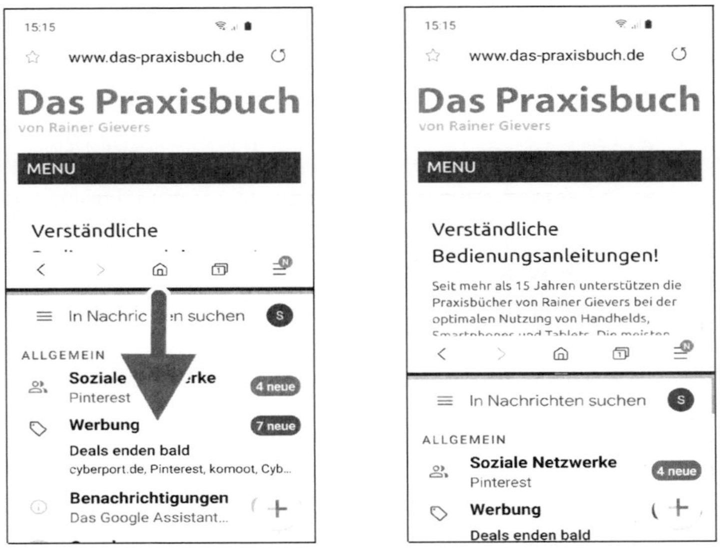

❶❷ Den Anzeigebereich ändern Sie durch Tippen, Halten und Ziehen der Markierung (Pfeil).

❶❷ Die ⊟-Taste unterhalb des Displays beendet das untere Fenster und zeigt wieder die Programmliste an. Wählen Sie dort wiederum ein Programm aus, das die Mehrfensteransicht nutzen soll. Mehrmaliges Betätigen von ⊟ rotiert durch die Programme.

❶ Auch wenn Sie die Mehrfensteransicht mit der ○-Taste beenden, »merkt« sich das Galaxy das zuletzt geöffnete Fenster. Sie erkennen dies an der ⊟-Taste (Pfeil), die statt der |||-Taste erscheint. Wenn Sie die ⊟-Taste einmal betätigen, blendet das Handy das letzte Fenster wieder ein, beim zweiten Betätigen wird das zweite Fenster einblendet.

❷ Auf das noch im Hintergrund geöffnete Fenster macht das Handy am oberen Bildschirmrand aufmerksam. X (Pfeil) schließt die Fenster.

34.4.2 Popup-Fenster

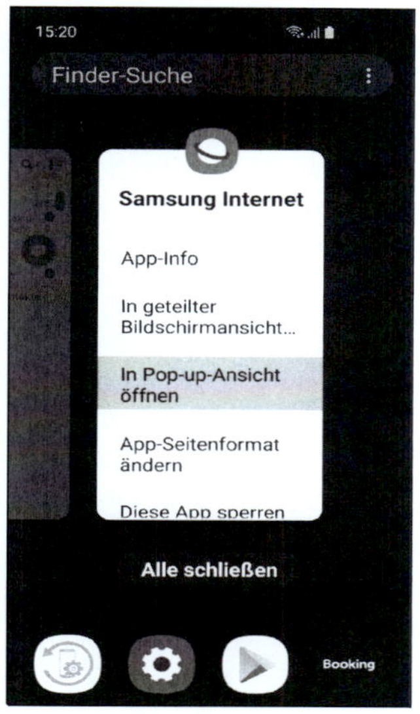

❶ Aktivieren Sie zunächst mit der III-Taste unterhalb des Displays die Liste der zuletzt genutzten Anwendungen. Mit einer Wischgeste nach oben/unten blättern Sie durch die Auflistung. Tippen Sie oben auf das runde Symbol.

❷ Wählen Sie *In Popup-Ansicht öffnen*.

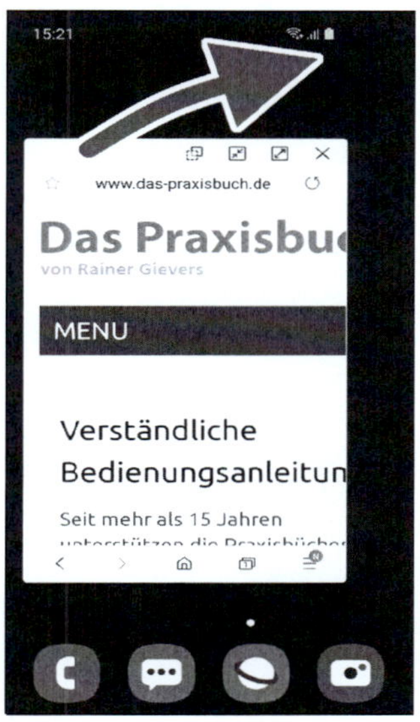

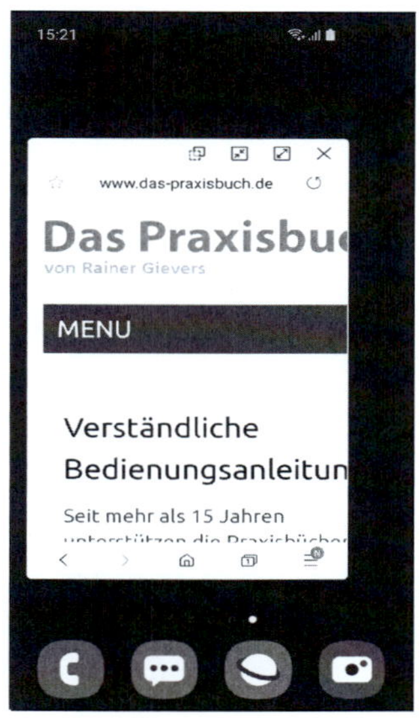

❶ Tippen und halten Sie den Finger auf der Fensteroberseite, worauf Sie das Fenster verschieben können.

❷❸ Für die Veränderung der Fenstergröße halten Sie den Finger auf einem der Ränder und warten Sie, bis sich das Fenster hellblau färbt. Ziehen Sie dann in die gewünschte Richtung und lassen Sie den Finger los. Eventuell benötigen Sie dafür mehrere Versuche.

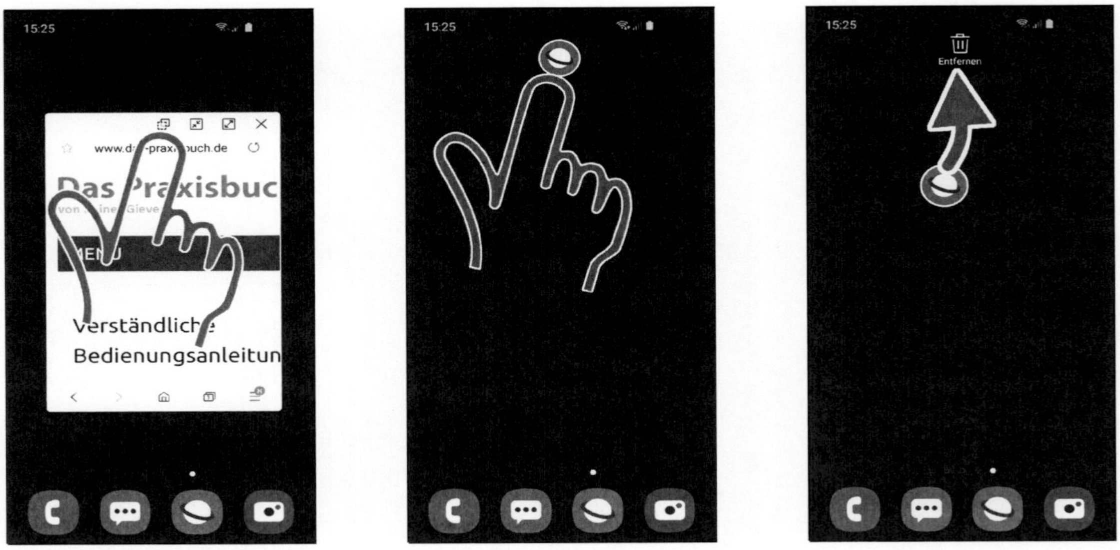

❶ Die Bedeutung der Schaltleisten am oberen Fensterrand:

- : Transparenz des Popup-Fensters anpassen.
- : Popup-Fenster auf ein Symbol minimieren.
- : Popup-Fenster maximieren.
- X beendet eine Anwendung. Alternativ betätigen Sie die <-Taste.

❷ Ein zum Symbol minimiertes Fenster lässt sich mit dem Finger verschieben; ein Antippen öffnet das Popup-Fenster wieder.

❸ Zum Löschen halten Sie den Finger auf dem Symbol gedrückt und verschieben es auf *Entfernen.*

34.5 Einstellungen für Startbildschirm und Hauptmenü

Die im Folgenden beschriebenen Optionen sollten Sie erst ausprobieren, wenn Sie sich bereits mit dem Handy eingehend vertraut gemacht haben. Sie ändern damit erheblich Aussehen und Verhalten von Startbildschirm und Hauptmenü.

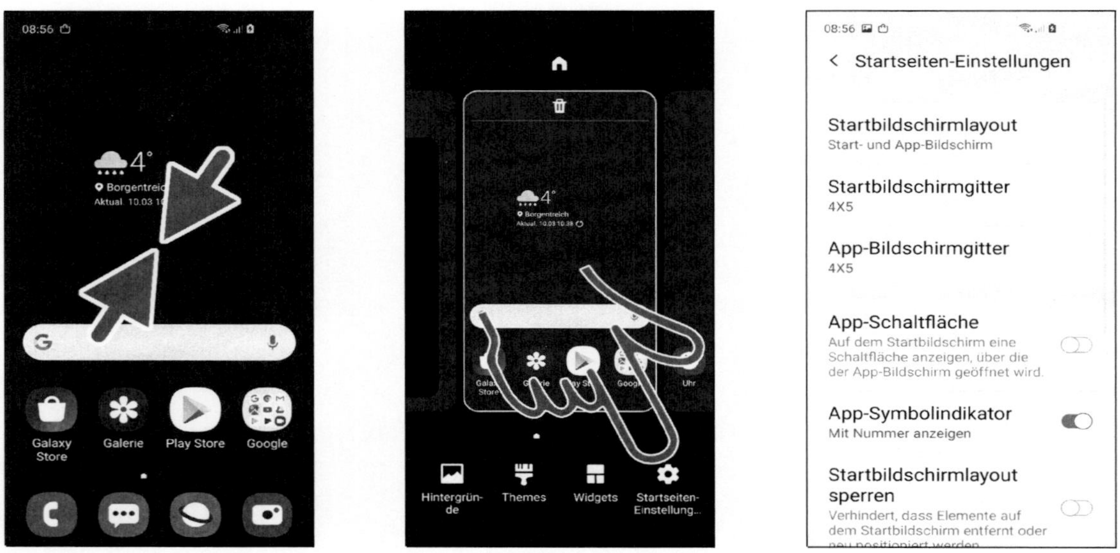

❶ Führen Sie eine Kneifgeste im Startbildschirm durch oder halten Sie den Finger für einige Sekunden auf eine leere Stelle des Startbildschirms.

❷ Gehen Sie auf *Startseiten-Einstellungen*.

❸ Die Optionen:

- *Startbildschirmlayout*: Das Galaxy S10/S10+ nutzt – wie alle Samsung-Handys – mit Startbildschirm und Hauptmenü zwei separate Bildschirme, in denen alle installierten

Programme aufgelistet werden. Sie können über *Startbildschirmlayout* das Hauptmenü deaktivieren, worauf alle Programme nur noch auf dem Startbildschirm erscheinen.

- *Startbildschirmgitter*: Standardmäßig zeigt das Galaxy S10/S10+ im Startbildschirm die Programmsymbole in einem 4×5-Raster an. Sie können allerdings die Anzeige zwischen 4×5, 4×6, 5×5 oder 5×6 umschalten.
- *App-Bildschirmgitter*: Wie beim *Startbildschirmgitter* schalten Sie im Hauptmenü die Programmsymbolanordnung zwischen 4×5, 4×6, 5×5 oder 5×6 um.
- *App-Schaltfläche*: Blendet eine zusätzliche Menü-Schaltleiste im Startbildschirm en, über das Sie das Hauptmenü aufrufen. Die Menü-Schaltleiste kennen Sie vielleicht noch von älteren Samsung-Handys.
- *App-Symbolindikator*: Wählen Sie aus, ob die Programmsymbole beispielsweise bei der Telefon-, Nachrichten- und E-Mail-Anwendung jeweils mit einer Zahl über die vorhandenen Benachrichtigungen informieren.
- *Startbildschirmlayout sperren*: Verhindert, dass Programmsymbole auf dem Startbildschirm verschoben oder entfernt werden. Ideal, wenn Sie beispielsweise Kindern das Handy überlassen.
- *Apps zum Startbildschirm hinzufügen*: Programme, die neu installiert werden (siehe Kapitel *26 Programmverwaltung*) erscheinen nicht nur im Hauptmenü, sondern auch im Startbildschirm als Verknüpfung. Dies war früher auf Samsung-Handys üblich.
- *Benachr.-Feld schnell öffnen*: Wischen im Startbildschirm öffnet das Benachrichtigungs-feld.
- *Im Querformat drehen*: Standardmäßig zeigt das Galaxy den Startbildschirm immer im Hochformat an. Sie können allerdings die Anzeige auch mitdrehen lassen, wobei Sie allerdings verkleinert wird.
- *Apps ausblenden*: Wählen Sie aus, welche Programme im Hauptmenü ausgeblendet (»deaktiviert«) werden sollen. Wir raten allerdings dazu, nicht benötigte Programme direkt zu deinstallieren (siehe Kapitel *26.3 Programme deinstallieren*).

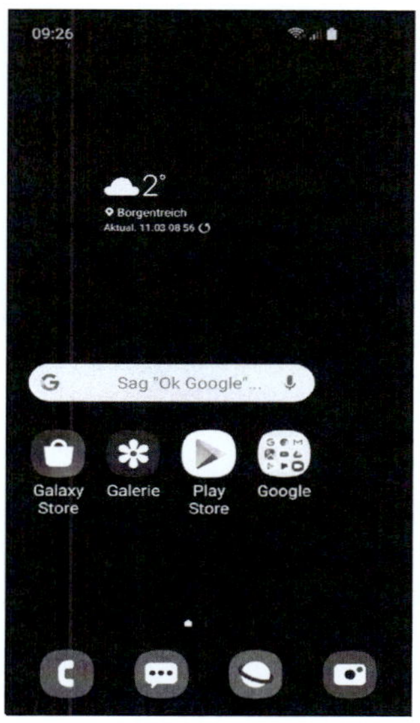

❶ So sieht der Startbildschirm aus, wenn Sie *5×6* im *Startbildschirmgitter*-Menü einstellen. Dem Vorteil, dass mehr Platz für Programmsymbole vorhanden ist, steht der Nachteil gegenüber, dass man die Programmsymbole nicht mehr so gut mit dem Finger trifft.

❷ Das Standardlayout *4×5*.

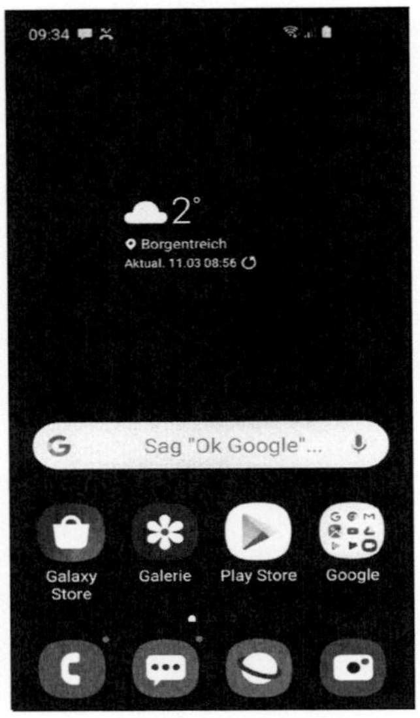

➊➋ Im *App-Symbolindikator*-Menü legen Sie fest, ob die Anzahl der vorhandenen Benachrichtigungen direkt am Programmsymbol angezeigt wird.

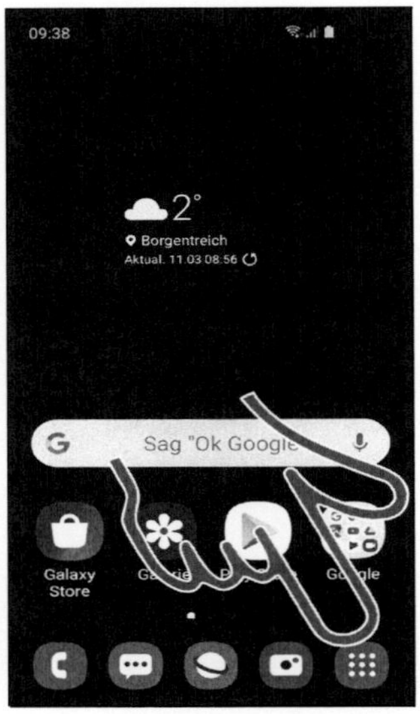

➊ Das Hauptmenü rufen Sie auf dem Galaxy S10 normalerweise mit einer Wischgeste auf.

➋ Aktivieren Sie *App-Schaltfläche*, damit Sie über eine Menü-Taste auf das Hauptmenü umschalten können.

35. Eingabemethoden

Die Eingabemethode aktiviert sich automatisch, wenn Sie sich in einem Eingabefeld befinden. Das Galaxy besitzt kein separates Tastenfeld wie viele einfache Handys, weshalb der Hersteller diverse Tricks anwendet, damit Sie mit Ihren Fingern trotzdem fehlerfrei Eingaben vornehmen können.

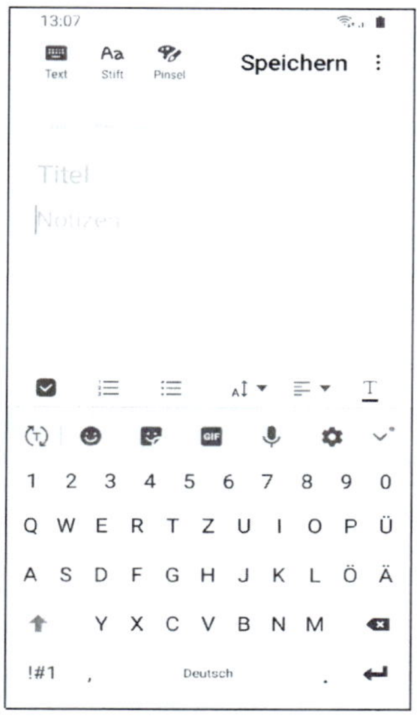

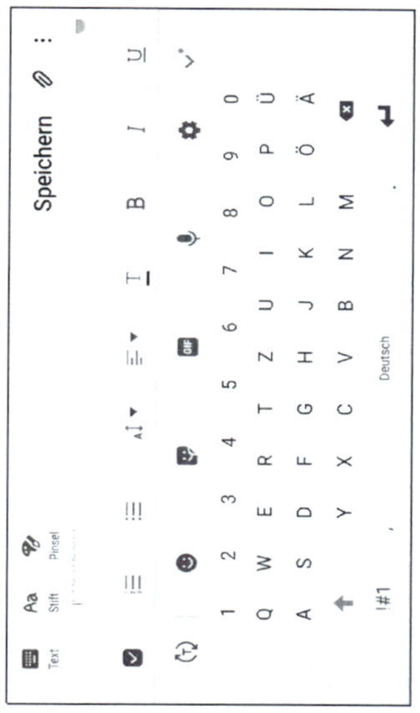

❶ Die Standardeingabemethode beim Galaxy S10/S10+.

❷ Ein besonders großes Tastenfeld erscheint, wenn Sie das Galaxy um 90 Grad gedreht halten. Dabei ist es egal, welche Eingabemethode vorher aktiv war.

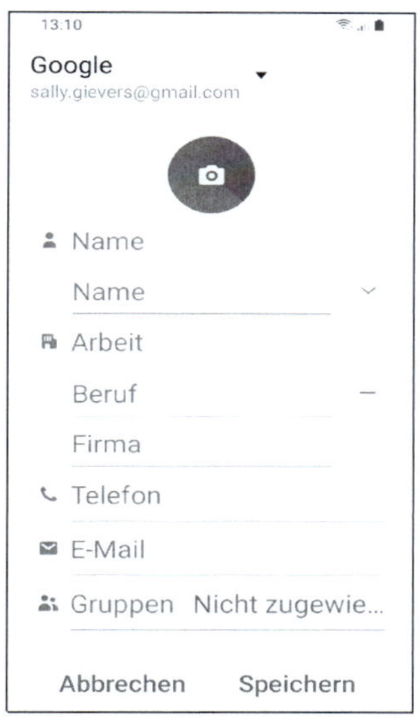

❶ Häufig kommt es vor, dass das Tastenfeld wichtige Eingabefelder oder Informationen überdeckt. In diesem Fall tippen und halten Sie den Finger auf dem Bildschirm (nicht auf das Tastenfeld) und ziehen nach unten beziehungsweise oben.

❷ Alternativ betätigen Sie einmal die ∨-Taste (unterhalb des Displays), worauf das Tastenfeld verschwindet. Sobald Sie ein Eingabefeld antippen, zeigt das Galaxy das Tastenfeld wieder an.

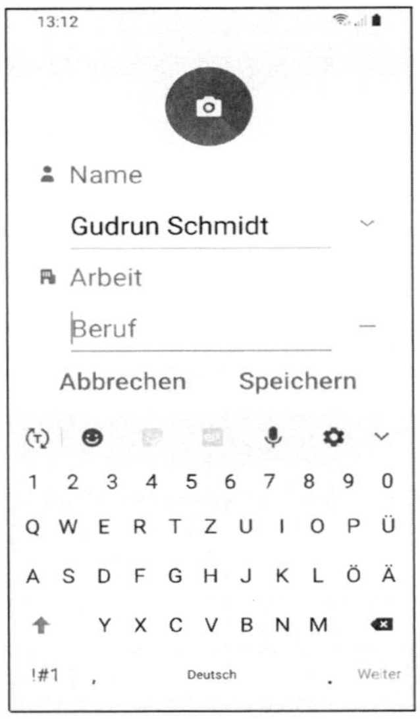

❶❷ Alternativ betätigen Sie die *Weiter*-Taste im Tastenfeld, worauf das nächste Eingabefeld angesprungen wird.

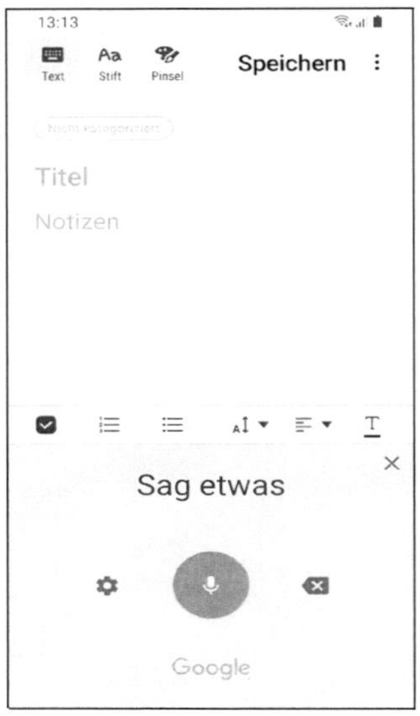

Das Galaxy unterstützt folgende Eingabemethoden:

- **Samsung-Tastatur** (❶):Die Standard-Eingabemethode.
- **Durchgehende Eingabe**: Eine Erweiterung der Samsung-Tastatur, die ähnlich funktioniert wie das von anderen Handys bekannte »Swype«. Eingaben nehmen Sie vor, indem Sie mit dem angedrückten Finger auf dem Tastenfeld von Buchstabe zu Buchstabe ziehen. Die Tastenfunktionen der Samsung-Tastatur stehen, während die durchgehende Eingabe aktiv ist, weiterhin zur Verfügung.
- **Spracheingabe** (❷): Das Galaxy setzt Ihre gesprochenen Wörter oder Sätze in Text um.

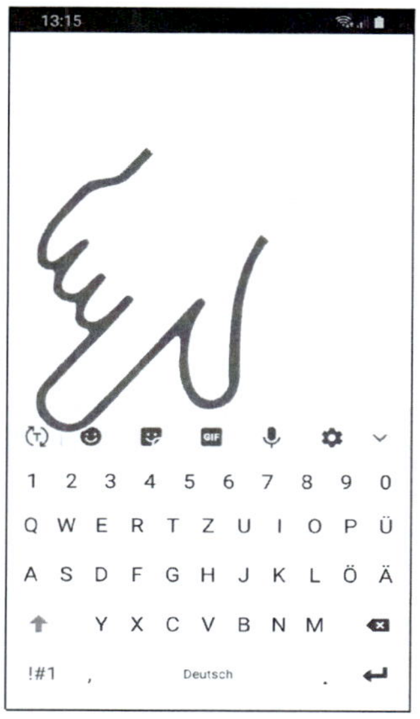

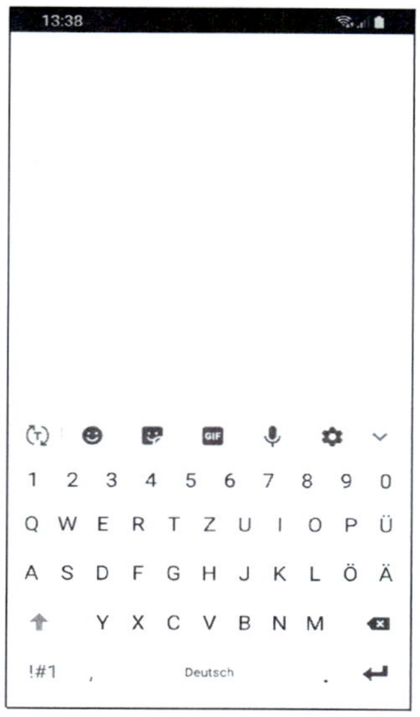

❶❷ Eine Besonderheit ist die (T)-Taste: Sie schalten damit zwischen den Wortvorschlägen und den Zusatzfunktionen um:

- (Emojis): Smiley einfügen.
- (Sticker): Sogenannten Avatar (siehe Kapitel *16.9 AR-Emoij*) einfügen.
- (GIF-Tastatur): GIF (animierte Grafik) des Online-Dienstes Giphy einfügen.
- (Spracheingabe): Text per Spracheingabe eingeben.
- (Einstellungen)
- : Weitere Funktionen (❸) anzeigen:
  - (Zwischenablage): Listet den Inhalt der Zwischenablage (siehe Kapitel *35.4 Texte kopieren, ausschneiden und einfügen*) auf.
  - (Modi): Eine verkleinertes Tastenfeld, das Sie mit einem Finger bedienen können.
  - (Textbearbeitung): Den Cursor in umfangreicheren Texten navigieren, sowie Kopieren und Einfügen durchführen.

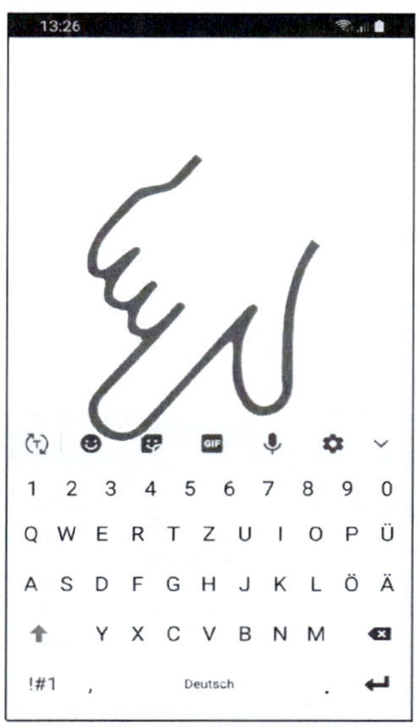

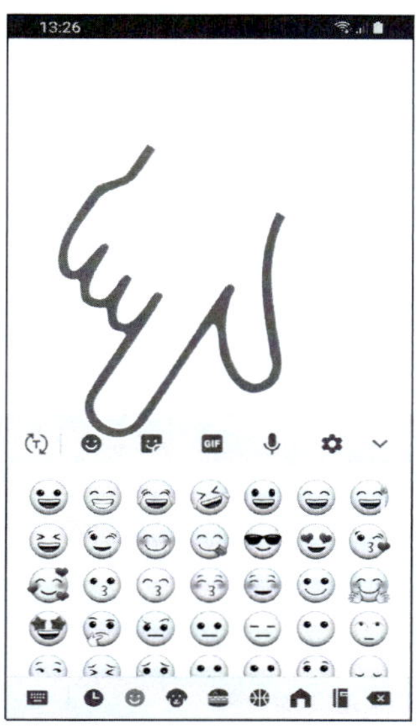

❶ Beim ersten Betätigen schalten Sie auf eine Zusatzfunktion um…

❷ … während erneutes Betätigen wieder das Standardtastenfeld aktiviert.

35.1 Samsung-Tastenfeld

Das Samsung-Tastenfeld ist standardmäßig aktiv und bietet einen guten Kompromiss zwischen Bedienbarkeit und Tastengröße.

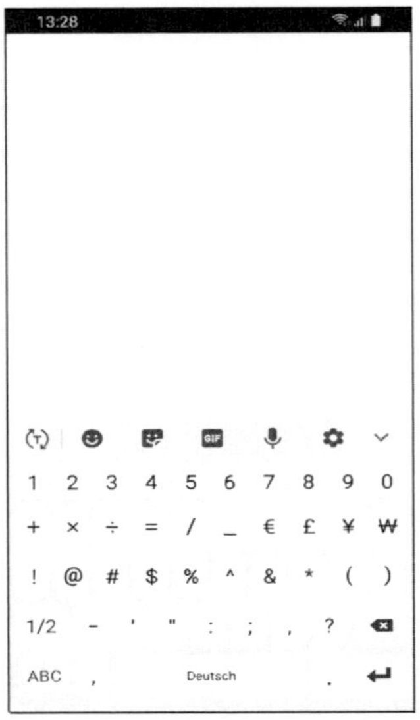

➊ Für Satz- und Sonderzeichen ist auf der Displaytastatur kein Platz. Betätigen Sie dafür einfach die !#1-Taste (Pfeil).

➋ Über die ABC-Taste schalten dann wieder auf das normale Tastenfeld zurück.

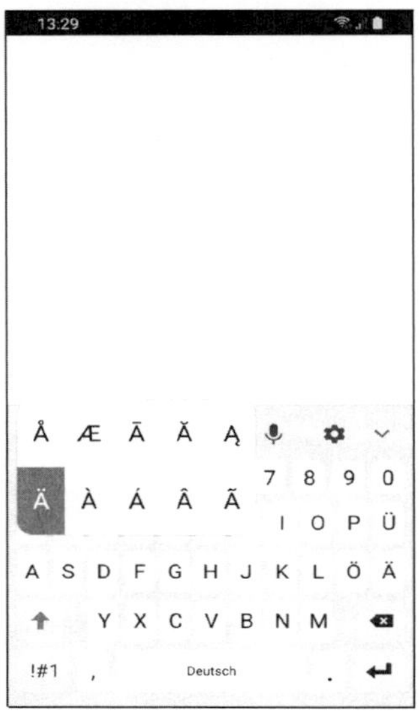

➊ Umlaute geben Sie ein, indem Sie die jeweilige Taste, im Beispiel »A« etwas länger gedrückt halten. Das Tastenfeld zeigt nun ein Popup an, worin Sie auf den Umlaut tippen.

➋ In E-Mail-Eingabefeldern ändert sich die Tastenbelegung etwas: Sie haben dann unter anderem das »@«-Zeichen und das häufig benötigte ».com« zur Verfügung.

➌ Die Hochstelltaste (Pfeil) funktioniert genauso wie von einer PC-Tastatur gewohnt, das heißt, zweimaliges Betätigen sorgt dafür, dass alle Buchstaben in Großbuchstaben erscheinen. Betätigen Sie die Taste erneut, werden die Großbuchstaben wieder abgeschaltet.

35.1.1 Wortvorschläge

Damit Sie nicht soviel tippen müssen, macht das Tastenfeld während der Eingabe Wortvorschläge.

❶❷ Während Sie tippen, blendet das Galaxy oberhalb des Tastenfelds automatisch Wortvorschläge ein. Tippen Sie bei Bedarf einfach mit dem Finger einen Vorschläge an.

Häufig schlägt das Tastenfeld bereits sehr frühzeitig ein passendes Wort vor. Betätigen Sie nun die Leertaste oder geben Sie ein Satzzeichen an, dann wird das vorgeschlagene Wort automatisch ins Eingabefeld übernommen. Sie ersparen sich so das Antippen des Wortvorschlags.

> Durch den Einsatz der Wortvorschläge können Sie häufig auf die umständliche Eingabe von Umlauten verzichten. Geben Sie beispielsweise »Schafchen« ein, dann erscheint der Wortvorschlag »Schäfchen«, welche Sie durch Antippen ins Eingabefeld übernehmen.

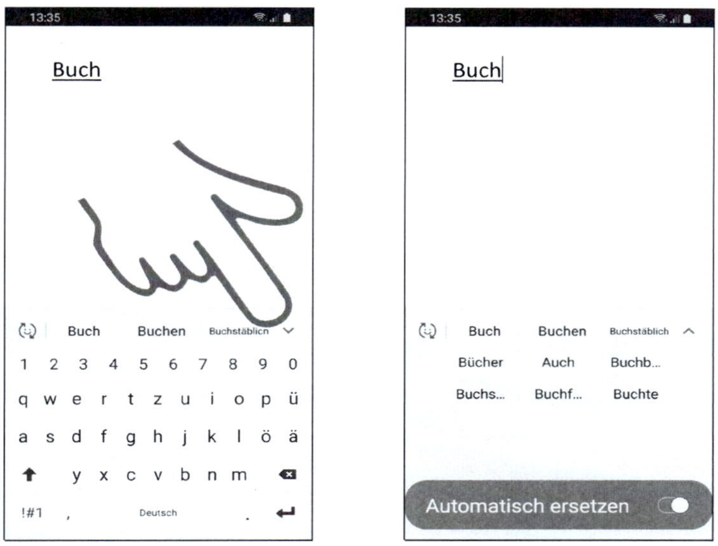

❶❷ Weitere Wortvorschläge liefert die ✓-Schaltleiste.

35.1.1.a Wörterbuchsprache einstellen

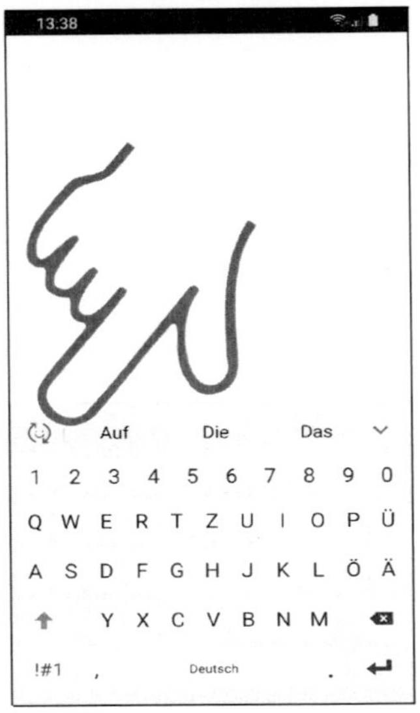

❶❷ Das Galaxy nutzt ein Wörterbuch, um die eingegebenen Wörter zu erkennen. Wenn Sie Texte in einer anderen Sprache schreiben, müssen Sie die Wörterbuchsprache ändern. Dazu betätigen Sie ☺ und danach ✿.

❸ Gehen auf *Sprachen und Typen.*

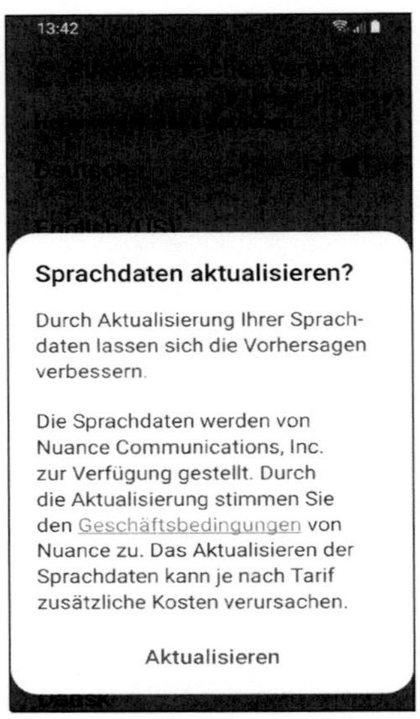

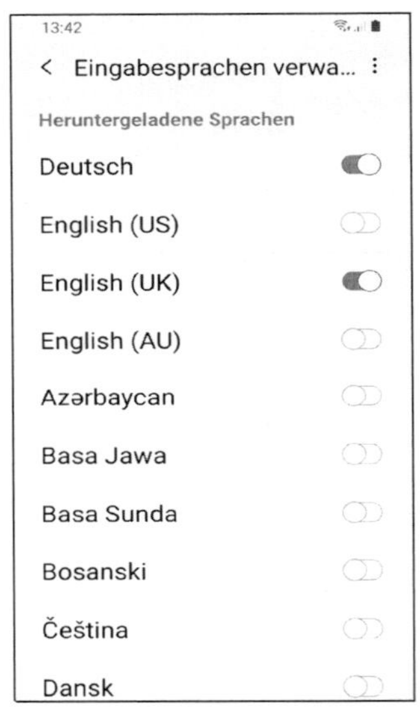

❶❷ Gehen auf *Eingabesprachen verwalten* und schließen Sie den Hinweis mit *Aktualisieren.*

❸ Aktivieren Sie die verwendeten Sprachen, also zum Beispiel neben *Deutsch* auch *English (UK)*. Falls Sie weitere Sprachen benötigen, laden Sie diese durch Antippen des Sprachnamens unten in der Liste herunter. Schließen Sie den Bildschirm mit der ‹-Taste.

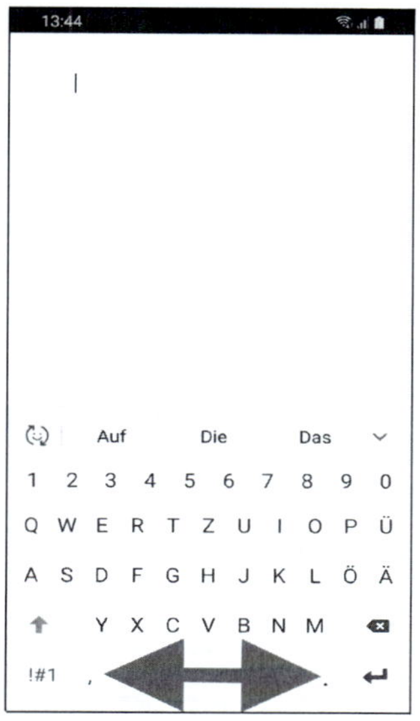

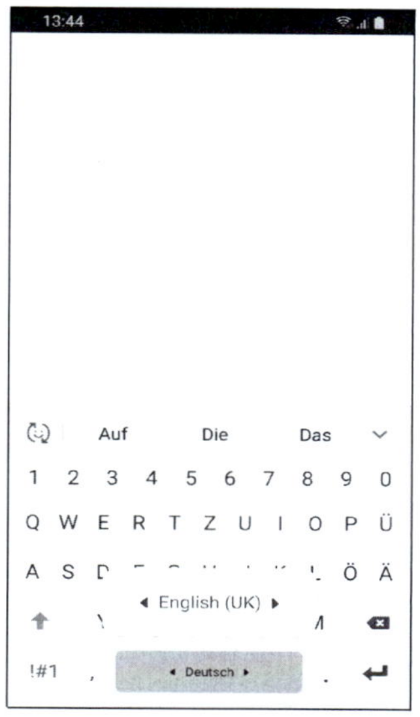

❶❷ »Wischen« Sie mit angedrücktem Finger über der Leertaste, um die Sprache umzuschalten.

35.1.1.b Das Anwenderwörterbuch

Abhängig von der genutzten Anwendung schreiben Sie jeweils anders. Das Galaxy S10/S10+ kann dann Ihre Schreibgewohnheiten bei der Texterkennung berücksichtigen.

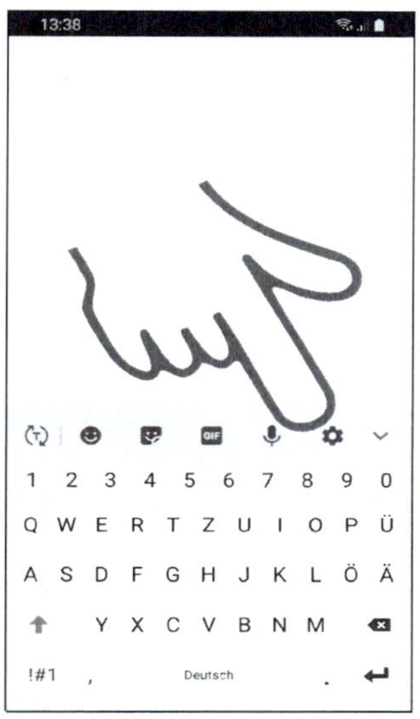

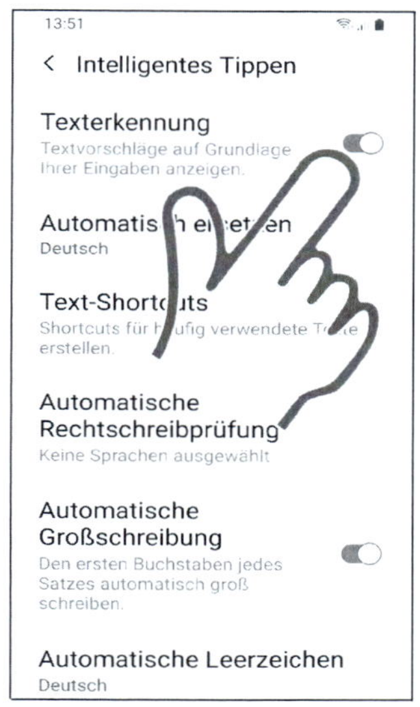

❶ Gehen Sie auf ✲ (falls diese Schaltleiste nicht angezeigt wird, betätigen Sie vorher ☺).

❷❸ Prüfen Sie im *Intelligentes Tippen*-Menü, ob *Texterkennung* eingeschaltet ist.

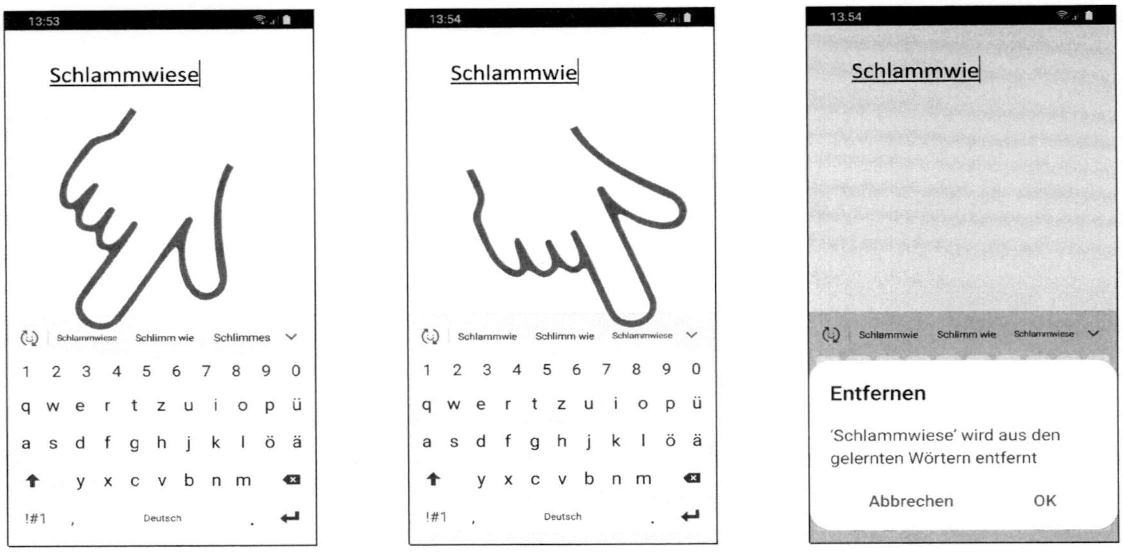

❶ So fügen Sie dem Anwenderwörterbuch weitere Wörter hinzu: Geben Sie das Wort auf dem Tastenfeld ein und tippen Sie es dann in den Wortvorschlägen kurz an (Pfeil). Das Wort wird nun beim nächsten Mal vorgeschlagen, sobald Sie die ersten Buchstaben davon eintippen.

❷❸ Manchmal soll ein Wortvorschlag später wieder aus dem Anwenderwörterbuch beziehungsweise den Vorschlägen verschwinden, beispielsweise weil Sie ihn falsch geschrieben haben. Geben Sie das Wort ein, dann tippen und halten Sie den Finger auf dem Wortvorschlag, bis das Popup erscheint. Betätigen Sie *OK.*

35.1.1.c Automatische Rechtschreibkorrektur

Das Handy wertet, wie Sie bereits festgestellt haben, Ihre Eingaben aus und korrigiert dabei Rechtschreibfehler. Wenn Sie häufiger berufsspezifisches oder mileubehaftetes Vokabular verwenden, das nicht im Handy-Wörterbuch enthalten ist, wird die Korrektur allerdings sehr lästig. Sie können dieses Problem auf zwei Arten lösen:

- Sie übernehmen Ihre Fachbegriffe beim ersten Auftreten in das Benutzerwörterbuch, wie im Kapitel *35.1.1.b Das Anwenderwörterbuch* beschrieben.
- Sie deaktivieren die automatische Rechtschreibkorrektur, um die Begriffe in Ruhe einzugeben und aktivieren die Korrekturfunktion anschließend wieder.

Im Folgenden zeigen wir Ihnen, wie Sie die automatische Rechtschreibkorrektur deaktivieren.

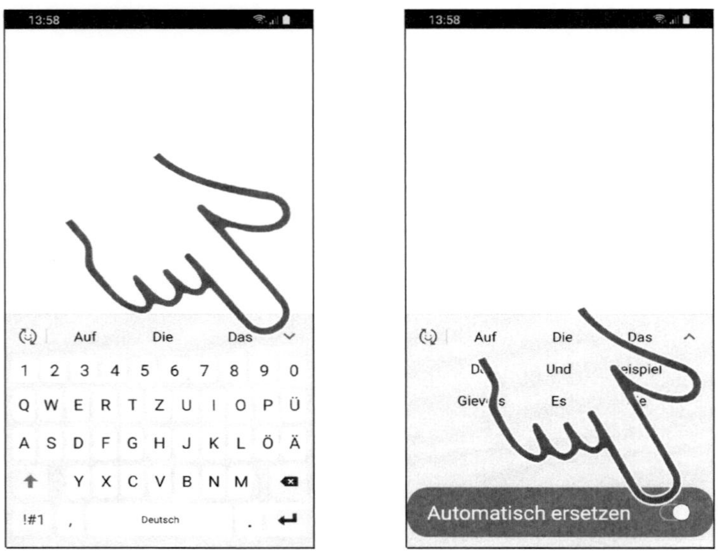

❶ Während der Texteingabe betätigen Sie die ∨-Schaltleiste.

❷ Deaktivieren Sie *Automatisch ersetzen.* Erneutes Antippen schaltet die Korrektur später wieder ein.

Das Tastenfeld macht nun weiterhin Korrekturvorschläge, welche aber nicht automatisch angewendet werden, wenn Sie die Leertaste betätigen. Möchten Sie einen Wortvorschlag dennoch übernehmen, dann tippen Sie einfach darauf.

35.1.2 Einstellungen

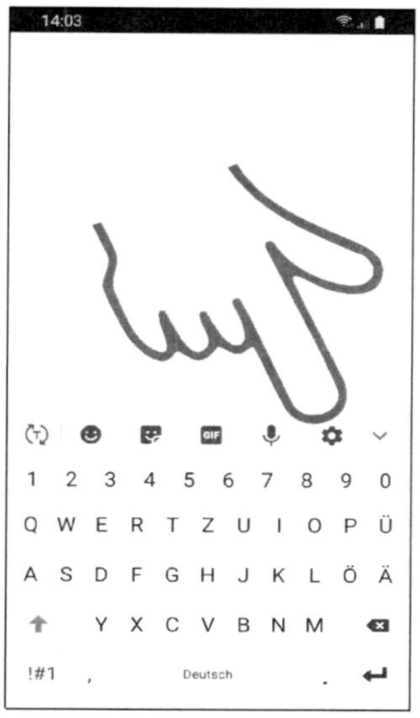

❶ Gehen Sie auf ⚙ (falls diese Schaltleiste nicht angezeigt wird, betätigen Sie vorher ⟲).

❷ Die Einstellungen:

- *Sprachen und Typen*: Die verschiedenen Eingabemethoden auf dem Galaxy greifen für Wortvorschläge jeweils auf das Wörterbuch zurück. Falls Sie häufig Texte in einer anderen Sprache schreiben, sollten Sie diese hier unter *Eingabesprachen auswählen* einstellen. Siehe Kapitel *35.1.1.a Wörterbuchsprache einstellen.*
- *Intelligentes Tippen* (❸):
  - *Texterkennung*: Steuert die Anzeige der Wortvorschläge oberhalb des Tastenfelds.
  - *Automatisch ersetzen*: Diese Funktion beschreibt bereits Kapitel *35.1.1.c Automatische Rechtschreibkorrektur.*
  - *Text-Shortcuts:* Legen Sie häufiger benötigte Floskeln als sogenannten Shortcut an. Beispielsweise wandelt das Handy dann das Kürzel »mfg« automatisch in »Mit freundlichen Grüßen« um.
  - *Automatische Rechtschreibung*: Das Samsung markiert nicht erkannte/falsch geschriebene Worte mit einem Unterstrich. Damit Sie diese Funktion nutzen können, müssen Sie *Automatisch ersetzen* deaktiviert haben. Mangels sinnvoller Anwendungsmöglichkeiten gehen wir nicht weiter darauf ein.
  - *Automatische Großschreibung*: Bei Satzanfängen beginnen Wörter automatisch mit Großbuchstaben.
  - *Automatische Leerzeichen:* Nach übernommenen Textvorschlägen fügt das Handy automatisch ein Leerzeichen ein.
  - *Autom. Satzzeichen setzen*: Betätigen Sie zweimal hintereinander die Leertaste, um einen Punkt einzugeben.
  - *Tastaturstreichsteuerung*: Welche Aktion Sie durch ein Wischen mit dem Finger über das Tastenfeld auslösen):
    - *Keine Streichgesten*: Das Fingerwischen hat keine Funktion.
    - *Zum Tippen streichen*: Aktiviert die Swype-ähnliche Eingabemethode, bei der Sie mit angedrücktem Finger auf dem Tastenfeld von Buchstabe zu Buchstabe ziehen. Auf *Durchgehende Eingabe* geht Kapitel *35.2 Durchgehende Eingabe* ein.
    - *Cursorsteuerung*: Sie bewegen den Cursor mit Wischgesten auf dem Tastenfeld.

- *Tastaturlayout und -feedback*:
  - *Tastatur-Symbolleiste*: Diese Option sollte aktiv sein, damit Sie das Tastenfeld sinnvoll nutzen können.
  - *Tastatur-Themes*: Wählen Sie eine der vier vorgegebenen Farbschemen aus.
  - *Kontrastreiche Tastatur*: Invertiert den Tastaturhintergrund und verwendet für die Tasten eine leuchtende Farbe.
  - *Größe und Transparenz*: Anzeigegröße des Tastenfelds.
  - *Tastaturlayout*:
    - *Zahlentasten*: Blendet die Nummerntasten über dem Tastenfeld ein/aus.
    - *Alternative Zeichen*: Blendet im Tastenfeld bei jeder Taste die Zweibelegung ein.
    - *Benutzerdefinierte Symbole*: Einige vorgegebenen Symbole auf dem Tastenfeld können Sie ändern, wovon wir aber abraten.
- *Tastenfeedback*:
  - *Ton; Vibration*: Akustisches und haptisches Feedback, wenn Sie eine Taste auf der Tastatur betätigen.
  - *Zeichenvorschau*: Wenn Sie eine Taste betätigen, erscheint der Buchstabe in einem großen Popup. Dies ist praktisch, da der Finger die betätigte Taste ja meist verdeckt.

35.2 Durchgehende Eingabe

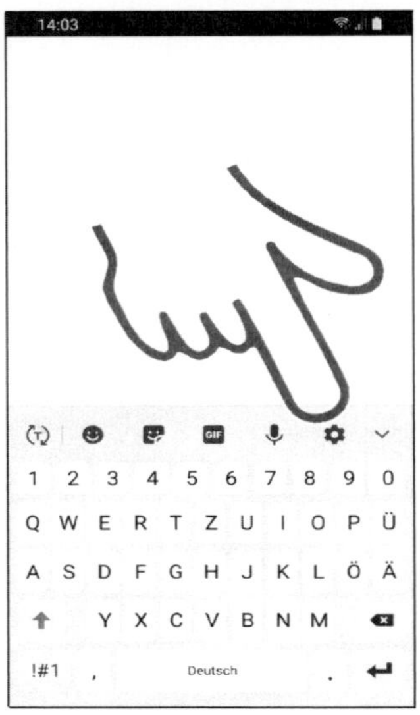

❶ Das Einschalten der durchgehenden Eingabe erfolgt über ✲ (falls diese Schaltleiste nicht angezeigt wird, tippen Sie vorher ☺).

❷ Wählen Sie *Intelligentes Tippen*.

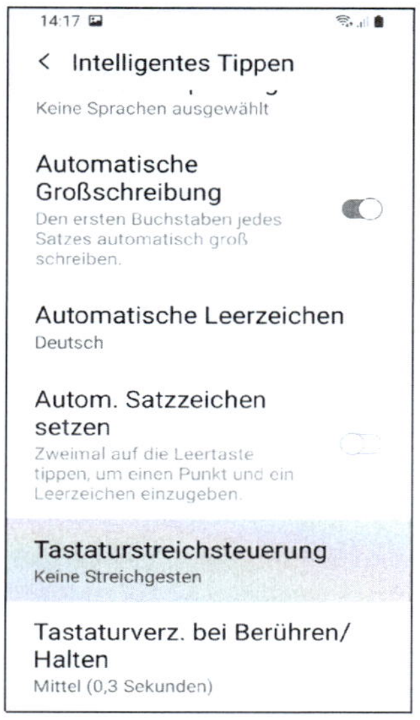

➊➋ Gehen Sie auf *Tastaturstreichsteuerung* und aktivieren *Zum Tippen streichen.* Auf dem gleichen Wege lässt sich die durchgehende Eingabe später auch jederzeit wieder deaktivieren (wählen Sie dann *Keine Streichgesten*).

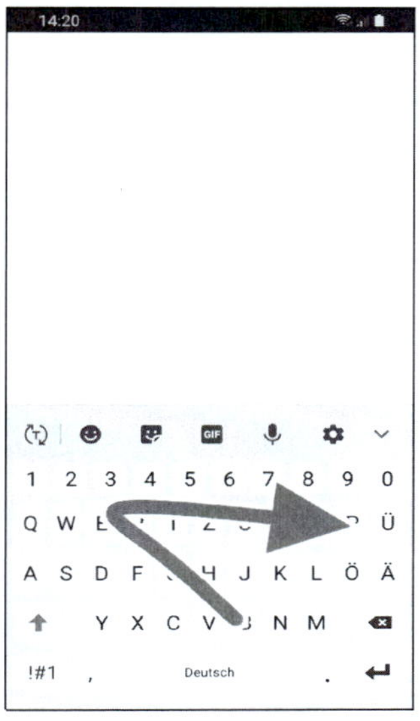

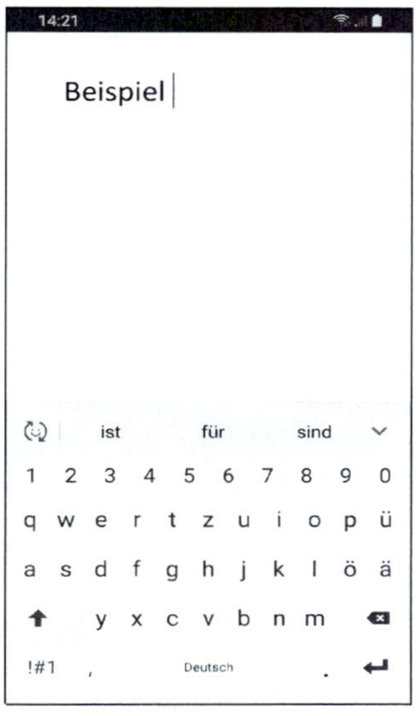

➊➋ Die durchgehende Eingabe ist recht einfach zu verstehen: Halten Sie den Finger auf den ersten Buchstaben des einzugebenden Worts angedrückt und ziehen Sie nun mit angedrücktem Finger auf die weiteren Buchstaben des Worts. Setzen Sie dann den Finger ab. In unserem Beispiel soll »Beispiel« eingegeben werden. Leerzeichen fügt die durchgehende Eingabe übrigens automatisch zwischen den Wörtern ein. Für die Eingabe von doppelten Buchstaben bewegen Sie den Finger über der entsprechenden Taste einfach hin und her.

35.3 Spracherkennung

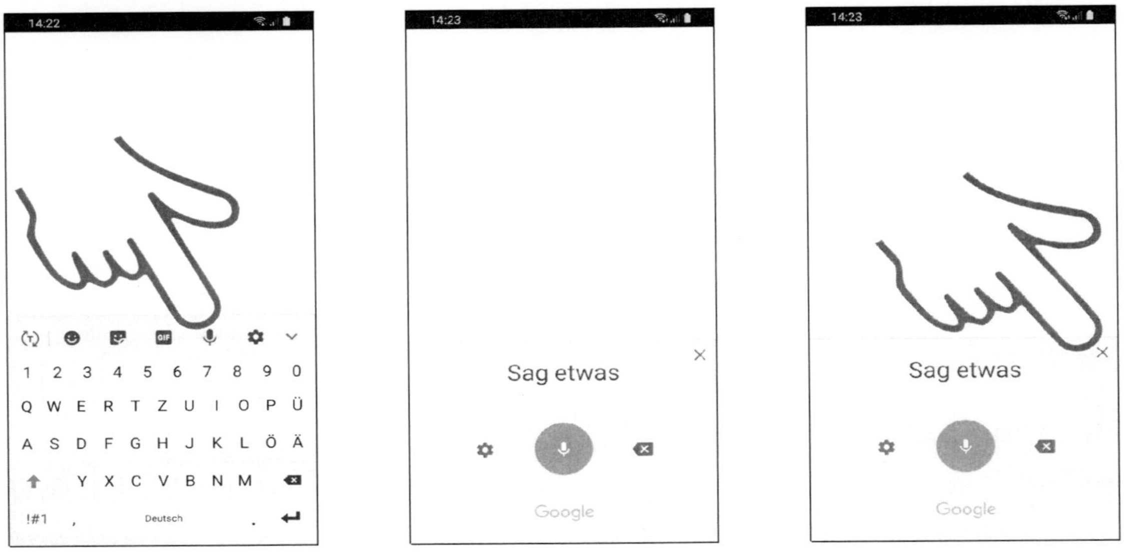

❶ Die Spracherkennung aktivieren Sie über die 🎤-Taste (Pfeil) auf der Samsung-Tastatur (falls Sie dort kein 🎤 sehen, tippen Sie vorher auf ⟲).

❷ Sprechen Sie dann in ruhigem Tonfall und gleichmäßig die Wörter beziehungsweise Sätze ,die dann in Text umgesetzt werden. Beenden Sie die Spracherkennung, indem Sie die 🎤-Schaltleiste erneut antippen.

❸ Die ✕-Schaltleiste (Pfeil) wechselt die Eingabemethode wieder zum Tastenfeld.

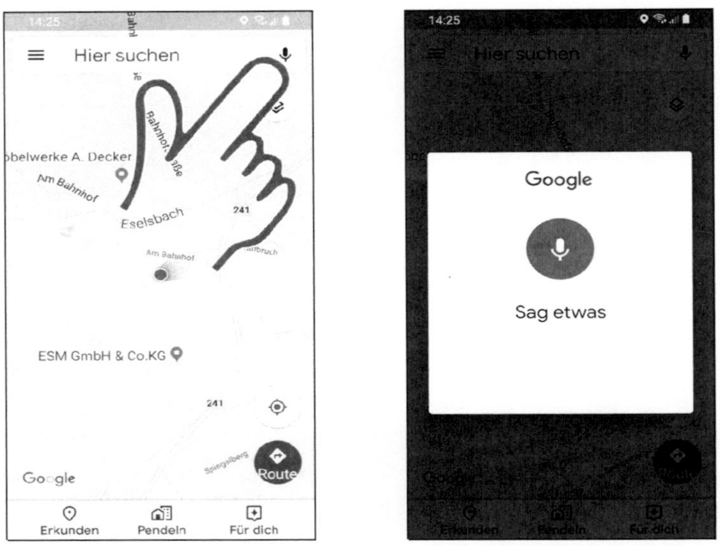

❶❷ In vielen Anwendungen auf dem Galaxy wird eine direkte Spracheingabe unterstützt, hier bei Google Maps.

35.4 Texte kopieren, ausschneiden und einfügen

Es kommt häufiger mal vor, dass man einen Text, beispielsweise aus einer SMS oder E-Mail, in einer anderen Anwendung weiterverwenden will.

Leider handhaben die Google-Anwendungen das Kopieren und Einfügen von Texten etwas unterschiedlich. Damit Sie eine Idee davon bekommen, wie der grundsätzliche Ablauf ist, möchten wir einen Text aus einer im Webbrowser angezeigten Webseite in Gmail (siehe Kapitel *10 Gmail*) versenden.

❶ Beispiel für das Markieren im Webbrowser (siehe Kapitel *12 Webbrowser*): Tippen und halten Sie den Finger auf einem Wort, welches darauf hin markiert ist.

❷ Anschließend ändern Sie den markierten Bereich, indem Sie die Schieber an die gewünschte Position bewegen. Dabei unterstützt Sie eine eingeblendete Lupe.

❸ Tippen Sie die *Kopieren*-Schaltleiste an.

❶❷ Weitere Funktionen finden Sie im ⋮-Menü (Pfeil):

- *Internetsuche:* In Google nach dem markierten Text suchen (Websuche).
- *Finden*: Im Text nach dem markierten Wort suchen.
- *Wörterbuch*: Aktiviert die Übersetzerfunktion, um beispielsweise englischen Text nach Deutsch zu übersetzen.

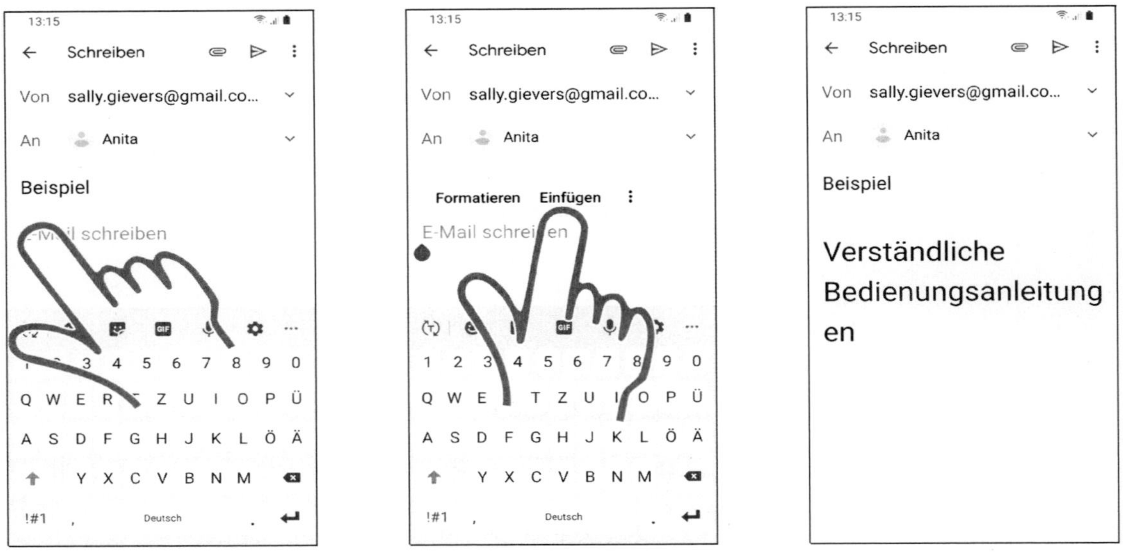

❶ Rufen Sie nun die Anwendung auf, in der Sie den kopierten Text einfügen möchten. Tippen und halten Sie den Finger in die Zielposition – bitte beachten Sie dabei, dass Sie nur in bestehenden Text beziehungsweise ans Textende tippen können.

❷❸ Im Popup wählen Sie *Einfügen*.

36. Benutzerkonfiguration

Ähnlich wie bei Windows auf dem Desktop-PC kann auch das Galaxy an die Vorlieben (und Schwächen!) des Nutzers angepasst werden.

Hinweis: Bevor Sie dieses Kapitel durcharbeiten, sollten Sie sich bereits ausführlich mit dem Handy auseinandergesetzt haben.

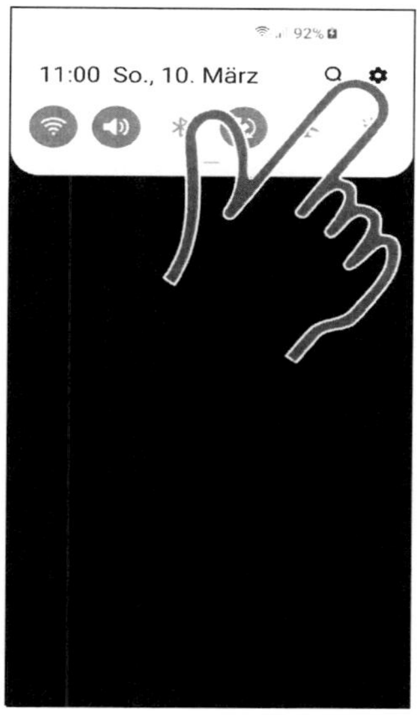

❶ Für die *Einstellungen* aktivieren Sie das Benachrichtigungsfeld und tippen ⚙ an.

❷ Alternativ gehen Sie im Hauptmenü auf *Einstellungen.*

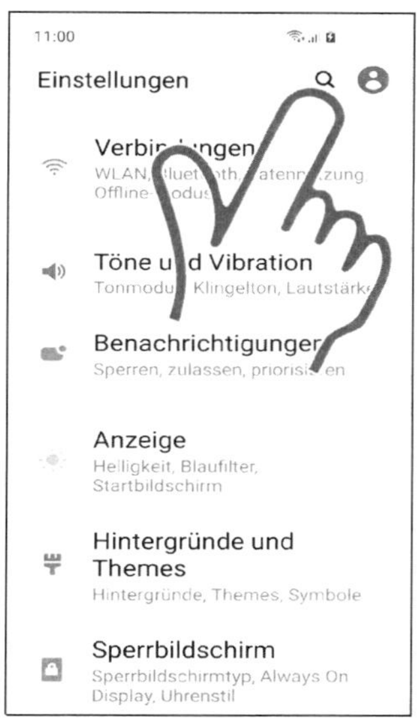

❶❷ Tipp: Falls Sie mal nicht wissen, in welchem Menü eine bestimmte Funktion zu finden ist, tippen Sie auf 🔍 und geben den Suchbegriff ein. Tippen Sie dann in der Ergebnisliste einen Eintrag an.

Die Schrift in den Menüs wurde für dieses Buch für bessere Lesbarkeit eine Stufe größer gestellt. Bei Ihrem Gerät sehen deshalb die Menüs deshalb etwas anders aus.

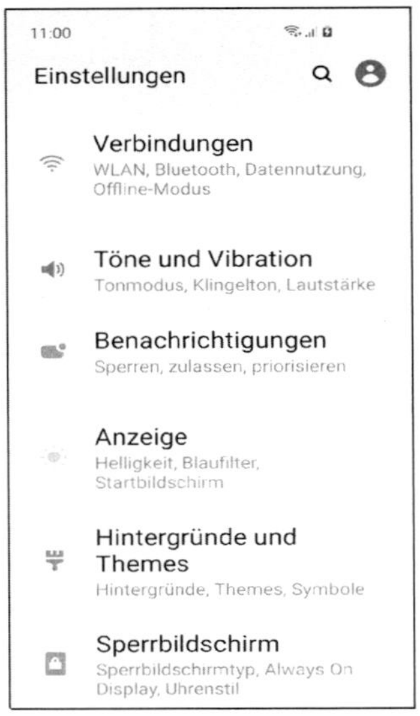

Die meisten Einstellungsfunktionen werden bereits im Buch beschrieben, weshalb wir auf die entsprechenden Kapitel verweisen.

Die Menüpunkte:

- *Verbindungen*: Siehe Kapitel *8 Internet einrichten und nutzen, 9 WLAN* und *32 Bluetooth*.
- *Töne und Vibration*: Siehe Kapitel *4.14 Medienlautstärke und Signaltöne*.
- *Benachrichtigungen*: Siehe Kapitel *33.8 Benachrichtigungen einschränken*.
- *Anzeige*: Siehe Kapitel *28.1 Bildschirmanzeige anpassen*.
- *Hintergründe und Themes: Siehe Kapitel 4.7.4 Hintergrundbild.*
- *Sperrbildschirm*: Siehe Kapitel *30.2 Gerätesperre*.
- *Biometrische Daten und Sicherheit*: Siehe Kapitel *30 Zugriffssperren*.
- *Konten und Sicherung*: Siehe Kapitel *23 Das Google-Konto* und *25 Das Samsung-Konto*.
- *Google: Siehe Kapitel 23 Das Google-Konto.*
- *Erweiterte Funktionen*: Siehe Kapitel *34.2 Gestensteuerung*.
- *Digitales Wohlbefinden*: Liefert Statistiken zur Zeit, die Sie mit dem Handy verbringen. Sie können zudem einstellen, wieviele Minuten am Tag Sie bestimmte Anwendungen nutzen dürfen. Nach Ablauf sind diese ausgegraut. In diesem Buch gehen wir nicht weiter darauf ein.
- *Gerätewartung*: Siehe Kapitel *22.5 Gerätewartung*.
- *Apps*: Siehe Kapitel *33.3 Anwendungen als Standard.*
- *Allgemeine Verwaltung:* Siehe Kapitel *36.2 Allgemeine Verwaltung*.
- *Eingabehilfe*: Diverse Einstellungen für Nutzer mit eingeschränktem Seh- und Hörvermögen.
- *Software-Update*: Siehe Kapitel *36.3 Software-Update*.
- *Benutzerhandbuch*: Ruft eine Anleitung auf der Samsung-Website auf.
- *Telefoninfo*: Siehe Kapitel *36.3.1 Geräteinformationen*.

36.1 Netzwerkverbindungen

◆ *Einstellungen/Verbindungen*

❶❷ Im *Verbindungen*-Menü finden Sie die Steuerungsfunktionen für drahtlose Kommunikation:

- *WLAN*: Auf WLAN geht bereits Kapitel *9 WLAN* ein.
- *Bluetooth:* Siehe Kapitel *32 Bluetooth*.
- *Telefonsichtbarkeit*: Auf die Kopplung von Geräten über den DLNA-Standard geht dieses Buch nicht ein.
- *NFC und Zahlung*: Verwaltet den NFC-Chip, mit dem Sie über kurze Entfernungenn Datenübertragungen zwischen zwei Geräten durchführen können. Siehe Kapitel *33.9 NFC*.
- *Offline-Modus*: Schaltet das Mobilfunkmodul sowie Bluetooth und WLAN aus (sogenannter »Flugmodus«). Siehe auch Kapitel *5.6 Flugmodus (Offline-Modus)*.
- *Mobile Netzwerke*: Das Menü verwaltet alles rund um die Mobilfunk-Internet-Funktionen. Wir gehen in diesem Buch nicht weiter darauf ein, da das Handy die Einstellungen beim ersten Einschalten automatisch vornimmt.
- *Datennutzung*: Führt eine Statistik der übertragenen Datenmenge über Mobilfunk-Internet und WLAN.
- *SIM-Kartenverwaltung*: Darauf geht Kapitel *37 Dual-SIM-Verwendung* ein.
- *Mobile Hotspot und Tethering*: Internetverbindung des Handys mit einem anderen Gerät nutzen. In diesem Buch gehen wir nicht weiter darauf ein.
- *Weitere Verbindungseinstellungen*: Standard-Anwendung für den SMS-Versand festlegen, mobiles Internet und VPN, usw. einrichten.

36.1.1 Datenübertragung

◆ *Einstellungen/Verbindungen/Weitere Verbindungseinstellungen*

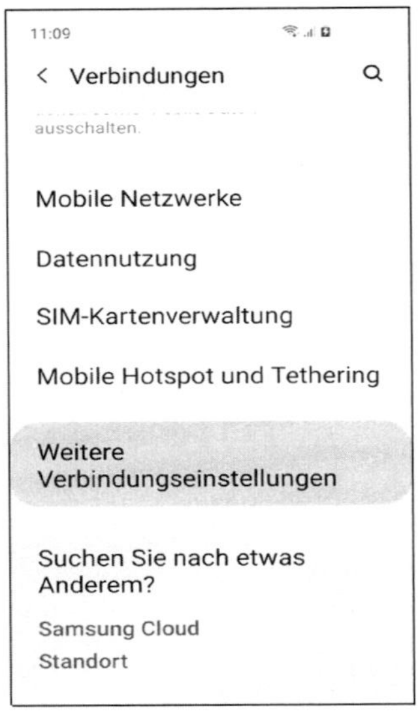

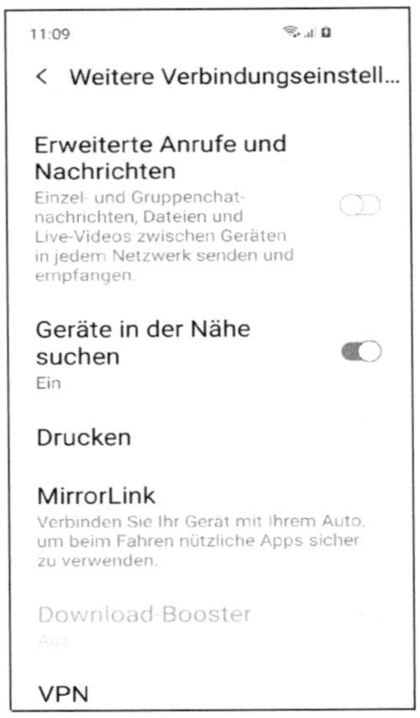

❶❷ Im *Weitere Verbindungseinstellungen*-Bildschirm stellen Sie ein:

- *Erweiterte Anrufe und Nachrichten:* Der Rich Communications-Standard (RCS) sollte einmal die SMS ablösen, konnte sich aber nie durchsetzen. Wir raten daher, *Erweiterte Anrufe und Nachrichten* nicht zu aktivieren.
- *Geräte in der Nähe suchen*: Das Galaxy sucht permanent im Hintergrund nach Geräten, mit denen Sie vielleicht per Bluetooth koppeln möchten. Wir empfehlen diese Option wegen des damit verbundenen Energieverbrauchs zu deaktivieren.
- *Drucken:* Da die Druckausgabe unter Android nicht besonders anwenderfreundlich gestaltet ist, gehen wir in diesem Buch nicht weiter darauf ein.
- *MirrorLink*: Dieser Kommunikationsstandard kommt bei der Verbindung mit dem Unterhaltssystem in Autos zum Einsatz. Für die Verwendung sollten Sie das Handbuch Ihres Autoherstellers konsultieren.
- *Download-Booster*: Einige Anwendungen wie der Play Store (siehe Kapitel *26.1 Play Store*) unterstützen den gleichzeitigen Download über WLAN und eine LTE-Verbindung. Die heruntergeladenen Dateien müssen dafür allerdings mindestens 30 MB groß sein, was nur selten der Fall ist.
- *VPN*: Konfiguriert Virtual Private Networks (VPNs), die eine verschlüsselte und sichere Kommunikation über das Internet, beispielsweise mit Firmennetzwerken, ermöglichen. Dieses Buch geht darauf nicht weiter ein.
- *Privates DNS*: Statt den automatisch vorgenommenen Interneteinstellungen können Sie selbst Vorgaben machen. Nur für erfahrene Anwender.
- *Ethernet*: Verwaltet einen optionalen Netzwerkadapter.

36.2 Allgemeine Verwaltung

◆ *Einstellungen/Allgemeine Verwaltung*

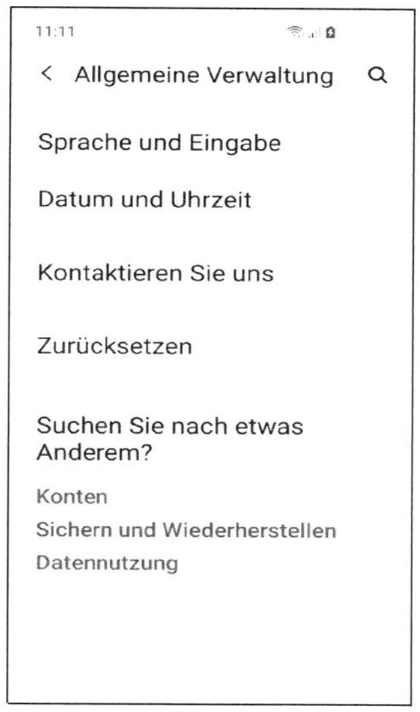

❶ Die Funktionen im *Allgemeine-Verwaltung*-Menü:

- Sprache und Eingabe*:* Auf die Eingabeeinstellungen geht Kapitel *35 Eingabemethoden* ein.
- *Datum und Uhrzeit*: Standardmäßig erhält das Handy die Uhrzeit atomuhrgenau vom Mobilfunknetzbetreiber, weshalb Sie nicht selbst die Uhr stellen müssen.
- *Kontaktieren Sie uns:* Sie haben eine Frage zu Ihrem Handy? Dann hilft Ihnen Samsung weiter.
- *Zurücksetzen* (❸):
  - *Einstellungen zurücksetzen:* Falls Ihr Handy mal nicht so funktioniert, wie vorgesehen, sollten Sie *Einstellungen zurücksetzen* verwenden. Damit setzen Sie beispielsweise den Klingelton auf den Standard zurück.
  - *Zurücksetzen von Netzwerkeinstellungen*: Von Ihnen genutzte WLAN-Zugangspunkte und gekoppelte Bluetooth-Geräte werden gelöscht. Sie können das Galaxy aber jederzeit später wieder damit verbinden.
  - *Eingabehilfeeinst. zurücksetzen*: Falls Sie im Menü *Eingabehilfe* einige Funktionen aktiviert hatten, setzen Sie sie hiermit wieder zurück.
  - *Auf Werkseinstellungen zurücksetzen*: Alle Daten löschen, worauf Sie das Galaxy im gleichen Zustand vorfinden, in dem Sie es erworben haben. Daten auf einer eingelegte Speicherkarte bleiben natürlich erhalten.
  - *Automatischer Neustart*: Das Handy startet sich zu einem festgelegten Zeitpunkt, beispielsweise Nachts, neu.

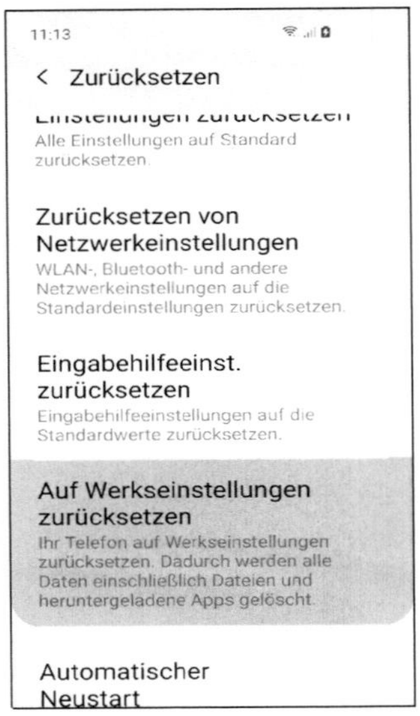

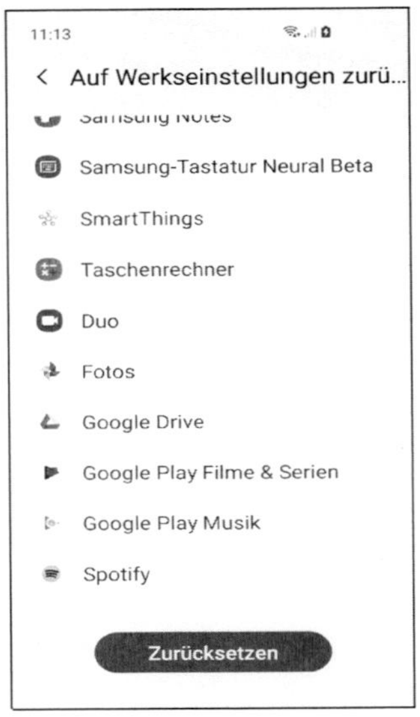

❶❷ Verwenden Sie *Auf Werkseinstellungen zurücksetzen* für das Zurücksetzen auf den Zustand, in dem Sie das Galaxy erworben haben. Beachten Sie, dass dabei Daten auf der eingelegten SD-Karte nicht gelöscht werden. Im Google-Konto abgelegte Kontakte und Termine, sowie die Nachrichten in Gmail, stehen Ihnen nach Neueinrichtung des Google-Kontos in den entsprechenden Anwendungen wieder zur Verfügung.

Android-Handys wie das Galaxy sind nicht als »Standalone«-Geräte konzipiert, sondern sind auf die Kommunikation mit den Internetservern von Google angewiesen. Dies hat den Vorteil, dass Ihre Daten, darunter Kontakte, Kalendertermine, Browser-Lesezeichen, usw. automatisch bei Google unter Ihrem **Google-Konto** gespiegelt werden.

Beachten Sie, dass Programme von Drittanbietern, die Sie aus dem Google Play Store installiert haben, häufig nicht die Datensicherung im Google-Konto nutzen. In den Programmen vorgenommene Einstellungen und angelegte Daten gehen deshalb meist bei einem Zurücksetzen des Geräts verloren. Die zuvor von Ihnen installierten Programme werden Ihnen dagegen im Google Play Store nach dem Zurücksetzen zur erneuten Installation angeboten.

Haben Sie keinen Zugriff auf Ihr Handy, beispielsweise weil Sie es verloren haben, oder es defekt ist, dann können Sie jederzeit dessen Daten auf einem anderen Android-Handy (es muss noch nicht mal das gleiche Modell sein) wiederherstellen. Weitere Infos zum Google-Konto haben wir im Kapitel *23 Das Google-Konto* zusammengestellt.

36.3 Software-Update

◆ *Einstellungen/Software-Update*

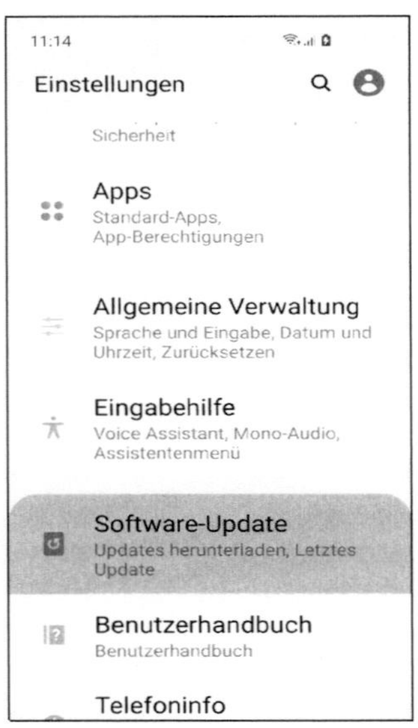

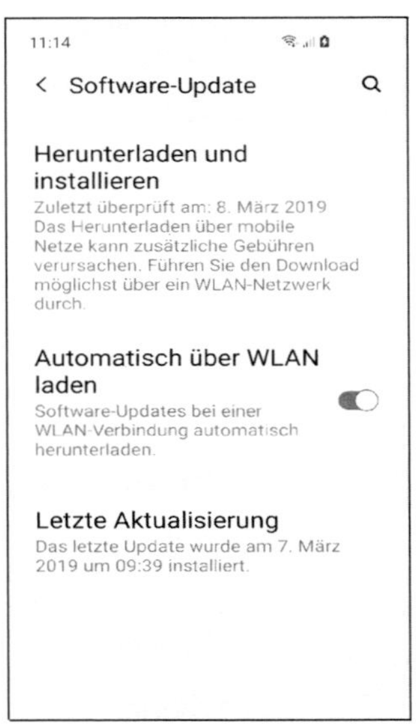

❶❷ Die Einstellungen im *Software-Update*-Menü sollten Sie nicht ändern. Wenn der Hersteller ein Update für die Betriebssoftware zur Verfügung stellt, wird es automatisch nach Rückfrage installiert.

36.3.1 Geräteinformationen

◆ *Einstellungen/Telefoninfo*

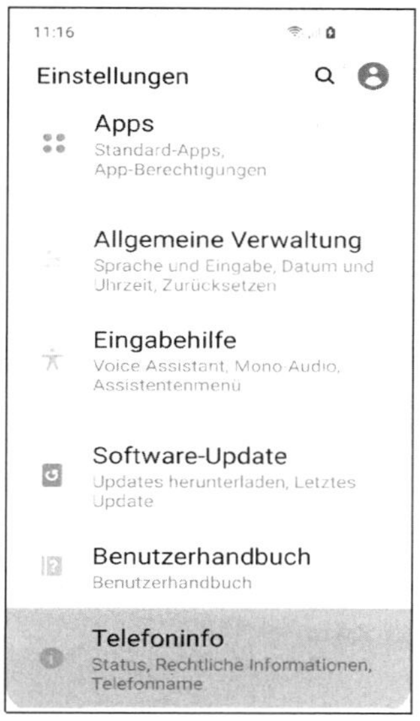

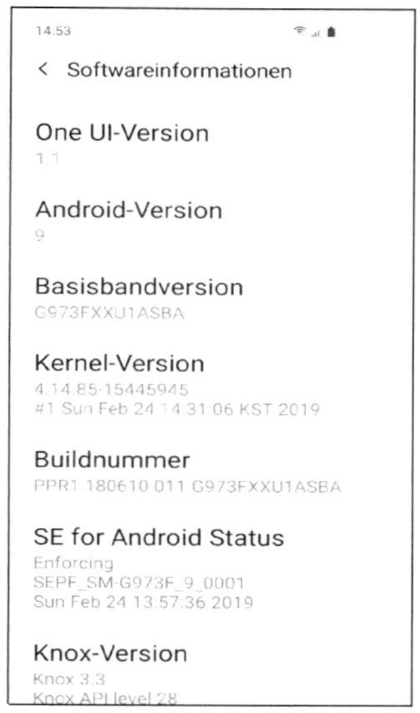

➊➋ Der *Telefoninfo*-Bildschirm zeigt die aktuelle Firmware-Version an.

Von den Menüpunkten sind für Sie folgende nützlich:

- *Status:* Diverse Systeminformationen.
- *Rechtliche Informationen*
- *Softwareinformationen* (➌): Liefert Informationen zur installierten Betriebssystem-version.
- *Akkuinformationen*: Ladezustand und Batteriekapazität anzeigen.

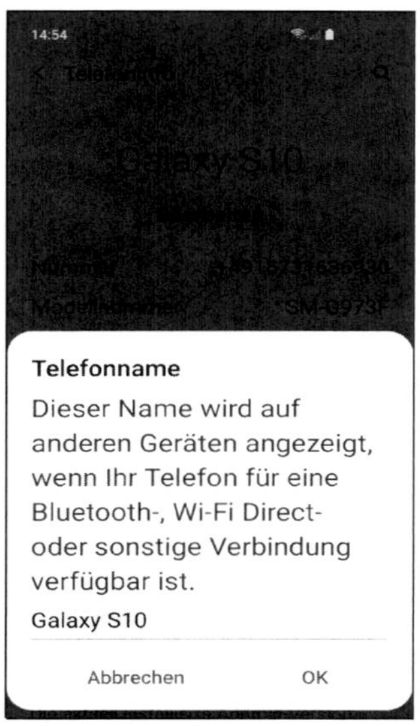

➊➋ Mit *Bearbeiten* stellen Sie den Gerätenamen ein, unter dem Ihr Handy bei Bluetooth-Übertragungen bei anderen Geräten erscheint. Unter dem Gerätenamen erscheint Ihr Galaxy auch, wenn Sie es am PC anschließen.

37. Dual-SIM-Verwendung

In Asien sind Handys mit zwei SIM-Steckplätzen keine Seltenheit. Der Vorteil für den Nutzer liegt darin, dass er beispielsweise für Telefonie die erste SIM-Karte und für Internet die zweite einrichten kann. Auf diesem Wege lässt sich Geld sparen, denn häufig bieten die Netzbetreiber SIM-Karten mit unterschiedlichen Tarifen an, die sich nun einfach kombinieren lassen. Von Nachteil ist allerdings der geringfügig höhere Stromverbrauch, weil ja zwei SIM-Karten gleichzeitig eine Mobilverbindung aufbauen.

Das Einlegen der zweiten SIM-Karte erfolgt analog zu der ersten SIM-Karte in einer weiteren Schublade, welche zusätzlich die Micro-SD-Karte aufnimmt.

Sofern Sie die zweite SIM-Karte bereits vor der ersten Einrichtung (siehe Kapitel *3 Erster Start*) eingelegt hatten, wird Sie das Handy bereits mit einem entsprechenden Einrichtungsdialog begrüßt haben. Sie können diesen später jederzeit, wie als Nächstes beschrieben, auch in den Einstellungen aufrufen.

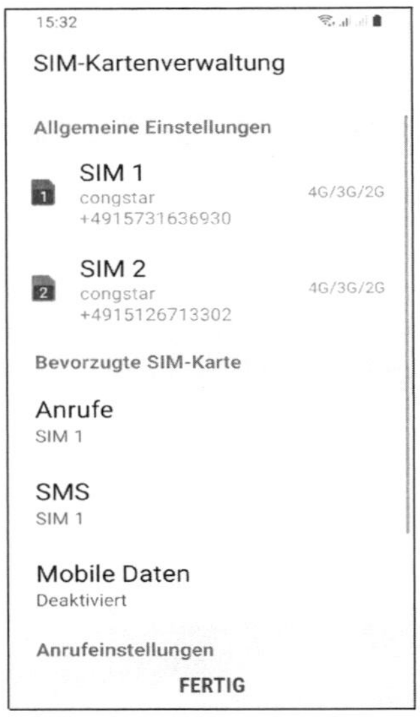

❶ Vor dem Einlegen beziehungsweise Auswechseln einer SIM-Karte brauchen Sie Ihr Handy nicht auszuschalten. Das Galaxy wird, sofern die neu erkannte SIM-Karte mit einer PIN geschützt ist, zur PIN-Eingabe auffordern, wobei Sie an der Nummer (Pfeil) erkennen, zu welcher SIM-Karte die abgefragte PIN gehört.

❷ Die SIM-Kartenverwaltung, auf die wir unten eingehen, öffnet sich automatisch, falls sich eine Änderung bei den eingelegten SIM-Karten ergeben hat.

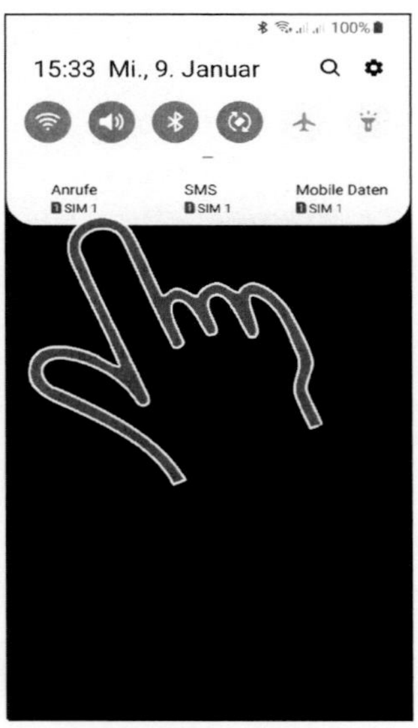

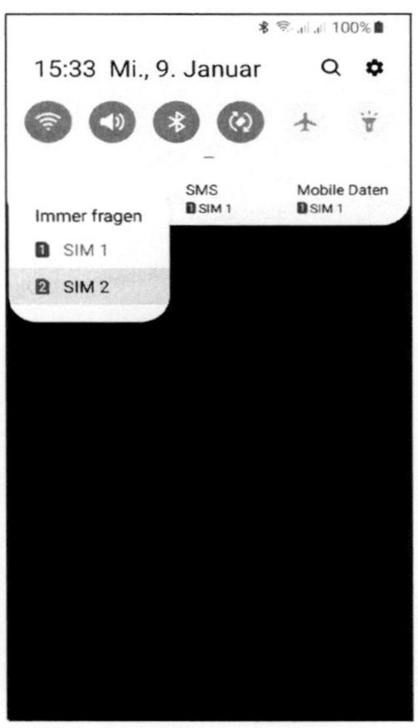

❶❷ Welche SIM-Karte für Anrufe, den SMS-Versand oder Internet genutzt wird, stellen Sie ganz einfach im Benachrichtigungsfeld ein: Tippen Sie auf *Anrufe*, *SMS* oder *Mobile Daten* und wählen Sie die SIM-Karte aus.

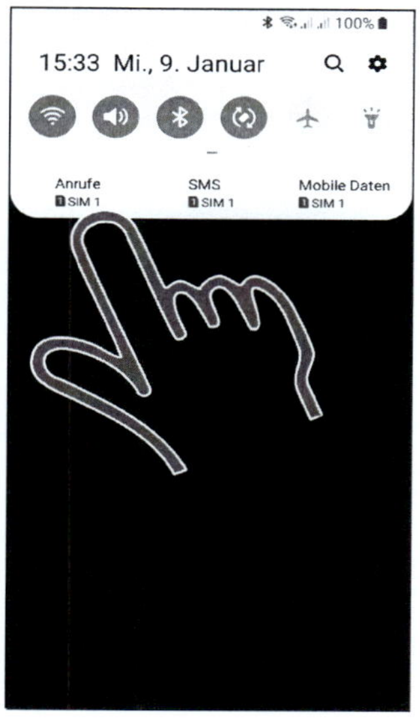

So richten Sie die SIM-Karten ein: Öffnen Sie das Benachrichtigungsfeld, dann tippen und halten Sie den Finger auf eine der Schaltleisten im SIM-Informationsfeld (Pfeil).

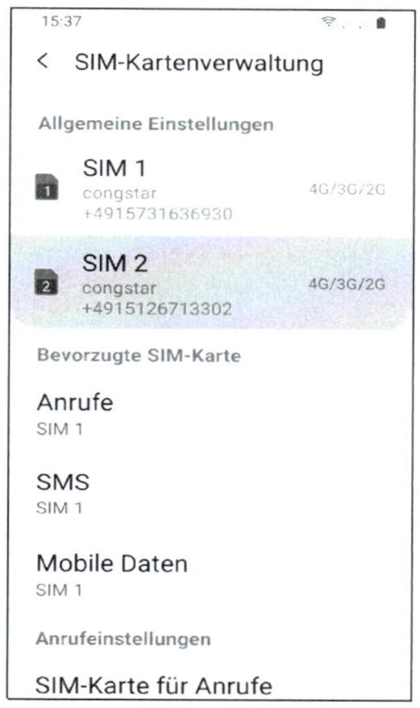

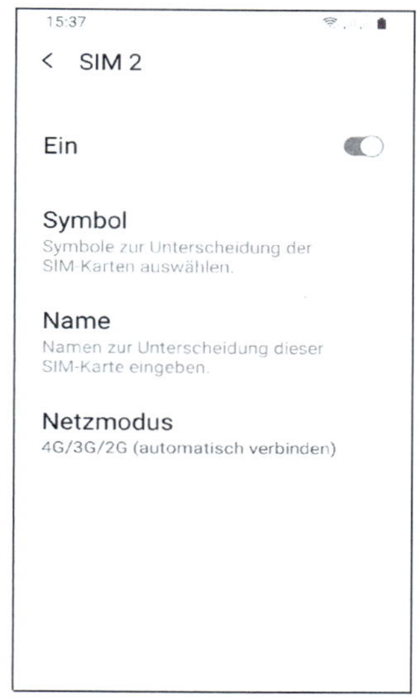

❶ Unter *Allgemeine Einstellungen* zeigt das Handy für jede SIM-Karte an, welches Netz und welche Mobilfunkstandards verwendet werden (Pfeil).

❷❸ Weitere Einstellungen, wenn Sie eine SIM-Karte auswählen:

- *Ein*: SIM-Karte ein/ausschalten. Sie ersparen sich damit das Herausnehmen aus dem Handy, wenn Sie eine SIM-Karte mal nicht benötigen/nutzen möchten.
- *Symbol*: Wählen Sie ein Symbol aus, unter dem die SIM-Karte in den verschiedenen Kommunikationsanwendungen erscheint.
- *Name*: Zur Unterscheidung können Sie den vorgegebenen Namen ändern.
- *Netzmodus*: Das Handy nutzt für jede SIM-Karte jeweils den idealen Mobilfunkstandard, weshalb Sie in diesem Menü nichts ändern sollten.

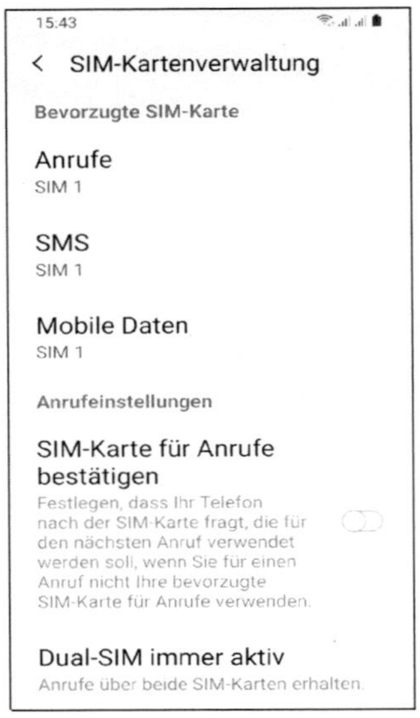

➊ Die weiteren Einstellungen:

Unter *Bevorzugte SIM-Karte*:

- *Anrufe* (➋): Legen Sie fest, über welche SIM-Karte ausgehende Telefonate erfolgen. Sie können auch *Immer fragen* einstellen, worauf das Handy jeweils nachfragt, welche SIM-Karte Sie verwenden möchten.
- *SMS*: Für SMS-Versand genutzte SIM-Karte.
- *Mobile Daten*: Über diese Karte erfolgt die Internetverbindung.

Unter *Anrufeinstellungen*:

- *SIM-Karte für Anrufe bestätigen*: Sofern Sie mal nicht die als Standard für Telefonie festgelegte SIM-Karte verwendet haben, fragt Sie das Handy, ob Sie diese Karte jetzt immer als Standard verwenden möchten.
- *Dual-SIM immer aktiv*: Auch während Telefonats den Anruf über die weitere SIM-Karte annehmen.

37.1 Besonderheiten in den Anwendungen

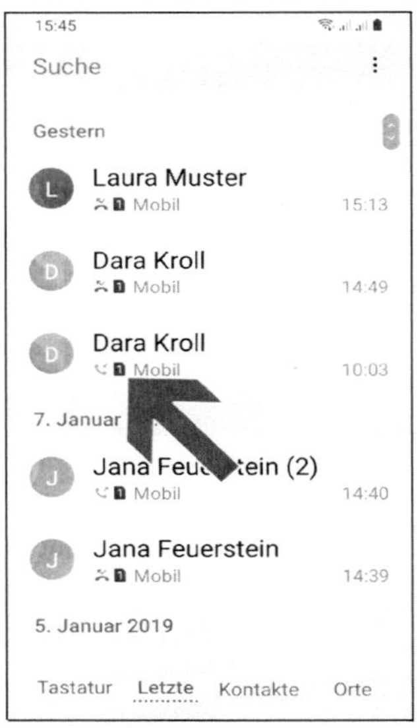

➊ In der Telefonoberfläche (siehe Kapitel *7 Telefonbuch*) können Sie über die Schaltleisten am unteren Bildschirmrand wahlweise über die erste oder zweite SIM-Karte Anrufe durchführen.

➋ Das Anrufprotokoll informiert mit Symbolen über die jeweils genutzte SIM-Karte.

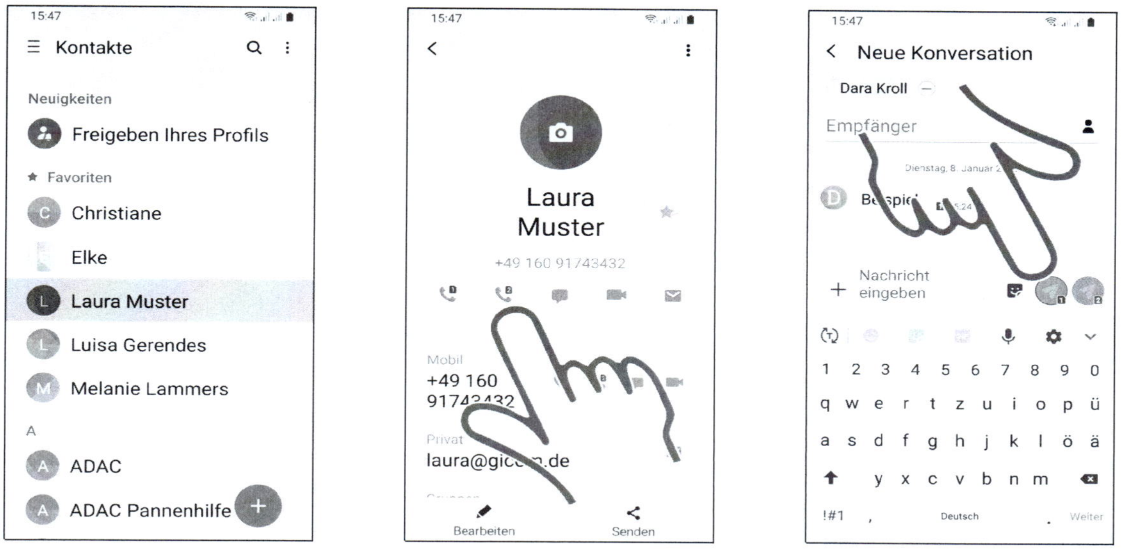

❶❷ Auch direkt im Telefonbuch können Sie über die Schaltleisten auswählen, welche SIM-Karte das Handy verwenden soll.

❸ In der Nachrichten-Anwendung (siehe Kapitel *6 Nachrichten (SMS)*) legen Sie durch Betätigen einer der beiden Schaltleisten den Versandweg fest.

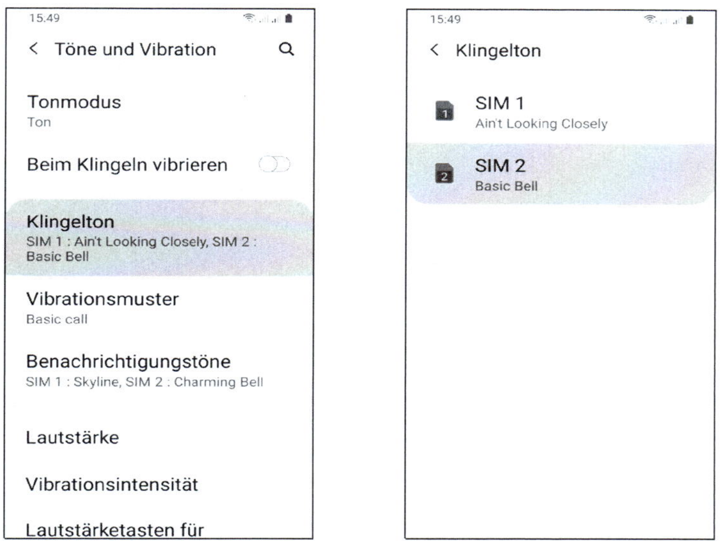

❶❷ Die im Kapitel *4.14.1 Signaltöne* beschriebene Klingeltoneinstellung ist separat für die SIM-Karten festlegbar. Wählen Sie einfach zuerst die SIM-Karte aus. Künftig erkennen Sie bereits am Klingelton, auf welcher SIM-Karte gerade jemand anruft.

38. Stichwortverzeichnis

39. Weitere Bücher des Autors

Vom Technik-Journalisten Rainer Gievers sind zahlreiche Bücher zum Thema Mobile Computing erschienen. Eine Inhaltsübersicht und Bestellmöglichkeiten finden Sie auf unserer Website *www.das-praxisbuch.de*. Sie können die Bücher über die jeweilige ISBN auch direkt bei Ihrem lokalen Buchhändler bestellen.

Allgemeine Themen:

- Das Praxisbuch Google-Anwendungen (Ausgabe 2018)
  ISBN: 978-3-945680-87-2
- Das Praxisbuch Internet für Einsteiger
  ISBN: 978-3-945680-45-2
- Das Praxisbuch E-Mail für Einsteiger
  ISBN: 978-3-945680-26-1
- Das Praxisbuch Online-Shopping für Einsteiger
  ISBN: 978-3-945680-22-3
- Das Praxisbuch Paint.Net - Fotobearbeitung für Einsteiger
  ISBN: 978-3-945680-44-5
- Ebike & Pedelec - Anleitung für Einsteiger: Technik - Kaufberatung - Verkehrspraxis
  ISBN: 978-3-964690-08-1
- Das Praxisbuch Amazon Echo & Alexa - Das umfangreiche Handbuch zu Alexa und allen Echo-Geräten (Echo Dot, Echo, Echo Plus, Echo Spot und Echo Show)
  ISBN: 978-3-964690-24-1

Huawei-Handys:

- Das Praxisbuch Huawei Mate 20 & Mate 20 Pro
  ISBN: 978-3-964690-19-7
- Das Praxisbuch Huawei P20 Lite
  ISBN: 978-3-945680-98-8
- Das Praxisbuch Huawei P20 / P20 Pro
  ISBN: 978-3-945680-96-4

Samsung-Handys:

- Das Praxisbuch Samsung Galaxy S10e
  ISBN: 978-3-964690-30-2
- Das Praxisbuch Samsung Galaxy Note 9
  ISBN: 978-3-964690-13-5
- Das Praxisbuch Samsung Galaxy Note8
  ISBN: 978-3945680-86-5
- Das Praxisbuch Samsung Galaxy S9 / S9+ - 2. Auflage
  ISBN: 978-3-964690-22-7
- Das Praxisbuch Samsung Galaxy S8 - 2. Auflage
  ISBN: 978-3-964690-28-9
- Das Praxisbuch Samsung Galaxy A9 (2018)
  ISBN: 978-3-964690-20-3
- Das Praxisbuch Samsung Galaxy A8 (2018)
  ISBN: 978-3-964690-17-3
- Das Praxisbuch Samsung Galaxy A7 (2018)
  ISBN: 978-3-964690-15-9
- Das Praxisbuch Samsung Galaxy A6 / A6+
  ISBN: 978-3-964690-01-2
- Das Praxisbuch Samsung Galaxy J5 (2017)
  ISBN: 978-3-945680-75-9